한 권으로 끝내는

원 가 회 계

김형경 · 김이배 · 김재준 · 정형록 · 김미옥 공저

교육과학사

머리말

정부는 자격제도 규제개혁의 과제 일환으로 1999년 국가직업능력표준의 조기 개발 및 보급을 시작으로 2002년부터 산업분야의 전문인력 양성을 위한 NCS (National Competency Standards) 표준개발에 착수하게 되었다. 국가직무능력표준(NCS)이란 산업현장에서 직무를 수행하기 위해 요구되는 지식·기술·태도 등의 내용을 국가가 체계화한 것을 말한다. 정부는 국가직무능력표준을 통해 능력 있는 인재를 개발해 핵심인프라를 구축하고 나아가 국가경쟁력을 향상시키는 데 목적을 두고 있다. 즉 학력이나 스펙보다는 능력을 중심으로 하는 역량 중심의 인적자원을 개발하겠다는 데 목적을 둔다.

이러한 목적하에 정부는 이미 2015년 현재 847개의 NCS를 개발한 상태이다. 이 중 원가회계에 해당하는 NCS의 경우 대분류는 경영·회계·사무분야, 중분류는 재무·회계, 소분류는 회계, 세분류는 회계·감사, 능력단위는 원가계산, 능력단위요소는 원가요소 분류하기, 원가배부하기, 원가계산하기, 원가정보 활용하기 등으로 구성되어 있다. 특히, 능력단위는 재무제표를 작성할 때 필요한 원가를 산출하여 경영의사결정에 필요한 원가정보를 제공하는 업무에 적용하는 것이다.

현재, NCS를 기반으로 하는 교육과정의 개발방향은 정해져 있지만, 어떤 과목이 어떻게 학습되어야 하는지에 대해서는 명확히 명시되어 있지 않은 상태이다.

본 저서 『NCS 원가회계』는 이러한 내용을 근본으로 하여 회계원리 과목을 학습한 학생들이 조직의 관리활동과 함께 원가의 중요성을 깨닫고, 기업경영 관련 의사결정에 필요한 정보를 마련할 수 있는 데 초점을 두어 다음과 같이 구성되었다.

첫째로, 원가회계의 기초를 다룬다. 즉 조직에서 회계전문가는 어떠한 역할을 하고, 원가란 과연 무엇이며, 원가는 어떠한 형태로 움직이고, 결과적으로 원가－조업도－이익에 대한 관계를 어떻게 분석을 해야 하는지를 배운다.

둘째로, 조직의 원가흐름을 다룬다. 원가흐름을 통한 제조기업의 회계순환과정을 살펴보고 회계정보의 산출과정과 재무제표 작성과정에 대한 원가회계의 전반적인 관점을 학습한다.

셋째로, 조직의 경영활동을 위한 원가산출 과정을 다룬다. 기본적인 원가배부와 수익배부에 대하여 학습한 후, 개별원가계산, 종합원가계산 및 결합원가계산을 공부함으로써 전통적인 원가계산방법을 배운다.

넷째로, 경영계획 설정과 통제를 위한 도구에 대하여 다룬다. 변동원가계산과 함께 차이분석을 학습한다.

현대 기업은 자원 고갈에 따른 문제 등으로 장기계획 및 투자에 대하여 보다 좋은 의사결정을 내려야 한다. 이를테면, 원가도 이제는 전략적으로 관리할 수 있어야만 기업의 생존이 가능하다는 판단을 내리는 상황이다. 따라서 본 저서에서는 원가회계에 대하여 포괄적으로 공부한 후, 계획과 통제에 필요한 원가정보를 제공하는 데 초점을 둔다. 본 저서는 회계학을 전공하는 학생들뿐만 아니라, 모든 조직에서 회계를 제대로 파악하여 직무를 수행하고자 하는 사람들에게도 유용한 역할을 할 것으로 판단된다.

본서의 내용 중 부족한 부분이나, 아직 다루지 못한 사안에 대해서는 전체의 틀을 유지하는 방향에서 향후 지속적으로 보완해 나갈 것이다.

[NCS 원가회계]의 집필과정과 검토과정 등에서 도움을 많이 준 심동희 교수님께 감사의 마음을 전한다. 또한 이 책의 출간을 흔쾌히 맡아주신 교육과학사 김동규 사장님과 이주표 부장님께 감사드린다.

2019년 1월

저자 일동

차례

제 1 장

조직에서의 원가회계의 이해

학습목표

원가회계의 특성과 유용성을 이해하는 것은 원가회계의 여러 부분에 대한 개관과 앞으로의 학습에 대한 전반적인 관점을 제공해 준다.

본장에서는 원가회계의 성격, 즉 누가 이용하며, 어떻게 이용할 것이며, 왜 이용하는가를 설명한다. 또한 원가회계의 유용성, 즉 원가회계가 제공하는 정보가 다른 분야들과 어떻게 연관되어 유용성을 갖게 되는가를 설명한 후, 다양한 원가회계시스템의 특성과 문제점에 대해 설명한다. 본 장의 학습목표는 다음과 같다.

1. 회계의 체계는 어떻게 구성되어 있는가?
2. 원가회계의 의의와 목적은 무엇인가?
3. 원가회계의 역할은 무엇인가?
4. 원가회계시스템은 어떻게 구성되어 있는가?
5. 원가회계시스템의 종류는 어떤 것이 있는가?

제1절 회계의 체계

현대 사회는 매우 역동적으로 변화하고 있으며, 이에 따라 한 사회를 구성하고 있는 조직도 변화에 대응해야 할 뿐만 아니라, 미래에 대하여 제대로 예측하고 적극적으로 변화를 이끌어낼 수 있어야 한다. 최근 이와 같은 변화에 대처하는 양상은 기업을 주축으로 하는 민간부문만이 아니라, 정부 등 공공부문에서도 적극적으로 수용되어 오고 있다. 더구나 우리나라에서는 1990년대 후반의 외환위기를 기점으로, 경영의 투명성과 함께 경영의 효과성이 널리 확산되어 회계의 역할이 어느 때 보다 중요해지기 시작하였다. 즉 단순히 과거의 기록에 머무는 회계개념을 토대로 하는 생산자 위주의 재무제표 작성에서 탈피하여 정보이용자 관점에서 유용한 정보를 제공하여 그들의 의사결정에 즉시 활용될 수 있도록 하는 것에 주안점을 두게 된 것이다. 여기서 구체적으로 회계의 체계에 대하여 알아보도록 하자.

1 회계의 체계와 회계정보의 특성

회계(accounting)란 정보이용자들이 자원배분에 관한 의사결정을 합리적으로 수행할 수 있도록 경제실체의 다양한 경영활동을 화폐단위로 수집, 측정, 기록하고 이에 관한 정보를 분류, 요약, 분석하여 정보이용자들에게 전달하기 위해 고안된 정보생산체계이다. 이러한 정의에 부합하기 위해서 조직이 활용하는 회계는 경제실체와 관련된 정보이용자들이 의사결정을 수행할 때 도움을 줄 수 있어야 한다.

회계정보를 필요로 하는 이용자들은 크게 내부정보이용자와 외부정보이용자로 구분된다. 내부정보이용자(internal users)는 경제실체의 내부에 존재하는 대표이사, 이사회 등의 경영진이며, 외부정보이용자(external users)는 주식투자자, 채권투자자, 거래은행, 공급자, 고객, 정보중개인, 조세당국, 금융감독기구 등이다. 이렇게 경제실체에 대하여 다양한 이해관계자들은 저마다 다른 의사결정문제에 직면하기 때문에 다른 정보를 요구하게 되며, 이를 만족시키기 위해서는 다양한 형태의 회계정보를 제공해야 한다. 즉, 경제실체에 관련된 정보이용자들의 유형에 따라 제공되는 회계정보의 목적과 성격이 달라진다. 이러한 관점에서 회계를 관리회계와 재무회계로 구분할 수 있다.

관리회계(management accounting)는 경영진이 경영활동에서 수반되는 의사결정을 효율적 · 효과적으로 구사함으로써 조직 목표를 달성할 수 있도록 재무적, 비재무적 정보를 수집 · 분류 · 요약 · 분석하여 제공하는 회계분야로서 경제실체에 관한 전략과 경영계획 및 통제활동에 초점을 맞추는 내부보고시스템(internal reporting system)이다.

재무회계(financial accounting)는 외부이해관계자인 주주나 채권자 등에게 경제적 의사결정에 유용한 정보를 제공하는 것을 목적으로 한다. 즉 주주나 채권자들이 합리적인 의사결정을 내릴 수 있도록 경제실체의 재무상태, 경영성과, 재무상태의 변동에 관한 정보를 제공하는 분야이다. 따라서 재무회계에서는 정보이용자들에게 일반적으로 인정된 회계원칙(GAAP: Generally Accepted Accounting Principles)에 근거를 두어 작성된 공표용 재무제표를 통하여 정보를 제공한다.

일반적으로 경영자에 대한 보상은 내부적으로 설정된 평가지표의 비재무적 성과정보뿐만 아니라 재무제표를 통해 외부로 보고된 재무적 성과정보를 기초로 결정된다. 이에 따라 경영진은 관리회계와 재무회계에 모두 관심을 갖게 된다.

한편 원가회계는 관리 및 재무 분야를 위한 정보를 제공한다. 즉 원가회계는 조직이 자원을 취득하고 소비하는 것에 대한 재무적, 비재무적 정보를 측정 · 분석 · 보고하는 것이다. 이를테면, 제조기업의 경우 원가회계에서는 생산 및 영업활동에 관한 원가정보를 확인 · 분류 · 집계한다. 이렇게 제품원가정보는 대표적인 원가회계의 기능으로 재무상태표의 재고자산가액을 결정하고 포괄손익계산서의 매출원가를 산출하는데 필요한 정보를 제공하기 때문에, 재무회계와의 연결 관계를 가지고 있다. 또한 원가회계는 제품배합(product mix), 가격설정(pricing), 성과평가(performance evaluation) 등과 같은 관리적 의사결정에 필요한 정보를 제공한다. 곧 원가회계시스템은 재무회계와 관리회계의 목적에 필요한 정보를 제공하는 것이다. 특히 조직 관리의 관점에서는 현대의 원가회계시스템에서 산출되고 있는 원가정보가 기본적으로 기업의 내부의사결정과 밀접한 관계를 맺고 있으므로, 관리회계와 원가회계의 구분을 엄격하게 하지 않고 있는 추세이다.

원가정보제공

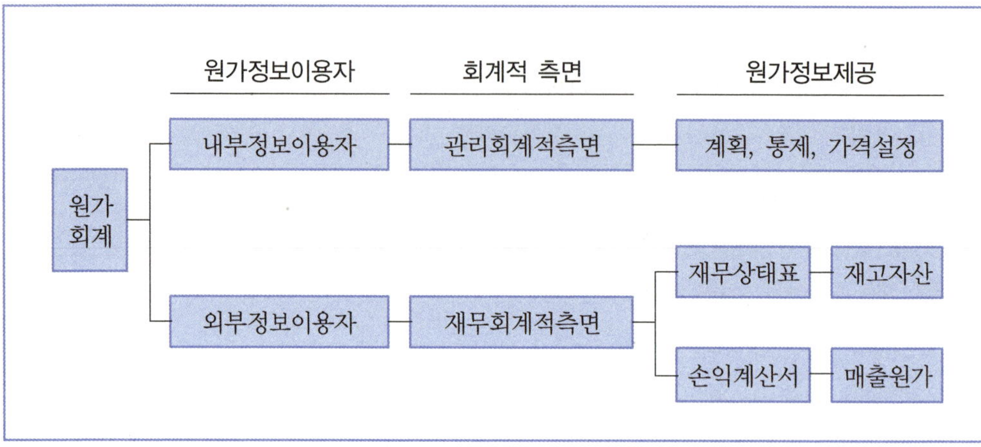

2 재무회계와 관리회계의 비교

다음 표는 재무회계와 관리회계의 차이를 함축적으로 비교한 것이다.

재무회계와 관리회계의 비교

구분	재무회계	관리회계
목적	기업의 외부이해관계자인 주주나 채권자 등에게 유용한 정보제공	기업의 내부이해관계자인 경영자 등에게 유용한 정보의 제공
회계정보이용자	외부정보이용자(주주, 채권자 등)	내부정보이용자(경영자 등)
원칙의 유무	일반적으로 인정된 회계원칙(GAAP)	기업이 내부적으로 설정한 원칙이나 규정
정보의 특성	객관성, 신뢰성	목적적합성, 적시성
정보의 유형	재무적 정보	재무적/비재무적 정보
범위	기업경영 전반의 기초적인 범위(기업전체)	경영활동의 각기 목적에 부합되는 범위(기업전체/사업부문/팀/개인)
시간적 관점	과거지향적임	미래에 대한 예측에 초점을 둠
보고수단	공표용 재무제표(재무보고)	특수한 의사결정 목적에 적합한 보고서
보고빈도	정기	수시

재무회계는 주주나 채권자, 신용평가사, 금융기관, 금융당국과 같은 외부이해관계자의 의사결정에 유용한 정보를 제공하는 것을 목적으로 하는 반면, 관리회계는 최고경영자, 중간관리자, 업무담당자 등 내부이해관계자의 의사결정에 유용한 정보를 제공하는 것을 목적으로 한다.

외부정보이용자는 본질적으로 기업의 내부정보에 접근할 수 없기 때문에 이들과 기업 사이에 정보비대칭이 크고, 기업마다 성격이 모두 다르기 때문에 기업 간 비교가 어렵다. 따라서 재무회계 정보는 신뢰성과 비교가능성을 제고하기 위하여 기업 외부에서 강제된 일반적으로 인정된 회계원칙(GAAP)에 따라 산출된다. 따라서 재무회계 정보는 객관성(objectivity)과 신뢰성(reliability)의 특성을 지니며, 동일한 경제적 사건에 대해서 재무회계 정보는 모든 기업에서 동일하다. 반면 관리회계 정보는 원칙적으로 외부기준이 적용되지 않고, 기업이 내부적으로 미리 설정한 원칙이나 규칙에 따라 개별 의사결정이 신속하게 내려질 수 있도록 산출된다. 따라서 관리회계 정보는 목적적합성(relevance)과 적시성(timeliness)의 특성을 지니며, 동일한 경제적 사건이라도 주어진 상황이나 경영자의 의도에 따라 관리회계 정보는 기업마다 다를 수도 동일할 수도 있다.

재무회계는 기업전체의 재무상태, 경영성과 및 현금흐름 등과 같은 과거의 재무적 정보를 회계원칙에서 규정한 방식에 따라 작성된 공표용 재무제표를 통해 정보이용자에게 제공된다. 관리회계는 기업전체, 사업부문, 팀, 개인 등 경영활동의 각기 목적에 부합하는 대상에 대하여 개별 의사결정과 관련된 재무적 정보뿐만 아니라 고객정보, 생산시간, 배송거리 등과 같은 비재무적 정보까지 제공한다. 이러한 관리회계정보는 미래에 대한 예측에 초점이 맞추어져 있으며, 의사결정의 목적과 성격에 알맞은 형태로 자유롭게 정보이용자에게 제공된다.

한편 재무회계와 관리회계는 다음과 같은 공통점이 있다. 우선 재무회계와 관리회계는 특정한 경제실체에 대한 동일한 회계정보시스템을 기반으로 정보가 마련되는데, 의사결정 주체와 범위에 따라 두 가지 정보로 구분되는 것이다. 그리고 재무회계와 관리회계 모두 책임(responsibility) 혹은 수탁책무(stewardship)의 개념에 의존하는데, 재무회계의 경우 조직 전체에 대한 수탁책무에 초점을 두는 반면에, 관리회계는 각각의 부서에 대한 책무감에 주안점을 두므로, 원가에 대한 책임의 경우 조직의 오직 한 사람에게까지 그 범위를 확대시키게 된다.

제2절 원가회계시스템

1 원가회계시스템의 구성요소

우리들은 일상생활을 해나가면서 의복, 서적, 가구 등 많은 물건들을 구입한다. 우리가 이러한 물건들을 획득하기 위해서는 어떤 희생을 치러야 하는데, 이와 같이 특정재화나 용역을 얻기 위해서 치른 희생을 원가(costs)라고 한다. 보다 일반적인 의미에서 원가란 특정목적을 달성하기 위해 희생된 자원의 가치, 즉 경제적 효익의 희생을 화폐단위로 측정한 것을 말한다.

원가회계(cost accounting)란 재무회계뿐만 아니라 관리회계의 목적에 필요한 원가정보를 제공하기 위하여 생산활동과 영업활동에 관한 원가정보를 확인, 분류, 집계하는 회계분야이다. 즉, 원가회계는 재무상태표상의 재고자산가액을 결정하고 포괄손익계산서상의 매출원가를 결정하는 데 필요한 원가정보를 제공하며, 예산설정, 경영활동의 통제, 가격결정, 성과평가 등과 같은 관리적 의사결정을 수행하는 데 필요한 원가정보를 제공하는 회계분야이다. 그러므로 원가회계담당자는 외부보고와 관련하여 원재료의 출고, 임금의 지급, 경비의 지출과 같은 일상적인 원가정보를 수집하고, 이를 특정부문이나 제품에 배부함으로써 재무제표나 세무보고서를 작성하는 데 필요한 재고자산 평가액과 매출원가 등을 결정해야 한다.

또한 내부보고와 관련하여 특정의사결정문제에 필요한 원가정보를 선택하고, 이를 당면한 의사결정문제에 적합하도록 수정한 후 경영자들이 쉽게 이해할 수 있도록 원가정보를 분석해야 한다.

다음 그림은 관리회계시스템의 구성요소를 보여주고 있다. 원가에 관한 정보를 사용하는 기본목적으로 제품원가계산, 의사결정, 성과평가의 세 가지가 있는데, 이는 곧 원가회계시스템이 재무회계와 관리회계를 위한 기본자료를 제공한다는 사실을 말해 준다.

자산평가와 이익측정을 위해 원가를 집계하고 개별 제품 또는 서비스의 원가를 산출하는 과정을 원가회계로 분리할 수 있다. 제품이나 서비스의 원가정보는 매출원가, 재고자산 등의 계정과목으로 재무회계에 원가정보를 제공한다. 이럴 경우, 관리회계는 좁은 의미로 의사결정과 성과평가를 위한 내부보고체제나 정보시스템만을 포함하는 것으로 정의할 수 있다. 물론 경영자는 가격설정이나 투자 등의 의사결정에 원가정보를 사용하기도 하고, 사업부, 팀, 개인 등의 성과평가에도 해당 부문의 원가 및 수익성 정보를 활용하기도 한다. 즉 제품이나 서비스의 원가정보는 다양한 관점에서 경영자의 의사결정과 성과평가에 활용될 수 있다. 이럴 경우, 넓은 의미에서 관리회계는 원가회계를 포함하는 것으로 정의할 수 있다.

본서는 관리회계를 좁은 의미로 해석하여 주로 제품이나 서비스의 원가계산에 초점을 맞추고 있는 원가회계를 독립적인 영역으로 파악하여 논의를 전개해 나가기로 한다. 또한 전통적인 기업형태인 제조업의 제품원가계산을 중심으로 원가회계와 관련된 이론을 설명을 하도록 한다.

관리회계시스템의 구성요소

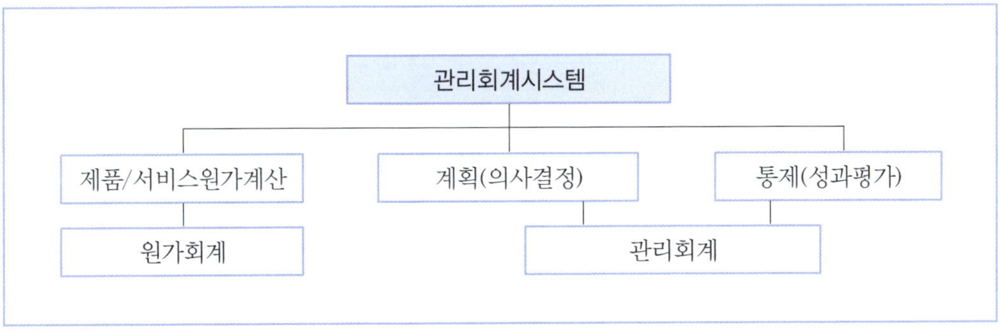

2 원가회계의 역할

원가회계가 경영관리 목적과 외부보고 목적을 위해 어떻게 이용되는가를 관리과정과 연결시켜 개괄적으로 나타내면 다음 그림과 같다.

관리과정 및 원가회계의 이용

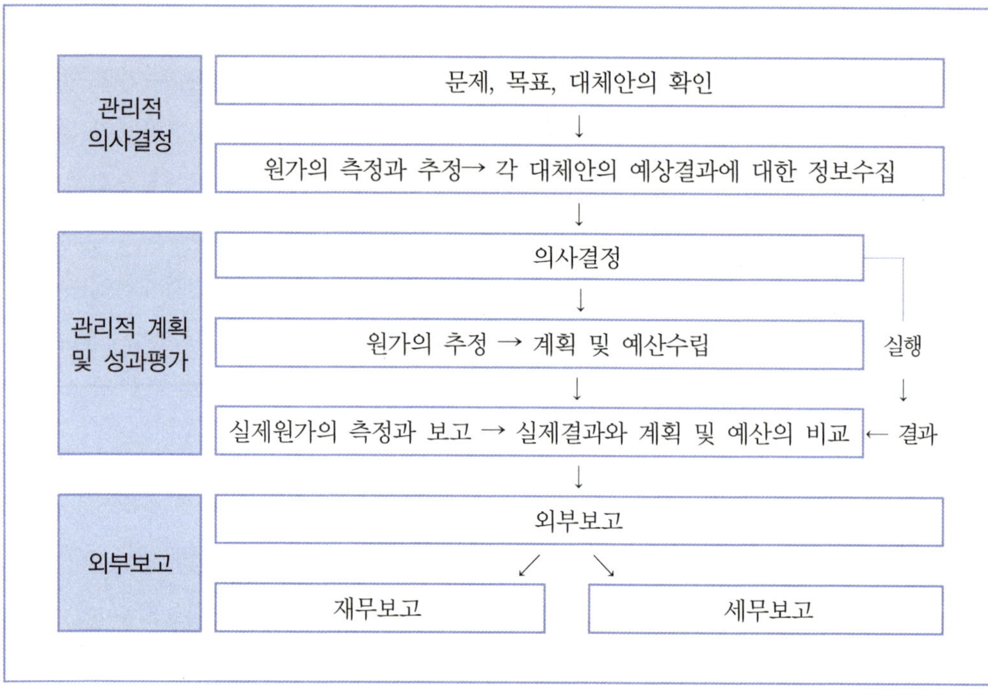

회계담당자가 회계처리를 하는 과정에서 특정문제에 직면하였을 때 가장 먼저 고려해야 할 사항은 현재 작성중인(또는 앞으로 작성될) 회계정보의 이용목적을 파악하는 일이다. 원가정보의 사용목적을 파악하는 이유는 동일한 경제적 활동에 대하여 원가정보를 이용하려는 목적에 따라 상이한 원가정보(different costs for different purposes)를 제공해야 하기 때문이다. 원가회계정보의 대표적인 용도는 다음과 같다.

첫째, 재무제표에 계상되는 재고자산평가액의 결정
둘째, 경영자의 관리적 의사결정 수행을 위한 차액원가 또는 관련원가정보의 파악
셋째, 성과평가를 위한 자료의 수집과 분석

원가회계는 정보이용자들이 필요로 하는 원가정보를 확인 · 분류 · 집계하여 제공하는 것을 목적으로 하며, 이러한 목적과 관련하여 원가회계의 주요 역할을 요약하면 다음과 같다.

- 제품원가계산: 재무제표상의 재고자산평가액 및 매출원가 등의 결정을 위한 원가정보의 제공
- 계획 및 통제: 경영계획수립 및 통제를 위한 원가정보의 제공
- 세무회계상의 역할: 세무보고서의 작성을 위한 원가정보의 제공
- 보상회계상의 역할: 원가보상계약에 있어서의 보상금액 결정 혹은 이와 유사한 성격의 가격결정을 위한 원가정보의 제공

(예) 토스트 가게 운영

① 토스트 한 개 만드는데 원가가 얼마가 드는지 궁금할 것이다.(제품원가계산)
② 토스트 30개를 할인된 가격에 주문이 들어 왔을 때 이를 받아들일 것인지의 여부를 결정해야 한다.(의사결정)
③ 후에 분점을 운영하게 되면 각 분점별로 책임자를 두어 분점별 성과를 평가하려고 할 것이다.(성과평가)

다음에서는 이들 각각에 대해 살펴본다.

1) 제품원가계산

제품원가계산이란 산출물의 단위당 원가를 측정하기 위해 기업이 투입한 재화나 용역의 원가를 수집하고 분석하는 과정으로 기업회계시스템의 하위시스템이다. 제품원가를 계산한다 함은 원가정보를 확인·집계·분류하여 특정원가단위와 연관시키는 것으로서, 본서에서는 편의상 제조기업의 제품원가계산만을 다룬다.

원가정보의 확인이란 제품원가계산의 가장 기본적인 단계로서, 기업 내에서 발생하는 여러 가지 사건(events)을 제품생산과 관련이 있는 사건과 관련이 없는 사상으로 구분하는 과정을 말한다. 예를 들면, 생산 공정에 재료를 투입하는 것은 제품생산과 관련이 있는 사건이며, 생산된 제품을 광고부서에서 사용하는 것은 제품생산과 관련이 없는 사건이다. 그러나 경우에 따라서는 원가정보의 확인이 용이하지 않은 때도 있다. 즉, 공장건물을 보수하기 위해 재료를 사용하는 경우, 이러한 사상은 제품생산과 관련이 있는지의 여부를 판단하기가 쉽지 않다. 따라서 제품원가계산에서는 여러 가지 모호한 사상이

제품생산과 관련이 있는지를 결정하는 것이 중요하며, 대부분의 회사에서는 이러한 상황에 대하여 사전에 정한 방침을 적용하여 제품생산과의 관련성 여부를 결정한다.

원가정보의 집계란 원가회계상의 원가범주별로 원가정보를 수집하는 것을 말한다. 기본적인 원가범주는 직접재료비, 직접노무비, 그리고 이 두 가지를 제외한 모든 제조원가를 포함하는 제조간접비로 구분한다.

원가정보의 분류란 수익·비용의 대응원칙에 따라 원가범주별로 집계된 원가요소를 다시 구분하는 것을 말한다. 이와 같이 원가요소를 다시 구분하는 이유는 기업이 얻게 되는 성과와 투입하는 노력을 적절히 대응시킴으로써 의사결정과 성과평가를 위한 보다 유용한 정보를 얻을 수 있기 때문이다. 일반적으로 원가요소는 수익과의 대응관계에 따라 제품원가와 기간원가(또는 기간비용)로 구분하며, 제품원가는 다시 특정제품에의 추적가능성에 따라 직접원가(예: 직접재료비와 직접노무비)와 간접원가(예: 제조간접비)로 구분한다. 직접원가와 간접원가는 모두 제품원가를 구성하는 것이지만, 각기 다른 방식으로 제품과 관련을 맺는다.

원가정보의 결부란 제품원가계산과정의 마지막단계로, 각 범주의 원가를 전통적 원가회계방법에 따라 제품과 관련시키는 것을 말한다. 이를 통해 원가회계담당자는 제품생산과 관련된 사상을 찾아내어 그 사상으로부터 제품원가정보를 얻어내는 과정을 완료한다. 여러 가지 제품원가계산방법 가운데 특히, 중요한 원가계산방법으로는 개별원가계산과 종합원가계산이 있다.

2) 계획 및 통제

원가회계의 중요한 역할 중의 하나는 경영자의 의사결정에 필요한 정보를 정확하고 필요한 때에 즉시 제공하는 것이다. 일반적으로 경영자의 의사결정은 계획의 수립과 조직의 통제와 관련된다.

계획은 조직의 목표를 설정하고 그것을 달성하기 위한 수단으로서, 조직이 이용 가능한 자원을 어떻게 사용할 것인지를 결정하는 과정이다. 원가회계는 기업의 생산 활동이나 영업활동에 소요되는 원가정보를 제공함으로써 재료의 구입, 종업원의 채용과 교육훈련, 생산, 가격인하 또는 인상 등의 계획을 수립하는 데 필수적 역할을 하며, 나아가 자금조달, 투자결정 등을 수행하는 데에도 중요한 역할을 한다.

통제란 사전에 계획된 행동으로부터의 이탈을 방지하기 위하여 현재 일어나고 있는 사상을 추적하며, 이에 대한 정보를 해석하여 그에 대응하는 적절한 행동을 취하고자 하는 경영자의 노력이라고 할 수 있다. 통제는 개인, 제품, 부문 등 기업의 모든 수준에서 나타난다. 원가회계정보는 이러한 통제과정에서 매우 중요한 역할을 한다. 원가회계는 사전에 계획된 활동으로서 예산 또는 표준원가를 설정하며, 현재 일어나고 있는 사상에 대하여 실제원가를 집계함으로써 통제과정의 기본적인 정보를 제공한다.

3) 세무회계상 역할

세무회계는 기업의 당기순이익에 직접적으로 영향을 미치는 조세부담액의 산정과 관련된 재무회계의 한 분야이다. 원가회계담당자는 적절한 세액의 산정에 필요한 원가정보를 제공하는 데 특별한 주의를 기울여야 한다. 재무제표작성상의 규정과 세법상의 규정이 서로 다를 뿐만 아니라 일반적으로 세법상의 규정은 회계담당자가 집계해야 할 원가의 범위를 구체적이고 단정적으로 설정해 놓고 있으며, 또한 재무제표작성상의 규정보다 훨씬 더 복잡하기 때문이다. 따라서 제품원가계산 측면에 있어서 원가회계담당자는 서로 일치하지 않는 경우가 대부분인 재무제표상의 재고자산원가와 세무보고서상의 재고자산원가를 적절히 산정해 내는데 필요한 원가정보를 제공하는 것이 중요하다.

4) 보상회계상의 역할

보상회계 혹은 보상원가계산이란 기업이 재화와 용역을 제공하는 대가로 수취할 금액을 계산하거나 비영리기업이 기부금의 형태로 증여받을 금액을 계산할 목적으로 개별제품이나 용역 등에 원가를 할당하는 과정을 말한다. 원가회계는 이러한 보상회계에 있어서도 중요한 역할을 수행한다.

원가보상계약은 재화나 용역의 원가발생액에 대하여 일정률 또는 일정액의 이윤을 가산한 금액을 제공된 재화나 용역의 대가로 지급하는 계약형태인데 주로 정부기관과 사기업간의 거래에서 많이 사용된다. 이러한 형태의 계약시에 사전에 원가의 정의, 측정방법 등을 충분히 합의해 두지 않으면 계약이행과정에서 쌍방간의 분쟁이 발생하여 소송

문제로까지 발전할 우려가 있다. 그러므로 계약시에 원가의 정의나 측정방법 등을 명백히 밝혀 놓을 필요가 있으며, 이러한 점에서 본다면 원가회계담당자는 계약체결에 앞서서 계약원가의 결정과 관련된 중요한 역할을 수행한다.

3 원가회계시스템의 분류

원가회계시스템은 원가를 집계하는 방법, 제품원가를 계산하는 방법, 원가를 측정하는 방법에 따라 다양하게 분류할 수 있다. 다음에서는 이들 각각에 대해 살펴본다.

1) 원가의 집계

원가회계시스템은 원가를 집계하는 방법에 따라 개별원가계산과 종합원가계산으로 분류할 수 있다.

개별원가계산이란 개별작업별로 원가를 구분하여 계산하는 방법을 말하며, 종합원가계산이란 공정이나 부문별로 원가를 집계한 후, 집계된 원가를 총산출물에 균등히 배분하여 단위당 원가를 계산하는 방법이다. 주문품의 성격을 갖는 대형선박을 건조하는 경우에는 선박제조에 소요되는 원가를 작업별로 집계하는 것이 용이하므로 개별원가계산을 사용한다. 그러나 정유회사 또는 화학약품회사와 같이 연속공정에 의해 표준제품을 대량 생산하는 기업에서는 제품별로 원가를 집계하는 것이 용이하지 않기 때문에 일정한 회계기간을 기준으로 특정 공정 또는 부문에서 발생한 모든 원가를 집계하여 이를 제품에 평균적으로 배분하는 종합원가계산을 사용한다.

2) 제품원가의 계산

원가회계시스템은 제품원가를 계산하는 방법에 따라 전부원가계산과 변동원가계산으로 분류할 수 있다.

전부원가계산은 고정제조간접비를 포함한 모든 원가를 제품이 판매되는 시점에서 수익에 대응시켜 비용으로 계상할 수 있도록 제품원가로 처리하고, 판매 및 관리활동에서 발생한 원가는 기간비용으로 처리하는 원가계산방법이다. 이에 반해 변동원가계산은 고정제조간접비를 제외한 변동제조원가만을 제품원가로 처리하고, 고정제조간접비는 판매 및 관리활동에서 발생한 원가와 함께 발생한 기간의 수익에 대응시켜 기간비용으로 처리하는 원가계산방법이다. 따라서 전부원가계산과 변동원가계산의 차이는 고정제조간접비를 제품원가로 처리하느냐, 아니면 기간비용으로 처리하느냐의 여부에 달려 있다.

제품원가로 처리되는 원가는 재고자산원가에 포함시켜 차기로 이월할 수 있고, 판매시점에서 수익과 대응하여 비용화할 수도 있다. 그러나 기간비용으로 처리하는 원가는 재고자산원가에 포함시키지 않고, 발생 즉시 그 기간의 비용으로 처리한다. 따라서 어떤 원가계산방법을 적용하느냐에 따라 재고자산의 평가액 및 기간손익이 달라진다.

3) 원가의 측정

원가회계시스템은 원가를 측정하는 방법에 따라 실제원가계산, 정상원가계산, 표준원가계산으로 분류할 수 있다.

실제원가계산이란 개별 생산요소의 실제의 구입가격 및 실제의 사용수량을 기준으로 제품의 원가를 측정하는 방법을 말한다. 이에 반해 표준원가계산이란 개별 생산요소에 대해 사전에 정해진 표준가격 및 표준사용수량을 바탕으로 원가를 측정하는 방법이다. 정상원가계산은 실제원가계산과 표준원가계산을 결합한 원가측정방법으로 직접재료비와 직접노무비는 실제원가를 적용하고, 제조간접비는 미리 정해놓은 예정배부율에 따라 결정된 원가(일종의 표준원가)를 적용하는 원가측정방법이다.

여기서 원가를 측정하는 기준이 되는 '실제' 또는 '표준'이라는 용어에 대하여 다음의 예로써 설명한다. 예를 들어, kg당 ₩100짜리 얼음 1kg과 g당 ₩10짜리 색소 1g을 혼합하여 아이스크림을 만든다고 하자. 실제로 얼음을 kg당 ₩110에 구입한 후 얼음 1.2kg과 ₩10짜리 색소 1g을 혼합하여 아이스크림 1개를 만들었다면, 원래의 목표보다 얼음 구입에 있어서는 kg당 ₩10씩, 얼음사용에 있어서는 아이스크림 1개당 얼음 0.2kg이 초과되었다고 할 수 있다. 이 경우 아이스크림 1개당 얼음 1kg, 색소 1g은 수량에 있어서의 표준이라 할 수 있고, 얼음 1kg당 ₩100과 색소 1g당 ₩10은 가격에 있어서의 표준이라 할 수 있다. 이 예에서는 얼음의 실제구입가격 및 실제사용수량이 모두 표준가격과 표준수량을 초과하고 있다.

4) 원가회계시스템의 종류 및 선택

지금까지 설명한 원가의 집계방법과 제품원가계산방법 및 원가측정기준을 결합하면 다음 그림에 나타나 있는 것과 같이 여러 가지 조합의 원가회계시스템을 만들 수 있다.

예를 들어, 개별・전부・표준원가회계시스템을 채택하면서 그 외에 추가적으로 변동원가계산제도를 병행하는 조합을 생각할 수 있다. 이와 같은 시스템은 모든 제조원가를 제품에 부과하면서(전부원가계산), 각 작업별로 원가를 집계하고(개별원가계산), 사전에 결정된 표준원가와 실제원가를 비교하며(표준원가계산), 직접원가에 근거한 보고서도 부수적으로 작성(변동원가계산)하는 원가회계시스템이 된다. 이 밖에도 여러 가지 종류의 조합이 있을 수 있다.

원가회계시스템의 종류

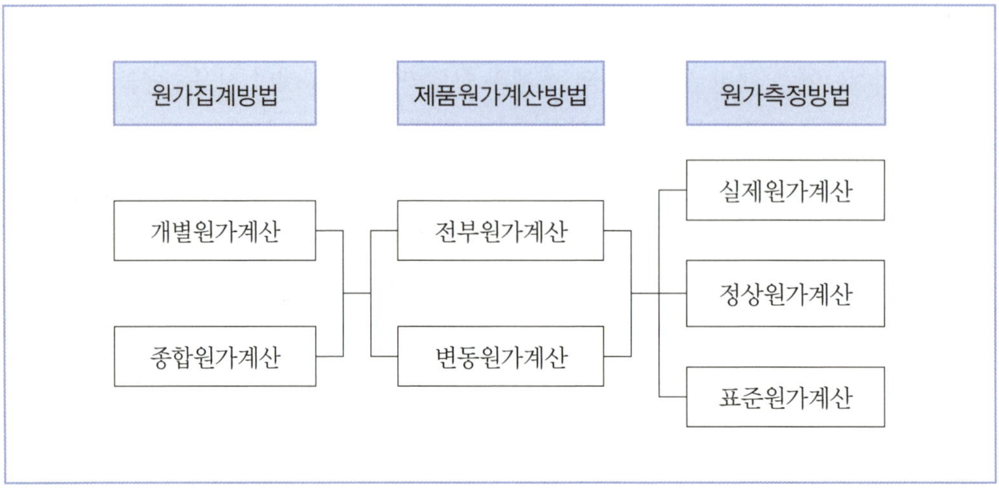

원가회계시스템의 선택은 경영자가 이용할 수 있는 원가정보에 중대한 영향을 미친다. 만일 실제원가계산제도를 채택한 기업에서 표준원가계산제도를 병행하지 않으면, 원가통제목적에 중요한 역할을 하는 표준원가와 실제원가의 차이에 관한 정보를 얻지

못하게 될 것이다.

한편, 전부원가계산제도를 채택한 기업에서 변동원가계산제도를 병행하지 않으면, 고정제조원가와 변동제조원가와의 관계를 명확히 파악할 수 없게 된다. 이러한 경우에 조업도의 변화에 따른 적정한 가격 인상 또는 하락폭에 대한 정보를 알아내기가 어려울 것이다. 그러므로 원가회계시스템의 설계 및 선택에 관한 의사결정은 여러 가지 중요한 요소들을 고려하여 합리적인 방법으로 이루어져야 한다.

개별원가계산과 종합원가계산 중에 어느 하나를 선택하는 것은 특히 중요한 일인데, 이때에는 제조활동의 성격, 필요한 원가정보의 종류, 원가회계시스템 운영비용 등의 세 가지 기준을 신중히 고려하여 결정해야 한다. 이 중에서도 제조활동의 성격은 개별원가계산제도와 종합원가계산제도를 선택하는 데 있어서 가장 중요한 기준이 된다. 예를 들어, 어떤 기업의 제조활동이 유사한 종류의 제품을 계속적으로 동일한 공정을 거쳐 대량으로 생산하는 것이라면 그 기업에는 종합원가계산제도가 적합하며, 이와는 달리 제조활동의 성격이 특별주문 등을 접수하여 다양한 종류의 제품을 서로 다른 공정을 거쳐 생산하는 것이라면 그 기업에는 개별원가계산제도가 적합하다.

Ⅰ. 평가자체크리스트

※ 다음 서술이 옳으면 T, 옳지 않으면 F를 기재하시오.

1.1 일반적으로 회계정보이용자들은 외부이용자들로 구성되어 있다.

1.2 내부정보이용자들은 대표이사, 이사회 등의 경영진들로 구성되어 있다.

1.3 원가회계는 관리 및 재무 분야를 위한 정보를 제공한다.

1.4 원가회계는 제품배합, 가격결정, 성과평가 등과 같은 관리적 의사결정에 필요한 정보를 제공한다.

1.5 특정 재화나 용역을 얻기 위해서 치른 희생을 원가(costs)라 한다.

1.6 생산 원가자료는 관리회계에서만 이용된다.

1.7 원가회계는 일반적으로 인정된 회계원칙에 의하여 이루어진다.

1.8 원가를 측정하는 방법에 따라 실제원가계산, 정상원가계산으로 분류할 수 있다.

1.9 원가를 집계하는 방법에 따라 개별원가계산과 종합원가계산으로 분류할 수 있다.

1.10 제품원가를 계산하는 방법에 따라 전부원가계산과 변동원가계산으로 분류할 수 있다.

Ⅱ. 객관식

1.1 원가회계의 특징으로 적합하지 않은 것은?

① 경영자의 계획과 통제를 위한 원가정보를 제공한다.

② 재무회계에 제공되는 원가 정보는 반드시 기업회계기준을 따른다.
③ 관리회계에 제공되는 원가 정보는 반드시 기업회계기준을 따른다.
④ 비영리기업이 증여받을 금액을 계산할 목적으로 개별제품이나 용역에 할당된 원가 정보를 제공한다.
⑤ 세금계산을 위한 원가 자료를 제공한다.

Ⅲ. 주관식

1.1 원가회계의 역할을 설명하시오.

1.2 다음 각각의 기준에 따라 원가회계시스템을 분류하고, 그 특징을 설명하시오.

① 원가를 집계하는 방법
② 제품원가를 계산하는 방법
③ 원가를 측정하는 방법

1.3 재무회계와 관리회계의 차이점에 대하여 설명하시오.

1.4 다음 내용에 대하여 재무회계(F)와 관리회계(M)를 구분 표시하시오.

① 외부보고를 위한 회계
② 내부이용자를 위한 회계
③ 계획과 통제기법을 주로 다루는 회계
④ 주주와 채권자를 위한 회계정보 제공
⑤ 경영자에게 보고하기 위한 회계
⑥ 업적평가를 위한 회계
⑦ 의사결정을 위한 회계
⑧ 조직전체보다 조직의 부문에 관심을 더 집중한다.
⑨ 비영리단체에도 적용 가능하다.
⑩ 공식적인 원칙이나 기준이 없다.

제 2 장

원가의 개념 및 분류

학습목표

원가개념과 원가용어 그리고 그 분류에 대하여 잘 알게 되면, 원가·관리회계를 학습하여 적용하는 데 큰 도움을 받을 수 있다. 이는 어느 조직이든 간에, 활동을 시작하게 되면 원가는 언제든지 발생되는 것으로 이를 제대로 구분하는 것이 유용한 관리회계정보를 마련할 수 있는 요건이 되기 때문이다. 따라서 본 장에서는 다음과 같은 학습목표를 세운다.

1. 원가회계와 관리회계의 차이는 무엇인가?
2. 원가에 대한 정의는 어떻게 내려야 하는가?
3. 추적가능성과 원가행태에 따라 원가는 어떻게 구분되며, 원가유형 간의 관계는 어떻게 연결되는가?
4. 원가의 통제가능성은 왜 중요한가?
5. 제조원가는 어떻게 산출되며, 원가흐름은 어떻게 연결되는가?
6. 재무제표상에서 재고가능원가와 기간원가는 어떻게 표시되는가?

제1절 원가의 개념

원가회계란 외부보고용 재무제표를 작성하고, 기업내부의 경영활동을 계획 · 통제하며 특수한 의사결정 및 경영자의 성과평가에 필요한 원가정보를 제공하기 위한 목적으로 기업의 원가자료를 확인 · 분류 · 집계하는 회계분야이다. 원가회계가 이와 같은 여러 목적을 달성하기 위해서는 사용목적에 따라 각각 다른 원가정보가 필요하기 때문에, 원가회계담당자는 특정목적에 가장 적합한 원가정보를 제공하기 위하여 어떤 원가자료를 확인 · 분류 · 집계할 것인가를 결정해야 한다. 한편, 관리회계는 경영자의 의사결정과 통제활동에 도움이 되는 각종 정보를 수집 · 분류 · 요약 · 분석하여 이를 이용자에게 보고하는 회계분야로서 내부경영계획과 경영통제활동에 초점을 맞추는 내부보고 지향적 회계분야이다. 따라서 관리회계의 목적은 특수목적의 재무제표나 보고서를 작성하여 기업내부 정보이용자의 의사결정에 유용한 정보를 제공하는 것이다. 이런 의미에서 원가회계와 관리회계의 가장 기본이 되는 사고는 '상이한 목적에 따라 상이한 원가를 적용한다'는 것이다. 이것은 원가를 정의하고 측정하는 방법에 여러 가지가 있으며, 그러한 원가정보를 이용하는 목적도 여러 가지가 있음을 의미한다.

원가의 정의를 다루기 전에 자산(asset)에 대해서 살펴보기로 한다. 자산을 기업이 보유하고 있는 미래 현금창출능력이 있는 경제적 자원이라고 할 때, 이 자원 중 특정 목적을 달성하기 위해 희생 또는 소모된 자원을 화폐액으로 나타낸 것이 원가(cost)이다.

예를 들어, 기업이 획득한 원재료를 이용해서 제품을 생산하였다면 이 원재료의 가액은 다음 기에 현금을 창출할 수 없기 때문에 재료원가로 계상된다. 그러나 이 원재료가 아직 제품의 생산 공정에 투입되지 않았다면, 원재료의 가액은 재무상태표의 자산항목인 원재료로 계상된다.[1)]

한편, 소멸자원인 원가는 그것이 수익창출에 기여했으면 비용으로, 수익을 창출하는데 아무런 기여도 하지 못하고 소멸되었으면 손실로 계상된다. 예를 들면, 아무런 수익

1) 실무에서는 원가와 비용을 엄격하게 구분하지 않고 혼용해서 사용한다. 기본적으로 수익창출을 목적으로 경제적 자원을 사용한다고 간주되므로 원가라는 계정을 사용하지 않고 비용이라는 계정을 사용하는 것이 불합리하다고는 판단되지 않으나 추후 수익창출에 기여하지 않은 부분에 대해서는 손실로 계상해야 할 것이다.

을 창출하지 못하고 소멸된 재고자산은 경제적 효익을 상실한 것이므로, 이 경우 소실된 재고자산의 원가는 재고자산감모손실과 같은 손실항목으로 계상된다.

원가의 정의

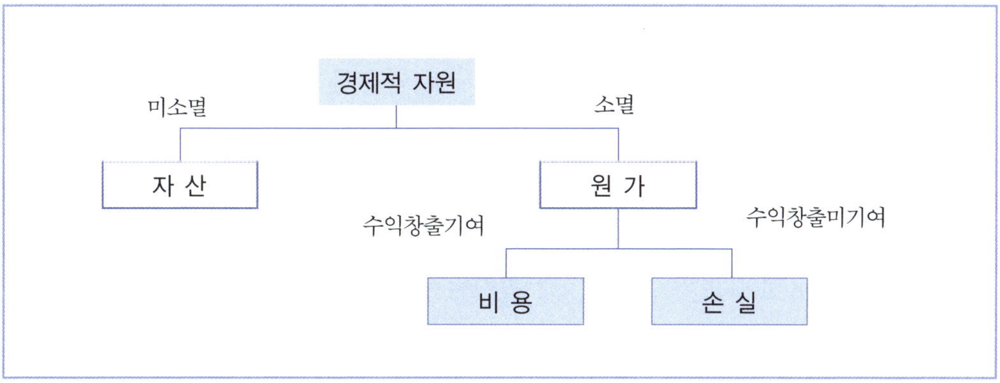

제2절 원가의 분류

원가정보의 실질적인 유용성을 도모하기 위하여 원가는 그 사용목적에 따라 분류된다. 즉 특정 원가는 어느 한 가지로만 구분되는 것이 아니라, 의사결정 목적에 따라 동시에 여러 가지로 분류될 수 있다.

1 직접원가와 간접원가

원가는 원가대상(cost object)의 추적가능성(traceability)에 따라 직접원가(direct costs)와 간접원가(indirect costs)로 구분할 수 있다.

경영자는 경영의사결정을 위하여 원가를 부담하는 '무엇'에 대한 원가정보를 필요로 한다. 이 '무엇'을 원가집적대상 또는 원가대상이라고 한다. 이러한 원가대상의 예로는 제품, 서비스, 고객, 브랜드, 부문 등을 들 수 있다.

직접원가는 특정 원가대상에 대해 직접적으로 특정제품 또는 특정부문에 직접 관련시킬 수 있는 원가이다. 예를 들어, 조선업체에서 엔진원가는 완성된 선박별로 추적할 수 있으므로 해당 선박에 대한 직접원가가 된다.

반면 어떤 원가가 원가대상과 관련성은 있지만 그 원가대상에 직접적으로 추적할 수 없는 경우 그 원가를 간접원가라 한다. 예를 들어, 조선업체에서 공통적으로 발생하는 공장감독자의 임금, 전력비, 기계유지비 등은 비록 제품을 생산하는 데 필요한 원가이기는 하지만, 이들 원가를 특정제품에 대하여 직접적으로 추적할 수 없으므로 간접원가가 된다.

원가를 추적가능성에 따라 직접원가와 간접원가로 분류하는 경우, 직접원가는 각 원가대상에 할당(assignment)하게 되는데 이를 원가추적(cost tracing)이라고 하고 간접원가는 별도의 부과방법을 이용하여 원가대상에 할당하는 것을 원가배부(cost allocation)이라고 한다. 간접원가의 배부는 원가·관리회계의 거의 모든 분야에 관련되는 것으로서 매우 중요하다.

추적가능성에 따른 원가분류

생산요소	제조원가	추적가능성	
		직접원가	간접원가
원재료	재료비	① 직접재료비	간접재료비
노동력	노무비	② 직접노무비	간접노무비
생산설비(용역)	경 비	③ 제조간접비(경비, 간접재료비, 간접노무비)	

특정원가가 직접원가 또는 간접원가로 구분하는 것이 항상 고정되어 있는 것은 아니다. 즉, 동일한 원가라 할지라도 그 집적대상의 선택과 범위에 따라 추적가능성도 달라질 수 있다. 같은 공장감독자의 급여라고 하더라도 원가대상을 A제품으로 설정했을 경우, A제품을 감독하는 감독자의 노무원가는 직접원가로 구분할 수 있으나, 공장전체를 통제하는 감독자의 노무원가는 특정제품으로 추적하는 것이 용이하지 않으므로 간접원가로 구분해야 할 것이다. 이러한 원가는 위에서 언급한 바와 같이 원가배부를 통하여 원가대상에 할당해야 할 것이다.

한편, 비록 특정원가대상에 실질적으로 추적가능한 원가항목이라 하더라도 원가-효익 기준(cost-benefit criteria)과 중요성 기준을 만족시키지 못할 때에는 간접원가로 분류하는 것이 타당하다.

원가-효익 기준과 중요성 기준은 관련성과 신뢰성을 갖춘 유용한 회계정보를 정보이용자에게 제공할 때에 고려해야 할 실무적인 요인들이다. 이러한 요인들은 회계정보가 가져야 할 질적 특성을 제한하므로 제약요인(constraints)이라고 부른다.

원가-효익 기준이 갖는 의미는 조직의 목표를 달성하기 위해 소비한 자원으로 부터 기대효익이 기대원가를 초과해야 한다는 것이다. 기대효익과 기대원가를 측정하기는 용이하지 않지만, 이러한 원가-효익 기준은 자원배부 의사결정에 있어서 중요한 기준이다. 이를 원가분류에 적용하면 원가를 추적함으로써 얻을 수 있는 효익이 원가보다 작은 경우에는 간접원가로 분류하는 것이 타당하다는 것이다.

중요한 정보(material information)란 그 정보의 누락이나 오류로 인해 정보이용자의 의사결정이 바뀔 수 있을 정도로 중대한 영향(significant impact)을 미치는 정보를 가리킨다.

중요성(materiality)은 잠재적으로 관련성과 신뢰성이 있는 정보일지라도 중요하지 않다면(immaterial), 그 정보를 처리하는 방법이 논리적으로 타당한 회계이론이나 기준과 일치하지 않더라도 무방하며, 경우에 따라서는 그러한 정보의 공시를 생략할 수도 있다. 따라서 중요성은 회계항목이 정보로서 정확하게 제공되기 위한 최소한의 요건(threshold)이라 할 수 있다. 일반적으로 중요성은 해당 항목의 성격과 금액의 크기에 의해 결정된다. 이를 원가분류에 적용하면 특정제품을 생산하는 데 사용한 소모품의 원가가 그 금액이 미미하면 각 제품단위에까지 추적하여도 큰 효익이 없다. 이 경우 소모품 원가는 간접원가로 처리하는 것이 바람직하다.

2 변동원가와 고정원가

원가는 원가행태(cost behavior)에 따라 변동원가(variable cost)와 고정원가(fixed cost)로 구분할 수 있다.

먼저 원가행태란 조업도나 활동수준이 변화함에 따라 총원가발생액이 일정하게 변화하는 정도를 의미한다. 기업이 원가행태에 따라 원가를 분류하는 것은 경영계획과 통제목적에 유용한 정보를 제공할 수 있기 때문이다.

미래에 발생할 원가가 어떠한 양상으로 변화할 것인지를 예측하는 것은 미래의 일정시점에 예상된 범주를 벗어날 경우 그 변화 금액을 알아야 하기 때문이다. 즉, 산출량 혹은 투입량의 변화에 따라 원가가 어떻게 변할 것인가를 알 수 있어야 원가정보를 계획과 통제목적에 유용하게 사용할 수 있다. 따라서 조업도나 활동수준의 변화에 따라 원가가 어떻게 변화하는가를 파악하는 일은 원가회계담당자의 중요한 임무이다.

변동원가는 조업도나 활동수준의 증감에 따라 비례하여 총원가가 증감하는 원가항목을 말한다. 따라서 단위당 변동원가는 조업도나 활동수준의 증감과 관계없이 일정하다.

고정원가는 가격변화와 같은 외부요인의 변동이 없는 한 관련범위(relevant range)내에서 조업도나 활동수준의 증감에 관계없이 총원가가 일정한 원가항목을 말한다. 따라서 조업도나 활동수준의 증가(감소)하면 단위당 고정원가는 감소(증가)한다. 고정원가의 예로는 공장건물의 임차료나 정액법에 의한 감가상각비 등을 들 수 있다.

여기에서 관련범위란 조업도나 활동수준과 원가의 관계, 즉 원가함수를 유효하게 적용할 수 있는 조업도나 활동수준의 범위를 의미한다. 이러한 관련범위 내에서는 특정원가의 행태가 변화하지 않는다고 가정한다. 즉, 일반적으로 고정원가와 변동원가는 일정범위의 조업도 및 특정기간이 주어졌다는 전제하에서 정의된다.

예를 들면, 고정원가는 주어진 조업도나 활동수준에서만 총원가가 변하지 않는다. 즉 관련범위 내에서 조업도나 활동수준의 증감은 고정원가에 아무런 영향을 미치지 않는 것이다. 만약 해당 관련범위를 벗어나는 경우에는 고정원가의 총액이 변화한다. 따라서 관련범위를 어떻게 설정하느냐에 따라 원가의 구분은 달라질 수 있으며, 관련범위를 상당히 넓게 설정했을 경우에는 순수한 의미의 고정원가는 존재하지 않는 것이다.

이렇게 관련범위에서는 특정 원가의 행태가 변화하지 않는다는 것이 고정원가에만 해당되는 개념은 아니다. 변동원가 역시 해당 관련범위 내에서 조업도나 활동수준에 비례하여 총원가가 변동하므로, 해당 관련범위를 벗어나는 경우에는 조업도나 활동수준에 대하여 다른 비율(예: 대량구매에 따른 가격할인 등)로 변동할 수 있다.

원가행태에 따른 분류

<table>
<tr><td rowspan="6">제조원가</td><td>직접재료비</td><td rowspan="3">변동비</td><td>변동비</td><td>총연료비</td></tr>
<tr><td>직접노무비</td><td>단위당
변동비</td><td>주행거리당 연료비</td></tr>
<tr><td>변동제조간접비</td><td>준변동비</td><td>임차료+연료비</td></tr>
<tr><td rowspan="3">고정제조간접비</td><td rowspan="3">고정비</td><td>고정비</td><td>임차료</td></tr>
<tr><td>단위당
고정비</td><td>주행거리당 임차료</td></tr>
<tr><td>준고정비</td><td>택시 추가 구입</td></tr>
</table>

예제

물음

현대자동차 아산공장에서 쏘나타 자동차의 타이어를 대당 ₩300,000에 구입하여 제조하고 있다. 또한 공장임차료가 ₩100,000,000이 발생한다고 하자. 10,000~20,000대의 관련범위 내에서 타이어의 총변동원가는 자동차 생산대수에 대한 단위당 변동원가 ₩300,000의 일정비율에 따라 비례적으로 증가하고 있으나, 임차료의 총액은 변화하지 않으므로 자동차 단위당 임차료는 감소하고 있다.

쏘나타의 생산대수 (A)	타이어의 단위당 변동원가(B)	타이어의 총변동원가 (C)=(A)×(B)	고정임차료 연간총액 (D)	쏘나타의 단위당 고정임차료 (E)=(D)/(A)
1	₩300,000	₩300,000	₩100,000,000	₩100,000,000
5,000	300,000	1,500,000,000	100,000,000	20,000
10,000	300,000	3,000,000,000	100,000,000	10,000
20,000	₩300,000	₩6,000,000,000	₩100,000,000	₩5,000

풀이

다음은 위의 예를 그래프를 통하여 구체적으로 설명할 것이다. 각 원가행태를 설명함에 있어서 그래프의 가로축은 독립변수인 자동차 생산대수를 나타내고, 세로축은 종속변수인 총원가를 나타낸다.

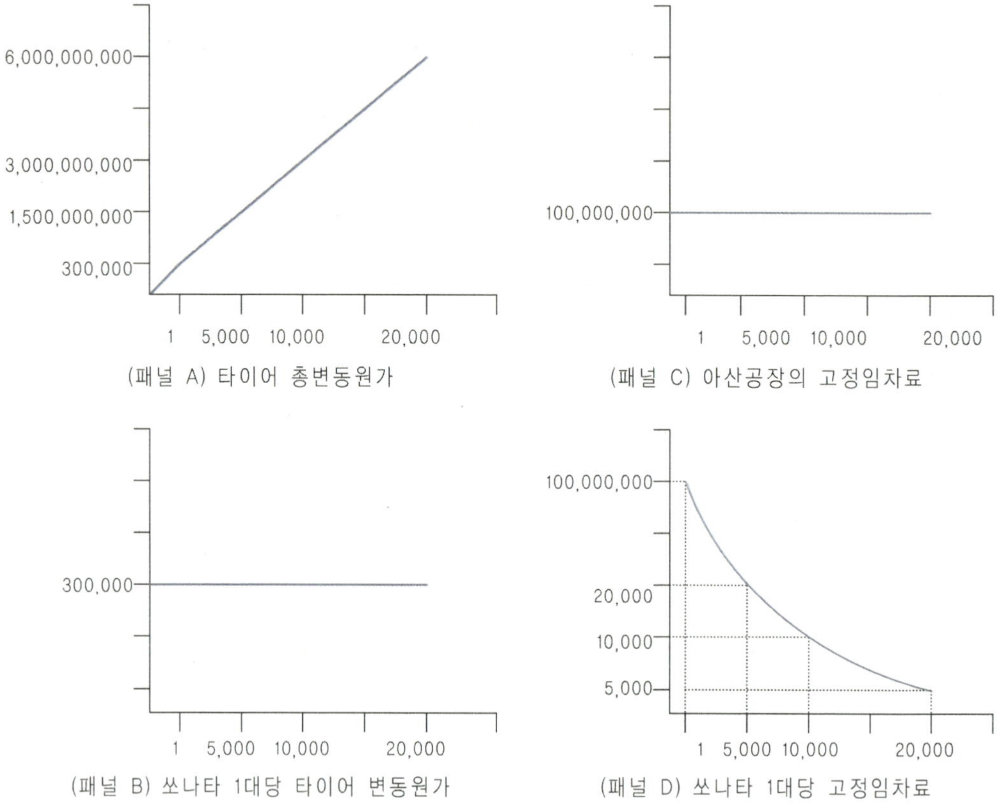

원가동인(cost driver)이란 원가를 발생시키는 원인이 되는 변수이다. 대표적인 원가동인으로는 앞에서 원가행태에 따른 원가구분에서 언급한 활동이나 조업도 수준을 들 수 있다. 위의 그림에서 생산대수인 조업도를 독립변수로 사용한 이유도 조업도 수준의 증감과 원가대상에 대한 총원가수준의 증감 사이에 인과관계가 존재하기 때문이다.

변동원가의 원가동인은 그 원가를 비례적으로 변동시키는 활동 또는 조업도수준이다. 위의 예에서 타이어원가가 자동차 생산대수에 따라 변동되면 자동차 생산대수는 타이어원가의 원가동인인 것이다.

관련범위 내에서 고정원가는 변화하지 않으므로 원가동인은 없다고 할 수 있지만 관련범위를 확대시키게 되면 총고정원가 역시 변화하게 되므로 이를 야기한 원가동인이 있을 것이다. 본 예에서 보면 조업도(자동차 생산대수)가 20,000대 이상이 되는 경우, 즉 관련범위를 벗어나는 경우에는 설비를 증대해야 하고 이에 따라 공장임차료를 추가로 지급해야 할 것이다. 장기적인 관점에서 보면 조업도가 공장임차료의 원가동인이 될 것이다.

3 제조원가와 비제조원가

1) 기업의 종류

기업을 크게 서비스기업, 상기업, 제조기업 세 가지 종류로 구분할 수 있다.

먼저 서비스기업(service company)은 고객에게 용역을 제공하는 기업이다. 대표적인 예로는 회계법인, 법무법인, 은행, 투자자문회사, 정보중개회사 등을 들 수 있다.

상기업(merchandising company)은 제품을 구입하여 고객에게 판매하는 것을 주된 영업활동으로 하는 기업이다. 상기업을 매매기업 또는 판매기업이라고도 하며 대표적인 예로는 소매업, 유통업, 도매업에 속하는 회사들이다.

제조기업(manufacturing company)은 원재료를 매입하여 생산 공정에 투입하고 추가적으로 노무원가와 제조간접비를 투입하여 제품을 생산한다. 그리고 이렇게 생산된 완제품을 고객에게 판매하는 활동을 주요한 영업활동으로 영위하는 기업이다.

회계정보 산출측면에서 보면, 이렇게 서로 다른 형태의 기업들은 원가를 구성하고 있는 항목들의 비중 및 성격이 상이하므로 서로 다른 형태의 회계문제에 직면하게 된다.

상기업과 제조기업은 서비스 기업과는 달리 상품이나 제품을 거래하므로 이들의 매출원가를 계산한다는 것이 특징이다.

상기업에서는 매입활동, 판매활동이 이루어지고 제조기업에서는 매입활동, 판매활동과 더불어 생산 활동이 복합적으로 이루어지므로 회계정보 산출과정과 재무제표가 서비스기업이나 상기업보다 복잡하다. 본서에서는 제조기업에 초점을 맞추어 원재료의 매입부터 판매활동에 이르기까지의 원가개념 및 계산에 대해 자세히 다루고자 한다.

2) 제조활동 관련성과 원가

제조활동과의 관련성에 따라 원가를 분류하면 제조원가(manufacturing costs)와 비제조원가(non-manufacturing costs)로 나눌 수 있다.

먼저 제조원가를 살펴보기 전에 제조기업의 생산과정에 따라 나타나는 재고자산에 대하여 알아보기로 한다. 제조기업은 인적자원과 물적 설비를 투입하여 구매한 재료나 부품을 물리적, 화학적 변환을 통해 재화를 생산하게 된다. 따라서 생산과정에 투입되기 전에 미사용되어 저장되어 있는 직접재료는 원재료재고(raw material inventory)라는 계정으로 재무상태표에 계상된다. 그리고 인적자원과 물적 설비를 투입하여 부분적으로 작업이 수행되었지만 미완성된 재화는 재공품재고(work-in-process inventory)계정에 표시되고 작업이 완료되었지만 판매가 이루지지 않은 제품은 제품재고(finished goods inventory)계정에 표시된다.

제조원가는 제품을 생산하는 과정에 소요되는 모든 원가를 말한다. 제조원가는 보통 직접재료비, 직접노무비 및 제조간접비의 세 가지로 구분하며 각각 동일한 의미를 가진 재료비, 노무비, 경비계정을 사용하기도 한다.

직접재료비(direct material cost)는 원재료재고 중에서 제품을 생산하는 데 사용되는 재료원가 중 특정제품에 직접적으로 추적 가능한 원가이다. 예를 들면, 선박생산에 필요한 엔진의 원가가 직접재료비에 해당된다. 직접재료비는 생산조업도에 비례하여 변화하기 때문에 일반적으로 변동원가로 구분된다.

한편, 원재료 중에서 제품을 생산하는 데 사용되지만 원가대상에의 추적가능성이 떨어지는 재료원가는 간접재료비(indirect material cost)이며, 이는 제조간접비에 포함되는 원가항목이다. 간접재료비의 예로는 제품생산에 사용되는 접착제, 기계장치에 사용되는 윤활유 등이다.

직접노무비(direct labor cost)란 특정제품의 제품생산에 소요된 추적 가능한 인적자원에 대한 보상액이다. 예를 들면, 특정제품을 생산하는 작업자에게 지급된 임금, 보너스 등이다. 직접노무비도 직접재료비와 유사하게 생산조업도에 비례하여 변화하기 때문에 일반적으로 변동원가로 구분된다.

한편, 간접재료비와 유사하게 제품에 투입되지만 원가대상에의 추적가능성이 낮은 인적자원에 대한 보상액은 간접노무비(indirect labor cost)이며, 이는 제조간접비에 포함되는 원가항목이다. 예를 들어, 공장관리인이나 감독자에게 지급하는 임금, 보너스 등은 직접적인 생산 활동을 수행하지는 않지만 공장운영을 위해 필요한 종업원에게 지급한 보상액이다.

직접재료비와 직접노무비를 제외한 제조원가를 제조간접비(indirect manufacturing cost)라고 하는데, 제조간접비를 구성하는 항목들은 위에서 언급한 간접재료비, 간접노무비와 공장건물이나 설비자산에 대한 감가상각비, 재산세, 수도광열비 등과 같은 제조원가 항목이 여기에 해당한다.

제조원가의 개념

제조원가	추적가능여부	내 용	예
직접재료비	추적가능	특정제품을 생산하기 위해 투입된 재료비	냉면을 만들기 위한 면
직접노무비	추적가능	특정제품을 생산하기 위해 투입된 생산직근로자의 임금	주방장의 급여
제조간접비	추적어려움	직접재료비와 직접노무비 이외의 모든 제조원가	수도광열비, 감가상각비, 보험료 등

* 추적가능성이란? 어떤 제품에 어떤 원가가 얼마만큼 투입되었는지를 개별적으로 파악가능여부

제조원가에 속하는 원가항목을 재구분할 수 있는데 직접재료비와 직접노무비를 합하여 기본원가(prime costs)라고 한다. 이는 제품을 제조하는데 직접적으로 관련된 원가항목이기 때문이다. 또한 직접노무비와 제조간접비는 원재료를 가공하여 제품을 생산하는데 소요되는 원가이므로, 이 두 원가항목의 합을 전환원가(conversion costs) 혹은 가공원가라고 한다.

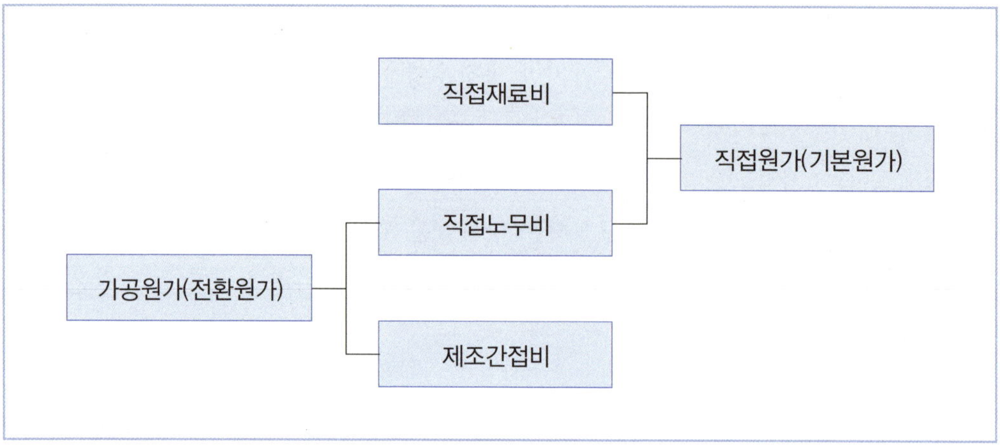

예제

다음은 한국타이어(주)가 생산하는 제품의 원가자료이다.
직접재료비 ₩20,000 직접노무비 ₩25,000 제조간접비 ₩40,000

물음

한국타이어(주)가 생산하는 타이어의 기본원가와 가공원가를 구하시오.

풀이

기본원가 = 직접재료비 + 직접노무비
= ₩20,000 + ₩25,000
= ₩45,000

가공원가 = 직접노무비 + 제조간접비
= ₩25,000 + ₩40,000
= ₩65,000

비제조원가는 기업의 제조활동과 직접적인 관련이 없는 원가로서 판매비와 일반관리비 항목이 대표적인 예이다. 판매비는 상품, 제품, 용역의 판매에 소요되는 비용이며 판매원 급여, 포장운반비, 광고선전비 등이다. 일반관리비는 기업 활동의 전반적 관리에 소요되는 비용으로 본사(본부)비용을 말하며, 임원 및 사무원의 급여, 복리후생비, 건물 및 설비 등의 감가상각비와 일반관리부문의 접대비, 통신비, 소모품비, 세금과공과 등이 이에 속한다. 제조원가와 비제조원가를 포함하여 원가의 구성이 이루어진다.

원가의 구성

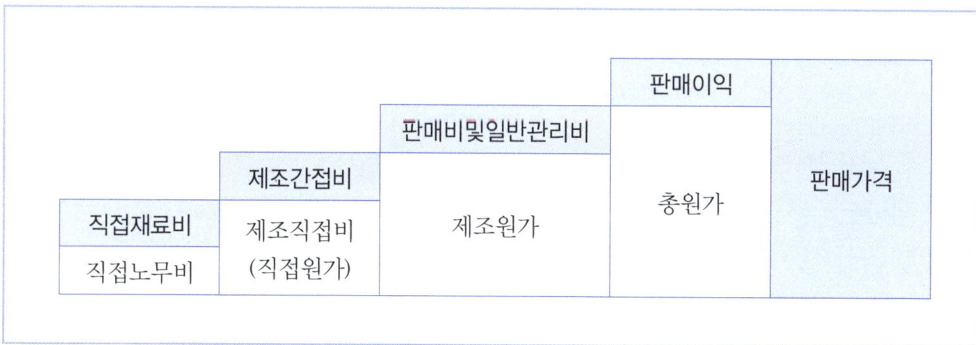

한편, 자산화 가능성에 따라 원가를 분류하면 재고가능원가(inventoriable cost)와 기간원가(period cost)로 구분할 수 있다. 재고가능원가는 원가 발생시 재무상태표에 자산으로 기록되는 원가를 말한다. 위에서 설명한 모든 제조원가는 재고가능원가이다. 또한 판매목적으로 제조한 제품에 소요되는 자원을 화폐액으로 나타낸 제품원가(product costs) 역시 재고가능원가이다.

제조과정이 진행됨에 따라 직접재료비, 직접노무비, 제조간접비를 재공품에 부과하였다가 제조과정이 완료됨과 동시에 제품계정으로 대체하고, 그 제품이 판매될 때까지 자산으로 계상함으로써 비용인식을 미래로 이연한다. 원가임에도 불구하고 재무상태표 항목으로 분류하는 이유는 제품이 미래현금창출능력이 있는 경제적 자원이라는 자산의 정의에 부합하기 때문이다. 이후 그 제품이 판매활동을 통해 수익을 창출하면 매출원가라는 항목으로 대체되는데 비용의 성격을 지니고 있으나 원가라는 명칭으로 불리고 있다.

기간원가란 재무상태표에 계상된 재고가능원가 이외의 모든 원가로서 재고가능원가와는 달리 해당 원가를 개별제품의 수익과 대응시키는 것이 현실적으로 어렵기 때문에, 비용인식을 미래로 이연하지 않고 발생한 회계기간에 즉시 비용으로 인식한다. 따라서 넓은 의미로 기간비용이라고도 한다. 위에서 설명한 비제조원가(예: 판매비와 관리비)는 기간원가의 대표적인 예이다.

재고가능원가와 기간원가

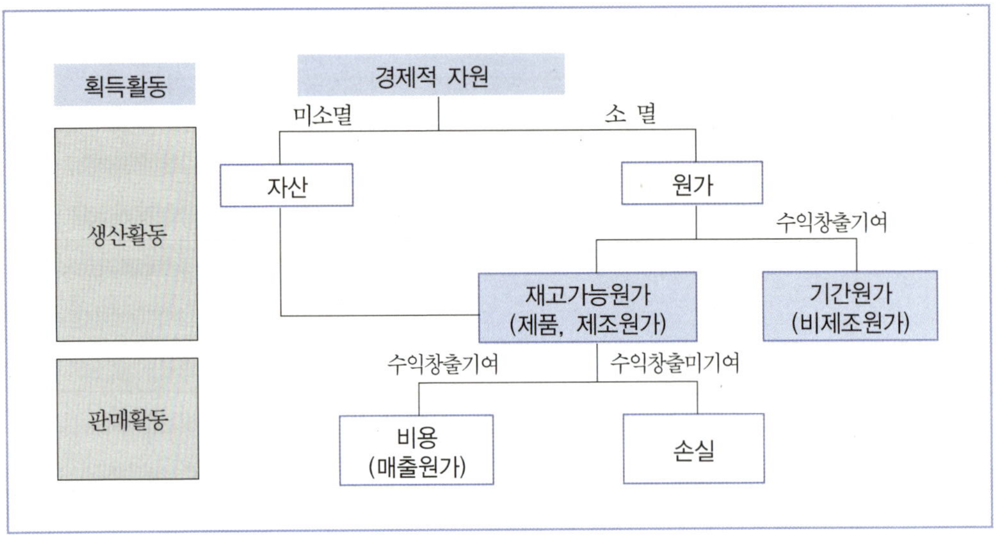

4 원가유형 간의 관계

지금까지 원가를 추적가능성에 따라 직접원가와 간접원가로, 원가행태에 따라 변동원가와 고정원가로 분류하였다. 또한 제조활동과의 관련성 여부에 따라 제조원가와 비제조원가로 원가를 구분하였다. 이러한 원가유형 간의 관계를 살펴보면 다음 그림과 같다.

원가유형 간의 관계

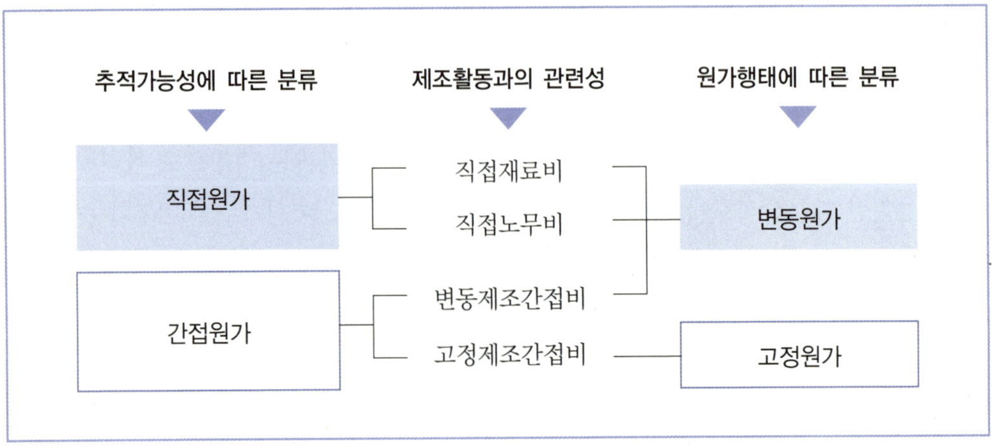

5 통제가능원가와 통제불능원가

통제가능성에 따른 원가를 구분하면 통제가능원가(controllable costs)와 통제불능원가(uncontrollable costs)로 나눌 수 있다.

통제가능성이란 경영자가 특정원가항목을 관리할 수 있는 권한의 유무를 말한다. 따라서 통제가능하다는 것은 경영자가 원가발생액을 통제할 수 있는 재량권을 갖고 있음을 의미한다.

따라서 통제가능원가란 경영자가 발생에 영향을 미칠 수 있는 원가를 말하며, 통제불능원가란 경영자가 발생에 영향을 미칠 수 없는 원가를 말한다.

이러한 통제가능성에 따른 원가분류는 책임중심점의 경영자를 성과평가하기 위해서 필요하다. 즉, 특정부문에서 발생하는 원가를 통제가능원가와 통제불능원가로 분류하여 부문경영자의 성과를 평가해야 한다.

원가와 통제

원가의 통제가능성 : 책임중심점

통제가능원가와 통제불능원가

- 원가통제가능성(책임중심점)을 기준으로 한 원가분류임.
- 특히 고정원가에 대한 경영진의 의사결정이 주요사안임.

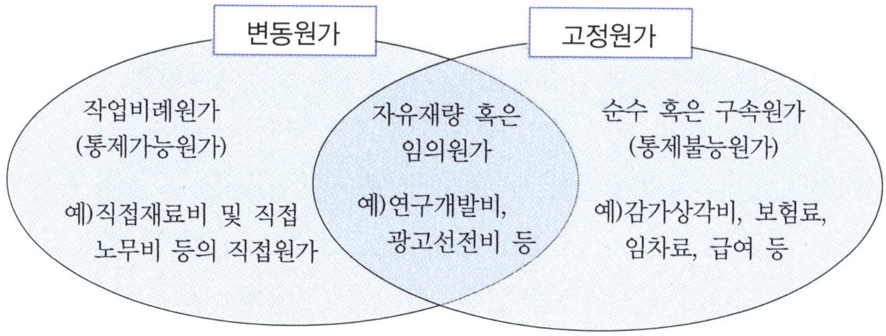

통제불능원가는 특정부문의 외부에서 이루어지는 의사결정에 의해 발생한다. 예를 들어, 공장부문에서 사용할 설비자산의 구입에 관한 의사결정이 최고경영진에 의해 이루어졌다면, 이 설비자산과 관련된 고정원가는 공장부문경영자가 직접적으로 관리할 수 없는 통제불능원가이다. 만약 이러한 원가를 포함시켜 성과평가를 수행했을 경우 공장부문 경영자의 성과평가는 왜곡되게 된다. 따라서 공장부문경영자의 성과평가대상에서 이러한 원가정보는 제외시켜야 한다.

6 기타 기준에 따른 원가분류

지금까지는 원가의 추적가능성, 원가행태, 제조활동과의 관련성, 통제가능성 등의 기준에 따라 원가의 유형을 살펴보았다. 이외에도 다양한 기준으로 원가의 유형을 구분할 수 있다.

첫째, 원가는 의사결정과의 관련성(relevance) 여부에 따라 관련원가(relevant cost)와 비관련원가(irrelevant cost)로 구분할 수 있다. 경영자의 의사결정은 다양한 상황에서 이루어진다. 따라서 동일한 원가정보라 하더라도 하나의 상황에서는 중요하게 다루어지지만, 다른 상황에서는 중요하지 않을 수 있다. 관련원가는 여러 가지 대안 사이에 차이가 있는 미래원가로서 특정 의사결정에 중요하게 활용되는 원가를 말한다. 반면, 비관련원가는 여러 가지 대안 사이에 차이가 없거나 이미 발생한 과거의 원가로서 특정 의사결정에 영향을 주지 않는 원가를 말한다. 예를 들어, 조선업체가 신규로 선박을 수주할지 여부를 결정할 경우, 신규 건조에 필요한 원재료 구입원가, 추가로 고용할 근로자에 대한 임금, 추가로 취득해야 하는 기계장치의 감가상각비 등은 중요하게 고려해야 할 관련원가가 된다. 하지만, 이미 건조 중인 선박에 투입된 원재료 구입원가, 기존 근로자의 임금, 사용 중인 기계장치의 감가상각비 등은 신규 선박건조와는 무관하게 발생하는 비관련원가이다. 특히 과거의 의사결정에 의해 이미 발생한 원가로서 현재 또는 미래의 의사결정에 의해 달라지지 않는 비관련원가를 매몰원가(sunk cost)라고 한다. 이러한 매몰원가는 경영자가 통제할 수 없고 여러 가지 대안 사이에 아무런 차이도 가져오지 않기 때문에 의사결정에서 고려하지 않아야 한다.

둘째, 원가는 측정단위를 기준으로 총원가(total cost)와 단위당 원가(unit cost)로 구분할 수 있다. 총원가는 특정 원가대상에서 발생한 모든 원가의 합계를 말하고, 단위당 원가는 총원가를 생산수량 또는 조업도로 나눈 값을 말한다. 예를 들어, 직접재료비 ₩20,000, 직접노무비 ₩25,000, 제조간접비 ₩40,000을 투입하여 제품 100개를 생산하였다면, 총원가는 ₩85,000(=₩20,000+₩25,000+₩40,000), 단위당 원가는 ₩850(=₩85,000÷100개)이 된다.

셋째, 원가를 경제학적 관점에서 기회원가(opportunity cost)로 파악할 수도 있다. 기회원가는 기업의 경제적 자원을 현재 사용하고 있는 곳이 아닌 다른 대체적 용도에 사용하였을 때 실현할 수 있는 최대금액을 말한다. 신규 투자의사결정을 할 경우에는 여러 가지 대안 중에서 차선의 대안을 포기함으로써 상실한 경제적 효익(economic benefit)이 기회원가가 된다. 기회원가는 제한된 경제적 자원을 여러 가지 목적에 활용할 수 있을 때 성립되는 개념이며, 경제적 자원이 무한하거나 하나의 용도밖에 사용할 수 없는 경우 기회원가는 ₩0이 된다. 일반적으로 기회원가는 회계시스템에서는 측정 · 기록되지 않으며, 현실적으로 기회원가의 측정이 어렵다. 그러나 합리적 의사결정을 위해서는 어떠한 형태로든 기회원가를 파악하도록 노력할 필요가 있다.

지금까지 설명한 원가개념을 정리하면 다음 표와 같다.

원가개념의 요약

개념		정의
원가		특정 목적을 달성하기 위해 희생 또는 소모된 자원을 화폐액으로 나타낸 것
비용		특정회계기간의 수익창출에 기여한 원가
손실		특정회계기간의 수익창출에 기여하지 못한 원가
추적가능성	직접원가	특정원가대상에 직접 관련시킬 수 있는 원가
	간접원가	특정원가대상에 직접 관련시킬 수 없는 원가
원가행태	변동원가	조업도에 따라 총액이 변하는 원가
	고정원가	조업도에 따라 총액이 변하지 않는 원가
제조활동 관련성	제조원가	제품을 생산하는 과정에서 소요되는 모든 원가
	비제조원가	기업의 제조활동과 직접적인 관련이 없는 원가

개념		정의
자산화 가능성	재고가능원가	원가발생시 재무상태표상 자산으로 계상되는 원가
	기간원가	발생기간에 비용으로 인식하는 원가
통제가능성	통제가능원가	경영자가 발생에 영향을 미칠 수 있는 원가
	통제불능원가	경영자가 발생에 영향을 미칠 수 없는 원가
의사결정 관련성	관련원가	경영자의 의사결정에 차이를 가져오는 원가
	비관련원가	경영자의 의사결정에 차이를 가져오지 않는 원가
측정단위	총원가	특정원가대상에서 발생한 모든 원가의 합계
	단위당 원가	총원가를 생산수량(또는 조업도)으로 나눈 원가
기타	매몰원가	과거의 의사결정에 의해 이미 발생한 원가로서 현재 또는 미래의 의사결정에 의해 달라지지 않는 원가
	기회원가	경제적 자원을 현재 사용하고 있는 곳이 아닌 다른 대체적 용도에 사용하였을 때 실현할 수 있는 최대금액 (또는 경제적 효익)

Ⅰ. 평가자체크리스트

※ 다음 서술이 옳으면 T, 옳지 않으면 F를 기재하시오.

2.1 원가회계는 '일반적으로 인정된 회계원칙(GAAP)'에 따르지 않으며, 관련 측정치와 보고서는 원가·효익 분석에 근거를 둔다.

2.2 원가회계는 내부관리용 경영계획의 수립·통제, 특수한 의사결정 등 관리측면의 원가정보만을 제공한다.

2.3 원가회계는 조직 자원의 취득과 사용에 따른 원가와 관련된 재무적·비재무적 정보를 측정, 분석 및 보고한다.

2.4 원가회계는 포괄손익계산서 작성에 필요한 매출원가와 관련된 원가정보를 제공할 뿐만 아니라 재무상태표 작성에 필요한 재고자산 가액 결정을 위한 원가정보를 제공한다.

2.5 발생한 원가를 원가대상별로 추적할 수 있는가에 따라서 직접원가와 간접원가로 분류된다.

2.6 실질적 또는 경제적으로 특정 제품 등에 직접 관련시킬 수 있는 원가를 직접원가라고 한다.

2.7 조업도의 변동에 따른 원가행태(cost behavior)에 근거하여 직접원가와 간접원가로 분류된다.

2.8 고정원가는 조업도의 증감에 따라 비례적으로 증가 또는 감소하는 성격의 원가이다.

2.9 고정원가는 조업도가 증감하더라도 관련 범위 내에서는 고정적이기 때문에, 다른 조건이 동일할 경우 제품의 단위당 고정원가는 조업도의 증가에 따라 감소한다.

2.10 변동원가는 조업도가 0(영)인 경우에도 일정액이 발생하고, 그 이후로부터 조업도에 따라 비례적으로 증가하는 원가를 말한다.

Ⅱ. 객관식

2.1 원가에 대한 설명 중 가장 옳은 것은?

① 직접재료비는 기초원가와 가공원가 모두 해당된다.
② 매몰원가는 의사결정과정에 영향을 미치는 원가를 말한다.
③ 고정원가는 조업도와 상관없이 일정하게 증가하는 원가를 말한다.
④ 직접원가란 특정한 원가집적대상에 추적할 수 있는 원가를 말한다.
⑤ 공장 감독자 급여는 기본원가에만 포함된다.

2.2 원가의 개념에 대한 설명으로 가장 옳지 않은 것은?

① 간접원가란 특정한 원가대상에 직접 추적할 수 없는 원가이다.
② 회피가능원가는 특정 대안을 선택하지 않음으로써 회피할 수 있는 원가이다.
③ 변동원가는 조업도가 증가할 때마다 원가총액이 비례하여 증가하는 원가이다.
④ 경영자가 미래의 의사결정을 위해서는 과거 지출된 원가의 크기를 고려하여야 하므로 매몰원가 역시 관련원가에 해당한다.
⑤ 제품생산량이 증가함에 따라 관련 범위 내에서 제품단위당 고정원가는 감소한다.

2.3 원가회계의 특징에 대한 설명으로 가장 옳지 않은 것은?

① 손익계산서의 제품매출원가를 결정하기 위하여 제품생산에 소비된 원가를 집계
② 재무상태표에 표시되는 재공품과 제품 등의 재고자산의 가액을 결정
③ 기업의 경영계획 및 통제, 의사결정에 필요한 원가자료를 제공
④ 주로 외부 이해관계자에게 의사결정에 대한 유용한 정보제공
⑤ 원가계산제도는 경영자의 판단에 의하여 변경이 가능하다.

2.4 공장 감독자의 급여를 분류한 것으로 옳은 것은?

	기본원가	가공원가	제품원가	기간원가
①	아니오	예	아니오	예
②	예	아니오	예	아니오
③	아니오	예	예	아니오
④	예	아니오	예	예
⑤	예	예	아니오	예

2.5 원가의 추적가능성에 따라 분류한 것으로 옳은 것은?

① 재료비, 노무비, 경비 ② 직접비와 간접비 ③ 변동비와 고정비
④ 제품원가와 기간원가 ⑤ 제조원가와 비제조원가

2.6 제조부문과 판매부문에 동시에 발생할 수 있는 계정과목으로 옳은 것은?

① 광고선전비, 간접노무비, 보험료, 수도광열비
② 감가상각비, 재산세, 보험료, 수도광열비
③ 외주가공비, 보험료, 공장감가상각비, 급료
④ 수도광열비, 광고선전비, 공장감가상각비, 보험료
⑤ 공장전기료, 특허권사용료, 외주가공비, 감가상각비

2.7 원가는 경영자의 의사결정 목적에 따라 여러 가지로 분류할 수 있다. 다음 원가 분류에 대한 설명으로 옳지 않은 것은?

① 고정원가는 원가의 행태에 따른 원가분류 방법이다.
② 간접원가는 원가의 추적가능성에 따른 분류이다.
③ 매몰원가는 의사결정과의 관련성에 따른 원가분류 방법이다.
④ 제조원가는 기본원가와 가공원가의 합으로 구성된다.
⑤ 통제가능원가는 통제가능성에 따른 원가분류 방법이다.

2.8 제조원가에 포함되지 않는 계정과목은?

① 재료비 ② 노무비
③ 관리비 ④ 경비
⑤ 동력용수비

2.9 제조원가항목에 대한 설명으로 옳은 것은?

① 관리부 직원 급여
② 영업사원 복리후생비
③ 마케팅부서 접대비
④ 영업부 차량 감가상각비
⑤ 공장 차량운반구의 감가상각비

2.10 제조간접비에 대한 설명으로 옳은 것은?

① 기본원가에 해당된다.
② 고정원가만 있고 변동원가는 없다.
③ 직접노무비와의 합계액을 가공원가라고 한다.
④ 간접재료비와 간접노무비에서는 포함되지 아니한다.
⑤ 제조간접비에 해당하는 계정과목은 생산직 근로자의 임금이 예이다.

2.11 제조공장에서 발생한 보험료를 분류한 것으로 옳은 것은?

① 기본원가 ② 직접원가
③ 비제조원가 ④ 가공원가
⑤ 통제가능원가

2.12 통제가능원가에 해당하는 계정과목으로 옳은 것은?

① 직접재료비 ② 보험료
③ 감가상각비 ④ 임차료
⑤ 급여

2.13 통제불능원가에 해당하는 계정과목으로 옳은 것은?

① 직접재료비 ② 직접노무비
③ 광고선전비 ④ 감가상각비
⑤ 연구개발비

2.14 기본원가를 계산하면 얼마인가?

기초원재료재고액	₩15,000	전월노무비미지급액	₩20,000
당월원재료매입액	₩95,000	당월노무비지급액	₩60,000
기말원재료재고액	₩10,000	당월노무비미지급액	₩10,000
당월보험료지급액	₩25,000	당월영업부사무원급여	₩10,000

① ₩100,000 ② ₩120,000
③ ₩150,000 ④ ₩160,000
⑤ ₩175,000

2.15 다음 원가자료에 의하여 가공원가를 계산하면 얼마인가?

직접재료비	₩1,200,000	직접노무비	₩1,500,000
변동제조간접비	₩800,000	고정제조간접비	₩200,000

① ₩1,200,000　② ₩1,500,000
③ ₩1,700,000　④ ₩2,300,000
⑤ ₩2,500,000

2.16 기본원가와 가공원가를 계산하면 얼마인가?

직접재료비	₩50,000	직접노무비	₩80,000
공장장급료	₩40,000	본사건물감가상각비	₩20,000
대표이사급료	₩90,000	공장건물화재보험료	₩5,000
공장기계수선비	₩15,000	공장 전기료	₩25,000

	기본원가	가공원가
①	₩130,000	₩160,000
②	₩130,000	₩165,000
③	₩170,000	₩160,000
④	₩170,000	₩165,000
⑤	₩170,000	₩255,000

2.17 다음 자료를 이용하여 당기총제조원가를 계산하면 얼마인가?

기본원가	₩500,000	가공원가	₩700,000
제조간접비	₩400,000		

① ₩700,000　② ₩800,000
③ ₩900,000　④ ₩1,000,000
⑤ ₩1,200,000

2.18 다음 자료를 이용하여 판매가격을 계산하면 얼마인가?

직접재료비	₩500,000	직접노무비	₩300,000
제조경비	₩200,000	제조간접비	₩1,000,000
판매관리비는 제조원가의 15%		판매이익은 총원가의 10%	

① ₩2,300,000
② ₩2,320,000
③ ₩2,350,000
④ ₩2,530,000
⑤ ₩2,570,000

2.19 다음 자료를 이용하여 제조원가를 계산하면 얼마인가?

직접재료비	₩200,000	직접원가	₩500,000
판매비와관리비는 제조원가의 25%		판매가격은 총원가의 120%	
판매가격	₩1,500,000		

① ₩700,000
② ₩800,000
③ ₩900,000
④ ₩1,000,000
⑤ ₩1,200,000

2.20 다음 자료를 이용하여 판매비와 관리비를 계산하면 얼마인가?

직접재료비	₩1,000,000	직접노무비	₩2,000,000
제조간접비	₩3,000,000	판매가격	₩12,000,000
판매가격은 총원가의 20%를 가산하여 판매한다.			

① ₩4,000,000
② ₩4,500,000
③ ₩5,000,000
④ ₩6,000,000
⑤ ₩8,500,000

2.21 기회비용에 대한 설명 중 가장 적절하지 않은 것은? [기업회계2급 수정]

① 기회비용은 여러 대안 중에서 어느 하나를 선택하였을 때 포기해야 하는 다른 대안들 중에서 효익이 가장 큰 것을 말한다.

② 기회비용이란 자원을 현재 용도 이외에 다른 용도로 사용했을 경우 얻을 수 있는 최대금액을 말한다.

③ 기회비용은 장부상에 나타나지 않는다.

④ 기회비용은 의사결정에 영향을 미치는 비관련원가이다.

⑤ 기회비용은 암묵적 비용과 명시적 비용으로 나눠진다.

2.22 아래 자료를 보고 A씨의 현재 의사결정에 관한 매몰원가는 얼마인가? [전산세무1급 수정]

- A씨는 이번에 취업을 목적으로 전산세무1급 자격증과 영어공부를 시작하려 한다.
- 이미 A씨는 대학교 1학년 때 전산회계1급 자격증을 취득하였고 그와 관련된 교재 구입비로 30,000원을 지출하였다.
- 현재는 전산세무1급 자격증 취득과 영어공부를 위해 수험서적 및 어학서적을 각각 25,000원과 40,000원에 구입하려 한다.
- 또한, 인터넷강의를 수강하기 위해 수강료를 알아 본 결과 6개월 수강료는 100,000원이며 인강을 신청할 경우 교재 구입비를 10% 할인받을 수 있다.

① 25,000원 ② 30,000원 ③ 40,000원 ④ 65,000원 ⑤ 100,000원

2.23 다음 설명에 맞는 원가개념은? [기업회계2급 수정]

채원이는 피아노학원을 다니고 있었는데, 방학이 되자 수영을 배우려고 알아보니 피아노학원수업시간과 겹치게 되었다. 채원이는 수영을 꼭 배우고 싶어 수강중인 피아노학원을 그만두고 수영을 수강하게 되었다. 이미 지출된 피아노학원비는 (   )에 해당한다.

① 기회비용 ② 매몰원가 ③ 역사적원가
④ 의사결정원가 ⑤ 간접원가

2.24 (주)만군은 한 공장에서 100명의 직원 모두가 팀 구분 없이 승용차와 트럭을 생산하고 있다. 승용차 생산과 관련하여 원가를 원가행태와 추적가능성에 따라 아래와 같이 분류하는 경우 (ㄱ)의 사례로 가장 옳은 것은? [재경관리사 수정]

	직접원가	간접원가
변동원가	(ㄱ)	(ㄷ)
고정원가	(ㄴ)	(ㄹ)

① 승용차용 타이어 원가
② 공장 감가상각비
③ 공장장 급여
④ 식당 운영비
⑤ 공장 재산세

Ⅲ. 주관식

2.1 다음에 열거한 항목 중 제조간접비에 해당하는 것은?

a. 공장기계 감가상각비
b. 공장감독자의 복리후생비
c. 공장건물에 대한 재산세
d. 생산직근로자의 임금
e. 본사사무실 비품
f. 공장 전기료
g. 광고선전비
h. 영업부 차량 감가상각비

2.2 3월 중의 직접재료비는 ₩1,000,000이었다. 3월 중의 가공원가는 ₩1,500,000인데 이 중 ₩800,000은 제조간접비이다. 3월 중의 기본원가는 얼마인가?

2.3 다음의 원가자료에서 기본원가와 가공원가 모두에 해당하는 금액은?

직접재료비	₩100,000	직접노무비	₩500,000
변동제조간접비	₩300,000	고정제조간접비	₩200,000

2.4 다음의 원가정보를 이용하여 가공원가를 계산하면?

직접재료비 구입액	₩300,000	직접재료비 사용액	₩200,000
직접노무비 발생액	₩500,000	변동제조간접비 발생액	₩500,000

(변동제조간접비는 총제조간접비의 20%이다)

2.5 다음은 모형자동차를 제조하는 경기(주)의 원가자료이다. 각각의 원가에 대하여 (a) 제품원가, (b) 기간원가, (c) 기본원가, (d) 전환원가로 구분하여 표시하시오.

① 자동차공장의 근로자임금	② 공장건물의 보험료
③ 판매관리자의 급료	④ 공장건물의 재산세
⑤ 판매시 운송료	⑥ 컴퓨터창고의 화재보험료
⑦ 본사 비품의 감가상각비	⑧ 공장감독자의 복리후생비
⑨ 원재료 매입 부대비용	⑩ 공장 경비실의 급료

2.6 (주)서울의 원가자료이다. 단, 기말 제품재고액 ₩100,000을 제외한 기초와 기말 재고액은 없다. 다음 자료를 이용하여 (1) 기본원가 (2) 가공원가 (3) 당기총제조원가 (4) 기간원가를 구하시오.

원재료소비액	₩1,000,000	공장건물재산세	₩20,000
공장감독자 급료	100,000	본사사무실 비품	50,000
직접노무비	800,000	공장 수도광열비	30,000
직접노동자의 복리후생비	50,000	본사사무원 급료	100,000
광고비	250,000	본사사무실 잡비	50,000
공장기계 감가상각비	200,000		

2.7 (주)서울은 기계장치를 5년전에 ₩10억에 구입하였으나 이 기계를 사용할 수 없게 되었다. 따라서 이 기계장치를 처리하고자 하는데 방안A는 수리비용 ₩1억을 들여 ₩5억에 판매하는 것이고 방안B는 ₩3억원에 바로 처분을 하는 것이다. 이 때 매몰원가는 얼마인가?

2.8 다음은 (주)강릉의 원가자료이다. 다음 자료를 이용하여 원가구성도를 완성하시오.

재료비 소비액	₩1,000,000 (이 중 간접비는 40%임)		
노무비 소비액	₩500,000 (이 중 간접비는 60%임)		
경　비 소비액	₩2,000,000 (외주가공비 ₩500,000 포함)		
판매수수료	₩80,000	마케팅 비용	₩90,000
대표이사 급료	₩70,000	관리비	₩95,000
영업부차량 감가상각비 ₩5,000		본사건물재산세	₩90,000
판매이익은 총원가의 20%임.			

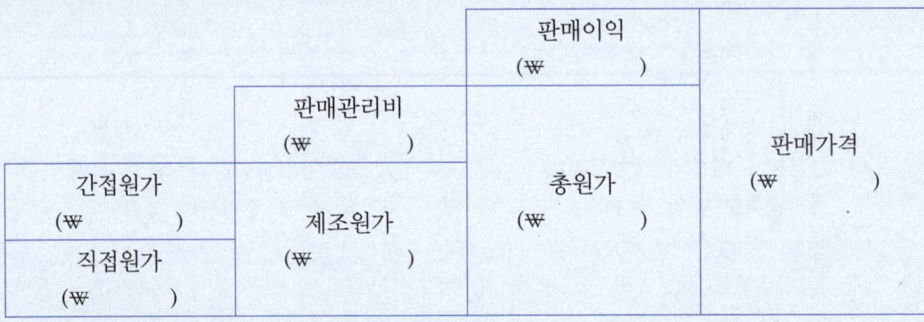

2.9 다음 자료를 이용하여 원가구성도를 완성하시오.

기초원가는 ₩250,000이다.	가공원가는 ₩500,000이다.
판매이익은 판매가격의 40%이다.	제조간접비는 직접노무비의 150%이다.
총원가는 제조간접비의 350%이다.	

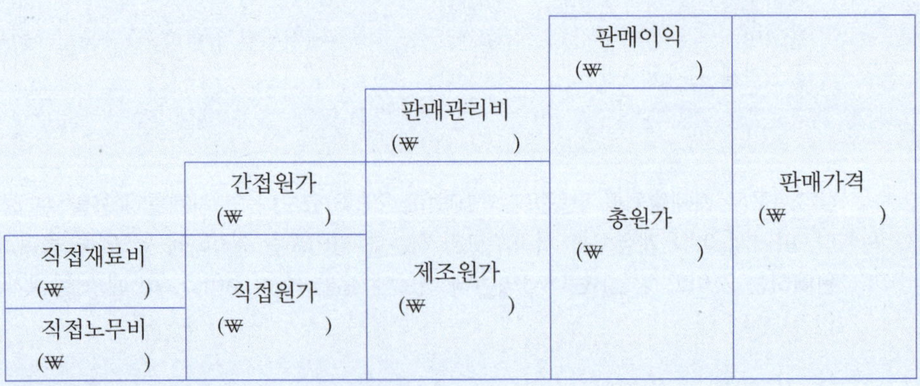

2.10 (주)세무는 실제원가계산을 사용하고 있으며, 20×1년 원가자료는 다음과 같다. 20×1년 직접재료매입액은 ₩21,000이었고, 매출원가는 ₩90,000이었다. 가공원가의 40%가 직접노무원가라면 기초원가(prime cost)는? [2013년 세무사]

	기초잔액	기말잔액
직접재료	₩3,000	₩4,000
재 공 품	50,000	45,000
제　　품	70,000	60,000

제 3 장

제조기업의 원가흐름과 집계

학습목표

제조기업의 원가흐름을 이해하는 것은 제조기업의 구매, 제조, 판매 등의 경영활동을 통해 제조기업의 회계정보의 산출과정과 재무제표 작성과정에 대한 원가회계의 전반적인 관점을 제공해 준다.

본장에서는 원가의 흐름과 집계, 즉 직접재료비, 직접노무비, 제조간접비의 생산원가를 근거로 어떻게 제조원가명세서가 작성되는지를 설명한다. 또한 상기업의 재무제표와 제조기업의 재무제표를 비교하여 설명한 후, 제조기업의 원가흐름과 재무제표 작성에 대한 내용을 설명한다.

1. 제조기업의 경영활동은 어떻게 구성되어 있는가?
2. 원가의 흐름과 집계는 어떻게 산출되는가?
3. 상기업과 제조기업의 재무제표는 어떻게 다른가?
4. 제조기업의 재고자산 흐름과 원가계산 흐름은 어떻게 구성되어 있는가?
5. 제조기업의 회계순환과정은 어떻게 구성되어 있는가?

1 제조기업의 경영활동

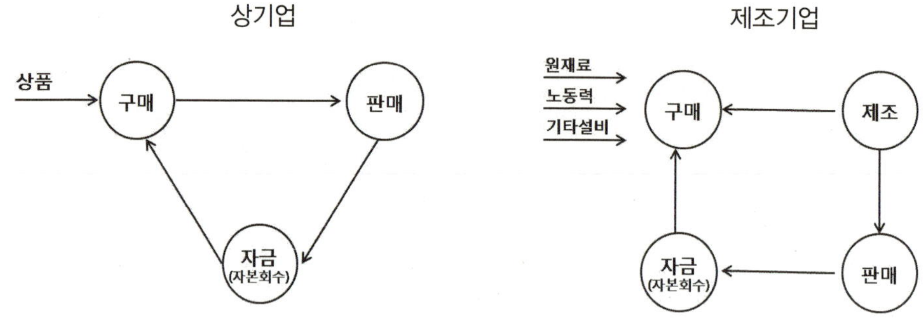

상기업(merchandising company)의 경영활동은 구매활동과 판매활동으로 구분하며, 제조기업(manufacturing company)의 경영활동은 구매활동, 제조활동, 판매활동으로 구분한다. 구매활동은 원재료, 노동력, 기타설비 등 제품생산에 필요한 생산요소를 기업 외부로부터 구입하는 활동이며, 제조(생산)활동은 기업 외부로부터 구입한 생산요소를 제품생산에 투입하는 활동이며, 판매활동은 제조활동을 통해 완성된 제품을 기업 외부에 판매하는 활동을 말한다. 이렇게 제조기업에서는 구매활동, 제조활동, 판매활동이 복합적으로 이루어지기 때문에 회계정보 산출과정과 재무제표가 상기업보다 복잡하다.

구매활동	제조활동	판매활동
원재료 노동력 설비 등 구입 (자본투자) →	재료비 노무비 경 비 → 재공품 → 제 품	→ 제품판매 (자본회수)

2 원가의 흐름과 집계

제조기업이 원재료를 투입하여 완제품을 생산하기까지 가공 정도에 따라 각기 다른 형태의 자산으로 기록되는 재고가능 원가항목이 존재한다.

즉 생산 공정에 아직 투입하지 않은 원재료(raw materials), 생산 공정에 투입하였지만 완성되지 않고 제조과정 중에 있는 재공품(work in process), 그리고 생산이 완료된 제품(finished goods)으로 구분된다. 제조기업의 원가회계시스템에는 재고자산별로 계정을 설정하며, 각 재고자산 계정에는 기초재고액, 당기증감액 및 기말재고액을 표시한다.

원재료를 제품으로 전환하는 과정에서 원가의 흐름은 먼저 원재료를 창고에서 출고하여 제조공정에 투입하게 된다. 이중 제품에 직접 추적이 가능한(traceable) 원가는 직접재료비(direct material costs)로 재공품계정으로 대체되고 추적이 불가능하거나 어려운 원가는 간접재료비(indirect material costs)로 제조간접비 계정으로 대체된다.

투입된 원재료는 노동력을 투입하여 생산 작업을 수행하게 되는데, 이 중 제품에 추적이 가능한 원가는 직접노무비(direct labor costs)로 재공품계정으로 대체되고, 추적이 불가능하거나 어려운 원가는 간접노무비(indirect labor costs)로 제조간접비 계정으로 대체된다.

직접재료비와 직접노무비를 제외한 나머지 원가는 제조간접비 계정에 기록된다. 간접재료비, 간접노무비, 기타제조간접비 금액의 합은 제조간접비 계정으로 대체된다.

이렇게 생산활동에서 발생하는 제조원가는 일단 미완성된 제품의 원가를 나타내는 재공품계정에 기록하며, 제품을 완성하면 완제품의 원가를 재공품계정에서 제품계정으로 대체한다. 마지막 단계에서 고객에게 판매한 제품의 원가를 제품계정에서 매출원가계정으로 대체한다.

이를 도식화하면 다음과 같다.

원가의 흐름

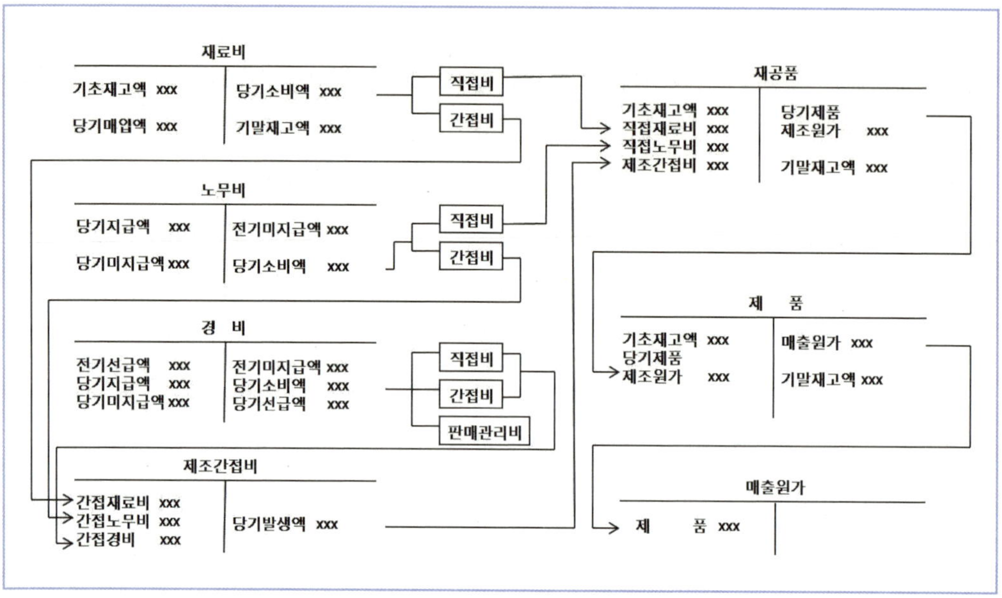

이러한 원가흐름을 재료비, 노무비, 제조간접비, 당기총제조원가, 당기제품제조원가, 매출원가와의 관계로 나타내면 다음과 같다.

재료비	노무비	제조간접비	재공품	제품
기초원재료재고액	당기지급액		기초재공품재고액	기초제품재고액
+당기원재료매입액	+기말미지급금	당기발생액		
−기말원재료재고액	−기초미지급금			
=재료비(A)	=노무비(B)	=제조간접비(C)	+당기총제조원가(D)=(A+B+C)	
			−기말재공품재고액	
			=당기제품제조원가	+당기제품제조원가
				−기말제품재고액
				=매출원가

제조기업에서 포괄손익계산서를 작성하기 위해서 제조원가명세서를 작성해야 한다. 제조원가명세서는 특정기간 동안에 생산활동에서 발생한 원가의 변동사항을 요약한 표라고 할 수 있다. 즉, 제조원가명세서에는 재공품의 기초금액, 당기총제조원가, 제품으로 대체된 금액 및 재공품의 기말잔액 등을 기록한다. 이 중 포괄적으로 당기총제조원가의 구성항목인 당기의 직접재료비, 직접노무비 및 제조간접비 항목의 금액이 상세히 나타나 있으며, 당기제품제조원가는 당기에 재공품에서 제품으로 대체된 원가를 나타낸다.

제조원가명세서

200×년 1월 1일부터 200×년 12월 31일까지

과 목	금 액	
Ⅰ. 재 료 비		
1. 기초재료재고액	×××	
2. 당기재료매입액	×××	
계	×××	
3. 기말재료재고액	(×××)	×××
Ⅱ. 노 무 비		
1. 임 금	×××	
2. 급 여	×××	
3. 퇴직급여	×××	×××
Ⅲ. 경 비		
1. 전 기 료	×××	
2. 가 스 료	×××	
3. 세금과공과	×××	
4. 감가상각	×××	
5. 보 험 료	×××	×××
Ⅳ. 당기총제조원가		×××
Ⅴ. 기초재공품재고액		×××
Ⅵ. 합계		×××
Ⅶ. 기말재공품재고액		(×××)
Ⅷ. 당기제품제조원가		×××

다음은 제조기업의 포괄손익계산서를 보여주고 있다. 포괄손익계산서를 작성하기 위해서는 매출원가정보가 필요한데, 제조기업의 경우 위에서 산출한 제조원가명세서의 당기제품제조원가 정보를 이용하여 매출원가를 계산하게 된다. 다시 말해서, 고객에게 판매한 제품의 매출원가는 제품의 제조과정에서 발생한 직접재료비, 직접노무비, 제조간접비를 근거로 산출한다.

포괄손익계산서

200×년 1월 1일부터 200×년 12월 31일까지

매출액		×××
매출원가		
기초제품재고액	×××	
당기제품제조원가	×××	
판매가능액	×××	
기말제품재고액	(×××)	(×××)
매출총이익		×××
판매비와 관리비		(×××)
당기순이익		×××

3 상기업과 제조기업의 재무제표 비교

상기업의 매출원가는 포괄손익계산서에서 기초상품재고액에 당기상품매입액을 더하고 기말상품재고액을 차감하여 계산한다. 상기업의 매출원가는 판매된 상품의 취득가격을 뜻한다.

제조기업의 매출원가는 포괄손익계산서에서 기초제품재고액에 당기제품제조원가를 더하고 기말제품재고액을 차감하여 계산한다. 상기업의 매출원가는 판매된 상품의 취득원가인데 비하여 제조기업의 매출원가는 판매된 제품의 제조원가이다. 당기제품제조원가를 계산하기 위해서는 원재료, 재공품, 제품과 관련된 원가가 사전에 계산되어야 한다.

- 상 기 업: 매출액 → 매출원가(매입원가) → 매출총이익(포괄손익계산서에 반영)
- 제조기업: 매출액 → 매출원가(제조원가) → 매출총이익(포괄손익계산서에 반영)

1) 상기업의 재무제표

다음은 상기업인 (주)현대백화점의 재무상태표와 포괄손익계산서를 보여주고 있다. (주)현대백화점의 재무상태표의 재고자산은 상품계정으로 표시되며, 포괄손익계산서의 매출원가도 상품계정으로 표시된다.

재무상태표

(주)현대백화점　　20×8년 12월 31일 현재　　(단위 : 원)

자 산 :	
Ⅰ. 유동자산	
(1) 당좌자산	
(2) 재고자산	
1. 상 품	100,000,000
자산 총계	100,000,000
부 채 :	
단기차입금	20,000,000
부채 총계	20,000,000
자 본 :	
자 본 금	50,000,000
이익잉여금	30,000,000
자본 총계	80,000,000
부채와 자본 총계	100,000,000

포괄손익계산서

(주)현대백화점 20×8년 1월 1일~12월 31일 (단위 : 원)

매 출 액		150,000,000
매 출 원 가		(100,000,000)
1. 기초상품재고액	20,000,000	
2. 당기상품매입액	180,000,000	
3. 기말상품재고액	100,000,000	
매출총이익		50,000,000
판매비와관리비		20,000,000
당기순이익		30,000,000

2) 제조기업의 재무제표

다음은 제조기업인 (주)현대하이스코의 재무상태표와 포괄손익계산서를 보여주고 있다. (주)현대하이스코의 재고자산은 제품, 재공품, 원재료로 표시되며, 포괄손익계산서의 매출원가는 제품계정으로 표시된다.

재무상태표

(주)현대하이스코 20×8년 12월 31일 현재 (단위 : 원)

자 산 :	
Ⅰ. 유동자산	
(1) 당좌자산	
(2) 재고자산	
1. 제 품	10,000,000
2. 재공품	50,000,000
3. 원재료	40,000,000
자산 총계	100,000,000

부 채 :		
	단기차입금	20,000,000
부채 총계		20,000,000
자 본 :		
	자 본 금	50,000,000
	이익잉여금	30,000,000
자본 총계		80,000,000
부채와 자본 총계		100,000,000

포괄손익계산서

(주)현대하이스코 20×8년 1월 1일~12월 31일 (단위 : 원)

매 출 액		150,000,000
매 출 원 가		(100,000,000)
1. 기초제품재고액	10,000,000	
2. 당기제품제조원가	100,000,000	
3. 기말제품재고액	10,000,000	
매출총이익		50,000,000
판매비와관리비		20,000,000
당기순이익		30,000,000

위에서 살펴본 바와 같이 상기업인 (주)현대백화점과 제조기업인 (주)현대하이스코는 재무상태표의 재고자산 내용이 다르며, 포괄손익계산서의 매출원가도 다르게 계산된다.

상기업의 재무상태표에는 상품이 재고자산으로 보고되는 데 비하여, 제조기업의 재무상태표에는 원재료, 재공품, 제품 등이 재고자산으로 보고된다. 원재료 재고자산은 기업이 제품생산을 위하여 매입한 원재료 중에서 재무상태표일 현재 아직 사용하지 않은 원재료의 취득원가이다. 재공품 재고자산은 재무상태표일 현재 공정 중에 있는 재료의 취득원가에 그 재료를 가공하기 위하여 투입된 노무비와 제조경비를 합한 가액이다. 제품 재고자산은 제조가 완료된 제품 중에서 재무상태표일 현재 아직 판매되지 않은 제품의 제조원가이다.

4 제조기업의 재고자산 흐름

제품의 제조공정을 중심으로 하여 재무상태표, 포괄손익계산서 관계를 나타낸 것이 아래와 같다.

매출이 발생하면 앞서 상기업의 경우와 같이 포괄손익계산서에 매출액이 보고된다. 원재료를 매입하여 재고자산으로 보유하고 있다가 원재료를 생산공정에 투입하고 여기에 노무비와 제조경비를 투입하여 가공하게 되면서 제조원가가 발생되고 집계된다. 이렇게 기간별로 집계된 것이 당기총제조원가이다. 당기총제조원가에 기초재공품을 가산하고 기말재공품을 차감하여 당기제품제조원가를 산출한다. 제품을 고객에게 판매하게 되면 판매된 제품의 제조원가가 매출원가로 보고된다. 매출액과 매출원가의 차이가 매출총이익이다. 판매활동과 관리활동에 의하여 판매비와 관리비가 발생하는데 매출총이익에서 판매비와 관리비를 차감하면 당기순이익이 된다. 포괄손익계산서의 당기순이익은 재무상태표의 이익잉여금에 대체된다.

제조원가명세서

(주)현대하이스코 20×8년 1월 1일~12월 31일 (단위 : 원)

재료비		65,000,000
1. 기초재료재고액	10,000,000	
2. 당기재료매입액	95,000,000	
3. 기말재료재고액	40,000,000	
노무비		15,000,000
경 비		30,000,000
당기총제조원가		110,000,000
기초재공품원가		40,000,000
기말재공품원가		50,000,000
당기제품제조원가		100,000,000

포괄손익계산서

(주)현대하이스코 20×8년 1월 1일~12월 31일 (단위 : 원)

매 출 액		150,000,000
매 출 원 가		(95,000,000)
1. 기초제품재고액	5,000,000	
2. 당기제품제조원가	100,000,000	
3. 기말제품재고액	10,000,000	
매출총이익		55,000,000
판매비와관리비		25,000,000
당기순이익		30,000,000

재무상태표

(주)현대하이스코 20×7년 12월 31일 현재 (단위 : 원)

자 산 :	
Ⅰ. 유동자산	
(1) 당좌자산	
1. 현 금	5,000,000
(2) 재고자산	
1. 제 품	5,000,000
2. 재공품	40,000,000
3. 원재료	10,000,000
자산 총계	60,000,000
부 채 :	
단기차입금	7,000,000
부채 총계	7,000,000
자 본 :	
자 본 금	50,000,000
이익잉여금	3,000,000
자본 총계	53,000,000
부채와 자본 총계	60,000,000

재무상태표

(주)현대하이스코　　　20×8년 12월 31일 현재　　　(단위 : 원)

자 산 :	
Ⅰ. 유동자산	
(1) 당좌자산	
1. 현 금	10,000,000
(2) 재고자산	
1. 제 품	10,000,000
2. 재공품	50,000,000
3. 원재료	40,000,000
자산 총계	110,000,000
부 채 :	
단기차입금	30,000,000
부채 총계	30,000,000
자 본 :	
자 본 금	50,000,000
이익잉여금	30,000,000
자본 총계	80,000,000
부채와 자본 총계	110,000,000

5 제조기업의 원가계산흐름

1) 재료비의 회계처리

(1) 재료 매입시 분개

차변		대변	
원재료(재료비)	100,000	현금	100,000

(2) 재료 소비시 분개

차변		대변	
재공품	80,000	원재료(재료비)	100,000
제조간접비	20,000		

직접재료비는 개별 제품에 직접 부과(assignment)하고 간접재료비는 간접노무비 및 경비와 함께 제품에 배부(allocation)하기 위하여 제조간접비계정으로 대체한다.

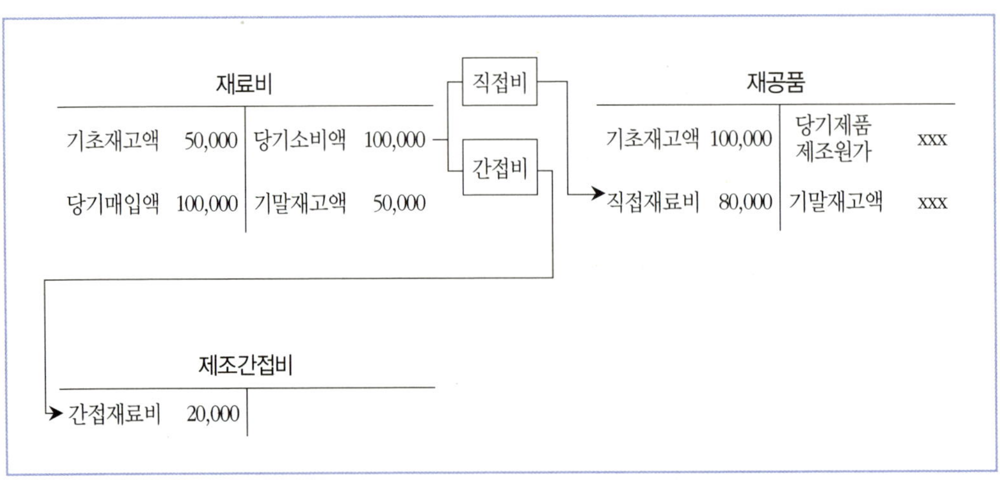

2) 노무비의 회계처리

(1) 노무비 소비시 분개

차변		대변	
재공품	100,000	노무비	150,000
제조간접비	50,000		

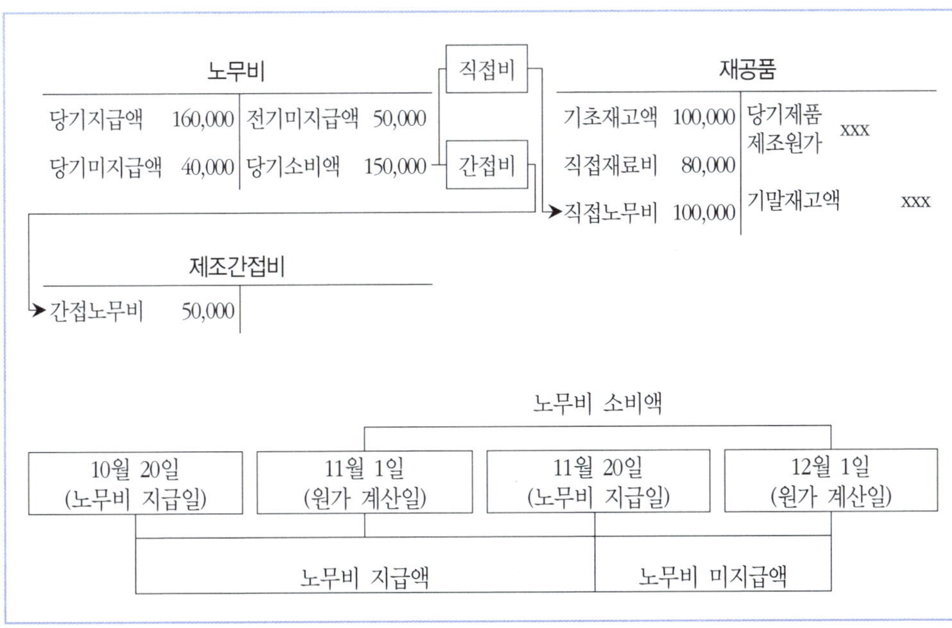

3) 경비의 회계처리

차변		대변	
경비	200,000	감가상각비	50,000
		복리후생비	30,000
		수선유지비	100,000
		통신비	20,000

4) 제조간접비의 회계처리

간접재료비와 간접노무비, 간접경비는 제조간접비이므로 기말에 일괄하여 제조간접비계정의 차변으로 대체한다.

차변		대변	
제조간접비	270,000	간접재료비	20,000
		간접노무비	50,000
		간접경비	200,000

제조간접비는 합리적인 배부기준에 의하여 생산공정인 재공품계정으로 대체한다.

차변		대변	
재공품	270,000	제조간접비	270,000

5) 재공품의 회계처리

생산공정에 투입된 원가를 집계하여 완성품원가와 기말재공품원가로 배분하기 위한 계정이 필요한데 이를 재공품계정이라 한다.

재공품계정의 차변에는 투입된 원가가 기록되고, 대변에는 완성품원가와 기말재공품원가가 기록된다.

재공품

기초재고액	100,000	당기제품제조원가	400,000
직접재료비	80,000	기말재고액	150,000
직접노무비	100,000		
제조간접비	270,000		

6) 제품의 회계처리

완성된 제품의 원가인 당기제품제조원가(당기완성품원가)는 재공품계정의 대변에서 제품계정의 차변으로 제품계정에 대체된다.

차변		대변	
제품	400,000	재공품	400,000

제품계정은 생산이 완료된 완성품의 제조원가를 기록하는 계정이다.

제 품

기초재고액	100,000	매출원가	450,000
당기제품제조원가	400,000	기말재고액	50,000

제품계정의 차변합계 즉, 기초제품원가와 당기제품제조원가는 당기 중에 판매가 가능한 제품의 원가이다. 따라서 제품이 판매되면 판매된 제품의 원가는 제품계정의 대변에서 매출원가계정의 차변으로 대체된다.

차변		대변	
매출원가	450,000	제품	450,000

7) 원가흐름

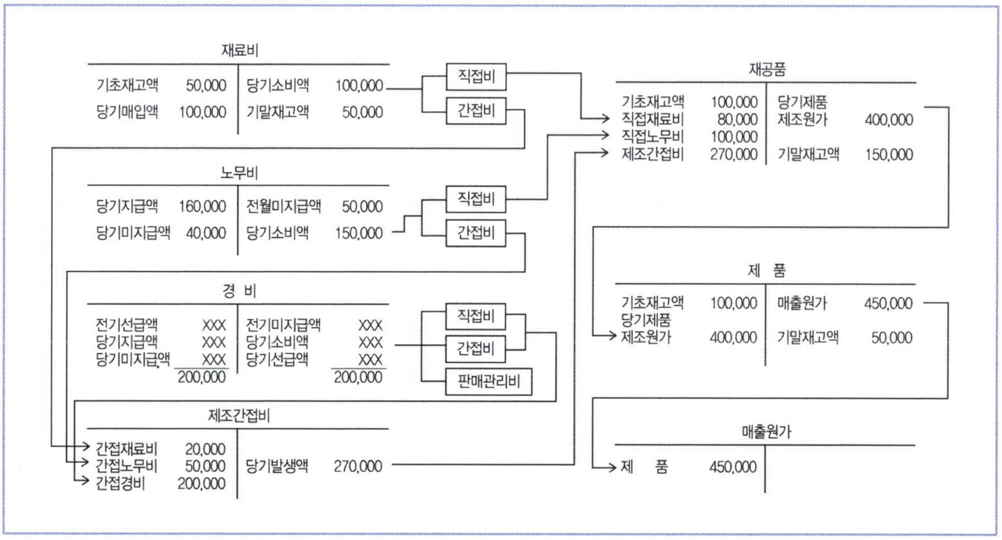

8) 제조원가명세서

제조기업에서 포괄손익계산서를 작성하려면 반드시 사전에 다음과 같은 제조원가명세서를 작성하여야 한다. 왜냐하면, 제조원가명세서에서 계산된 당기제품제조원가는 포괄손익계산서의 매출원가와 연결되기 때문이다.

제조원가명세서

200×년 1월 1일부터 200×년 12월 31일까지

과목	금액	
Ⅰ. 재 료 비		
1. 기초재료재고액	50,000	
2. 당기재료매입액	100,000	
계	150,000	
3. 기말재료재고액	(50,000)	100,000
Ⅱ. 노 무 비		
1. 임금	60,000	
2. 급여	50,000	
3. 퇴직급여	40,000	150,000
Ⅲ. 경 비		
1. 감가상각비	50,000	
2. 복리후생비	30,000	
3. 수선유지비	100,000	
4. 통신비	20,000	200,000
Ⅳ. 당기총제조원가		450,000
Ⅴ. 기초재공품재고액		100,000
Ⅵ. 합계		550,000
Ⅶ. 기말재공품재고액		(150,000)
Ⅷ. 당기제품제조원가		400,000

6 제조기업의 회계순환과정

(주)현대하이스코는 강관제품과 열연제품 두 가지의 제품만을 생산한다. 회사의 원가계산 기간은 2017년 12월 1일부터 31일까지이며, 결산은 매 월 말일에 이루어진다. 회사의 기초재무상태표는 다음과 같다.

재무상태표

(주)현대하이스코 2017년 11월 30일 현재 (단위 : 원)

자 산:		
Ⅰ. 유동자산		
(1) 당좌자산		
1. 현 금		58,800,000 (⑪)
(2) 재고자산		
1. 제 품	제품(강관):100,000 (⑫) 제품(열연):200,000 (⑬)	300,000
2. 재공품	재공품(강관):150,000 (⑭) 재공품(열연):250,000 (⑮)	400,000
3. 원재료		500,000 (⑯)
자산 총계		60,000,000
부 채:		
단기차입금		10,000,000
부채 총계		10,000,000
자 본:		
자 본 금		50,000,000
이익잉여금		0 (⑰)
자본 총계		50,000,000
부채와 자본 총계		60,000,000

예제

(주)현대하이스코의 활동과 관련된 분개를 수행하고 재무제표를 작성하시오.
회계담당자는 거래가 발생하면 재무제표의 어느 항목에 얼마의 증감이 발생하였는가를 분석하여, 어느 계정에 그리고 그 계정의 차변과 대변 중 어느 쪽에 얼마를 기록하여야 하는지를 결정한다. 이러한 과정에서 중요한 점은 거래의 결과로 재무상태표의 왼쪽(차변)에 기록되는 금액과 오른쪽(대변)에 기록되는 금액이 일치하여야 한다는 것이다. 즉, 일정 거래에 의한 자산의 증감액은 부채 및 자본의 변화액과 동일하여야 한다.
회계담당자는 거래의 분석결과를 일목요연하게 볼 수 있도록 분개장(journal)이라고 불리는 장부에 일정한 형식을 갖추어 기록한다. 이렇게 분개장에 이러한 분개를 기록하는 것을 '분개한다'고 한다. 기업은 거래가 발생할 때마다 분개를 하므로 분개장에는 거래가 발생 순서대로 기록한다.

풀이

(1) 제조기업의 회계순환과정

① 12월 1일 (주)현대하이스코는 강관제품과 열연제품을 만들고 있다. 회사는 원재료를 ₩1,000,000(수량 1,000개, 단가 @₩1,000)에 현금으로 구입하다.

〈차변〉 원재료 1,000,000 (①－1)　　〈대변〉 현금 1,000,000 (①－2)

② 12월 3일 (주)현대하이스코는 재료비 ₩500,000을 제품의 생산에 투입하다. 강관제품과 열연제품에 직접재료비가 각각 ₩150,000, ₩300,000이 투입되었고, 간접재료비로 ₩50,000이 투입되다.

〈차변〉 재공품(강관) 150,000 (②－1)　　〈대변〉 원재료 500,000 (②－4)
재공품(열연) 300,000 (②－2)
제조간접비 50,000 (②－3)

③ 12월 5일 (주)현대하이스코는 노무비 ₩300,000과 경비 ₩150,000을 현금으로 지급하다.

〈차변〉 노무비 300,000 (③-1) 〈대변〉 현금 450,000 (③-3)
경 비 150,000 (③-2)

④ 12월 7일 (주)현대하이스코는 노무비 ₩300,000을 제품의 생산에 투입하다. 강관제품과 열연제품에 직접노무비가 각각 ₩150,000, ₩100,000이 투입되었고, 간접노무비로 ₩50,000이 투입되다.

〈차변〉 재공품(강관) 150,000 (④-1) 〈대변〉 노무비 300,000 (④-4)
재공품(열연) 100,000 (④-2)
제조간접비 50,000 (④-3)

⑤ 12월 9일 (주)현대하이스코는 경비 ₩150,000을 제품의 생산에 투입하다. 강관제품과 열연제품에 직접경비가 각각 ₩10,000, ₩20,000이 투입되었고, 간접경비로 ₩120,000이 투입되다.

〈차변〉 재공품(강관) 10,000 (⑤-1) 〈대변〉 경비 150,000(⑤-4)
재공품(열연) 20,000 (⑤-2)
제조간접비 120,000 (⑤-3)

⑥ 12월 31일 (주)현대하이스코는 제조간접비 ₩220,000에 대하여 재공품(강관)에 ₩120,000과 재공품(열연)에 ₩100,000을 배부하다.

〈차변〉 재공품(강관) 120,000 (⑥-1) 〈대변〉 제조간접비 220,000 (⑥-3)
재공품(열연) 100,000 (⑥-2)

⑦ 12월 31일 (주)현대하이스코는 강관제품에 ₩500,000, 열연제품에 ₩650,000의 제조가 완성되다.

〈차변〉 제품(강관) 500,000 (⑦-1) 〈대변〉 재공품(강관) 500,000 (⑦-3)
제품(열연) 650,000 (⑦-2) 재공품(열연) 650,000 (⑦-4)

⑧ 12월 31일 (주)현대하이스코는 강관제품과 열연제품 모두를 현금 ₩1,550,000에 판매하다.

〈차변〉 현금 1,550,000 (⑧−1) 〈대변〉 매출 1,550,000 (⑧−2)

⑨ 12월 31일 (주)현대하이스코는 재료의 재고를 조사한 결과 ₩1,000,000의 재료가 창고에 남아 있음을 확인하다. 한편, 강관제품과 열연제품의 재고를 조사한 결과 각각 ₩50,000, ₩150,000의 제품이 남아 있음을 확인하다.

〈차변〉 매출원가 1,250,000 (⑨−1) 〈대변〉 제품 1,250,000 (⑨−2)

⑩ 손익에 대한 대체분개

〈차변〉		〈대변〉	
	매출 1,550,000 (⑩−1)		손익 1,550,000 (⑩−4)
	손익 1,250,000 (⑩−2)		매출원가 1,250,000 (⑩−5)
	손익 300,000 (⑩−3)		이익잉여금 300,000 (⑩−6)

이상의 분개를 각 계정의 전기하면 아래와 같다. 회계담당자는 분개장에 분개된 내용을 총계정원장(general ledger)에 옮겨 적는다. 총계정원장이란 자산, 부채, 자본 또는 수익과 비용 그리고 현금흐름을 구성하는 모든 항목들을 모아 놓은 장부이다. 이렇게 분개의 내용을 총계정원장의 계정에 옮겨 적는 작업을 전기(posting)라고 한다. 이러한 전기를 하는 이유는 무엇일까? 분개장에 분개된 내용은 모든 거래를 발생 순서대로 분석하여 정리한 것이므로, 거래들이 기업 재무상태에 미치는 영향을 총체적으로 쉽게 파악할 수 없다. 그러나 그 분개의 내용을 총계정원장의 해당 계정별로 전기하게 되면 거래들이 각 계정의 잔액에 미치는 총체적 영향을 파악할 수 있게 된다.

회계기간에 발생한 모든 거래를 분개하고 해당 계정에 전기한 다음 각 계정의 잔액을 산출한다. 각 계정잔액은 해당 계정의 차변합계와 대변합계를 낸 다음 그 차액을 계산하여 산출한다.

원재료

기초재고 (⑯)	500,000	당기소비	
당기매입 (①−1)	1,000,000	직접재료비	
		재공품(강관) (②−4)	150,000
		재공품(열연) (②−4)	300,000
		제조간접비 (②−4)	50,000
		기말재고 (⑱)	1,000,000
합계	1,500,000	합계	1,500,000

노무비

당기지급 (③−1)	300,000	당기소비	
		직접노무비	
		재공품(강관) (④−4)	150,000
		재공품(열연) (④−4)	100,000
		제조간접비 (④−4)	50,000
합계	300,000	합계	300,000

경 비

당기지급 (③−2)	150,000	당기소비	
		직접노무비	
		재공품(강관) (⑤−4)	10,000
		재공품(열연) (⑤−4)	20,000
		제조간접비 (⑤−4)	120,000
합계	150,000	합계	150,000

제조간접비

간접재료비 (②−3)	50,000	당기배부	
간접노무비 (④−3)	50,000		
간접경비 (⑤−3)	120,000	재공품(강관) (⑥−3)	120,000
		재공품(열연) (⑥−3)	100,000
합계	220,000	합계	220,000

재공품(강관)

기초재고 (⑭)	150,000	당기완성 (⑦−3)	500,000
직접재료비 (②−1)	150,000		
직접노무비 (④−1)	150,000		
직접경비 (⑤−1)	10,000		
제조간접비 (⑥−1)	120,000	기말재고 (⑲)	80,000
합계	580,000	합계	580,000

재공품(열연)

기초재고 (⑮)	250,000	당기완성 (⑦−4)	650,000
직접재료비 (②−2)	300,000		
직접노무비 (④−2)	100,000		
직접경비 (⑤−2)	20,000		
제조간접비 (⑥−2)	100,000	기말재고 (⑳)	120,000
합계	770,000	합계	770,000

제품(강관)

기초재고 (⑫)	100,000	매출원가 (⑨−2)	550,000
당기완성 (⑦−1)	500,000	기말재고 (㉑)	50,000
합계	600,000	합계	600,000

제품(열연)

기초재고 (⑬)	200,000	매출원가 (⑨−2)	700,000
당기완성 (⑦−2)	650,000	기말재고 (㉒)	150,000
합계	850,000	합계	850,000

매출원가

제품(강관) (⑨−1)	550,000	손익 (⑩−5)	1,250,000
제품(열연) (⑨−1)	700,000		
합계	1,250,000	합계	1,250,000

현금

기초 (⑪)	58,800,000	원재료 (①-2)	1,000,000
매출 (⑧-1)	1,550,000	노무비 (③-3)	300,000
		경비 (③-3)	150,000
		기말 (㉓)	58,900,000
합계	60,350,000	합계	60,350,000

매출

손익 (⑩-1)	1,550,000	현금 (⑧-2)	1,550,000
합계	1,550,000	합계	1,550,000

손익

매출원가 (⑩-2)	1,250,000	매출 (⑩-4)	1,550,000
이익잉여금 (⑩-3)	300,000		
합계	1,550,000	합계	1,550,000

이익잉여금

		기초 (⑰)	0
기말	300,000	손익 (⑩-6)	300,000
합계	300,000	합계	300,000

다음은 이상의 자료를 이용하여 (주)현대하이스코의 2017년 12월 1일부터 12월 31일까지 제조활동으로 인한 원가를 계산한 제조원가명세서이다.

기초재료재고액은 2017년 11월 30일 현재 재무상태표상의 재료재고액 ₩500,000(⑯)이다. 당기재료매입액은 수량 1,000개, 단가 @₩1,000에 구입한 금액 ₩1,000,000(①-1)이다. 기말재료재고액은 재료의 재고를 조사한 결과 창고에 남아 있는 ₩1,000,000(⑱)이다. 재료비는 기초재료재고액 ₩500,000에 당기재료매입액 ₩1,000,000을 가산하고 기말재료재고액 ₩1,000,000을 차감한 ₩500,000이 된다.

노무비는 현금으로 지급한 ₩300,000(③-1)이며 경비는 현금으로 지급한 ₩150,000(③-2)이다.

당기총제조원가는 재료비 ₩500,000, 노무비 ₩300,000, 경비 ₩150,000의 합인 ₩950,000이다.

기초재공품은 2017년 11월 30일 현재 재무상태표상의 재공품(강관) ₩150,000(⑭)과 재공품(열연) ₩250,000(⑮)의 합인 ₩400,000이다. 기말재공품은 재공품(강관) 계정의 기말재고액 ₩80,000(⑲)과 재공품(열연) 계정의 기말재고액 ₩120,000(⑳)의 합인 ₩200,000이다.

당기제품제조원가는 당기총제조원가 ₩950,000에 기초재공품 ₩400,000을 가산하고 기말재공품 ₩200,000을 차감하면 ₩1,150,000이 된다.

제조원가명세서

(주)현대하이스코 2017년 12월 1일~12월 31일 (단위 : 원)

재료비 (1)=(2)+(3)−(4)		500,000
1. 기초재료재고액 (2)=(⑯)	500,000	
2. 당기재료매입액 (3)=(①−1)	1,000,000	
3. 기말재료재고액 (4)=(⑱)	1,000,000	
노무비 (5)=(③−1)		300,000
경비 (6)=(③−2)		150,000
당기총제조원가 (7)=(1)+(5)+(6)		950,000
기초재공품 (8)=(⑭+⑮)		400,000
기말재공품 (9)=(⑲+⑳)		200,000
당기제품제조원가 (10)=(7)+(8)−(9)		1,150,000

다음은 (주)현대하이스코의 2017년 12월 1일부터 12월 31일까지 경영성과를 나타내는 포괄손익계산서이다.

매출액은 강관제품과 열연제품을 판매하고 받은 ₩1,550,000이다. 매출원가는 기초제품재고액에 당기제품제조원가를 가산하고 기말제품재고액을 차감하여 산출한다.

기초제품재고액은 2017년 11월 30일 현재 재무상태표상의 제품(강관) ₩100,000(⑫)과 제품(열연) ₩200,000(⑬)의 합인 ₩300,000이다. 당기제품제조원가는 2017년 12월

제조원가명세서의 해당금액 ₩1,150,000이다. 기말제품재고액은 제품(강관) 계정의 기말잔액₩50,000(㉑)과 제품(열연) 계정의 기말잔액 ₩150,000(㉒)의 합인 ₩200,000이다. 따라서 매출원가는 ₩1,250,000이 된다.

매출총이익은 매출액 ₩1,550,000에서 매출원가 ₩1,250,000을 차감한 ₩300,000이다.

당기순이익은 매출총이익에서 판매비와 관리비를 차감하여 산출되는데 본 예제에서는 판매비와 관리비가 발생하지 않았으므로 매출총이익과 동일한 ₩300,000이다.

포괄손익계산서

(주)현대하이스코 2017년 12월 1일~12월 31일까지 (단위 : 원)

매출액 (1)=(⑧-2)		1,550,000
매출원가 (2)=(3)+(4)-(5)		(1,250,000)
1. 기초제품재고액 (3)=(⑫+⑬)	300,000	
2. 당기제품제조원가 (4)	1,150,000	
3. 기말제품재고액 (5)	200,000	
매출총이익 (6)=(1)-(2)		300,000
판매비와 관리비 (7)		0
당기순이익 (8)=(6)-(7)		300,000

이익잉여금처분계산서는 포괄손익계산서의 당기순이익과 이익잉여금처분계산서 계정 잔액을 사용하여 작성하는데 다음과 같다.

처분전이익잉여금은 전기로부터 이월된 이익잉여금과 당기순이익으로 구성된다. (주)현대하이스코 경우에는 전기에 이익잉여금이 ₩0이므로 처분전이익잉여금은 당기순이익 ₩300,000으로 구성된다.

이익잉여금처분액은 현금배당 등으로 구성되는데 처분전이익잉여금에서 이익잉여금처분액을 차감한 결과가 차기이월이익잉여금이다. 차기이월이익잉여금은 재무상태표에 이익잉여금 항목으로 보고된다.

이익잉여금처분계산서

(주)현대하이스코	2017년 12월 1일~12월 31일까지	(단위 : 원)
미처분이익잉여금		300,000
1. 전기이월이익잉여금	0	
2. 당기순이익	300,000	
임의적립금 등의 이입액		0
이익잉여금처분액		0
1. 배당금 가. 현금배당		0
차기이월이익잉여금		300,000

다음은 2017년 12월 31일 현재 (주)현대하이스코의 재무상태표이다.

현금은 현금계정의 잔액인 ₩58,900,000(㉓)을 계상한다. 제품은 제품(강관) 계정의 기말잔액₩50,000(㉑)과 제품(열연) 계정의 기말잔액 ₩150,000(㉒)의 합인 ₩200,000을 계상한다. 재공품은 재공품(강관) 계정의 기말재고액 ₩80,000(⑲)과 재공품(열연) 계정의 기말재고액 ₩120,000(⑳)의 합인 ₩200,000이다. 기말재료재고액은 원재료 계정의 기말잔액 ₩1,000,000(⑱)이다.

단기차입금과 자본금은 12월 중에 변화가 없었으므로 2017년 11월 30일 현재 (주)현대하이스코의 재무상태표 금액과 동일하다.

이익잉여금은 2017년 12월 1일부터 12월 31일까지 이익잉여금처분계산서상의 차기이월이익잉여금 ₩300,000이다.

따라서 자산의 총계는 ₩60,300,000이며 부채와 자본 총계는 ₩60,300,000이 되어 대차평형의 원리가 성립된다.

재무상태표

(주)현대하이스코 2017년 12월 31일 현재 (단위 : 원)

자 산 :		
Ⅰ. 유동자산		
(1) 당좌자산		
1. 현 금 (㉓)		58,900,000
(2) 재고자산		
1. 제 품	제품(강관) (㉑):50,000 제품(열연) (㉒):150,000	200,000
2. 재공품	재공품(강관) (⑲):80,000 재공품(열연) (⑳):120,000	200,000
3. 원재료 (⑱)		1,000,000
자산 총계		60,300,000
부 채 :		
단기차입금		10,000,000
부채 총계		10,000,000
자 본 :		
자 본 금		50,000,000
이익잉여금		300,000
자본 총계		50,300,000
부채와 자본 총계		60,300,000

현금흐름표는 일정기간에 발생한 현금흐름을 활동별로 분류하여 현금유입과 유출로 보고하는 보고서이다.

현금흐름표에서는 기업의 활동을 제품을 제조 판매하는 영업활동(operating activities), 제조시설 등을 구입하는 투자활동(investing activities), 그리고 이러한 영업과 투자를 위한 자금을 장기간 이용목적으로 조달하는 재무활동(financing activities)으로 구분하여 현금흐름을 분류한다.

(주)현대하이스코의 현금계정을 영업활동, 투자활동, 재무활동에 의한 현금흐름으로

분류한 다음 각 활동별로 현금흐름을 현금유입과 유출로 분류하여 현금의 증감을 설명하면 다음과 같은 현금흐름표가 작성된다.

현금흐름표(간접법)

(주)현대하이스코 2017년 12월 1일~12월 31일까지 (단위 : 원)

영업활동으로 인한 현금흐름		100,000
1. 당기순이익	300,000	
2. 영업활동으로 인한 자산부채변동	(200,000)	
투자활동으로 인한 현금흐름		0
재무활동으로 인한 현금흐름		0
현금의 증가		
기초의 현금		58,800,000
기말의 현금		58,900,000

자본변동표는 자본의 크기와 한 회계기간동안 발생한 자본의 변동에 관한 정보를 제공하는 재무보고서이며, 재무상태표, 포괄손익계산서, 자본변동표, 현금흐름표 등의 4대 재무제표 중의 하나이다.

자본변동표는 자본의 구성항목인 자본금, 기타자본(자본잉여금, 자본조정, 기타포괄손익누계액), 이익잉여금 등의 변동에 대한 포괄적인 정보를 제공한다.

2017년 12월 1일의 기초자본금액은 2017년 11월 30일 현재 재무상태표상의 자본금액 ₩50,000,000이며 여기에 12월 당기순이익 ₩300,000을 합산하면 2017년 12월 31일 현재 자본금액은 ₩50,300,000이 된다.

자본변동표

(주)현대하이스코 2017년 12월 1일~12월 31일까지 (단위 : 원)

구 분	자본금	자본잉여금	자본조정	기타포괄손익누계액	이익잉여금	합계
2017.12.1	50,000,000					50,000,000
당기순이익					300,000	300,000
2017.12.31	50,000,000				300,000	50,300,000

Ⅰ. 평가자체크리스트

※ 다음 서술이 옳으면 T, 옳지 않으면 F를 기재하시오.

3.1 제조원가의 구성요소는 직접재료비, 직접노무비, 그리고 제조간접비이다.

3.2 제품의 원가는 제품이 판매되었을 때 포괄손익계산서에 비용으로 계상된다.

3.3 재공품 중에서 완성된 것은 제품이 되며, 완성된 제품의 원가를 제품제조원가라 한다.

3.4 제품생산을 위해 투입된 모든 원가는 재공품 계정의 차변에 집계되며, 특정 제품이 완성되면서 완성품의 원가만큼 매출원가에 할당된다.

3.5 당기에 완성된 제품의 원가를 당기총제조원가라 한다.

3.6 당기완성품 가운데 판매가 이루어진 부분은 매출원가가 되며 아직 판매가 이루어지지 않은 것은 기말재고로 남게 된다.

3.7 기초제품재고액과 기말제품재고액이 동일한 경우에도 당기제품제조원가와 매출원가는 서로 상이하다.

3.8 제조원가명세서에는 기초재공품재고액과 기초제품재고액이 표시된다.

3.9 제조원가명세서에는 재료 소비액의 산출과정이 표시된다.

3.10 서비스기업과 달리 상기업과 재조기업은 재고자산이 존재하며 특히 제조기업은 통상 재고자산을 원재료, 재공품, 제품으로 구분한다.

Ⅱ. 객관식

3.1 원가의 흐름에 대한 설명으로 옳은 것은?

① 재료비 → 제　품 → 재 공 품 → 매출원가
② 재료비 → 제　품 → 매출원가 → 재공품
③ 노무비 → 재공품 → 매출원가 → 제품
④ 노무비 → 재공품 → 제　품 → 매출원가
⑤ 경　비 → 매출원가 → 제　품 → 재공품

3.2 제조원가명세서에 포함되지 않는 항목은?

① 직접재료비
② 직접노무비
③ 제조간접비
④ 기말제품재고액
⑤ 당기제품제조원가

3.3 원가흐름에 대한 설명으로 옳은 것은?

① 당기총제조원가는 제품계정 차변으로 대체
② 당기제품제조원가는 재공품계정 차변으로 대체
③ 당기매출원가는 상품매출원가계정 차변으로 대체
④ 당기재료비소비액은 재공품계정 차변으로 대체
⑤ 당기노무비소비액은 제품계정 차변으로 대체

3.4 당기총제조원가가 당기제품제조원가보다 큰 경우에 대한 설명으로 옳은 것은?

① 당기제품제조원가가 제품매출원가보다 크다.
② 기말제품재고액이 기초제품재고액보다 작다.
③ 기말제품재고액이 기초제품재고액보다 크다.
④ 기말재공품액이 기초재공품액보다 크다.
⑤ 기말재공품액이 기초재공품액보다 작다.

3.5 (주)태희의 원가자료이다. 4월의 원재료소비액을 계산하면 얼마인가?

월초 재고액	₩100,000	당월 매입액	₩500,000
월말 재고액	₩200,000		

① ₩330,000 ② ₩400,000 ③ ₩500,000
④ ₩600,000 ⑤ ₩800,000

3.6 다음 자료를 이용하여 당기 직접재료매입액을 계산하면 얼마인가?

기초재공품재고액	₩10,000	기말재공품재고액	₩20,000
당기제품제조원가	₩80,000	당기총제조원가	₩90,000
직접노무비소비액	₩20,000	제조간접비소비액	₩30,000
기초직접재료재고액	₩20,000	기말직접재료재고액	₩10,000

① ₩10,000 ② ₩20,000 ③ ₩30,000
④ ₩40,000 ⑤ ₩50,000

3.7 다음 자료를 이용하여 당월 노무비소비액을 계산하면 얼마인가?

> 당월에 발생한 노무비 ₩100,000을 현금으로 지급하다.
> 당월에 발생한 노무비 ₩50,000을 미지급하다.
> 전월에 노동하고 미지급한 노무비를 당월에 현금으로 ₩10,000을 지급하다.

① ₩50,000 ② ₩80,000 ③ ₩100,000
④ ₩140,000 ⑤ ₩160,000

3.8 기말재공품은 기초재공품에 비하여 ₩100,000이 증가하였으며, 재공품 공정에 투입한 직접재료비와 직접노무비, 제조간접비의 비율이 3:2:5이다. 당기제품제조원가가 ₩400,000일 때 재공품에 투입한 직접노무비는 얼마인가?

① ₩100,000 ② ₩200,000 ③ ₩400,000
④ ₩600,000 ⑤ ₩700,000

3.9 다음 자료에 의하여 4월의 제조간접비를 계산하면 얼마인가?

당년도의 공장재산세	₩72,000	당월의 공장사무용품비	₩11,000
상반기 기계수선비	₩24,000	2/4분기의 공장보험료	₩18,000
당월의 영업부 사무용품비	₩25,000	상반기 기계감가상각비	₩18,000

① ₩20,000 ② ₩23,000 ③ ₩25,000
④ ₩28,000 ⑤ ₩30,000

3.10 다음 자료를 이용하여 당월의 전력비 소비액을 계산하면 얼마인가?

전월말 전력사용 검침량: 100Kwh	전월중 전력비 납부액: ₩12,000
당월말 전력사용 검침량: 300Kwh	당월중 전력비 납부액: ₩31,000
1Kwh당 전력비: ₩100	

① ₩10,000 ② ₩17,000 ③ ₩19,000
④ ₩20,000 ⑤ ₩24,000

3.11 다음 자료를 이용하여 당기총제조원가를 계산하면 얼마인가?

직접재료비	₩10,000	직접노무비	₩30,000
제조간접비	₩50,000	기초재공품재고액	₩50,000
기말재공품재고액	₩70,000		

① ₩90,000 ② ₩100,000 ③ ₩140,000
④ ₩170,000 ⑤ ₩210,000

3.12 다음 자료를 이용하여 기말재공품원가를 계산하면 얼마인가?

당기총제조원가	₩1,000,000	기초재공품재고액	₩300,000
기초제품재고액	₩500,000	기말제품 재고액	₩200,000
매출원가	₩1,500,000		

① ₩100,000 ② ₩250,000 ③ ₩300,000
④ ₩350,000 ⑤ ₩500,000

3.13 다음 자료를 이용하여 기말재공품재고액을 계산하면 얼마인가?

기초재공품재고액	₩100,000	기말재공품재고액	₩ ?
당기총제조원가	₩550,000	기초제품재고액	₩50,000
기말제품재고액	₩200,000	매출원가	₩300,000

① ₩100,000 ② ₩150,000 ③ ₩200,000 ④ ₩250,000 ⑤ ₩300,000

3.14 다음 자료에 의하여 기초재공품재고액을 계산하면 얼마인가?

기초제품	₩2,000,000	기말제품	₩3,000,000
기말재공품	₩2,000,000	당기총제조원가	₩15,000,000
매출원가	₩17,000,000		

① ₩2,000,000 ② ₩5,000,000 ③ ₩7,000,000
④ ₩8,000,000 ⑤ ₩10,000,000

3.15 다음 자료를 이용하여 당기제품제조원가를 계산하면 얼마인가?

당월원재료 매입액은 ₩10,000이며 기말원재료는 기초에 비해서 ₩5,000이 증가했다.
직접노무비는 직접재료비의 130%를 차지한다.
제조간접비는 ₩8,500이다.
기말재공품은 기초재공품에 비하여 ₩10,000이 증가하였다.

① ₩10,000 ② ₩15,000 ③ ₩18,000 ④ ₩20,000 ⑤ ₩22,500

3.16 다음 자료를 참고로 하여 20×1년도 당기제품제조원가와 매출원가를 계산하면?

[1993년 공인회계사]

구분	20×1.1.1 재고	20×1년중 매입(투입)액	20×1.12.31재고
원재료	₩90,000	₩720,000	₩120,000
재공품	120,000	–	140,000
직접노무비	–	400,000	–
제조간접비	–	510,000	–
제 품	150,000	–	180,000

	당기제품 제조원가	매출원가		당기제품 제조원가	매출원가
①	₩1,550,000	₩1,580,000	②	₩1,550,000	₩1,550,000
③	₩1,610,000	₩1,580,000	④	₩1,580,000	₩1,550,000
⑤	₩1,580,000	₩1,580,000			

3.17 다음 자료를 이용하여 매출원가를 계산하면 얼마인가?

당기총제조원가	₩1,500,000	기초재공품재고액	₩150,000
기말재공품재고액	₩250,000	기초제품재고액	₩300,000
기말제품재고액	₩700,000		

① ₩1,000,000 ② ₩1,200,000 ③ ₩1,500,000
④ ₩1,850,000 ⑤ ₩2,000,000

3.18 다음 자료를 이용하여 제품계정의 판매가능액을 계산하면 얼마인가?

기초재공품재고액	₩200,000	당기총제조원가	₩1,300,000
기말재공품재고액	₩300,000	기초제품재고액	₩100,000
기말제품재고액	₩200,000		

① ₩1,000,000 ② ₩1,100,000 ③ ₩1,300,000
④ ₩1,500,000 ⑤ ₩1,700,000

3.19 (주)남송의 1월 중 발생한 비용과 월초 및 월말 재고자산 자료는 다음과 같다.

1월 중 발생비용		재고자산	1월초	1월말
직접노무원가	₩300	재공품재고	₩1,000	₩800
감가상각비－공장	50	직접재료재고	300	100
감가상각비－영업점포	50			
감가상각비－본부사옥	100			
공장감독자급여	100			
그 밖의 제조간접원가	200			

1월 중 직접재료의 매입은 발생하지 않았다. (주)남송의 1월달 당기제품제조원가는?

[2001년 공인회계사]

① ₩850 ② ₩900 ③ ₩1,050
④ ₩1,100 ⑤ ₩1,200

3.20 다음은 제조원가명세서를 요약한 내용이다. 이와 관련된 설명으로 옳지 않은 것은?

Ⅰ.	직접재료비	₩1,000,000
	기초재료재고액	₩300,000
	당기재료매입액	₩800,000
	기말재료재고액	₩100,000
Ⅱ.	직접노무비	₩500,000
Ⅲ.	제조간접비	₩300,000
Ⅳ.	당기총제조원가	(㉡)
Ⅴ.	기초재공품원가	₩200,000
Ⅵ.	소 계	(㉢)
Ⅶ.	기말재공품원가	₩400,000
Ⅷ.	(㉠)	(㉣)

① ㉠의 과목은 당기제품제조원가이다.
② ㉡의 당기총제조원가는 ₩1,800,000이다.
③ ㉢의 금액은 ₩2,000,000이다.
④ ㉣의 금액은 ₩2,400,000이다.
⑤ 대차대조표에 반영될 기말재고자산은 ₩500,000이다.

3.21 다음의 자료를 이용하여 계산된 매출총이익은? [경영지도사 수정]

항목	금액	항목	금액
기초상품재고액	110,000	매출에누리와 환입	170,000
기말상품재고액	140,000	매입에누리와 환출	10,000
상품총매입액	1,200,000	판매운임	30,000
상품총매출액	1,600,000	매입운임	40,000

① ₩210,000 ② ₩220,000 ③ ₩230,000
④ ₩330,000 ⑤ ₩370,000

3.22 다음의 자료를 이용하여 계산된 당기순손익은? [경영지도사 수정]

항목	금액	항목	금액
매출액	1,000,000	토지재평가이익	50,000
매출원가	600,000	법인세비용	70,000
판매비와관리비	60,000	매도가능금융자산평가이익	100,000

① ₩210,000 ② ₩220,000 ③ ₩270,000
④ ₩340,000 ⑤ ₩420,000

3.23 다음은 (주)만군의 제조원가명세서이다. 직접노무원가가 제조간접원가의 70%일 경우, 제조간접원가는? [경영지도사 수정]

Ⅰ. 직접재료원가	
1. 기초재고액	40,000
2. 당기매입액	100,000
3. 기말재고액	30,000
Ⅱ. 직접노무원가	(?)
Ⅲ. 제조간접원가	(?)
Ⅳ. 당기총제조원가	(?)
Ⅴ. 기초재공품재고액	40,000
Ⅵ. 기말재공품재고액	25,000
Ⅶ. 당기제품제조원가	210,000

① ₩35,000 ② ₩50,000 ③ ₩65,000
④ ₩80,000 ⑤ ₩85,000

3.24 다음 자료에 의하여 매출원가를 구하면? [전산회계2급 수정]

- 기초 상품 재고액: ₩700,000
- 당기 총매입액: ₩1,200,000
- 기말 상품 재고액: ₩400,000
- 상품 매입시 운반비: ₩20,000
- 매입환출 및 에누리: ₩150,000

① ₩1,070,000 ② ₩1,370,000 ③ ₩1,530,000
④ ₩1,600,000 ⑤ ₩1,770,000

3.25 다음 자료를 기초로 판매비와 일반관리비를 계산하면 얼마인가? [전산회계2급 수정]

> • 기부금: ₩400,000 • 급여: ₩1,500,000
> • 복리후생비: ₩600,000 • 이자비용: ₩120,000

① ₩2,020,000 ② ₩2,100,000
③ ₩2,500,000 ④ ₩2,620,000
⑤ ₩1,770,000

3.26 다음 중 제조원가명세서를 작성하기 위하여 필요하지 않은 것은? [전산회계1급 수정]

① 당기 직접노무원가 발생액 ② 당기 기말제품 재고액
③ 당기 직접재료 구입액 ④ 당기 직접재료 사용액
⑤ 당기 기말재공품 제고액

3.27 다음의 자료에서 당기총제조원가를 구하시오. [전산회계1급 수정]

> ㉠ 당기에 직접재료를 ₩5,000,000에 구입하였다.
> ㉡ 당기에 발생한 직접노무원가는 ₩3,500,000이다.
> ㉢ 제조간접원가는 ₩2,000,000이 발생하였다.
> ㉣ 기초원재료재고는 ₩500,000이고 기말원재료재고는 ₩2,000,000이다.

① ₩7,000,000 ② ₩9,000,000
③ ₩10,500,000 ④ ₩11,500,000
⑤ ₩12,000,000

3.28 다음은 (주)주연의 원가자료의 일부이다. 직접노무비는 얼마인가? [기업회계2급 수정]

가. 직접재료비	₩13,500	나. 기초재공품원가	₩86,000
다. 제조간접비	₩14,000	라. 기말재공품원가	₩86,000
마. 당기제품제조원가	₩100,500		

① ₩72,500 ② ₩73,000
③ ₩73,500 ④ ₩74,000
⑤ ₩76,000

3.29 다음 자료를 이용하여 당기제품제조원가를 구하면 얼마인가? [기업회계2급 수정]

- 기초재공품 ₩25,000 • 직접재료비 ₩30,000
- 기말재공품 ₩20,000 • 직접노무비 ₩40,000
- 제조간접비 배부액은 직접노무비 발생액의 150%이다.

① ₩100,000 ② ₩115,000
③ ₩135,000 ④ ₩175,000
⑤ ₩185,000

3.30 (주)채원의 원가자료이다. 당기분 원재료매입액은 얼마인가? [기업회계2급 수정]

- 기초원재료 재고: ₩300,000 • 기말원재료 재고: ₩200,000
- 당기 노무비: ₩800,000 • 당기 제조간접비: ₩1,000,000
- 당기총제조원가는 가공원가의 110%이다.

① ₩80,000 ② ₩180,000
③ ₩1,280,000 ④ ₩1,980,000
⑤ ₩2,280,000

3.31 (주)서하의 제품생산과 관련한 자료이다. 당기총제조원가는 얼마인가?(단, 제조간접원가는 가공원가의 60%인 ₩1,200,000이다.) [기업회계2급 수정]

구 분	기초금액	기말금액
원재료	₩200,000	₩300,000
재공품	₩300,000	₩400,000
제품	₩350,000	₩450,000
원재료 매입액	₩900,000	

① ₩2,600,000 ② ₩2,700,000
③ ₩2,750,000 ④ ₩2,800,000
⑤ ₩3,000,000

3.32 다음은 (주)주연의 경비내역이다. 제조원가에 해당하는 금액의 합계는 몇 원인가?

[기업회계2급 수정]

- 당기 직접재료비: ₩1,200,000
- 공장직원의 인건비: ₩1,600,000
- 공장기계장치수선비: ₩500,000
- 공장수도광열비: ₩300,000
- 공장기계장치감가상각비: ₩800,000
- 제품광고선전비: ₩400,000
- 본사영업부의 임차료: ₩3,300,000
- 본사영업부의 차량유지비 ₩900,000

① ₩3,600,000
② ₩4,400,000
③ ₩4,600,000
④ ₩4,800,000
⑤ ₩5,800,000

3.33 (주)충청공업사는 재료비, 노무비, 경비를 직접재료비, 직접노무비, 제조간접비로 재분류하려 한다. 다음 자료에 의하여 재료비와 노무비의 차액과 노무비와 경비의 차액으로 옳은 것은?

[기업회계1급 수정]

- 당기총제조비용: ₩1,070,000
- 직접재료비는 재료비의 70%
- 직접노무비는 노무비의 80%
- 당기발생 가공비 총액: ₩706,000
- 당기 제조간접비의 발생액: ₩402,000

	재료비와 노무비의 차액	노무비와 경비의 차액
①	₩210,000	₩140,000
②	₩140,000	₩350,000
③	₩140,000	₩210,000
④	₩210,000	₩190,000
⑤	₩190,000	₩210,000

3.34 (주)보석의 당기제품제조원가와 매출원가는 각각 얼마인가? [기업회계1급 수정]

구분	기초재고	기중 매입(발생)액	기말재고
원재료	₩80,000	₩700,000	₩100,000
재공품	₩120,000	–	₩140,000
직접노무비	–	₩400,000	–
제조간접비	–	₩510,000	–
제품	₩100,000	–	₩180,000

	당기제품제조원가	매출원가
①	₩1,490,000	₩1,570,000
②	₩1,570,000	₩1,490,000
③	₩1,670,000	₩1,590,000
④	₩1,590,000	₩1,670,000
⑤	₩1,670,000	₩1,490,000

3.35 다음 중 당기총제조원가를 구성하는 요소가 아닌 것은? [전산세무2급 수정]

① 당기제품제조원가 ② 직접재료비 ③ 제조간접비
④ 직접노무비 ⑤ 간접재료비

3.36 다음 제조원가명세서에 관련된 설명 중 틀린 것은? [전산세무1급 수정]

제조원가명세서		
1. 재료비		₩12,000,000
당기매입액	₩13,000,000	
기말원재료재고	₩ 1,000,000	
2. 노무비		₩ 8,000,000
3. 제조간접비		₩ 6,000,000
4. (　　　)		₩26,000,000
5. (　　　)		₩ 1,000,000
6. 합계		₩27,000,000
7. (　　　)		₩ 4,000,000
8. (　　　)		(　　　)

① 당기총제조원가는 ₩23,000,000이다.
② 기초재공품재고액은 ₩1,000,000이다.
③ 기말재공품재고액은 ₩4,000,000이다.
④ 당기제품제조원가는 ₩26,000,000이다.
⑤ 당기재료비소비액은 ₩12,000,000이다.

3.37 2017년 1월 5일에 영업을 시작한 (주)세무는 사업부진으로 2018년 6월 30일에 재공품 재고를 남겨두지 않고 모두 제품으로 생산한 뒤 전부 싼 가격으로 처분하고 폐업하였다. 2017년 말 재공품 재고액 ₩50,000, 제품 재고액 ₩100,000을 가지고 있었다면 2018년도 원가를 큰 순서대로 정리한 것으로 옳은 것은? [전산세무1급 수정]

① 매출원가 > 당기제품제조원가 > 당기총제조원가
② 매출원가 > 당기총제조원가 > 당기제품제조원가
③ 당기총제조원가 > 당기제품제조원가 > 매출원가
④ 당기총제조원가 > 매출원가 > 당기제품제조원가
⑤ 모두 금액이 같나.

3.38 다음 자료를 이용하여 매출원가를 계산하면 얼마인가? [전산회계1급 수정]

- 기초재공품재고액: ₩450,000
- 기말재공품재고액: ₩600,000
- 기초제품재고액: ₩300,000
- 기말제품재고액: ₩550,000
- 당기총제조원가: ₩800,000

① ₩400,000 ② ₩450,000 ③ ₩650,000
④ ₩700,000 ⑤ ₩800,000

3.39 다음 원가에 관한 설명 중 틀린 것은? [전산회계1급 수정]

① 제조원가는 직접재료원가, 직접노무원가, 제조간접원가를 말한다.
② 직접재료원가는 기초원재료재고액과 당기원재료매입액의 합계액에서 기말원재료재고액을 차감한 금액을 말한다.
③ 직접노무원가와 제조간접원가의 합계액을 기본원가라고 한다.
④ 제조활동 이외의 판매활동과 관리활동에서 발생하는 원가를 비제조원가라 한다.
⑤ 제조간접원가는 간접재료비, 간접노무비, 경비를 말한다.

3.40 제품원가가 손익계산서에 비용으로 계상되는 시점은 언제인가? [기업회계2급 수정]

① 제품 생산을 위해 재료가 사용된 때
② 제품 생산이 완료된 때
③ 제품이 창고에 보관하게 된 때
④ 제품이 판매된 때
⑤ 제품 생산이 준비된 때

3.41 (주)서하는 기초재공품과 기말재공품을 제외한 재고가 없다고 가정한다. 다음 자료에 의하면 기초재공품원가는 얼마인가? [기업회계2급 수정]

- 매 출 액: ₩2,000,000
- 매출총이익: ₩300,000
- 기말재공품: ₩800,000
- 직접재료비: ₩1,000,000
- 직접노무비: ₩500,000
- 제조간접비: ₩200,000

① ₩700,000 ② ₩800,000 ③ ₩900,000
④ ₩1,000,000 ⑤ ₩1,200,000

3.42 (주)서하의 2018년 당기 원재료 매입액은 ₩52,000이다. 2018년도 제조간접원가가 ₩38,000, 총제조원가가 ₩130,000, 기초 원재료 재고가 ₩6,000, 기말 원재료 재고가 ₩3,000 일 때 직접노무원가는 얼마인가? [기업회계2급 수정]

① ₩37,000 ② ₩38,000 ③ ₩39,000
④ ₩40,000 ⑤ ₩58,000

3.43 다음은 (주)서하의 제품생산과 관련한 자료이다. 당기제품제조원가는 얼마인가? (단, 제조간접원가는 가공원가의 50%인 ₩1,000,000이다.) [기업회계2급 수정]

구 분	기초금액	기말금액
원재료	₩300,000	₩400,000
재공품	₩200,000	₩300,000
제품	₩250,000	₩350,000
원재료 매입액	₩800,000	

① ₩2,600,000 ② ₩2,750,000 ③ ₩2,850,000
④ ₩2,900,000 ⑤ ₩3,300,000

3.44 다음 자료에 의하여 당기에 발생한 노무비로 옳은 것은? [기업회계1급 수정]

- 기초재공품재고액: ₩15,860
- 기초재공품재고액은 기말재공품재고액의 1.3배이다
- 당기제품제조원가는 당기총제조비용의 1.5배이다.
- 당기발생직접재료비: ₩1,250
- 당기발생제조간접비: ₩2,200

① ₩3,420 ② ₩3,870 ③ ₩5,120
④ ₩8,640 ⑤ ₩12,000

3.45 다음은 노무비와 경비를 회계처리하기 위한 개별원가계산제도에 대한 설명이다. 틀린 내용을 모두 나열한 것은? [기업회계1급 수정]

1. 노무비의 임률은 개별임률 또는 평균임률을 적용할 수 있다.
2. 노무비의 계산에서 상여금과 같이 지급시기가 일정하지 않은 항목은 회계연도 중의 원가계산기간에 안분하지 않고 기간비용으로 처리한다.
3. 노무비는 전기 선급비용과 당기 선급비용을 모두 당기의 노무비로 인식한다.
4. 경비는 제조간접비 또는 가공비로 분류된다.
5. 외주가공비는 성격에 따라 재료비에 포함하여 계상할 수 있으나, 별도의 과목으로 기재하는 것은 불가능하다.

① 1, 2, 5　② 1, 3, 4
③ 2, 3, 4　④ 2, 3, 5
⑤ 3, 4, 5

3.46 9월 중 개업한 튼튼가구점의 자료이다. 9월 영업이익을 계산한 금액으로 옳은 것은? [전산회계2급 수정]

• 거실장판매 대금: ₩450,000
• 식탁판매 대금: ₩300,000
• 판매용 가구 구입 대금: ₩250,000
• 종업원 급여: ₩100,000
• 은행 장기차입금의 이자: ₩10,000
• 매장 임차료: ₩100,000
※ 9월 말 재고는 없는 것으로 가정한다.

① ₩300,000　② ₩400,000
③ ₩390,000　④ ₩290,000
⑤ ₩500,000

3.47 다음 중 제조원가계산을 위한 재공품 계정에 표시될 수 없는 것은? [전산회계1급 수정]

① 당기 총제조원가　② 기말 제품
③ 당기 제품제조원가　④ 기말 재공품
⑤ 기초 재공품

3.48 다음 중 원가의 개념이 가장 잘못 연결된 것은? [전산세무2급 수정]

① 기회원가: 과거에 발생한 원가로서 의사결정에 고려되어서는 안 되는 원가
② 가공원가: 직접노무비와 제조간접비를 합한 금액
③ 통제가능원가: 특정부문의 경영자가 원가의 발생을 관리할 수 있으며, 부문경영자의 성과평가의 기준이 되는 원가
④ 변동원가: 조업도의 변동에 관계없이 단위당 원가는 일정하고, 총원가는 조업도의 변동에 비례하여 변하는 원가
⑤ 매몰원가: 과거에 발생한 원가로서 의사결정에 고려되지 않는 원가

3.49 다음 중 제조간접비에 대한 설명으로 틀린 것은? [전산세무2급 수정]

① 인과관계에 따라 제조간접비를 배부하는 것이 용이하지 않다.
② 제품에 배부되는 원가를 직접 추적할 수 없는 간접원가이다.
③ 제조간접비는 간접재료비, 직접노무비, 공장감가상각비 등을 예로 들 수 있다.
④ 제조간접비의 배분방법에는 실제배부법과 예정배부법이 있다.
⑤ 실제발생액과 예정배부액의 차이를 배부차이라고 한다.

3.50 생산부서에서 사용하는 고정자산의 감가상각비를 판매관리비로 회계처리할 경우 발생되는 것으로 올바른 것은? (단, 기말재고자산은 없다) [전산세무1급 수정]

① 당기총제조원가가 증가된다.
② 매출원가가 증가된다.
③ 판매관리비가 감소된다.
④ 매출총이익이 증가된다.
⑤ 영업이익은 증가된다.

3.51 다음 내용을 참조하여 (주)세무의 제조간접원가를 구하면 얼마인가? [전산세무1급 수정]

- 제조간접원가는 가공원가의 30%이다.
- 직접노무원가는 ₩35,000이다.
- 직접재료원가는 ₩42,000이다.

① ₩33,000
② ₩50,000
③ ₩15,000
④ ₩45,000
⑤ ₩110,000

3.52 다음 원가계산자료 중 당기에 소요된 제조간접비 금액은 얼마인가? [전산회계1급 수정]

- 직접재료비: ₩3,000,000
- 직접노무비: ₩2,000,000
- 기초재공품: ₩2,000,000
- 기말재공품: ₩2,000,000
- 당기제품제조원가: ₩10,000,000

① ₩5,000,000 ② ₩10,000,000 ③ ₩15,000,000
④ ₩17,000,000 ⑤ ₩20,000,000

Ⅲ. 주관식

3.1 다음 자료와 재공품계정을 이용하여 당월에 완성된 제품의 단위당 원가를 계산하면? [2005년 공무원]

월초제품수량: 200개 월말제품수량: 100개 당월제품판매수량: 600개

재공품

월 초 재 공 품	150,000	( )	( )
당기총제조원가	( )	월 말 재 공 품	120,000
	470,000		

3.2 다음 자료를 이용하여 당기의 직접재료비를 계산하면 얼마인가?

당기총제조원가는 ₩2,000,000이다. 제조간접비는 직접노무비의 80%이다.
제조간접비는 당기총제조원가의 20%이다.

3.3 다음 자료를 이용하여 직접노무비를 계산하면 얼마인가?

₩100,000의 직접재료를 구입하다.
제조간접비는 ₩45,000이다.
총제조원가는 ₩250,000이다.
직접재료의 월초 재고가 ₩10,000이고, 월말 재고가 ₩30,000이다.

3.4 다음 자료를 이용하여 기말재공품재고액을 계산하면 얼마인가?

직접재료비	₩1,000,000	직접노무비	₩2,000,000
제조간접비	₩1,500,000	외주가공비	₩500,000
기초재공품재고액	₩3,500,000	당기제품제조원가	₩8,000,000

3.5 다음의 자료를 이용하여 매출원가를 계산하면 얼마인가?

기초재공품재고액	₩250,000	기말재공품재고액	₩150,000
당기총제조원가	₩2,000,000	기초제품재고액	₩200,000
기말제품재고액	₩500,000		

3.6 다음의 자료를 이용하여 당기총제조원가를 계산하면 얼마인가?

기초재공품재고액	₩120,000	기말재공품재고액	₩170,000
기초제품재고액	₩100,000	기말제품재고액	₩150,000
매출원가	₩500,000		

3.7 다음 자료를 이용하여 당기제품제조원가를 계산하면 얼마인가?

구 분	기초재고	매입(투입)액	기말재고
원 재 료	₩100,000	₩800,000	₩300,000
재 공 품	150,000	–	650,000
직접노무비	–	400,000	–
제조간접비	–	500,000	–
제 품	150,000	–	250,000

3.8 안산회사의 20×1년도 기초와 기말재고에 관련된 자료는 다음과 같다.

	20×1.1.1	20×1.12.31
원재료	₩50,000	₩60,000
재공품	70,000	50,000
제　품	55,000	35,000

20×1년동안 원가와 비용은 다음과 같다.

원재료 구입액	₩500,000
직접노무비	250,000
공장간접노무비	100,000
공장건물감가상각비	70,000
영업부 사무원급료	50,000

위 자료를 이용하여 당기의 매출원가를 구하면 얼마인가? [1990년 감정평가사]

3.9 다음 자료를 이용하여 매출총이익을 계산하면 얼마인가?

매출액	₩1,000,000	당기제품제조원가	₩500,000
기초제품재고액	₩300,000	기말제품재고액	₩200,000

3.10 다음 제조원가명세서의 빈칸을 채우시오.

	과목	금액(단위:원)
I	재 료 비	250,000
	기초재료재고액	100,000
	당기재료매입액	250,000
	기말재료재고액	100,000
II	노 무 비	300,000
III	경　　비	150,000
IV	당기총제조원가	(㉮)
V	기초재공품원가	300,000
VI	기말재공품원가	500,000
VII	(㉯)	(㉰)

제 4 장

실제개별원가계산

학습목표

2장에서는 원가의 개념과 분류에 대하여 살펴보았다. 즉 제품의 생산 활동과 관련하여 원가의 흐름과 원가유형 간의 관계를 파악해 보았는데, 본 장에서는 제조원가가 어떻게 측정되며, 특정제품에 어떻게 배부되어 원가계산이 이루어지는 것인지를 학습한다. 이에 따라 학습목표는 다음과 같이 설정한다.

1. 개별원가계산이란 무엇이며, 그 절차는 어떻게 이루어지는가?
2. 개별원가계산을 위한 원가대상이란 무엇인가?
3. 작업원가표는 어떻게 구성되는가?
4. 직접제조원가와 기타 제조간접비는 어떻게 집계되는가?
5. 제조간접비는 어떻게 배부되는가?
6. 당기제품제조원가와 매출 및 매출원가, 판매비와 관리비는 어떻게 처리되는가?

제1절 개별원가계산의 개요

제품원가를 계산하는 방법은 여러 가지가 있지만 각 기업이 수행하는 생산 활동의 성격에 따라 크게 개별원가계산과 종합원가계산으로 나눌 수 있다.

작업별 원가계산이라고도 불리는 개별원가계산(job costing)은 제품의 종류나 규격이 다양한 개별 단위의 제품이나 서비스를 생산하는 기업에 적용되는 원가계산방법이다. 이 원가계산방법은 조선업, 건설업, 기계제조업, 항공기제조업 등 특별주문이나 수요에 따라 특정제품을 개별적으로 생산하는 기업의 원가계산에 적합하다.

반면에, 공정원가계산 또는 종합원가계산(process costing)은 동일 또는 유사한 성격을 가진 제품을 연속적으로 대량생산하는 업종에 사용되는 원가계산방법으로서 정유업, 화학공업, 식품가공업, 제지업, 금속제조업 등과 같이 대량생산이 가능한 산업분야에 적용된다.

제2절 개별원가계산의 의의 및 절차

개별원가계산이란 앞서 설명한 바와 같이 제품의 종류나 규격이 다양한 개별적인 생산형태의 기업에 적용되는 원가계산방법으로서 제품원가를 개별작업별로 구분, 집계하여 계산한다. 따라서 개별원가계산은 조선업, 건설업, 기계제조업 등과 같이 고객의 주문에 기초하여 고객의 요구에 따라 개별적으로 제품을 생산하는 업종에 적합하다.

개별원가계산을 사용하는 이러한 업종의 기업들은 제품마다 규격, 품질 등이 다르기 때문에 제품원가를 개별작업별로 구분, 집계하여 계산한다. 이때 직접제조원가와 제조간접비의 구분이 중요한데, 직접제조원가는 개별 작업과 관련하여 직접적으로 추적할 수 있기 때문에 발생된 원가를 개별 작업에 그대로 부과하면 되지만, 제조간접비는 특정제품이나 작업과 관련하여 직접적으로 추적할 수 없기 때문에 이를 기말에 적정한 기준으로 배부하게 된다. 그 결과 기말에 완성된 개별 작업의 원가는 당기제품제조원가로, 재공품으로 남은 작업의 원가는 기말재공품원가로 분류된다.

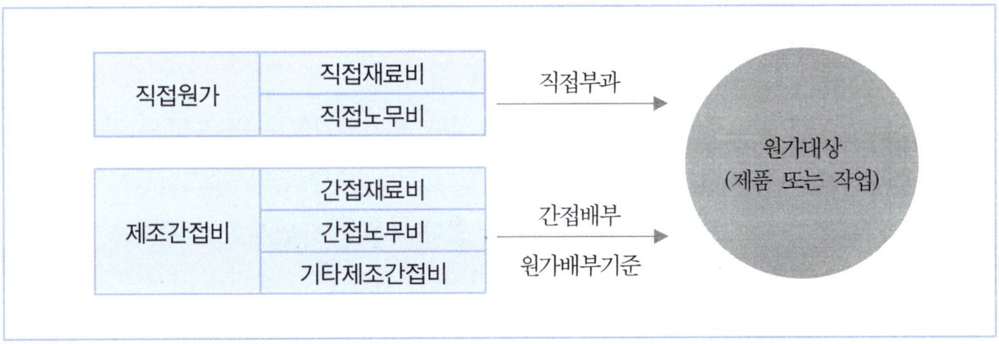

제3절 개별원가계산의 절차

개별원가계산에서는 각 작업별로 원가를 독립적으로 기록하여 원가대상의 원가를 예측하고 통제하게 된다. 개별원가계산을 통해 원가를 계산하기 위해서는 다음과 같은 단계를 거치게 된다.

1) 원가대상 작업의 설정
2) 직접제조원가의 집계
   2-1) 직접재료비의 집계
   2-2) 직접노무비의 집계
3) 제조간접비의 집계
4) 제조간접비 배부
   4-1) 제조간접비 배부기준 설정
   4-2) 제조간접비 배부율 산정
5) 총원가집계

비반복적인 개별 작업을 수행하는 기업의 경영자는 개별작업별로 원가를 분리하여 기록함으로서 원가를 통제하거나 추정하는 데 유용한 정보를 얻을 수 있다. 작업원가표 또는 작업별 원가기록표(job cost sheet 또는 job cost record)는 개별작업별로 원가를 분리하여 집계하는 데 사용되는 기본적인 증빙서류이다. 작업원가표에는 제조에 착수한 각 개별작업별로 투입되는 총원가를 기록하게 된다.

항공기를 제조하는 한국항공에서 1월 중 작성한 작업원가표는 다음 표와 같다. 제조간접비 배부기준으로 직접노무시간을 사용하고 있다. 원가계산방법은 실제제조간접비 배부율을 사용하는 실제원가계산을 사용하고 있다. 1월중에 발생한 실제제조간접비는 ₩350,000이며 실제직접노무시간은 총 35시간이다. 그리고 경영자가 설정한 제조간접비예산액은 ₩320,000이고 예산직접노무시간은 총 40시간이다. 기초원재료재고액, 기초재공품재고액, 기초제품재고액은 ₩0이다.

작업번호: AJ278	주문자: 아시아나항공
제조착수일: 2007.01.01	제조완료일: 2007.01.31

직접재료비

일자	사용량	단위원가	금액
2007.01.04	20	₩10,000	₩200,000
2007.01.15	10	10,000	100,000
소계(A)			₩300,000

직접노무비

일자	작업시간	시간당 임률	금액
2007.01.05	20	₩12,000	₩240,000
2007.01.18	15	12,000	180,000
소계(B)			₩420,000

제조간접비

일자	배부기준	배부기준사용량	배부율	금액
2007.01.31	직접노무시간	35	₩10,000	₩350,000
소계(C)				₩350,000
총계(D)=(A+B+C)				₩1,070,000

작업원가표에 기록하는 원가는 기본적으로 직접재료비, 직접노무비, 제조간접비로 분류한다. 개별 작업을 위해 직접재료를 창고에서 출고하면 그 개별 작업의 작업원가표에 이를 기록한다. 또한 직접노무비도 직접재료비와 유사하게 개별 작업을 수행하는 종업원들의 임금을 발생시점에 개별 작업의 작업원가표에 기록함으로써 개별 작업에 부과한다. 이에 반해 제조간접비는 배부율을 사용하여 작업원가표의 제조간접비계정에 기록한다. 개별 작업이 완료되면 작업의 단위당 원가를 결정하기 위해 직접재료비, 직접노무비, 제조간접비를 원가집합계정에 집계한다. 개별원가계산의 구체적인 절차를 설명하면 다음과 같다.

1 원가대상 작업의 설정

이것은 원가를 계산할 대상을 확정하는 단계로서 한국항공의 경우 생산제품인 항공기의 작업번호 AJ278이 된다.

2 직접제조원가의 집계

1) 직접재료비의 집계

(1) 원재료 매입

기업이 보유하고 있는 원재료는 재료별 카드에 기록한다. 이 카드에는 현재 보유하고 있는 재료의 수량과 원가 등을 기재한다. 재료원장 카드 전체는 하나의 보조원장을 구성하며, 이에 대한 통제계정은 재료계정이다.

예를 들어, 원재료를 신용거래를 통해 구입한 경우에 이 금액은 원재료계정의 차변과 매입채무의 대변에 기록되고 또한 재료카드와 현금의 보조원장에 기록된다. 한국항공의 1월중 원재료 ₩500,000을 신용거래를 통해 매입하였다 이에 대한 분개와 전기는 다음과 같다.

(차) 원재료	500,000	(대) 매입채무	500,000

원재료

당기매입	500,000		

매입채무

		원재료	500,000

(2) 원재료 사용

특정작업을 수행하기 위하여 작업자는 재료를 청구하게 된다. 이 때 사용하는 서류가 재료청구서인데, 재료청구서에 기재한 재료청구량을 재료계정에서 차감하여 제조부문으로 옮김으로써 재공품계정을 증가시키게 된다. 출고된 재료 가운데 개별 작업에 직접적으로 사용하지 않는 경우에는 간접재료원가로서 제조간접비계정에 기록한다.

한국항공에서 1월 중 사용된 원재료는 ₩350,000으로서 그 중 재공품 금액 ₩300,000은 작업번호 AJ278을 제조하는 데 사용된 직접재료비 ₩300,000으로서 작업원가표의 직접재료비의 소계 금액이다. 또한 제조간접비 금액₩50,000은 간접재료원가 금액이다. 한국항공의 재료 사용에 대한 분개와 전기는 다음과 같다.

(차) 재공품	300,000	(대) 원재료	350,000
제조간접비	50,000		

원재료

당기매입	500,000	당기사용	350,000

재공품

원재료	300,000		

제조간접비

원재료	50,000		

2) 직접노무비의 집계

특정작업을 직접적으로 수행하는 작업자들에게 지급하는 임금은 보통 작업시간을 기준으로 지급한다. 이러한 작업시간은 개별 작업의 시작시점과 종료시점에서 작성하는 작업시간표에 기록된 시간을 근거로 한다. 개별 작업에 부과되는 직접노무비는 작업시간에 시간당 임률을 곱하여 계산하게 된다. 원재료와 유사하게 개별 작업을 수행하는데 직접적으로 소요된 직접노무비는 재공품 계정에, 또한 감독자 급여 및 유지비와 같은 간접노무원가는 제조간접비계정에 기록한다.

한국항공에서 1월 중 발생한 노무원가는 ₩540,000으로서 그 중 재공품금액 ₩420,000은 작업번호 AJ278을 제조하는 데 소요된 직접노무비로서 작업원가표의 직접노무비 소계금액이다. 또한 제조간접비 금액 ₩120,000은 간접노무원가 금액이다. 한국항공의 노무원가에 대한 분개와 전기는 다음과 같다.

(차)	재공품	420,000	(대)	미지급급여	540,000
	제조간접비	120,000			

미지급급여

		당기발생	540,000

재공품

원재료	300,000		
미지급급여	420,000		

제조간접비

원재료	50,000		
미지급급여	120,000		

노무원가에 대한 회계처리에서 주의를 기울여야 할 항목은 휴식이나 기계의 수선 등으로 인해 발생된 원가와 초과근무수당 항목이다.

만약 유휴시간이 작업을 수행하는 과정에서 필수불가결하게 발생한다면, 이에 관련된 노무원가를 제조간접비로 처리하는 것이 타당하나, 유휴시간이 비효율적인 작업관리나 비능률에 의해 발생한 것이라면, 기간비용으로 처리해야 한다. 만약, 이를 제조간접비로 처리한다면 제품원가가 증가하게 되고 따라서 재고자산을 과대계상하게 된다. 또한 제품원가에 비효율성을 포함시키기 때문에 제품원가 예측 및 성과평가시 회계정보의 유용성을 감소시키게 된다.

초과근무수당은 특정작업을 수행하기 위해 발생한 것이라 할지라도 일반적으로 제조간접비로 기록한다. 기업이 제품을 생산할 때 제품 생산순서가 무작위로 예정된 것에 기인하여, 특정 공정의 작업시간이 길어져 정상작업시간을 초과한 관계로 다른 공정이 뒤로 미루어져 있다가 초과작업시간에 수행되었다면, 이 제품에 대하여 초과근무수당을 부과하는 것은 논리적으로 타당하지 못하다. 그러나 주문자가 정상적인 인도기간보다 빨리 생산해 주기를 요청하여 이에 따라 초과근무를 했다면, 이때의 초과근무수당은 직접노무비로 처리하는 것이 타당하다.

3 기타제조간접비의 집계

제조간접비 통제계정은 일반적으로 각 부문별로 설정되는데, 이 계정에는 직접재료비와 직접재료비 이외의 간접재료원가와 간접노무원가를 비롯한 기타제조간접비 항목들을 집계한다. 한국항공은 1월중에 공장건물의 감가상각비 ₩100,000과 보험료 ₩80,000의 제조간접비가 발생하였다. 이에 대한 분개와 전기는 다음과 같다.

(차)	제조간접비	180,000	(대)	감가상각누계액(공장)	100,000
				미지급보험료	80,000

감가상각누계액

	감가상각비(공장) 100,000

제조간접비

원재료	50,000	
급 여	120,000	
감가상각누계액(공장)	100,000	
미지급보험료	80,000	

미지급보험료

	보험료(공장) 80,000

이처럼 모든 제조간접비를 발생시점에서 제조간접비계정의 차변에 기록한다. 직접재료비 및 직접노무비는 비용이 발생할 때 재공품 계정으로 대체함으로써 곧바로 재공품의 증가를 가져오지만, 제조간접비는 차변에 집계한 발생원가를 재공품 계정에 배부할 때 비로소 재공품의 증가를 가져온다. 따라서 제조간접비에서는 제조간접비를 재공품계정에 배부하는 방법이 중요한데, 다음에서는 이에 대해서 자세히 살펴본다.

4 제조간접비의 배부

직접재료의 물리적 흐름은 완제품에서 직접적으로 추적가능하고, 특정작업을 수행하는 종업원들의 근무시간도 각 작업별로 직접적으로 관찰가능하다. 그러나 감독자의 급여, 재산세, 감가상각비 등의 제조간접비는 각 작업별로 추적이 매우 어렵기 때문에 배부절차를 통해 간접적으로 관련시켜야 한다.

여기서 주의할 점은 배부대상 제조간접비는 보조부문의 원가를 포함하고 있다는 것이다. 제조활동이 제조부문과 보조부문으로 구성되어 있는 경우, 보조부문의 원가는 용역수수관계를 고려하여 직접배부법, 단계배부법, 또는 상호배부법에 의해 제조부문에 우선적으로 배부한다. 이렇게 배부된 보조부문원가와 제조부문 자체의 제조원가를 합한 금액이 배부대상 제조간접비가 된다.

제조간접비를 제품원가에 배부하기 위해서는 제조공정을 거쳐 가는 작업을 공통적으로 측정할 수 있는 배부기준을 선택해야 한다. 일반적으로 널리 사용하는 원가배부기준은 직접노동시간, 기계시간, 직접노무비 등이 있다.

일단 배부기준을 선택하면 각 공정을 통과하는 모든 개별작업에 제조간접비를 배부하기 위해서 제조간접비배부율을 구해야 한다. 제조간접비배부율은 실제제조간접비배부율과 예정제조간접비배부율로 구분된다.

이후에서 살펴보겠지만, 제조간접비배부율로 실제제조간접비배부율을 사용하는 원가계산방법을 실제원가계산(actual costing)이라 하고 예정제조간접비배부율을 제조간접비배부율로 사용하는 원가계산방법을 정상원가계산(normal costing)이라고 한다.

실제제조간접비배부율은 실제제조간접비를 원가배부기준의 실제총수량으로 나누어 산출된다. 이를 식으로 나타내면 다음과 같다.

$$\text{실제제조간접비배부율} = \frac{\text{실제제조간접비}}{\text{원가배부기준의 실제총수량}} \qquad (1)$$

앞에서 언급한 바와 같이 한국항공에서는 제조간접비 배부기준으로 직접노무시간을 사용하고 있으며 간접원가배부율은 실제제조간접비배부율을 이용하고 있다. 1월중에 발생한 실제제조간접비는 ₩350,000이며 실제직접노무시간은 총 35시간이다. 따라서 이를 이용하여 제조간접비배부율을 계산하면 다음과 같다.

$$\text{실제제조간접비배부율} = \frac{₩350{,}000}{\text{35직접노무시간}} = \text{직접노무시간당 ₩10,000}$$

작업에 배부될 간접원가는 작업에 관련된 각 배부기준의 실제수량에 각 배부기준의 간접원가배부율을 곱하여 계산된다.

한국항공은 작업 AJ278을 수행하기 위해 직접노무시간은 35시간이 투입되었고, 실제제조간접비 배부율을 기초로 작업 AJ278에 배부되어야 할 제조간접비는 다음과 같이 계산된다.

실제배부액＝실제제조간접비배부율×특정제품의 실제배부기준

직접노무시간당 ₩10,000×35직접노무시간＝₩350,000

제조간접비배부액 ₩350,000은 AJ278의 작업원가표의 제조간접비항목에 나타나 있다. 이에 대한 분개와 전기는 다음과 같다.

(차) 재공품 350,000 (대) 제조간접비 350,000

제조간접비

원재료	50,000	재공품	350,000
급 여	120,000		
감가상각누계액(공장)	100,000		
미지급보험료	80,000		

재공품

원재료	300,000		
급 여	420,000		
제조간접비	350,000		

5 당기제품제조원가

1월중 한국항공의 개별작업들이 완성되어 제품계정으로 대체된 금액은 ₩900,000이다. 기말까지 작업을 완료하지 못한 재공품에 대한 원가는 재공품계정에 계속 남게 되며 다음 기간으로 이월된다. 이에 대한 분개와 전기는 다음과 같다.

(차) 제품 900,000 (대) 재공품 900,000

재공품

기 초	0	당기제품 제조원가	900,000
원재료	300,000	기말	170,000
급 여	420,000		
제조간접비	350,000		

제품

당기제품 제조원가	900,000		

특정기간 또는 특정제품의 제조원가의 명세를 나타내는 보고서를 제조원가명세서(schedule of cost of goods manufactured)라고 한다. 지금까지 한국항공의 생산 활동에 투입된 원가를 정리한 제조원가명세서는 다음과 같다.

Ⅰ. 직접재료비			₩300,000
Ⅱ. 직접노무비			420,000
Ⅲ. 제조간접비			
	간접재료비	₩50,000	
	간접노무비	120,000	
	감가상각비	100,000	
	보험료	80,000	350,000
Ⅳ. 당기총제조원가(Ⅰ+Ⅱ+Ⅲ)			1,070,000
Ⅴ. 기초재공품원가			0
Ⅵ. 합계(Ⅳ+Ⅴ)			1,070,000
Ⅶ. 기말재공품원가			170,000
Ⅷ. 당기제품제조원가(Ⅵ−Ⅶ)			₩900,000

6 매출 및 매출원가

한국항공은 1월중에 ₩1,000,000의 외상매출이 발생하였으며 이에 대한 매출원가는 ₩600,000이었다. 이에 대한 분개와 전기는 다음과 같다.

(차) 매출채권	1,000,000	(대) 매출	1,000,000
(차) 매출원가	600,000	(대) 제품	600,000

매출원가

차변		대변	
제품	600,000		

제품

차변		대변	
기초	0	매출원가	600,000
당기제품제조원가	900,000	기말	300,000

매출채권

차변		대변	
매 출	1,000,000		

매출

차변		대변	
		매출채권	1,000,000

7 판매비와 관리비

제조기업의 본사에서도 급여, 소모품비, 보험료, 감가상각비 등의 비용이 발생한다. 이처럼 제조활동과 관계없는 부문에서 발생하는 비용은 판매비와 관리비로 분류되는데, 이 항목은 발생하는 시점에서 기간비용으로 인식하여 포괄손익계산서에 보고된다.

1월에 발생된 한국항공의 판매비와 관리비는 다음과 같다.

항목	금액
본사 직원의 급여	₩15,000
영업용 차량의 보험료	3,000
홍보부서의 광고선전비	10,000
판매후 서비스 부서의 외주용역비	7,000
본사 건물의 감가상각비	₩25,000

이에 대한 분개와 전기는 다음과 같다.

(차) 급여	15,000	(대) 미지급급여	15,000
보험료	3,000	미지급보험료	3,000
광고선전비	10,000	미지급금	10,000
외주용역비	7,000	현금	7,000
감가상각비	25,000	감가상각누계액	25,000

미지급급여

차변	대변	
	급여(공장)	540,000
	급여(본사)	15,000

미지급보험료

차변	대변	
	보험료(공장)	80,000
	보험료(본사)	3,000

미지급금

차변	대변	
	광고선전비	10,000

현금

차변	대변	
	외주용역비	7,000

감가상각누계액

	감가상각비(공장) 100,000
	감가상각비(본사) 25,000

한국항공의 1월 중 거래를 요약한 포괄손익계산서는 다음과 같다.

Ⅰ. 매출액		₩1,000,000
Ⅱ. 매출원가		600,000
Ⅲ. 매출총이익(Ⅰ−Ⅱ)		400,000
Ⅳ. 판매비와 일반관리비		
급여	₩15,000	
보험료	3,000	
광고선전비	10,000	
외주용역비	7,000	
감가상각비	25,000	60,000
Ⅴ. 영업이익(Ⅲ−Ⅳ)		₩340,000

이상에서 설명한 개별원가계산의 흐름을 종합하면 다음 그림과 같다.

개별원가계산의 흐름

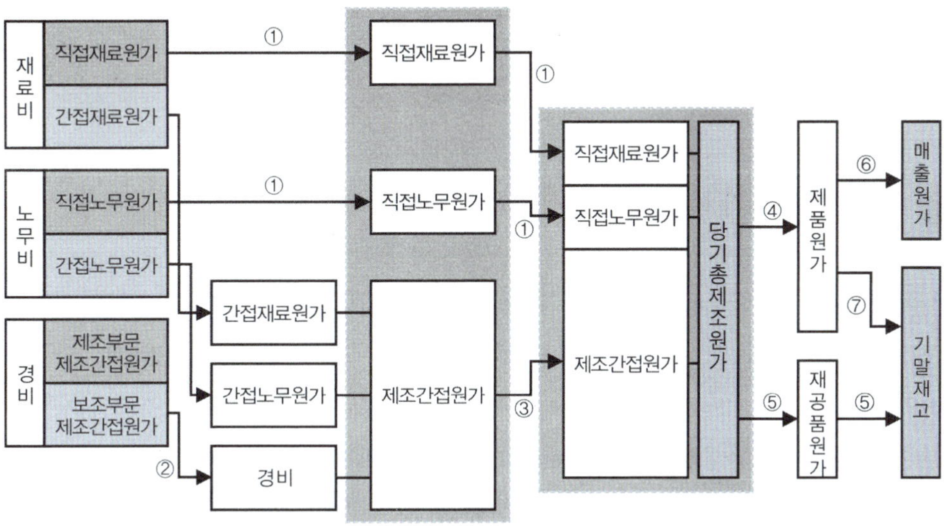

① 원가를 직접 추적
② 보조부문의 원가를 용역수수관계를 고려하여 제조부문으로 배부
③ 제조간접비를 예정배부율을 고려하여 제품에 배부
④ 당기총제조원가 중 완성된 부분의 원가
⑤ 당기총제조원가 중 미완성된 부분의 원가
⑥ 완성된 부분의 원가 중 판매된 부분
⑦ 완성된 부분의 원가 중 미판매된 부분

제4절 개별원가계산의 구분

개별원가계산은 제조간접비배부율을 산출하는 방법에 따라 실제개별원가계산과 정상개별원가계산으로 구분된다. 다음에서는 실제개별원가계산에 대해 설명하기로 한다.

1 실제개별원가계산

3절의 예에서 한국항공은 실제원가계산을 통해 개별작업의 원가를 집계하였다. 실제개별원가계산(actual job costing)에서는 실제직접재료비와 실제직접노무비를 개별작업에 집계하고 회계기간말에 집계된 실제제조간접비를 원가배부기준의 실제총수량으로 나눈 실제제조간접비배부율을 사용하여 재공품에 배부한다. 따라서 제조간접비 실제발생액이 각 작업에 배부한 제조간접비총액과 서로 동일하게 된다.

실제개별원가계산을 이용한 한국항공의 회계처리는 다음과 같다.

한국항공의 1월중에 발생한 실제제조간접비는 ₩350,000이며 실제직접노무시간은 총 35시간이다. 따라서 제조간접비배부율과 제조간접비 배부액을 계산하면 다음과 같다.

$$\text{실제제조간접비배부율} = \frac{₩350{,}000}{35\ \text{직접노무시간}} = \text{직접노무시간당 } ₩10{,}000$$

$$\text{직접노무시간당 } ₩10{,}000 \times 35\ \text{직접노무시간} = ₩350{,}000$$

(차) 재공품	350,000	(대) 제조간접비	350,000

제조간접비

원재료	50,000	재공품	350,000
급 여	120,000		
감가상각누계액	100,000		
보험료	80,000		

재공품

원재료	300,000		
급 여	420,000		
제조간접비	350,000		

이러한 실제개별원가계산은 다음과 같은 한계점이 있다.

첫째, 동일한 작업에 배부되는 제조간접비가 기간별로 차이가 발생하여 기간별 단위당 제품원가가 변동할 수 있다. 이렇게 제조간접비 배부액의 차이가 발생하는 이유는 실제원가계산을 이용하는 기업에서는 일반적으로 보통 월별로 제조간접비를 배부하는데 제조간접비발생액과 원가배부기준의 총수량이 주기성(seasonality)을 띄기 때문이다. 이는 기업이 속한 산업이나 생산하는 제품의 특성에 따라 특정기간에 수요가 집중(예: 장난감회사의 크리스마스기간)되기 때문에 이러한 수요에 맞추기 위해 원가배부기준의 총수량이 변동하게 되면 제조간접비배부율이 변동하게 된다. 또한 특정 제조간접비발생액(예: 여름철의 휴가비)이 집중적으로 발생하는 주기성으로 인해 제조간접비배부율이 변동하게 된다.

둘째, 제조간접비의 배부의 지연성이다. 제조간접비를 배부하기 위하여 실제제조간접비배부율을 계산해야 하는데 이를 위해 필요한 정보인 실제제조간접비발생액과 원가배부기준의 총수량 정보는 월말 또는 연말까지 미루어야 한다. 이는 회계정보의 질적 특성 중 하나인 적시성(timeliness)을 충족시키지 못하게 되어 회계정보의 유용성을 저해하게 된다. 경영자는 제품가격, 판매정책 등을 결정하기 위해서는 사전적인 정보가 필수적임에도 불구하고 실제원가계산을 사용하는 경우에는 사후적인 정보를 제공하게 된다.

이러한 한계점을 보완하기 위하여 대부분 기업에서는 제조간접비 예산액, 원가배부기준의 총예산수량을 이용한 예정제조간접비배부율을 사용하는데, 이에 대한 구체적 내용은 다음 정상개별원가계산에서 살펴본다.

Ⅰ. 평가자체크리스트

※ 다음 서술이 옳으면 T, 옳지 않으면 F를 기재하시오.

4.1 실제원가계산은 직접재료비, 직접노무비, 제조간접비를 실제원가로 측정하는 방법이다.

4.2 원가의 집계방식에 따라 제품원가를 개별 작업별로 구분하여 집계하는 원가계산방법은 종합원가계산이다.

4.3 기말재료 재고액이 기초재료 재고액보다 많은 것은 당기소비액이 당기매입액보다 많은 것을 의미한다.

4.4 제조원가명세서를 통해 당기원재료매입액을 파악할 수 있다.

4.5 제조원가명세서를 통해 당기매출원가를 파악할 수 있다.

4.6 고객이 주문한 특정 제품의 제조를 제조부서에 지시하는 제조지시서는 개별원가계산에 적합하다.

4.7 제품생산의 형태에 따라 개별원가계산과 실제원가계산으로 구분된다.

4.8 간접재료비는 재공품계정에 직접 기입한다.

4.9 당기 완성품의 제조원가는 재공품 계정에서 매출원가 계정으로 대체한다.

4.10 개별 원가계산표는 생산에 투입되는 각 작업에서 작성되고, 그 작업에 부담되는 원가를 집계하는데 이용된다.

Ⅱ. 객관식

4.1 개별원가계산제도가 가장 적합한 업종은? [AICPA 수정]

① 조선업 ② 정유산업 ③ 제지업
④ 방직업 ⑤ 제과업

4.2 개별원가 계산제도에 있어서 개별 작업에 직접재료비, 직접노무비, 제조간접비를 집계하는 기본적인 서류로 적합한 것은?

① 총계정원장 ② 원재료청구서 ③ 매입주문서
④ 작업원가표 ⑤ 송장

4.3 재공품계정에서 제품계정으로 대체되는 되는 것은?

① 매출원가 ② 원재료비 ③ 기간원가
④ 제품제조원가 ⑤ 기초제품재고액

4.4 제품 제조원가에 포함되지 않은 것은?

① 제품 보관을 위해 투입된 원가
② 제품 생산을 위해 소비한 근로자 임금
③ 제품 생산을 위해 소비한 수도광열비
④ 제품 생산을 위해 소비한 원재료
⑤ 제품 생산을 위해 소비한 일용직 근로자 임금

4.5 개별원가계산에 대한 설명으로 가장 옳지 않은 것은?

① 작업원가표에 기초하여 원가계산이 이루어지며, 미래작업평가가 가능하다.
② 제품을 비반복적으로 생산하는 업종에 적합한 원가계산제도이다.
③ 종합원가계산에 비하여 제품별로 정확한 원가계산이 가능하다.
④ 실제원가나 예정원가를 사용하여 원가계산이 가능하다.
⑤ 부문별 제조간접비 배부율보다 공장전체 제조간접비배부율이 더 정확한 원가배분방법이다.

4.6 개별원가계산과 종합원가계산에 대한 설명으로 가장 옳지 않은 것은?

① 개별원가계산은 주문생산형태에 적합하고, 종합원가계산은 대량생산형태에 적합하다.

② 개별원가계산은 제조간접비배부에, 종합원가계산은 완성품환산량계산이 핵심이다.

③ 개별원가계산은 제품별 수익성분석이 가능하나 종합원가계산은 불가능하다.

④ 개별원가계산은 종합원가계산에 비하여 비용이 적게 소요된다.

⑤ 개별원가계산은 건물 및 선박 등에 적합하며, 종합원가계산은 식료품업, 화학산업 등에 적합하다.

4.7 실제 원가계산제도의 특징 및 한계가 아닌 것은?

① 생산형태에 따라 개별원가계산과 종합원가계산 등으로 분류된다.

② 제조간접원가 배부가 실제발생원가와 실제조업도를 기초로 이루어지므로, 제품원가 계산이 기말까지 지연되지 않고 이뤄질 수 있다.

③ 조업도의 변동, 특정원가의 계절적 특성으로 인하여 동일한 제품에 배부되는 제조간접원가가 상이하게 된다.

④ 실제원가계산은 실제 발생한 직접재료원가, 직접노무원가, 제조간접원가를 제품에 배부하는 원가계산제도이다.

⑤ 외부보고용으로 적합한 원가계산방법이다.

4.8 가람에어(주)의 작업내용이다. 항공기 제작과 관련하여 9월 중에 발생한 원가자료와 생산량은 다음과 같다. B항공기의 제품 단위당원가는 얼마인가? [기업회계1급 수정]

	A항공기	B항공기	C항공기	합 계
직접재료비	₩30,000	₩30,000	₩40,000	₩100,000
직접노무비	₩60,000	₩40,000	₩100,000	₩200,000
제품생산량	5대	4대	8대	17대

※ 9월 중에 제조간접비 발생액은 ₩160,000이다. 회사는 직접노무비를 기준으로 제조간접비를 배부한다.

① ₩20,000 ② ₩23,500 ③ ₩25,000
④ ₩25,500 ⑤ ₩30,000

4.9 꿈나무 방송국은 TV와 라디오 부문이 있다. TV와 라디오 부문은 ABN뉴스를 통하여 세계뉴스를 전송받는데 연간 ₩75,000의 비용이 소요된다. 두 부문에 대한 다음 자료를 이용하여 ABN뉴스 이용시간을 배부기준으로 하여 공통원가를 TV와 라디오 부문에 배부하면 각각 얼마인가? [기업회계1급 수정]

부 문	ABN뉴스 이용시간	방송시간
TV	540	180
라디오	360	420

	TV	라디오
①	₩45,000	₩30,000
②	₩30,000	₩45,000
③	₩22,500	₩52,500
④	₩52,500	₩22,500
⑤	₩55,000	₩52,500

4.10 책상과 의자를 생산하는 낙원가구(주)의 다음 자료를 이용하여 책상의 제조간접비 배부액을 계산하면 얼마인가? 다만, 각 책상에 대한 제조간접비는 실제 발생액을 직접재료비법으로 배부한다. [기업회계1급 수정]

[자료]

(1) 3월의 제조간접비 실제 발생액 ₩72,000

(2) 3월 제조활동에 관한 자료는 다음과 같다.

제품별	완성일	직접재료비	직접노무비
책상	3월 13일	₩60,000	₩60,000
의자	3월 30일	₩20,000	₩120,000

① ₩25,000　　② ₩35,500

③ ₩54,000　　④ ₩75,500

⑤ ₩90,000

4.11 (주)한영의 3월 중에 실제 발생한 총원가 및 작업지시서 #333의 내용은 다음과 같다.

	총원가	#333
직접재료원가	₩550,000	₩320,000
직접노무원가	₩1,000,000	₩460,000
제조간접원가	₩750,000	₩ ?

당월 중 실제직접노동시간은 300시간이었으며, 이 중 #333의 제조에 투입된 시간은 210시간이었다. 회사가 제조간접원가를 직접노무원가에 비례하여 실제배부하는 경우, #333에 배부되는 제조간접원가는 얼마인가? [기업회계1급 수정]

① ₩345,000 ② ₩355,000 ③ ₩400,000
④ ₩425,000 ⑤ ₩450,000

4.12 (주)나눔은 개별원가계산제도를 채택하고 있으며, 직접노무원가를 기준으로 제조간접원가를 배부한다. 제조간접원가배부율은 A부문에 대해서는 150%, B부문에 대해서는 50%이다. 제조지시서 #01은 20×7년중에 시작되어 완성되었으며, 원가 발생액은 다음과 같다.

	A부문	B부문
직접재료원가	₩50,000	₩10,000
직접노무원가	?	40,000
제조간접원가	60,000	?

제조지시서 #01과 관련된 총제조원가는 얼마인가?

① ₩170,000 ② ₩190,000 ③ ₩220,000
④ ₩270,000 ⑤ ₩300,000

4.13 한라(주)는 개별원가계산제도를 채택하고 있다. 제품 제조와 관련한 다음의 자료에 의한 당기말 재무제표에 반영될 재고자산은 총 얼마인가? [전산세무1급 수정]

① 당기총제조원가: ₩6,000,000
② 당기제품제조원가: ₩4,900,000
③ 제조간접원가는 직접재료비의 60%가 배부되었는데 이는 당기총제조원가의 25%에 해당한다.
④ 당기 원재료 매입액과 매출원가는 각각 ₩3,000,000과 ₩4,000,000이다.
⑤ 모두 기초재고자산은 없다.

① ₩500,000 ② ₩900,000 ③ ₩1,000,000
④ ₩1,100,000 ⑤ ₩2,500,000

4.14 작업#1의 제조원가는 얼마인가? (단, 제조간접비는 직접노무비를 기준으로 배부한다)

[2004년 공무원 수정]

	직접재료비	직접노무비	제조간접비
작업#1	₩4,000	₩8,000	
작업#2	₩2,000	₩6,000	
계	₩6,000	₩14,000	₩8,400

① ₩16,800 ② ₩15,800 ③ ₩15,600
④ ₩20,400 ⑤ ₩28,400

4.15 〈보기〉의 자료에 의하여 제조간접비를 직접노무시간 기준으로 배분할 경우, 제조지시서 #2의 제조원가는 얼마인가?

[2006년 주택관리사 수정]

> ◦ 당해 원가 계산기간의 제조간접비 총액: ₩600,000
> ◦ 당해 원가 계산기간의 직접노무시간: 200시간
> ◦ 제조지시서 #2
> －직접재료비: ₩1,200,000
> －직접노무비: ₩1,800,000
> －직접노무시간: 150시간

① ₩3,000,000 ② ₩3,100,000 ③ ₩3,200,000
④ ₩3,450,000 ⑤ ₩3,600,000

4.16 영산강(주)는 개별원가계산을 실시하고 있다. 제조간접원가는 직접노무원가의 120%이다. 작업 201에서 발생한 직접재료원가는₩1,764,000이며, 제조간접원가는 ₩1,058,400이다. 또한 작업 301에서 발생한 직접재료원가는 ₩294,000이며, 직접노무원가는 ₩735,000이다. 작업 201에서 발생한 직접노무원가 및 작업 301의 총원가는 얼마인가?

[2000년 세무사]

	#201 직접노무원가	#301 총원가
①	₩1,270,000	₩2,263,800
②	₩1,058,400	₩1,234,800
③	₩2,116,800	₩2,263,800
④	₩1,045,800	₩2,123,400
⑤	₩882,000	₩1,911,000

4.17 다음 원가계산 자료에서 제조지시서 #1은 완성되었으나 제조지시서 #2와 #3은 미완성이다. 재공품계정의 월말재고액은? (단, 제조간접비는 직접재료비에 근거하여 배부한다.)

[2008년 9급 공채 수정]

비 목	지시서 #1	지시서 #2	지시서 #3	합 계
직접재료비	₩2,000	₩2,000	₩1,000	₩5,000
직접노무비	5,000	6,000	2,500	13,500
제조간접비	(　　)	(　　)	(　　)	9,000

① ₩5,300　② ₩10,600　③ ₩11,600
④ ₩16,900　⑤ ₩18,300

4.18 5월의 생산 및 원가자료는 다음과 같다. [2007년 9급 공채 수정]

과 목	제조지시서 #1	제조지시서 #2
월초재공품	₩180,000	–
직접재료비	950,000	₩380,000
직접노무비	650,000	200,000
제조간접비	220,000	100,000
합 계	₩2,000,000	₩680,000

월초제품재고액은 ₩300,000이고, 월말제품재고액은 ₩500,000이다. 그리고 제조지시서 #1은 완성되었으나, 제조지시서 #2는 완성되지 못하였다. 손익계산서에 계상될 매출원가는 얼마인가?

① ₩1,800,000　② ₩1,900,000　③ ₩2,000,000
④ ₩2,100,000　⑤ ₩2,300,000

4.19 다음의 자료를 이용하여 매출원가를 계산하면 얼마인가?

항목	기초재고자산	기말재고자산
원재료	₩20,000	₩50,000
재공품	₩50,000	₩150,000
제　품	₩40,000	₩140,000

당기 원가 발생은 원재료 매입액 ₩480,000, 직접임금 지급액 ₩250,000,
제조간접비 발생액 ₩300,000이다.

① ₩650,000　② ₩700,000　③ ₩800,000
④ ₩900,000　⑤ ₩950,000

4.20 다음 중 개별원가계산에 대한 설명이 아닌 것은? [전산세무2급 수정]

① 원가의 집계가 공정별로 이뤄지기 때문에 개별작업별로 작업지시서를 작성할 필요는 없다.
② 동종 대량생산형태보다는 다품종 소량 주문생산 형태에 적합하다.
③ 제조간접비의 배분이 중요한 의미를 갖는다.
④ 월말재공품의 평가문제가 발생하지 않는다.
⑤ 개별 단위의 제품이나 서비스를 생산하는 기업에 적용되는 원가계산방법이다.

4.21 (주)백두산이 거래처에 비행기 3대를 제작하여 납품하기로 계약을 하였는데 비행기의 제조원가계산에 적합한 원가계산방법은 무엇인가? [전산세무1급 수정]

① 정상원가계산 ② 종합원가계산 ③ 개별원가계산
④ 표준원가계산 ⑤ 결합원가계산

4.22 직접노동시간에 근거하여 제조간접원가를 예정배부하고 있는 (주)홍린의 연간 예상하는 제조간접원가는 ₩2,500,000이며, 직접노동시간은 50,000시간이다. 2018년 12월 중 작업지시서 #187과 #197을 시작하여 #187만 완성되었다면 12월말 재공품원가는 얼마인가? 단, 월초에 재공품은 없다고 가정한다. [기업회계2급 수정]

	#187	#197
직접재료원가	₩200,000	₩140,000
직접노무원가	₩110,000	₩ 80,000
직접노동시간	3,500시간	2,800시간

① ₩745,000 ② ₩485,000 ③ ₩360,000
④ ₩265,000 ⑤ ₩140,000

4.23 개별원가에 대한 설명으로 틀린 것은? [기업회계2급 수정]

① 원가계산이 용이하다.
② 제품별로 손익분석 및 계산이 쉽다.
③ 동일종류의 제품을 대량생산하는 업종에 적당하다.
④ 제조간접비의 배부가 중요하다.
⑤ 작업별 원가기록표는 개별작업별로 원가를 분리하여 집계하는 데 사용되는 표이다.

4.24 다음 중 개별원가계산의 특징이 아닌 것은? [기업회계2급 수정]

① 제조원가 모두를 작업별로 직접 추적한다.
② 조선업에 적합한 원가계산방법이다.
③ 작업원가표를 사용하면 편리하다
④ 실제원가와 정상원가를 사용할 수 있다.
⑤ 주문제작 제품에 적합한 원가계산방법이다.

4.25 다음 중 개별원가계산에 대한 특징으로 틀린 것은? [전산세무2급 수정]

① 조선업, 건설업 등 주문생산에 유리하다.
② 실제원가나 예정원가를 사용할 수 있다.
③ 개별적인 원가계산으로 인해 제조간접비 배분이 중요하지 않다.
④ 제품별로 손익분석 및 계산이 용이하다.
⑤ 작업별 원가표가 중요하다.

4.26 (주)대한은 개별원가계산제도를 채택하고 있다. 제품 A의 제조 관련 다음 자료에 따른 당기 직접재료원가는? [경영지도사 수정]

(1) 당기총제조원가: ₩8,000
(2) 당기제품제조원가: ₩6,000
(3) 제조간접원가: 직접노무원가의 50% 배부
(4) 당기제조간접원가는 당기총제조원가의 25%에 해당

① ₩1,500 ② ₩2,000 ③ ₩2,500
④ ₩3,000 ⑤ ₩4,000

Ⅲ. 주관식

4.1 (주)태희의 원가자료이다. 원재료소비액을 계산하면 얼마인가?

월초재고액	₩200,000	당월매입액	₩900,000
월말재고액	₩100,000		

4.2 (주)태희의 원가자료이다. 노무비소비액을 계산하면 얼마인가?

당월지급액	₩1,000,000	전월미지급액	₩50,000
당월미지급액	₩150,000		

4.3 (주)세무는 직접원가를 기준으로 제조간접비를 배부한다. 다음 자료에 의해 작업지시서 No.1의 제조간접비 배부액은 얼마인가? [전산회계 54회]

	공장전체발생원가	작업지시서 No.1
직접재료비	₩1,000,000	₩300,000
직접노무비	₩1,500,000	₩400,000
기계시간	150시간	15시간
제조간접비	₩7,500,000	( )

4.4 (주)상록의 20×7년도 기초와 기말재고는 다음과 같다.

항 목	20×7. 1. 1.	20×7. 12. 31.
원 재 료	₩50,000	₩60,000
재 공 품	70,000	80,000
제 품	90,000	100,000

당기원재료 매입액은 ₩300,000, 직접임금 지급액 ₩250,000, 제조간접비 발생액 ₩320,000이다. (주)상록의 20×7년도 매출원가는 얼마인가?

4.5 마포(주)는 개별원가계산을 실시하고 있다. 제조간접비는 직접노무비의 125%이다. 작업 No.101에서 발생한 직접재료비는 ₩1,500,000이며, 제조간접비는 ₩1,100,000이다. 또한 작업 No.201에서 발생한 직접재료비는 ₩500,000이며, 직접노무비는 ₩300,000이다. [2000년 세무사 수정]

물음 1) 작업 No.101에서 발생한 직접노무비는 얼마인가?

2) 작업 No.201의 총원가는 얼마인가?

※ 다음의 자료를 참고로 하여 4.6~4.8번에 [답]하시오.

(주)경기는 제품을 제조하여 판매하는 회사이다. 5월 동안의 자료는 다음과 같으며 제조간접비는 직접노무비를 기준으로 배부한다.

(1) 기초재공품원가는 ₩20,000이다.
(2) 당월 재료비소비액 ₩100,000(이중 간접소비액은 ₩20,000)
당월 노무비소비액 ₩200,000(이중 간접소비액은 ₩50,000)
당월 경비소비액: (모두 간접소비액임)
① 당월 지급액 ₩30,000 ② 전월 선급액 ₩50,000
③ 당월 미지급액 ₩15,000 ④ 당월 선급액 ₩25,000
⑤ 전월 미지급액 ₩20,000
(3) 당월에 제조에 착수하여 당월에 완성된 갑제품의 직접재료비는 ₩30,000이고, 직접노무비는 ₩25,000이다.
(4) 당월에 제조에 착수하여 당월에 미완성된 을제품의 직접재료비는 ₩20,000이고, 직접노무비는 ₩10,000이다.

4.6 기타 제품을 제외한 당월말의 재공품재고액을 계산하면 얼마인가?

4.7 갑제품의 제조원가를 계산하면 얼마인가?

4.8 기타 제품의 제조원가를 계산하면 얼마인가?

4.9 다음 원가정보를 이용하여 매출원가를 계산하면 얼마인가?

기초 및 기말재공품은 없음.

원재료 기말재고의 감소액	₩20,000	제품 기말재고의 증가액	₩50,000
원재료 당월매입액	500,000	직접노무비	220,000
제조간접비	400,000	매출운임	45,000

4.10 E세무법인은 계약건별로 추적이 가능한 원가는 직접원가로 파악하고, 간접원가에 대해서는 복수의 간접원가집합으로 분류한 다음 각각의 간접원가 배부율을 적용하여 원가계산을 한다. 다음 자료를 토대로 G회사의 세무조정계약건에 대한 원가를 산출하시오.

[2002년 세무사]

(1) 직접노무원가: G회사의 계약건과 관련하여 책임세무사 200시간, 담당세무사 400시간이 투입되었으며, 관련자료는 다음과 같다.

구 분	인원수	연간총투입시간(조업도)	연간급여
책임세무사	10명	1,600시간×10명 = 16,000시간	₩800,000,000
담당세무사	40명	1,600시간×40명 = 64,000시간	1,600,000,000
계		80,000시간	₩2,400,000,000

(2) G회사의 세무조정계약건에서 발생된 직접노무원가 이외의 직접원가: ₩2,600,000

(3) 간접원가는 연간 총 ₩496,000,000이며, 관련 자료는 다음과 같다.

[가] 일반관리비(세무사 총투입시간에 비례하여 배분):	₩240,000,000
[나] 보험료(세무사 직접노무원가에 비례하여 배분):	96,000,000
[다] 비서실운영비(책임세무사 투입시간에 비례하여 배분):	160,000,000
계	₩496,000,000

제 5 장

정상개별원가계산

학습목표

3장에서는 원가의 흐름에 대하여 살펴보았다. 즉 제품의 생산 활동과 관련하여 원가의 흐름과 원가유형 간의 관계를 파악해 보았는데, 본 장에서는 제조원가가 어떻게 측정되며, 특정제품에 어떻게 배부되어 원가계산이 이루어지는 것인지를 학습한다. 이에 따라 학습목표는 다음과 같이 설정한다.

1. 정상개별원가계산이란 무엇이며, 그 절차는 어떻게 이루어지는가?
2. 제조간접원가는 어떻게 배부되는가?
3. 제조간접원가의 과대(소) 배부액의 회계처리에는 어떠한 것이 있는가?

제1절 정상개별원가계산의 개요

개별원가계산은 제조간접원가배부율을 산출하는 방법에 따라 실제개별원가계산과 정상개별원가계산으로 구분된다. 작업별 원가계산이라고도 불리는 개별원가계산(job costing)은 제품의 종류나 규격이 다양한 개별 단위의 제품이나 서비스를 생산하는 기업에 적용되는 원가계산방법이다. 이중 정상원가계산은 배부율을 미리 정해놓고 정해진 기간 동안(1년 단위) 같은 배부율을 모든 작업에 적용하는 방법이다.

제2절 정상개별원가계산의 의의

정상개별원가계산(normal job costing)이란 각 제조지시서별로 원가를 계산하되 실제개별원가계산과는 달리 예정제조간접원가배부율을 사용하여 제조간접원가를 배부하는 원가계산방법이다.

정상원가계산은 예정제조간접원가배부율을 사용한다는 점이 실제원가계산과 다를 뿐이고, 직접원가인 직접재료원가와 직접노무원가를 집계하는 방법은 동일하다. 실제원가계산과 정상원가계산을 비교하면 다음 표와 같다.

원가항목	실제원가계산방법	정상원가계산방법
직접재료원가	실제원가	실제원가
직접노무원가	실제원가	실제원가
제조간접원가	실제제조간접원가배부율× 원가배부기준의 실제총수량	예정제조간접원가배부율× 원가배부기준의 실제총수량

제3절 실제개별원가계산의 한계점

실제개별원가계산은 다음과 같은 한계점이 있다.

첫째, 동일한 작업에 배부되는 제조간접원가가 기간별로 차이가 발생하여 기간별 단위당 제품원가가 변동할 수 있다. 이렇게 제조간접원가 배부액의 차이가 발생하는 이유는 실제원가계산을 이용하는 기업에서는 일반적으로 보통 월별로 제조간접원가를 배부하는데 제조간접원가발생액과 원가배부기준의 총수량이 주기성(seasonality)을 띄기 때문이다. 이는 기업이 속한 산업이나 생산하는 제품의 특성에 따라 특정기간에 수요가 집중(예: 장난감회사의 크리스마스기간)되기 때문에 이러한 수요에 맞추기 위해 원가배부기준의 총수량이 변동하게 되면 제조간접원가배부율이 변동하게 된다. 또한 특정 제조간접원가발생액(예: 여름철의 휴가비)이 집중적으로 발생하는 주기성으로 인해 제조간접원가배부율이 변동하게 된다.

둘째, 제조간접원가의 배부의 지연성이다. 제조간접원가를 배부하기 위하여 실제제조간접원가배부율을 계산해야 하는데 이를 위해 필요한 정보인 실제제조간접원가발생액과 원가배부기준의 총수량 정보는 월말 또는 연말까지 미루어야 한다. 이는 회계정보의 질적 특성 중 하나인 적시성(timeliness)을 충족시키지 못하게 되어 회계정보의 유용성을 저해하게 된다. 경영자는 제품가격, 판매정책 등을 결정하기 위해서는 사전적인 정보가 필수적임에도 불구하고 실제원가계산을 사용하는 경우에는 사후적인 정보를 제공하게 된다.

이러한 한계점을 보완하기 위하여 대부분 기업에서는 제조간접원가 예산액, 원가배부기준의 총예산수량을 이용한 예정제조간접원가배부율을 사용하는데, 이에 대한 구체적 내용은 다음 정상개별원가계산에서 살펴본다.

제4절 정상개별원가계산 절차

1 제조간접원가의 예정배부 필요성

정상원가계산제도는 다음과 같은 장점을 가지고 있다.

첫째, 정상원가계산에서는 예정제조간접원가배부율을 계산하여 이를 정해진 기간 동안(보통 회계기간) 계속 적용하므로 제품에 배부하는 제조간접원가가 정해진 기간 동안에는 변동하지 않는다. 즉, 재공품계정이나 제품계정에 배부되는 제조간접원가는 제조간접원가 실제발생액 또는 원가동인수준의 주기성에 따른 영향을 재고자산계정으로부터 제거할 수 있다.

둘째, 정상원가계산제도하에서는 예정제조간접원가배부율을 이용하여 제조간접원가를 배부하기 때문에 제품이 완성되는 즉시 원가를 계산할 수 있으므로 원가정보의 적시성이 향상된다. 그리고 경영자에게 과대 또는 과소배부액에 관한 정보를 제공함으로써 의사결정, 통제활동에 도움을 줄 수 있다. 예를 들어, 제조간접원가 실제발생액이 예정배부액보다 많은 경우 이는 불리한 영업성과를 나타내 준다. 따라서 이러한 제조간접원가과소배부에 대한 원인을 조사하고 적절한 조치를 취할 수 있다. 이렇게 과소배부액이 발생하는 원인이 생산설비의 비효율적인 이용 때문이라면 경영자는 이러한 원인을 제거하기 위한 조치를 취해야 할 것이다.

2 제조간접원가의 예정배부기준

원가배부기준은 원가집합을 원가대상에 배부하기 위해 사용되는 기준이다. 이미 설명한 원가동인과 유사한 개념으로서 원가집합의 원가변화와 관련이 있는 측정치라고 할 수 있다. 예를 들어 기계 감가상각비의 원가배부기준은 제품별 기계사용시간, 운송활동에 소요된 원가는 유통경로별 운송횟수가 될 수 있다.

다수의 제품을 생산하고 있는 기업의 예를 들어보자. 이 기업에는 컴퓨터, 휴대전화,

반도체를 생산하고 있다. 이 기업에서는 제품별로 비용을 추적하여 예산과 비교하여 차이를 계산해 내고 차이의 원인을 분석하여 원가관리와 성과평가에 이용하고 있다.

이 기업 전체 전기요금이 7월 한 달에 300만원이 나왔다고 하자. 그런데 제품별로 전기요금 사용량을 추적하는 계량기는 부착되어 있지 않다. 따라서 전기요금은 제품별로 직접 추적이 불가능한 간접비로 분류되고, 그 요금은 배부기준을 이용하여 배부해야 한다. 그런데 배부를 하기 위해서는 배부기준을 선택하여야 한다.

배부기준을 무엇으로 선택하느냐는 각 제품에 얼마의 전기요금이 배부되느냐를 결정하기 때문에 중요한 문제이다. 배부기순의 선택에는 여러 기준이 있을 수 있지만 일반직으로 인과관계에 입각하여 선택하는 경우가 가장 대표적이다. 위의 기업 예에서 만약 각 제품을 생산하는데 소요되는 기계시간에 의해서 전기요금이 변화한다면, 기계시간과 전기요금간에 인과관계가 있다고 할 수 있다.

일반적으로 사용되는 제조간접원가의 예정배부기준은 크게 금액법, 시간법, 수량법으로 구분할 수 있다. 금액법은 원가대상에 포함되어 있는 원가항목의 금액에 의하여 원가를 배부하는 방법이며 세부적으로 직접재료비, 직접노무비, 직접재료비와 직접노무비의 합인 직접원가 금액을 기준으로 하는 방법이 있다. 시간법은 원가대상이 생산요소를 소비한 시간에 의하여 원가를 배부하는 방법이며 세부적으로 직접노동(작업), 기계작업에 소요된 시간을 기준으로 하는 방법이 있다. 수량법은 원가대상의 물리적으로 세거나 잴 수 있는 수효와 분량에 원가를 배부하는 방법이며 세부적으로 생산, 판매 수량을 기준으로 하는 방법이 있다.

- 금액법: 직접재료비법, 직접노무비법, 직접원가법
- 시간법: 직접노동시간법(직접작업시간법), 기계작업시간법 등
- 수량법: 생산량 판매량 등

3 제조간접원가의 예정배부율과 예정배부액

예정제조간접원가배부율은 간접원가집합의 예산총액을 원가배부기준의 총예산수량으로 나누어 산출된다. 이를 식으로 나타내면 다음과 같다.

$$\text{예정제조간접원가배부율} = \frac{\text{제조간접원가 예산액}}{\text{원가배부기준의 총예산수량}} \quad (1)$$

$$\text{제조간접원가예산액} = \text{고정제조간접원가예산액} + \text{예정변동제조간접원가배부율} \times \text{원가배부기준의 총예산수량} \quad (2)$$

식(1)에 식(2)를 대입하면 식(1)은 다음과 같이 다시 쓸 수 있다.

$$\text{예정제조간접원가배부율}$$

$$= \frac{\text{고정제조간접원가 예산액} + \text{예정변동제조간접원가배부율} \times \text{원가배부기준의 총예산수량}}{\text{원가배부기준의 총예산수량}}$$

$$= \frac{\text{고정제조간접원가 예산액}}{\text{원가배부기준의 총예산수량}} + \text{예정변동제조간접원가배부율}$$

앞에서 언급한 바와 같이 한국항공에서는 제조간접원가 배부기준으로 직접노무시간을 사용하고 있다. 그리고 경영자가 설정한 제조간접원가예산액은 ₩320,000이고 예산직접노무시간은 총 40시간이다. 1월중에 발생한 실제제조간접원가는 ₩350,000이며 실제직접노무시간은 총 35시간이다. 또한 정상개별원가계산을 이용하여 원가를 집계하고 있다고 가정하자. 한국항공의 자료를 이용하여 예정제조간접원가 배부율을 계산하면 다음과 같다.

$$\text{예정제조간접원가배부율} = \frac{₩320{,}000}{40\ \text{직접노무시간}} = \text{직접노무시간당 ₩8,000}$$

작업에 배부될 간접원가는 작업에 관련된 각 배부기준의 실제수량에 각 배부기준의 간접원가배부율을 곱함으로써 계산된다.

한국항공은 작업 AJ278을 수행하기 위해 직접노무시간을 35시간을 투입하였으며 예정제조간접원가배부율을 사용하면 작업 AJ278에 배부되어야 할 제조간접원가는 다음과 같이 계산된다.

직접노무시간당 ₩8,000×35 직접노무시간=₩280,000

제조간접원가를 예정 배부하는 경우에는 제조간접원가 계정의 차변에는 제조간접원가 실제발생액을 기록하고, 대변에는 예정제조간접원가 배부액을 기록한다. 따라서 제조간접원가 계정의 차변과 대변금액이 일치하지 않는 경우가 일반적이다. 제조간접원가의 실제발생액과 예정배부액간에 차이가 나는 이유는 예정제조간접원가 배부율 계산시 당기에 발생할 것으로 예측되는 총제조간접원가를 당기에 발생할 것으로 예측되는 원가배부기준의 총수량으로 나누어서 계산하므로 이 두 예측치가 실제치와 다르면 **제조간접원가 배부차이**가 발생한다.

제조간접원가 배부액이 제조간접원가 실제발생액보다 큰 경우에는 차액을 **제조간접원가 과대배부액**(over-allocated indirect costs)이라 하고 제조간접원가배부액이 제조간접원가 실제발생액보다 작은 경우에는 차액을 **제조간접원가 과소배부액**(under-allocated indirect costs)이라 한다.

제조간접원가 과대배부액=(제조간접원가 실제발생액−제조간접원가 배부액)<0
제조간접원가 과소배부액=(제조간접원가 실제발생액−제조간접원가 배부액)>0

배부차이	과 대	과 소	균 등
방향성	실제<예정	실제>예정	동일
정상원가	과대계상	과소계상	동일
제조간접비	원가부담 줄인다(−) 유리	원가부담 늘인다(+) 불리	동일
분 개	(차)제조간접비 ××× (대)제조간접비배부차이 ×××	(차)제조간접비배부차이 ××× (대)제조간접비 ×××	분개없음

이와 같은 제조간접원가의 실제발생액과 예정배부액의 차이는 제조간접원가배부차이 계정에 기록한다. 제조간접원가과소배부액은 제조간접원가배부차이 계정의 차변에 기록하고 제조간접원가과대배부액은 제조간접원가배부차이계정의 대변에 기록한다.

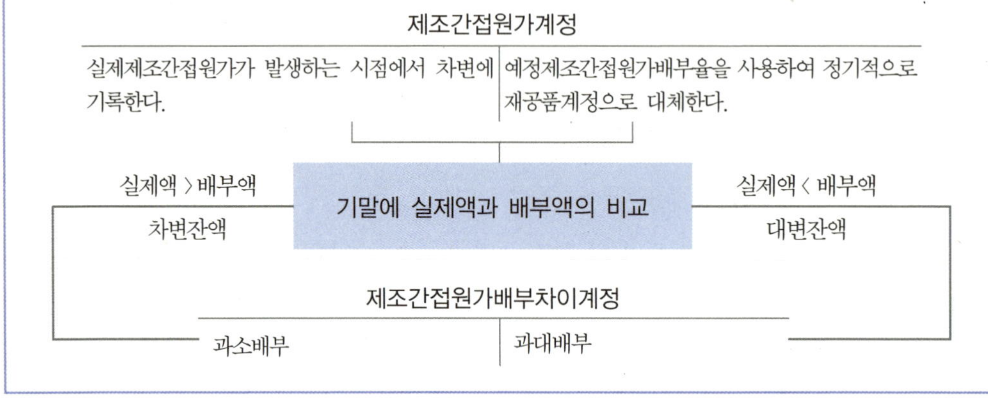

한국항공의 제조간접원가 실제발생액이 ₩350,000이고 제조간접원가배부액이 ₩280,000이다. 제조간접원가배부액이 제조간접원가실제발생액보다 작으므로 제조간접원가과소배부액 ₩70,000이고 이 금액은 제조간접원가배부차이 계정의 차변에 기록한다. 제조간접원가 배부액 ₩280,000은 AJ278의 작업원가표의 제조간접원가항목에 나타나 있다. 이에 대한 분개와 전기는 다음과 같다.

(차)	재공품	280,000	(대) 제조간접원가	350,000
	제조간접원가배부차이	70,000		

제조간접원가

원재료	50,000	재공품	280,000
급 여	120,000	배부차이	70,000
감가상각비	100,000		
보험료	80,000		

재공품

원재료	300,000		
급 여	420,000		
제조간접원가	280,000		

제조간접원가배부차이

제조간접원가	70,000		

1월중 한국항공의 개별작업들이 완성되어 제품계정으로 대체된 금액은 ₩900,000이며, 원재료와 급여는 각각 ₩300,000과 ₩420,000이다. 단 기초재공품은 없다. 기말까지 작업을 완료하지 못한 재공품에 대한 원가는 재공품계정에 계속 남게 되며 다음 기간으로 이월된다. 이에 대한 분개와 전기는 다음과 같다.

(차) 제품	900,000	(대) 재공품	900,000

재공품

차변		대변	
기 초	0	당기제품제조원가	900,000
원재료	300,000	기 말	100,000
급 여	420,000		
제조간접원가	280,000		

제품

차변		대변	
당기제품제조원가	900,000		

한국항공은 1월중에 ₩1,000,000의 외상매출이 발생하였으며 이에 대한 매출원가는 ₩600,000이었다. 이에 대한 분개와 전기는 다음과 같다.

(차) 매출채권	1,000,000	(대) 매출	1,000,000
(차) 매출원가	600,000	(대) 제품	600,000

매출원가

차변		대변	
제품	600,000		

제품

차변		대변	
기초	0	매출원가	600,000
당기제품제조원가	900,000	기말	300,000

매출채권

차변		대변	
매출	1,000,000		

매출

차변		대변	
		매출채권	1,000,000

4 제조간접원가 과대(소)배부액의 회계처리

정상개별원가계산에서는 예정제조간접원가배부율을 이용하여 제조간접원가를 배부하게 되므로 일반적으로 실제제조간접원가발생액과 예정제조간접원가배부액 간에 차이가 발생하게 된다.

그런데 일반적으로 인정된 회계원칙(GAAP)에서는 실제원가계산방법으로 계산된 제품원가를 공시하도록 요구하고 있기 때문에, 정상원가계산방법을 이용하여 제품원가를 계산함으로써 발생한 과대 또는 과소배부액을 수정하여 실제원가계산방법으로 계산된 제품원가와 일치시켜야 한다.

제조간접원가 과대(또는 과소)배부액과 관련된 각 계정들에 대한 수정방법은 1) 수정배부율법 2) 비례배부법 3) 매출원가조정법이 있다.

1) 수정배부율법

수정배부율법(adjusted allocation rate method)은 예정제조간접원가 배부율이 아닌 실제제조간접원가배부율을 사용하여 총계정원장과 보조원장을 기록된 금액을 재수정하는 방법이다. 이 방법을 사용하게 되면 기말재고자산계정과 매출원가계정 모두 정확하게 실제제조간접원가를 반영하게 된다.

한국항공의 경우 실제제조간접원가는 ₩350,000인데 이는 정상원가계산하에서 배부된 제조간접원가는 ₩280,000(직접노무시간당 배부율 ₩8,000×35직접노무시간)보다 25% 초과한다. 따라서 배부된 제조간접원가에 25%를 추가하여 총계정원장과 보조원장을 수정하여 재기록한다.

2) 비례배부법

비례배부법(proration method)은 제조간접원가 과대(소)배부액을 재공품, 제품, 매출원가항목에 배부하는 것이다.

비례배부법을 배부기준에 따라 2가지로 구분할 수 있는데 1) 총원가기준법, 2) 제조간접원가기준법이다.

(1) 총원가기준법

총원가기준법은 과소 또는 과대배부액을 재공품과 제품의 기말잔액 및 매출원가에 비례하여 각 계정에 배부하는 방법이다.

한국항공이 총원가기준법을 이용하여 과소배부된 제조간접원가를 배부하면 다음과 같다.

제조간접비

차변		대변	
실 제	350,000	예 정	280,000
		제조간접비 배부차이	70,000

재공품

차변		대변	
		기 말	100,000

제품

차변		대변	
		기 말	300,000

매출원가

차변		대변	
제 품	600,000		

한국항공의 제조간접원가 과소배부액 ₩70,000을 1월말 재공품 기말잔액, 제품의 기말잔액 및 매출원가의 비율로 배부하면 기말재공품에 ₩7,000, 기말제품에 ₩21,000, 매출원가에 ₩42,000이 배부되어 각 계정의 금액은 증가하게 된다. 이에 대한 분개는 다음과 같다.

(차)	제조간접비 배부차이	70,000	(대)	제조간접비	70,000
(차)	재 공 품	7,000	(대)	제조간접비 배부차이	70,000
	제 품	21,000			
	매출원가	42,000			

* 재 공 품(₩100,000) $= ₩70,000 \times \frac{₩100,000}{₩1,000,000} = ₩7,000$

제 품(₩300,000) $= ₩70,000 \times \frac{₩300,000}{₩1,000,000} = ₩21,000$

매출원가(₩600,000) $= ₩70,000 \times \frac{₩600,000}{₩1,000,000} = ₩42,000$

재공품		제품	
	기　말　107,000		기　말　321,000

매출원가	
제　품　642,000	

한국항공의 사례와는 달리 제조간접원가 과대배부액이 발생하는 경우에는 다음과 같이 제조간접원가배부차이가 차변에 기재되고 재공품, 제품, 매출원가계정은 대변에 기록되어 각 계정 금액은 감소하게 될 것이다.

(차) 제조간접원가배부차이	×××	(대) 재공품	×××
		제품	×××
		매출원가	×××

총원가기준법은 각 작업에 부과된 직접제조원가, 제조간접원가의 비율이 동일한 경우에만 수정배부율법과 같은 배부결과를 보이게 된다. 만약 각 작업에 부과된 직접제조원가, 제조간접원가의 비율이 상이한 경우에는 정확한 과대(소)제조간접원가 배부가 이루어지지 않게 된다. 이러한 단점을 보완하는 방법이 다음에 설명할 제조간접원가기준법이다.

(2) 제조간접원가기준법

제조간접원가기준법은 기말재공품, 기말제품 및 매출원가에 포함되어 있는 제조간접원가배부액을 기준으로 하여 과소(대)배부액을 재공품, 제품, 매출원가계정에 배부하는 방법이다.

한국항공의 재공품 기말잔액, 제품 기말잔액 및 매출원가에 포함되어 있는 제조간접원가배부액을 다음 표와 같다고 가정하고 과소배부액을 제조간접원가기준법에 의해 배부한 결과는 다음과 같다.

제조간접비

실 제	350,000	예 정	280,000
		제조간접비 배부차이	70,000

재공품

	기말 100,000 (제조간접비 18,000)

제품

	기말 300,000 (제조간접비 78,000)

매출원가

제품 600,000 (제조간접비 184,000)	

한국항공의 제조간접원가 과소배부액 ₩70,000을 1월말 재공품 기말잔액, 제품의 기말잔액, 매출원가에 포함되어있는 제조간접원가의 비중으로 배부하면 재공품계정에 ₩4,500, 기말제품에 ₩19,500, 매출원가에 ₩46,000이 배부되어 각 계정의 금액은 증가하게 된다. 이에 대한 분개는 다음과 같다.

(차)	제조간접비 배부차이	70,000	(대)	제조간접비	70,000
(차)	재 공 품	4,500	(대)	제조간접비 배부차이	70,000
	제 품	19,500			
	매출원가	46,000			

* 재 공 품(₩18,000) $= ₩70,000 \times \frac{₩18,000}{₩280,000} = ₩4,500$

제 품(₩78,000) $= ₩70,000 \times \frac{₩78,000}{₩280,000} = ₩19,500$

매출원가(₩184,000) $= ₩70,000 \times \frac{₩184,000}{₩280,000} = ₩46,000$

재공품		제품		매출원가	
				제품 646,000	
	기말 104,500		기말 319,500		

각 작업에 부과된 직접제조원가, 제조간접원가의 상대적 비중이 동일하지 않을 때, 제조간접원가기준법을 통해 과소(대) 배부제조간접원가를 배부하게 되면 수정배부율법과 같은 배부결과를 보이게 된다. 그러나 이 방법을 적용하기 위해서는 각 계정에 포함되어 있는 제조간접원가배부액에 관한 정보를 알아야 한다. 반면, 총원가기준법에서는 각 계정의 총원가정보만 필요하므로 제조간접원가기준법보다는 간편한 방법이다.

3) 매출원가조정법

매출원가조정법(cost of good sold method)은 제조간접원가 과소(대)배부액 전부를 매출원가계정에서 가감하는 방법이다. 이상에서 설명한 방법들 중 가장 간단한 방법으로 제품이나 재고자산의 종류가 다양한 회사에서 선호되는 방법이다.

한국항공의 경우 제조간접원가 과소배부액 ₩70,000을 매출원가계정에 모두 가산하게 된다. 이에 대한 분개는 다음과 같다.

제조간접비			
실 제	350,000	예 정	280,000
		제조간접비 배부차이	70,000

재공품		제품		매출원가	
				제품 600,000	
	기말 100,000		기말 300,000		

(차)	제조간접비 배부차이	70,000	(대) 제조간접비	70,000
(차)	매출원가	70,000	(대) 제조간접비 배부차이	70,000

재공품

차변	대변
	기말 100,000

제품

차변	대변
	기말 300,000

매출원가

차변	대변
제품 670,000	

Ⅰ. 평가자체크리스트

※ 다음 서술이 옳으면 T, 옳지 않으면 F를 기재하시오.

5.1 제조간접비 예정배부율은 회계연도초에 제조간접비 예산과 예측배부기준에 의하여 계산된다.

5.2 제조간접비 예정배부율은 계절적인 요인을 배제하고 원가를 균등하게 배분하기 위하여 일반적으로 월별기준보다는 연간기준에 의하여 계산된다.

5.3 제조간접비계정 차변금액이 대변금액보다 많은 경우 그 차액을 과대배부라 한다.

5.4 제조간접비가 과대배부되었을 때 매출원가를 하향조정하여야 한다.

5.5 제조간접비가 예정배부율이 실제배부율보다 크면 제조간접원가가 과대배부된다.

5.6 예상 총제조간접비가 실제 총제조간접비보다 크면 제조간접비가 과대배부된다.

5.7 제조간접비 과소배부액을 안분할 때 재공품 재고액은 하향조정한다.

5.8 제조간접비 과소배부액을 매출원가법과 원가요소비례법으로 정리하는 경우 원가요소비례법을 적용하는 경우가 재무상태표상의 자산이 더 크게 계상된다.

5.9 제조간접비 과소배부액을 매출원가법과 원가요소비례법으로 정리하는 경우 당기순이익은 원가요소비례법이 매출원가법에 비하여 더 크게 계상된다.

5.10 제조간접비 과소배부액을 매출원가법과 원가요소비례법으로 정리하는 경우 원가요소비례법이 매출원가법보다 매출원가가 더 크게 계상된다.

Ⅱ. 객관식

5.1 제조간접비에 대한 설명으로 옳지 않은 것은?

① 배부방법에는 실제배부법과 예정배부법이 있다.
② 실제배부법은 계절별 생산량이 큰 차이가 있는 경우에 적합한 배부법이다.
③ 여러 제품에 공통으로 발생하는 원가이기에 각 제품별로 집계하기 어렵다.
④ 일반적으로 제조부문의 임차료, 보험료, 감가상각비 등이 이에 해당된다.
⑤ 제조간접비 예정 배부율은 계절적인 요인을 배제하고, 원가를 균등하게 배분하기 위하여 일반적으로 월별 기준보다는 연간기준에 의하여 계산된다.

5.2 원가계산 방법에 대한 설명으로 옳지 않은 것은?

① 실제개별원가계산은 직접재료비, 직접노무비, 제조간접비를 실제원가로 측정하는 방법이다.
② 정상개별원가계산은 직접재료비는 실제원가로 측정하고, 직접노무비와 제조간접비를 합한 가공원가는 예정배부율에 의해 결정된 금액으로 측정하는 방법이다.
③ 표준원가계산은 직접재료비, 직접노무비, 제조간접비를 표준원가로 측정하는 방법이다.
④ 원가의 집계방식에 따라 제품원가를 개별 작업별로 구분하여 집계하는 개별원가계산과 제조공정별로 집계하는 종합원가계산으로 구분할 수 있다.
⑤ 개별원가계산은 각 기간마다 서로 다른 제품을 생산하는 경우, 고객의 주문에 의하여 제품을 생산하는 경우, 서로 다른 서비스를 제공하는 경우 등에서 이용하는 방법이다.

5.3 예정제조간접비 배부차이에 대한 처리 순서로 옳은 것은?

① 실제발생액 → 예정배부액 → 배부차이계산 → 차이액 조정
② 예정배부액 → 실제발생액 → 배부차이계산 → 차이액 조정
③ 배부차이계산 → 차이액 조정 → 실제발생액 → 예정배부액
④ 차이액 조정 → 배부차이계산 → 실제발생액 → 예정배부액
⑤ 예정배부액 → 실제발생액 → 차이액 조정 → 배부차이계산

5.4 정상개별원가 계산시 예정제조간접비 배부계산식으로 옳은 것은?

① 실제배부기준×실제배부율
② 실제배부기준×예정배부율
③ 예정배부기준×예정배부율
④ 예정배부기준×실제배부율
⑤ 예정배부기준×실제발생액

5.5 제조간접비예정배부율은 직접노동시간당 ₩100이고, 실제직접노동시간이 10,000시간 발생했을 때 제조간접비 배부차이가 ₩100,000 과소배부되었을 경우 제조간접비 실제발생액은 얼마인가?

① ₩1,000,000
② ₩1,100,000
③ ₩1,300,000
④ ₩1,500,000
⑤ ₩1,700,000

5.6 (주)상록은 예정제조간접비로 개별원가계산을 하고 있다. 다음 자료를 이용하여 기계작업시간을 기준으로 5월의 제조간접비 예정배부액을 계산하면 얼마인가?

제조간접비예산액	₩5,000,000		
예상기계작업시간	10,000시간	실제기계작업시간	1,000시간

① ₩100,000
② ₩300,000
③ ₩500,000
④ ₩700,000
⑤ ₩1,000,000

5.7 정상개별원가계산에서 제조간접비의 배부차이를 조정하는 일반적인 방법이 아닌 것은?

① 매출원가조정법
② 비례배분법
③ 순실현가치법
④ 영업외손익법

5.8 다음의 자료는 제조간접원가의 예정배부와 관련된 분개들이다. 이 분개들을 처리하였던 순서대로 가장 바르게 나열한 것은? [ERP 회계1급 수정]

	차변		대변	
㉠	(차) 재공품A	×××	(대) 제조간접비	×××
	재공품B	×××		
㉡	(차) 제조간접비배부차이	×××	(대) 제조간접비	×××
㉢	(차) 매출원가	×××	(대) 제조간접비배부차이	××
㉣	(차) 제조간접비	×××	(대) 간접재료비	×××
			간접노무비	×××
			간접경비	×××

① ㉠-㉣-㉢-㉡　　② ㉠-㉣-㉡-㉢
③ ㉠-㉡-㉣-㉢　　④ ㉣-㉠-㉢-㉡
⑤ ㉣-㉠-㉡-㉢

5.9 다음은 제조간접원가 예정배부를 실시하는 기업에서의 분개내용 중 일부이다. 이에 대한 설명으로 가장 옳은 것은? [ERP 회계1급 수정]

㉠ (차) 제품	4,000	(대) 재공품	4,000
㉡ (차) 재공품	2,000	(대) 제조간접비	2,000
㉢ (차) 제조간접비배부차이	300	(대) 제조간접비	300
㉣ (차) 제조간접비	7,000	(대) 간접경비	7,000

① ㉠은 매출된 제품의 제품원가가 ₩4,000임을 표시한다.
② ㉡은 제조간접비의 기말재공품재고액이 ₩2,000이라는 것을 표시한다.
③ ㉢은 제조간접비를 예정배부할 때 ₩300 과대하게 배부되었다는 것을 표시한다.
④ ㉢은 제조간접비를 예정배부할 때 ₩300 과소하게 배부되었다는 것을 표시한다.
⑤ ㉣은 간접경비에 해당되는 예정제조간접비가 ₩7,000이라는 것을 표시한다.

5.10 다음 분개를 바르게 추정한 것은? [기업회계2급 수정]

(차) 매출원가	50,000	(대) 제조간접비배부차액	50,000

① 예정한 제조간접비보다 실제 제조간접비가 ₩50,000 만큼 많이 소비되었다.
② 제조간접비예정배부가 ₩50,000 초과배부되었다.
③ 매출원가 계정에서 ₩50,000을, 제조간접비배부차액 계정에서 ₩50,000을 모두 감액하였다.
④ 현실적으로 발생할 수 없는 분개이다.
⑤ 전단계 분개는 (차) 제조간접비 50,000 (대)제조간접비배부차액 50,000이었다.

5.11 회사는 예정제조간접비 ₩100,000, 실제제조간접비 ₩120,000, 배부 제조간접비 ₩125,000이다. 제조간접비의 배부차액은 얼마인가?

① ₩20,000(과소배부)　　② ₩5,000(과소배부)
③ ₩5,000(과대배부)　　④ ₩20,000(과대배부)
⑤ ₩25,000(과대배부)

5.12 12월 31일 통일회사의 제조간접비 과소 배부액은 ₩50,000이다. 회계연도말 계정 잔액은 다음과 같다.

원재료	₩150,000	재공품	₩100,000
제 품	₩500,000	매출원가	₩400,000

제조간접원가기준법으로 제조간접비 과소배부액을 배부한 경우 재공품에 추가로 배부하여야할 금액은 얼마인가?

① ₩2,000
② ₩3,000
③ ₩4,000
④ ₩5,000
⑤ ₩6,000

5.13 (주)설울의 제조간접비 예정배부율은 "1,000원/직접노동시간"이며, 실제발생한 제조간접비는 ₩3,100,000이다. 당기의 제품제조와 관련한 자료가 다음과 같을 때 제조간접비 배부차이를 구하면? [전산세무2급 수정]

구분	작업1	작업2	계
직접재료비	₩2,500,000	₩2,000,000	₩4,500,000
직접노무비	₩1,000,000	₩500,000	₩1,500,000
직접노동시간	2,000시간	1,000시간	3,000시간

① ₩100,000(과소배부)
② ₩100,000(과대배부)
③ ₩150,000(과소배부)
④ ₩150,000(과대배부)
⑤ ₩200,000(과소배부)

5.14 대조(주)는 제조간접비를 직접노무비기준으로 배부하고 있다. 추정제조간접비 총액은 ₩1,000,000이고, 추정직접노무시간은 400시간이고 시간당 임률은 ₩5,000이다. 기말의 제조간접비 총액은 ₩1,100,000이고, 실제 발생한 직접노무시간은 410시간이고 시간당 임률은 ₩5,000이다. 기말의 제조간접비의 과소(대) 배부액은? [전산세무1급 수정]

① ₩150,000(과대배부)
② ₩150,000(과소배부)
③ ₩75,000(과대배부)
④ ₩75,000(과소배부)
⑤ ₩50,000(과대배부)

5.15 JP회사는 정상원가 시스템하에서 개별원가계산을 사용한다. 2001년 4월 동안 이 회사의 재공품 계정의 내역은 다음과 같다.

기초잔액:	₩4,000	직접재료비:	₩24,000
직접노무비:	₩16,000	제조간접비:	₩12,800
제품계정으로의 대체액:	₩48,000		

JP회사는 제조간접비를 제품에 배부할 때 예정 제조간접비율을 사용하며 당기의 제조간접비 예정배부율은 직접노무비의 80%이다. 당기에 새로 시작한 작업 #5가 4월 말 현재 유일하게 완성되지 않은 작업이며 작업 #5를 완성하는 데 예정된 직접노무비는 ₩3,000이지만 당기에 투입된 실제 직접노무비는 ₩2,000이다. 작업 #5에 지금까지 투입된 직접재료비는 얼마인가? [2002년 세무사]

① ₩3,300 ② ₩5,200 ③ ₩8,000
④ ₩8,800 ⑤ ₩16,000

5.16 강압사는 제조간접비를 직접노무비 기준으로 배부하고 있다. 기간추정 제조간접비총액은 ₩255,000, 추정직접노무시간 100,000시간이다. 지난 기말의 제조간접비잔액은 ₩270,000이고 실제사용 직접 노무시간은 105,000시간이다. 이 기간 동안 제조간접비 과소(대)배부는? [1994년 공인회계사]

① ₩2,250 과대배부 ② ₩2,250 과소배부 ③ ₩15,000 과대배부
④ ₩15,000 과소배부 ⑤ ₩13,500 과소배부

5.17 (주)세무의 제조간접비 예정배부율은 작업시간당 ₩10,000이다. 작업시간이 800시간이고, 제조간접비 배부차이가 ₩1,000,000 과소배부라면, 실제 제조간접비 발생액으로 옳은 것은?

① ₩6,000,000 ② ₩7,000,000 ③ ₩8,000,000
④ ₩9,000,000 ⑤ ₩9,500,000

5.18 제조간접비와 관련한 자료가 다음과 같을 경우 제조간접비 실제발생액은 얼마인가?

제조간접비예정배부율	기계작업시간당 ₩200		
제조지시서의 기계작업시간	60,000시간	제조간접비과대배부	₩300,000

① ₩12,000,000 ② ₩11,700,000 ③ ₩12,300,000
④ ₩20,000,000 ⑤ ₩23,000,000

5.19 대한전자는 제조간접비를 직접노무시간을 기준으로 예정배부하고 있다. 당해 연도 초의 예상직접노무시간은 70,000시간이다. 당기 말 현재 실제제조간접비 발생액이 ₩2,150,000이고 실제 직접노무시간이 75,000시간일 때 제조간접비 배부차이가 ₩250,000 과대배부된 경우 당해 연도초의 제조간접비 예상액은 얼마인가?

① ₩1,900,000　② ₩2,240,000
③ ₩2,350,000　④ ₩2,400,000
⑤ ₩2,700,000

5.20 정상원가계산제도하에서 제조간접비의 배부차이를 총원가기준법(비례배분법)으로 조정하고 있으나 만약 배부차이 전액을 매출원가계정에서 조정한다면 영업이익의 변화에 대한 설명으로 옳은 것은? [전산세무1급 수정]

과소배부액	₩1,000,000	기말재공품	₩1,000,000
기말제품	₩1,000,000	매출원가	₩3,000,000

① ₩400,000 감소　② ₩1,000,000 감소
③ ₩600,000 감소　④ ₩400,000 증가
⑤ ₩600,000 증가

5.21 (주)한국은 정상원가계산제도를 채택하고 있으며, 직접노동시간을 기준으로 제조간접원가를 배부하고 있다. 20x1년 제조간접원가 예산은 ₩2,040,000이고, 예정 직접노동시간은 800,000시간이다. 20×1년 제조간접원가 실제발생액이 ₩2,160,000이고, 실제 직접노동시간이 840,000시간이라면, 제조간접원가 배부차이는? [경영지도사 수정]

① ₩0　② ₩9,000 과소배부
③ ₩9,000 과대배부　④ ₩18,000 과소배부
⑤ ₩18,000 과대배부

5.22 (주)학동은 제조간접비를 직접노무시간을 기준으로 배부하고 있다. 아래 자료를 토대로 구한 제조간접비 배부차이는 얼마인가? [전산세무2급 수정]

〈자 료〉

- 실제 직접노무시간 : 1,100시간
- 예상 직접노무시간 : 1,000시간
- 실제 제조간접비 발생액 : ₩20,000,000
- 제조간접비 예정배부율 : 직접노무시간당 ₩20,000

① ₩2,000,000 과대배부 ② ₩2,000,000 과소배부
③ ₩1,000,000 과대배부 ④ ₩1,000,000 과소배부
⑤ ₩2,200,000 과대배부

5.23 (주)백두산은 제조간접비를 직접노무시간기준으로 배부하고 있다. 추정 제조간접비총액은 ₩1,000,000이고, 추정직접노무시간과 실제사용직접노무시간이 50,000시간으로 동일하다. 제조간접비가 ₩50,000 과대배부되었을 경우 실제 제조간접비 발생액은 얼마인가? [전산세무1급 수정]

① ₩850,000 ② ₩900,000 ③ ₩950,000
④ ₩1,000,000 ⑤ ₩1,050,000

5.24 (주)하늘은 기계시간을 기준으로 제조간접비를 예정배부하고 있다. 당기말 실제 제조간접비는 ₩10,000이고 실제 기계시간은 50시간이다. 당기제조간접비는 ₩2,000이 초과배부되었다면 제조간접비 예정배부율은? [기업회계2급 수정]

① ₩160/시간 ② ₩240/시간 ③ ₩320/시간
④ ₩400/시간 ⑤ ₩520/시간

5.25 다음 중 실제개별원가계산과 정상개별원가계산의 연결로 맞는 것은? [기업회계2급 수정]

	구 분	실제개별원가계산	정상개별원가계산
①	직접재료비	실제발생원가	예정배부원가
②	직접노무비	실제발생원가	예정배부원가
③	제조간접비	실제발생원가	예정배부원가
④	제조간접비	실제발생원가	실제배부원가
⑤	제조간접비	예정배부원가	예정배부원가

5.26 (주)주원의 20×8년 제조간접비 실제발생액은 ₩135,000이다. 제조간접비 배부차이를 총원가비례배분법 의해 조정할 경우, 배부차이 조정 후 매출원가는 얼마인가?

[기업회계2급 수정]

	재공품	제품	매출원가
직접재료원가	₩ 50,000	₩ 90,000	₩100,000
직접노무원가	₩ 75,000	₩160,000	₩150,000
제조간접비 배부액	₩ 25,000	₩ 50,000	₩ 50,000
합계	₩150,000	₩300,000	₩300,000

① ₩150,000 ② ₩300,000
③ ₩304,000 ④ ₩310,000
⑤ ₩320,000

5.27 (주)서하는 제조간접원가를 직접노무시간을 기준으로 배부하고 있다. 20×8년초 예상직접노무시간은 20,000시간이다. 20×8년 말 현재 실제제조간접원가 발생액은 ₩6,000,000이고 실제직접노무시간은 25,000시간이다. 이 경우 제조간접원가가 ₩200,000 초과배부 되었다면 제조간접원가 예정배부율은 얼마인가? [기업회계2급 수정]

① 단위당 ₩240/시간 ② 단위당 ₩248/시간
③ 단위당 ₩290/시간 ④ 단위당 ₩310/시간
⑤ 단위당 ₩400/시간

5.28 (주)세무상사는 직접노동시간기준으로 제조간접비를 배부한다. 1년간 제조간접비 예산액은 ₩40,000,000, 당기말 제조간접비 잔액은 ₩41,000,000, 1년간 예상 직접노동시간 25,000시간, 실제직접노동시간은 24,000시간일 때 제조간접비의 초과(부족)배부액은?

[기업회계2급 수정]

① ₩1,000,000 과대배부 ② ₩1,000,000 과소배부
③ ₩2,600,000 과대배부 ④ ₩2,600,000 과소배부
⑤ ₩3.200,000 과대배부

5.29 다음은 제조간접비의 예정배부에 대한 설명이다. 틀린 것을 모두 나열한 것은?

[기업회계1급 수정]

> 1. 제조간접비의 초과배부는 매출총이익의 상승요인이 된다.
> 2. 제조간접비의 예정배부에 적용되는 배부율은 생산부문에 따라 다른 배부율을 적용할 수 없다.
> 3. 제조간접비의 배부차액을 제품의 기말재고액에 부담시킬 수 없다.
> 4. 연간 평균개념의 제조간접비의 예정배부율 적용하면 조업도당 제조간접비 예정배부율은 매월 변동할 수 없다.
> 5. 월별로 제조간접비 배부차액을 분석하면 연간 총 차액은 ₩0이 된다.

① 1, 2, 3
② 2, 3, 5
③ 1, 4, 5
④ 3, 4, 5
⑤ 2, 3, 4

5.30 (주)보석은 정상원가계산을 적용하고 있으며, 제조간접원가는 기본원가(prime costs)의 50%를 예정 배부한다. (주)보석은 제조간접원가 배부차이를 원가요소기준 비례배부법으로 조정한다. 9월의 기본원가, 매출액과 배부차이 조정 후 기말재고자산은 다음과 같다. 9월의 배부차이 조정 후 매출원가율이 75%일 때, 배부차이는? (단, 기초재고 자산은 없다.)

[기업회계1급 수정]

> • 기본원가: ₩975,000
> • 매출액: ₩1,300,000
> • 기말재공품: ₩156,000
> • 기말제품: ₩234,000

① ₩90,000 과대배부
② ₩77,500 과소배부
③ ₩97,500 과대배부
④ ₩90,000 과소배부
⑤ ₩97,500 과소배부

5.31 (주)유한제지의 제조간접비 예정배부율은 작업시간당 ₩2,500이다. 예정작업시간이 4,000시간, 실제작업시간이 5,000시간이고 제조간접비 배부차이가 ₩300,000 과대배부라면, 실제 제조간접비 발생액은 얼마인가?

[전산세무2급 수정]

① ₩9,700,000
② ₩10,300,000
③ ₩12,200,000
④ ₩12,500,000
⑤ ₩12,800,000

5.32 (주)주원의 20×8년도 제조간접비 실제발생액은 ₩50,000이다. 제조간접비 부족배부액 ₩4,000을 영업외손익으로 배부할 경우 매출원가는 얼마인가? [기업회계2급 수정]

매출원가	기말제품	기말재공품
₩100,000	₩60,000	₩40,000

① ₩44,000 ② ₩64,000 ③ ₩96,000
④ ₩100,000 ⑤ ₩104,000

5.33 다음은 정상원가계산을 사용하는 (주)서하의 20×8년 1년 동안의 제조간접비계정으로서 배부차이를 조정하기 직전 기록이다. 제조간접비 배부차이는? [기업회계2급 수정]

제조간접비	
₩50,000	₩80,000

① ₩50,000 초과배부 ② ₩50,000 부족배부 ③ ₩30,000 초과배부
④ ₩30,000 부족배부 ⑤ ₩80,000 부족배부

5.34 주원(주)는 예정개별원가제도를 택하고 있으며, 제조간접원가는 기계시간을 기준으로 배부한다. 20×8년 연간 600시간을 가동하고, 총제조간접원가는 ₩420,000이 발생할 것으로 예상하였다. 제조간접원가 배부액은 ₩427,000이었고, 실제 제조간접원가 발생액은 ₩432,000이었다. 20×8년 가동된 실제기계시간은 얼마인가? [기업회계2급 수정]

① 600시간 ② 610시간 ③ 620시간
④ 640시간 ⑤ 650시간

5.35 다음은 개별원가계산에서의 원가흐름에 대한 설명이다. 틀린 내용을 모두 나열한 것은? [기업회계1급 수정]

1. 경비는 모두 제조간접비로 분류된다.
2. 당기제품제조원가와 당기제품매출원가는 동일할 수 없다
3. 소품종 대량생산의 형태에 적합한 방법이다.
4. 당기총제조비용과 당기제품제조원가는 동일할 수 없다.
5. 창업 후 첫 회계기간은 기초재료재고액, 기초재공품재고액, 기초제품 재고액이 모두 ₩0이다.

① 1, 3, 5 ② 1, 4, 5 ③ 2, 3, 4
④ 2, 3, 5 ⑤ 3, 4, 5

5.36 (주)충청은 2개의 제조부문을 가동하고 있다. 당월의 2개의 제조부문에 대한 제조간접비 배부차액을 상계한 결과 ₩8,000 초과배부되었다. 다음 자료에 따라 '을'제조부문에서 실제로 발생한 제조간접비를 계산하면? [기업회계1급 수정]

〈'갑'제조부문 내역〉
- 제조간접비 예산: ₩1,800,000
- 기준조업도: 7,200노동시간
- 당월의 노동시간: 650시간
- 당월의 제조간접비 실제발생액: ₩184,000

〈'을' 제조부문 내역〉
- 제조간접비 예정배부율: @₩376/시간
- 당월의 노동시간: 2,500노동시간

① ₩910,000 ② ₩910,500
③ ₩920,000 ④ ₩920,500
⑤ ₩929,500

5.37 다음은 (주)강남의 20×8년 기말시점의 각 계정잔액과 제조간접원가 배부차이를 조정하기 직전의 제조간접원가 계정이다.

원재료	재공품	제품	매출원가
₩30,000	₩40,000	₩60,000	₩100,000

제조간접원가	
₩150,000	₩130,000

(주)강남은 정상개별원가계산을 적용하고 있으며, 제조간접원가 배부차이를 총원가비례법에 의해 회계처리하고 있다. 제조간접원가 배부차이를 매출원가조정법에 의해 회계처리 한다면, 기존 회계처리방법과 비교하여 매출원가는 얼마나 증가 또는 감소하는가? [기업회계1급 수정]

① ₩10,000 감소 ② ₩10,000 증가
③ ₩20,000 감소 ④ ₩20,000 증가
⑤ 변하지 않음

5.38 (주)경남은 제조간접원가 과대배부액 ₩800,000을 총원가비례법을 사용하여 배부하고 있다. 다음의 자료를 바탕으로 기말재공품의 가액을 구하면 얼마인가? [전산세무1급 수정]

구 분	기말 재공품	기말 제품	매출원가
직접재료비	₩3,000,000	₩1,000,000	₩2,000,000
직접노무비	₩1,500,000	₩1,500,000	₩2,000,000
제조간접비	₩2,500,000	₩1,500,000	₩1,000,000
합 계	₩7,000,000	₩4,000,000	₩5,000,000

① ₩7,350,000 ② ₩4,650,000 ③ ₩6,650,000
④ ₩6,750,000 ⑤ ₩6,800,000

Ⅲ. 주관식

5.1 영광회사의 기초재공품재고액은 ₩20,000, 원재료 매입 ₩100,000, 원재료 소비액은 ₩80,000이다. 노무비 ₩150,000 중에 ₩100,000은 직접노무비이다. 제조간접비 예정배부율은 직접노무비의 150%이고, 실제제조간접비는 ₩152,000이다. 당기에 완성된 제품원가는 ₩200,000이다. 기말 재공품원가는 얼마인가?

5.2 명달회사는 개별원가계산시스템을 이용하고 있다. 명달회사는 직접노동시간을 기준으로 제조간접비를 배부한다. 회계연도 초의 예정원가와 원가정보는 제조간접비 ₩150,000, 직접노동 1,000시간이다. 회계연도 말의 실제제조간접비는 ₩155,000이고 직접노동시간은 1,050시간이다.

물음 1) 예정제조간접비 배부율은 얼마인가?
2) 재공품에 배부하여야 할 제조간접비는 얼마인가?
3) 제조간접비 과대(소)배부액은 얼마인가?

5.3 (주)안산은 정상개별원가계산제도를 채택하고 있으며, 직접노동시간을 기준으로 제조간접비를 배부하고 있다. 회계연도 초의 제조간접비 예산액은 ₩1,000,000, 직접노동시간은 50,000시간이다. 회계연도 말의 제조간접비 실제 발생액은 ₩1,200,000이며, 제조간접비 배부차이 ₩100,000이 초과배부 되었다면 당해연도의 실제직접노동시간은?

5.4 (주)경기는 개별원가계산제도를 채택하고 있다. 5월의 제조활동 자료는 다음과 같다.

제조지시서	No.1	No.2	No.3
직접재료비	₩10,000	₩20,000	₩30,000
직접노무비	₩30,000	₩50,000	₩50,000
직접노동시간	1,000시간	2,000시간	4,000시간
생산량	10,000단위	15,000단위	20,000단위

5월의 실제제조간접비는 ₩20,000이고, 제조간접비 예정배부율은 직접노동시간당 ₩10이다. 작업 No.1과 No.2는 완성되었고, No.3은 미완성이다.

물음 1) 작업 No.1과 No.2의 단위당 제조원가는 얼마인가?
2) 완성제품에 대한 분개를 하시오.
3) 미완성제품에 대한 재공품재고액은 얼마인가?

5.5 (주)동해는 개별원가계산제도를 채택하고 있다. 다음은 5월의 (주)동해의 재공품계정이다.

재공품(No.1~3)

차변	금액	대변	금액
기초재고액	100,000	No.1~2	900,000
직접재료비	200,000	No.3	
직접노무비	500,000		
제조간접비	300,000		

(주)동해는 직접노무비의 60%를 제조간접비로 예정배부하고 있다. 제조지시서 No.3(미완성품)의 직접노무비가 ₩100,000일 때 직접재료비는 얼마인가?

5.6 개별원가계산제도를 채택하고 있는 기업에서 직접노무비의 80%를 제조간접비로 예정배부하고 있다. 6월말에 가공중인 제조지시서 #500에는 직접노무비 ₩400이 부과되었다. 제조지시서 #500에 부과될 직접재료비는 얼마인가?

6월 1일 재공품계정 총액	₩1,000	6월의 직접재료비	₩6,000
6월의 직접노무비	₩4,000	6월의 제조간접비	₩3,200
6월 30일 제품계정으로 대체	₩12,000		

5.7 (주)서해는 개별원가계산제도를 채택하고 있다. 제조간접비 예정배부율은 직접노무비의 150%이다. 제조간접비 배부차액은 매월 말 매출원가계정에서 조정한다. (주)서해의 20×8년 추가정보를 이용하여 4월 중에 생산된 제품의 원가를 계산하면 얼마인가?

[기업회계1급 수정]

1) 3월 31일 현재 작업중인 작업지시서는 #101이며, 원가 정보는 다음과 같다.

직 접 재 료 비	₩6,000
직 접 노 무 비	₩4,000
제조간접비 배부액	₩5,000
	₩15,000

2) 4월에 시작된 작업지시서는 #102, #103이다.
3) 4월 중에 소비된 직접재료비는 ₩34,000이다.
4) 4월 중에 발생된 직접노무비는 ₩30,000이다.
5) 4월 중 제조간접비 실제발생액은 ₩42,000이다.
6) 4월 말 현재 작업 중인 작업지시서는 #103뿐이며 직접재료비 ₩4,000, 직접노무비 ₩3,000이다.

5.8 다음은 정상원가계산을 사용하는 (주)대한의 20×9년 1년 동안의 제조간접비계정으로서 배부차이를 조정하기 직전 기록이다.

[세무사 수정]

제조간접비	
₩100,000	₩70,000

물음 1) 20×9년의 제조간접비 실제발생액은 얼마인가?
2) 20×9년의 제조간접비 배부액은 얼마인가?
3) 회사는 제조간접비 배부차이를 매출원가에서 조정하고 있다. 배부차이를 조정하기 위해 필요한 분개는?

5.9 (주)강릉은 개별원가계산제도를 이용하고 있다. 원가관련 자료는 다음과 같다.

	예정	실제
제조간접비	₩10,000,000	₩12,000,000
직접노동시간	20,000시간	21,000시간

물음 1) 예정제조간접비 배부율은 얼마인가?
2) 재공품에 배부되는 제조간접비는 얼마인가?
3) 제조간접비 과부족액을 계산하고 분개하시오.
4) 제조간접비 배부차이를 매출원가조정법으로 회계처리하시오.

5.10 (주)안산은 총원가기준법, 제조간접원가기준법, 매출원가조정법으로 제조간접비 배부차이를 조정하고 있다. 5월말 제조간접비 과소배부액 ₩100,000이 발생한 경우의 회계처리는? (배부액 계산시, 소수 첫째자리에서 반올림 하시오)

	재공품	제품	매출원가
기말잔액	₩100,000	₩150,000	₩250,000
제조간접비	₩50,000	₩100,000	₩150,000

제 6 장

부문별 원가계산

학습목표

기업과 단체의 규모가 커지면서 각 조직에서는 업무를 분담하기 위하여 여러 부문을 두고 있다. 이렇게 제조활동과 직접 관련이 없는 부서에서 발생시키는 원가는 제조간접비를 구성하며, 이를 측정·통제하는 것은 아직도 어려운 과제 중 하나이다. 여기에서는 영리 위주의 기업 활동에 초점을 두어, 간접원가의 배부와 수익의 배부에 대하여 학습하며, 그 목표는 다음과 같다.

1. 원가배부의 목적과 배부기준 결정 시 지침은 무엇인가?
2. 보조부문원가를 배부하는 방법에는 어떠한 것이 있는가?
3. 단일배부율법과 이중배부율법의 차이는 무엇인가?
4. 부문별 제조간접비 배부가 공장전체 제조간접비 배부보다 더 적절한가?

제1절 원가배부의 목적

원가는 원가대상(cost object)에의 추적가능성(traceability)에 따라 직접원가(direct costs)와 간접원가(indirect costs)로 구분된다. 경영자는 경영의사결정을 위하여 원가를 부담하는 '무엇'에 대한 원가정보를 필요로 한다. 이 '무엇'을 원가대상이라고 한다. 이러한 원가대상의 예로는 제품, 서비스, 고객, 브랜드, 부문 등을 들 수 있다.

직접원가는 특정 원가대상 예컨대, 특정제품 또는 특정부문에 직접 관련시킬 수 있는 원가이다. 반면 어떤 원가가 원가대상과 관련성은 있지만 그 원가대상에 직접적으로 추적할 수 없는 경우에 이를 간접원가라 한다.

원가를 추적가능성에 따라 분류하는 경우, 직접원가는 각 원가대상에 부과하게 되는데 이를 원가추적이라고 하고 간접원가는 별도의 배부방법을 사용하여 원가대상에 할당하는 것을 원가배부라고 한다.

일반적으로 기업이 원가배부를 실시하는 목적을 살펴보면 다음과 같다.

먼저 재무회계적 관점에서 외부보고 목적의 재무제표를 작성할 때, 재고자산의 평가 및 이익측정을 위해서 원가를 배부한다. 이렇게 제품원가계산 목적으로 원가를 배부할 때에는 회계기준에 규정되어 있는 배부기준을 따르는 경우가 많다.

관리회계적 관점에서는 제품계열을 추가 및 폐지 여부 등과 같이 계획이나 통제와 관련된 의사결정의 결과를 예측하거나 향상시키기 위해서 정확한 원가정보를 이용하는 것이 필수적이므로 원가배부를 수행하게 된다. 또한 경영자에게 동기를 부여하고 성과평가를 위해서도 원가를 배부한다. 예를 들어, 부서의 경영자가 일정기간 동안 원가를 얼마나 효율적으로 통제하였는가를 판단하기 위해서 원가를 배부할 필요가 있다.

제2절 원가배부기준 결정 시의 지침

원가배부기준(cost allocation base)이란 집적한 원가를 각 원가대상에 대응시키는 기준을 말한다. 일단 배부기준을 설정하면 원가배부는 비교적 간단한 과정으로 이행된다. 배부기준은 논리적으로 타당한 것이어야 하며 경제적으로도 이용가능하고 합리적인 것이어야 한다. 이러한 기준을 찾기 위해서는 원가와 원가대상과의 관계를 명확히 파악해야 한다. 원가배부기준을 선택함에 있어 지침이 될 수 있는 사항은 다음과 같다.

첫째, 인과관계기준(cause and effect criterion)이다. 이는 특정 활동의 수행이 원인이 되어 특정원가가 발생하게 된다는 가정 하에 원가를 원가대상에 할당하는 것을 의미한다. 이 기준은 원가배부기준으로 측정되는 특정 활동수준이 변동함에 따라 특정 원가수준이 변동한다는 것을 전제로 한다. 일반적으로 직접원가의 경우 인과관계를 쉽게 파악할 수 있으나, 이때 인과관계를 경제적으로 실현시키기가 매우 어렵다. 따라서 현실적으로 이에 대한 대안으로 부담능력기준, 수혜기준 공정성 혹은 공평성기준이 있다.

둘째, 부담능력기준(ability to bear)은 원가대상이 원가를 부담하는 능력에 비례하여 원가를 배부하는 방법이다. 예를 들어, 배부 대상원가를 본사원가로, 원가대상을 사업부로, 부담능력을 평가하는 지표로는 매출액을 사용한다고 하면, 매출액 수준이 높은 부서가 본사의 원가를 부담할 능력이 많다고 가정하고 원가배부를 수행하는 것이다. 그런데 A사업부에서는 매출액을 증대시키려는 노력수준이 낮고, B사업부에서는 매출액을 증대시키려는 노력수준이 높은 경우 부담능력기준으로 공통원가를 배부하게 되면 노력수준이 높은 B 사업부에 보다 많은 원가가 배부되므로 사업부 경영자의 노력을 좌절시킬 수도 있다. 따라서 매출액과 원가의 발생 간에 밀접한 관계가 존재할 경우에만 매출액을 배부기준으로 사용해야 할 것이다.

셋째, 수혜기준(benefits received)이란 각 원가대상이 제공받는 효익의 정도에 비례하여 간접원가를 배부하는 방법을 말한다. 특정제품에 대한 광고선전비가 아닌 기업의 이미지 제고를 위한 광고선전비의 예에서는 효익을 측정할 수 있는 지표를 매출액으로 설정할 수 있다. 이는 매출액이 높은 사업부일수록 그렇지 않은 사업부보다 광고로부터 얻는 효익이 높다고 간주하는 것이다.

마지막으로, 공정성 및 공평성 기준(fairness or equity)은 원가를 여러 원가대상에 배부할 때, 그 원가배부는 공정하고 공평하게 이루어져야 한다는 것이다. 그러나 이 기준은 포괄적인 개념이기 때문에 구체적으로 적용가능한 원가배부방법이라기 보다는 원가배부를 통해 달성하고자 하는 목표를 나타내는 것이다.

제3절 부문별 원가계산 절차

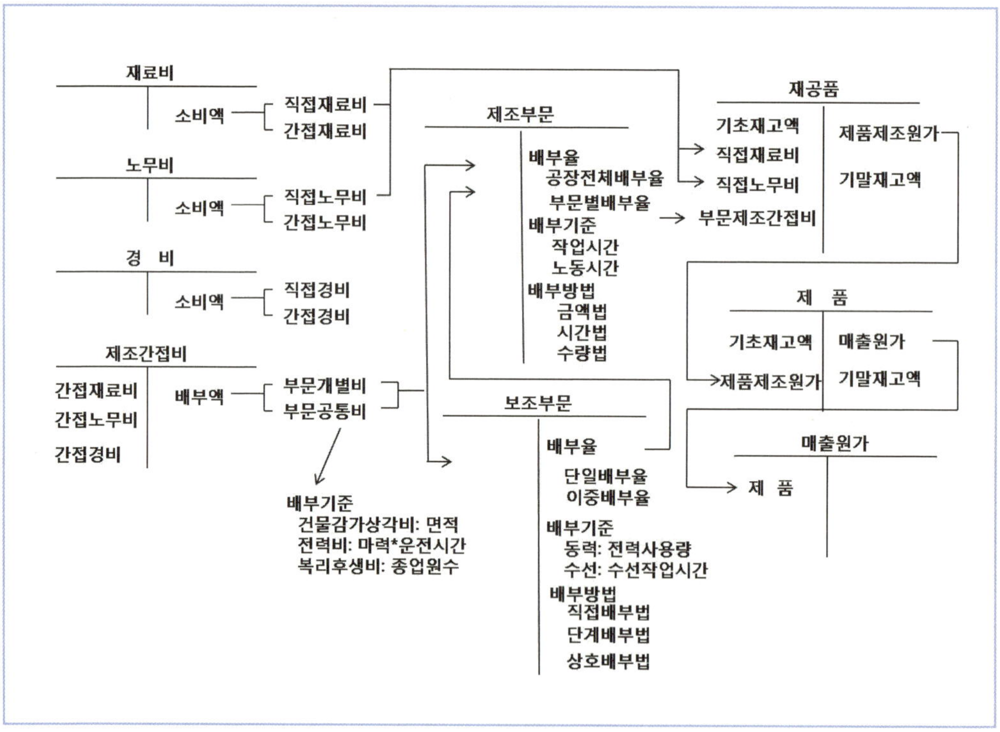

부문별 원가계산 절차는 다음의 4단계를 통해 계산된다.

- 1단계: 부문개별비를 발생된 제조부문과 보조부문에 집계
- 2단계: 부문공통비를 발생된 제조부문과 보조부문에 배부
- 3단계: 보조부문비를 제조부문에 배부(직접배부법, 단계배부법, 상호배부법)
- 4단계: 제조부문비를 각 제품에 배부(금액법, 시간법, 수량법)

제4절 보조부문원가의 배부

대부분의 제조기업들은 제조부문(production department)과 보조부문(support department)으로 구성되어 있다. 제조부문은 제조기업의 핵심목적인 제품의 제조활동을 수행하는 부문이며, 보조부문은 제조활동을 촉진시키고자 제조부문이나 다른 보조부문에 서비스 제공활동을 수행하는 부문이다. 제조부문에서 발생하는 원가는 제품과 직접적인 관련성을 찾기 쉬운 반면, 보조부문원가는 제품과의 직접적인 관련성을 확인하기 용이하지 않다. 이 때문에 보조부문원가는 제조간접비로 간주되어, 이를 제품에 배부한다. 즉 보조부문원가가 제조간접비의 일부를 구성하여 각 제조부문의 제조간접비 계정에 배부하는 것이다. 이처럼 보조부문원가를 제조부문에 배부한 후, 배부된 보조부문원가를 제조부문 자체의 제조간접비에 가산하고 예정배부율을 적용하여 최종 제품에 배부한다. 제조간접비의 배부방법을 요약하면 다음 그림과 같다.

보조부문원가를 최종제품에 배부하는 과정

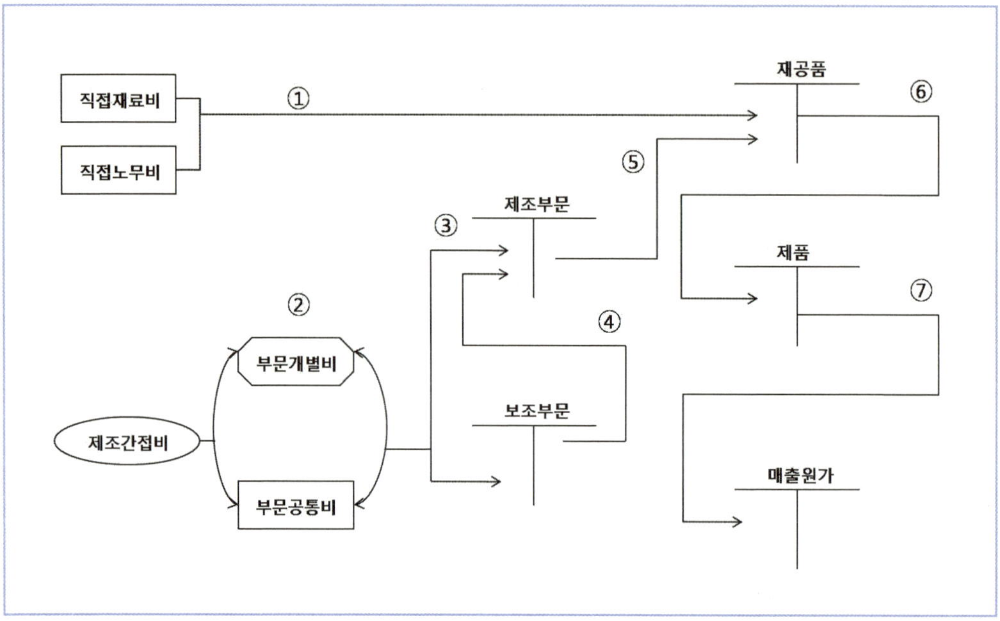

보조부문원가를 다른 부문에 배부할 때에는 먼저 그 보조부문의 용역제공활동을 가장 잘 반영하는 기준을 선택해야 한다. 이를 위해서는, 배부기준이 원가와 인과관계가 있어야 한다. 또한 사용하기가 간편해야 한다. 즉, 복잡한 계산과정으로 인해 발생하는 원가가 배부를 통해 얻을 수 있는 효익보다 큰 원가배부기준은 선택하지 않아야 한다. 또한 배부기준의 타당성을 정기적으로 검토하고, 그 결과가 불공정하다고 판단되는 경우에는 즉시 수정해야 한다.

일반적으로 많이 사용되는 보조부문원가의 배부기준을 살펴보면 다음 표와 같다.

보조부문원가의 배부기준

보조부문명	배부기준
동력부문	전력량
수선유지부문	수선유지횟수
식당부문	종업원수
창고부문	재료사용량, 주문횟수
인사관리부문	종업원수

보조부문명	배부기준
공장관리부문	면적
구매부문	주문횟수나 주문비용
종업원후생부문	종업원수

1 보조부문원가의 배부방법

어떤 보조부문은 제조부문만이 아니라 다른 보조부문에도 용역을 제공한다. 이렇게 상호간에 보조 용역을 주고받을 경우에 보조부문원가의 배부절차는 매우 복잡해진다. 즉 보조부문 상호 간에는 물론이고 보조부문과 제조부문간에도 복잡한 상호작용이 존재하기 때문에 배부절차가 용이하지 않다. 이러한 경우에 보조부문원가를 정확하게 배부하려면 그 배부방법이 매우 정교해야 한다.

보조부문원가를 배부하는 방법은 크게 두 가지 기준으로 구분할 수 있다. 첫 번째 기준은 부문간 용역수수관계를 고려하는 방식이다. 이 기준에 의하면 직접배부법, 단계배부법, 상호배부법이 있다. 두 번째 기준은 원가행태를 고려하는 방식이다. 여기에는 단일배부율법과 이중배부율법이 있다. 이러한 두 가지 분류기준은 아래 표에서와 같이 결합하여 사용할 수 있다.

보조부문원가의 배부방법

원가행태를 고려하는 방식에 따른 분류	부문간 용역수수 관계를 고려하는 방식에 따른 분류		
	직접배부법	단계배부법	상호배부법
단일배부율법	직접배부-단일배부율	단계배부-단일배부율	상호배부-단일배부율
이중배부율법	직접배부-이중배부율	단계배부-이중배부율	상호배부-이중배부율

1) 직접배부법

직접배부법(direct method)은 보조부문 간의 용역수수에 대한 관련성을 무시하고, 각 제조부문이 사용한 용역의 상대적 비율에 따라 보조부문원가를 제조부문에 배부하는 방법이다. 즉, 보조부문원가를 보조부문에는 전혀 배부하지 않고 제조부문에 모두 배부하는 방법이다. 직접배부법의 장점은 절차가 간단하다는 것이다. 특히, 보조부문에서 제조부문에만 용역을 제공하거나 보조부문 상호간의 용역수수 관계가 별로 중요하지 않을 경우에 적절한 배부방법이다. 그러나 보조부문이 다른 보조부문에도 상당한 용역을 제공하는 경우에는 제조부문의 제조간접비 예정배부율을 왜곡시켜, 결국 제품원가나 가격결정을 왜곡시키게 된다.

직접배부법은 보조부문 간의 용역수수가 없다고 간주하고 보조부문원가를 보조부문에는 전혀 배부하지 않고 제조부문에 모두 배부하는 방법이므로 먼저 동력부문원가 ₩200,000을 각 제조부문의 예산전력공급량의 비율대로 배부하면 된다.

예제

LS전선은 동력부문, 공장관리부문 두 개의 보조부문과 기계가공부문, 조립부문 두 개의 제조부문으로 이루어져 있다. 각 보조부문은 다른 보조부문에 용역을 제공한다. 각 부문의 용역수수 관계와 발생 제조간접비는 다음과 같다.

제공부문 \ 사용부문		보조부문		제조부문		합계 (E)=(A+B+C+D)
		동력부문(A)	공장관리부문(B)	기계가공부문(C)	조립부문(D)	
동력부문	예산전력공급량(kw)	–	600	600	400	1,600
공장관리부문	예산면적(m²)	200	–	600	200	1,000
발생원가		₩200,000	₩100,000	₩400,000	₩300,000	₩1,000,000

풀이

기계가공부문과 조립부문에 배부된 동력부문원가는 다음과 같이 계산된다.

사용부문	동력부문 배부전원가 (A)	기계가공부문 예산전력 공급량(B)	조립부문 예산전력 공급량(C)	(기계가공+조립)부문 예산전력공급량 합계 (D)=(B+C)	배부액
기계가공부문	₩200,000	600kw		1,000kw	₩120,000 (=A×B/D)
조립부문	₩200,000		400kw	1,000kw	₩80,000 (=A×C/D)

공장관리부문원가도 동력부문원가와 동일하게 원가배부기준인 각 제조부문의 면적비율대로 배부하면 된다.

사용부문	공장관리부문 배부전원가 (A)	기계가공부문 예산면적 (B)	조립부문 예산면적 (C)	(기계가공+조립)부문 예산면적합계 (D)=(B+C)	배부액
기계가공부문	₩100,000	600m²		800m²	₩75,000 (=A×B/D)
조립부문	₩100,000		200m²	800m²	₩25,000 (=A×C/D)

LS전선의 보조부문의 제조간접비를 직접배부법을 이용하여 배부한 결과는 다음과 같다.

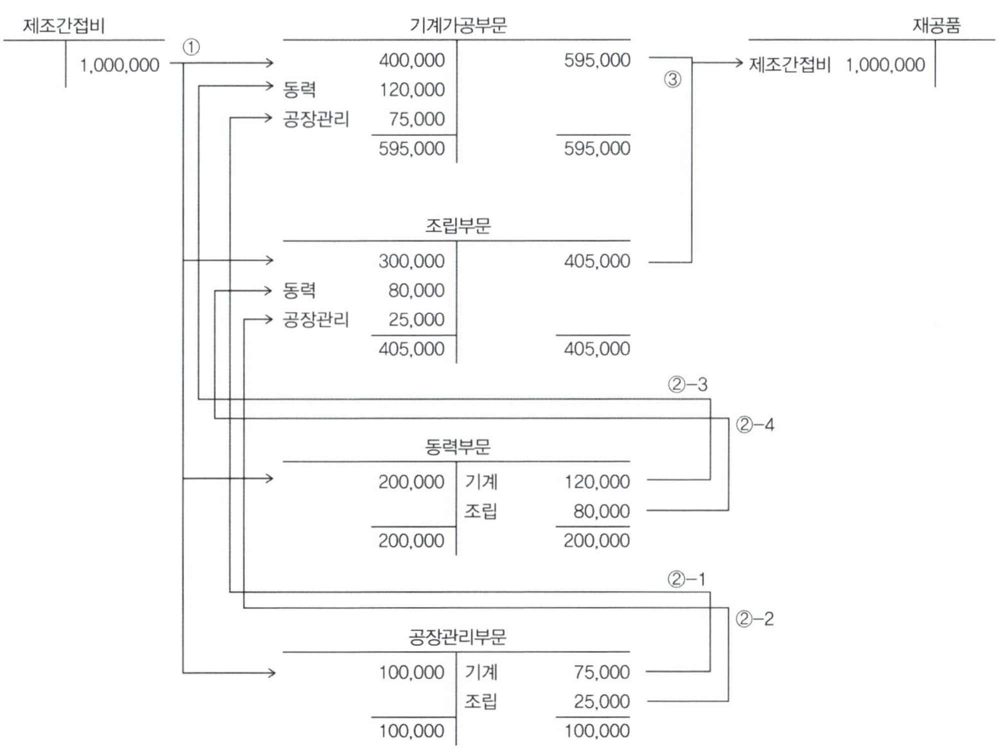

* 동력부문 : ₩200,000

기계가공부문 $= ₩200,000 \times \dfrac{₩600kw}{₩1,000kw} = ₩120,000$

조립부문 $= \text{₩}200{,}000 \times \dfrac{\text{₩}400\text{kw}}{\text{₩}1{,}000\text{kw}} = \text{₩}80{,}000$

* 공장관리부문 : ₩100,000

기계가공부문 $= \text{₩}100{,}000 \times \dfrac{\text{₩}600\text{m}^2}{\text{₩}800\text{m}^2} = \text{₩}75{,}000$

조립부문 $= \text{₩}100{,}000 \times \dfrac{\text{₩}200\text{m}^2}{\text{₩}800\text{m}^2} = \text{₩}25{,}000$

LS전선의 보조부문원가를 직접배부법에 의해 배부한 결과를 그림으로 나타내면 다음과 같다.

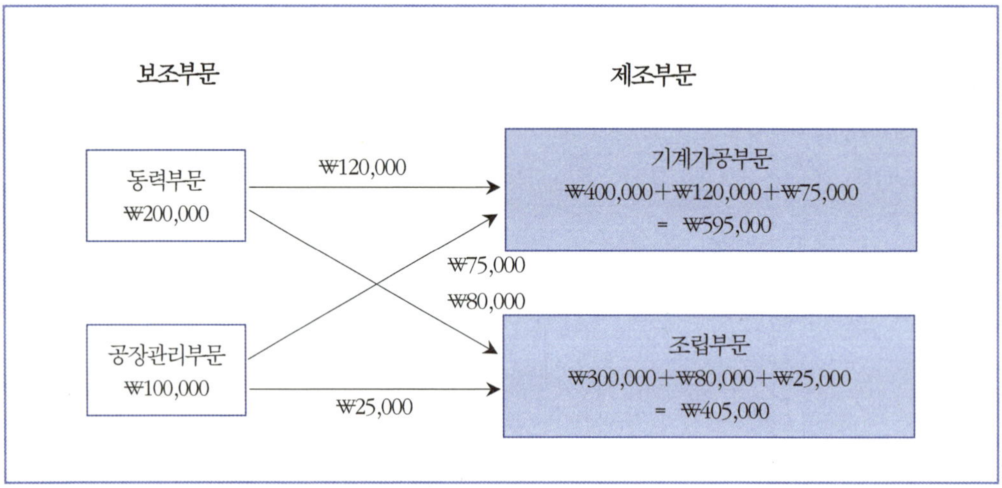

2) 단계배부법

단계배부법(step-down method)은 보조부문들 간에 일정한 배부순위를 정한 다음, 그 순위에 따라 보조부문의 원가를 단계적으로 타 보조부문과 제조부문에 배부하는 방법이다.

단계배부법 하에서는 보조부문의 원가를 제조부문뿐만 아니라 다른 보조부문에도 배부한다. 그러나 일단 특정 보조부문의 원가가 다른 보조부문에 배부된 다음에는 타 보조부문에서 재배부되지 않는다.

즉 단계배부법에서는 보조부문간의 용역수수 관계를 일방적 흐름관계로 인식하고 다른 방향에서의 흐름은 인식하지 않는다. 따라서 보조부문 간의 상호용역수수 관계를 완전하게 인식하는 방법은 아니다.

단계배부법에서는 어떤 순서로 보조부문원가를 배부하느냐에 따라 제조부문에 배부될 원가가 달라지기 때문에 보조부문 간의 배부순위를 어떻게 결정할 것인가 하는 점이 단계배부법의 핵심이 된다. 용역을 제공하는 상대 보조부문의 수가 많은 보조부문을 우선으로 하며, 보조부문원가의 금액이 가장 큰 보조부문의 원가부터 우선적으로 배부한다.

동력부문의 원가를 먼저 배부하는 단계배부법을 적용하여 원가를 배부할 경우 동력부문의 원가는 보조부문인 공장관리부문과 제조부문인 기계가공부문, 조립부문에 배부하되, 공장관리부문원가는 동력부문에 재배부하지 않고 제조부문인 기계가공부문, 조립부문에만 배부한다.

예제

LS전선은 동력부문, 공장관리부문 두 개의 보조부문과 기계가공부문, 조립부문 두 개의 제조부문으로 이루어져 있다. 각 보조부문은 다른 보조부문에 용역을 제공한다. 각 부문의 용역수수 관계와 발생 제조간접비는 다음과 같다.

사용부문 / 제공부문		보조부문		제조부문		합계 (E)=(A+B+C+D)
		동력부문 (A)	공장관리부문(B)	기계가공부문(C)	조립부문 (D)	
동력부문	예산전력공급량(kw)	–	600	600	400	1,600
공장관리부문	예산면적(m^2)	200	–	600	200	1,000
발생원가		₩200,000	₩100,000	₩400,000	₩300,000	₩1,000,000

풀이

구체적인 절차를 살펴보면 먼저 동력부문원가 ₩200,000을 공장관리부문, 기계가공부문, 조립부문의 예산 전력공급량의 비율대로 배부하면 된다.

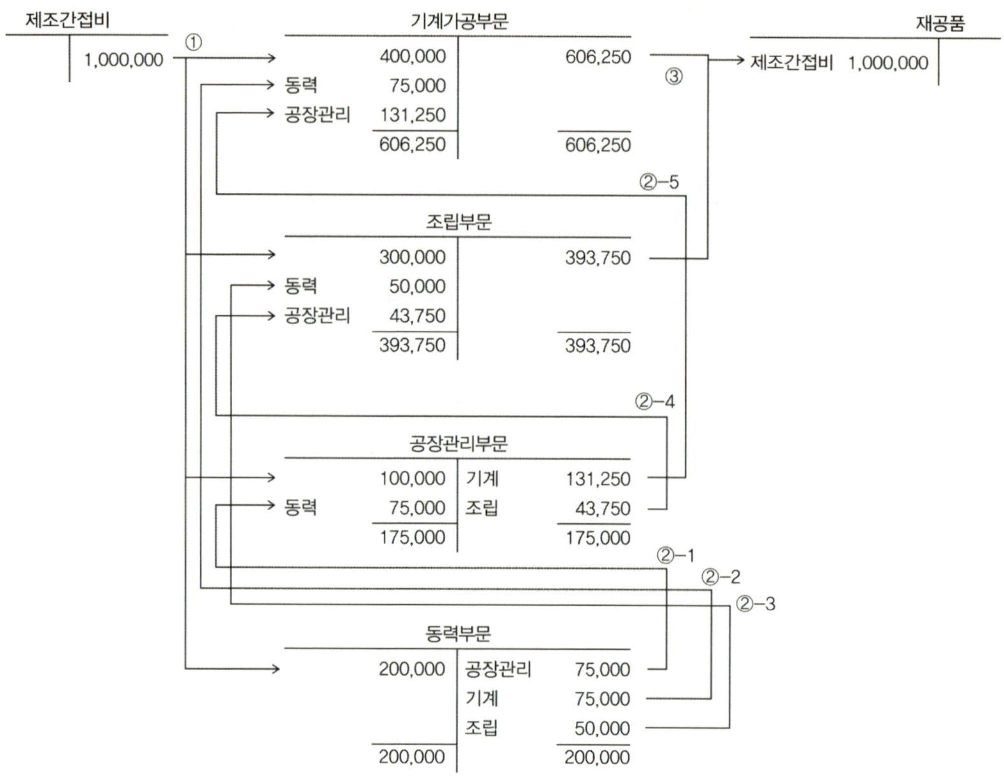

* 동력부문 : ₩200,000

$$\text{공장관리부문} = ₩200{,}000 \times \frac{₩600\text{kw}}{₩1{,}600\text{kw}} = ₩75{,}000$$

$$\text{기계가공부문} = ₩200{,}000 \times \frac{₩600\text{kw}}{₩1{,}600\text{kw}} = ₩75{,}000$$

$$\text{조립부문} = ₩200{,}000 \times \frac{₩400\text{kw}}{₩1{,}600\text{kw}} = ₩50{,}000$$

그 다음 단계로 배부전 공장관리부문원가 ₩100,000과 공장관리부문에 배부된 동력부문원가 ₩75,000의 합계인 ₩175,000을 기계가공부문, 조립부문의 면적비율대로 배부하면 된다.

* 공장관리부문 : ₩175,000

$$\text{기계가공부문} = ₩175{,}000 \times \frac{₩600\text{m}^2}{₩800\text{m}^2} = ₩131{,}250$$

조립부문 $= ₩175,000 \times \frac{₩200m^2}{₩800m^2} = ₩43,750$

LS전선의 보조부문의 제조간접비 중 동력부문의 원가를 먼저 배부하는 단계배부법을 이용하여 배부한 결과는 다음과 같다.

사용부문 / 제공부문	보조부문		제조부문		합계 (E)=(A+B+C+D)
	동력부문 (A)	공장관리 부문(B)	기계가공 부문(C)	조립부문 (D)	
배부전원가①	₩200,000	₩100,000	₩400,000	₩300,000	₩1,000,000
동력부문②	(200,000)	75,000	75,000	50,000	0
공장관리부문③	–	(175,000)	131,250	43,750	0
배부후원가④=①+②+③	₩0	₩0	₩606,250	₩393,750	₩1,000,000

LS전선의 보조부문 제조간접비에 대하여 단계배부법으로 배부한 결과를 그림으로 나타내면 다음과 같다(동력부문원가 우선 배부).

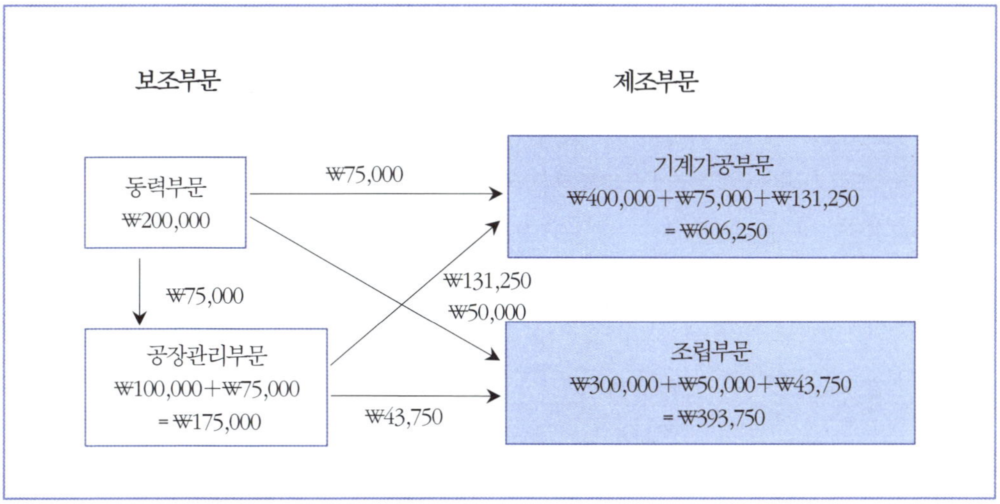

공장관리부문의 원가를 먼저 배부하는 단계배부법을 적용하여 원가를 배부할 경우 공장관리부문의 원가는 보조부문인 동력부문과 제조부문인 기계가공부문, 조립부문에 배

부하되 동력부문원가는 공장관리부문에 재배부하지 않고 제조부문인 기계가공부문, 조립부문에만 배부한다.

구체적인 절차를 살펴보면, 먼저 공장관리부문원가 ₩100,000을 동력부문, 기계가공부문, 조립부문의 면적비율대로 배부하면 된다.

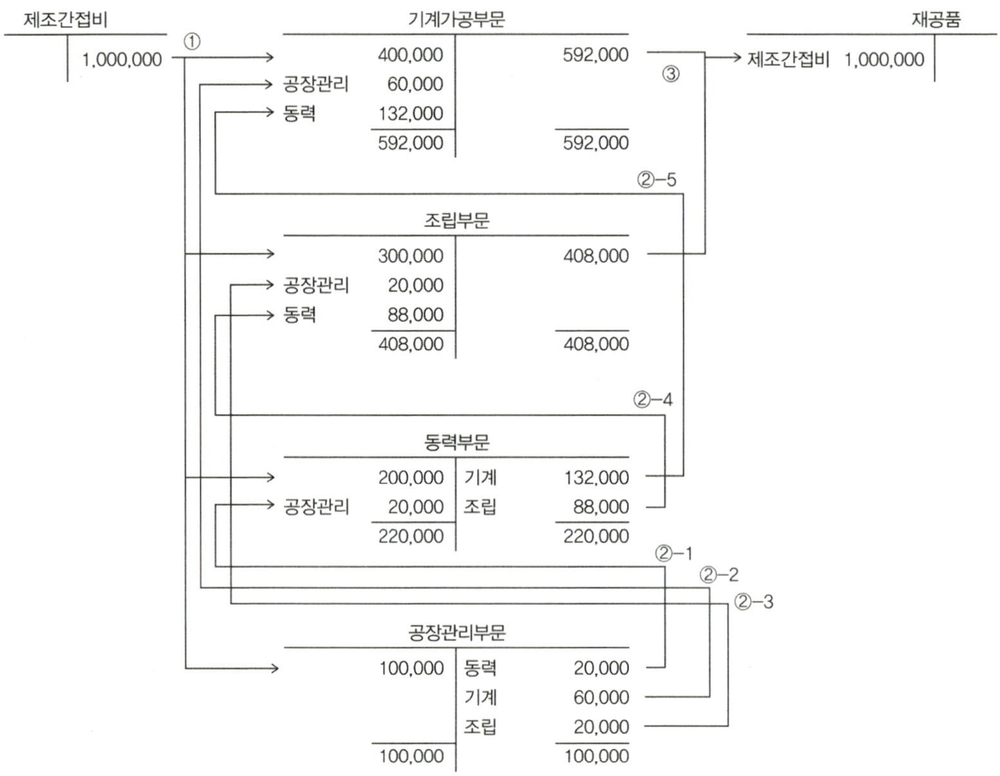

* 공장관리부문 : ₩100,000

$$기계가공부문=₩100,000\times\frac{₩600m^2}{₩1,000m^2}=₩60,000$$

$$조립부문\quad=₩100,000\times\frac{₩200m^2}{₩1,000m^2}=₩20,000$$

$$동력부문\quad=₩100,000\times\frac{₩200m^2}{₩1,000m^2}=₩20,000$$

그 다음 단계로 배부전 동력부문원가 ₩200,000과 공장관리부문에 배부된 동력부문원가 ₩20,000의 합계인 ₩220,000을 기계가공부문, 조립부문의 예산전력공급량의 비율대로 배부하면 된다.

* 동력부문 : ₩220,000

$$기계가공부문 = ₩220,000 \times \frac{₩600kw}{₩1,000kw} = ₩132,000$$

$$조립부문 = ₩220,000 \times \frac{₩400kw}{₩1,000kw} = ₩88,000$$

LS전선이 보조부문이 제조간접비 중 공장관리부문이 원가를 먼저 배부하는 단계배부법을 이용하여 배부한 결과는 다음과 같다.

제공부문 \ 사용부문	보조부문		제조부문		합계 (E)=(A+B+C+D)
	공장관리부문(B)	동력부문(A)	기계가공부문(C)	조립부문(D)	
배부전원가①	₩100,000	₩200,000	₩400,000	₩300,000	₩1,000,000
공장관리부문③	(100,000)	20,000	60,000	20,000	0
동력부문②		(220,000)	132,000	88,000	0
배부후원가④=①+②+③	₩0	₩0	₩592,000	₩408,000	₩1,000,000

LS전선의 보조부문의 제조간접비에 대하여 단계배부법으로 배부한 결과는 다음과 같다(공장관리부문원가 우선 배부).

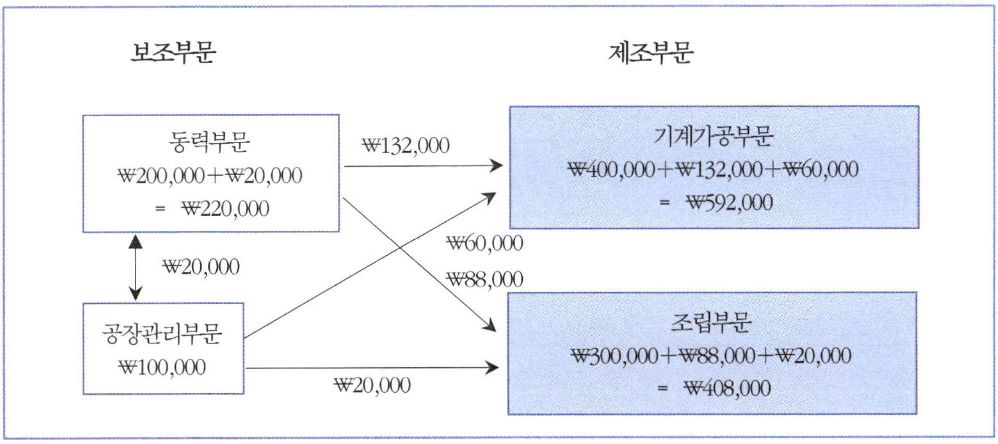

3) 상호배부법

상호배부법(reciprocal method)은 보조부문 간의 상호 용역수수 관계를 완전히 파악하여 원가를 배부하는 방법이다. 즉 각 보조부문 사이에 용역수수 관계가 존재할 때 각 보조부문의 원가는 다른 보조부문의 원가에 의해 영향을 받는데, 이 경우 보조부문과 제조부문의 용역수수 관계를 방정식을 이용하여 계산하게 된다.

상호배부법의 문제점은 계산과정이 복잡하다는 것인데, 최근에는 컴퓨터 기술의 발달로 인하여 이러한 문제점은 많이 해소되었다. 상호배부법이 이론적으로는 가장 타당한 방법이지만, 보조부문간의 상호관계가 그다지 중요하지 않을 때는 보다 간단한 직접배부법이나 단계배부법을 사용해도 상호배부법을 사용하는 것과 유사한 결과를 얻을 수 있다.

상호배부법을 사용하기 위해서는 보조부문의 상호용역수수 관계를 연립방정식으로 표시한 후, 이 방정식의 해인 보조부문원가를 각 보조부문과 제조부문에 배부한다.

특정 보조부문의 총원가를 방정식형태로 표시하면 다음과 같다.

총원가=자기 부문의 발생원가+타보조부문으로부터의 배부된 원가

예제

LS전선은 동력부문, 공장관리부문 두 개의 보조부문과 기계가공부문, 조립부문 두 개의 제조부문으로 이루어져 있다. 각 보조부문은 다른 보조부문에 용역을 제공한다. 각 부문의 용역수수 관계와 발생 제조간접비는 다음과 같다.

제공부문 \ 사용부문		보조부문		제조부문		합계
		동력부문(A)	공장관리부문(B)	기계가공부문(C)	조립부문(D)	(E)=(A+B+C+D)
동력부문	예산전력공급량(kw)	–	600	600	400	1,600
공장관리부문	예산면적(m^2)	200	–	600	200	1,000
발생원가		₩200,000	₩100,000	₩400,000	₩300,000	₩1,000,000

풀이

LS전선의 보조부문 용역상호 수수관계를 연립방정식으로 표시하면 다음과 같다.

$$\text{동력부문원가} = ₩200,000 + \frac{200m^2}{1,000m^2} \times \text{공장관리부문원가} \quad (1)$$

$$\text{공장관리부문원가} = ₩100,000 + \frac{600kw}{1,600kw} \times \text{동력부문원가} \quad (2)$$

식(2)를 식(1)에 대입하여 풀면

$$\text{동력부문원가} = ₩200,000 + \frac{200m^2}{1,000m^2} \times (₩100,000 + \frac{600kw}{1,600kw} \times \text{동력부문원가})$$

$\therefore$ 동력부문원가 = ₩237,838

식(1)을 식(2)에 대입하여 풀면

$$\text{공장관리부문원가} = ₩100,000 + \frac{600kw}{1,600kw} \times (₩200,000 + \frac{200m^2}{1,000m^2} \times \text{공장관리부문원가})$$

$\therefore$ 공장관리부문원가 = ₩189,189

동력부문원가 ₩237,838을 공장관리부분, 기계가공부문, 조립부문의 예산전력공급량의 비율대로 배부하면 된다.

사용부문	동력부문 배부전 원가 (A)	공장관리부문 예산전력 공급량 (B)	기계가공부문 예산전력 공급량 (C)	조립부문 예산전력 공급량 (D)	(공장관리+기계가공+조립) 부문예산전력 공급량 (E)=(B+C+D)	배부액
공장관리 부문	₩237,838	600kw			1600kw	₩89,189 (=A×B/E)
기계가공 부문	₩237,838		600kw		1600kw	₩89,189 (=A×C/E)
조립부문	₩237,838			400kw	1600kw	₩59,460 (=A×D/E)

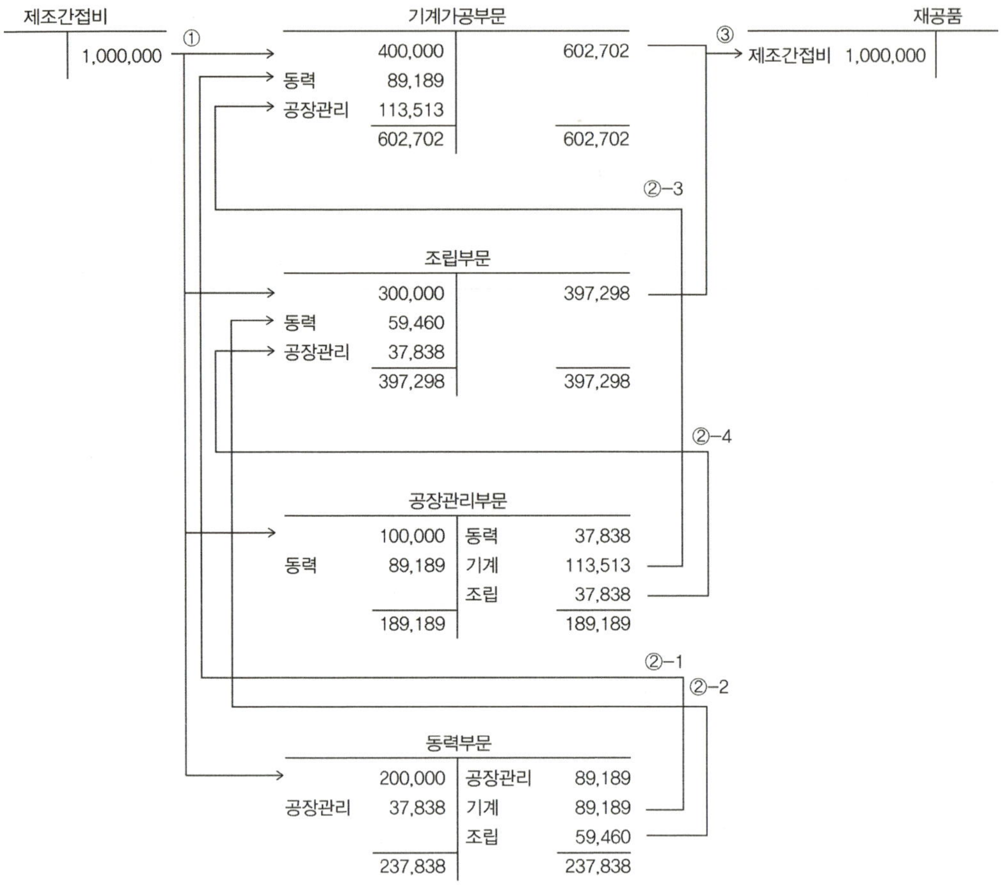

공장관리부문원가 ₩189,189을 동력부문, 기계가공부문, 조립부문의 예산면적비율대로 배부하면 된다.

사용부문	공장관리부문 배부전원가 (A)	동력부문 예산면적 (B)	기계가공부문 예산면적 (C)	조립부문 예산면적 (D)	(동력+기계가공+조립) 부문예산면적합계 (E)=(B+C+D)	배부액
동력부문	₩189,189	200m²			1,000m²	₩37,838 (=A×B/E)
기계가공 부문	189,189		600m²		1,000m²	113,514 (=A×C/E)
조립부문	₩189,189			200m²	1,000m²	₩37,838 (=A×D/E)

1) 소수 첫째자리에서 반올림함

이렇게 도출된 동력부문원가와 공장관리부문원가 정보를 이용하여 상호배부법을 통해 보조부문원가를 배부한 결과는 다음과 같다.

사용부문 / 제공부문	보조부문		제조부문		합계 (E)=(A+B+C+D)
	동력부문 (A)	공장관리 부문(B)	기계가공 부문(C)	조립부문 (D)	
배부전원가①	₩200,000	₩100,000	₩400,000	₩300,000	₩1,000,000
동력부문②	(237,838)	89,189	89,189	59,460	0
공장관리부문③	37,838	(189,189)	113,513	37,838	0
배부후원가④=①+②+③	₩0	₩0	₩602,702	₩397,298	₩1,000,000

LS전선의 보조부문의 제조간접비를 상호배부법을 이용하여 배부한 결과를 그림으로 나타내면 다음과 같다.

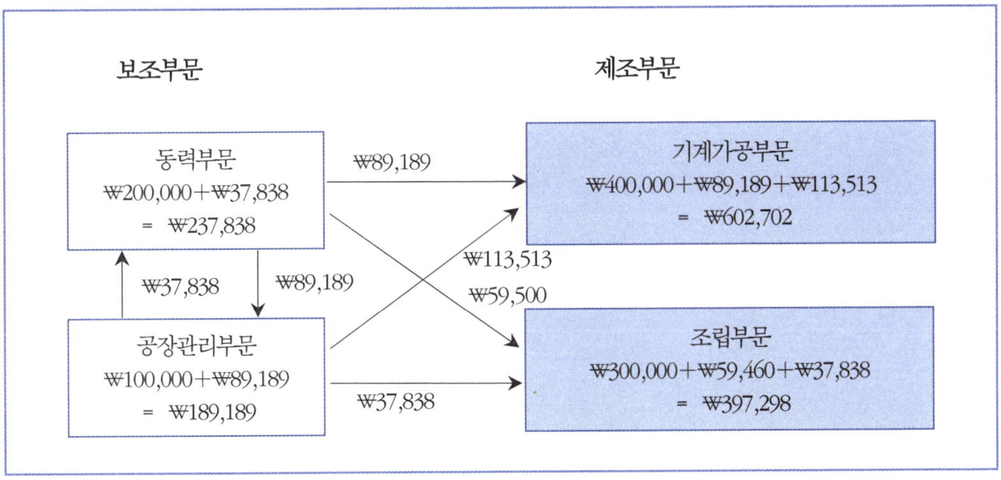

보조부문비의 배부방법을 요약하면 다음과 같다.

구분	직접배부법	단계배부법	상호배부법
의의	보조부문간의 용역수수관계를 전혀 고려하지 않고 원가를 제조부문에만 배분하는 방법	보조부문간의 용역수수관계를 일부 인정하고 원가를 배분순서에 따라 보조부문과 제조부문에 배분하는 방법	보조부문간의 용역수수관계를 전부 고려하여 보조부문과 제조부문에 배분하는 방법
보조부문간 용역수수관계 고려여부	전혀 고려하지 않음	일부만 고려	전부 고려
장점	계산이 용이함	보조부문간 용역수수관계 일부인정	정확한 원가배분(이론적으로 가장 타당한 방법)
단점	제품원가계산과 원가관리 및 통제 어려움	용역수수관계 완전 무시	많은 시간과 비용 소요

4) 단일배부율법과 이중배부율법

앞 절까지 단일배부율법에 따라 각 보조부문에서 발생하는 원가를 배부하였다. 단일배부율법(single-rate method)은 고정원가집합과 변동원가집합으로 구분하지 않은 상태에서 동일한 단위당 배부율을 적용하여 각 원가집합의 원가를 원가대상에 배부하는 방법이다.

보조부문에서 고정원가를 발생시키는 고정자산들은 제조부문의 최대조업도에 맞추어 구축된 것이 일반적이며, 보조부문의 변동원가는 실제로 제조부문에서 사용한 용역량에 비례해서 발생하는 원가이다. 그러므로 보조부문원가를 보다 정확하게 배부하기 위해서는 먼저 고정원가와 변동원가로 구분한 후 각각 다른 배부기준을 적용해야 하는데, 이를 이중배부율법(dual-rate method)이라 한다.

이중배부율법에서 고정원가는 제조부문에서 사용할 수 있는 최대 사용가능량 또는 예산사용량을 기준으로 배부하고, 변동원가는 실제사용량을 기준으로 배부하는 것이 합리적이다. 그러나 주의해야 할 점은 이중배부율법은 직접배부법, 단계배부법, 상호배부법과 배타적으로 사용하는 것이 아니라 이들 방법과 병행한다는 점이다. 요컨대, 보조부문원가를 제조부문에 배부하는 방법은 각각의 조합인 6가지가 된다. 이론적으로는 이중배부율법을 사용하여 보조부문원가를 제조부문에 배부하는 것이 타당하지만, 최대 사용가능량의 측정과 보조부문원가를 변동원가와 고정원가로 구분하는 것에 많은 노력이 소요되므로 실무에서는 많이 사용되지 않는다.

예제

LS전선은 동력부문, 공장관리부문 두 개의 보조부문과 기계가공부문, 조립부문 두 개의 제조부문으로 이루어져 있다. 각 보조부문은 다른 보조부문에 용역을 제공한다. LS전선의 기초자료에 보조부문의 실제사용량 정보를 추가적으로 제공하고, 부문간의 원가를 배부하기 전의 부문별 자체발생원가를 변동원가와 고정원가로 다음과 같이 구분하였다.

제공부문 \ 사용부문		보조부문		제조부문		합계
		동력부문 (A)	공장관리 부문(B)	기계가공 부문(C)	조립부문 (D)	(E)=(A+B +C+D)
동력부문	실제전력공급량(kw)	–	600	500	500	1,600
	예산전력공급량(kw)	–	600	600	400	1,600
공장관리부문	실제면적(m^2)	400	–	300	300	1,000
	예산면적(m^2)	200	–	600	200	1,000
발생원가	변동원가	₩80,000	₩50,000	₩40,000	₩180,000	₩350,000
	고정원가	120,000	50,000	₩360,000	120,000	650,000
	합계	₩200,000	₩100,000	₩400,000	₩300,000	₩1,000,000

물음

보조부문원가를 직접배부법과 이중배부율법을 이용하여 제조부문에 배부하는 절차를 구하시오. 단, 이중배부율법을 이용한 보조부문에 대한 제조간접비의 배부는 변동원가 부분은 실제사용량을 기준으로, 고정원가 부분은 예산사용량을 기준으로 수행한다.

풀이

동력부문 변동원가 ₩80,000은 기계가공부문과 조립부문의 실제 전력공급량 비율로 배부한다.

* 변동제조간접비 : ₩80,000

$$기계가공부문 = ₩80,000 \times \frac{500kw}{1,000kw} = ₩40,000$$

$$조립부문 = ₩80,000 \times \frac{500kw}{1,000kw} = ₩40,000$$

동력부문 고정원가 ₩120,000은 기계가공부문과 조립부문의 예산 전력공급량 비율로 배부한다.

* 고정제조간접비 : ₩120,000

$$기계가공부문 = ₩120,000 \times \frac{600kw}{1,000kw} = ₩72,000$$

$$조립부문 = ₩120,000 \times \frac{400kw}{1,000kw} = ₩48,000$$

공장관리부문 변동원가 ₩50,000은 기계가공부문과 조립부문의 실제 면적비율로 배부한다.

* 변동제조간접비 : ₩50,000

$$기계가공부문 = ₩50,000 \times \frac{300m^2}{600m^2} = ₩25,000$$

$$조립부문 = ₩50,000 \times \frac{300m^2}{600m^2} = ₩25,000$$

공장관리부문 고정원가 ₩50,000은 기계가공부문과 조립부문의 예산면적 비율로 배부한다.

* 고정제조간접비 : ₩50,000

$$기계가공부문 = ₩50,000 \times \frac{600m^2}{800m^2} = ₩37,500$$

$$조립부문 = ₩50,000 \times \frac{200m^2}{800m^2} = ₩12,500$$

보조부문원가를 직접배부법과 이중배부율법을 이용하여 제조부문에 배부한 결과를 다음과 같다.

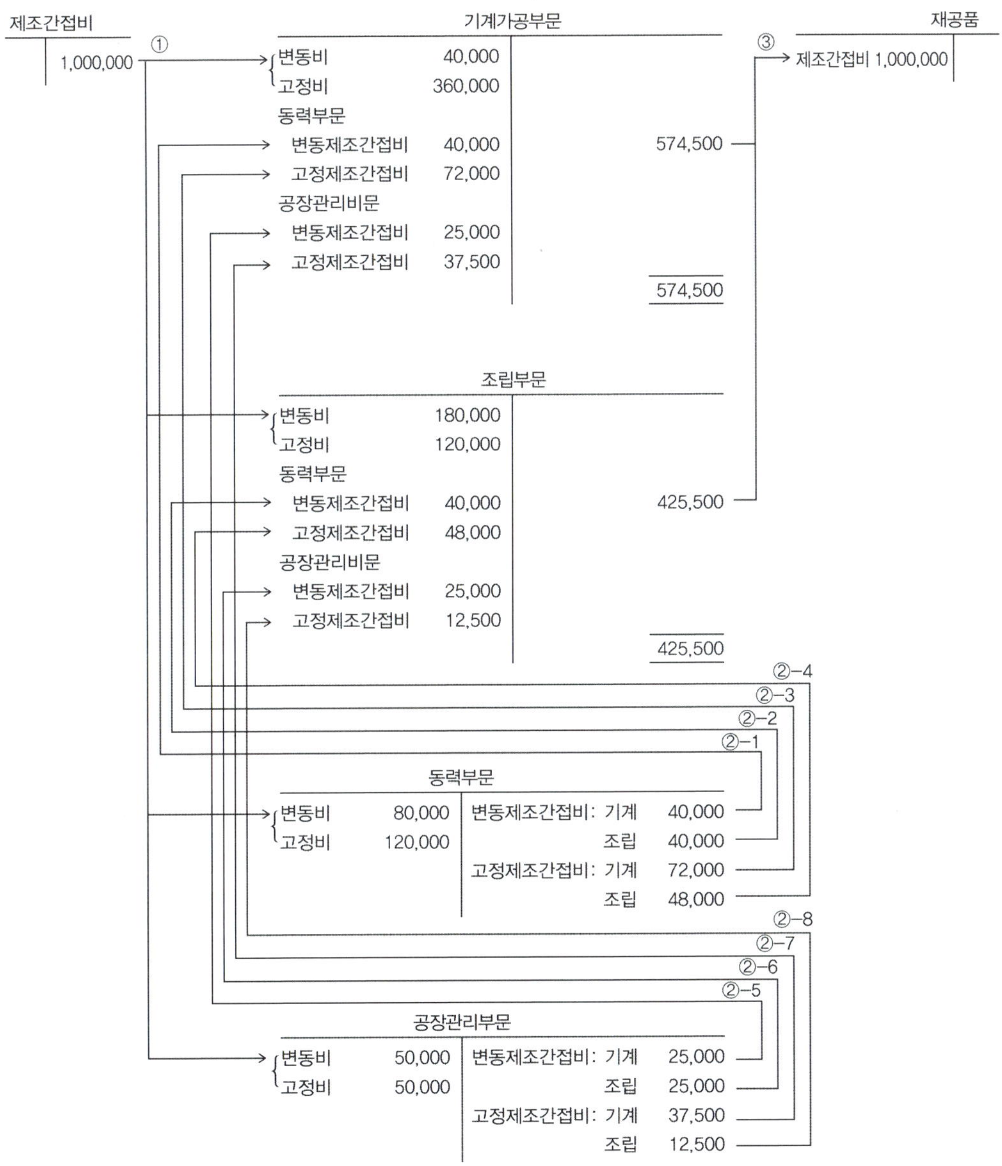

제5절 제조부문 제조간접비의 배부

단일의 제조부문으로 단일제품을 생산하는 기업은 직접재료비, 직접노무비, 보조부문에서 배부받은 제조간접비를 그대로 제품에 귀속시키면 제품원가계산을 수행할 수 있다.

그러나 복수의 제조부문 또는 복수의 제품이 존재하는 기업의 경우 제조부문의 간접원가를 제품에 배부해야만 제품원가계산을 완료할 수 있다.

실제로 대부분의 기업들은 이렇게 복수의 제조부문을 통해 복수의 제품을 생산하기 때문에 제조간접비를 개별제품에 배부해야 하는 문제에 봉착하게 된다. 이 경우 제조간접비를 개별 제품에 배부하는 방법에는 두 가지가 있다.

먼저 공장전체 제조간접비배부율(plant-wide overhead rate)을 사용하는 방법이다. 이 방법은 공장내의 모든 보조부문원가와 제조부문의 원가를 합한 금액을 단일의 배부기준으로 나눈 공정전체 제조간접비배부율을 이용하여 개별제품에 배부하는 방법이다.

$$\text{공장전체 제조간접비배부율} = \frac{\text{공장전체 제조간접비}}{\text{공장전체 배부기준}}$$

두 번째 방법은 각 제조부문별로 제조간접비를 집계하고, 이를 각 부문별 배부기준으로 나눈 부문별 제조간접비배부율(departmental overhead rate)을 이용하여 개별제품에 배부하는 방법이다.

$$\text{부문별 제조간접비배부율} = \frac{\text{부문별 제조간접비}}{\text{부문별 배부기준}}$$

공장전체 제조간접비배부율은 공장내의 부문을 구분하지 않고 공장전체 제조간접비 금액을 공장전체에서 사용하는 단일의 배부기준을 근거로 개별제품에 적용하여 제품원가를 계산하게 된다. 즉, 공장전체 제조간접비배부율을 사용할 경우 이미 배운 원가배부방법 중 어떤 것을 이용하더라도 공장전체 제조간접비 총액은 변하지 않기 때문에(LS전선의 경우 ₩1,000,000) 모든 보조부문의 제조간접비를 제조부문에 배부할 필요가 없게 된다. 따라서 부문별제조간접비배부율을 사용할 경우에만 보조부문원가를 제조부문에 배부하는 것이다.

공장전체 제조간접비배부율과 부문별 제조간접비배부율

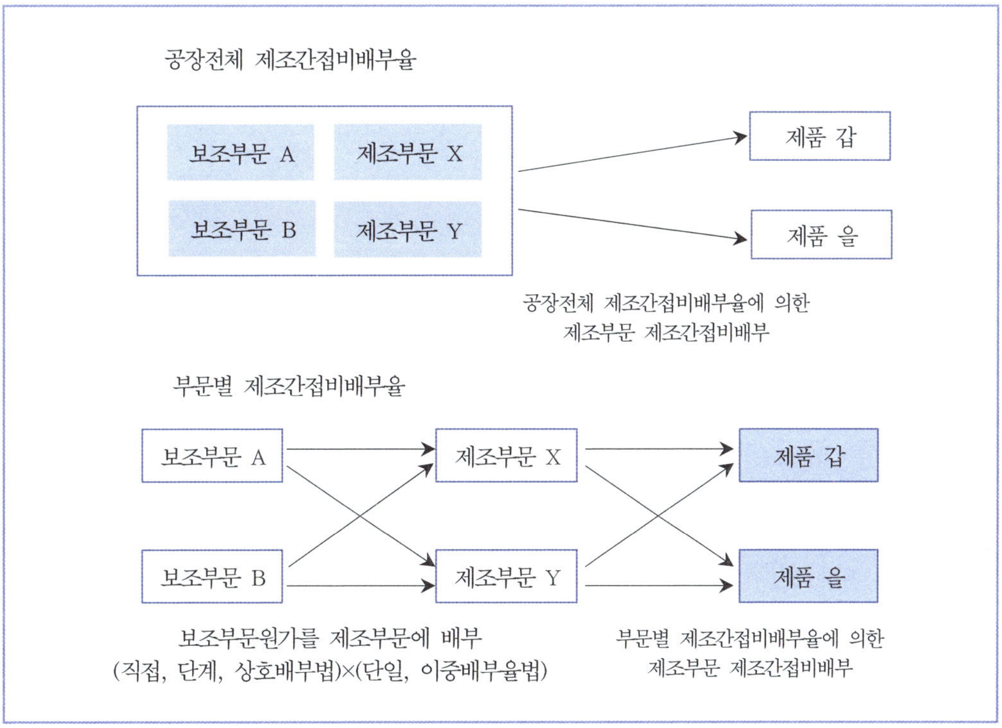

예제

LS전선은 광케이블과 LAN케이블을 생산하고 있는데, 모두 기초재공품과 기말재공품이 없다. 공장전체 제조간접비배부율을 사용하여 제조간접비를 배부할 경우 직접노무비를 기준으로 배부한다. 부문별 제조간접비배부율을 사용할 경우 기계가공부문은 기계시간을, 조립부문은 직접노동시간을 기준으로 배부한다. 이와 관련된 자료는 다음과 같다.

항목		광케이블	LAN케이블	합계
직접재료비		₩340,000	₩450,000	₩790,000
직접노무비		₩900,000	₩300,000	₩1,200,000
기계가공부문	직접노동시간	200	800	1,000
	기계시간	1,200	800	2,000
조립부문	직접노동시간	400	600	1,000
	기계시간	600	1,400	2,000

물음 1

LS전선이 각 제품에 공장전체 제조간접비배부율을 사용할 경우 제조원가를 배부한 다음 산출된 제품원가는 얼마인가?

풀이

공장전체 제조간접비배부율을 이용하여 배부한 제조간접비는 다음 표와 같이 공장전체 제조간접비 총액 ₩1,000,000을 광케이블의 직접노무비와 LAN케이블의 직접노무비 비율로 배부한 금액이다.

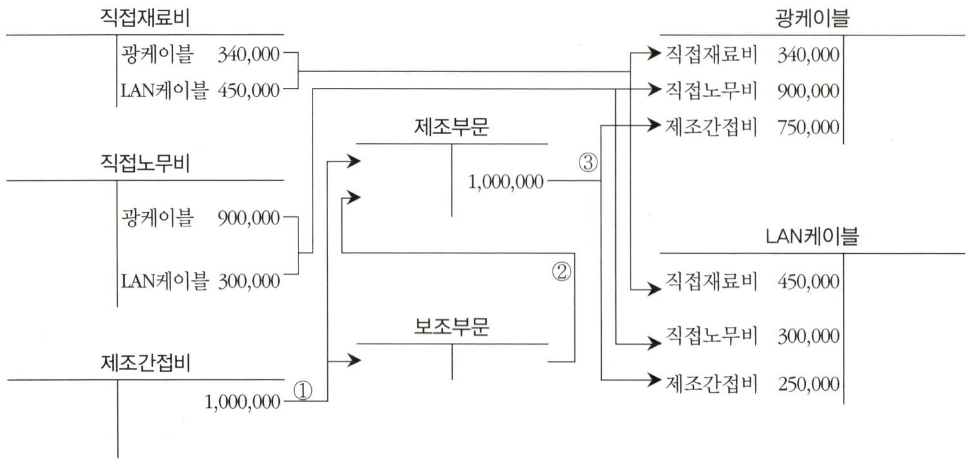

* 제조간접비 배부 : ₩1,000,000

$$광케이블 = ₩1,000,000 \times \frac{₩900,000}{₩1,200,000} = ₩750,000$$

$$LAN케이블 = ₩1,000,000 \times \frac{₩300,000}{₩1,200,000} = ₩250,000$$

각 제품에 추적가능한 직접재료비와 직접노무비에 배부된 제조간접비를 합산하여 광케이블과 LAN케이블의 원가가 산출된다.

항목	광케이블	LAN케이블	합계
직접재료비	₩340,000	₩450,000	₩790,000
직접노무비	900,000	300,000	1,200,000
제조간접비	750,000	250,000	1,000,000
합계	₩1,990,000	₩1,000,000	₩2,990,000

물음 2

LS전선이 각 제품에 부문별 제조간접비배부율을 사용할 경우 제조원가를 배부한 다음 산출된 제품원가는 얼마인가?

풀이

보조부문원가를 직접배부법과 이중배부율을 이용하여 배부한 제조간접비는 다음 표와 같이 기계가공부문 제조간접비 ₩574,500을 광케이블의 기계시간과 LAN케이블의 기계시간 비율로 배부하고, 조립부문 제조간접비₩425,500을 광케이블의 직접노무시간과 LAN케이블의 직접노무시간 비율로 배부한 것이다.

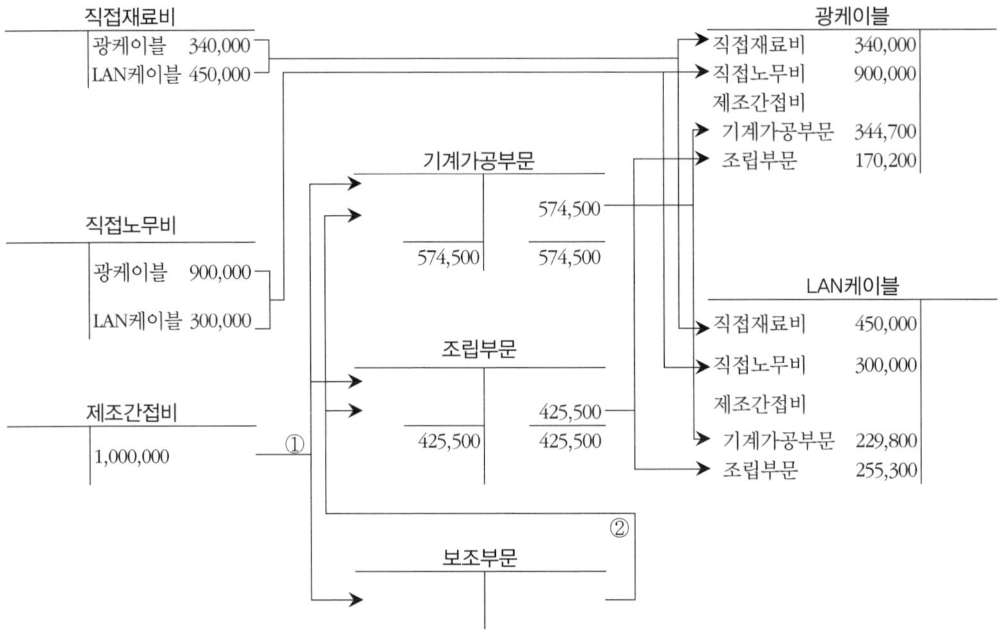

* 기계가공부문 : ₩574,500

$$\text{광케이블} = ₩574,500 \times \frac{₩1,200}{₩2,000} = ₩344,700$$

$$\text{LAN케이블} = ₩574,500 \times \frac{₩800}{₩2,000} = ₩229,800$$

* 조립부문 : ₩425,500

$$\text{광케이블} = ₩425,500 \times \frac{₩400}{₩1,000} = ₩170,200$$

$$\text{LAN케이블} = ₩425,500 \times \frac{₩600}{₩1,000} = ₩255,300$$

보조부문원가를 직접배부법과 이중배부율법을 이용하여 제조부문에 배부하고, 각 제품에 부문별 제조원가를 배부한 결과는 다음과 같다.

항목	광케이블	LAN케이블	합계
직접재료비	₩340,000	₩450,000	₩790,000
직접노무비	900,000	300,000	1,200,000
기계가공부문 제조간접비	344,700	229,800	574,500
조립부문 제조간접비	170,200	255,300	425,500
합계	₩1,754,900	₩1,235,100	₩2,990,000

각 제품에 주적가능한 직접재료비와 직접노무비에 배부된 제조간접비를 합산하여 광케이블과 LAN케이블의 원가가 산출된다.

Ⅰ. 평가자체크리스트

※ 다음 서술이 옳으면 T, 옳지 않으면 F를 기재하시오.

6.1 보조부문은 직접 생산활동을 수행하지 아니하고 제조부문을 지원・보조하는 부문으로써 그 수행하는 내용에 따라 세분할 수 있다.

6.2 제조부문은 직접 제조작업을 수행하는 부문을 말하며 제조활동 등에 따라 세분할 수 있다.

6.3 원가배부기준은 인과관계기준에 의해서만 설정해야 한다.

6.4 제조간접비가 전체 제조원가에서 차지하는 비중이 증가할수록 단순한 원가배분기준을 설정해야 보다 정확한 원가계산을 할 수 있는 가능성이 커진다.

6.5 제조간접비의 원가배부기준으로 선택된 원가동인이 원가발생의 인과관계를 잘 반영하지 못하는 경우 제품원가계산이 왜곡될 가능성이 있다.

6.6 보조부문비의 배부기준은 적어도 1년에 한 번씩 변경하여야 한다.

6.7 단계배분법은 보조부문간에 일정한 배부순서를 정하여 그에 따라 제조부문과 보조부문에 배부하는 방법이다.

6.8 보조부문비의 배분방법에 따라 회사의 총이익이 달라진다.

6.9 어떠한 배부방법을 적용하는 경우에도 보조부문비 총액이 모두 제조부문에 배분된다.

6.10 보조부문비를 제조부문에 배부하는 배분방법 중 가장 정확한 계산방법은 보조부문간의 용역수수관계를 모두 고려하는 상호배분법이다.

Ⅱ. 객관식

6.1 부문비 배부계산의 대상으로 옳은 것은? [2001년 공무원 수정]

① 제품원가 ② 재공품 ③ 제조간접비
④ 직접원가 ⑤ 기간원가

6.2 원가의 부문별 계산 절차순서로 올바른 것은? [2004년 공무원 수정]

㉠ 부문공통비 각 부문에 배부	㉡ 보조부문비 제조부문에 배부
㉢ 부문직접비 각 부문에 부과	㉣ 제조부문비 각 제품에 배부

① ㉠-㉡-㉢-㉣ ② ㉡-㉢-㉣-㉠ ③ ㉢-㉠-㉡-㉣
④ ㉢-㉡-㉣-㉠ ⑤ ㉣-㉡-㉢-㉠

6.3 재고가 없다는 가정하에서 보조부문의 원가배분에 관한 설명 중 옳은 것은?
[전산세무1급 수정]

① 보조부문 원가배분의 유일한 목적은 회사의 자원배분과 관련된 합리적인 의사결정을 위한 것이다.
② 보조부문원가를 배분할 때 부담능력기준이 우선 고려되어야 한다.
③ 보조부문원가를 제조부문에 배부하지 않아도 제품원가에 영향을 미치지 않는다.
④ 보조부문의 원가를 어떻게 배분한다 하더라도 회사의 궁극적인 총이익은 변하지 않는다.
⑤ 보조부문원가는 제조부문을 거치지 않고 제품계정에 바로 배부할 수도 있다.

6.4 원가배부에 대한 설명으로 옳지 않은 것은?

① 외부보고목적의 재고자산 평가
② 내부보고목적의 변동원가계산을 용이하게 하기 위하여
③ 경영자에 대한 동기부여 및 성과평가
④ 외부보고목적의 이익 측정
⑤ 제품계열의 추가 및 폐지 여부에 대한 의사결정

6.5 다음 중 원가배부에 대한 설명으로 옳지 않은 것은?

① 제조간접비의 비중이 높을수록 여러 가지의 배부기준을 설정하여야 정확한 원가계산을 할 수 있다.
② 원가배분기준은 인과관계기준, 수혜기준, 부담능력기준, 공정성과 공평성기준 등에 의한다.
③ 경제적 의사결정과 동기부여를 위해서는 단일배부율 보다는 이중배부율을 적용하는 것이 바람직하다.
④ 공정성과 공평성기준은 구체적으로 적용가능한 원가배부기준이다.
⑤ 부담능력기준은 원가대상이 원가를 부담하는 능력에 비례하여 원가를 배부하는 방법이다.

6.6 보조부문 상호간의 용역수수관계가 중요하지 않아 보조부문간의 용역수수관계를 전혀 고려하지 않고 제조부문에 배부하는 방법은?

① 직접배부법 ② 단계배부법
③ 상호배부법 ④ 간접배부법
⑤ 단일배부법

6.7 부문비 배부법의 설명으로 옳지 않은 것은?

① 직접배부법은 보조부문 상호간의 용역수수관계를 전혀 고려하지 않는 방법이다.
② 단계배부법은 보조부문간의 용역수수관계를 일부만 고려하는 방법이다.
③ 단계배부법은 보조부문의 우선순위가 결정되어야 한다.
④ 상호배부법은 직접배부법과 단계배부법의 중간형태의 원가배부 방식이다.
⑤ 직접배부법은 상호배부법 보다 시간과 비용이 절감되는 원가배부 방식이다.

6.8 공장에서 사용하는 기계장치 감가상각비를 각 부문에 배부하는 기준으로 가장 타당한 것은?

① 점유면적 ② 종업원수
③ 작업시간 ④ 직접재료비
⑤ 기계장치가액

6.9 (주)KC는 핸드폰과 MP3를 생산하여 판매한다. 제품원가를 계산하기 위해 두 개의 제조부문(절삭부문, 조립부문)의 제조간접비를 핸드폰과 MP3에 배부하려고 한다. 제조부문의 자료가 다음과 같은 경우 부문별 제조간접비 배부율을 이용하여 핸드폰에 배부되는 제조간접비를 구하면? 단, 제조간접비는 작업시간을 기준으로 배부한다. [기업회계2급 수정]

부문별 제조간접비 및 작업시간

제조부문	제조간접비	핸드폰	MP3	합계
절삭부문	₩400,000	500시간	500시간	1,000시간
조립부문	₩100,000	600시간	400시간	1,000시간
계	₩500,000	1,100시간	900시간	2,000시간

① ₩250,000 ② ₩260,000 ③ ₩275,000
④ ₩300,000 ⑤ ₩320,000

6.10 다음 자료에 의하여 동력부 발생액의 제조부문에 대체액으로 맞는 것은? 배부액기준은 운전시간이다. [기업회계2급 수정]

	제1제조부문	제2제조부문	동력부
금 액	–	–	₩1,800,000
마 력 수	100	20	
운전시간	1,000	5,000	
면 적	2,800㎡	1,200㎡	

	제1제조	제2제조		제1제조	제2제조
①	₩1,260,000	₩540,000	②	₩1,630,000	₩170,000
③	₩690,000	₩1,110,000	④	₩300,000	₩1,500,000
⑤	₩110,000	₩1,750,000			

6.11 보조부분원가를 직접배부법에 의해 제조부분에 배부할 경우 절단부분에 배부되는 보조부분원가의 합계는? [2005년 공무원 수정]

	제조부문		보조부문		
	A(절단)	B(조립)	동력부분	수선부문	계
배분전 원가	₩80,000	₩50,000	₩30,000	₩40,000	₩200,000
동력사용량	40	20	–	40	100
수선횟수	5	3	2	–	10

① ₩32,000 ② ₩37,000 ③ ₩40,000
④ ₩45,000 ⑤ ₩50,000

6.12 직접배부법에 의하여 보조부문비를 배부하면, 조립부문에 배부된 보조부문비의 합계는?

	제조부분		보조부문		계
	기계	조립	품질관리	수선	
예정제조간접비	₩200,000	₩100,000	₩600,000	₩200,000	₩1,100,000
예산기계작업시간	50,000	–	–	–	50,000
예산직접노동시간	–	25,000	–	–	25,000
예산상 용역제공비율					
품질관리	10,000	5,000	–	5,000	20,000
수선	30,000	20,000	10,000	–	60,000

① ₩200,000 ② ₩250,000 ③ ₩280,000
④ ₩320,000 ⑤ ₩350,000

6.13 (주)갑은 제조간접비를 보조부문(동력부문, 수선부문)에서 제조부문(절단부문, 조립부문)으로 배부함에 있어서 단계배부법을 적용하고 있다. 동력부문의 원가를 먼저 배부하는 경우에 다음 자료에 의하여 수선부문에서 절단부문으로 배부되는 원가를 계산하면 얼마인가? [2007년 전산회계1급 수정]

보조부문	부문원가	용역제공비율			
		절단부문	조립부문	동력부문	수선부문
동력부문	₩760,000	0.5	0.4	–	0.1
수선부문	₩236,500	0.4	0.4	0.2	–

① ₩76,000 ② ₩94,600 ③ ₩132,000
④ ₩156,250 ⑤ ₩312,500

6.14 (주)한우물은 단계배부법을 이용하여 보조부문 제조간접비를 제조부문에 배부하고자 한다. 각 부문별 원가발생액과 보조부문의 용역공급이 다음과 같을 경우 수선부문에서 절단부문으로 배부될 제조간접비는 얼마인가?(단, 전력부문부터 배부한다고 가정함) [전산회계1급 수정]

구 분	제조부문		보조부문	
	조립부문	절단부문	전력부문	수선부문
자기부문 제조간접비	₩200,000	₩400,000	₩200,000	₩360,000
전력부문 동력공급(kw)	300	100	–	100
수선부문 수선공급(시간)	10	40	50	–

① ₩160,000 ② ₩200,000 ③ ₩244,000
④ ₩288,000 ⑤ ₩320,000

6.15 (주)세무는 제조부문(P1, P2)과 보조부문(S1, S2)으로 나누어져 있다. 각 부문에서 당기 중에 발생한 제조간접비의 부문별 원가와 보조부문이 제공한 용역수수관계는 다음과 같다. 단계배분법에 의하여 보조부문원가를 배분할 경우 제조부문별 제조간접비는 각각 얼마인가? 단, S1을 먼저 배분한다. [기업회계1급 수정]

사용부문 / 제공부문	보조부문		제조부문		합계
	S1	S2	P1	P2	
용역제공비율					
S1부문	–	30%	20%	50%	100%
S2부문	10%	–	50%	40%	100%
발생원가	₩500,000	₩300,000	₩1,500,000	₩1,200,000	₩3,500,000

	P1	P2
①	₩1,750,000	₩1,750,000
②	₩1,850,000	₩1,650,000
③	₩1,950,000	₩1,550,000
④	₩2,000,000	₩1,500,000
⑤	₩2,200,000	₩1,450,000

6.16 (주)병의 공장에는 두개의 보조부문 A, B와 두개의 제조부문 X, Y가 있다. 각 부문의 용역수수관계와 발생원가(제조간접비)는 다음과 같다. 단계배분법을 사용하여 보조부문A의 원가를 먼저 배부 후 제조부문의 원가를 구하시오. [전산세무1급 수정]

사용 / 제공	보 조 부 문		제 조 부 문		합계
	A	B	X	Y	
A	–	20%	50%	30%	100%
B	50%	–	10%	40%	100%
발생원가	₩200,000	₩100,000	₩300,000	₩400,000	₩1,000,000

	X제조부문	Y제조부문
①	₩408,000	₩542,000
②	₩418,000	₩552,000
③	₩428,000	₩562,000
④	₩428,000	₩572,000
⑤	₩450,000	₩585,000

6.17 (주)상록은 보조부문 A, B와 제조부문 X. Y를 가지고 계산기를 생산하고 있다. 다음의 자료를 이용하여 상호배부법에 의한 보조부문 A의 원가방정식을 계산하면?

	보 조 부 문	
	A	B
제조간접비	₩100,000	₩200,000
용역수수:		
A	−	20%
B	30%	−
X	20%	40%
Y	50%	40%

① A=₩200,000+0.2B

② A=₩100,000+0.3B

③ A=₩100,000+0.2B

④ A=₩200,000+0.3B

⑤ A=₩300,000+0.5B

6.18 (주)강릉은 보조부문 A, B와 제조부문 X, Y를 가지고 레코드를 생산하고 있다. 상호배부법을 이용하여 보조부문 A의 원가배분 금액을 계산하면?

	보조부문		제조부문	
	A	B	X	Y
용역제공비율(%)				
A	−	25	40	35
B	20	−	30	50
발생원가	₩15,000	₩20,000		

① ₩10,000

② ₩15,000

③ ₩20,000

④ ₩25,000

⑤ ₩35,000

6.19 (주)세무공업사는 두 개의 제조부문 A, B와 두 개의 보조부문 X, Y를 두고 있다. 각 부문에서 당기 중에 발생한 원가와 보조부문에서 제공된 용역비율은 다음과 같다.

제공부문 \ 사용부문	제조부문		보조부문	
	A	B	X	Y
X	0.2	0.4	0	0.4
Y	0.4	0.3	0.3	0

X부문의 변동원가는 ₩23,000, Y부문의 변동원가는 ₩26,000이다. 상호배부법에 의하여 보조부문의 변동원가를 배분할 경우 제조부문 B에 배분될 보조부문의 변동원가는 얼마인가? [기업회계1급 수정]

① ₩23,000 ② ₩26,000 ③ ₩35,000
④ ₩40,000 ⑤ ₩42,000

6.20 (주)상일은 제조부문 A, B와 보조부문의 서비스 용역수수관계는 다음과 같다.

용역제공부문	용역사용부문				
	X	Y	A	B	합계
X		40단위	20단위	40단위	100단위
Y	30단위		60단위	60단위	150단위

X, Y부문의 변동원가는 각각 ₩160,000, ₩200,000이며, 고정원가는 고려하지 않다. 상호배분법에 의해 보조부문원가를 배분하는 경우, A제조부문에 배분되는 총보조부원가는 얼마인가? [세무사 수정]

① ₩112,000 ② ₩152,000 ③ ₩167,273
④ ₩170,000 ⑤ ₩200,000

6.21 다음은 보조부문비의 배분방법에 대한 설명이다. 틀린 것은? [전산세무2급 수정]

① 직접배부법은 보조부문간 용역수수관계를 일부 고려하는 배부방법이다.
② 상호배부법은 보조부문간 용역수수관계를 완전히 고려하는 배부방법이다.
③ 상호배부법은 다른 배분방법에 비해 정확한 원가배분이 가능하나, 많은 시간과 비용이 소요되는 단점이 있다.
④ 단계배부법 적용 시 가장 많은 부문에 용역을 제공하는 보조부문부터 상대적으로 적은 부문에 용역을 제공하는 보조부문 순으로 보조부문비를 배분한다.
⑤ 단계배부법에서 특정 보조부문의 원가가 다른 보조부문에 배부된 다음에는 타 보조부문에서 재배부되지 않는다.

6.22 (주)한국은 두 개의 제조부문 A와 B가 있고, 두 개의 보조부문 X와 Y가 있다. 보조부문 X에서 발생된 원가는 ₩500,000이고, 보조부문 Y에서 발생된 원가는 ₩300,000이다. 보조부문 X는 부문 Y, A, B에 각각 7 : 2 : 1의 비율로 서비스를 제공하고, 보조부문 Y가 부문 X, A, B에 제공하는 서비스의 비율은 5 : 2 : 3이다. 상호배부법에 의하여 보조부문 원가를 배분할 때 연립방정식으로 옳은 것은? [기업회계2급 수정]

① X = ₩500,000 + 0.1Y　　Y = ₩300,000 + 0.3X
② X = ₩500,000 + 0.7Y　　Y = ₩300,000 + 0.5X
③ X = ₩300,000 + 0.5Y　　Y = ₩500,000 + 0.7X
④ X = ₩500,000 + 0.5Y　　Y = ₩300,000 + 0.7X
⑤ X = ₩500,000 + 0.7Y　　Y = ₩300,000 + 0.5X

6.23 보조부문원가를 제조부문에 배부하는 기준으로 가장 적합한 것은? [전산세무2급 수정]

① 건물관리부문: 종업원 수
② 종업원복리후생부문: 종업원 수
③ 식당부문: 전력사용량
④ 구매부문: 기계시간
⑤ 수선부문: 전력사용량

6.24 다음 중 보조부문의 원가를 배부하는 방법과 관련된 내용으로 틀린 것은? [전산회계1급 수정]

① 직접배부법은 보조부문 상호간의 용역제공관계를 무시하므로 계산이 가장 복잡한 방법이다.
② 단계배부법과 상호배부법은 보조부문 상호간의 용역제공관계를 고려한다.
③ 어떤 방법을 사용하더라도 보조부문비 총액은 모두 제조부문에 배부된다.
④ 보조부문 배부방법에 따라 제품별 이익이 달라지나, 회사 총이익은 같다.
⑤ 단계배부법은 어떤 순서로 보조부문원가를 배부하느냐에 따라 제조부문에 배부될 원가가 달라진다.

6.25 (주)서하는 보조부문에 대하여 직접배부법에 의하여 보조부문원가를 배부한다. (주)서하는 두 개의 제조부문 A, B와 두 개의 보조부문 S1, S2를 두고 있다. S1과 S2에서 발생한 원가는 각각 ₩100,000과 ₩80,000이다. 제조부문 B에 배부되는 보조부문의 원가는?

[기업회계2급 수정]

보조용역 사용부문 / 보조용역 제공부문	S1	S2	A	B
S1		30%	35%	35%
S2	20%		20%	60%

① ₩100,000 ② ₩110,000 ③ ₩120,000 ④ ₩130,000 ⑤ ₩140,000

6.26 다음은 보조부문비 배부에 대한 설명이다. 옳은 것을 모두 나열한 것은?

[기업회계1급 수정]

1. 보조부문비의 배부에 어떤 방법을 적용하는가에 따라 기업 전체의 당기순이익이 다르게 나타난다.
2. 단계배부법은 보조부문의 자가용역을 고려하지 못하는 단점이 있다.
3. 직접배부법은 보조부문간의 상호 용역제공을 적지만 부분적으로 고려하고 있다.
4. 보조부문비의 배부에 어떤 방법을 적용하는가에 관계없이 보조부문의 최종잔액은 0원이 되어야 한다.
5. 연립방정식에 의한 상호배부법은 보조부문간의 용역제공 정도를 가장 많이 적용한 방법이다.

① 1, 2, 4 ② 1, 3, 5 ③ 2, 3, 5
④ 2, 4, 5 ⑤ 3, 4, 5

6.27 (주)관세에는 보조부문 X, Y와 제조부문 A, B가 있다. 보조부문과 제조부문에 관한 자료는 다음과 같다. 단계배분법을 이용하여 보조부분의 원가를 제조부문에 배분할 경우, 제조부문A에 배분된 금액은 얼마인가?(단, 배분순서는 X→Y 순) [전산세무1급 수정]

사용부문 / 제공부문	보조부문		제조부문		총 제공량	보조부문원가
	X	Y	A	B		
X	0	1,200	600	600	2,400	₩50,000
Y	0	0	1,000	1,000	2,000	₩35,000

① ₩42,500 ② ₩43,500 ③ ₩52,500
④ ₩60,000 ⑤ ₩72,000

6.28 다음 중 원가배부에 관한 설명으로 가장 옳은 것은? [재경관리사 수정]

① 부문별 제조간접원가 배부율을 사용하는 경우에는 보조부문 원가 배분방법에 의해 제조간접원가 배부율이 영향을 받지 않는다.
② 이중배분율법은 변동원가와 고정원가를 구분해서 변동원가는 최대사용가능량을 기준으로 배분하고 고정원가는 서비스의 실제사용량을 기준으로 배분한다.
③ 공장전체제조간접원가 배부율을 사용하는 경우에는 보조부문의 원가를 제조부문에 배분할 필요가 없다.
④ 단계배분법과 상호배분법에서는 배분순서와 관계없이 배분후의 결과는 일정하게 계산된다.
⑤ 직접배분법은 보조부문의 상호용역수수관계를 고려하여 계산된다.

6.29 보조부문원가의 배부기준으로 가장 적합하지 않은 것은? [기업회계2급 수정]

① 공장인사관리부문: 종업원 수
② 동력부문: 전력사용량
③ 수선유지부문: 수선시간
④ 건물관리부문: 작업시간
⑤ 공장식당부문: 종업원 수

6.30 (주)서울은 보조부문비를 우선 단계배부법(1순위－수선부)으로 적용하였다. 그러나 사후에 직접배부법으로 전환하면서 제조부문에 대체된 원가를 재검토 하였다. 다음 설명으로 옳은 것은? [기업회계1급 수정]

구분	제조부문		보조부문	
	제1제조부문	제2제조부문	공장사무부	수선부
배분액	₩64,000	₩73,000	₩48,000	₩69,000
근무인원수	24명	16명	8명	5명
수선횟수	12회	8회	3회	2회

1. 제1제조부문에 대체된 수선부대체액은 단계배부법보다 직접배부법이 많다.
2. 제1제조부문에 대체된 공장사무부대체액은 단계배부법보다 직접배부법이 많다.
3. 제2제조부문에 대체된 수선부대체액은 두 방법간에 3,600원의 차이가 있다.
4. 제2제조부문에 대체된 공장사무부 금액은 두 방법간에 4,800원의 차이가 발생한다.
5. 보조부문비 대체 후 각각의 제조부문에 대체된 총원가는 단계배부법과 직접배부법이 동일하다.

① 1, 3, 5
② 1, 3, 4
③ 2, 3, 5
④ 2, 3, 4
⑤ 3, 4, 5

6.31 당년도에 수선부문에서 발생한 변동원가는 ₩280,000이고 고정원가는 ₩400,000이다. 수선부문은 두 개의 제조부문 X, Y에 수선용역을 제공하며 제조부문별 수선유지시간에 관한 자료는 아래와 같다. 단일배분율을 사용하여 제조부문 X에 배분되는 수선부문의 원가는 얼마인가? [기업회계2급 수정]

구분	X	Y	계
실제수선유지시간	400시간	600시간	1,000시간
최대수선유지시간	300시간	700시간	1,000시간

① ₩204,000 ② ₩232,000 ③ ₩272,000
④ ₩408,000 ⑤ ₩476,000

6.32 다음은 (주)세무의 보조부문에서 제공한 용역의 비율이며, 보조부문 S1과 S2에 집계된 원가는 각각 ₩320,000과 ₩190,000이다. 단계배부법에 의하여 S2의 원가를 먼저 배부하는 경우 S2에서 제조부문B에 배부되는 원가는 얼마인가? [전산세무1급 수정]

구분	제조부문		보조부문		합계
	A	B	S1	S2	
S1	39%	42%	8%	11%	100%
S2	36%	36%	18%	10%	100%

① ₩71,000 ② ₩74,000 ③ ₩76,000
④ ₩79,000 ⑤ ₩81,000

6.33 아래 설명이 나타내는 보조부문의 원가 배부방법과, 행태별 분류에 따른 구분을 올바르게 나열한 것은? [전산세무1급 수정]

(1) 보조부문 원가를 변동비와 고정비로 구분하여 각각 다른 배부기준을 사용한다.
(2) 보조부문간 용역 수수관계를 일부 반영한다.
(3) 보조부문 배부 순위가 필요하다.

① 직접배부법, 이중배부율법 ② 단계배부법, 이중배부율법
③ 상호배부법, 단일배부율법 ④ 단계배부법, 단일배부율법
⑤ 직접배부법, 단일배부율법

6.34 당사는 단계배부법을 이용하여 보조부문원가를 배부하고 있다. 다음 자료에 의하여 동력부문원가를 먼저 배부하는 경우에 수선부문에서 조립부문으로 배부되는 원가는 얼마인가? [전산세무1급 수정]

구분	보조부문		제조부문		합계
	동력부문	수선부문	절단부문	조립부문	
부문원가	₩200,000	₩140,000	₩730,000	₩680,000	₩1,750,000
동력부문	–	20%	40%	40%	100%
수선부문	16%	–	42%	42%	100%

① ₩70,000 ② ₩80,000 ③ ₩90,000 ④ ₩100,000 ⑤ ₩130,000

6.35 다음 자료를 이용하여 직접배부법으로 보조부문비를 배부할 때 절단부문에 해야 할 보조부문비는 총 얼마인가? [전산회계운용사2급 수정]

구분	보조부문		제조부문		합계
	수선	동력	조립	절단	
부문원가	₩2,000	₩1,000	₩4,000	₩3,000	₩10,000
수선	10%	10%	50%	30%	100%
동력	5%	15%	30%	50%	100%

① ₩1,245 ② ₩1,285 ③ ₩1,345 ④ ₩1,375 ⑤ ₩1,385

Ⅲ. 주관식

6.1 다음은 (주)고려의 부문별 제조간접비 자료이다. 보조부문의 제조간접비를 다른 보조부문에 배부하지 않고 제조부문에 직접배부할 경우 관리부 부문원가 중 조립부로 배부될 제조간접비는 얼마인가? [ERP회계 수정]

	생산부문		보조부문	
	절단부	조립부	수선부	관리부
배분전 원가	₩200,000	₩300,000	₩80,000	₩99,000
부문별배부율(%)				
수선부	40%	40%		20%
관리부	50%	40%	10%	

6.2 (주)창조는 두 개의 생산부문과 두 개의 보조부문을 가지고 있으며 각 부문의 배부전 부문원가와 부문간의 용역제공관계는 다음과 같다. 수선시간은 수선부가 각 부문에 제공한 수선용역의 시간이며, 동력사용량은 동력부가 각 부문에 제공한 동력용역량이다. 보조부문의 부문원가를 단계배부법(배부 우선순위는 용역을 여러 부문에 제공한 부문부터 먼저 배부)에 의해 배분한 경우 배부 후 생산부문 A의 부문원가는 얼마인가? [ERP회계 수정]

	생산부문		보조부문	
	A	B	동력부	수선부
배부전 부문원가(₩)	20,000	30,000	20,000	40,000
수선시간(시)	400	100		
동력사용량(㎾)	500	200		300

6.3 글로벌자동차(주)는 3개의 보조부문과 2개의 제조부문으로 구성되어 있다. 각 부문에서 발생한 원가와 부문간의 용역수수 관계 자료는 다음과 같다. 단, 회사는 보조부문비를 변동비와 고정비로 구분하지 않고 있다.

① 용역수수관계:

	보조부문			제조부문	
	동력부	수선부	관리부	엔진부	조립부
발생원가	₩100,000	₩150,000	₩50,000	₩200,000	₩300,000
마력×운전시간	1,000	4,000	2,000	4,000	6,000
수선작업시간	700	400	500	800	1,200
종업원수	10	5	10	20	80

② 배부기준: 동력부(마력×운전시간), 수선부(수선작업시간), 관리부(종업원수)

물음 1) 직접배부법에 의하여 보조부문비를 제조부문에 배부하시오.
2) 직접배부법에 의하여 보조부문비를 제조부문에 대체시의 분개를 하시오.

6.4 위 3번을 이용하여 다음 물음에 답하라. (용역제공 순서: 동력부 → 수선부 → 관리부)

물음 1) 단계배부법에 의하여 보조부문비를 제조부문에 배부하시오.
2) 단계배부법에 의하여 보조부문비를 제조부문에 대체시의 분개를 하시오.

6.5 (주)경기는 2 개의 제조부문(갑, 을)과 2개의 보조부문(A, B)으로 구성되어 있다. 각 부문에서 발생한 원가와 용역수수관계는 다음과 같다.

① 용역수수관계:

	보조부문		제조부문	
	A	B	갑	을
부문개별비	₩100,000	₩300,000	₩300,000	₩400,000
부문공통비	₩100,000	₩150,000	₩200,000	₩250,000
A 보조	–	20%	50%	30%
B 보조	10%	–	60%	30%

물음 1) 상호배부법에 의하여 보조부문비를 제조부문에 배부하시오.
2) 보조부문비를 제조부문에 대체시의 분개를 하시오.

※ 다음을 이용하여 6번에서 8번을 풀이하시오.

(주)경기는 두 개의 제조부문(P1, P2)과 두 개의 보조부문(S1, S2)을 운영하고 있다.

[1989년 세무사 수정]

(1) 용역제공 관계

	수선부문(S1)	동력부문(S2)	제조부문(P1)	제조부문(P2)
수선부문(S1)	–	4,000시간	5,000시간	1,000시간
동력부문(S2)	3,000kwh	–	2,000kwh	5,000kwh
부문원가	₩48,000	₩60,000	₩62,000	₩100,000

보조부문의 원가는 각 부문에서 발생한 고유의 원가이며, 고정원가는 없는 것으로 간주하여 의사결정을 하고자 한다.

(2) 보조부문 원가배분기준

	배분기준	총용역제공량		배분기준	총용역제공량
수선부문	수선시간	10,000시간	동력부문	전력사용량(kwh)	10,000kwh

(3) 의사결정자료

(주)경기는 구조조정 차원에서 동력부문에 대한 외부구입(아웃소싱)을 추진하고 있다.

6.6 직접배부법을 이용하여 보조부문의 원가를 제조부문에 배분하라(단, 소숫점 첫째 자리에서 반올림할 것).

6.7 단계배부법(수선, 동력부문 순으로 배분)을 이용하여 보조부문의 원가를 제조부문에 배분하라(단, 소숫점 첫째 자리에서 반올림할 것).

6.8 상호배부법에 따라 보조부문의 원가를 제조부문에 배분하라.

6.9 (주)경기는 자동차튜닝을 하는 제조업체로서 2개의 제조부문(가공, 도색)과 3개의 보조부문(동력, 운반, 관리)으로 구성되어 있다. 각 부문의 예산자료와 제조간접비 배부기준인 직접노동시간의 예측자료 및 부문간의 용역수수 관계는 다음과 같다.

① 예산자료 및 용역수수관계:

	보조부문			제조부문	
	동력부	운반부	관리부	가공부	도색부
변동비	₩20,000	₩20,000	₩30,000	₩100,000	₩200,000
고정비	₩40,000	₩60,000	₩10,000	₩100,000	₩300,000
직접노동시간	0	0	0	2,000	6,000
마력×운전시간	–	300	200	600	900
운반횟수	50	–	40	100	300
종업원수	10	20	–	30	20

② 배부기준: 동력부(마력×운전시간), 운반부(운반횟수), 관리부(종업원수)

물음 1) 직접배부법에 의한 공장전체 예정배부율을 계산하시오.
2) 직접배부법에 의한 부문별 예정배부율을 계산하시오.

6.10 서울회사는 상호배부법에 의하여 보조부문비를 제조부문에 배부하고 있다. 다음 자료에 의하여 1제조부문, 2제조부문에 배부된 보조부문비의 배부액을 계산하라.

	보조부문		제조부문	
	T	V	1	2
배부전 제조간접비 예산	₩60,000	₩80,000	₩30,000	₩25,000
T부문의 용역제공	–	30%	50%	20%
V부문의 용역제공	10%	–	60%	30%

제 7 장

종합원가계산

학습목표

4장과 5장에서는 제품을 주문이나 배치형태로 생산하는 경우에 사용되는 개별원가계산에 대하여 파악하였다. 본 장에서는 제품을 연속적인 흐름과정에 의하여 생산하는 기업들이 사용하는 원가계산 방법인 종합원가계산에 대하여 학습한다. 따라서 학습목표는 다음과 같다.

1. 개별원가계산과 종합원가계산의 차이점은 무엇인가?
2. 종합원가계산의 개념은 무엇이며, 절차는 어떻게 구성되는가?
3. 가공비란 무엇인가?
4. 완성도와 완성품환산량의 관계는 어떻게 되는가?
5. 선입선출법과 가중평균법으로 어떻게 원가를 계산하며, 그 차이는 무엇인가?

제1절 개별원가계산과 종합원가계산의 비교

제품원가계산방법은 여러 가지가 있지만 각 기업이 수행하는 생산활동의 성격에 따라 크게 개별원가계산과 종합원가계산으로 나눌 수 있다. 개별원가계산(job costing)은 제품이나 서비스가 개별적으로 식별가능한 생산형태의 기업에 적용되는 원가계산방법이다. 이 방법은 조선업, 건설업, 기계제조업 등 주문에 의해 제품을 개별적으로 생산하는 기업의 원가계산에 적합하다. 반면에 공정별 원가계산이라고도 불리는 종합원가계산(process costing)은 단일 또는 유사한 종류의 제품을 연속적으로 대량생산하는 업종에 적합한 것으로 정유, 제지, 화학, 식품가공, 금속제조업 등과 같이 제품의 표준화 정도가 높은 산업분야에서 사용하고 있는 원가계산 방법이다.

개별원가계산과 종합원가계산은 기초재공품원가와 당기총제조원가(＝직접재료비＋직접노무비＋제조간접비)를 당기제품제조원가(완성품원가)와 기말재공품원가로 배분한다는 점에 있어서는 동일하다.

두 원가계산방법의 차이점은 원가대상인 제품의 단위당 원가를 계산함에 있어서의 평준화 정도에 있다. 개별원가계산이란 앞서 설명한 바와 같이 제품의 종류나 규격이 다양한 개별적인 생산형태의 기업에 적용되는 것으로서 제품원가를 작업별로 구분, 집계하여 계산한다. 따라서 각 제품의 단위당 원가의 평준화정도는 낮다고 할 수 있다. 종합원가계산은 단일 또는 유사한 종류의 제품을 연속적으로 대량생산하는 업종에 사용되는 원가계산제도로서 하나 또는 이상의 제조공정을 이용하여 생산되는 제품에 원가를 배분하는 방법이다. 따라서 각제품의 단위당 원가의 평준화 정도는 높다고 할 수 있다. 개별원가계산과 종합원가계산의 흐름을 비교하면 다음 그림과 같다.

개별원가계산

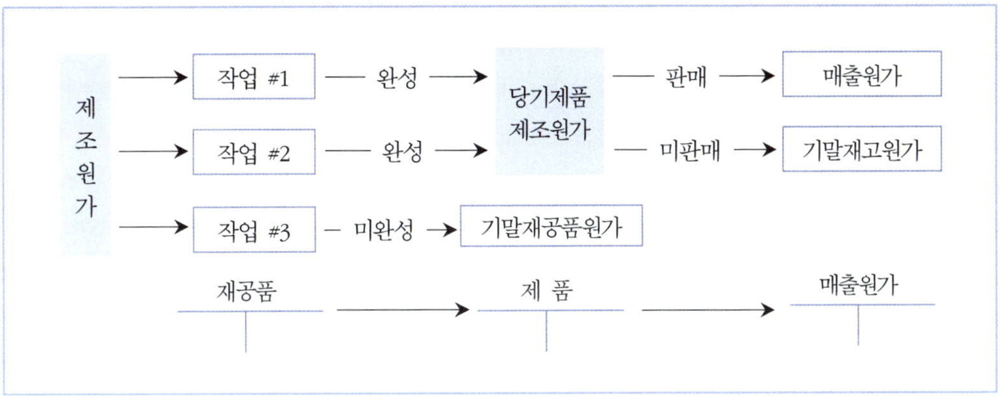

종합원가계산

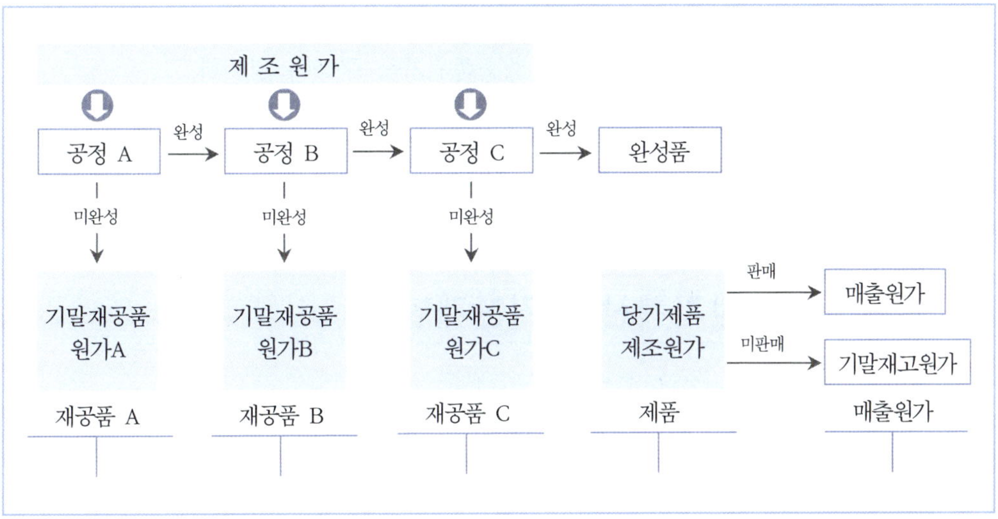

개별원가계산에서는 주문을 받은 개별작업별로 소요된 원가를 집계하고 각 작업의 완성 여부를 파악하여 완성된 작업의 원가는 당기제품제조원가로, 아직 완료되지 않은 작업에 소요된 원가는 기말재공품원가로 배분하지만, 종합원가계산에서는 각 제조공정별로 제조원가를 집계하고 일정기간 동안 그 공정에서 생산된 완성품과 미완성된 기말재공품에 제조원가를 배분하여 당기제품제조원가와 기말재공품원가를 구하는 것이다.

구분	개별원가계산	종합원가계산
생산형태	다품종소량생산(조선업)	소품종대량생산(식료품업)
원가집계	부문(제조지시별)	공정(제조기간별)
원가구분	직접재료비 직접노무비 제조간접비	직접재료비 가공비 (직접노무비, 제조간접비)
원가흐름가정	불필요(안분계산)	필요(평균법, 선입선출법)
원가계산초점	제조간접비 배부	기말재공품(완성품환산량)평가

종합원가계산은 작업별로 원가계산이 이루어지는 개별원가계산과는 달리 각 공정별로 원가계산이 행해진다는 점에 유의할 필요가 있다. 즉 각 제조공정별로 제조원가를 집계하고, 일정기간 동안 그 공정에서 생산된 완성품과 미완성된 기말재공품에 제조원가를 배부하여 당기제품제조원가와 기말재공품원가를 구하는 것이다.

제2절 종합원가계산의 기본개념

1 제조원가의 집계

원가를 집계함에 있어 직접제조원가와 제조간접비의 구분이 중요한데, 직접제조원가는 개별 작업과 관련하여 직접적으로 추적할 수 있는 원가이기 때문에 발생된 원가를 원가대상에 그대로 부과시키지만, 제조간접비는 특정제품이나 작업과 관련하여 직접 추적할 수 없는 원가이기 때문에 이를 회계기간말에 적정한 기준으로 배부하게 된다. 그 결과 기말에 완성된 개별작업의 원가는 당기제품제조원가로, 기말에 재공품으로 남은 미완성 제품의 원가는 기말재공품원가로 분류된다.

2 완성품환산량

완성품환산량(equivalent unit)은 종합원가계산에서 기본적인 개념이다. 각 공정별로 제조원가가 집계되면 일정기간 동안에 발생한 총원가를 완성품과 기말재공품에 적절히 배부해야 한다. 이를 위해서는 먼저 각 공정이나 부문에서 수행한 총작업량을 공통척도로 환산해야 한다. 여기서 완성품수량으로 환산한 공통척도를 완성품환산량이라고 한다. 다시 말하면 산출물의 완성정도를 측정하는 개념 즉, 당기의 작업량을 제품 수로 나타낸 것이라 할 수 있다. 완성품환산량을 공통척도로 사용하면 일정기간동안에 수행된 모든 작업을 그 기간 중에 제조를 시작하여 완성한 제품의 수량으로 나타낼 수 있다.

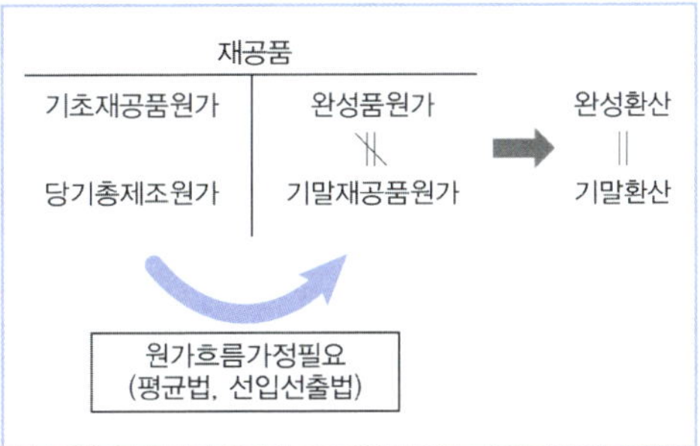

완성품환산량은 제조에 착수한 수량에 완성도를 곱하여 계산된다. 따라서 완성품환산량을 계산하기 위해서는 기초 및 기말재공품의 완성도에 대한 정보가 있어야 한다. 완성도란 공정에 투입되어 현재까지 공정에 남아 있는 생산물의 공정진척도를 나타낸 것이다.

일반적으로 완성도는 직접재료비, 가공비(직접노무비+제조간접비)별로 따로 계산된다. 왜냐하면 직접재료비와 가공비의 투입시점이 상이하기 때문이다. 직접재료비는 일반적으로 공정의 착수시점이나 중간시점 또는 종료시점 등과 같이 특정시점에서 전액 발생하는 반면, 직접노무비나 제조간접비의 합인 가공비는 공정 전체를 통하여 일정한 비율로 연속적으로 발생하는 것이 일반적이기 때문이다.

예를 들어, 어떤 부문에서 원재료를 공정초에 투입한다고 가정하면 이 시점을 통과한 재공품은 직접재료비의 완성도가 100%로 추정된다. 그리고 가공비는 가공정도에 비례하는 것으로 가정하여 기말재공품이 평균 60% 가공되었다면, 이 직접노무비와 제조간접비는 이 재공품에 대해서 60%가 발생한 것으로 추정된다. 따라서 기초에 제품을 4단위 생산하고자 제조에 착수하였다면 직접재료비의 완성품 환산량은 4단위(=4단위×100%)이고, 가공비의 완성품 환산량은 2.4단위(=4단위×60%)로 계산된다.

제3절 종합원가계산의 절차

종합원가계산제도하에서는 특정 원가계산기간에 특정 공정을 통과하는 각 제품단위에 대해 동일한 내용의 작업을 수행한다고 보고 각 부문에서 발생한 총제조원가를 생산된 완성품의 수량으로 나누어서 각 제품에 동일한 원가를 배부한다.

당기에 투입된 원가는 기초재공품을 완성하기 위해 지출한 원가와 당기에 생산을 시작한 작업을 위해 지출한 원가로 구성된다. 따라서 당기 완성품원가는 전기에 착수되어 당기에 완성된 제품에 소요된 원가와 당기에 착수되어 당기에 완성된 제품에 소요된 원가의 합이 된다.

공정이 특정 원가계산기간(예: 월)에 종료되는 것은 아니므로, 기말시점에는 아직 완성되지 않은 재공품이 존재하게 된다. 당기의 기말재공품 원가는 다음기의 기초재공품 원가가 된다. 만약 제품의 제조에 여러 원가계산기간이 소요되는 경우에는 기말재공품에 전기에 발생한 원가와 당기에 발생한 원가가 혼재하게 된다.

작업의 흐름과 원가의 흐름을 요약하면 다음과 같다.

재공품 계정

차변	대변
1. 기초재공품의 원가	1. 완성품 원가
전기에 부분적으로 완성된 단위에 투입된 원가(A)	(1) 전기에 착수되어 당기에 완성된 단위의 원가(A+B)
2. 당기총제조원가	
(1) 기초재공품을 완성하기 위해 투입된 원가(B)	
(2) 당기에 착수된 작업을 위해 투입된 원가	
a. 당기에 착수되고 당기에 완성된 단위의 원가(C)	(2) 당기에 착수되어 당기에 완성된 단위의 원가(C)
b. 당기에 착수되었으나 미완성된 단위의 원가(D)	
	2. 기말재공품의 원가(D)
차변 합계 (A)+(B)+(C)+(D)	대변 합계 (A)+(B)+(C)+(D)

종합원가계산에서 완성품원가와 기말재공품원가는 다음의 다섯 단계를 거쳐 계산한다.

- 1단계: 물량의 흐름을 파악한다.
- 2단계: 직접재료비와 가공비의 완성품환산량을 계산한다.
- 3단계: 직접재료비와 가공비의 기초재공품원가와 당기총제조원가를 집계한다.
- 4단계: 직접재료비와 가공비의 완성품환산량 단위당 원가를 구한다.
- 5단계: 완성품과 기말재공품원가를 계산한다.

1 물량흐름의 파악

종합원가계산을 수행하기위한 첫 번째 단계는 완성품과 재공품의 물량흐름을 파악하는 것이다. 공손이 발생하지 않았다고 가정할 경우 다음과 같은 등식이 성립한다.

기초재공품 수량+당기착수량=완성품수량+기말재공품수량

태광산업의 조립부문은 2017년 4월초에 생산을 시작하였다. 2017년 4월 중에 400단위가 생산에 착수되었다. 4월 30일 현재 200단위는 작업이 완료되어 포장공정으로 대체되었다.

재공품

기초재공품	0개	당기완성량	200개
당기착수량(당기투입량)	400개	기말재공품	200개
	400개		400개

태광산업의 조립부문의 물량흐름을 파악하면 당기착수량(투입량)이 400단위이고, 완성품수량이 200단위이므로 기말재공품은 200단위이다.

2 완성품환산량 계산

태광산업의 경우 조립공정에서 원재료는 공정의 초기에 모두 투입되고 가공비는 공정 전반에 걸쳐 균등하게 발생하고 있으며, 기말재공품에 가공비는 60% 투입되었다. 즉 조립공정의 원가는 다음과 같이 발생한다.

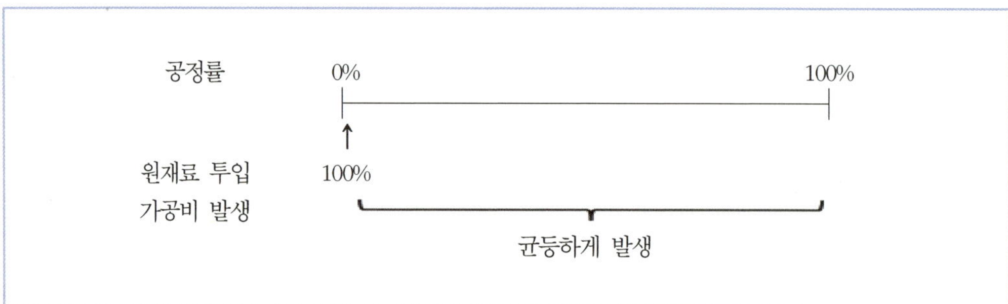

이에 따라, 완성품환산량을 계산하면 다음과 같다.

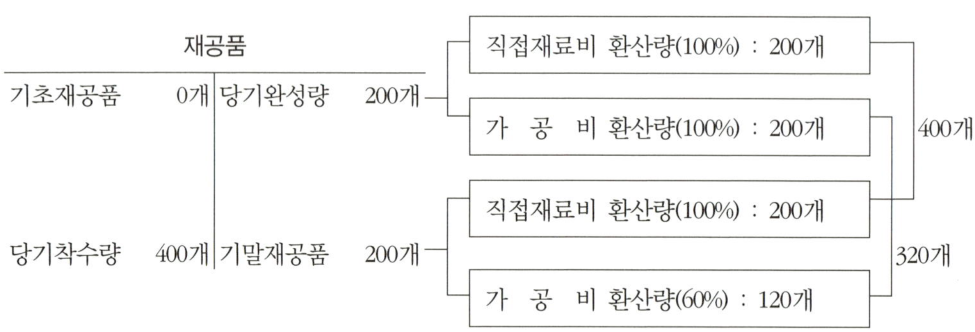

3 원가요소별 총원가 집계

태광산업의 4월 중에 투입된 원가를 집계한 결과 직접재료비는 ₩18,000, 직접노무비 ₩30,000, 제조간접비는 ₩21,200이었다. 이를 직접재료비와 가공비로 구분하여 나타내면 다음과 같다.

재공품			
기초재공품	0개	당기완성량 200개	
직접재료비	₩0		
가 공 비	₩0		
당기착수량	400개	기말재공품 200개(60%)	
직접재료비	₩18,000		
가 공 비	₩51,200		
400개,	₩69,200	400개,	₩69,200

- 당기완성량 200개
  - 직접재료비 환산량(100%) : 200개
  - 가 공 비 환산량(100%) : 200개
- 기말재공품 200개(60%)
  - 직접재료비 환산량(100%) : 200개
  - 가 공 비 환산량(60%) : 120개
- 직접재료비 환산량 합계: 400개
- 가공비 환산량 합계: 320개

4 원가요소별 완성품환산량 단위당 원가

태광산업의 4월의 원가요소별 완성품환산량 단위당원가를 계산하면 다음과 같다.

재공품			
기초재공품	0개	당기완성량 200개	
직접재료비	₩0		
가 공 비	₩0		
당기착수량	400개	기말재공품 200개(60%)	
직접재료비	₩18,000		
가 공 비	₩51,200		
400개,	₩69,200	400개,	₩69,200

- 당기완성량 200개
  - 직접재료비 환산량(100%) : 200개
  - 가 공 비 환산량(100%) : 200개
- 기말재공품 200개(60%)
  - 직접재료비 환산량(100%) : 200개
  - 가 공 비 환산량(60%) : 120개
- 직접재료비 환산량 합계: 400개
- 가공비 환산량 합계: 320개

* 완성품 환산량 단위당 원가 $= \dfrac{\text{원가계산기간의 총 원가}}{\text{원가계산기간의 완성품환산량}}$

직접재료비 완성품 환산량 단위당 원가 $= \dfrac{₩18,000}{400\text{개}} = @₩45$

가공비 완성품 환산량 단위당 원가 $= \dfrac{₩51,200}{320\text{개}} = @₩160$

직접재료비 ₩18,000을 직접재료비 완성품환산량 400단위로 나누어 단위당 ₩45이 산출되고, 가공비 ₩51,200을 가공비 완성품환산량 320단위로 나누어 단위당 ₩160이 산출된다.

5 완성품과 기말재공품 원가계산

위에서 구한 완성품환산량 단위당 원가정보를 이용하여 완성품원가와 기말재공품 원가를 계산하면 다음과 같다.

완성품 원가는 직접재료비의 완성품환산량 단위(200단위)에 직접재료비의 완성품환산량 단위당 원가(₩45)를 곱하여 직접재료비(₩9,000)를 산출하고 가공비의 완성품환산량 단위(200단위)에 가공비의 완성품 환산량 단위당 원가(₩160)를 곱하여 가공비(₩32,000)를 산출한 다음 이를 합산하여 총원가 ₩41,000(=₩9,000+₩32,000)가 산출된다. 기말재공품 원가도 완성품원가와 동일한 방법을 통해 ₩28,200이 산출된다.

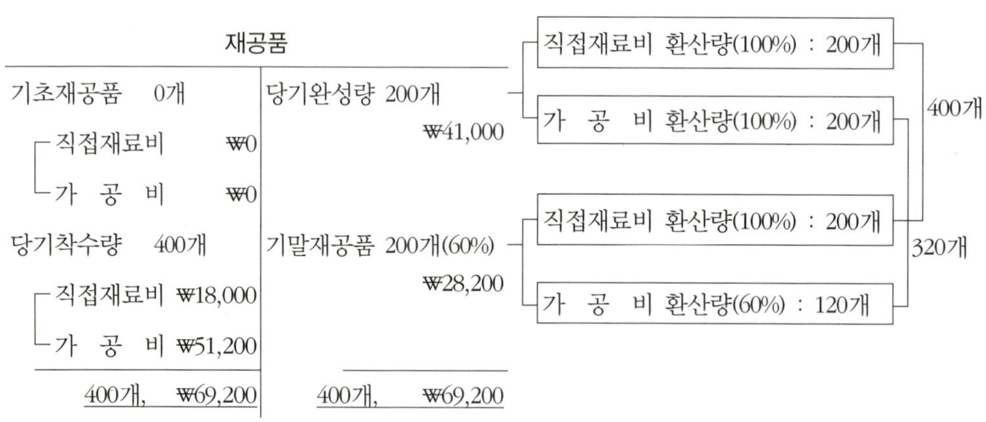

* 완성품 환산량 단위당 원가
직접재료비=@₩45, 가공비=@₩160
* 완성품과 기말재공품 원가계산
완성품 원가배부=200개×@₩45+200개×@₩160
=₩41,000

기말재공품 원가배부 = 200개 × @₩45 + 120개 × @₩160
= ₩28,200

이러한 원가흐름을 재공품계정을 통해 살펴보면 물량흐름과 동일하게 다음과 같은 등식이 성립된다.

기초재공품 원가 + 당기투입원가 = 완성품원가 + 기말재공품 원가

재공품

차변		대변	
기초재공품	0	완성품	41,000
당기투입	69,200	기말재공품	28,200
합계	69,200	합계	69,200

제4절 종합원가계산의 물량 흐름 가정

위의 태광산업의 경우와 같이 기초재공품이 없는 경우에는 당기에 완성된 제품은 모두 당기에 착수되어 당기에 완성된 것이다. 그러나 일반적인 경우 기초재공품이 존재하는데, 이때 당기에 완성된 제품은 1) 기초재공품이 당기에 추가가공되어 완성된 부분과(전기착수 당기완성분) 2) 당기에 착수되어 당기에 완성된 부분(당기착수 당기완성분)으로 이루어진다.

따라서 기초재공품이 있는 경우 원가흐름에 대한 가정이 필요하게 되는데 완성품환산량을 기준으로 하여 일정기간 동안 발생한 총원가를 완성품과 기말재공품에 배분하는 방법에는 선입선출법, 평균법, 후입선출법의 세 가지가 있다. 이 중 후입선출법은 실제 물량흐름과 반대인 방법이므로 생략하고, 본서에서는 선입선출법과 평균법에 대해 태광산업의 예로써 살펴본다.

1 선입선출법

선입선출법(FIFO: first-in first-out method)은 기초재공품이 당기에 추가가공되어 완성된 제품(전기투입 당기완성분)의 원가는 전기에 수행된 작업에 당기의 작업이 추가되므로 전기의 원가와 당기의 원가가 혼합되어 있는 반면, 당기에 투입되어 당기에 완성된 제품(당기투입 당기완성분)의 원가는 당기의 원가만으로 구성되어 있다고 보는 것이다.

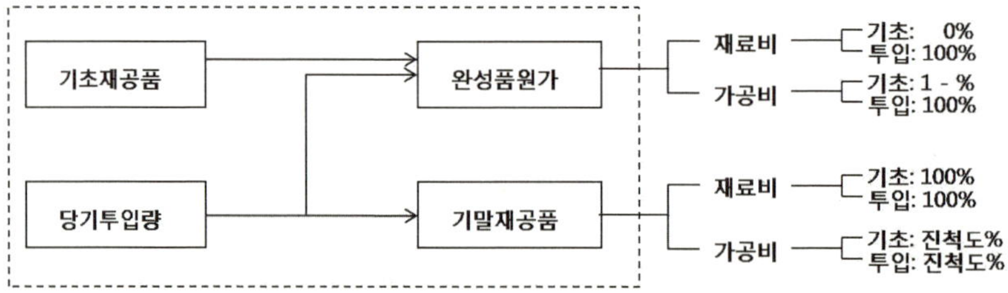

선입선출법에 의한 원가계산의 5단계를 요약하면 다음과 같다.

1단계: 물량의 흐름을 파악한다.

1) 기초재공품

2) 당기에 착수하여 당기에 완성된 제품

3) 기말재공품

2단계: 직접재료비와 가공비의 완성품환산량을 계산한다.

3단계: 직접재료비와 가공비의 기초재공품원가와 당기총제조원가를 집계한다.

4단계: 직접재료비와 가공비의 완성품환산량 단위당 원가를 구한다.

$$\text{완성품환산량 단위당 원가} = \frac{\text{당기발생원가}}{\text{완성품환산량}}$$

5단계: 완성품과 기말재공품원가를 계산한다.

1) 완성품원가 = 기초재공품의 원가 + 완성품환산량 × 완성품환산량 단위당원가

2) 기말재공품 원가 = 완성품환산량 × 완성품환산량 단위당원가

태광산업의 조립부문은 2017년 5월초에 부분적으로 조립된 스피커 200단위를 보유하고 있다. 2017년 5월 중에 500단위가 생산에 투입되었다. 5월말에 완성되어 다음 포장공정으로 대체된 완성품은 300단위이고 완성되지 않아 기말재공품 상태로 남은 수량은 400단위이다.

1) 물량흐름의 파악

태광산업의 조립부문의 물량흐름을 파악하면, 4월말 기말재공품 200단위가 5월의 기초재공품 200단위가 되고, 5월중에 투입된 수량이 500단위이고, 완성품수량이 300단위이므로 기말재공품은 400단위이다. 기초재공품이 없을 때와의 차이점은 당기완성량(300단위)을 기초재공품완성량(200단위)과 당기투입완성량(100단위)으로 구분한다는 점이다.

재공품

기초재공품	200개	당기완성량	300개
당기투입량	500개	기말재공품	400개
	700개		700개

2) 완성품환산량 계산

태광산업의 경우 원재료는 공정 초기에 모두 투입되고 가공비는 공정전반에 걸쳐 균등하게 발생하는데 기말재공품에 가공비는 50% 투입되었다. 즉 5월에 조립공정의 원가는 다음과 같이 발생한다. 기초재공품의 완성도는 60%이다.

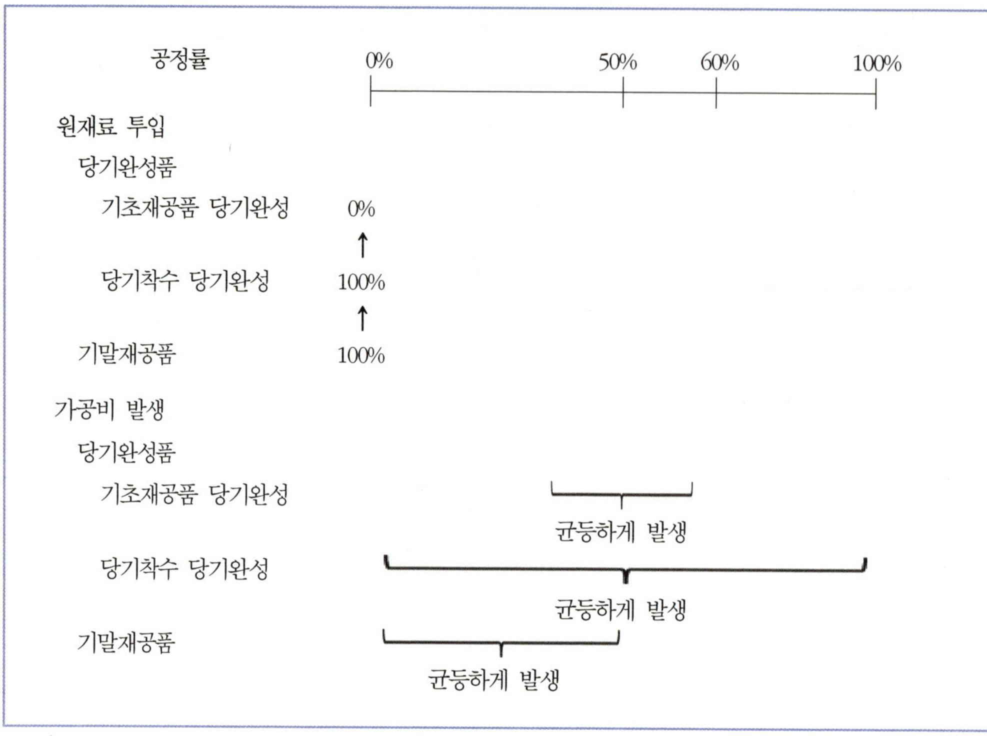

이에 따라, 완성품환산량을 계산하면 다음과 같다.

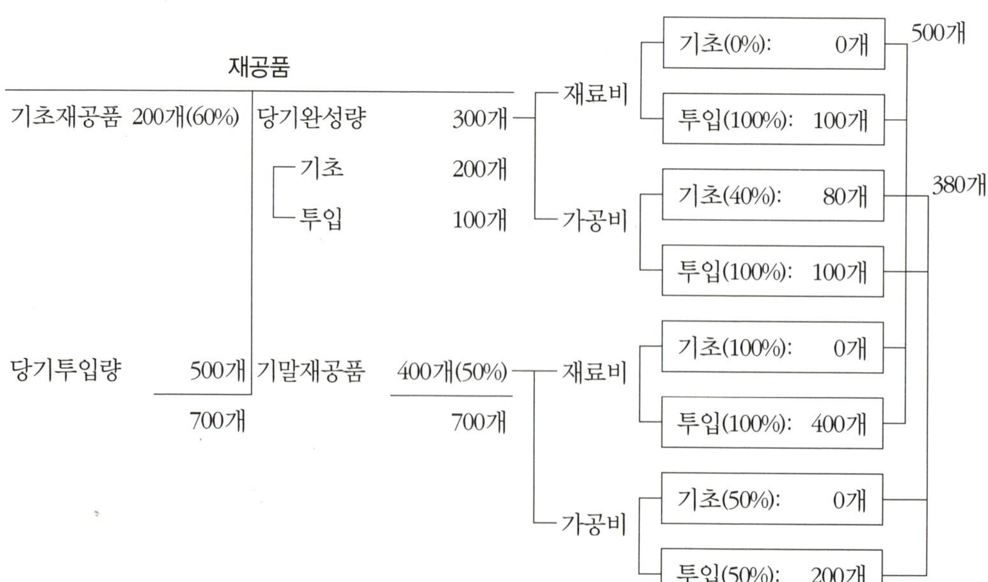

선입선출법에서는 당기에 투입한 노력을 3가지로 구분해서 완성도를 나타나게 되는데 1) 기초재공품을 완성시키기 위해 투입한 노력, 2) 당기에 착수되어 당기에 완성된 제품에 투입한 노력, 3) 기말재공품에 투입한 노력이다.

5월중의 기초재공품 200단위는 4월의 기말재공품이므로, 당기에 기초재공품을 완성시키기 위해 투입한 노력인 완성도는 100%에서 기말재공품의 완성도를 뺀 값이 된다. 즉 원재료는 공정초에 투입되므로 기초재공품에 투입된 원재료를 공정이 시작된 4월에 모두 투입되었으므로 완성도는 0%(=100%−100%)가 되고, 가공비는 기말재공품의 완성도가 60%이었으므로 당기에 제품을 완성하기 위해 투입된 가공비는 40%(=100%−60%)가 된다.

당기착수 당기완성량의 완성도는 직접재료비, 가공비 모두 100%가 되고, 기말재공품의 완성도는 각각 100%와 50%가 된다.

이렇게 산출된 완성도에 각각의 물량흐름을 곱하여 합산하게 되면 각 원가요소별 완성품환산량이 산출된다.

3) 원가요소별 총원가 집계

태광산업의 5월 기초재공품의 직접재료비는 ₩8,000, 가공비는 ₩19,000이었으며, 5월중에 투입된 원가를 집계한 결과 직접재료비는 ₩20,000, 직접노무비 ₩31,000, 제조간접비는 ₩26,000이었다. 이를 직접재료비와 가공비로 구분하여 나타내면 다음과 같다.

* 원가요소별 총원가
직접재료비 총원가=₩20,000
가 공 비 총원가=₩57,000

4) 원가요소별 완성품환산량 단위당 원가

앞에서 언급한 바와 같이 선입선출법에서 완성품환산량 단위당 원가는 다음과 같이 계산한다.

$$\text{선입선출법하의 완성품환산량 단위당 원가} = \frac{\text{당기발생원가}}{\text{완성품환산량}}$$

* 완성품 환산량 단위당 원가

직접재료비 환산량 단위당 원가 $= \frac{₩20,000}{500개} =$ @₩40

가 공 비 환산량 단위당 원가 $= \frac{₩57,000}{380개} =$ @₩150

태광산업의 5월의 원가요소별 완성품환산량 단위당 원가를 계산하면 다음과 같다. 당기투입 직접재료비 ₩20,000을 직접재료비 완성품환산량 500단위로 나누어 단위당 ₩40이 산출되고, 가공비 ₩57,000을 가공비 완성품환산량 380단위로 나누어 단위당 ₩150이 산출되었다. 여기서 주의해야 할 점은 분자인 원가항목이 기초재공품원가를 포함한 합계금액이 아니라 당기투입원가라는 것이다.

5) 완성품과 기말재공품 원가계산

위에서 구한 완성품환산량 단위당 원가정보를 이용하여 완성품원가와 기말재공품 원가를 계산하면 다음과 같다.

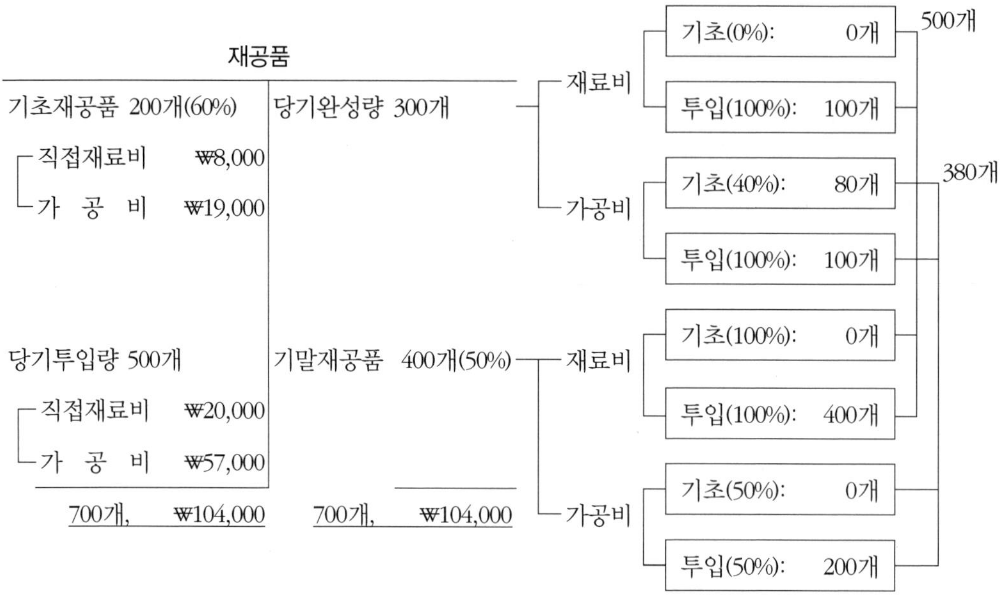

* 완성품 환산량 단위당 원가
  직접재료비 = @₩40, 가공비 = @₩150
* 완성품과 기말재공품 원가계산
  완성품 원가배부 = 100개 × @₩40 + 180개 × @₩150 + ₩27,000
  = ₩58,000
  기말재공품 원가배부 = 400개 × @₩40 + 200개 × @₩150
  = ₩46,000

직접재료비의 완성품환산량 단위(100단위)에 직접재료비의 완성품환산량 단위당원가(₩40)를 곱한 후 기초재공품 직접재료비(₩8,000)를 합산하여 완성품 직접재료비 ₩12,000(=100단위×₩40+₩8,000)이 산출된다.

완성품 직접재료비 = 직접재료비 완성품환산량 단위
× 직접재료비 완성품환산량 단위당원가
+ 기초재공품 직접재료비

가공비의 완성품환산량 단위(180단위)에 가공비의 완성품환산량 단위당원가(₩150)를 곱한 후 기초재공품 가공비(₩19,000)를 합산하여 완성품 가공비 ₩46,000(=180단위×₩150+₩19,000)이 산출된다.

완성품 가공비＝가공비 완성품환산량 단위×가공비 완성품환산량 단위당원가
＋기초재공품 가공비

직접재료비와 가공비를 합산하여 완성품 원가 ₩58,000이 계산된다.

기말재공품 원가는 각 원가요소별 완성품환산량에 완성품환산량 단위당원가를 곱하여 산출된다.

기말재공품 직접재료비＝직접재료비 완성품환산량 단위
×직접재료비 완성품환산량 단위당원가
＝400단위×₩40＝₩16,000
기말재공품 가공비＝가공비 완성품환산량 단위×가공비 완성품환산량 단위당원가
＝200단위×₩150＝₩30,000

직접재료비와 가공비를 합산하여 기말재공품 원가 ₩46,000이 계산된다.

2 평균법

가중평균법(weighted average method)은 선입선출법과 달리 완성품을 기초재공품이 당기에 추가가공되어 완성된 제품과(전기투입 당기완성분) 당기에 투입되어 당기에 완성된 제품(당기투입 당기완성분)으로 구분하지 않는다는 것이다.

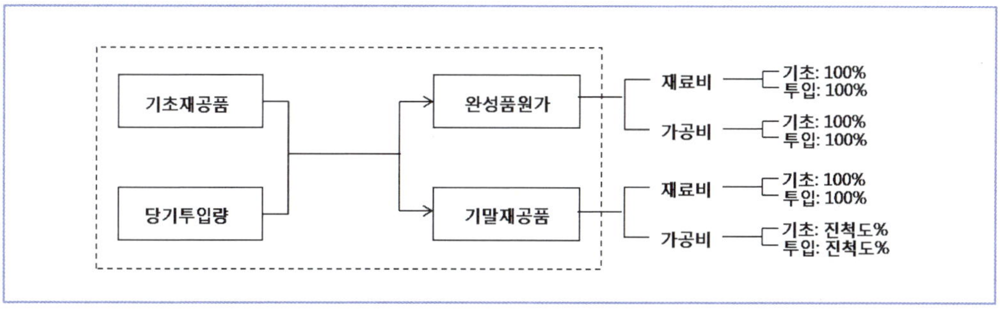

가중평균법에 의한 원가계산의 5단계를 요약하면 다음과 같다.

1단계: 물량의 흐름을 파악한다.

1) 기초재공품
2) 당기에 착수하여 당기에 완성된 제품
3) 기말재공품

2단계: 재료비와 가공비의 완성품환산량을 계산한다. 이때 기초재공품의 완성도를 0%로 가정한다는 점에 유의해야 한다.

3단계: 재료비와 가공비의 기초재공품원가와 당기총제조원가를 집계한다.

4단계: 재료비와 가공비의 완성품환산량 단위당 원가를 구한다. 완성품환산량 단위당 원가계산시 분자에 선입선출법과는 달리 기초재공품의 원가를 합산한다는 점에 유의해야 한다.

$$\text{완성품환산량 단위당 원가} = \frac{(\text{당기발생원가} + \text{기초재공품원가})}{\text{완성품환산량}}$$

5단계: 완성품과 기말재공품원가를 계산한다.

1) 완성품원가 = 완성품환산량×완성품환산량 단위당원가
2) 기말재공품원가 = 완성품환산량×완성품환산량 단위당원가

태광산업의 사례를 이용하여 가중평균법으로 원가를 계산하면 다음과 같다.

1) 물량흐름의 파악

태광산업의 조립부문의 물량흐름을 파악하면 4월말 기말재공품 200단위가 5월의 기초재공품이 200단위가 되고, 5월중에 투입된 수량이 500단위이고 완성품수량이 300단위이므로 기말재공품은 400단위이다.

재공품

기초재공품	200개	당기완성량	300개
당기투입량	500개	기말재공품	400개
	700개		700개

2) 완성품환산량 계산

태광산업의 경우 원재료는 공정의 초기에 모두 투입되고 가공비는 공정전반에 걸쳐 균등하게 발생하는데 기말재공품에 가공비는 50% 투입되었다. 즉 5월에 조립공정의 원가는 다음과 같이 발생한다.

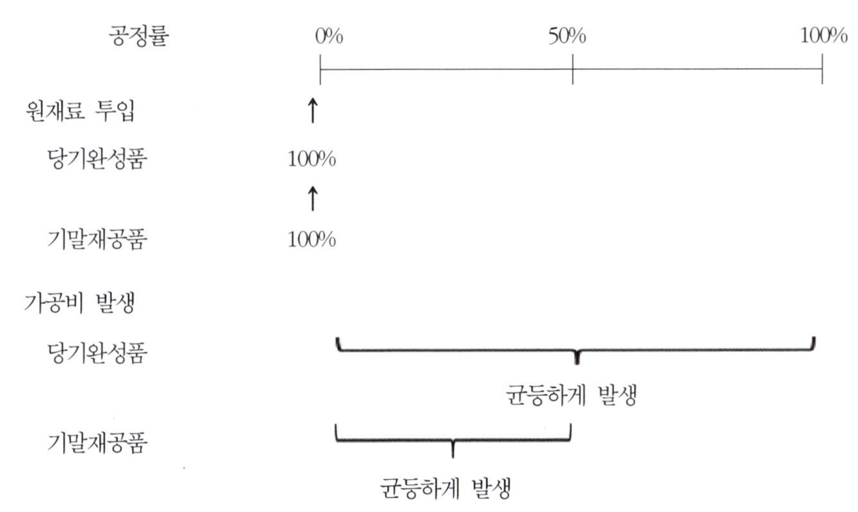

이에 따라, 완성품환산량을 계산하면 다음과 같다.

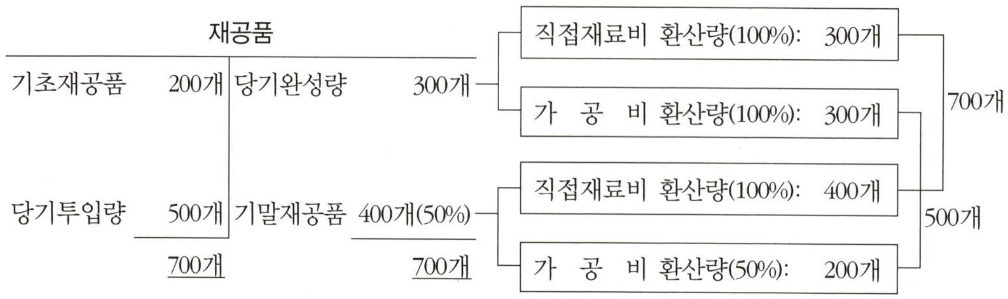

가중평균법에서는 기초재공품이 당기 이전에 이미 제조에 투입되었음에도 불구하고 마치 당기에 투입되어 완성된 것처럼 가정한다. 따라서 당기에 완성된 제품이면 그것이 기초재공품이 추가가공된 것이든 당기에 투입하여 완성된 것이든 구분하지 않는다.

기초재공품 완성량(200단위), 당기투입 당기완성량(100단위)의 완성도는 모두 100%가 되고 기말재공품의 완성도는 각각 100%와 50%가 된다. 이렇게 산출된 완성도에 각각의 물량흐름을 곱하여 합산하게 되면 각 원가요소별 완성품환산량이 산출된다.

3) 원가요소별 총원가 집계

태광산업의 5월 기초재공품의 직접재료비는 ₩8,000, 가공비는 ₩19,000이었으며, 5월 중에 투입된 원가를 집계한 결과 직접재료비는 ₩20,000, 직접노무비 ₩31,000, 제조간접비는 ₩26,000이었다. 이를 직접재료비와 가공비로 구분하여 나타내면 다음과 같다.

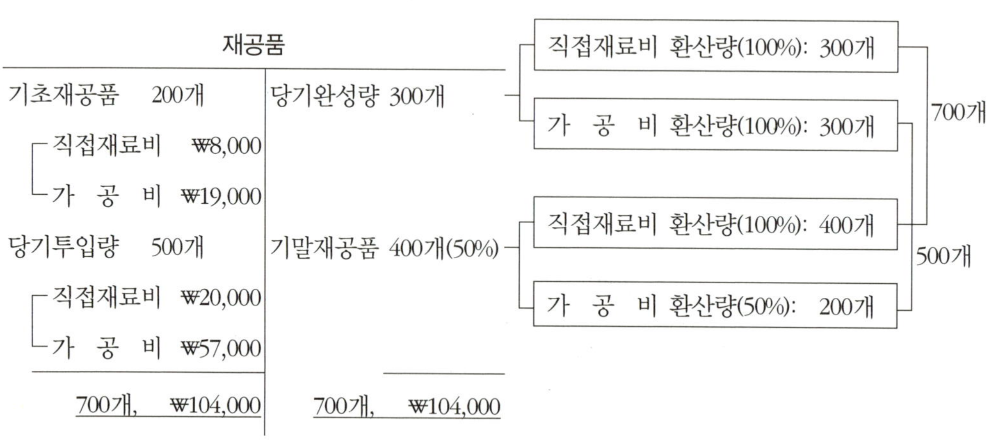

* 원가요소별 총원가
　직접재료비 총원가=₩8,000+₩20,000=₩28,000
　가　공　비 총원가=₩19,000+₩57,000=₩76,000

4) 원가요소별 완성품환산량 단위당 원가

앞에서 언급한 바와 같이 가중평균법에서 완성품환산량 단위당 원가는 다음과 같이 계산한다.

$$\text{가중평균법하의 완성품환산량 단위당 원가}=\frac{(\text{기초재공품원가}+\text{당기투입원가})}{\text{완성품환산량}}$$

태광산업의 5월의 원가요소별 완성품환산량 단위당 원가를 계산하면 다음과 같다.

기초재공품 직접재료비 ₩8,000과 당기투입 직접재료비 ₩20,000의 합인 ₩28,000을 직접재료비 완성품환산량 700단위로 나누어 단위당 ₩40이 산출되고, 기초재공품 가공비 ₩19,000과 당기투입 가공비 ₩57,000의 합인 ₩76,000을 가공비 완성품환산량 500단위로 나누어 단위당 ₩152이 산출된다.

재공품

차변		대변	
기초재공품	200개	당기완성량	300개
직접재료비	₩8,000		
가　공　비	₩19,000		
당기투입량	500개	기말재공품	400개(50%)
직접재료비	₩20,000		
가　공　비	₩57,000		
700개,	₩104,000	700개,	₩104,000

당기완성량 300개 → 직접재료비 환산량(100%): 300개 / 가　공　비 환산량(100%): 300개
기말재공품 400개(50%) → 직접재료비 환산량(100%): 400개 / 가　공　비 환산량(50%): 200개
직접재료비 환산량 합계: 700개
가공비 환산량 합계: 500개

* 완성품 환산량 단위당 원가

$$\text{직접재료비 환산량 단위당 원가}=\frac{₩8,000+₩20,000}{700\text{개}}=@₩40$$

$$\text{가　공　비 환산량 단위당 원가}=\frac{₩19,000+₩57,000}{500\text{개}}=@₩152$$

5) 완성품과 기말재공품 원가계산

위에서 구한 완성품환산량 단위당 원가정보를 이용하여 완성품원가와 기말재공품 원가를 계산하면 다음과 같다.

재공품

기초재공품 200개	당기완성량 300개
┌직접재료비 ₩8,000	
└가 공 비 ₩19,000	
당기투입량 500개	기말재공품 400개(50%)
┌직접재료비 ₩20,000	
└가 공 비 ₩57,000	
700개, ₩104,000	700개, ₩104,000

당기완성량 300개 ─ 직접재료비 환산량(100%): 300개 / 가 공 비 환산량(100%): 300개

기말재공품 400개(50%) ─ 직접재료비 환산량(100%): 400개 / 가 공 비 환산량(50%): 200개

직접재료비 환산량: 300개 + 400개 = 700개

가공비 환산량: 300개 + 200개 = 500개

* 완성품 환산량 단위당 원가
직접재료비=@₩40, 가공비=@₩152

* 완성품과 기말재공품 원가계산
완성품 원가배부=300개×@₩40+300개×@₩152
= ₩57,600
기말재공품 원가배부=400개×@₩40+200개×@₩152
=₩46,400

3 선입선출법과 가중평균법의 비교

태광산업의 가중평균 및 선입선출 종합원가계산방법으로 각각 완성품과 기말재공품에 배부된 원가를 요약하면 다음과 같다.

항목	선입선출법(A)	가중평균법(B)	차이(C=A−B)
완성품원가	₩58,000	₩57,600	₩400
기말재공품원가	46,000	46,400	(₩400)
합계	₩104,000	₩104,000	0

선입선출법의 경우 단위당 원가가 높은 기초재공품이 완성품에 포함되고 기말재공품은 단위당 원가가 낮은 당기투입량을 포함한다고 가정한다. 그러나 가중평균법은 선입선출법보다 원가가 낮은 수량이 더 많이 완성되어 다음 공정으로 대체되고, 원가가 높은 수량이 더 적게 기말재공품에 남아있다고 가정한다. 따라서 태광산업의 경우 가중평균법에서는 선입선출법보다 완성품원가는 더 낮고 기말재공품의 원가는 더 높다.

위와 같이 선입선출법, 가중평균법에 의해 계산된 원가는 차이가 발생한다. 이러한 차이는 (1) 단위당 직접재료비나 가공비가 원가계산 기간별로 크게 차이가 나는 경우와 (2) 재공품의 실물재고량이 완성품대체량에 비해 큰 경우 나타날 수 있다.

가중평균법은 전기 발생원가와 당기 발생원가를 구분하지 않으므로 원가계산시 선입선출법보다 계산이 쉽고 투입자원의 가격의 변동이 심할 때 평균원가를 보고한다는 장점이 있는 반면 두 원가를 합산하여 평균원가를 보고함으로써 기간간 비교를 어렵게 한다는 단점이 있다.

선입선출법은 전기 발생원가와 당기 발생원가를 구분하기 때문에 기간간 투입원가의 변동에 관한 정보를 제공하지만 계산에 노력이 많이 소요되는 단점이 있다.

Ⅰ. 평가자체크리스트

※ 다음 서술이 옳으면 T, 옳지 않으면 F를 기재하시오.

7.1 종합원가계산은 소품종대량생산에 적합한 원가계산방법이다.

7.2 종합원가계산에서 물량은 환산량보다 항상 작거나 같다.

7.3 기말재공품이 300단위이고, 완성도가 70%라면 환산량은 90단위이다.

7.4 선입선출법에 따른 종합원가계산은 먼저 제조착수된 것이 먼저 완성된다고 가정한다.

7.5 평균법에 의한 종합원가계산에서는 기초재공품이 그 기간에 착수되어 생산된 것처럼 취급한다.

7.6 선입선출법이 적용되는 종합원가계산의 경우 기초재공품의 원가는 당기에 전부 완성품원가에 포함된다.

7.7 평균법이 적용되는 종합원가계산에서 기초재공품의 원가는 당기에 전부 완성품원가에 포함된다.

7.8 기초재공품이 없는 경우 종합원가계산에서의 제조원가는 평균법과 선입선출법이 동일하게 계산된다.

7.9 선입선출법이 적용되는 종합원가계산의 경우 완성품환산량은 당기 작업량을 의미한다.

7.10 선입선출법이 적용되는 종합원가계산의 경우 전기의 성과를 고려하지 않으므로 통제 및 성과평가목적에는 부합하지 않는다.

Ⅱ. 객관식

7.1 소금제조업, 얼음제조업과 같이 단일의 공정을 통해서 대량의 동질적인 제품을 생산하는 방식에 적합한 원가계산방법은? [2004년 공무원 수정]

① 등급별종합원가계산 ② 공정별종합원가계산
③ 단일종합원가계산 ④ 개별원가계산
⑤ 조별종합원가계산

7.2 종합원가계산에 관한 설명으로 옳지 않은 것은?

① 평균법에 의한 완성품환산량은 선입선출법에 의한 완성품환산량보다 항상 크거나 같다.
② 평균법과 선입선출법의 완성품환산량이 동일한 경우는 기초재공품이 없는 경우이다.
③ 평균법에 의한 완성품 환산량 단위당 원가는 당기총제조원가에 기초재공품원가를 가산한 합계액을 당기착수완성품환산량과 기말재공품환산량의 합계수량으로 나누어 계산한다.
④ 평균법에 비해 선입선출법이 실제 물량흐름에 가깝게 계산된다.
⑤ 선입선출법에 의한 기말재공품, 완성품환산량, 단위당원가는 당기투입원가로 계산된다.

7.3 종합원가계산에서 평균법을 적용하여 완성품환산량의 원가를 계산할 때 고려해야 할 원가는?

① 당기총제조원가와 기초재공품재고액의 차액
② 기초재공품재고액과 기말재공품재고액의 합계
③ 당기총제조원가와 기말재공품재고액의 합계
④ 당기총제조원가와 기말재공품재고액의 차액
⑤ 당기총제조원가와 기초재공품재고액의 합계

7.4 종합원가계산에서 기말재공품의 완성도를 높게 적용하는 경우 예상되는 결과는?

[전산세무1급 수정]

① 제품제조원가가 과대평가된다.
② 재공품계정이 과대평가된다.
③ 제품매출원가가 과대평가된다.
④ 재고자산이 줄어든다.
⑤ 제품제조원가 및 제품매출원가에 미치는 영향이 없다.

7.5 (주)상록은 3월에 의류제조업으로 창업하였다. 재료비는 공정초에 전량 투입되었으며, 가공비는 공정전반에 걸쳐 발생한다. 이 경우 3월말 가공비의 재공품 완성도가 40%일 때 가공비의 완성품 환산량은?

① 당기의 완성품 환산량과 동일하다.
② 당기의 재료비 재공품 환산량과 동일하다.
③ 당기의 투입량보다 작다.
④ 당기의 투입량보다 크다.
⑤ 당기의 완성품 환산량보다 크다.

7.6 다음은 종합원가계산에 적용되는 완성품환산량에 대한 설명이다. 옳지 않은 것은?

[전산세무2급 수정]

① 완성품환산량은 항상 투입된 재료의 양과 일치한다.
② 완성품환산량이란 각 공정이나 부문에서 수행한 총작업량을 완성품 기준으로 변형하는 경우에 환산되는 완성품의 수량이다.
③ 재료를 생산공정의 초기에 투입하는 경우에 재공품 재료의 완성품환산량은 투입량과 동일한 값으로 나타난다.
④ 완성품환산량의 산식은 「완성품환산량＝물량(수량)×완성도(진척도)」로 계산된다.
⑤ 기초재공품이 없는 경우에는 평균법과 선입선출법의 완성품환산량이 동일하다.

7.7 평균법을 이용하여 종합원가계산을 수행하는 회사에서 기말재공품의 완성도를 실제보다 높게 평가할 경우 미치는 영향으로 적합한 것은? [기업회계1급 수정]

① 완성품원가는 과소평가되고 기말재공품원가는 과대평가된다.
② 완성품원가는 과대평가되고 기말재공품원가는 과소평가된다.
③ 완성품원가와 기말재공품원가 모두 과대평가된다.

④ 완성품원가와 기말재공품원가 모두 과소평가된다.

⑤ 완성품환산량 단위당 원가는 과대평가된다.

7.8 종합원가계산을 하고 있는 성실산업의 원가자료이다.

		재료비	가공비
기초 재공품:	2,000단위(40%완성)	₩8,000	₩4,500
당기 착수량:	10,000단위	₩46,000	₩52,000
기말 재공품:	3,000단위(60%완성)		

원재료는 공정착수단계에서 투입되고 가공비는 전공정에서 균등하게 투입된다. 다음 설명으로 옳지 않은 것은? [기업회계2급 수정]

① 평균법에 의한 재료비의 완성품환산량은 12,000단위이다.

② 선입선출법에 의한 재료비와 가공비의 완성품환산량은 동일하다.

③ 평균법에 의한 재료비의 단위원가는 ₩4.5이다.

④ 선입선출법에 의한 가공비의 완성품환산량은 10,800단위이다.

⑤ 선입선출법에 의한 재료비의 단위원가는 ₩4.6이다.

7.9 (주)화평은 평균법에 의한 종합원가계산을 하고 있다. 재료비는 공정초에서 전량 투입되며, 가공원가는 공정 전반에 걸쳐 고르게 투입된다. 다음 자료를 통하여 완성품환산량으로 바르게 짝지어진 것은?

기초재공품: 0개	착수수량: 500개
완성수량: 400개	기말재공품: 100개(완성도 50%)

	재료비환산량	가공비환산량
①	400개	450개
②	450개	500개
③	500개	450개
④	400개	500개
⑤	500개	500개

7.10 (주)서울은 선입선출법에 의하여 종합원가계산을 하고 있다. 재료비는 공정 초기에 전량 투입되고, 가공비는 공정전반에 걸쳐 균등하게 투입된다. 재료비 및 가공비의 완성품환산량을 계산하면 얼마인가?

기초재공품 수량 1,000개(완성도 50%)	당기완성품 수량 5,000개
당기 착수수량 6,000개	기말재공품 수량 2,000개(완성도 50%)

① 재료비: 5,000개, 가공비: 6,000개
② 재료비: 5,000개, 가공비: 5,500개
③ 재료비: 5,500개, 가공비: 6,000개
④ 재료비: 6,000개, 가공비: 5,000개
⑤ 재료비: 6,000개, 가공비: 5,500개

7.11 다음 자료에 따르면 월말재공품의 재료비와 가공비 합계는 얼마인가? 단, 재료비와 가공비 모두 제조공정에 균일하게 투입된다. [1999년 공무원 수정]

월초재공품: 재료비 ₩400,000, 가공비 ₩600,000, 수량 500개(완성도60%)
당월제조비용: 재료비₩5,000,000, 가공비₩2,500,000
완성품수량: 2,600개
월말재공품: 수량 400개(완성도 50%)
월말재공품의 평가는 선입선출법으로 한다.

① ₩400,000
② ₩500,000
③ ₩600,000
④ ₩700,000
⑤ ₩800,000

7.12 (주)회계의 3월 중 원가자료를 살펴보면 제1공정의 기초재공품이 5,000개이고, 재료비와 가공비의 완성도는 각각 100%와 20%이다. 제1공정의 제조착수수량은 40,000개이며, 30,000개가 완성되어 제2공정으로 대체되었다. 기말재공품의 재료비와 가공비 완성도는 각각 100%와 40%이다. 평균법과 선입선출법에 의한 가공비의 완성품환산량은 각각 얼마인가? [기업회계1급 수정]

	평균법	선입선출법
①	36,000개	35,000개
②	35,000개	36,000개
③	46,000개	45,000개
④	45,000개	46,000개
⑤	35,000개	46,000개

7.13 (주)공아는 다음과 같이 평균법으로 완성품환산량을 계산하였다. 이를 선입선출법으로 계산하였을 경우 완성품환산량 차이는 몇 단위인가?

기초재공품수량	600개	(가공비 완성도 50%)
완성품수량	2,000개	
기말재공품수량	500개	(가공비 완성도 40%)

재료는 공정초에 전량투입, 가공비는 공정 전반에 걸쳐 발생.

	직접재료비 환산량	가공비 환산량		직접재료비 환산량	가공비 환산량
①	500개	200개	②	500개	300개
③	600개	200개	④	600개	300개
⑤	500개	600개			

7.14 다음 자료에 의해 선입선출법에서의 완성품환산량을 계산하면 얼마인가? 단, 재료비와 가공비 모두 제조공정에 균일하게 투입된다. [전산세무1급 수정]

기초재공품 10,000단위 (재료비 완성도: 80%, 가공비 완성도: 60%)
기말재공품 20,000단위 (재료비 완성도: 80%, 가공비 완성도: 50%)
착 수 량 90,000단위 * 완성품수량 80,000단위

① 재료비 완성품환산량: 88,000 가공비 완성품환산량: 84,000
② 재료비 완성품환산량: 98,000 가공비 완성품환산량: 96,000
③ 재료비 완성품환산량: 80,000 가공비 완성품환산량: 60,000
④ 재료비 완성품환산량: 80,000 가공비 완성품환산량: 86,000
⑤ 재료비 완성품환산량: 98,000 가공비 완성품환산량: 86,000

7.15 선입선출법을 사용하여 종합원가계산하는 제품의 직접재료비에 대한 자료이다. 직접재료비의 완성품환산량은 얼마인가? [전산세무1급 수정]

직접재료비는 모두 균등하게 발생한다.
기초재공품의 직접재료비는 ₩500,000이며 완성도는 50%이다.
단위당 직접재료비 완성품원가는 ₩500이다.
완성품원가에 포함된 직접재료비는 ₩4,000,000이다.
기말재공품의 직접재료비는 ₩1,000,000이며 완성도는 30%이다.

① 7,000개 ② 8,000개 ③ 9,000개
④ 10,000개 ⑤ 12,000개

7.16 다음 자료에 의하여 평균법에서의 완성품환산량을 계산하면 얼마인가? [전산세무1급 수정]

> 재료비는 공정초에 전량투입되며, 가공비는 공정전반에 걸쳐 투입됨.
> 기초재공품 10,000개 (재료비 완성도: 60%, 가공비 완성도: 50%)
> 착 수 량 90,000개
> 완성품수량 80,000개
> 기말재공품 20,000개 (재료비 완성도: 80%, 가공비 완성도: 60%)

	재료비 완성품환산량	가공비 완성품환산량
①	90,000개	92,000개
②	95,000개	90,000개
③	95,000개	92,000개
④	100,000개	90,000개
⑤	100,000개	92,000개

7.17 종합원가계산제도를 채택하는 회사의 다음 자료에 의하여 당기제품 제조원가는 얼마인가? 재공품의 평가는 선입선출법에 의하며 재료는 공정 초기에 투입된다. [2006년 공무원 수정]

> 1) 기초재공품: 100개(50%) 재료비 ₩10,000 가공비 ₩50,000
> 2) 당기 제조비용: 재료비 ₩200,000 가공비 ₩300,000
> 3) 기말재공품: 100개(50%)
> 4) 당기 완성품: 200개

① ₩370,000 ② ₩375,000 ③ ₩385,000
④ ₩400,000 ⑤ ₩450,000

7.18 평균법에 의한 월말재공품원가를 계산하면?(재료는 제조착수시 투입, 가공비는 공정 진행에 따라 균등) [2006년 공무원 수정]

> 월초재공품: 12,000개(80%) 직접재료비 ₩120,000 가공비 ₩100,000
> 당월제조착수: 48,000개 직접재료비 ₩300,000 가공비 ₩170,000
> 당월완성수량: 50,000개 월말재공품 10,000개(40%)

① ₩20,000 ② ₩50,000 ③ ₩70,000
④ ₩90,000 ⑤ ₩95,000

7.19 선입선출법에 의한 완성품환산량은?(재료는 제조착수시 소비되고, 가공비는 공정 진행에 따라 소비) [2006년 공무원 수정]

월초재공품수량: 3,000개(20%)	당월제조착수량: 9,000개
당월완성수량: 10,000개	월말재공품수량: 2,000개(40%)

	직접재료비	가공비		직접재료비	가공비
①	9,000개	10,200개	②	9,000개	10,800개
③	12,000개	10,200개	④	12,000개	10,800개
⑤	12,000개	9,000개			

7.20 다음 〈보기〉를 보고 완성품원가를 계산하면 얼마인가? [전산세무1급 수정]

〈보 기〉

단일제품을 대량생산하고 있다. 원재료는 공정의 초기에 전량투입되고, 가공비는 공정전반에 걸쳐 균등하게 발생된다.(평균법을 사용한다)

	물량의 흐름	완성품환산량 재료비	완성품환산량 가공비	합 계
• 기초재공품	200개(40%)			
• 당기착수	1,200개			
	1,400개			
• 당기완성	1,300개	1,300개	1,300개	
• 기말재공품	100개(60%)	100개	60개	
	1,400개	1,400개	1,360개	
• 기초재공품원가		₩124,000	₩40,000	₩164,000
• 당기발생원가		₩324,000	₩164,000	₩488,000
• 합 계		₩448,000	₩204,000	

① ₩511,000 ② ₩611,000 ③ ₩711,000

④ ₩811,000 ⑤ ₩911,000

7.21 (주)한국은 종합원가계산을 적용하여 제품원가를 계산하고 있다. 원재료는 공정초에 전량 투입되며 가공원가는 공정전반에 걸쳐 균등하게 발생한다. (주)한국의 생산관련 자료는 아래와 같다. 선입선출법에 의한 가공원가의 완성품환산량이 6,000단위이고, 평균법에 의한 가공원가의 완성품환산량이 6,800단위라면, 기초재공품의 가공원가 완성도는 몇 % 인가? [경영지도사 수정]

기초	2,000단위(? %)	완성	5,000단위
착수	6,000단위	기말	3,000단위(완성도 60%)
합계	8,000단위	합계	8,000단위

① 30% ② 35%
③ 40% ④ 45%
⑤ 50%

7.22 재료비는 공정 초기에 모두 발생되고 가공비는 공정이 진행됨에 따라 균등하게 발생할 경우, 다음 자료에 의한 재료비의 완성품 환산량은? [전산회계1급 수정]

- 기초 재공품: 2,000개 (완성도: 30%)
- 기말 재공품: 1,000개 (완성도: 40%)
- 당기 완성품 수량: 4,000개
- 회사는 평균법을 적용하여 기말 재공품을 평가한다.

① 3,600개 ② 4,200개
③ 5,000개 ④ 6,000개
⑤ 7,000개

7.23 다음 중 종합원가계산의 절차를 순서대로 바르게 연결한 것은? [전산세무2급 수정]

① 원가요소별 완성품환산량 계산→완성품환산량 단위당 원가 계산→물량 흐름 파악→원가요소별 기초재공품원가와 당기발생원가 집계→완성품과 기말재공품에 원가 배분

② 물량 흐름 파악→원가요소별 완성품환산량 계산→원가요소별 기초재공품원가와 당기발생원가 집계→완성품환산량 단위당 원가 계산→완성품과 기말재공품에 원가 배분

③ 원가요소별 완성품환산량 계산→완성품환산량 단위당 원가 계산→원가요소별 기초재공품원가와 당기발생원가 집계→완성품과 기말재공품에 원가 배분→물량 흐름 파악

④ 물량 흐름 파악→원가요소별 기초재공품원가와 당기발생원가 집계→완성품과 기말재공품에 원가 배분→완성품환산량 단위당 원가 계산→원가요소별 완성품환산량 계산

⑤ 물량 흐름 파악→원가요소별 완성품환산량 계산→원가요소별 기초재공품원가와 당기발생원가 집계→완성품과 기말재공품에 원가 배분 →완성품환산량 단위당 원가 계산

7.24 (주)한결은 평균법에 의한 실제종합원가계산을 이용하여 재고자산 평가와 매출원가계산을 하였다. 기초에 비하여 기말에 재공품가액이 증가하였으나 재공품물량은 동일한 경우 이 현상을 설명하는 요소가 아닌 것은? [전산세무1급 수정]

① 전년도에 비하여 노무비의 임률이 상승하였다.

② 전년도에 비하여 고정제조간접비가 증가하였다.

③ 기초보다 기말의 재공품재고에 대한 완성도가 높았다.

④ 전년도에 비하여 판매량이 증가하였다.

⑤ 전년도에 비하여 판매량이 감소하였다.

7.25 (주)만리포는 공손품원가를 정상품의 제조원가로 처리하고 있으며 평균법을 사용하고 있다. 다음 자료에 의한 당기제품제조원가는?(단, 직접재료는 공정 초에 전부 투입하며, 가공비는 전 공정을 통해 균등하게 발생하고, 검사는 공정완료시에 실시한다.)

[전산세무1급 수정]

- 기초재공품: 없음
- 당기완성량: 500개
- 기말재공품: 250개(완성도: 40%)
- 정상공손: 250개
- 당기착수량: 1,000개
- 당기투입직접재료비: ₩1,000
- 당기투입가공비: ₩1,700

① ₩2,450　② ₩2,080
③ ₩2,250　④ ₩2,200
⑤ ₩2,500

7.26 (주)미래는 종합원가계산제도를 채택하고 있다. 원재료는 공정초기에 모두 투입되고, 가공원가는 공정전반에 걸쳐 균등하게 발생하고 있다. 7월의 원가계산에 관한 자료는 다음과 같다. 원가계산시 평균법하에서의 재료원가와 가공원가의 완성품환산량 단위당 원가를 각각 계산하면? [기업회계2급 수정]

	수 량	완성도	재료원가	가공원가
월초 재공품	1,000개	30%	₩260,000	₩ 50,000
당월 착수	2,200개		₩764,000	₩472,500
월말 재공품	600개	25%		

	재료원가	가공원가
①	₩320	₩190
②	₩320	₩165
③	₩160	₩165
④	₩ 80	₩ 35
⑤	₩240	₩ 50

7.27 다음은 종합원가계산에 대한 설명이다. 옳지 않은 것은? [기업회계2급 수정]

① 동일 종류의 제품을 연속적으로 대량생산하는 기업에 적합한 원가계산방법이다.

② 일반적으로 원가를 재료원가와 가공원가로 구분하여 원가계산한다.

③ 개별작업지시서에 따라 제품을 제조한다.

④ 산출량은 각 생산요소의 완성품환산량으로 표시된다.

⑤ 주로 정유, 제지, 화학, 식품가공, 금속제조업 등과 같이 제품의 표준화 정도가 높은 산업분야에서 사용하고 있는 원가계산 방법이다.

7.28 종합원가계산제도하에서 재공품 평가는 선입선출법을 이용한다. 기초재공품은 1,000개이며, 기말재공품 2,000개의 완성도는 60%이다. 완성품 수량이 4,000개이며 가공원가에 대한 완성품환산량이 4,500개라면, 기초재공품의 완성도는 몇%인가? [기업회계2급 수정]

① 30% ② 40% ③ 50%
④ 60% ⑤ 70%

7.29 다음 중 공손에 대한 내용 중 틀린 것은? [기업회계2급 수정]

① 공손품이란 품질 및 규격이 표준에 미달하는 불합격품을 말한다.

② 공손은 정상공손과 비정상공손으로 나눌 수 있다.

③ 정상공손이란 제조과정에서 불가피하게 발생하는 원가를 말한다.

④ 정상공손품에 투입된 제조원가는 영업외비용으로 처리한다.

⑤ 비정상공손에 투입된 제조원가는 영업외비용으로 처리한다.

7.30 (주)채원은 프린터를 생산하면서 공손품을 제품을 검사하는 시점에 파악한다. 정상적인 공손품은 검사시점을 통과한 합격품의 10%로 한다. 제품의 검사시점이 50%라고 할 때, 정상공손품 수량은 얼마인가? [기업회계2급 수정]

- 기초 재공품(40%): 400개
- 당기착수량: 1,200개
- 완성품: 1,200개
- 기말재공품(60%): 200개

① 0개 ② 60개 ③ 140개
④ 160개 ⑤ 200개

7.31 (주)채원시멘트는 아스콘 제조 공정상에서 배합재료인 원유의 물량이 감소되는 현상이 발생하는데, 이런 현상을 무엇이라 하는가? [기업회계2급 수정]

① 공손 ② 작업폐물 ③ 부산물
④ 감손 ⑤ 주산물

7.32 공손(spoilage)과 관련된 다음의 설명 중에서 틀린 것은? [기업회계1급 수정]

① 공손은 정상공손이나 비정상공손으로 분류된다.
② 제조공정과정에서 불량률 0을 달성하려는 기업들은 모든 공손을 비정상공손으로 간주하려 한다.
③ 개별원가계산(job order costing)에서 정상공손원가와 비정상공손원가는 재고가능원가로 간주되지 않으며, 그 공손이 발견된 기간의 비용으로 처리된다.
④ 공정별원가계산(process costing)에서 정상공손원가는 관련된 양품(정상제품)의 원가에 가산된다.
⑤ 정상공손원가는 합격품에 배부된다.

7.33 종합원가계산 방법 중 선입선출법에 의하면 다음 물량흐름에서 가공비의 완성품 환산량은 얼마인가? (단, 재료비는 공정 초에 전량 투입되며, 가공비는 공정전반에 걸쳐 균등하게 발생한다.) [전산세무2급 수정]

- 기초 재공품: 100개 (완성도 50%)
- 당기 착수량: 1,100개
- 당기 완성품: 1,000개
- 기말 재공품: 200개 (완성도 20%)

① 990개 ② 1,090개 ③ 1,000개
④ 1,100개 ⑤ 1,200개

7.34 종합원가계산시 기말재공품의 완성도가 과소평가된 경우에 대한 설명으로 올바른 것은? [전산세무1급 수정]

① 기말재공품의 완성품환산량이 과대계상된다.
② 당기순이익이 과대계상된다.
③ 기말재공품의 원가가 과대계상된다.
④ 완성품환산량 단위당 원가가 과대계상된다.
⑤ 매출총이익이 과대계상된다.

7.35 (주)채원은 잉크를 생산하면서 공손품은 제품검사시점에 파악한다. 제조공정의 물량흐름이 다음과 같을 때, 아래의 설명 중 틀린 것은? [기업회계2급 수정]

• 기초 재공품(30%): 500개
• 완성품: 1,500개
• 당기착수량: 1,500개
• 기말재공품(50%): 400개

① 공손품 수량은 100개이다.
② 공손품이 모두 비정상공손이라면 해당 원가는 영업외비용으로 처리한다.
③ 공손품이 모두 정상공손이면 검사시점에 상관없이 해당 원가는 완성품에만 배분한다.
④ 정상공손품의 기준을 완성품의 5%라고 가정한다면 정상공손수량은 75개이다.
⑤ 정상공손품의 기준을 완성품의 4%라고 가정한다면 비정상공손수량은 40개이다.

7.36 종합원가계산에서 평균법에 의한 경우와 선입선출법에 의한 경우 완성품환산량 단위당 원가가 동일하게 산출되는 경우는 언제인가? [기업회계2급 수정]

① 기초재공품이 없는 경우
② 기말재공품이 없는 경우
③ 기초재공품과 기말재공품의 완성도가 동일한 경우
④ 기초재공품에 포함된 원가와 당기발생원가가 동일한 경우
⑤ 기초재공에 포함된 원가와 기말재공품의 원가가 동일한 경우

7.37 다음 자료를 활용하여 선입선출법에 의한 당기 완성품원가를 계산하면 얼마인가? [기업회계2급 수정]

• 당기착수량: 20,000단위
• 당기투입원가(재료비: ₩400,000, 가공비: ₩1,000,000)
• 기초재공품: 10,000단위(완성도 20%)
• 기초재공품원가(재료비: ₩300,000, 가공비: ₩200,000)
• 기말재공품: 5,000단위(완성도 40%)
• 재료비는 공정 초에 전량 투입되고, 가공비는 공정전반에 걸쳐 균등하게 발생한다.

① ₩1,600,000 ② ₩1,680,000 ③ ₩1,720,000
④ ₩1,780,000 ⑤ ₩1,820,000

7.38 (주)서하는 종합원가계산제도를 적용하고 있다. 공손품은 제품을 검사하는 시점에서 파악된다. 정상공손은 검사를 통과한 합격품의 10%이다. 검사시점이 20%와 100%인 경우 비정상공손수량은 각각 몇 개인가? [기업회계2급 수정]

- 기초재공품(완성도 40%): 500개
- 당기착수량: 4,500개
- 당기제품생산량: 3,050개
- 기말재공품(완성도 70%): 1,500개

	20%	100%
①	405개	305개
②	250개	450개
③	45개	145개
④	450개	250개
⑤	350개	250개

7.39 종합원가계산시 재료비는 공정 20%시점에 전량 투입되고, 가공비는 공정 전반에 균등하게 투입된다. 공정이 60%이 진행된 기말재공품의 완성품환산량에 대한 설명으로 맞는 것은? [기업회계2급 수정]

① 완성품환산량 계산시 재료비는 20% 투입된 것으로 본다.
② 완성품환산량 계산시 가공비는 20% 투입된 것으로 본다.
③ 완성품환산량 계산시 재료비는 100% 투입된 것으로 본다.
④ 완성품환산량 계산시 가공비는 80% 투입된 것으로 본다.
⑤ 완성품환산량 계산시 가공비는 100% 투입된 것으로 본다.

7.40 (주)보석은 종합원가계산을 채택하고 있다. 기말재공품에 대한 완성도가 실제보다 과대평가 되어 있다면 이 오류가 각 항목에 끼치는 영향으로 옳은 것은? [기업회계1급 수정]

	완성품환산량	완성품환산량 단위당 원가	완성품 원가	기말재공품 원가
①	과소평가	과대평가	과대평가	과대평가
②	과대평가	과대평가	과소평가	과소평가
③	과소평가	과소평가	과대평가	과소평가
④	과대평가	과소평가	과소평가	과대평가
⑤	과대평가	과소평가	과대평가	과대평가

7.41 당사는 선입선출법으로 종합원가계산을 하고 있다. 다음 자료에 따라 계산하는 경우 기말 재공품의 원가는 얼마인가? [전산회계1급 수정]

• 완성품환산량 단위당 재료비: ₩350　　• 완성품환산량 단위당 가공비: ₩200
• 기말재공품 수량: 300개(재료비는 공정초기에 모두 투입되고, 가공비는 80%를 투입)

① ₩132,000　② ₩153,000　③ ₩144,000　④ ₩165,000　⑤ ₩175,000

7.42 종합원가계산에 관한 다음 설명 중 가장 옳은 것은? [전산회계1급 수정]

① 항공기 제조와 같은 주문제작 업종에 적합하다.
② 다품종 소량생산에 유용하다.
③ 제조공정별로 원가를 집계한다.
④ 작업원가표에 의해 원가를 집계한다.
⑤ 제조간접원가의 배부가 중요하다.

7.43 다음의 자료에 의하여 종합원가계산에 의한 가공비의 완성품환산량을 계산하면 얼마인가? (단, 가공비는 가공 과정 동안 균등하게 발생한다고 가정한다) [전산세무2급 수정]

• 기초 재공품: 200개(완성도 30%)　　• 당기 착수량: 800개
• 당기 완성량: 600개　　• 기말 재공품: 400개(완성도 70%)

	평균법	선입선출법
①	880개	820개
②	800개	820개
③	880개	800개
④	820개	820개
⑤	820개	800개

7.44 다음 자료를 참고하여 (주)세무의 가공원가의 완성품 환산량을 구하면 얼마인가?

[전산세무1급 수정]

- (주)세무는 선입선출법에 의한 종합원가제도를 채택하고 있다.
- 직접재료는 공정초기에 전액 투입된다.
- 가공원가는 공정전반에 균등하게 투입된다.
- 공손은 없는 것으로 가정한다.
- 기초재공품은 200단위이며 완성도는 20%이다.
- 기말재공품은 220단위이며 완성도는 70%이다.
- 당기착수량은 880단위, 완성품수량은 860단위이다.

① 974단위 ② 1,174단위 ③ 744단위
④ 860단위 ⑤ 1,014단위

Ⅲ. 주관식

7.1 종합원가계산을 이용하는 기업의 가공비 완성품환산량을 계산하면 얼마인가?

기초재공품: 2,000개(완성도 30%) 당기착수량: 8,000개
당기완성품: 7,000개 기말재공품: 3,000개(완성도 30%)
재료는 공정초에 전량 투입되고, 가공비는 공정전반에 걸쳐 균등하게 투입된다.
원가흐름에 대한 가정으로 선입선출법을 사용하고 있다.

7.2 평균법에 의한 가공비의 완성품환산량을 계산하면 얼마인가?

기초재공품: 10,000단위(완성도 60%) 기말재공품: 20,000단위 (완성도: 50%)
착 수 량: 30,000단위 완성품수량: 20,000단위
원재료는 공정초에 전량 투입되고, 가공비는 공정전반에 걸쳐 균등하게 발생한다.

7.3 (주)안산은 종합원가계산제도를 채택하고 있다. 5월 중 80,000단위를 제조과정에 투입하여 83,000단위를 완성시켰으며, 기초재공품과 기말재공품은 각각 5,000단위, 2,000단위이다. 재료비 완성도는 기초재공품 60%, 기말재공품 80%, 가공비 완성도는 기초재공품 80%, 기말재공품 50%이다. 재료비와 가공비는 공정 전반에 걸쳐 균일하게 소비된다.

물음 1) 평균법을 이용하여 물량흐름과 완성품 환산량을 계산하면 얼마인가?
2) 선입선출법을 이용하여 물량흐름과 완성품 환산량을 계산하면 얼마인가?

7.4 (주)경기는 종합원가계산제도를 채택하고 있다. 재료는 제조착수시에 80%가 투입되며, 나머지는 공정 전반에 걸쳐 균일히게 투입된디. 5월 한 달 동안의 물량흐름괴 가공비의 완성도는 다음과 같다.

5월 1일 재공품 : 5,000 단위(70% 완성)
5월 중 완성량 : 80,000 단위(100% 완성)
5월 31일 재공품: 10,000 단위(60% 완성)

물음 1) 평균법을 이용하여 직접재료비와 가공비의 환산량을 계산하면 얼마인가?
2) 선입선출법을 이용하여 직접재료비와 가공비의 환산량을 계산하면 얼마인가?

7.5 현대(주)는 선입선출법을 이용하여 공정별 종합원가계산을 실시한다. 원재료는 1공정 개시시점에서 전량 투입된다. 다음 자료를 이용하여 1공정의 재료비와 가공비의 완성품환산량을 계산하면? [1995년 공인회계사]

기초재공품수량	300개 (30%)
착 수 량	2,500개
2공정 대체량	2,300개
기말재공품수량	500개 (40%)

7.6 (주)태희는 실제종합원가계산제도를 채택하고 있다. 원재료는 공정초에 전량투입되고 가공비는 공정 전반에 걸쳐 균등하게 발생한다.

	물량흐름	재료비	가공비
기초재공품	1,000개(40%)	₩10,000	₩12,000
당기투입량	9,000개	₩70,000	₩78,000
기말재공품	2,000(50%)		

물음 1) 평균법을 이용하여 완성품 제조원가와 기말재공품 원가를 계산하시오.
2) 선입선출법을 이용하여 완성품 제조원가와 기말재공품 원가를 계산하시오.

7.7 (주)순종은 복합기를 제조해 판매하는 회사로서 종합원가계산 시스템을 채택하고 있으며, 원가계산과 관련된 자료는 다음과 같다. 재료는 제조 착수시에 투입되고 가공비는 공정 전반에 걸쳐 투입된다.

> 기초재공품 수량 : 1,000단위 (가공비 50%)
> 기초재공품 원가 : 직접재료비 ₩18,000 가공비 ₩12,000
> 당기 투입원가 : 직접재료비 ₩150,000 가공비 ₩200,000
> 당기 완성품 수량 : 50,000단위
> 기말재공품 수량 : 6,000단위 (가공비 50%)

물음 1) 평균법을 이용하여 완성품 제조원가와 기말재공품 원가를 계산하시오.
2) 선입선출법을 이용하여 완성품 제조원가와 기말재공품 원가를 계산하시오.

7.8 (주)태희는 종합원가계산제도를 채택하고 있다. 재료는 제조 착수시 투입되며, 가공비는 공정 전반에 걸쳐 균일하게 투입된다. 5월의 원가계산 관련 자료는 다음과 같다.

> 기초재공품 수량 : 5,000단위 (직접재료비 100%, 가공비 60%)
> 기초재공품 원가 : 직접재료비 ₩50,000 가공비 ₩30,000
> 당기 투입 수량 : 95,000단위
> 당기 투입원가 : 직접재료비 ₩1,045,000 가공비 ₩1,248,000
> 기말재공품 수량 : 2,000단위 (직접재료비 100%, 가공비 50%)

물음 1) 선입선출법을 이용하여 기말재공품 원가를 구하시오.
2) 선입선출법을 평균법으로 전환한 후의 환산량을 구하시오.

7.9 (주)우주는 화학약품을 생산하고 있으며, 재공품의 평가방법으로 평균법을 적용하고 있다. 5월의 생산과 관련된 자료는 다음과 같다.

기초재공품 수량: 500단위 (가공비 60%)	기초재공품 원가 : 가공비 ₩30,000
당기 투입원가 : 가공비 ₩220,000	당기 완성 수량 : 2,000단위
기말재공품 수량: 1,000단위 (가공비 ?%)	기말재공품 원가 : 가공비 ₩50,000

물음 1) 기말재공품의 가공비 완성도는 몇%인가?

7.10 다음은 (주)서울의 제1공정에 관한 자료이다. 원재료는 공정초에 모두 투입되며, 가공비는 전체공정에 걸쳐 균등하게 발생한다. 제1공정에서는 선입선출법을 적용하여 제품원가를 계산하고 있다. [1997년 공인회계사]

(1) 생산자료

	물량단위	가공비 완성도
기초 재공품	10,000	80%
기말 재공품	20,000	40%
당기투입	100,000	
완성품	90,000	

(2) 원가자료

	직접재료원가	가공비	합계
기초 재공품	₩315,000	₩138,800	₩453,800
당기투입	₩1,500,000	₩900,000	₩2,400,000

물음 1) 제1공정의 완성품환산량과 환산량 단위당 원가를 계산하시오.

2) 제1공정의 완성품원가와 기말 재공품원가를 계산하시오.

제 8 장

결합원가계산

학습목표

흔히 하나의 제조프로세스에서 한 가지 제품만을 생산하는 것으로 알고 있으나, 동일한 생산 공정에서 동일한 원재료를 투입하여 2종류 이상의 제품을 생산하는 경우도 허다하다. 이를테면, 정유업이나 정육업이 이에 속한다. 본 장에서는 이와 같은 제품들에 대한 원가계산 문제에 대한 내용을 다룬다. 이에 따라 학습목표는 다음과 같이 설정한다.

1. 결합 생산프로세스의 본질은 무엇인가?
2. 결합제품, 주산품, 부산물, 작업폐물이란 무엇인가?
3. 다양한 결합제품의 원가계산은 어떠한 방법으로 할 수 있는가?
4. 결합제품과 관련된 의사결정은 어떻게 해야 하는가?

제1절 기본개념

동일한 종류의 원재료를 투입하여 동일한 공정에서 2종류 이상의 제품을 생산하는 경우에 이들 제품을 총칭하여 연산품(joint products) 또는 결합제품이라 한다. 예를 들면, 정유회사에서는 동일한 원료인 원유로부터 휘발유, 등유, 경유, 나프타 등을 생산한다. 이러한 제품들은 일정한 생산단계에 도달할 때까지는 각 제품별로 구분할 수 없으며, 특정단계 이후에야 비로소 개별제품으로 식별된다. 따라서 각 제품이 개별적으로 식별 가능한 시점에 이를 때까지 발생한 제조원가를 개별제품에 합리적으로 배부해야 한다.

산 업	원 료	연산품
석유산업	원유	휘발유, 등유, 경유
정육업	돼지	고기, 베이컨, 햄, 기름, 소세지
낙농업	우유	치즈, 버터, 생크림
화학공업	나프타	에틸렌, 부틸렌, 프로필렌

동일공정으로부터 산출되는 결합제품은 각 제품의 판매가치에 따라, 이를 크게 주산품(main products), 부산물(by-products), 작업폐물(scrap)로 나눈다.

주산품이란 결합제품 중 판매가치가 상대적으로 중요한 제품을 말한다. 반면에, 부산물이란 주산품의 제조과정에서 부수적으로 생산되는 제품으로 판매가치가 상대적으로 낮은 제품이다. 작업폐물은 생산에 투입된 원재료의 찌꺼기나 조각을 의미하는 것으로 판매가치가 거의 없거나 판매비용이 판매가치보다 커서 일반적으로 순실현가능액이 음(−)인 경우의 제품이다.

결합제품이 일정한 생산단계에 도달하여 개별제품으로 식별될 수 있는 시점을 분리점(split-off point)이라고 한다. 결합원가(joint cost)란 분리점에 도달하기까지 결합제품을 생산하는 과정에서 발생한 제조원가를 말한다. 분리점에서 분리된 각 개별제품은 그 단계에서 중간제품으로 판매할 수도 있고, 추가가공을 거친 후에 완제품으로 판매할 수도 있다. 이렇게 분리점 이후에 발생하는 원가를 분리가능원가(separable costs) 또는 추가가공원가(additional processing costs)라고 한다.

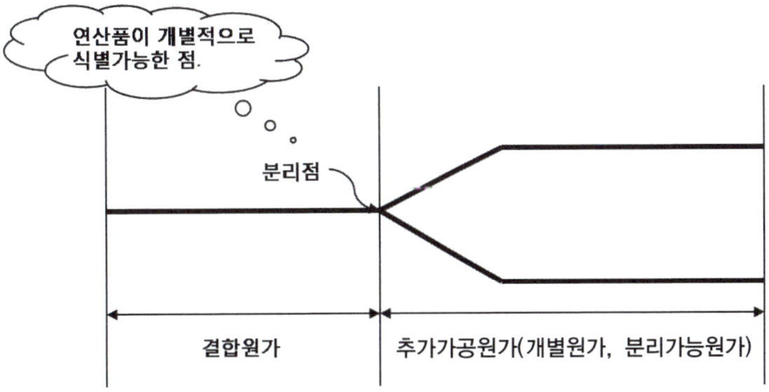

정유회사의 경우 원유를 처리하는데 소요되는 원가가 결합원가이고, 원유가 휘발유, 등유, 경유, 나프타 등으로 식별되는 시점이 분리점이다. 분리점에서 경유, 등유는 즉시 판매될 수 있으나, 휘발유는 추가가공을 해야만 판매할 수 있다면, 이때 휘발유의 추가가공에 소요되는 원가가 분리가능원가 또는 추가가공원가이다.

제2절 결합원가의 배부

결합원가를 결합제품에 배부하는 방법에는 순실현가치법, 판매가치법, 물량 기준법, 균등매출총이익률법이 있다.

1 분리점에서 판매가능

1) 물량기준법

물리적 측정치법(physical measure method)이라고도 불리는 물량기준법은 분리점에서 개별제품의 수량, 중량, 부피, 면적 등과 같은 물리적 단위를 기준으로 하여 결합원가를 배부하는 방법이다. 물량기준법은 제품의 가격이 매우 유동적이거나 알려져 있지 않을 때, 또는 분리점과 최초의 판매가능시점 사이에 많은 공정이 있을 때 주로 사용된다.

예제

GS칼텍스는 10,000l의 원유를 가공하여 등유와 경유를 생산하는데 2017년 3월에 발생한 생산수량, 판매가격, 제조원가 자료는 다음과 같다.

패널 A

제품명	생산량	l당 판매가격
등유	6,000l	₩50
경유	4,000l	550
합계	10,000l	₩600

패널 B

항목	금액
직접재료원가	₩300,000
직접노무원가	200,000
제조간접원가	150,000
합계	₩650,000

물음

GS칼텍스는 제품의 생산량을 기준으로 결합원가를 배부할 경우 등유와 경유제품에 배부될 결합원가 배부액은 얼마인가?

풀이

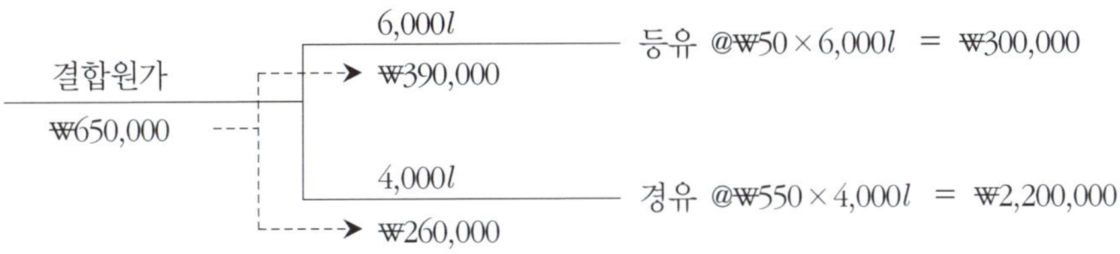

* 결합원가 배부액

$$\text{등유} = ₩650{,}000 \times \frac{6{,}000l}{10{,}000l} = ₩390{,}000$$

$$\text{경유} = ₩650{,}000 \times \frac{4{,}000l}{10{,}000l} = ₩260{,}000$$

물량기준법은 다음과 같은 문제점을 지닌다. 첫째, 개별제품들의 물리적 기준과 판매가치 사이에 밀접한 관계가 존재하지 않는 경우에 물량기준법을 사용하게 되면, 다음 표와 같이 개별제품의 수익에 대해 잘못된 정보를 제공한다. 따라서 물량기준법은 물량과 판매가치 간에 양(+)의 상관관계가 확인되었을 때 이용해야 한다.

GS칼텍스는 3월에 생산된 제품을 모두 판매하였다고 가정하고 물량기준법을 이용하여 결합원가를 배부한 후 부분포괄손익계산서는 다음과 같다.

등유의 가격은 l당 ₩50, 경유의 가격은 l당 ₩550으로 11배의 차이가 나지만 원가는 l당 ₩65으로 동일하게 배부함으로써 등유의 수익성이 너무 낮게 계산되는 결과를 보이고 있다.

항목	등유	경유	합계
매출액①	₩300,000	₩2,200,000	₩2,500,000
매출원가②	390,000	260,000	650,000
매출총이익③=①-②	(₩90,000)	₩1,940,000	₩1,850,000
매출총이익률④=③/①	(30.00%)	88.18%	74.00%

둘째, 단일의 측정기준이 없는 경우에는 물량기준법을 적용하기가 곤란하다. 즉, 결합제품의 물리적 형태가 상이한 경우(예: 고체, 액체, 기체) 물리적 측정단위(예: kg, l, m^3)도 각기 상이하므로 공통 척도인 원가배부기준을 결정할 수 없게 된다.

2) 분리점에서의 상대적 판매가치법

분리점에서의 상대적 판매가치를 기준으로 하여 결합원가를 배부하는 방법을 상대적 판매가치법(relative sales value method)이라 한다.

예제

GS칼텍스는 10,000*l*의 원유를 가공하여 등유와 경유를 생산하는데 2017년 3월에 발생한 생산수량, 판매가격, 제조원가 자료는 다음과 같다.

패널 A

제품명	생산량	*l*당 판매가격
등유	6,000*l*	₩50
경유	4,000*l*	550
합계	10,000*l*	₩600

패널 B

항목	금액
직접재료원가	₩300,000
직접노무원가	200,000
제조간접원가	150,000
합계	₩650,000

물음

GS칼텍스는 분리점에서의 상대적 판매가치를 기준으로 결합원가를 배부할 경우 등유와 경유 제품에 배부될 결합원가 배부액은 얼마인가?

풀이

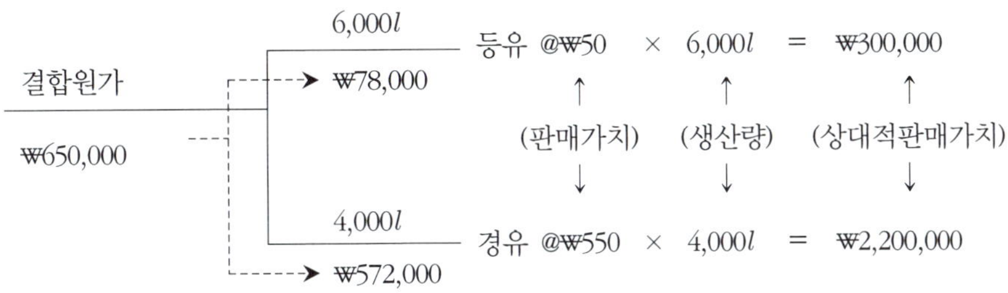

* 상대적 판매가치
등유의 상대적 판매가치 = @₩50 × 6,000l = ₩300,000
경유의 상대적 판매가치 = @₩550 × 4,000l = ₩2,200,000

* 결합원가 배부액

$$\text{등유} = ₩650,000 \times \frac{₩300,000}{₩2,500,000} = ₩78,000$$

$$\text{경유} = ₩650,000 \times \frac{₩2,200,000}{₩2,500,000} = ₩572,000$$

상대적 판매가치법은 판매가치가 높은 제품에는 많은 원가를 배부하고 판매가치가 낮은 제품에는 적은 원가를 배부하여 수익과 비용이 적절히 대응될 수 있도록 하는 논리로 원가를 배부하는 방법이다.

상대적 판매가치법을 사용하기 위해서는 분리점에서 개별제품의 판매가치를 신뢰성 있게 측정할 수 있어야 하는데, 분리점에서 개별제품을 판매할 수 있다면 판매가치의 측정이 용이하기 때문에 상대적 판매가치법을 이용하여 결합원가를 배부하기 쉽게 된다.

GS칼텍스는 3월에 생산된 제품을 모두 판매하였다고 가정하고 상대적 판매가치법을 이용하여 결합원가를 배부한 후, 부분포괄손익계산서를 작성하면 다음과 같다.

항목	등유	경유	합계
매출액①	₩300,000	₩2,200,000	₩2,500,000
매출원가②	78,000	572,000	650,000
매출총이익③=①−②	₩222,000	₩1,628,000	₩1,850,000
매출총이익률④=③/①	74.00%	74.00%	74.00%

물량기준법과 달리 두 제품 모두가 이익을 보이고 있어 각 제품의 수익성에 대한 잘못된 추정을 피할 수 있게 해준다.

상대적 판매가치법은 결합원가배부액과 분리점에서의 판매가치비율이 개별제품들에 대하여 동일하다는 것으로서, 이 방법에 따라 결합원가를 배부하면 개별제품의 원가가 수익을 창출하는데 동일한 공헌을 하는 것으로 나타나게 된다. 그러나 상대적 판매가치법은 판매가치비율에 의해 원가를 배부하는 것이므로 가격결정을 위한 원가계산에는 부적합한 방법이라 할 수 있다.

2 분리점에서 추가가공 후 판매가능

1) 순실현가치법

순실현가치법(net realizable value method)는 추정순실현가치의 상대적인 비율을 기준으로 결합원가를 배부하는 방법이다. 순실현가치는 개별제품의 예측된 최종판매가치에서 생산과 판매에 관련하여 예측된 분리원가를 차감한 금액을 말한다.

순실현가치 = 예상판매가격 − (예상분리원가 + 예상판매비용)

분리점에서 개별제품의 판매가치를 알 수 있는 경우에는 상대적 판매가치법을 적용하여 결합원가를 배부할 수 있지만, 분리점에서의 판매가치를 알 수 없는 경우에는 개별제품의 예측된 최종판매가치에서 생산과 판매에 관련하여 예측된 분리원가를 차감한 순실현가치를 배부기준으로 사용한다.

예제

GS칼텍스는 등유의 경우 분리점에서 l당 ₩50에 판매될 수 있지만 경유는 판매시장이 존재하지 않는다. 따라서 경유는 추가가공하여 단위당 ₩600에 판매하려고 한다. 중간재 경유 4,000l를 추가가공하는데 직접노무원가 ₩200,000과 제조간접원가 ₩100,000이 소요된다.

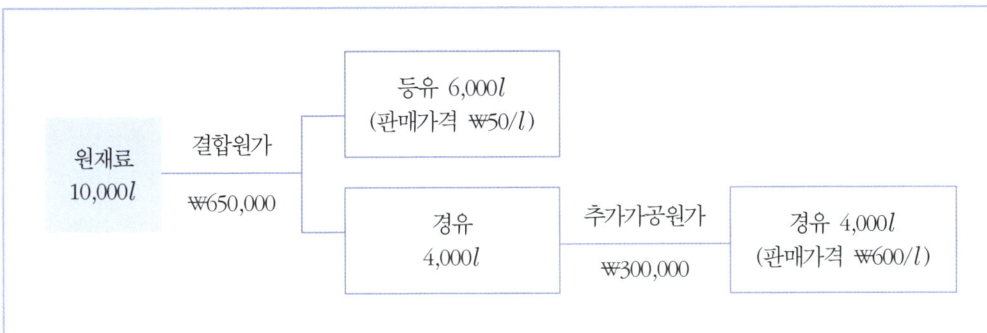

물음

GS칼텍스는 순실현가치를 기준으로 결합원가를 배부할 경우 등유와 경유제품에 배부될 결합원가 배부액은 얼마인가?

풀이

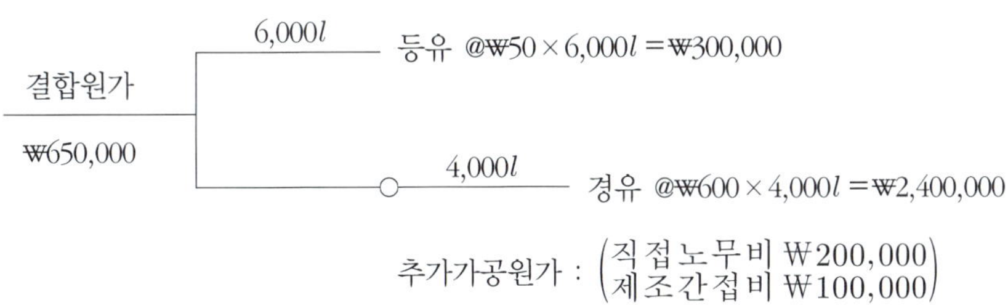

* 순실현가치
  등유의 순실현가치 = ₩300,000 − ₩0 = ₩300,000
  경유의 순실현가치 = ₩2,400,000 − ₩300,000 = ₩2,100,000

* 결합원가 배부액

$$\text{등유} = ₩650,000 \times \frac{₩300,000}{₩2,400,000} = ₩81,250$$

$$\text{경유} = ₩650,000 \times \frac{₩2,100,000}{₩2,400,000} = ₩568,750$$

GS칼텍스는 3월에 생산된 제품을 모두 판매하였다고 가정하고 순실현가치법을 이용하여 결합원가를 배부한 후, 다음의 부분포괄손익계산서를 작성하였다.

항목	등유	경유	합계
매출액①	300,000	2,400,000	2,700,000
매출원가②	81,250	868,750	950,000
매출총이익③=①-②	218,750	1,531,250	1,750,000
매출총이익률④=③/①	72.92%	63.80%	64.81%

분리점 이전에 상대적 판매가치법을 이용하여 결합원가를 배부하면 매출총이익률이 동일하지만, 분리점 이후에 순실현가치법을 이용하여 결합원가를 배부하면 각 제품의 매출액총이익률이 상이하게 된다.

Ⅰ. 평가자체크리스트

※ 다음 서술이 옳으면 T, 옳지 않으면 F를 기재하시오.

8.1 연산품이란 동일한 종류의 원재료를 투입하여 동일한 공정에서 2종류 이상의 제품을 생산하는 경우를 말한다.

8.2 분리점이란 결합제품이 일정한 생산단계에 도달하여 개별제품으로 식별될 수 있는 시점을 말한다.

8.3 상대적판매가치법에서 분리점의 판매가치를 계산할 때에는 생산량이 아닌 판매량을 이용한다.

8.4 물량기준법은 제품의 판매가격을 알 수 없을 때 유용하게 사용될 수 있다.

8.5 분리점에서의 판매가치를 알 수 없는 경우에는 상대적판매가치법을 사용할 수 있다.

8.6 결합제품은 각 제품의 판매가치에 따라 주산품, 부산물, 작업폐물로 나눈다.

8.7 분리점 이후에 발생하는 원가를 분리가능원가 또는 추가가능원가라고 한다.

8.8 분리점은 미완성이라도 개별 제품을 인식할 수 있는 제조공정에 있는 점이다.

8.9 연산품원가계산시 결합원가를 개별제품에 배분하는 방법으로 물량기준법, 상대적판매가치법, 순실현가치법, 균등이익률법을 일반적으로 적용한다. 기초 및 기말재고자산이 없다고 가정할 경우 각 방법 적용시 결합원가 총액이 모두 매출원가로 비용처리되므로 회사의 당기순이익은 4가지 방법 모두 같다.

8.10 결합원가의 배분은 경영자에게 연산품 또는 주산품을 분리점에서 판매할 것인지 아니면 추가 가공할 것인지를 결정하는 데 도움을 준다.

Ⅱ. 객관식

8.1 결합원가는 무엇으로 구성되는가?

① 직접재료비 ② 기본원가 ③ 제조원가
④ 전환원가 ⑤ 판매관리비

8.2 연산품 A와 B는 분리시점에서 순실현가치에 의해 결합원가가 배분된다. 이때 연산품 B의 판매가격이 하락하였을 때 나타나는 영향으로 옳은 것은? [전산세무1급 수정]

① A품목의 판매수량이 증가한다.
② B품목의 판매수량이 증가한다.
③ A품목의 결합원가 배분액이 증가한다.
④ B품목의 결합원가 배분액이 증가한다.
⑤ 정답없음

8.3 상대적판매가치법에 의한 결합원가 배분시 연산품 A, B의 단위당 원가는 얼마인가? 단, 연산품의 결합원가는 ₩200,000이다. [2002년 공무원 수정]

제품	생산량	판매단가
A	200개	₩1,000
B	400	500

	A	B		A	B
①	₩300	₩450	②	₩350	₩350
③	₩400	₩300	④	₩500	₩250
⑤	₩500	₩450			

8.4 (주)알피는 나노바이오 원재료를 가공하여 컵과 쟁반을 생산한다. 컵과 쟁반은 추가 가공되며 결합원가는 ₩93,000이다. 결합원가는 순실현가능가치를 기준으로 배분할 때 컵과 쟁반의 제품원가는 얼마인가? (단, 10원 미만은 반올림 하시오.) [기업회계2급 수정]

제품	생산량	단위당 추가가공원가	단위당 최종판매가격
컵	10,000단위	₩2	₩4
쟁반	5,000단위	₩2	₩10

	컵	쟁반		컵	쟁반
①	₩31,000	₩62,000	②	₩31,000	₩72,000
③	₩51,000	₩62,000	④	₩51,000	₩82,000
⑤	₩51,000	₩75,000			

8.5 (주)세무는 X제품과 Y제품을 생산하여 판매하고 있다. 이 제품들은 결합생산되며 6월 중에 판매가 이루어진다. 다음의 6월 생산 및 판매자료를 이용하여 기말재고액을 계산하면 얼마인가? X제품과 Y제품은 모두 분리점 이후 추가가공을 거친 후에 판매가 이루어지며 결합원가는 ₩250,000이다. 단, 기초재고자산은 없으며 결합원가는 순실현가치법에 의하여 배분한다. [기업회계1급 수정]

	X제품	Y제품	합계
단위당 판매가격	₩1,200	₩2,000	
단위당 판매비	₩200	₩300	
추가가공원가	₩120,000	₩220,000	₩340,000
생 산 량	300개	200개	500개
판 매 량	210개	150개	360개

① ₩81,000 ② ₩161,000 ③ ₩180,000
④ ₩270,000 ⑤ ₩300,000

8.6 순실현가능가치에 의한 다음 '갑'과 '을' 제품의 결합원가 배부액은? [기업회계2급 수정]

'갑'제품의 단위당 판매가격 ₩1,000
'갑'제품의 판매를 위한 단위당 추가가공비 ₩200
'갑'제품의 생산량 100단위
'을'제품의 단위당 판매가격 ₩800
'을'제품의 판매를 위한 단위당 추가가공비 ₩100
'을'제품의 생산량 80단위
결합원가 ₩4,080,000

	갑	을		갑	을
①	₩2,200,000	₩1,880,000	②	₩2,400,000	₩1,680,000
③	₩2,600,000	₩1,480,000	④	₩2,800,000	₩1,280,000
⑤	₩2,800,000	₩1,880,000			

8.7 (주)세무는 X제품과 Y제품으로 구성된 두 개의 연산품을 생산하고 있다. 5월의 결합원가는 ₩500,000이다. 분리점 이후 제품을 판매가능한 형태로 전환하는데 필요한 가공비는 X제품이 월생산량 200개에 대하여 ₩200,000이고, Y제품은 240개에 대하여 ₩360,000이다. X제품과 Y제품의 단위당 판매가격은 각각 ₩3,000과 ₩4,000이다. 순실현가능가치를 기준으로 결합원가를 배분할 경우 Y제품에 배분될 금액은 얼마인가?

[기업회계1급 수정]

① ₩200,000 ② ₩300,000 ③ ₩400,000
④ ₩500,000 ⑤ ₩600,000

8.8 다음 자료에 의하여 순실현가능가액에 의한 연산품의 제품별 결합원가배분액을 구하시오. [기업회계2급 수정]

- 결합원가: ₩23,000,000
- 생산량: '갑' 제품 7,000개, '을' 제품 3,000개
- 추가가공전 단위당 매출가격: '갑' 제품 ₩1,300, '을' 제품 ₩700
- '을' 제품의 추가가공에 의한 단위당 매출가격: ₩900
- '을' 제품의 추가가공판매를 위한 단위당 추가가공비: ₩100

	갑	을		갑	을
①	₩17,968,644	₩5,331,356	②	₩16,100,000	₩6,900,000
③	₩18,200,000	₩4,800,000	④	₩17,737,288	₩5,262,712
⑤	₩17,737,288	₩6,900,000			

8.9 (주)청솔은 동일공정에서 3가지 제품 A, B, C를 생산하고 있다. 결합원가는 분리점에서의 상대적 판매가치를 기준으로 배분하고 있다. 이와 관련된 자료는 다음과 같다.

	A	B	C	합 계
생 산 량	?		50	250개
결합원가	₩24,000			₩60,000
분리점의 판매가치	?	₩42,000		₩120,000

분리점 이후 C제품 50개에 대하여 총 ₩8,000을 추가로 투입하여 최종 제품으로 완성한 다음 단위당 ₩700에 판매하는 경우 C제품의 매출총이익은 얼마인가? [기업회계1급 수정]

① ₩12,000 ② ₩13,000 ③ ₩14,000
④ ₩15,000 ⑤ ₩20,000

8.10 다음 자료에 의하여 순실현가능가액에 의한 결합원가의 제품별 배분비율은?

[기업회계2급 수정]

	'갑' 제품	'을' 제품
생산량	200개	50개
단위당판매가격	@₩750	@₩250
단위당 추가가공비	@₩500	@₩50

① 4 : 1
② 5 : 1
③ 6 : 1
④ 7 : 1
⑤ 8 : 1

8.11 (주)우리는 결합공정을 통하여 갑제품과 을제품을 제조하고 있다. 분리시점에서의 판매가치는 갑제품 10,000개에 대하여 ₩1,400,000이고, 을제품 15,000개에 대하여 ₩600,000이다. 분리시점에 판매가치에 의해서 결합원가를 배분한다면 갑제품에 대한 배부액은 ₩280,000이 될 것이다. 총 결합원가는 얼마인가? [기업회계1급 수정]

① ₩700,000
② ₩600,000
③ ₩400,000
④ ₩200,000
⑤ ₩100,000

8.12 크린정유(주)의 정유공정 A에서는 휘발유를 생산하고 있다. 이 휘발유가 추가공정 B를 거치면 유연휘발유로 판매되고 추가공정 C를 거치면 무연휘발유로 생산 판매된다. 2월중 정유공정 A의 제조원가는 ₩1,000,000이다. 추가공정 B의 제조원가는 ₩40,000이고, 추가공정 C의 제조원가는 ₩160,000이다. 2월중에 유연휘발유는 8,000리터를 생산하여 리터당 ₩95으로 판매되었다. 무연휘발유는 12,000리터를 생산하여 리터당 ₩120으로 판매되었다. 순실현가치법(net realizable value method)에 의한 유연휘발유의 제조원가는 얼마인가? [1999년 공인회계사]

① ₩400,000
② ₩333,333
③ ₩360,000
④ ₩640,000
⑤ ₩800,000

8.13 다음 자료를 이용하여 물음에 답하시오. 결합원가는 순실현가치법에 의해 배분한다. 그리고 A와 B 모두 추가가공하여 판매하기로 하였다. B 제품을 추가 가공하여 판매시 계상해야 할 이익은? [1995년 공인회계사]

	A	B	합 계
단위	10,000개	8,000개	18,000개
결합원가	?	?	₩70,000
분리점에서의 판매가격	×	₩60,000	
추가가공비	₩40,000	₩30,000	
추가가공 후 판매가격	₩60,000	₩90,000	

① ₩0 ② ₩7,500 ③ ₩10,000
④ ₩11,000 ⑤ ₩28,889

8.14 제주초콜릿회사는 코코아를 가공하여 두 종류의 중간제품인 분말초콜릿원액과 밀크초콜릿원액을 생산한다. 20×8년1월 중에 1000리터의 코코아를 가공하여 분말초콜릿원액 400리터와 밀크초콜릿원액 500리터를 얻었다. 결합원가는 ₩3,600,000이다. 분말초콜릿원액 400리터는 추가가공되어 분말초콜릿 400kg이 생산되어 판매되었고, 밀크초콜릿원액 500리터가 추가가공되어 밀크초콜릿 600kg이 생산되어 판매되었다. 분말초콜릿의 추가가공원가는 ₩400,000, 밀크초콜릿의 추가가공원가는 ₩600,000이다. 제품의 판매가격은 다음과 같다.

분말초콜릿원액: ₩2,500/리터 분말초콜릿: ₩3,000/kg
밀크초콜릿원액: ₩4,000/리터 밀크초콜릿: ₩5,000/kg

분리점에서의 상대적 판매가치법을 사용할 때 분말초콜릿원액에 배분되는 결합원가는 얼마인가? [1994년 세무사]

① ₩1,080,000 ② ₩1,200,000 ③ ₩2,400,000
④ ₩2,520,000 ⑤ ₩3,200,00

8.15 (주)제주는 원재료 A 100kg을 가공하여 P 20kg과 K 80kg을 생산하고 있다. P와 K는 시장가치가 존재하지 않아 추가로 가공하여 각각 PP 20kg과 KK 80kg을 생산하여 판매하고 있다. 원재료 A의 가공과 관련하여 재료비 ₩10,000과 가공비 ₩20,000이 발생하였으며, 중간제품 P와 K의 가공에는 각각 ₩40,000, ₩60,000의 원가가 발생하였다. 최종제품 PP와 KK의 판매가격은 단위당 각각 ₩10,000, ₩5,000이다. 원재료 A의 가공과 관련된 총원가 ₩30,000 은 P와 K에 어떻게 배분되어야 하는가? [1995년 세무사]

	P	K		P	K
①	₩6,000	₩24,000	②	₩9,600	₩20,400
③	₩10,000	₩20,000	④	₩12,000	₩18,000
⑤	₩18,000	₩12,000			

8.16 은평(주)는 결합제조공정에서 A와 B제품을 생산하고 있다. 은평(주)는 A제품 5,000개와 B제품 4,000개를 생산하였으며, 분리시점에서 단위당 판매가치는 A제품은 @₩1,600 B제품은 @₩1,000이다. 순실현가치법에 따라 A제품에 배부되는 결합원가가 ₩2,400,000이었다면 총 결합원가는 얼마인가? [1998년 세무사]

① ₩3,600,000　　② ₩6,000,000
③ ₩4,000,000　　④ ₩3,200,000
⑤ ₩4,200,000

8.17 (주)한강은 동일 공정에서 3가지 제품 A, B, C를 생산하고 있다. 결합원가는 분리점에서의 상대적 판매가치를 기준으로 배분하고 있다. 이와 관련된 자료는 다음과 같다.

	A	B	C	합계
생산량	?	?	400	2,000개
결합원가	180,000	?	?	₩360,000
분리점의 판매가치	?	280,000	?	₩800,000

분리점 이후에 C제품 400개에 대하여 총 ₩14,000을 추가로 투입하여 최종제품으로 완성한 다음 단위당 ₩500에 판매하는 경우 C제품의 매출총이익은? [2002년 공인회계사]

① ₩118,000　　② ₩132,000
③ ₩146,000　　④ ₩160,000
⑤ ₩174,000

8.18 (주)백두산화학은 동일한 원재료를 가공하여 두 개의 결합제품 A와 B를 생산한다. 7월중 A와 B의 생산과정에서 발생한 직접재료원가는 ₩140,000, 가공원가는 ₩180,000이었다. 분리점에서 A의 판매가치는 ₩280,000인 반면, B는 추가가공을 거쳐 C라는 제품으로 전환되어 ₩500,000에 판매된다. 추가공정에서는 ₩80,000의 가공원가가 발생한다. 순실현가치법을 기준으로 결합원가를 배분할 경우 최종판매시점에서 A제품과 C제품의 매출총이익률은 각각 얼마인가? [2005년 공인회계사]

① 25.71%와 38.40%　　② 25.71%와 61.60%
③ 45.71%와 61.60%　　④ 45.71%와 38.40%
⑤ 54.29%와 45.60%

8.19 (주)결합은 나프탈렌을 원재료로 하여 고급비누와 저급비누 두 종류의 제품을 생산하고 있다. 당사는 결합원가 계산방식으로 순실현가치법을 적용하고 있다. 아래 주어진 자료를 이용하여 고급비누에 배분될 결합원가를 계산하시오. [전산세무1급 수정]

- 결합원가: ₩10,000,000
- 고급비누 순실현가능가치: ₩14,000,000
- 저급비누 순실현가능가치: ₩6,000,000

① ₩3,000,000
② ₩5,000,000
③ ₩7,000,000
④ ₩9,000,000
⑤ ₩10,000,000

8.20 결합원가에 대한 설명으로 틀린 것은? [기업회계2급 수정]

① 동일한 원재료에서 출발하여 서로 다른 제품으로 인식되는 시점을 분리점이라 한다.
② 대표적인 예로 정유업이 해당한다.
③ 공동의 재료를 가공하여 동시에 얻는 여러 종류의 제품을 연산품이라 한다.
④ 분리점 이전에 발생한 제조원가를 추가가공원가라 하며, 이는 의사결정과정에 영향을 미친다.
⑤ 결합제품 중 판매가치가 상대적으로 중요한 제품을 주산품이라고 한다.

8.21 (주)채원은 당기에 사업을 개시하여 동일한 공정에 ₩420,000을 투입하여 제품 X, Y를 생산, 판매하고 있다. 관련 자료가 다음과 같을 때, 순실현가치법에 따라 결합원가를 배분할 경우, 제품 X에 배분될 결합원가액은?(소수점 발생시 소수첫째자리에서 반올림할 것) [기업회계2급 수정]

	생산량	분리점 판매가치 (개당)	추가가공원가	단위당 판매가격
X	400개	₩3,000	₩400,000	₩8,000
Y	300개	₩4,000	–	₩7,000

① ₩180,000
② ₩240,000
③ ₩400,000
④ ₩420,000
⑤ ₩480,000

8.22 연산품 원가계산에 대한 설명 중 틀린 것은? [기업회계2급 수정]

① 순실현가치에 의한 결합원가 배분시 해당 제품의 추가가공비가 클수록 결합원가의 배분은 작아진다.

② 물량기준에 의한 결합원가 배분은 제품별 이익률이 다르게 나타날 수 있다.

③ 연산품 원가계산은 분리점이 되기 전까지 주산물과 부산물을 명확히 구분하기 곤란한 경우에 적용한다.

④ 순실현가치법은 각 제품의 수혜도에 따라 결합원가를 배분하는 방법이다.

⑤ 개별제품으로 식별될 수 있는 시점을 분리점이라고 한다.

8.23 (주)보석은 결합원가 ₩7,500,000을 투입하여 제품A 700개와 제품B 1,500개를 생산하였으며, 제품A와 B의 최종 완성과정에서 ₩1,460,000과 ₩1,000,000의 원가가 추가로 발생하였다. 제품A와 B의 단위당 판매가격은 @₩6,000과 @₩5,500이다. (주)보석이 균등이익률법에 따라 결합원가를 배분한다고 할 때, 제품B에 배분되는 결합원가는? [기업회계1급 수정]

① ₩5,600,000
② ₩1,900,000
③ ₩7,500,000
④ ₩3,360,000
⑤ ₩9,960,000

8.24 (주)세무는 홍삼을 가공하여 건강기능식품원액과 화장품원액 및 비누원액을 생산한 후 추가가공을 거쳐 홍삼엑기스와 화장품 및 미용비누를 생산하고 있다. 세 가지 제품에 공통적으로 투입된 결합원가는 ₩24,000,000이다. 이 경우 순실현가치법에 의할 때 화장품에 배부될 결합원가는 얼마인가? [전산세무1급 수정]

구분	홍삼엑기스	화장품	미용비누
생산수량	2,000개	4,000개	6,000개
최종판매가	₩13,000	₩6,000	₩2,000
추가가공원가	₩4,000,000	₩6,000,000	₩2,000,000

① ₩4,800,000
② ₩7,999,999
③ ₩8,640,000
④ ₩10,560,000
⑤ ₩12,000,000

8.25 (주)미래는 20×8년 10월에 결합제품 A와 B를 각각 1,000개, 2,000개 생산하였으며, 결합원가 ₩300,000이 발생하였다. 제품 A는 추가가공 없이 단위당 @₩200에 판매되지만, 제품 B는 추가가공원가 ₩20,000이 투입된 후 단위당 @₩160원에 판매된다. (주)미래는 순실현가치법(NRV)을 이용하여 결합원가를 배부하고 있다. 10월에 발생한 결합원가 중에서 제품 B에 배부할 금액은? (단, 재공품은 없다.) [기업회계2급 수정]

① ₩120,000 ② ₩180,000 ③ ₩200,000
④ ₩220,000 ⑤ ₩300,000

8.26 (주)보석은 동일 공정에서 A, B, C 제품을 생산하고 있다. 결합원가는 분리점의 상대적 판매가치를 기준으로 배분하고 있다. 이와 관련된 자료는 다음과 같다. 분리점 이후에 C제품 200개에 대하여 ₩3,000을 추가로 투입하여 최종 제품으로 완성한 다음 단위당 @₩1,500에 판매하는 경우, C제품의 매출총이익은? [기업회계1급 수정]

구분	A제품	B제품	C제품	계
생산량	?	?	200개	1,000개
결합원가	₩60,000	?	?	₩240,000
분리점의 판매가치	?	₩180,000	?	₩600,000

① ₩297,000 ② ₩72,000 ③ ₩108,000
④ ₩189,000 ⑤ ₩297,000

Ⅲ. 주관식

※ 다음을 읽고 (문제 1번)에서 (문제 3번)을 답하시오.

(주)부천은 ₩40,000의 결합원가로 결합제품을 생산하여 판매하고 있다. 회사는 세 종류의 연산품 A, B, C를 추가가공하면 제품 A는 ₩120,000, 제품 B는 ₩130,000, 제품 C는 ₩150,000에 판매할 수 있을 것으로 추정하였다. 개별제품별 추가가공비는 제품 A는 ₩10,000, 제품 B는 ₩15,000, 제품 C는 ₩20,000이다. 5월 동안 회사는 10,000단위의 연산품을 개별제품의 생산비율 2:3:5로 생산하였다.

8.1 물량기준법을 이용하여 5월의 각 제품에 배분될 결합원가를 계산하시오.

8.2 상대적 판매가치법을 이용하여 5월의 각 제품에 배분될 결합원가를 계산하시오.

8.3 물량기준법과 상대적 판매가치법을 이용하여 각 제품의 매출총이익을 계산하시오.

8.4 유일회사는 단일공정에서 두 가지 연산품 A와 B를 생산하고 있다. 5월 단일공정으로부터 결합원가는 ₩80,000이었다. 추가가공비는 A제품 ₩70,000, B제품 ₩20,000이었다. 판매가격은 A제품 ₩100, B제품 ₩80이다. 유일회사는 A제품 1,000단위, B제품 500단위를 생산·판매하였다. 기초재고는 없으며 순실현가치법을 이용하여 결합원가를 제품 A와 B에 배분하시오.

8.5 (주)경기는 분리점에서 연산품 A, B, C 세 제품을 분리한 후 추가 가공하여 제품을 생산하고 있다. 세 제품 생산에 투입된 결합원가는 ₩500,000이고, 그 이외의 자료는 다음과 같다.

제품	분리점 후 추가가공비	판매 가격
A	₩100,000	₩500,000
B	300,000	400,000
C	100,000	600,000

순실현가치법에 의한 결합원가를 배분하고 개별제품의 제조원가를 계산하시오.

8.6 (주)서해는 우유를 가공하여 분리점에서 A, B, C, D의 제품을 생산하고 있다. C는 분리점에서 완제품으로 판매되고, A, B, D는 추가가공하여 판매된다. 우유 가공의 결합원가는 ₩100,000이며, 제품 C는 ₩100,000에 판매되었다. 제품 A, B, D는 추가가공하여 판매하였다.

	추가가공원가	매출액
A	₩20,000	₩100,000
B	15,000	135,000
D	30,000	230,000

순실현가치법에 의한 결합원가를 배분하고 각 제품의 매출총이익을 계산하시오.

※ **다음을 읽고 (문제 7번)에서 (문제 8번)을 답하시오.**

※ (주)문무는 결합공정을 통해서 갑, 을, 병의 세 가지 제품을 생산하고 있으며, 결합공정에서의 발생원가는 ₩100,000이다. 모든 제품은 분리점에서 즉시 판매가 가능하나, 갑제품은 추가가공하여 수퍼갑으로 판매되고 있다. 제품별 정보는 다음과 같다. [2001년 공인회계사 수정]

제품명	생산량	단위당 판매가격	추가가공원가
(수퍼)갑	200개	₩1,000	₩100,000
을	300	3,000	-
병	500	2,000	

8.7 결합원가를 제품별 순실현가치에 비례하여 배분한다고 할 때, 각 제품의 단위당 원가를 구하시오.

8.8 생산된 제품은 당기에 전부 판매된다고 한다. 각 제품별 매출총이익률을 구하시오. 단, 기초재고는 존재하지 않는다.

8.9 (주)안산석유는 원유를 이용하여 휘발유, 등유, 경유를 생산하고 있다. 판매가격은 휘발유 ₩100, 등유 ₩50, 경유 ₩20이다. 6월에는 완제품인 휘발유 3,000 L와 중간제품X를 추가가공하여 등유 1,000 L와 경유 1,500 L를 생산하였다. 휘발유와 중간제품 X를 생산하는데 ₩20,000이 소요되었으며, 중간제품 X를 추가가공 하는데 ₩12,000이 투입되었다. 또한 등유와 경유를 추가가공 하는데 각각 ₩10,000과 ₩8,000이 소요되었다.

물음 1) 순실현가치법을 이용하여 개별제품의 결합원가 배분액을 계산하시오.

8.10 (주)상록은 연산품 A와 연산품 B를 생산 · 판매하고 있다. 다음의 생산자료를 이용하여 연산품 A의 제조원가를 계산하면 얼마인가? A제품과 B제품은 모두 분리점 이후 추가가공을 거친 후에 판매가 이루어지며 결합원가는 ₩200,000이다. 단, 결합원가는 순실현가치법에 의하여 배분한다.

	A제품	B제품	합계
단위당 판매가격	₩1,000	₩2,000	
단위당 판매비용	₩500	₩1,000	
추가가공원가	₩50,000	₩100,000	₩150,000
생 산 량	500개	300개	800개

제 9 장

원가행태의 결정

학습목표

경영자는 미래에 원가가 어떻게 변화할 것인지를 잘 예측할 수 있어야 한다. 이는 경영자가 생산, 마케팅, 유통 등에 대한 경영계획을 세워서 경영활동을 수행하고 이를 통제함에 있어 미래원가가 갖는 중요성 때문이다. 이에 따라 본 장에서는 다음과 같은 학습목표를 설정한다.

1. 원가함수란 무엇이고 어떻게 세분되며, 중요한 이유는 무엇인가?
2. 원가함수 추정방법에는 무엇이 있는가?
3. 원가추정에서 인과관계와 상관관계는 어떻게 다르고, 왜 중요한가?
4. 학습곡선의 의의는 무엇이며, 어떻게 산출하고, 어떠한 경우에 적용하는가?

제1절 원가함수

조직은 원가정보를 제품개발이나 제품배합 등의 중요 의사결정 및 경쟁전략 개발에 이용하고 있다. 또한 운영개선활동(operation improvement activities)의 지표로서도 원가정보를 이용하고 있다. 경영자가 높은 원가를 발생시키는 활동을 발견하면, 이에 대한 반응으로 이를 없애거나 재설계하는 리엔지니어링(reengineering)을 수행한다. 즉 경영자는 조직의 높은 원가에 대한 해결책의 하나로 리엔지니어링을 활용함으로써 보다 더 효율적인 경영활동을 구사하는 동시에 낮은 원가를 발생시키게 만드는 지속적 개선활동(continuous improvement)을 펼치게 될 것이다. 조직은 또한 성과평가목적으로 원가정보를 이용한다. 원가정보를 성과관리에 이용하는 것은 두 가지 목적 때문이다. 첫 번째로 높은 원가를 발생시키는 활동을 분석함으로써 개선활동에 대한 동기를 부여하며, 두 번째로 이러한 원가 개선활동의 결과와 보상을 연계함으로써 경영자가 조직원들에게 조직개선을 추구할 수 있는 동기를 제공하기 위함이다.

원가추정과 원가예측을 상호 연결 짓는 개념이 곧 원가행태의 파악이다. 즉, 예측력이 높은 원가추정은 원가행태가 제대로 식별 · 분석될 경우에만 가능하다. 원가행태에 따라 원가를 분류하는 것이 중요시되는 이유는 기업이 경영계획과 통제목적에 유용한 정보를 제공할 수 있기 때문이다.

앞에서 언급한 바와 같이, 원가행태(cost behavior)란 조업도나 활동수준이 변화함에 따라 총원가 발생액이 일정한 양상으로 변화된 정도를 의미한다. 즉 원가행태를 파악한다는 것은 산출량과 같은 원가동인의 변화에 따라 원가가 어떻게 변화하는지를 이해하는 것을 말한다.

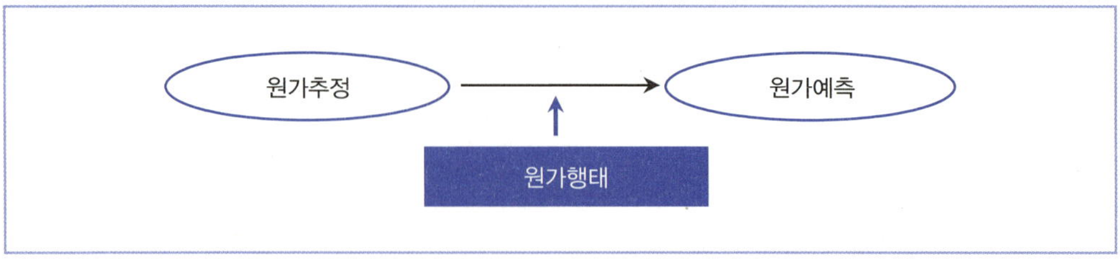

이러한 원가행태를 일반적인 수식이나 수학적으로 표현한 것을 원가함수(cost function)라고 한다. 일반적으로 원가함수는 원가동인(예: 제품의 산출량수준의 대용치인 조업도)과 총원가사이의 관계를 보여준다.

이와 같이, 원가행태를 올바르게 이해함으로써 원가추정과 원가예측의 정확도를 향상시킬 수 있다. 원가추정과 예측으로 원하는 산출물 수준을 달성하기위해 필요한 자원량에 대한 정보를 경영자에게 제공함으로써 경영계획과 통제목적을 달성할 수 있다. 이러한 측면에서 원가동인 또는 활동수준의 변화에 따라 원가가 어떻게 변화하는가를 파악하는 일은 회계전문가의 중요한 임무이다.

원가행태에 의거하여 변동원가와 고정원가를 구분함에 있어 영향을 미치는 요인은 다음과 같다.

첫 번째로 원가대상이다. 원가대상을 어떻게 정의하느냐에 따라 특정원가 항목을 고정원가, 변동원가로 구분할 수 있다. 원가대상의 범위를 크게 설정하게 되면, 원가항목이 변동원가로 구분될 가능성이 높아지게 되고, 원가대상의 범위를 작게 설정하게 되면, 고정원가로 구분될 가능성이 높아지게 된다.

예를 들어, 공장전체감독자에 대한 임금에 대해 원가대상을 개별제품으로 정의하게 되면 고정원가인 반면, 원가대상을 공장전체로 정의하게 되면 변동원가로 구분될 수 있다.

두 번째로 기간에 대한 정의이다. 조직의 경영활동에서 원가가 발생하는 기간을 충분히 길게 정의할 경우에는 특정원가가 변동원가로 구분될 가능성이 높아지게 된다.

이와 같은 요인에 따라 분류된 변동원가와 고정원가는 다시 순수변동원가, 준변동원가, 순수고정원가, 준고정원가로 세분화 할 수 있다.

1 변동원가

변동원가(strictly variable costs)란 조업도의 변화에 따라 총원가가 비례적으로 증감하는 원가로서 활동수준 또는 원가동인수준이 0일 경우에는 전혀 발생하지 않는 원가를 말한다. 그리고 단위당 변동원가는 조업도에 관계없이 일정하다. 예를 들어, 출판사에서 종이 원가항목은 도서의 발행부수에 따라 비례하여 발생하므로, 도서의 발행이 없을 경우에는 전혀 발생하지 않기 때문에 순수변동원가이다. 즉, 직접재료원가나 직접노무원가는 대표적인 순수변동원가로서 조업도의 변화에 따라 원가총액이 변동한다.

변동원가

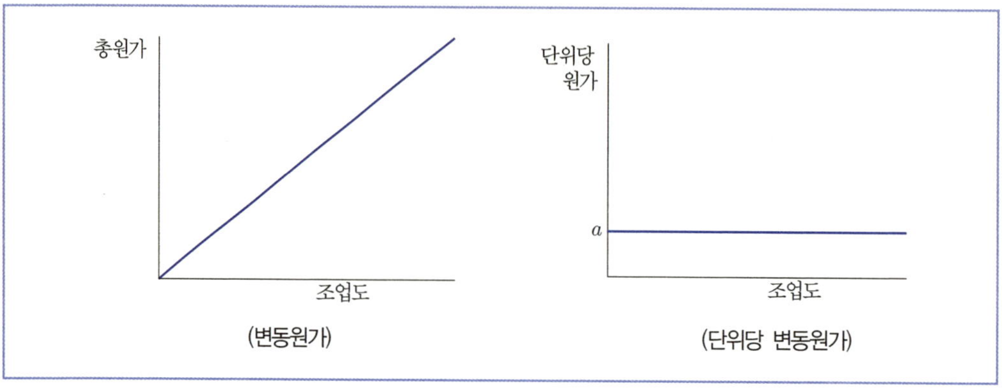

2 준변동원가

준변동원가(semi-variable costs)란 조업도의 변화와 관계없는 고정원가와 조업도의 변화에 따라 비례적으로 증감하는 변동원가로 구성된 원가를 말한다. 이렇게 고정요소와 변동요소를 모두 포함하고 있으므로 혼합원가(mixed costs)라고도 한다. 공장에서 사용하는 전기료, 전화요금 등을 그 예로 들 수 있는데, 전혀 사용하지 않는 경우에도 기본요금이 부과되고 사용량에 따라 추가적으로 요금을 지불해야 하는 원가행태가 그 대표이다.

준변동원가

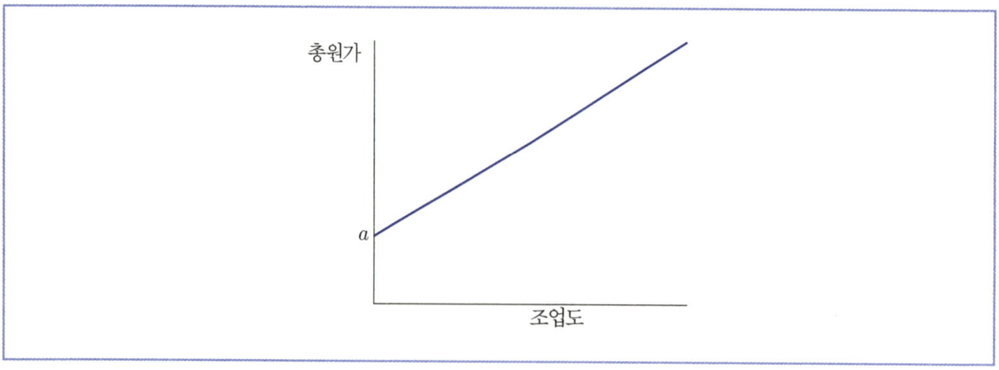

3 고정원가

고정원가(strictly fixed costs)는 관련범위 내에서 조업도에 관계없이 일정하게 발생하는 원가를 말한다. 즉, 다른 조건이 일정하다면 활동수준 또는 원가동인수준에 영향을 받지 않고 총액이 일정하게 발생하는 원가를 의미한다. 그리고 단위당 고정원가는 조업도가 증가할수록 점점 작아지게 된다. 순수고정원가의 예로는 공장건물의 임차료나 정액법에 의한 감가상각비 등과 같은 고정제조간접원가가 있다.

고정원가

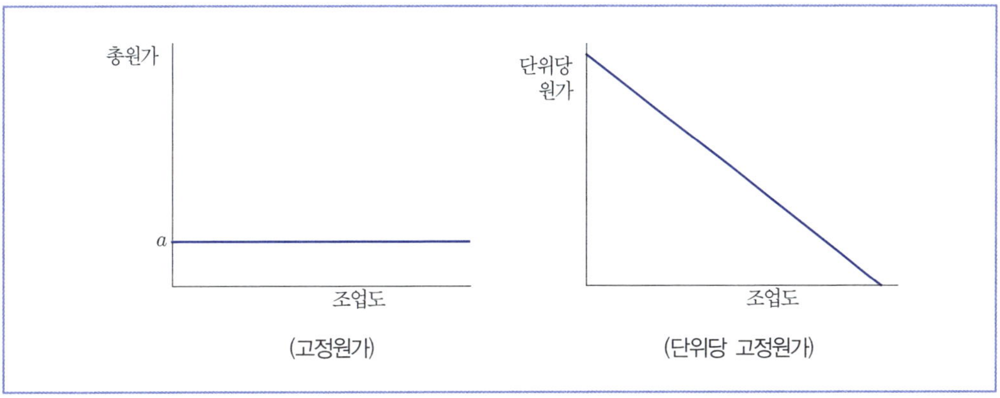

4 준고정원가

준고정원가(semi-fixed costs)는 특정 관련범위에서는 총원가가 일정하다가 다른 관련범위로 옮겨감에 따라 총원가수준이 변동하여 새로운 관련범위에서 총원가가 일정한 원가를 말한다.

일반적으로 고정원가와 변동원가는 일정범위의 조업도 및 특정기간이 주어졌다는 전제하에서 정의된다. 이러한 준고정원가를 그림으로 나타내면 다음과 같다.

준고정원가

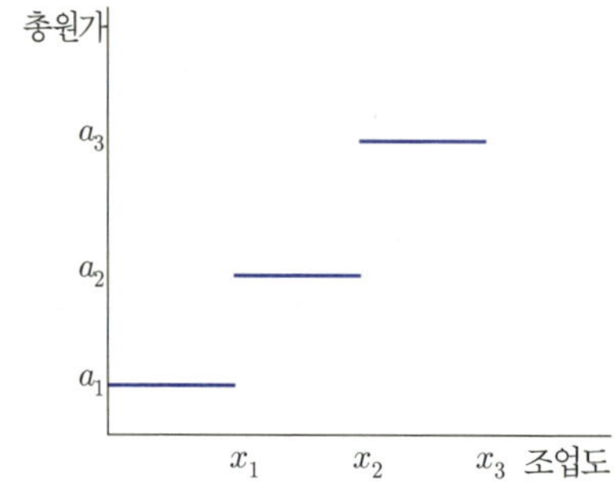

그림에서와 같이 총원가의 변동행태가 단계적으로 증감하는 모양을 가지고 있으므로 계단원가(step costs)라고도 한다.

이러한 준고정원가의 예로는 공장의 감독자 급여 항목을 들 수 있다. 만약 공장감독자의 관리의 범위(span of control)를 작업자 100명으로 설정한다면, 작업자가 100명을 초과하게 되면, 1명의 감독자를 더 고용하게 되므로, 원가는 계단 모양으로 증가하게 된다.

제2절 원가함수 추정방법

회계학에서 원가함수는 일반적인 원가함수 형태라고 할 수 있는 $y = a + bx$로서 절편(intercept)인 a와 기울기 계수(slope coefficient)인 b를 추정하는 것이다. 이를 위해서는 먼저 추정하고자 하는 원가요소(y)를 선택하고 두 번째로 추정하고자 하는 원가요소와 인과관계(cause-and-effect relationship)가 가장 높다고 판단되는 원가동인을 선택해야 한다. 다음으로 추정하고자 하는 원가함수가 타당성을 지닐 수 있는 관련범위를 선택하고, 마지막으로 원가함수를 추정하는 방법을 선택해야 한다. 원가함수를 추정하는 방법에는 여러 가지가 있는데 산업공학법, 계정분석법, 고저점법, 회귀분석 등이 대표적이다.

1 산업공학법

산업공학법(industrial engineering method)은 생산방법, 재료, 노동력, 설비, 생산효율, 동작 등에 대한 공학자의 평가를 근거로 원가행태를 계량적으로 분석하여 원가방정식을 추정하는 방법이다. 일반적으로 정밀한 작업측정에 기초하여 원가를 추정하기 때문에 작업측정법(work-measurement method)이라 불리기도 한다. 일반적으로 직접재료와 직접노동에 관련된 원가를 추정하는 데에 산업공학법을 사용하며 과거자료를 이용할 수 없는 경우에 많이 사용된다.

산업공학법에 의해 직접노무원가를 추정하는 절차를 살펴보면 다음과 같다. 각 제조공정에 포함된 동작이나 작업 등을 토대로 제조공정을 단계별로 분석하고, 각 단계의 작업을 수행하는 데 소요되는 시간을 추정한 후, 단계별 노동시간 추정치를 합계한다. 여기에 여유시간을 고려하여 제조공정 전체에 대한 노동시간 추정치를 산출한 후, 이를 이용하여 직접노무원가를 추정한다. 한편, 직접재료원가는 제조지시서나 설계도면 등을 이용하여 추정할 수 있다.

일반적으로 원가추정방법이 과거의 원가행태에 근거하여 미래 원가를 추정하는데 비해, 산업공학법은 투입과 산출물 간의 물리적 관계를 통해 어느 정도의 원가가 발생해야 하는가 하는 당위성을 바탕으로 원가를 추정한다는 장점이 있다. 또한 원가를 추정하기 위해 각 생산단계를 면밀히 조사, 분석하게 되므로 비슷한 작업이 행해지는 공정 간의 비교를 통해 각 공정의 생산성과 강, 약점을 파악할 수 있다. 그리고 과거자료를 필요로 하지 않으므로 새로운 작업에 대한 원가도 추정할 수 있다.

산업공학법의 단점은 제품생산에 필요한 개별 작업을 수행하는데 소요되는 시간을 측정해야 하므로, 상당한 시간과 비용이 소요된다는 점이다. 또한 산업공학법에 의한 원가 추정치는 최적의 상황을 가정하여 산출된 것이므로, 실제 작업환경이 최적 상황이 아닐 경우에는 추정치에 오차가 발생하게 된다. 따라서 투입물과 산출물 간의 물리적 관계를 정의하기 힘든 연구개발비, 광고선전비의 경우는 이 방법을 적용하기 힘들다.

2 계정분석법

계정분석법(account analysis method)은 계정분류법(account classification method)이라고도 하는데, 원가추정방법 중 가장 전통적인 방법 중의 하나이다. 이 방법은 먼저 회계담당자가 각 계정에 기록되어 있는 원가를 전문가적인 판단에 따라 고정원가, 변동원가 및 준변동원가로 나눈 다음 준변동원가를 다시 고정원가부분과 변동원가부분으로 분류하여 모든 원가요소를 고정원가와 변동원가로 구분한다. 이렇게 계산된 총고정원가는 그대로 고정원가의 추정치로 이용하고, 총변동원가는 총생산량으로 나누어 단위당 변동원가의 추정치로 사용한다.

계정분석법의 장점은 단순하며, 시간 및 비용이 적게 소요된다는 점이다. 또한 추정원가의 수정이 용이하다. 계정분석법의 단점은 원가계정을 고정원가와 변동원가로 구분함에 있어 회계담당자의 주관적 판단에 의존한다는 점이다. 그러므로 이 분석방법은 객관적인 원가추정방법을 함께 사용하는 것이 원가추정치의 정확도를 높일 수 있다. 또한 원가를 추정하는데 기준이 되는 조업도나 기간이 변동되면 원가요소의 성격이 바뀔 수 있다는 가능성을 고려하지 못하고 있다. 따라서 계정분석법은 성과를 측정하기 위한 표준원가를 결정하는 데에는 적절하지 못하며, 근사치만을 구하고자 하는 경우에 적용할 수 있는 방법이다.

예제

모나미주식회사는 11월에 3,000단위의 볼펜을 생산하였는데, 이와 관련된 원가자료는 다음과 같다.

직접재료원가			₩1,000,000
직접노무원가			800,000
제조간접원가	공장장급여	₩300,000	
	감가상각비	600,000	
	수도광열비	200,000	
	기타제조간접원가	₩100,000	1,200,000
총제조원가			₩3,000,000

수도광열비는 준변동원가로 40%가 고정원가의 성격을 지니고 있으며 60%는 변동원가 성격을 지니고 있다고 판단된다.

물음

모나미주식회사는 12월에 5,000단위의 볼펜을 생산할 계획이며, 이에 따른 원가를 추정하고자 한다. 계정분류법을 이용하여 제조원가를 변동원가와 고정원가로 구분하여 원가를 추정하시오.

풀이

계정	금액	변동원가	고정원가
직접재료원가	₩1,000,000	₩1,000,000	
직접노무원가	800,000	800,000	
제조간접원가:			
공장장급여	300,000		300,000
감가상각비	600,000		600,000
수도광열비	200,000	120,0001)	80,000
기타제조간접원가	100,000		100,000
총제조원가	₩3,000,000	₩1,920,000	₩1,080,000

1) ₩200,000×60%=₩120,000

위와 같은 원가구분에 의하여 12월의 제조원가를 예측하는 원가함수를 추정 하면 고정원가 ₩1,080,000과 단위당 변동원가 ₩640(=변동원가/생산량=₩1,920,000 /3,000단위)로서 원가함수는 총원가=₩1,080,000+₩640×생산량이다. 이 원가함수를 이용하여 12월의 원가를 추정하면 추정생산량인 5,000단위를 대입하면 ₩1,080,000+₩640×5,000단위=₩4,280,000이 된다.

3 고저점법

계량적 원가추정방법 중 가장 간단한 방법이 고저점법(high-low points method)이다. 이 방법은 원가동인의 가장 낮은 관찰치의 원가자료와 원가동인의 가장 높은 관찰치의 원가자료를 연결하여 직선의 방정식을 도출하는 것이다. 고저점법에 의해 원가를 추정하는 경우, 그 식은 다음과 같이 나타낼 수 있다.

예제

다음은 2017년 모나미 주식회사의 월별 노무시간과 간접노무원가 자료이다. 고저점법을 이용하여 원가를 추정하시오.

월	노무시간	간접노무원가
1	78시간	₩19,643
2	113	24,703
3	119	21,782
4	89	18,385
5	70	10,291
6	102	27,985
7	71	11,242
8	94	32,987
9	93	21,312
10	113	15,757
11	110	30,454
12	100시간	₩20,551

풀이

1) 단위당 변동원가 추정

$$단위당\ 변동원가 = \frac{원가동인\ 최고관찰치의\ 총원가 - 원가동인\ 최저관찰치의\ 총원가}{원가동인\ 최고관찰치 - 원가동인\ 최저관찰치}$$

최고관찰치(3월의 노무시간 119시간, 간접노무원가 ₩21,782)와 최저관찰치(5월의 노무시간 70시간, 간접노무원가 ₩10,291)를 대입

$$\frac{(₩21,782-₩10,291)}{(119\text{시간}-70\text{시간})}=₩234.51/\text{노무시간}$$

2) 총고정원가 추정

총고정원가 = 원가동인 최고(최저)관찰치의 총원가
− 원가동인의 최고(최저)관찰치의 추정변동원가
= 원가동인 최고(최저)관찰치의 총원가
− 단위당변동원가×원가동인의 최고(최저)관찰치

최고관찰치(3월의 노무시간 119시간, 간접노무원가 ₩21,782)를 대입
따라서, 총고정원가는 ₩21,782 − ₩234.51×119시간 = (−)₩6,124.69

3) 원가함수 추정

간접노무원가 = (−)₩6,124.69 + ₩234.51×노무시간

위 모나미주식회사의 자료를 사용하여 고저점법으로 추정한 원가함수를 계산하면 다음과 같다. 원가동인 최고관찰치는 119시간에 원가가 ₩21,782원이고, 원가동인 최저관찰치는 70시간에 원가가 ₩10,291이다. 따라서 원가함수의 기울기 즉, 단위당 변동원가는 (₩21,782 − ₩10,291)/(119시간 − 70시간) = 노무시간당 ₩234.51이다.

상수를 계산하기 위해서 원가동인의 최고치나 최저치 중 하나의 값을 이용하면 되는데, 최고치를 이용하면 ₩21,782 − ₩234.51×119시간 = (−)₩6,124.69이다.

따라서 고저점법에 의해 추정한 원가함수는 다음과 같다.

$y = a + bx$
간접노무원가 ⇒ (−)₩6,124.69 + ₩234.51×노무시간

다음 그림의 실선은 고저점법을 이용하여 추정한 원가함수를 보여주고 있다.

노무시간과 간접노무원가에 대한 고저점법

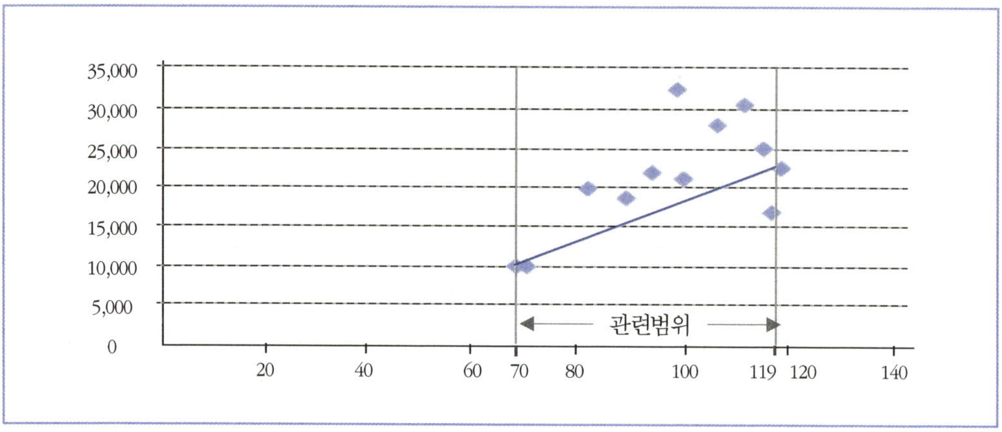

고저점법을 이용하여 모나미주식회사의 원가함수를 추정하는 경우 원가함수의 절편은(−)₩6,124.69으로서 음의 값을 보이고 있는데, 이는 본래의 원가함수가 비선형임에도 불구하고, 원가방정식을 선형으로 측정했거나, 노무시간이 0인 경우가 관련범위 밖에 있기 때문이다. 따라서 음의 절편은 관련범위 내의 원가자료를 이용하여 원가함수를 계산한 결과로 나타나는 수치일 뿐, 그 이상 아무런 의미를 갖지 못한다. 설령 절편이 양(+)의 값이라고 하더라도 노무시간이 0인 경우 모나미주식회사의 고정원가에 대한 추정치는 아니라는 뜻이다. 따라서 고저점법을 이용하여 구한 원가함수는 관련범위 내에서만 그 유용성이 있다고 할 수 있다.

지금까지 설명한 고저점법은 원가동인의 최고치와 최저치 정보를 이용하기 때문에 이 방법을 통해서 구한 원가함수가 이상치에 영향을 받을 수 있다는 단점이 있다. 만일 원가동인의 최고치나 최저치가 비정상적인 상황이라면, 이를 이용하여 구한 원가함수는 정상적인 상황을 대표하지 못하므로, 미래원가를 추정하는 수단으로 사용하는데 주의해야 한다. 물론 이러한 문제점을 해결하기 위해 두 번째 또는 세 번째로 높은 원가동인의 최고치와 최저치를 이용하여 원가함수를 추정할 수도 있으나,[2] 여전히 비정상적 사건의 영향을 완전히 제거하지 못한다는 단점을 갖고 있다. 고저점법의 단점을 보완하는 원가함수 추정방법이 회귀분석이다.

2) 두 번째 또는 세 번째로 높은 원가동인의 최고치와 최저치를 이용하여 원가함수를 추정하는 방법은 대표고저점법이고, 앞서 설명한 원가동인의 최고치와 최저치 정보를 이용하여 원가함수를 추정하는 방법은 순수고저점법이다.

예제

나사를 생산하는 풍산주식회사의 6개월간의 생산량과 원가는 다음과 같다.

	생산량	총원가
1월	3,000개	₩8,200
2	1,800	4,900
3	1,000	4,200
4	4,000	10,200
5	3,200	8,300
6	3,800	8,800

고저점법을 이용하여 원가함수를 추정하라.

풀이

단위당 변동원가=(₩10,200−₩4,200)/(4,000개−1,000개)=₩2

월별 고정원가 =₩4,200−(1,000개×₩2)=₩2,200

또는

월별 고정원가=₩10,200−(4,000개×₩2)=₩2,200

원가함수 : y=₩2,200+₩2x

여기서 y : 총원가

x : 생산량

3) 회귀분석

회귀분석(regression analysis)은 두 변수간의 관계를 묘사하기 위한 방법으로 각각의 독립변수 값에 대응하는 종속변수의 평균값을 추정하거나 예측하는 것이다. 따라서 회귀분석은 종속변수에 영향을 미치는 독립변수를 파악하고 이 변수들 간의 관계식을 추정할 때 사용된다. 회귀분석은 2개만의 정보를 이용하여 원가함수를 추정하는 고저점법과는 달리 이용가능한 모든 자료를 사용하게 되므로 추정오차가 작은 원가추정 방법이다.

과거에는 회귀분석이 복잡한 계산과정 때문에 간편한 방법인 고저점법이 사용되었으나, 개인용 컴퓨터와 통계프로그램의 발달로 인하여 현대에는 많이 이용되고 있다.

회귀분석은 단순회귀분석과 다중회귀분석으로 세분화할 수 있다. 단순회귀분석(simple regression analysis)은 하나의 독립변수와 종속변수간의 관계를 분석하는 것으로 가장 간단한 원가추정방법이고, 다중회귀분석(multiple regression analysis)은 여러 개의 독립변수와 종속변수간의 관계를 분석하는 방법이다.

회귀분석의 장점은 다음과 같다. 첫째, 고저점법은 2개의 자료만을 이용하는데 비해서 회귀분석법은 가지고 있는 모든 정보를 이용하므로 오차를 최소화할 수 있고, 둘째, 다른 원가함수 추정방법에 의해서는 구할 수 없는 추가적 통계자료를 많이 제공한다. 셋째, 다수의 원가동인을 가지고 있는 원가항목의 경우에는 원가함수를 추정할 수 있는 유일한 방법이다. 그러나 이러한 장점이 있는 회귀분석을 수행할 때에도 다음 사항에 유의해야 한다. 첫째, 독립변수와 종속변수간의 인과관계를 명확하게 파악한 후, 회귀모형을 설정해야 한다. 둘째, 회귀분석의 실시방법과 한계점을 충분히 이해해야 한다. 셋째, 분석에 앞서 산포도로 자료의 상태를 검토함으로써 이상치의 영향을 미리 파악해야 한다.

회귀분석에 의한 원가추정은 본서에서는 생략한다.

4 비선형원가함수와 학습곡선

1) 학습곡선

앞 절에서는 선형함수를 가정하여 원가추정방법을 설명하였다. 그러나 현실적으로 원가와 이에 영향을 미치는 원가동인 간의 관계는 선형관계로 나타낼 수 없다. 원가동인과 원가간의 선형성이 존재하기 위해서는 다음과 같은 조건을 만족시켜야 한다.

첫째, 투입과 산출 사이의 물리적 관계(physical relationship)가 선형이어야 한다. 예를 들면, 생산에 투입되는 원재료가 증가함에 따라 산출량이 동일한 비율로 증가해야 한다.

둘째, 구입한 투입물과 사용한 투입물의 양이 같아야 한다.

셋째, 투입물의 구입원가가 구입량과 선형관계를 가져야 한다.

만약 이러한 조건을 만족하지 않는 상황에서 원가함수를 선형으로 추정하는 경우에는 왜곡된 원가함수를 추정하게 되고, 따라서 잘못된 원가정보를 창출하게 된다.

비선형원가함수를 야기한 원인으로 학습효과(learning effect)를 들 수 있다. 학습효과란 종업원들이 특정작업을 반복하여 수행함으로써 경험을 통해 단위당 작업시간 및 단위당 원가가 감소하는 현상을 일컬으며, 이를 측정한 함수를 학습곡선(learning curve)이라 한다. 학습효과가 원가를 감소시키는 이유는 반복실행을 통한 노동의 효율성 증대, 제조기술 향상으로 인한 새로운 공정과 제조방법의 개선, 불필요한 제품특성을 제거한 제품의 재설계, 규모의 경제 등을 들 수 있다.

학습효과가 존재할 경우, 누적생산량이 증가할수록 단위당 누적생산시간이 점차 단축됨에 따라 단위당 누적평균원가도 감소하여 생산량이 증가할수록 낮은 제품원가로 제품이 생산된다. 따라서 기업은 총생산원가나 증분원가를 추정하는 의사결정을 할 때, 학습현상을 고려하는데, 이는 학습효과로 인한 원가절감이 가능하기 때문이다.

구체적으로 학습곡선모형은 총생산량이 증가함에 따라 단위당 누적평균변동원가(=누적총변동원가/누적생산량)가 일정 비율로 감소하는 것을 나타내는 모형이다. 즉, 누적생산량이 증가함에 따라 단위당 누적평균변동원가가 증가하지만 그 증가율은 점차 감소한다. 이러한 학습효과의 정도를 비율로 표시한 것을 학습률(rate of learning)이라고 한다.

만약 직접노무시간이 80%의 학습률을 보인다고 가정하면, 2단위의 제품을 생산하는데 소요되는 단위당 누적평균제조원가가 최초의 1단위를 생산하는데 소요되는 시간의 80%수준에서 생산됨을 의미한다. 다시 말해서, x%의 학습률이란 누적생산량이 두 배씩 증가할 때마다 단위당 누적평균제조시간이 $(100-x)$%만큼 감소하는 것을 의미한다. 따라서 학습률이 낮을수록 실제 학습속도가 더 빠르다는 것을 의미한다.

학습곡선의 형태

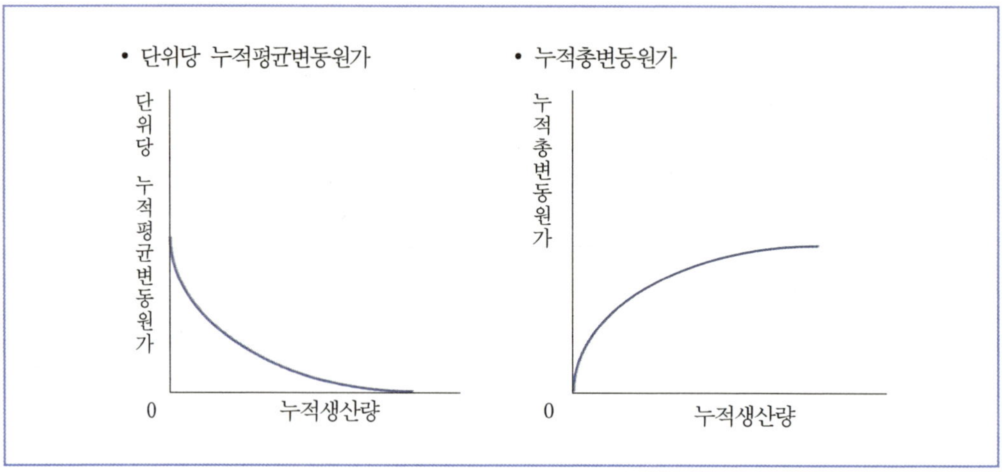

예제

모나미주식회사는 최초 1단위의 생산에 1,000시간이 소요되고 80%의 학습률을 보인다.

물음

누적평균 학습곡선을 이용하여 누적생산량이 16단위일 때 총생산시간을 계산하시오.

풀이

2단위를 생산하는 데 소요되는 누적평균시간은 최초 생산소요시간 1,000시간에 학습률인 80%를 곱한 800시간이 된다. 이에 따라 16단위를 생산하기 위해 소요되는 총생산시간은 단위당 누적 평균생산시간 409.6시간에 누적생산량인 16단위를 곱하여 6,554시간이 산출된다.

모나미주식회사의 학습곡선

누적생산량(A)	단위당 누적평균생산시간(B)	총생산시간 (C)=(A)×(B)
1	1,000	1,000
2	800(=1,000×80%)	1,600
4	640(=800×80%)	2,560
8	512(=640×80%)	4,096
16	409.6(=512×80%)	6,554

Ⅰ. 평가자체크리스트

※ 다음 서술이 옳으면 T, 옳지 않으면 F를 기재하시오.

9.1 공장감독자 급료는 일반적으로 혼합원가이다.

9.2 공장설비의 감가상각비는 변동비이다.

9.3 고정비에 있어서 관련범위는 중요하지 않다.

9.4 총변동비는 조업 수준의 변동에 따라서 변하는 원가이다.

9.5 자동화 설비가 증가하는 산업에서 고정비는 증가한다.

9.6 계정분석법은 회계담당자의 경험과 전문적 판단에 의하여 각 계정과목의 원가행태를 분석하는 방법이다.

9.7 원가행태의 추정은 주로 관련범위에서 의사결정에 도움을 준다.

9.8 산업공학법은 일반적으로 정밀한 작업측정에 기초하여 원가를 추정하는 방법으로 과거자료를 이용할 수 없는 경우에 많이 사용된다.

9.9 고저점법은 원가동인의 최고치와 최저치 정보를 이용하기 때문에 이 방법을 통해 도출된 원가함수는 이상치에 영향을 받을 수 없다.

9.10 변동비는 생산량 또는 판매량에만 비례하여 변동한다.

Ⅱ. 객관식

9.1 다음 중 변동원가와 고정원가에 대한 설명으로 옳지 않은 것은?

① 조업도가 증가하면 총원가가 증가하는 원가를 변동원가라고 한다.
② 변동원가와 고정원가는 경영자의 의사결정에 사용된다.
③ 조업도가 증가하는 경우 단위당 고정원가는 일정하다.
④ 조업도가 증가하는 경우 단위당 변동원가는 일정하다.
⑤ 조업도의 변화에 의하여 직접적인 영향을 받지 않는 원가를 고정원가라고 한다.

9.2 조업도의 증감에 관계없이 관련범위 내에서 총액이 항상 일정하게 발생하는 원가요소는?

① 수도광열비 ② 직접노무비
③ 동력비 ④ 임차료
⑤ 수선비

9.3 다음은 원가행태에 대한 설명이다. 이와 관련하여 옳지 않은 것은?

① 노무비는 제품 제조를 위하여 투입된 노동력에 대한 대가
② 혼합비는 변동비 요소와 고정비 요소를 포함하고 있는 원가이다.
③ 변동비는 조업도가 증가하면 원가 발생총액이 증가한다.
④ 고정비는 조업도 수준과 관련없는 원가로서 감가상각비, 임차료 등이 있다.
⑤ 단위당 고정비는 조업도가 증가함에 따라 증가한다.

9.4 제조원가에 대한 설명 중에서 그 내용이 옳지 않은 것은? [2006년 공무원 수정]

① 제품의 단위당 변동비는 조업도에 비례하여 증감한다.
② 고정비의 총금액은 조업도에 관계없이 일정하다.
③ 고정비는 생산량이 증가하면 단위당 고정비는 감소한다.
④ 변동비는 생산량이 증가하면 단위당 원가는 일정하다.
⑤ 변동비의 총금액은 조업도에 따라 변화한다.

9.5 조업도가 변화할 때 원가가 어떻게 달라지는가에 따라 변동비, 고정비, 준변동비, 준고정비로 분류할 수 있다. 고정비에 대한 설명으로 가장 적당한 것은? [2007년 공무원]

① 조업도의 증감에 따라 비례적으로 증가 또는 감소하는 성격의 원가이다.
② 조업도가 증감하더라도 관련 범위내에서는 고정적이기 때문에, 다른 조건이 동일할 경우제품의 단위당 원가는 조업도의 증가에 따라 감소한다.
③ 조업도가 0(영)인 경우에도 일정액이 발생하고, 그 이후로부터 조업도에 따라 비례적으로 증가하는 원가를 말한다.
④ 조업도와 관계없이 제품의 단위당 원가는 항상 일정하다.
⑤ 조업도의 변화에 직접적인 영향을 받는 원가이다.

9.6 관련 범위내에서 조업도의 변화에 따라 총원가가 어떻게 변화하느냐를 구분하는 것을 원가행태에 따른 분류라고 한다. 다음 중 원가행태에 따른 원가의 구분으로 적당한 것은? [전산세무2급 수정]

① 제품원가, 기간원가 ② 변동원가, 고정원가 ③ 직접원가, 간접원가
④ 기초원가, 전환원가 ⑤ 제조원가, 비제조원가

9.7 준변동원가의 형태를 나타내고 있는 그래프는?

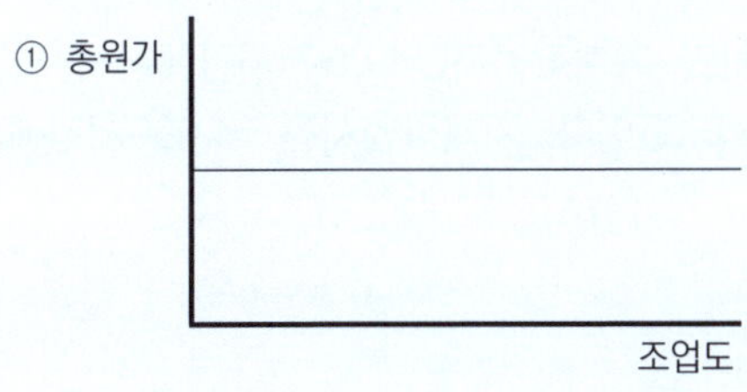

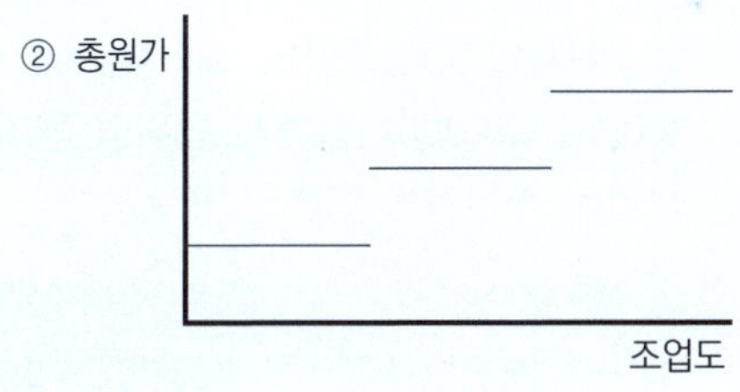

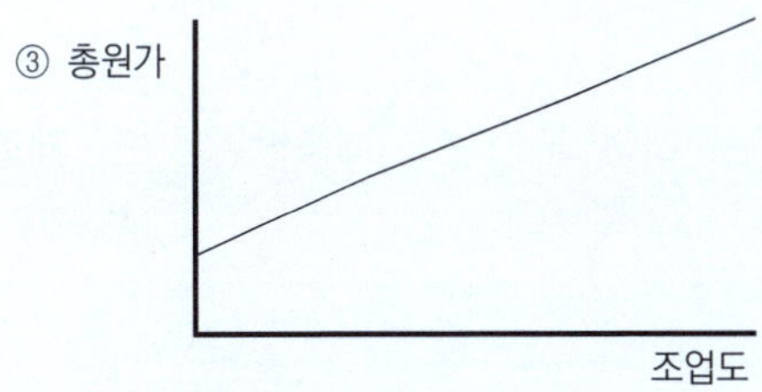

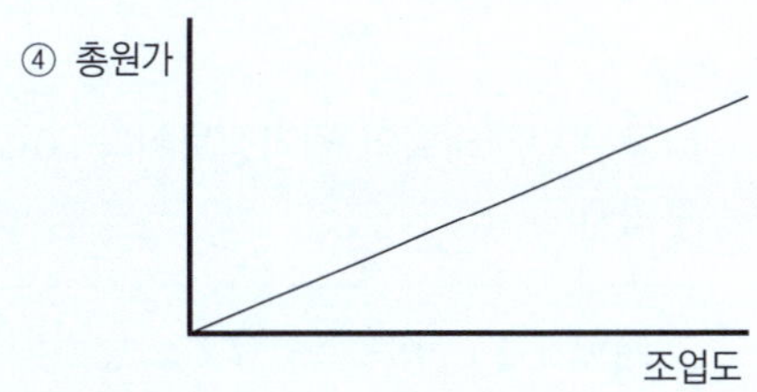

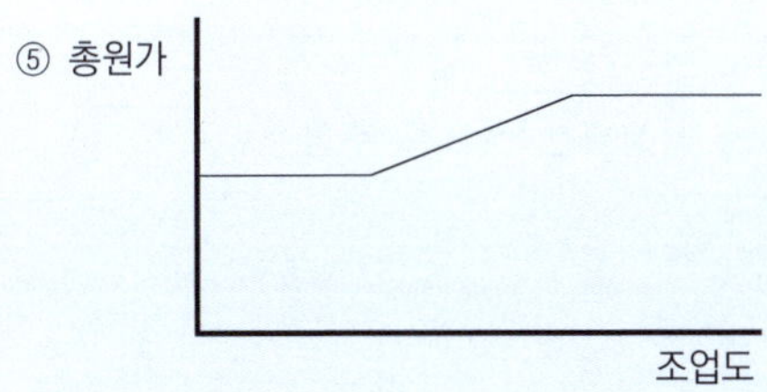

9.8 다음 원가추정법 중 과거의 원가자료를 이용할 수 없는 경우에 사용할 수 있는 방법은 무엇인가?

① 산업공학적방법 ② 계정분석법
③ 회귀분석법 ④ 고저점법
⑤ 산포도법

9.9 광명기업의 원가함수는 Y=6,000+3X이다. 수선비의 측정기준은 기계작업시간이다. 어느 한 기간 동안 기계작업시간은 3,000시간이다. 이 경우 수선비는?

① ₩6,000 ② ₩9,000
③ ₩12,000 ④ ₩15,000
⑤ ₩18,000

9.10 원가공식 Y=80,000+4X의 총원가 ₩100,000에서 조업도수준은 얼마인가?

① 4,000단위 ② 5,000단위
③ 6,000단위 ④ 7,000단위
⑤ 8,000단위

9.11 영광회사의 수도광열비 원가분석에 의하면 기계작업시간 9,000시간에서 단위당 원가 ₩0.40, 18,000시간에서 단위당 원가 ₩0.25이다. 기계작업시간 13,000시간에서 수도광열비 총원가는 얼마인가?

① ₩4,000 ② ₩5,200 ③ ₩6,000
④ ₩3,250 ⑤ ₩3,250

9.12 다음은 (주)태희의 원가정보이다. 이와 관련하여 20×1년도 제품단위당 변동제조원가를 구하시오. [전산세무2급 수정]

> 판매가격 : ₩900
> 직접재료비: ₩300
> 직접노무비: ₩220 (시간당 임률은 ₩110)
> ※ 변동제조간접비는 시간당 ₩20이 발생되는 것으로 추정.

① ₩540 ② ₩560 ③ ₩580
④ ₩600 ⑤ ₩630

9.13 관련범위 500톤~1,000톤 범위 내에서 원가함수는 선형이라고 가정할 경우 20×1년 600톤 생산시 변동비, 고정비와 관련된 자료가 다음과 같을 때 800톤 생산할 경우 총원가(변동비+고정비)와 단위당 원가는? [2005년 공무원 수정]

변동비총액 ₩2,400	고정비총액 ₩3,000	총계 ₩5,400

	총원가	단위당원가		총원가	단위당원가
①	₩6,000	₩7.50	②	₩6,200	₩7.75
③	₩6,400	₩8.00	④	₩7,200	₩9.00
⑤	₩7,500	₩9.20			

9.14 (주)경기는 택배회사를 운영하고 있다. 차량 한 대의 ㎞당 연료비는 ₩100이 발생하며, 원가함수는 Y=₩80,000+100X이다. 한 달간 차량 한대의 운행거리가 5,000㎞일 때 총원가는 얼마인가?

① ₩80,000 ② ₩500,000 ③ ₩580,000
④ ₩650,000 ⑤ ₩720,000

9.15 (주)경기의 2분기 총원가가 ₩1,000,000, 원가추정식은 Y=700,000+10X일 때 2분기의 조업도는 얼마인가?

① 30,000단위 ② 50,000단위 ③ 70,000단위
④ 90,000단위 ⑤ 100,000단위

9.16 다음 자료를 이용하여 시간당 변동비를 계산하면? (고저점법 이용)

조업도	1,000시간	500시간	300시간	200시간	800시간
원 가	₩80,000	₩50,000	₩40,000	₩20,000	₩70,000

① ₩60 ② ₩65 ③ ₩70
④ ₩75 ⑤ ₩80

9.17 간접노무비의 연간 예산공식은 총원가=₩60,000+₩2X(기계시간)이다. 당월 영업예산은 기계작업 10,000시간을 기준으로 편성한다. 당월 간접노무비 예산은? [공인회계사 수정]

① ₩20,000 ② ₩25,000 ③ ₩60,000
④ ₩70,000 ⑤ ₩80,000

9.18 다음은 최근 5개월간의 (주)안산의 원가자료와 관련된 것이다. 고저점법에 의해 총제조간접비를 추정한다고 할 때 만약 12월의 생산단위가 80,000단위로 예상된다면 총제조간접비는 얼마로 추정되겠는가? [2002년 감정평가사]

월	생산단위	총제조간접비
7	90,000단위	₩290,000
8	100,000	340,000
9	20,000	100,000
10	40,000	180,000
11	70,000	278,000

① ₩280,000 ② ₩282,000
③ ₩283,000 ④ ₩284,000
⑤ ₩285,000

9.19 (주)반월은 20×8년도의 변동예산을 작성하고 있으며 동력비에 관하여 변동비와 고정비를 분리하고 있다. 다음은 20×7년도 6개월(7월~12월) 간의 동력비와 직접노무시간에 대한 자료이다.

월	동력비	직접노무시간
7	₩15,850	3,000시간
8	13,400	2,050
9	16,370	2,900
10	19,800	3,650
11	17,600	2,670
12	18,500	2,650
합계	₩101,520	16,920시간

회사가 고저점법을 사용하여 동력비를 분석한다면 직접노무시간당 변동비는 얼마이겠는가? [2000년 감정평가사]

① ₩4.00 ② ₩5.42
③ ₩5.82 ④ ₩6.00
⑤ ₩6.42

9.20 다음은 강릉(주)의 조업도수준에 따른 자료이다.

	조업도수준	
	낮음	높은
생산수량	25,000단위	30,000단위
총제조원가	₩575,000	₩680,000
단위당 직접재료비	5	5
단위당 직접노무비	6	6

고저점법을 사용하여 제조간접비의 원가행태를 분석할 경우 다음 중에서 옳은 것은?

[2004년 세무사]

① 기간당 ₩50,000, 단위당 ₩10

② 기간당 ₩50,000, 단위당 ₩21

③ 기간당 ₩50,000, 단위당 ₩22

④ 기간당 ₩50,000, 단위당 ₩23

⑤ 기간당 ₩347,000, 단위당 ₩0.1

9.21 다음은 원가 추정방법에 관한 설명이다. (A)와 (B)에 해당하는 용어를 순서대로 옳게 연결한 것은? [경영지도사 수정]

> (A) 과거의 원가계정들을 전문적인 판단에 의하여 변동원가와 고정원가로 분류하여 단위당 변동원가와 총고정원가를 추정하는 방법
> (B) 과거의 원가자료 중 최고조업도와 최저조업도의 원가자료를 사용하여 원가를 추정하는 방법

① 계정분석법－고저점법

② 회귀분석법－계정분석법

③ 고저점법－계정분석법

④ 회귀분석법－고저점법

⑤ 계정분석법－회귀분석법

9.22 다음 중 원가행태에 따른 분류로 볼 수 없는 것은? [전산세무2급 수정]

① 고정비

② 직접비

③ 변동비

④ 준고정원가

⑤ 혼합원가

9.23 다음 중 특정 원가대상에 대한 원가요소의 추적가능성에 따른 분류는? [기업회계2급 수정]

① 변동비와 고정비
② 직접비와 간접비
③ 관련원가와 비관련원가
④ 통제가능원가와 통제불능원가
⑤ 매몰원가와 기회원가

9.24 (주)서하키즈카페의 요금은 2시간에 ₩15,000이고 2시간이 초과되면 시간당 추가 요금이 부과된다고 한다. 이런 경우 원가행태에 따라 분류하면 어떤 원가에 속하는가? [기업회계2급 수정]

① 변동원가　② 고정원가
③ 준변동비　④ 준고정비
⑤ 직접원가

9.25 (주)아시아의 제조간접비는 세금과공과(고정비), 수선유지비(변동비), 수도광열비(혼합비)로 구성되어 있다. 다음 자료에 의하여 수도광열비(혼합비)를 고저점법으로 추정할 경우, 수도광열비의 고정원가는? [기업회계1급 수정]

• 원가조사자료

	노동시간	제조간접비
4월	250	₩1,175,000
5월	300	₩1,220,000
6월	320	₩1,254,000
7월	380	₩1,279,000

• 7월의 원가행태는 세금과공과(고정원가) ₩131,000, 수선유지비(변동원가) ₩209,000, 수도광열비(혼합원가) ₩939,000으로 구성되어 있다.

① ₩765,000　② ₩795,000
③ ₩824,000　④ ₩844,000
⑤ ₩906,500

9.26 미용실의 디자이너의 급료는 월 손님 100명 기준으로 지급되는데, 월 100명을 초과하여 손님을 처리하면 기본급 ₩1,600,000에 추가적으로 1명당 ₩10,000이 지급된다. 이 경우 디자이너 급료의 원가행태는? [기업회계2급 수정]

① 변동비 ② 준변동비
③ 고정비 ④ 준고정비
⑤ 계단원가

9.27 주원텔레콤(주)는 데이터를 많이 쓰는 사용자를 위한 데이터무제한 요금제를 출시하였다. 이는 월정액 ₩85,000이면 데이터를 맘껏 쓸 수 있다. 이러한 요금제의 원가 행태는? [기업회계2급 수정]

① 고정비 ② 준변동비
③ 변동비 ④ 준고정비
⑤ 계단원가

9.28 (주)채원은 휴대용 선풍기를 생산 및 판매하고 있다. 연간 조업도는 20,000개~50,000개 범위 내에 있다. 연간 30,000개를 생산시 변동원가는 ₩3,000,000이고 고정원가 ₩2,000,000이다. 20×8년에 40,000개를 생산한다면 제품원가는 얼마인가? [기업회계2급 수정]

① ₩2,000,000 ② ₩3,000,000
③ ₩4,000,000 ④ ₩6,000,000
⑤ ₩7,000,000

9.29 다음 변동비와 고정비에 대한 설명 중 옳은 것은? [전산회계1급 수정]

① 관련범위 내에서 조업도가 증가하더라도 단위당 변동비는 일정하다.
② 관련범위 내에서 조업도가 증가하더라도 단위당 고정비는 일정하다.
③ 관련범위 내에서 조업도가 증가함에 따라 총 변동비는 감소한다.
④ 관련범위 내에서 조업도가 증가함에 따라 총 고정비는 증가한다.
⑤ 관련범위 내에서 조업도가 증가함에 따라 단위당 고정비는 증가한다.

Ⅲ. 주관식

9.1 (주)상록은 전자부품을 제조하는 회사이다. 제조간접비와 관련된 자료는 다음과 같으며, 기계작업시간은 100시간이었다.

계정과목	변동비	고정비
간접재료비	₩10,000	₩5,000
간접노무비	₩15,000	₩3,000
전력요금	₩5,000	₩10,000
수선유지비	₩8,000	₩12,000
합계	₩38,000	₩30,000

물음 1) 기계작업시간당 변동제조간접비와 고정제조간접비를 추정하여 원가방정식을 추정하시오.

2) 기계작업시간이 300시간일 때 제조간접비를 추정하시오.

9.2 우리대학의 5월 재학생등록률은 88%였으며, 고정운영비 ₩150,000,000과 혼합운영비 ₩250,000,000이 발생하였다. 매월 예산은 다음과 같다. 단 1달은 30일로 계산함(고저점법으로 계산).

① 재학생수 1,000명
② 등록률 96%
③ 점유학생당 1일 운영비 ₩15,000

물음 1) 재학생들을 1달 교육하는데 투입되는 변동비를 추정하시오.

2) 월별 고정비와 원가함수를 추정하시오.

3) 6월의 재학생 등록률이 95%일때 원가함수와 총원가를 추정하시오.

9.3 동문회에서는 장학재단을 설립하기 위하여 대학 건물내에 웰빙토스트점을 유치하기로 하였다. 현재 사업계획서를 작성하여 학교에 제출중에 있으며, 웰빙토스트점 설치시 발생되는 비용을 다음과 같이 계산하였다.

재료비 ₩1,500,000(변동비: 토스트 2,000개에 대한 원가)
노무비 ₩800,000
(고정비 ₩300,000, 나머지는 2,000개의 토스트 만드는데 발생되는 원가)
전화요금 ₩40,000(고정비), 전기료 ₩50,000(40%는 고정비, 나머지는 대학부담비용)
광고비 ₩100,000(고정비), 보험료 ₩40,000(고정비)

물음 1) 원가함수와 총원가를 계산하시오.
2) 10월에 토스트를 2,500개 판매예정인 경우의 총예측원가는 얼마인가?

9.4 다음은 (주)경기의 20×7년의 기계시간과 제조간접비에 관한 자료이다.

기간	기계시간	제조간접비
9월	100	2,000
10월	300	2,500
11월	500	5,000
12월	400	4,000

고저점법을 이용하여 원가함수와 20×8년 1월의 기계시간이 500일 때 총제조간접비를 추정하시오.

9.5 다음은 2007년 전반기 생산활동자료이다. 이 자료를 이용하여 고저점법을 적용할 때 단위당 변동원가가 ₩40이다. 3월의 발생원가는 얼마인가? [2008년 주택관리사]

월	생산량	발생원가
1월	240개	₩14,600
2월	210개	13,600
3월	200개	?
4월	230개	14,200
5월	220개	13,900
6월	250개	15,000

9.6 (주)서울은 신제품 생산을 계획하고 있다. 첫 해 신제품 K는 단위당 ₩500,000에 판매될 예정이며 10,000개를 생산할 예정이다. 신제품 K에 대한 직접재료비와 직접노무비의 추정치는 각각 ₩3,500,000과 ₩1,500,000이다. 단순선형회귀를 이용하여 분석된 제조간접비(Y)는 Y = ₩100,000 + 1,000X(생산량)의 원가함수가 도출되었다. 신제품에 대한 첫 해의 단위당 변동비는 얼마인가?

9.7 (주)서울의 지난 2년간 생산량과 총제조원가는 다음과 같다. 2년간 고정원가와 단위당 변동원가는 변화가 없었다.

	생산량	총 제조원가
20×5년	1,000개	₩50,000,000
20×6년	2,000개	₩70,000,000

20×7년도에 고정원가가 20%증가하고 단위당 변동원가가 40% 감소하면, 생산량이 3,000개 일 때 총 제조원가는 얼마인가 ? [1996년 공인회계사]

9.8 (주)상록의 4/4분기 동안 원가자료이다. 고저점법을 이용하여 월간 수선유지비의 원가함수를 추정하시오.

월별	기계시간	수선유지비
10월	500	₩28,000
11월	400	₩20,000
12월	800	₩36,000

9.9 병회사의 20×8년도 생산자료는 다음과 같다.

〈월별〉	〈생산량〉	〈노무비〉
1 월	10	₩160,000
2 월	15	200,000
3 월	20	310,000
4 월	50	720,000
5 월	30	460,000

6월의 계획생산량이 70개 일 때 고저점법을 사용하여 노무비추정액을 계산하면? [1993년 공인회계사]

9.10 (주)우주는 새로운 설비투자에 대한 4월 한 달 동안의 노무비 원가분석을 실시하였다. 직접노동시간 20,000시간에서 단위당 노무원가는 ₩1,500, 30,000시간에서 단위당 노무원가는 ₩1,200이다. 직접노동시간 22,500시간에서 총직접노무비는?

제10장

원가–조업도–이익 분석

학습목표

9장에서는 원가행태를 기초로 하여 원가추정에 대하여 학습하였다. 본 장에서는 이미 학습한 원가와 원가함수 및 원가추정 등을 토대로 하여 원가와 수익 상호 간에 관계에 대하여 조업도를 중심으로 설정하는 단기이익계획을 배울 것이다. 본 장의 학습목표는 다음과 같다.

1. CVP 분석이란 무엇이며, 그 가정에는 어떠한 것들이 있는가?
2. 손익분기점은 어떻게 산출되는가?
3. 원가, 가격, 조업도의 변화가 이익에 어떠한 영향을 미치는가?
4. CVP 분석이 의사결정에 어떻게 이용되는가?
5. 법인세를 고려할 때 CVP 분석은 어떻게 수행되는가?

원가-조업도-이익분석(Cost-Volume-Profit Analysis: CVP)이란 생산량이나 판매량의 변화가 원가와 수익에 미치는 영향을 분석하여 기업의 단기적 의사결정에 이용하는 기법이다. 다시 말하면 조업도의 변화가 원가 및 수익, 이익에 어떠한 영향을 미치는가를 분석하는 기법이다. 원가-조업도-이익분석을 영문 첫 글자를 따서 CVP분석이라고도 부르고 있는데, 제품의 판매가격, 생산량 또는 판매량(조업도), 단위당 변동원가, 총고정원가 등의 관계를 분석하는 데 주로 이용되는 기법이다.

본장에서 사용하는 원가는 제조원가만을 의미하는 것은 아니며, 판매비와 관리비도 포함하는 광범위한 개념이다.

제1절 CVP분석의 용어와 가정

1 CVP분석에서 사용되는 용어의 정의

CVP분석에서는 영업이익, 총수익, 총비용(총원가) 사이에는 다음과 같은 관계가 성립된다는 점을 이해해야 한다. 여기서 총수익은 영업활동으로 인한 수익이며, 총비용(총원가)은 매출원가와 영업비용을 포함하나 법인세는 제외한 개념이다.

영업이익(operating income: OI) = 총수익(total revenue: TR)
− 총비용(total cost: TC)

총수익과 총비용(총원가)은 생산량이 증감함에 따라 그 금액이 증감한다. 제품의 단위당 판매가격과 단위당 변동원가가 제품의 생산량(판매량)과 관계없이 일정하다고 가정하면, 총수익과 총비용(총원가)을 다음과 같이 나타낼 수 있다.

총수익(TR) = 단위당 판매가격(P) × 판매량(Q)

총비용(TC) = 총변동원가(VQ) + 총고정원가(FC)
= 단위당 변동원가(V)×판매량(Q) + 총고정원가(FC)

총수익은 단위당 판매가격(price: P)에 생산량 또는 판매량(quantity: Q)을 곱한 값이다. 총비용은 총변동원가(total variable cost: VQ)와 총고정원가(total fixed cost: FC)의 합계인데, 총변동원가는 단위당 변동원가(unit variable cost: V)에 생산량 또는 판매량(Q)을 곱한 값이다.

단위당 판매가격에서 단위당 변동원가를 차감한 금액을 단위당 공헌이익(unit contribution margin: UCM, P−V)이라 한다. 단위당 공헌이익은 제품 1단위의 판매가 고정원가를 회수하고, 이익을 창출하는데 얼마나 공헌하는가를 나타내는 개념으로, 단위당 공헌이익에 총판매량을 곱한 금액을 총공헌이익(total contribution margin: TCM, (P−V)Q))이라고 한다.

변동비율은 매출액에 대한 변동원가의 비중 즉, 매출액중에서 변동원가가 차지하는 비율을 의미한다.

총공헌이익은 총수익에서 총변동원가를 차감하여 구할 수도 있다.

단위당 공헌이익(P−V) = 단위당 판매가격(P) − 단위당 변동원가(V)
총공헌이익((P−V)Q) = 단위당 공헌이익(P−V)×판매량(Q)
= 총수익(TR) − 총변동원가(VQ)

공헌이익 포괄손익계산서

매출액(PQ)	XXX
변동원가(VQ)	XXX
공헌이익(P−V)Q	XXX
고정원가(FC)	XXX
영업이익(P−V)Q−FC	XXX

위에서 살펴본 단위당 공헌이익이 단위당 판매가격에서 차지하는 비율을 공헌이익률(contribution margin ratio: CMR)이라고 한다. 공헌이익률은 단위당 판매가격에서 단위당 변동원가를 차감한 금액을 판매가격으로 나누어 산출할 수도 있다. 공헌이익률은 매출액에서 고정원가의 회수 및 이익의 획득에 공헌하는 비율을 나타낸다. 예를 들어, 단위당 판매가격이 ₩1,000이고 공헌이익률이 40%라고 하면 제품 1단위를 추가 판매함에 따라 ₩400만큼 이익이 증가한다는 정보를 준다. 한편, 공헌이익률과 변동비율은 관계를 살펴보면, 공헌이익률은 1－변동비율이므로 공헌이익률과 변동비율의 합은 항상 1의 관계가 성립된다.

$$\text{공헌이익률(CMR)} = \frac{\text{단위당 공헌이익(P}-\text{V)}}{\text{단위당 판매가격(P)}}$$

$$= \frac{\text{단위당 판매가격(P)} - \text{단위당 변동원가(V)}}{\text{단위당 판매가격(P)}}$$

$$= 1 - \frac{V}{P}$$

$$= 1 - \text{변동비율}$$

공헌이익률＝1－변동비율

공헌이익률＋변동비율＝1

2 CVP분석의 가정

CVP분석은 실제 복잡한 현상을 단순화시켜 이해가능성을 증진시키고자 다음과 같은 몇 가지 가정을 내포하고 있다. 이러한 가정들 중 대부분이 CVP분석은 단기의사결정에 사용되는 분석기법이라는 것과 관련되어 있다.

첫째, 수익과 원가를 변화시키는 수익동인(revenue driver)과 원가동인(cost driver)은 제품의 생산량과 판매량에 의해서만 발생한다고 가정하는 단일 동인(single driver)모형이다. 현실에서는 수익과 원가에 영향을 미치는 요인에는 조업도 이외에도 경제성장률, 소비자 선호, 경쟁기업, 종업원의 사기, 설비의 이용가능정도, 기술변화, 생산요소의 가격변화 등이 있다. 이와 같은 다수의 수익동인과 원가동인을 사용하는 복잡한 모형은 이를 통해 얻는 효익이 원가를 초과하는 경우에 사용해야 할 것이다.

둘째, 모든 원가를 고정원가와 변동원가로 명확히 구분할 수 있다고 가정한다.

셋째, 기본적인 CVP분석모형은 단기적 의사결정에 사용되는 기법이므로, 조업도가 크게 변동하지 않는 단기간의 관련범위 내에서 사용되기 때문에 고정원가는 관련범위 내에서 일정하다고 가정한다.

넷째, 총변동원가는 생산량 또는 판매량과 선형관계에 있다고 가정한다. 즉 CVP분석은 단기간의 의사결정을 다루는 것이므로, 관련범위 내에서 생산량 또는 판매량에 비례하여 변동원가가 변화한다고 가정한다.

다섯째, 현실적으로는 수량할인이나 현금할인 등이 존재하지만, 제품의 단위당 판매가격은 판매량의 증가에 관계없이 항상 일정하다고 가정한다.

여섯째, 단위당 판매가격, 단위당 변동원가, 고정원가는 이미 알려져 있다고 가정한다.

일곱째, CVP분석에서는 재고자산의 수준이 변동하지 않는다고 가정하므로 생산량은 모두 판매되어 판매량과 일치하게 된다. 즉 단기의사결정을 위한 분석도구인 CVP분석은 당기에 발생한 원가만을 고려하기 위하여, 전기에 발생한 원가를 포함하는 재고자산은 분석대상에서 제외하는 것이다.

여덟째, CVP분석에서는 기업이 다수의 제품을 생산·판매하는 경우에도 제품의 매출배합(sales mix)이 일정하다고 가정한다.

아홉째, 모든 수익과 원가에 대한 화폐의 시간가치를 고려하지 않는다.

3 CVP분석 기본개념

소프트웨어를 판매하는 한글과 컴퓨터(주)에서는 소프트웨어 가격을 ₩20,000으로 결정하고, 소프트웨어 1단위당 변동원가는 ₩12,000이고, 3월중에 발생한 총고정원가는 ₩400,000이다. 판매량이 40단위와 120단위일 때 영업이익의 변화를 검토하기 위하여 CVP분석을 수행한 결과는 다음과 같다.

한글과 컴퓨터(주)에서 40단위의 소프트웨어를 판매하였을 경우 공헌이익은 ₩320,000이고, 120단위의 소프트웨어를 판매하였을 경우 공헌이익은 ₩960,000이다. 그리고 40단위의 소프트웨어를 판매하였을 경우 영업손실은 ₩80,000이고, 120단위의 소프트웨어를 판매하였을 경우 영업이익은 ₩560,000이다. 40단위와 120단위 판매시의 공헌이익과 영업이익의 차이를 보면 ₩640,000으로 동일하다.

항목	단위당 금액 (A)	40단위 판매시		120단위 판매시		차이 (F)=(E)−(C)
		판매량 (B)	총액 (C)=(A)×(B)	판매량 (D)	총액 (E)=(A)×(D)	
총수익①	₩20,000	40	₩800,000	120	₩2,400,000	₩1,600,000
변동원가②	₩12,000	40	480,000	120	1,440,000	960,000
공헌이익③=①−②			320,000		960,000	640,000
고정원가④			400,000		400,000	0
영업이익⑤=③−④			₩(80,000)		₩560,000	₩640,000

이는 CVP분석에서 총수익과 변동원가는 판매량에 따라 변화하지만, 고정원가는 변화하지 않는다는 가정을 뒷받침하는 결과이다. 곧 판매량이 변화함에 따라 공헌이익과 영업이익 금액에 변동을 일으켰지만, 고정원가가 일정한 금액을 유지한 관계로 두 이익의 차이는 동일한 것이다. 이렇게 영업이익 정보 이외에 추가적으로 공헌이익 정보를 제공하는 포괄손익계산서를 공헌이익포괄손익계산서(contribution margin comprehensive income statement)라고 한다.

제2절 손익분기점분석

손익분기점(break-even point: BEP)이란 영업활동에 따른 이익 또는 손실이 ₩0인 경우를 말한다. 다시 말하면, 총수익과 총비용(총원가)이 일치하여 이익이 ₩0이 되는 판매량 또는 매출액이다. 경영자들은 손실을 회피하기 위하여 투입해야 할 최소한의 노력 수준을 파악해야 하므로 손익분기점에 관심을 두게 된다. 이러한 손익분기점 분석방법에는 등식법(equation method)과 공헌이익법(contribution margin method)이 있다.

1 등식법

등식법은 포괄손익계산서등식을 바탕으로 총수익과 총비용(총원가)이 일치하는 조업도 즉, 이익이 0인 조업도에 초점을 맞추어 손익분기점을 계산하는 방법이다.

$$\pi = TR - TC \quad (1)$$

$$TR = P \times Q \quad (2)$$

$$TC - VQ + FC \quad (3)$$

여기에서, π : 영업이익
TR : 총수익
TC : 총비용(총원가)
P : 단위당 판매가격
Q : 판매량(생산량)
VQ : 변동원가
FC : 고정원가

식(1)에 식(2), 식(3)을 대입하면 다음과 같이 변형된다.

$$\pi = PQ - (VQ + FC) \quad (4)$$

한글과 컴퓨터(주)의 자료를 이용하여 손익분기점을 계산하면 다음과 같다. 단, 단위당 판매가격은 ₩20,000, 단위당 변동원가는 ₩12,000, 고정원가는 ₩400,000이다.

식(4)의 손익분기점 정의에 따라 영업이익을 ₩0으로 놓고, 총변동원가와 총고정원가를 합한 총비용(총원가)이 총수익과 일치하는 점의 판매량을 구하면 손익분기판매량이다. 한글과 컴퓨터(주)가 손실을 보지 않기 위해서는 최소한 50단위를 판매해야 하며, 50단위를 초과하여 판매하게 되면 이익을 얻는다.

₩0 = ₩20,000Q − (₩12,000Q + ₩400,000)

₩400,000 = ₩8,000Q

여기서, $Q_{손익분기}$ = 50단위

이를 매출액으로 표현한 것이 손익분기매출액인데, 이는 단위당 판매가격에 손익분기점 수량을 곱한 값이다.

$$TR_{손익분기} = P \times Q_{손익분기}$$

₩20,000×50단위=₩1,000,000

2 공헌이익법

공헌이익법은 제품의 단위당 공헌이익을 파악한 후, 총고정원가에 상응하는 총공헌이익을 얻으려면 몇 단위의 제품을 판매해야 하는가에 초점을 맞추어 손익 분기점을 계산한다. 위의 식(4)를 변형하면 다음 식(5)와 같다.

$$\pi = (P - V) \times Q - FC \tag{5}$$

손익분기점의 영업이익에 ₩0을 대입하면 손익분기판매량은 다음과 같다. 이는 총고정원가를 단위당 공헌이익으로 나눈 값과도 같다.

$$Q_{손익분기} = \frac{FC}{P - V} \tag{6}$$

한글과 컴퓨터(주)의 자료에서 총고정원가는 ₩400,000이고, 단위당 공헌이익은 단위당 판매가격 ₩20,000에서 단위당 변동원가 ₩12,000을 차감한 ₩8,000이다. 손익분기판매량은 50단위로, 한글과 컴퓨터(주)가 손실이 발생하지 않기 위해서는 50단위를 판매해야 한다.

₩0=(₩20,000−₩12,000)Q−₩400,000

₩400,000=₩8,000Q

$$Q_{손익분기}=\frac{₩400,000}{₩8,000}=50단위$$

손익분기판매량에 단위당 판매가격을 곱하면 손익분기매출액을 계산할 수 있다. 식(6)에 단위당 판매가격을 곱하여 정리하면 다음 식(7)과 같다. 이는 총고정원가를 공헌이익률로 나눈 값과도 같다.

$$P\times Q_{손익분기}=P\times\frac{FC}{P-V} \tag{7}$$

$$=\frac{FC}{P-V}$$

$$=\frac{FC}{1-\frac{V}{P}}$$

한글과 컴퓨터(주) 자료에서 총고정원가는 ₩400,000이고, 단위당 공헌이익은 ₩8,000이다. 이 단위당 공헌이익을 단위당 판매가격으로 나눈 공헌이익률은 0.4 또는 40%[=(₩20,000−₩12,000)/₩20,000]이다. 따라서 손익분기매출액은 다음과 같이 계산된다.

$$PQ_{손익분기}=\frac{400,000}{0.4}=₩1,000,000$$

손익분기점에 이르기 위한 판매량 수준을 결정하는 것은 공헌이익과 총고정원가를 비교하는 것과 같다. 제품의 단위당 공헌이익이 먼저 총고정원가를 회수하는데 사용된다. 판매량이 증가함에 따라 총공헌이익은 점점 커져서 총고정원가와 일치하게 되고, 이익이 ₩0이 됨으로써 손익분기점을 이룬다. 한글과 컴퓨터(주)의 사례는 다음 표에서와 같이 영업이익이 ₩0이 되는 손익분기점에서 총고정원가와 총공헌이익이 일치한다.

항목	손익분기점		
	단위당금액 (A)	판매량 (B)	총액 (C)=(A)×(B)
총수익①	₩20,000	50	₩1,000,000
변동원가②	₩12,000	50	600,000
공헌이익③=①-②			400,000
고정원가④			400,000
영업이익⑤=③-④			₩0

3 목표영업이익분석

손익분기점 분석에서는 경영자에게 손실을 피하기 위한 판매량에 대한 정보를 제공해 준다. 계속적으로 기업을 존속시키기 위해서 경영자는 영업이익이 손익분기점을 넘어 기업의 전략이나 계획에 따른 목표이익을 달성할 수 있는 판매량 정보에 관심을 갖게 되는데, 이에 대한 정보를 산출하는 방법론이 목표영업이익분석이다.

목표영업이익을 달성하기 위한 판매량은 손익분기판매량 등식에서 영업이익에 양(+)의 (목표)영업이익을 대입한 것이다. 따라서 식(6)을 다시 쓰면 다음 식(8)과 같다.

$$Q_{목표}=\frac{FC+TP_{목표}}{P-V} \tag{8}$$

여기서, $Q_{목표}$: 목표판매량

$TP_{목표}$: 목표영업이익

한글과 컴퓨터(주)는 ₩560,000의 영업이익을 얻기 위해서 몇 단위의 소프트웨어를 판매해야 하는지 계산하면 다음과 같다. 단, 단위당 판매가격은 ₩20,000, 단위당 변동원가는 ₩12,000, 고정원가는 ₩400,000이다.

$$Q_{목표}=\frac{₩400,000+₩560,000}{₩20,000-₩12,000}=120단위$$

한글과 컴퓨터(주)가 목표영업이익 ₩560,000을 달성할 수 있는 목표판매수량은 120 단위가 된다.

한편, 목표영업이익을 달성하기 위한 목표매출액을 계산하기 위한 식은 다음과 같다. 손익분기매출액을 계산하기 위한 등식에서 영업이익에 ₩0이 아닌 양(+)의 (목표)영업이익을 대입한 것이다. 따라서 식(7)을 다시 쓰면 다음 식(9)와 같다.

$$PQ_{목표} = \frac{FC + TP_{목표}}{\frac{P - V}{P}} = \frac{FC + TP_{목표}}{1 - \frac{V}{P}} \qquad (9)$$

한글과 컴퓨터(주) 자료에서 ₩560,000의 영업이익을 얻기 위해서 달성해야 할 매출액을 계산하면 다음과 같다.

$$PQ_{목표} = \frac{₩400,000 + ₩560,000}{0.4} = ₩2,400,000$$

한글과 컴퓨터(주)가 목표영업이익 ₩560,000을 달성할 수 있는 목표매출액은 ₩2,400,000이다.

예제

다음은 볼펜을 판매하는 모닝글로리의 4월중 영업 관련정보이다.

항목	금액
단위당 판매가격	₩1,000
판매수량	₩30
단위당 변동제조원가	₩500
단위당 변동판매비	₩100
고정제조원가	₩600,000
고정판매관리비	₩200,000

물음

다음을 계산하시오.

1. 단위당 공헌이익
2. 공헌이익률
3. 손익분기판매량
4. 손익분기매출액
5. 목표영업이익이 ₩200,000인 경우의 판매량
6. 목표영업이익이 ₩400,000인 경우의 매출액

풀이

1. 단위당 공헌이익

=단위당 판매가격－단위당 변동원가

=단위당 판매가격－단위당 변동제조원가－단위당 변동판매비

=₩1,000－₩500－₩100

=₩400

2. 공헌이익률

=(단위당 판매가격－단위당 변동원가)/단위당 판매가격

=(단위당 판매가격－단위당 변동제조원가－단위당 변동판매비)/단위당 판매가격

=(₩1,000－₩500－₩100)/₩1,000

=0.4

3. 손익분기판매량

=총고정원가/단위당 공헌이익

=(고정제조원가＋고정판매관리비)/단위당 공헌이익

=(₩600,000＋₩200,000)/₩400

=2,000단위

4. 손익분기매출액

=총고정원가/공헌이익률

=(고정제조원가＋고정판매관리비)/공헌이익률

=(₩600,000＋₩200,000)/0.4

=₩2,000,000

5. 목표판매량
 =(총고정원가+목표영업이익)/단위당 공헌이익
 =(고정제조원가+고정판매관리비+목표영업이익)/단위당 공헌이익
 =(₩600,000+₩200,000+₩200,000)/₩400
 =2,500단위
6. 목표매출액
 =(총고정원가+목표영업이익)/공헌이익률
 =(고정제조원가+고정판매관리비+목표영업이익)/공헌이익률
 =(₩600,000+₩200,000+₩400,000)/0.4
 =₩3,000,000

지금까지 학습한 CVP분석방법을 요약하면 다음과 같다.

CVP 분석 요약

$$\text{손익분기 판매량} = \frac{\text{총고정원가}}{(\text{단위당 판매가격} - \text{단위당 변동원가})} = \frac{\text{총고정원가}}{\text{단위당 공헌이익}}$$

$$\text{손익분기 매출액} = \frac{\text{총고정원가}}{\frac{(\text{단위당 판매가격} - \text{단위당 변동원가})}{\text{단위당 판매가격}}} = \frac{\text{총고정원가}}{\text{공헌이익률}}$$

$$\text{목표판매량} = \frac{\text{총고정원가} + \text{목표영업이익}}{(\text{단위당 판매가격} - \text{단위당 변동원가})} = \frac{\text{총고정원가} + \text{목표영업이익}}{\text{단위당 공헌이익}}$$

$$\text{목표매출액} = \frac{\text{총고정원가} + \text{목표영업이익}}{\frac{(\text{단위당 판매가격} - \text{단위당 변동원가})}{\text{단위당 판매가격}}} = \frac{\text{총고정원가} + \text{목표영업이익}}{\text{공헌이익률}}$$

제3절 민감도 분석

오늘날 기업을 둘러싸고 있는 환경은 매우 복잡하고 유동적으로 변화하고 있지만, 경영자가 이에 대해 획득할 수 있는 정보는 한계가 있을 뿐만 아니라, 인지 능력에도 한계가 있다. 따라서 경영자는 항상 미래에 어떤 사건(events)이 발생할 것인지를 정확하게 알 수 없는 상황에서 의사결정을 내리게 된다. 즉 외부경영환경 변화에 대처해야 하는 경영자는 다양한 상황에 대한 원가정보를 필요로 하게 됨에 따라 민감도 분석을 수행하는 것이다.

민감도 분석(sensitivity analysis)이란 예측과 실제의 차이가 크게 발생하거나 가정이 변화하면 이에 따른 결과에 대한 변화를 분석하는 방법이다.

CVP 관련성에 대한 민감도 분석에서는 구성요소인 단위당 판매가격, 판매(생산)량, 단위당 변동원가, 총고정원가, 목표영업이익 등의 변화에 따른 손익분기점의 변화나 영업이익에 미치는 효과 등을 분석할 수 있다.

한글과 컴퓨터(주)의 단위당 판매가격이 ₩20,000에서 ₩30,000으로 상승하고, 단위당 변동원가가 ₩12,000에서 ₩10,000으로 감소하였다고 가정하자. 이러한 상황에서의 손익분기점에 대한 민감도 분석을 수행한 결과는 다음과 같다.

항목	최초 손익분기점			단위당 판매가격, 단위당 변동원가 변화후의 손익분기점		
	단위당 금액 (A)	판매량 (B)	총액 (C)=(A)×(B)	단위당 금액 (D)	판매량 (E)	총액 (F)=(D)×(E)
총수익①	₩20,000	50	₩1,000,000	₩30,000	20	₩600,000
변동원가②	₩12,000	50	600,000	₩10,000	20	200,000
공헌이익③=①-②			400,000			400,000
고정원가④			400,000			400,000
영업이익⑤=③-④			₩0			₩0

단위당 판매가격 ₩30,000, 단위당 변동가격 ₩10,000인 상황에서 손익분기 판매량은 20단위이고 손익분기매출액은 ₩600,000이다. 최초 손익분기판매량 50단위에서 30단위가 감소하였으며, 최초 손익분기매출액에서 ₩400,000이 감소된 결과를 보였다.

1 안전한계

민감도분석의 일종으로 안전한계(margin of safety)가 있다. 안전한계에서 안전한계매출액은 실제(예산)매출액이 손익분기매출액을 초과하는 금액을 말하며, 안전한계판매량은 실제(예산)판매량이 손익분기판매량을 초과하는 수량을 뜻한다. 이를 수식으로 나타내면 다음과 같다.

안전한계매출액 = 실제(예산)매출액 − 손익분기매출액
안전한계판매량 = 실제(예산)판매량 − 손익분기판매량

한글과 컴퓨터(주)의 자료를 이용하여 안전한계매출액과 안전한계판매량을 산출하면 다음 표와 같다. 한글과 컴퓨터(주)의 판매량이 120단위이고, 이에 따라 ₩2,400,000의 매출을 달성하고 있다면, 안전한계매출액은 현재 매출액 ₩2,400,000에서 손익분기매출액 ₩1,000,000을 차감한 ₩1,400,000이며, 안전한계판매량은 현재 판매량 120단위에서 손익분기판매량은 50단위를 차감한 70단위이다.

단위당 금액 (A)	손익분기점		120단위 판매시		안전한계 판매량 (F)=(D)−(B)	안전한계 매출액 (G)=(E)−(C)
	판매량 (B)	총액 (C)=(A)×(B)	판매량 (D)	매출액 (E)=(A)×(D)		
₩20,000	50	₩1,000,000	120	₩2,400,000	70	₩1,400,000

이러한 안전한계에 대한 정보가 경영 의사결정에 이용되는 이유는, 안전한계매출액(판매량)이 현 상황에서 손실이 발생하기 직전까지 허용할 수 있는 매출액에 대한 정보

를 제공함으로써, 기업의 안전성을 측정하는 유용한 지표의 역할을 수행하기 때문이다. 낮은 안전한계매출액(판매량)은 손익분기매출액(판매량)이 너무 높거나 현재 판매량(매출액)이 너무 낮다는 것을 의미한다. 따라서 경영자는 이러한 경영상의 문제점을 파악함으로써 미래의 불황에 대비하여 손익분기점을 낮추거나 매출액을 높여야 할 것이다. 이를테면, 단위당 판매가격은 인상하고 단위당 변동원가와 총고정원가는 감소시킬 수 있는 방안을 고려해야 한다.

다음과 같이 안전한계매출액을 실제매출액으로 나눈 비율로 표시한 것을 안전한계비율(margin of safety ratio)이라고 한다. 안전한계비율은 현 상황에서 손실이 발생할 때까지 허용할 수 있는 매출액의 최대감소비율에 대한 정보를 제공한다.

$$\text{안전한계비율} = \frac{(\text{실제매출액} - \text{손익분기매출액})}{\text{실제매출액}} = \frac{\text{안전한계 매출액}}{\text{실제매출액}}$$

현재 한글과 컴퓨터(주)의 안전한계비율을 계산하면 58.33%(=₩1,400,000/₩2,400,000)이 된다. 곧 한글과 컴퓨터(주)는 현재 매출액에서 58.33% 이상 감소하게 되면 손실이 발생하게 된다.

예제

모닝글로리의 10월중 영업활동에 관한 자료는 다음과 같다.

- 단위당 판매가격 ₩10
- 단위당 변동원가 ₩6
- 현재 판매량 80,000단위
- 총고정원가 ₩200,000

물음

1. 안전한계판매량과 안전한계매출액을 구하라.
2. 안전한계비율을 구하라.

풀이

1. 안전한계판매량과 안전한계매출액을 산출하기 위해서는 먼저 손익분기판매량과 손익분기매출액을 계산해야 한다.

손익분기판매량 =총고정원가/(단위당 판매가격−단위당 변동원가)

=₩200,000/(₩10−₩6)=50,000단위

$$\text{손익분기매출액} = \frac{\text{총고정원가}}{\dfrac{(\text{단위당 판매가격} - \text{단위당 변동원가})}{\text{단위당 판매가격}}}$$

$$= \frac{₩200,000}{\dfrac{(₩10 - ₩6)}{₩10}}$$

=₩500,000

안전한계판매량 =실제판매량−손익분기판매량

=80,000−50,000

=30,000단위

안전한계매출액 =실제매출액-손익분기매출액

=₩10×80,000−₩500,000

=₩300,000

$$\text{안전한계비율} = \frac{\text{안전한계 매출액}}{\text{실제매출액}}$$

=₩300,000/₩800,000

=0.375

제4절 CVP분석의 의사결정에의 이용

지금까지 CVP분석이 손익분기점에서의 판매량 및 매출액 결정, 목표영업이익을 달성하기 위한 판매량 및 매출액 결정에 유용한 정보를 제공함을 보았다. 다음에서는 경영자의 전략적 의사결정에 CVP분석을 이용하는 사례를 살펴본다.

한글과 컴퓨터(주)는 현재 120단위를 판매하고 있는 상황에서 광고를 하지 않고 있다. 그런데 광고회사인 제일기획으로부터 매출신장을 위하여 ₩1,000,000의 TV광고를 제안받았고, 마케팅부서는 광고를 통해 매출액이 10% 증가할 것으로 예측하였다. 이 상황에서 한글과 컴퓨터(주)는 제일기획의 제안에 대한 수락여부를 판단하기 위해 CVP분석을 수행한 결과는 다음과 같다.

항목	단위당 금액 (A)	[상황 1] 광고 없이 120단위 판매		[상황 2] 광고를 하고 판매량 10% 증가		차이 (F)=(E)−(C)
		수량 (B)	금액 (C)=(A)×(B)	수량 (D)	금액 (E)=(A)×(D)	
총수익①	₩20,000	120	₩2,400,000	132	₩2,640,000	₩240,000
변동원가②	₩12,000	120	1,440,000	132	1,584,000	144,000
공헌이익③=①−②			960,000		1,056,000	96,000
고정원가④			400,000		1,400,000	1,000,000
영업이익⑤=③−④			₩560,000		(₩344,000)	(₩904,000)

광고를 통해 증가하는 공헌이익은 ₩96,000인 반면, 광고선전비로 증가하는 고정비는 ₩1,000,000이기 때문에 영업이익은 ₩904,000 감소하는 결과를 보이고 있어, 광고를 하지 않는 것이 영업이익을 극대화하는 것으로 나타났다.

만약 광고를 하게 된다면 광고를 통해 얻을 수 있는 공헌이익 증가분₩96,000이 광고선전비의 최대금액이 된다.

추가적으로 한글과 컴퓨터(주)에서 매출액 신장을 위하여 가격인하를 고려한다고 하

자. 10%의 가격인하를 하게 되면 40%의 매출신장이 이루어진다는 분석결과에 따라 CVP분석을 수행하면 다음과 같다.

항목	[상황 1] 가격 ₩20,000, 120단위 판매			[상황 2] 가격 10%인하, 40% 판매량증가		
	단위당 금액 (A)	수량 (B)	금액 (C)=(A)×(B)	단위당 금액 (D)	수량 (E)	금액 (F)=(D)×(E)
총수익①	₩20,000	120	₩2,400,000	₩18,000	168	₩3,024,000
변동원가②	₩12,000	120	1,440,000	₩12,000	168	2,016,000
공헌이익③=①-②			960,000			1,008,000
고정원가④			400,000			400,000
영업이익⑤=③-④			₩560,000			₩608,000

단위당 판매가격이 ₩18,000, 판매량이 168단위가 되므로, 단위당 판매가격이 ₩20,000이고 판매량이 120단위일 때와 비교하여 영업이익이 ₩48,000이 증가한다. 즉 이 회사가 40%의 매출신장을 가정하여 10%의 가격을 인하하면 영업이익은 증가하게 된다.

제5절 CVP분석의 확장

1 법인세를 고려한 CVP분석

법인세를 고려한 CVP분석에서는 식의 단순화를 위하여, 세후이익(net income)은 영업외수익과 영업외비용을 0으로 가정하고, 세전이익에서 법인세 (corporate tax)를 뺀 금액이다. 법인세는 세전이익에 법인세율(corporate tax rate)을 곱한 값이다.

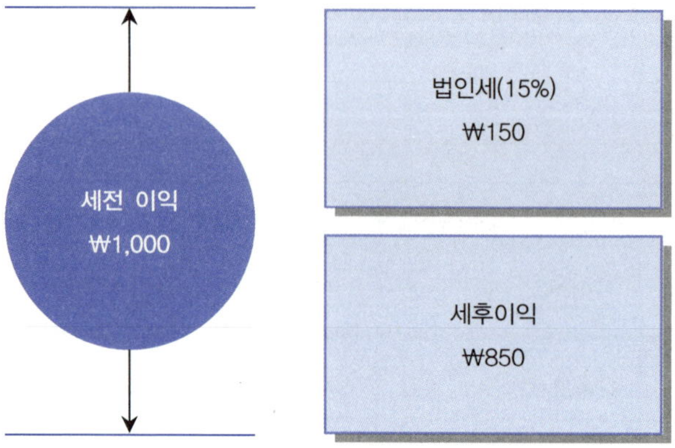

세후이익(NI)=세전이익(OI)−법인세(CT) (10)

법인세(CT)=세전이익(OI)×법인세율(t) (11)

식(10)에 식(11)을 대입하여 정리하면 다음 식과 같다.

세후이익=세전이익−법인세

=세전이익−(세전이익×세율)

=세전이익(OI)×(1−세율(t))

이를 세전이익으로 풀면,

세전이익(OI)=세후이익(NI)/(1−세율(t))

세후목표이익 달성을 위한 목표판매량은 다음과 같이 도출된다.

$$Q_{목표}=\frac{FC+OI}{P-V}$$

$$=\frac{FC+\frac{NI}{(1-t)}}{P-V}$$

세후목표이익 달성을 위한 목표매출액은 위 식의 양변에 P를 곱하여 다음과 같이 도출할 수 있다.

$$P \times Q_{목표}(TR_{목표}) = \frac{\frac{FC+OI}{P-V}}{P}$$

$$= \frac{FC+\frac{NI}{(1-t)}}{\frac{P-V}{P}} = \frac{FC+\frac{NI}{(1-t)}}{1-\frac{V}{P}}$$

위 식을 이용하여 한글과 컴퓨터(주)가 세후이익 ₩487,200(단, 세율은 영업이익 1억 이하 13%, 1억 초과 25%)을 달성하기 위한 목표판매량을 계산하면 다음과 같다. 단, 단위당 판매가격은 ₩20,000, 단위당 변동원가는 ₩12,000, 고정원가는 ₩400,000이다.

$$Q_{목표} = \frac{₩400,000+\frac{₩487,200}{(1-0.13)}}{(₩20,000-₩12,000)} = \frac{(₩400,000+₩560,000)}{(₩20,000-₩12,000)}$$

$$=120단위$$

또한 세후이익 ₩487,200(단, 세율은 영업이익 1억 이하 13%, 1억 초과 25%)을 달성하기 위한 매출액을 계산하면 다음과 같다. 단, 단위당 판매가격은 ₩20,000, 단위당 변동원가는 ₩12,000, 고정원가는 ₩400,000이다.

$$PQ_{목표} = \frac{₩400,000+\frac{₩487,200}{(1-0.13)}}{\frac{(₩20,000-₩12,000)}{₩20,000}} = \frac{(₩400,000+₩560,000)}{\frac{(₩20,000-₩12,000)}{₩20,000}}$$

$$=₩2,400,000$$

앞 절에서는 CVP분석의 손익분기판매량, 손익분기매출액을 산출하였다. 그러나 법인세를 고려하지 않았는데, 이는 손익분기점에서는 영업이익이 ₩0이고 이에 따른 법인세가 ₩0이므로, CVP모형에서 법인세 고려 여부와는 상관없이 그 결과가 동일한 것이다.

Ⅰ. 평가자체크리스트

※ 다음 서술이 옳으면 T, 옳지 않으면 F를 기재하시오.

10.1 CVP분석의 목적은 손익분기점의 조업도수준만을 파악하는 데 필요한 기법이다.

10.2 CVP분석은 의사결정이 이루어지는 관련범위 내에서 조업도만이 원가에 영향을 미치는 유일한 요인이라고 가정한다.

10.3 손익분기점에서는 순이익이 0이므로 법인세가 없다.

10.4 CVP분석은 장기투자의사결정에 유용한 분석방법이다.

10.5 공헌이익이 총고정원가보다 클 경우에는 이익이 발생한다.

10.6 공헌이익률은 원가구조와 밀접한 관련이 있으며 변동원가 비중이 높으면 공헌이익률이 높게 나타난다.

10.7 고정원가가 10% 증가하였을 때 다른 조건이 일정하다면 손익분기점 판매량도 10%증가한다.

10.8 법인세를 고려하건 고려하지 않건 간에 손익분기점은 영향을 받지 않는다.

10.9 경기침체시 매출액이 감소한다면 고정비를 줄여 기업의 위험관리를 한다.

10.10 원가함수를 조업도에 대한 1차함수로 추정하는 것은 관련범위 내에서 원가함수가 비선형이라는 가정에 따른 것이다.

Ⅱ. 객관식

10.1 일반적으로 손익분기점 분석에서 고려하지 않는 가정은? [2000년 세무사]

① 판매가격은 일정범위내에서는 변동하지 않는다.
② 모든 원가는 고정비와 변동비로 나누어질 수 있다.
③ 수익과 원가형태는 관련범위내에서 곡선적이다.
④ 원가요소, 능률, 생산성은 일정범위내에서 변동하지 않는다.
⑤ 단위당 판매가격은 판매량에 관계없이 일정하다.

10.2 원가의 조업도 변화에 대한 설명 중 옳지 않은 것은?

① 생산량이 증가할 때 총원가는 증가한다.
② 생산량이 증가할 때 단위당 변동원가는 일정하다.
③ 생산량이 증가함에 따라 총변동원가는 증가한다.
④ 생산량이 증가함에 따라 단위당 고정원가는 감소한다.
⑤ 생산량이 증가함에 따라 단위당 총원가는 일정하다.

10.3 단위당 판매가격과 단위당 변동원가가 불변이며, 총고정원가가 증가할 경우 다음 중 옳은 것은?

① 총공헌이익은 감소하고, 손익분기점 총매출액이 증가한다.
② 총공헌이익은 감소하고, 손익분기점 총매출액이 감소한다.
③ 총공헌이익은 불변이며, 손익분기점 총매출액이 증가한다.
④ 총공헌이익은 불변이며, 손익분기점 총매출액이 감소한다.
⑤ 총공헌이익은 증가하고, 손익분기점 총매출액이 감소한다.

10.4 다음은 원가－조업도－이익분석(CVP분석)에 관련된 공식이다. 옳지 않은 것은?

① 손익분기점 매출액$=\dfrac{\text{고정원가}}{\text{단위당변동원가}}$　② 손익분기점 판매량$=\dfrac{\text{고정원가}}{\text{단위당공헌이익}}$

③ 목표이익 판매량$=\dfrac{\text{고정원가}+\text{목표이익}}{\text{단위당공헌이익}}$　④ 세후목표이익 판매량$=\dfrac{\text{고정원가}+\dfrac{\text{세후이익}}{1-\text{세율}}}{\text{단위당공헌이익}}$

⑤ 안전한계율$=\dfrac{\text{매출액}-\text{손익분기매출액}}{\text{매출액}}$

10.5 다음 중 원가구조에 관한 설명으로 옳지 않은 것은?

① 원가구조란 조직내 고정비와 변동비의 상대적 비율을 의미한다.
② 매출이 증가하는 호황기에는 고정비의 비중이 큰 경우가 유리하다.
③ 고정비 비율이 클수록 이익의 안정성이 커진다.
④ 고정비 비율이 클수록 매출 증가시 유리하다.
⑤ 변동비 비율이 클수록 매출 감소시 유리하다.

10.6 (주)안산은 단일 제품을 생산·판매하고 있다. 단위당 판매가격 ₩100, 단위당 변동비 ₩50, 총고정비 ₩100,000이다. 다음 중 옳은 것은?

① 단위당 공헌이익은 ₩100이다.
② 변동비율은 100%이다.
③ 공헌이익률은 0.45이다.
④ 손익분기점 매출액은 ₩200,000이다.
⑤ 손익분기점 판매수량은 2,500개이다.

10.7 F회사의 손익분기점 매출액(BEPs)이 ₩1,000,000, 공헌이익률이 40%, 20×8년도 영업이익이 ₩250,000일 경우 20×8년도 매출액을 계산하면? [1993년 공인회계사]

① ₩1,625,000　② ₩1,375,000
③ ₩1,700,000　④ ₩1,083,333
⑤ ₩1,600,000

10.8 변동비가 매출액의 70%, 판매액이 S, 연간 총고정비가 FC일 때 총 판매액의 20%의 목표이익을 내려고 할 때 목표판매액은? [1994년 공인회계사]

① S=0.2/FC　② S=FC/0.2
③ S=FC/0.7　④ S=FC/0.1
⑤ S=0.8FC

10.9 골프공을 제조하여 판매하고 있는 (주)그린골프는 손익분기점 분석방법으로 20×8년 12월에 실현하고자 하는 이익을 사전에 계산해 보려고 한다. (주)그린골프가 제조하여 판매하는 골프공 1개당 판매가격은 ₩1,000이고, 1개당 변동비는 ₩350이며, 고정비는 월 ₩1,300,000이다. 손익분기점상의 매출액은 얼마인가? [기업회계1급 수정]

① ₩2,000,000
② ₩2,200,000
③ ₩2,500,000
④ ₩2,700,000
⑤ ₩3,200,000

10.10 (주)서울은 단일 제품을 제조·판매하고 있다. 총고정비 ₩100,000, 단위당 공헌이익 ₩100, 목표이익이 ₩50,000일 경우 목표이익을 실현하기 위한 판매수량은?

① 1,000단위
② 1,500단위
③ 2,000단위
④ 2,500단위
⑤ 3,000단위

10.11 (주)서현은 단일제품을 생산, 판매하고 있다. 단위당 판매가격 ₩100, 단위당 변동비 ₩60, 고정비 ₩100,000이다. 다음 중 옳지 않은 것은?

① 단위당 공헌이익은 ₩50이다.
② 변동비율은 60%이다.
③ 공헌이익률은 40%이다.
④ 손익분기점 판매량은 2,500개이다.
⑤ 손익분기점 매출액은 ₩250,000이다.

10.12 (주)두산은 단위당 판매가격이 500원이고 단위당 변동비가 100원인 제품을 생산, 판매하고 있다. 연간 고정비는 ₩30,000일 때 ₩50,000의 목표이익을 달성하기 위한 판매량은 얼마인가?

① 75개
② 125개
③ 160개
④ 200개
⑤ 220개

10.13 (주)남산의 고정비는 ₩150,000이며, 공헌이익률은 30%이다. 이 회사가 ₩60,000의 영업이익을 달성하고자 한다면 총매출액은 얼마이어야 하는가?

① ₩760,000
② ₩700,000
③ ₩640,000
④ ₩560,000
⑤ ₩500,000

10.14 대한기업은 이번 달에 200,000개의 제품을 개당 ₩4에 판매할 계획이다. 공헌이익률은 25%이다. 대한기업의 한 달 동안의 손익분기점 판매량이 200,000개라면 총고정비용은 얼마인가?

① ₩100,000
② ₩160,000
③ ₩200,000
④ ₩300,000
⑤ ₩340,000

10.15 승리회사는 단일 제품을 생산 · 판매하고 있다. 월 고정비 ₩20,000, 단위당 공헌이익 ₩10, 세후 목표순이익 ₩30,000이다. 세율이 20%일 경우 세후 목표순이익을 실현하기 위한 판매수량은?

① 4,150단위
② 4,600단위
③ 5,750단위
④ 6,250단위
⑤ 6,500단위

10.16 제품 A의 단위당 판매가격은 ₩100이고, 단위당 변동비는 ₩60이다. 회사가 손익분기점 이상의 매출을 하고 있을 경우 매출이 ₩100,000증가하면 순이익의 증가는 얼마인가?

① ₩20,000
② ₩40,000
③ ₩60,000
④ ₩80,000
⑤ ₩100,000

10.17 (주)시테크는 핸드폰 배터리를 제조 · 판매하는 회사이다. 이들 제품에 관한 자료는 다음과 같다.

단위당 판매가격	₩10,000
단위당 변동원가	₩2,000
고정원가	₩10,000,000
법인세율	40%

(주)시테크의 20×8년의 세후목표이익 ₩1,200,000을 달성하기 위한 판매수량은?

① 500개 ② 1,000개
③ 1,500개 ④ 2,000개
⑤ 2,500개

10.18 (주)안산은 전화기를 생산 · 판매하는 회사이다. 다음은 회사의 1분기 예산자료이며, 목표판매량을 12,000대로 결정하였을 때 안전한계 판매량은?

매 출 액(@₩10,000)	₩120,000,000
단위당 변동원가	₩4,000
고 정 원 가	₩30,000,000

① 4,000대 ② 5,000대
③ 6,000대 ④ 7,000대
⑤ 8,000대

10.19 서초회사는 단일 제품을 생산 · 판매하고 있다. 월 고정비 ₩20,500, 월 판매량 1,000단위, 단위당 공헌이익 ₩50일 경우 월 순이익은?

① ₩15,000 ② ₩20,500
③ ₩24,500 ④ ₩29,500
⑤ ₩32,500

10.20 다음은 단일제품을 생산하고 있는 (주)서울의 당월 중 원가에 관련된 자료이다. 단, 생산설비는 충분히 크며 법인세율은 40%이다.

(1) 단위당 판매가격	₩20
(2) 단위당 직접재료비	₩2
(3) 단위당 직접노무비	₩4
(4) 단위당 변동제조간접비	₩3
(5) 단위당 변동판매비	₩5
(6) 월간 고정비총액	₩60,000

세금공제 후 목표이익 ₩61,200을 획득하기 위한 당월의 판매량은 얼마인가? (단, 생산량과 판매량이 일치됨을 가정할 것) [1994년 세무사]

① 20,200단위 ② 27,000단위 ③ 29,150단위 ④ 32,500단위 ⑤ 35,500단위

10.21 (주)한국은 단일제품을 생산 · 판매하고 있으며, 제품 단위당 판매가격은 @₩25이고 변동원가율은 60%이다. 연간 고정원가가 ₩50,000일 때, 원가-조업도-이익 분석에 관한 설명으로 옳지 않은 것은? [경영지도사 수정]

① 공헌이익률은 40%이다.
② 손익분기점 판매량은 5,000개이다.
③ 매출액이 ₩125,000이면 안전한계는 ₩0이다.
④ 고정원가가 20% 감소하면, 손익분기점 판매량은 20% 감소한다.
⑤ 법인세율이 30%인 경우, 세후목표이익 ₩14,000을 달성하기 위한 판매량은 6,400개이다.

10.22 다음은 원가-조업도-이익분석에서 발생하는 레버리지에 대한 설명이다. 틀린 것을 모두 나열한 것은? [기업회계1급 수정]

1. 레버리지 분석은 조업도의 증감에 따른 손익의 확대효과를 알 수 있다.
2. 제품단위당 공헌이익이 클수록 레버리지 효과는 크게 나타난다.
3. 제품 단위당 변동원가는 레버리지에 영향을 미치지 않는다.
4. 영업 레버리지가 높은 기업은 영업손실에서 영업이익으로의 전환이 용이하다.
5. 고정원가의 비중이 낮은 노동집약적 산업은 레버리지가 높게 나타난다.

① 1, 3, 4 ② 1, 2, 5 ③ 2, 4, 5
④ 3, 4, 5 ⑤ 2, 3, 4

10.23 다음 자료에 의하여 제품단위당 변동원가는? [기업회계1급 수정]

> • 매출액: ₩1,800,000
> • 안전한계액: ₩360,000
> • 총고정원가: ₩540,000
> • 제품 단위당 판매가격: @₩1,200
> • 제품 단위당 변동원가: ₩ ?

① @₩600
② @₩650
③ @₩750
④ @₩800
⑤ @₩850

10.24 다음 자료를 이용하여 공헌이익을 계산하면 얼마인가? [재경관리사 수정]

구분	항목
판매수량	20,000개
제품단위당 판매가격	@₩400
제품단위당 변동제조원가	@₩150
제품단위당 변동판매비	@₩120
고정제조간접원가	₩500,000원
고정판매비와관리비	₩1,100,000원

① ₩1,300,000
② ₩2,100,000
③ ₩2,600,000
④ ₩3,900,000
⑤ ₩4,000,000

10.25 (주)만군은 제품 10,000개를 판매하여 ₩2,000,000의 세전영업이익을 달성하는 것을 목표로 하고 있다. 이에 대한 고정원가는 ₩4,000,000이고 공헌이익률은 50%이다. (주)만군의 제품 단위당 가격과 제품단위당 변동원가는 각각 얼마인가(단, 회사는 단일제품을 생산, 판매하여 판매가격은 연중 일정하다고 가정한다)? [재경관리사 수정]

	단위당 판매가격	단위당 변동원가
①	₩1,200	₩600
②	₩1,200	₩800
③	₩1,200	₩900
④	₩2,400	₩800
⑤	₩2,400	₩900

10.26 예산 또는 실제 매출액이 손익분기점 매출수준을 초과하는 부분으로 손실을 발생시키지 않으면서 허용할 수 있는 매출액의 최대 감소액을 의미하는 용어는 무엇인가?

[재경관리사 수정]

① 안전한계
② 공헌이익
③ 목표이익
④ 영업레버리지
⑤ 손익분기점

10.27 (주)대한은 단일 제품을 생산·판매하고 있으며, 단위당 판매가격 및 변동원가는 각각 @₩1,000과 @₩750이다. 연간 고정원가가 ₩1,000,000일 때 세후목표이익 ₩70,000을 달성하기 위한 매출액은? (단, 법인세율은 30%라고 가정한다.) [경영지도사 수정]

① ₩3,880,000
② ₩4,100,000
③ ₩4,280,000
④ ₩4,400,000
⑤ ₩4,680,000

10.28 (주)대한은 올해 예상매출액과 고정비가 ₩5,000과 ₩1,500이고 공헌이익률이 50%라면, 안전한계율은?

[경영지도사 수정]

① 10%
② 25%
③ 30%
④ 40%
⑤ 45%

10.29 단일 제품을 생산·판매하는 (주)대한의 연간 고정원가는 ₩10,000이고 손익분기점 매출액이 ₩25,000이라면 제품 100단위를 판매하여 ₩2,000의 영업이익을 달성하기 위한 판매가격은?

[경영지도사 수정]

① @₩100
② @₩200
③ @₩250
④ @₩300
⑤ @₩400

10.30 원가-조업도-이익(CVP) 분석모형에서 판매수량이 증가한 경우에 관한 설명으로 옳은 것은?

[경영지도사 수정]

① 공헌이익률의 증가
② 손익분기점의 하락
③ 손익분기점의 상승
④ 고정원가의 감소
⑤ 공헌이익의 증가

10.31 (주)대한의 20×1년도 매출액은 ₩30,000,000이며, 고정원가는 ₩9,000,000이다. (주)대한의 안전한계율이 25%인 경우 공헌이익률은? [경영지도사 수정]

① 10% ② 25%
③ 30% ④ 40%
⑤ 45%

Ⅲ. 주관식

10.1 강남전자는 게임기를 판매하는 회사이다. 회사는 5월 중에 1,000대의 게임기를 대당 ₩50,000에 모두 판매하였다. 게임기의 단위당 변동비는 ₩30,000, 고정비는 ₩5,000,000이며, 고정비 중에는 영업사원의 급료 ₩2,000,000이 포함되어 있다.

물음 1) 공헌이익과 공헌이익률 및 변동비율을 계산하시오.
2) 손익분기점의 판매량과 매출액을 계산하시오.
3) 목표이익 ₩5,000,000을 달성하기 위한 매출액을 계산하시오.

10.2 100실 규모의 호텔을 운영하는 B회사의 연간 고정원가는 ₩1,200,000,000이고, 객실의 1일 임대료는 ₩50,000, 임대객실 1실당 평균변동원가는 ₩10,000이다. 1년 365일 무휴인 B회사가 손익분기에 도달하기 위한 연간 점유객실수와 객실임대율(점유율)은 얼마인가? 단, 객실임대는 1일 단위로 한다.

10.3 사무용 책상을 제조하여 판매하는 회사이다. 동 책상의 단위당 판매가격은 ₩200,000이며 원가계산 결과 책상의 단위당 변동비는 ₩150,000, 총고정비는 ₩3,000,000으로 나타났다. 법인세율이 20%라고 할 때, 이 회사가 20×5년도 납세후 목표이익 ₩1,600,000을 달성하기 위하여 필요한 판매량은 얼마인가?

10.4 (주)상록은 제품 A를 단위당 ₩1,000에 생산 · 판매하고 있다. 제품 A의 단위당 변동비는 ₩600이고 연간 고정비는 ₩1,000,000이다. 연간 ₩3,000,000의 세후 순이익을 얻기 위해서 판매하여야 할 수량은? (단, 법인세율은 40%이다.)

10.5 대한회사는 단일제품을 생산 · 판매하고 있다. 제품단위당 판매가격은 ₩500이며, 2000년 5월의 요약 공헌이익계산서는 다음과 같다.

공헌이익계산서	
매 출 액(1,000단위)	₩500,000
변동원가	300,000
공헌이익	₩200,000
고정원가	150,000
순 이 익	₩50,000

상기 자료와 관련된 다음의 요구사항에 답하라.

물음 1) 단위당 공헌이익, 공헌이익률, 변동원가율

2) 손익분기점 판매량과 매출액

3) 목표이익 ₩80,000을 얻기 위한 판매량

4) 회사의 법인세율이 30%라고 가정하면, 세후목표이익 ₩70,000을 달성하기 위한 매출액

10.6 (주)천리향은 단일제품인 기능성비누를 생산 판매하고 있다. 20×8년 6월의 공헌이익손익계산서는 다음과 같다. 생산된 제품 10,000개를 판매하였으며 회사의 생산능력은 20,000개이다.

공헌이익손익계산서	
매 출 액	₩5,000,000
변 동 비	₩2,000,000
공헌이익	₩3,000,000
고 정 비	₩1,500,000
순 이 익	₩1,500,000

물음 1) 손익분기점의 판매량을 계산하시오.

2) 30%의 목표이익을 달성하기 위한 매출액을 계산하시오.

3) 법인세율이 40%일 때 세후목표이익 ₩900,000을 달성하기 위한 매출액은?

10.7 (주)상록은 신제품 K를 생산 · 판매 예정이다. 단위당 판매가격은 ₩100,000, 단위당 변동비 ₩80,000, 월 고정비는 ₩200,000이다.

물음 1) 세전 순이익 ₩300,000을 실현하기 위한 월 판매수량을 계산하시오.
2) 30단위를 판매할 계획을 수립한 경우 다음을 계산하시오.

① 총수익 ② 총공헌이익 ③ 세전 순이익 ④ 안전한계 ⑤ 안전한계율

10.8 (주)삼일은 제품 20,000개를 판매하여 ₩1,000,000의 세전 영업이익을 목표로 하고 있다. 이때 고정원가는 ₩4,000,000이고 공헌이익률은 40%이다. (주)삼일의 제품단위당 판매가격은 얼마인가? 단, 회사는 단일제품을 생산, 판매하며 판매가격은 연중 일정하다고 가정한다. [재경관리사]

10.9 미래회사의 매출액은 ₩200,000, 변동비 ₩100,000, 고정비 ₩60,000, 영업손실 ₩10,000이다. 매출액의 10% 영업이익을 실현하기 위하여 필요한 매출액은?

10.10 (주)경기의 손익분기점 매출액은 ₩360,000이고 공헌이익률은 30%이다. 이 회사가 ₩84,000의 영업이익을 달성하고자 한다면 총매출액은 얼마이어야 하는가? [2004년 세무사]

제11장

표준원가와 차이분석

학습목표

앞 장에서는 종합예산 편성과 관련하여 조직 전반적인 입장에서 파악해 보았다. 그런데 현실적으로 경제 환경 변화에 따라 조직경영의 유연성(flexibility)을 확보하기 위해서는 종합예산의 편성만으로는 불가능하다. 이는 변동예산의 수립이 얼마나 중요한지를 의미하는 것이다. 따라서 본 장에서는 다음과 같은 학습목표를 설정한다.

1. 표준원가는 무엇인가?
2. 예산과 예산차이는 무엇인가?
3. 직접재료원가, 직접노무원가 차이분석은 어떻게 되는가?
4. 제조간접원가 차이분석은 어떻게 되는가?
5. 변동예산 수립에 있어 원가흐름과 회계처리는 어떻게 되는가?
6. 각 원가차이는 어떻게 기말에 조정되는가?
7. 조정 후 다음 회계기간의 회계처리까지 해보자.
8. 표준종합원가계산을 살펴보자.

제1절 표준원가

우리는 앞에서 예산의 편성과 관련된 문제를 살펴보았다. 특히 생산량 예산에 있어서는 각 원가유형에 따라서 소요되는 수량과 단위당 원가를 주어진 것으로 보았으나, 사실상 이들의 설정을 엄격히 할 경우 이들은 표준수량(standard quantity)과 표준원가(standard cost)가 된다. 표준원가란 특정제품을 생산하는 데 발생할 것으로 예상되는 원가를 가격표준과 수량표준을 이용하여 사전에 결정한 것으로, 일반적으로 각 원가요소별로 설정하는 것이 보통이다. 즉, 제품의 표준원가는 직접재료원가, 직접노무원가, 제조간접원가 각각에 대해 수량표준과 가격표준을 곱하여 계산한 금액을 모두 합한 것이다. 실무에서는 예산편성에 사용되는 예산수량(budgeted quantity)과 예산원가(budgeted cost)를 표준수량 및 표준원가와 혼용하여 사용하기도 하지만, 엄밀한 의미에서 표준의 개념이 예산의 개념보다 더 엄격하다고 할 수 있다.

1 표준원가의 유용성과 한계

1) 표준원가의 유용성

표준원가를 사용하는 주요목적에는 계획목적, 통제목적, 제품원가계산목적이 있다. 계획목적과 통제목적은 관리회계상의 목적이며 제품원가계산목적은 원가회계상의 목적이라고 할 수 있다.

- 계획목적: 표준원가를 설정하면 현금조달계획, 원재료구입계획 등의 계획과 이러한 계획을 금액으로 표시하는 예산을 쉽게 작성할 수 있다.
- 통제목적: 표준원가를 설정하면 작업을 진행하고 있는 동안 실제투입량 및 실제원가가 표준을 기초로 설정한 통제한계 내에서 발생하고 있는지를 즉시 파악할 수 있으므로 예외에 의한 관리(management by exception)를 할 수 있다. 즉, 실제원가가

표준을 근거로 설정한 허용범위 내에 있으면 경영자는 이에 대해 특별한 주의를 기울이지 않고, 실제원가가 허용범위를 벗어나는 예외적인 경우에만 특별한 주의를 기울임으로써 경영자의 시간을 보다 효율적으로 사용할 수 있게 된다.

- 제품원가계산목적: 표준원가를 사용하여 제품원가를 계산하고 회계처리하는 경우에는 장부에 기록하는 활동이 많이 간소화된다.

2) 표준원가의 한계

표준원가가 재무보고를 개선시키고 경영진에게 유용한 정보를 제공한다는 장점이 있지만, 다른 모든 경영관리기법과 마찬가지로 한계점을 갖고 있다. 표준원가를 이용하여 예외에 의한 관리를 수행할 경우에 나타날 수 있는 문제점은 다음과 같다.

첫째, 예외에 의한 관리에서 어느 정도의 예외사항을 중요한 예외사항으로 볼 것인가 하는 문제가 발생한다. 표준원가를 사용하는 경우에는 실제원가와 표준원가 사이에 차이가 발생하는데, 어느 정도의 차이가 금액적으로 중요한 차이인가를 결정하는 데에는 어려움이 있다.

둘째, 일정한 수준 이상의 차이, 즉 금액이 큰 차이에만 초점을 맞추게 되면 허용범위 이내에서 발생하는 실제원가의 증가추세와 같은 중요한 변동을 초기분석단계에서 탐지하지 못하게 된다.

셋째, 예외에 의한 관리는 하위관리자에 대한 동기부여측면에서 문제가 있다. 만일 성과평가가 예외의 원칙에 의해서만 수행된다면, 하위관리자는 부정적인 예외를 감추고 이들을 보고하지 않을 유인이 발생한다.

넷째, 예외에 의한 관리는 상위관리자에게도 바람직하지 못한 영향을 미칠 수 있다. 왜냐하면 상위관리자들은 중요한 문제점에만 관심을 기울이기 때문에 업무전반을 철저히 감독하지 않을 유인이 발생하며, 또한 하위관리자를 계속적으로 감시하고 억압한다는 부정적인 느낌을 줄 수도 있다.

제2절 예 산

앞에서 언급한 바와 같이 성과평가 및 원가통제의 목적으로 실무에서 표준과 함께 가장 많이 사용하고 있는 것이 표준에 기초한 예산이다. 예산(budget)이란 미래에 대한 공식적인 활동계획을 화폐가치로 나타낸 것이다. 이를 그 설정방법에 따라 구분하면 고정예산과 변동예산이 있다.

1 고정예산과 변동예산

고정예산(static budget)은 특정 예산기간 동안의 특정 산출물 수준을 기준으로 편성한 예산으로서 특정기간 동안의 생산수량이나 기타 조업도의 변화 여부에 관계없이 하나의 조업도를 기준으로 편성한 예산이다. 종합예산은 예산기간에 대하여 단일의 생산량을 기준으로 수립한 예산이기 때문에 고정예산이다.

변동예산(flexible budget)은 단일의 생산량을 기준으로 설정하는 고정예산과는 달리 예산기간 동안의 실제생산량에 따라 조정하여 작성되는 예산이다. 따라서 고정예산차이를 보다 자세히 분석하고자 하는 경우와 실제성과가 얼마나 효율적으로 달성되었는가를 합리적으로 평가하기 위해서 편성한다. 변동예산은 예산기간 동안의 실제생산량에 근거하여 수익과 원가에 대한 예산을 편성하는 것이다. 따라서 변동예산제도 하에서는 비교 목적과 성과평가목적을 위해서 실제원가를 실제생산량 수준에서의 예산원가와 비교한다.

다음은 휴대전화기를 생산하는 삼성전자주식회사의 2017년 5월 고정예산 내역이다.

항목	금액
예산판매가격	300
예산판매수량	13,000단위
단위당 예산직접재료원가	60
단위당 예산직접노무원가	52
단위당 예산변동제조간접원가	60
예산고정제조간접원가	1,209,000

사례를 단순화시키기 위해 원가는 모두 제조원가이며, 판매비와 관리비는 발생하지 않는다고 가정하자. 또한 2017년 5월에 생산된 제품은 2017년 5월에 모두 판매된다고 가정한다. 따라서 모든 재료는 같은 기간에 구입되고 사용되며, 직접재료, 재공품, 제품의 기초 및 기말재고는 없다. 생산수량이 직접재료원가, 직접노무원가, 변동제조간접원가의 원가동인이다. 고정제조간접원가는 직접재료투입량 기준으로 배부한다. 2017년 5월의 실제자료는 다음과 같다.

항목	금액
실제매출액	3,200,000
실제판매수량	10,000단위
실제직접재료원가	660,000
실제직접노무원가	580,000
실제변동제조간접원가	840,000
실제고정제조간접원가	950,000

다음으로 단위당 예산변동원가, 실제수량, 예산고정원가정보를 이용하여 변동예산을 산출한다. 삼성전자주식회사의 2017년 5월의 변동예산은 다음과 같다.

항목	단위당 예산금액 (A)	실제수량 (B)	금액 (C)=(A)×(B)
매출액	300	10,000	3,000,000
변동원가			
직접재료원가	60	10,000	600,000
직접노무원가	52	10,000	520,000
변동제조간접원가	60	10,000	600,000
총변동원가			1,720,000
공헌이익			1,280,000
고정제조간접원가			1,209,000
영업이익			71,000

위에서 제시한 삼성전자주식회사의 예산자료와 실제자료를 이용하여 산출한 2017년 5월의 예산정보는 다음과 같다.

항목 \ 구분	실제금액	변동예산금액	고정예산금액
매출액	3,200,000	3,000,000	3,900,000
변동원가			
직접재료원가	660,000	600,000	780,000
직접노무원가	580,000	520,000	676,000
변동제조간접원가	840,000	600,000	780,000
총변동원가	2,080,000	1,720,000	2,236,000
공헌이익	1,120,000	1,280,000	1,664,000
고정제조간접원가	950,000	1,209,000	1,209,000
영업이익	170,000	71,000	455,000

2 고정예산차이와 변동예산차이

앞에서 설정한 예산에 근거하여 실제와 예산간의 차이분석을 할 수 있다. 차이분석(variance analysis)에서 차이(variance)는 실제발생액과 예산액의 차이를 말하며, 실제와 예산의 차이를 각 원가항목별로 제시함으로써 원가통제 및 성과평가목적에 유용하게 사용할 수 있다.

차이는 유리한 차이(F: favorable variance)와 불리한 차이(U: unfavorable variance)로 구분할 수 있다. 유리한 차이는 예산에 비해 영업이익을 증가시키는 차이이다. 이와 반대로 불리한 차이는 예산에 비해 영업이익을 감소시키는 차이이다. 차이를 해석함에 있어 주의해야 할 점은 유리한 차이가 항상 좋고 불리한 차이는 항상 나쁘다고 말할 수 없다는 것이다.

고정예산차이(static budget variance)는 실제금액과 고정예산과의 차이이다. 위 표의 가장 마지막 행에서 고정예산 불리한 차이 ₩285,000이 발생한다. 이는 실제영업이익 ₩170,000에서 고정예산상의 영업이익 ₩455,000을 차감한 금액이다.

$$고정예산차이 = 실제영업이익 - 고정예산영업이익$$
$$= ₩170,000 - ₩455,000$$
$$= ₩285,000U$$

고정예산차이 ₩285,000U에 대하여 영업이익을 구성하는 매출액, 개별변동원가, 고정원가별로 상세한 정보를 제공할 수 있어야 한다. 이를테면, 고정예산영업이익률 11.7%(=₩455,000/₩3,900,000)가 실제 5.3%(=₩170,000/₩3,200,000)로 감소하였다. 그러나 고정예산차이는 실제 생산량 및 판매량인 10,000단위에서 어느 정도의 예측오류가 존재하는지에 대한 정보를 제공하지 못한다. 즉 이 회사의 불리한 고정예산차이는 단지 고정예산보다 3,000단위를 덜 판매했기 때문에 발생되었음을 알 수 있을 뿐이다. 경영자는 고정예산 차이에서 얼마가 판매예측오차에 의한 것이며, 또한 얼마가 생산 및 판매활동에서 발생한 것인지를 확인하려고 할 것이다. 따라서 고정예산으로부터의 차이정보를 경영의사결정에 이용하기 위해서 변동예산을 편성하게 된다.

앞의 실제와 예산자료를 이용하여 차이분석을 수행하면 다음과 같다.

항목	실제 (A)	변동예산차이 (B)=(A)−(C)	변동예산 (C)	매출수량차이 (D)=(C)−(E)	고정예산 (E)
매출액	3,200,000	200,000F	3,000,000	900,000U	3,900,000
변동원가					
직접재료원가	660,000	60,000U	600,000	180,000F	780,000
직접노무원가	580,000	60,000U	520,000	156,000F	676,000
변동제조간접원가	840,000	240,000U	600,000	180,000F	780,000
총변동원가	2,080,000	360,000U	1,720,000	516,000F	2,236,000
공헌이익	1,120,000	160,000U	1,280,000	384,000U	1,664,000
고정제조간접원가	950,000	259,000F	1,209,000	0	1,209,000
영업이익	170,000	99,000F	71,000	384,000U	455,000
2단계		총변동예산차이 ₩99,000F		총매출수량차이 ₩384,000U	
1단계			총고정예산차이 ₩285,000U		

1단계는 고정예산차이 ₩285,000U이며 이를 세분화한 것이 변동예산차이(flexible budget variance) ₩99,000F와 매출수량차이(sales volume variance) ₩384,000U이다.

실제결과와 실제생산 및 판매량에 의한 변동예산과의 차이를 변동예산차이라고 한다. 삼성전자주식회사의 총변동예산차이는 실제영업이익 ₩170,000에서 변동예산 영업이익 ₩71,000을 차감한 ₩99,000F이다. 이러한 차이를 세분화하여 다음 절에서 설명하기로 한다.

제3절 차이분석

1 차이분석의 일반적 모형

앞의 예산차이 분석에서 실제와 예산의 차이를 각 유형별로 확인할 수 있음을 보여주고 있는데 이러한 예산과 실제의 차이분석을 기초로 하여 보다 세부적인 차이분석을 수행할 수 있다. 이러한 차이분석 결과는 원가통제 및 성과평가목적에 유용하게 사용할 수 있다. 차이분석의 기본모형은 변동예산에 기초한 것으로, 특정기간 동안에 발생한 실제투입원가와 실제생산량에 허용된 표준원가를 비교하여 차이를 구하는데, 이렇게 계산된 차이를 총차이(total variance)라고 한다.

총차이는 실제가격(AP)에 실제투입량(AQ)을 곱한 금액과 표준가격(SP)에 표준투입량(SQ)을 곱한 금액의 차이이다. 여기서 표준투입량은 실제생산량에 허용된 표준투입량을 말한다. 즉, 총차이는 실제투입원가와 실제생산량에 허용된 표준원가의 차이이다.

총차이 = (AP×AQ) − (SP×SQ)

여기에서, AP(Actual Price): 실제가격
AQ(Actual Quantity): 실제투입량
SP(Standard Quantity): 표준가격
SQ(Standard Quantity): 실제생산량에 대해 허용된 표준투입량

총차이는 크게 가격차이와 능률차이로 구분한다. 가격차이(price variance)는 실제가격(AP)에 실제투입량(AQ)을 곱한 금액과 표준가격(SP)에 실제투입량(AQ)을 곱한 금액의 차이이다. 즉, 가격차이는 실제원가와 실제투입량에 대한 표준원가와의 차이이다.

$$
\begin{aligned}
\text{가격차이} &= (AP \times AQ) - (SP \times AQ) \\
&= (AP - SP) \times AQ
\end{aligned}
$$

능률차이(efficiency variance)는 표준가격(SP)에 실제투입량(AQ)을 곱한 금액과 표준가격(SP)에 표준투입량(SQ)을 곱한 금액의 차이이다. 즉, 능률차이는 실제투입량에 대한 표준원가와 표준투입량에 대한 표준원가와의 차이이다.

$$
\begin{aligned}
\text{능률차이} &= (SP \times AQ) - (SP \times SQ) \\
&= SP \times (AQ - SQ)
\end{aligned}
$$

이러한 차이분석의 일반모형을 요약하면 다음과 같다.

(1) 실제가격×실제투입량 (AP×AQ)	(2) 표준가격×실제투입량 (SP×AQ)	(3) 표준가격×실제생산량에 허용된 표준투입량 (SP×SQ)

가격차이 = (1) − (2)　　능률차이 = (2) − (3)

총차이 = (1) − (3)

2 직접재료원가차이

삼성전자주식회사의 직접재료원가에 대한 변동예산차이는 실제직접재료원가 ₩660,000에서 변동예산 직접재료원가 ₩600,000의 차이인 ₩60,000U이다.

직접재료원가 가격차이는 투입물 가격차이(input price variance)라고도 하며, 직접재료원가 능률차이는 소비차이(usage variance)라고도 한다. 이러한 가격차이와 능률차이의 합을 직접재료원가 총차이(total variance)라고 한다.

직접재료원가 총차이는 실제직접재료원가와 변동예산에서 허용된 표준직접재료원가의 차이를 말한다. 이를 식으로 나타내면 다음과 같다.

직접재료원가 총차이
=실제직접재료원가－변동예산 직접재료원가
=(AP×AQ)－(SP×SQ)

여기에서, AP(Actual Price): 직접재료의 단위당 실제가격
AQ(Actual Quantity): 직접재료의 실제투입량
SP(Standard Price): 직접재료의 단위당 표준가격
SQ(Standard Quantity): 실제생산량에 허용된 직접재료의 표준투입량

직접재료원가 가격차이는 실제가격(AP)에 실제투입량(AQ)을 곱한 금액과 표준가격(SP)에 실제투입량(AQ)을 곱한 금액의 차이이다. 즉, 가격차이는 실제원가와 실제생산량에 대한 표준원가와의 차이이다. 이를 식으로 나타내면 다음과 같다.

직접재료원가 가격차이
=실제 직접재료원가－실제생산량에 대한 표준직접재료원가
=(AP×AQ)－(SP×AQ)
=(AP－SP)×AQ

여기에서, AP(Actual Price): 직접재료의 단위당 실제가격
SP(Standard Price): 직접재료의 단위당 표준가격
AQ(Actual Quantity): 직접재료의 실제투입량

직접재료원가 능률차이는 표준가격(SP)에 실제투입량(AQ)을 곱한 금액과 표준가격(SP)에 표준투입량(SQ)을 곱한 금액의 차이이다. 즉, 능률차이는 실제투입량에 대한 표준원가와 표준투입량에 대한 표준원가와의 차이이다. 여기서 표준투입량이라 함은 실제생산량의 생산에 허용된 투입량을 말한다. 이를 식으로 나타내면 다음과 같다.

직접재료원가 능률차이

=실제생산량에 대한 표준직접재료원가－변동예산 직접재료원가

=(SP×AQ)－(SP×SQ)

=SP×(AQ－SQ)

여기에서, SP(Standard Price): 직접재료의 단위당 표준가격
AQ(Actual Quantity): 직접재료의 실제투입량
SQ(Standard Quantity): 실제생산량에 허용된 원재료의 표준투입량

지금까지 설명한 직접재료원가차이분석을 도식화하면 다음과 같다.

실제가격×실제투입량	표준가격×실제투입량	표준가격×실제생산량에 허용된 표준투입량
AP×AQ	SP×AQ	SP×SQ

직접재료원가 가격차이	직접재료원가 능률차이
(AP－SP)×AQ	SP×(AQ－SQ)

직접재료원가 총차이
(AP×AQ)－(SP×SQ)

2017년 5월 삼성전자주식회사의 휴대전화기 단위당 직접재료 표준수량은 4kg이며 1kg당 표준원가는 ₩15이다. 그리고 단위당 실제 직접재료투입량은 5kg, 실제 직접재료가격은 1kg당 ₩13.2이다.

항목	실제	표준
kg당 직접재료가격	₩13.2	₩15
단위당 직접재료수량	5kg	4kg

이를 이용하여 직접재료원가 가격차이와 능률차이를 계산하면 다음과 같다.

실제가격×실제투입량 AP×AQ	표준가격×실제투입량 SP×AQ	표준가격×실제생산량에 허용된 표준투입량 SP×SQ
₩13.2×(5kg×10,000단위) =₩660,000	₩15×(5kg×10,000단위) =₩750,000	₩15×(4kg×10,000단위) =₩600,000

직접재료원가 가격차이	직접재료원가 능률차이
₩90,000F	₩150,000U

직접재료원가 총차이
₩60,000U

여기서 유의할 사항은 직접재료원가 가격차이가 직접재료의 수량을 실제투입량(AQ)으로 고정시킨 상태에서 직접재료의 가격변화(AP−SP)를 나타낸다는 점이다. 즉, 다음 그림에서와 같이 직접재료원가 가격차이에 가격−능률혼합차이가 포함되어 있다는 것이다.

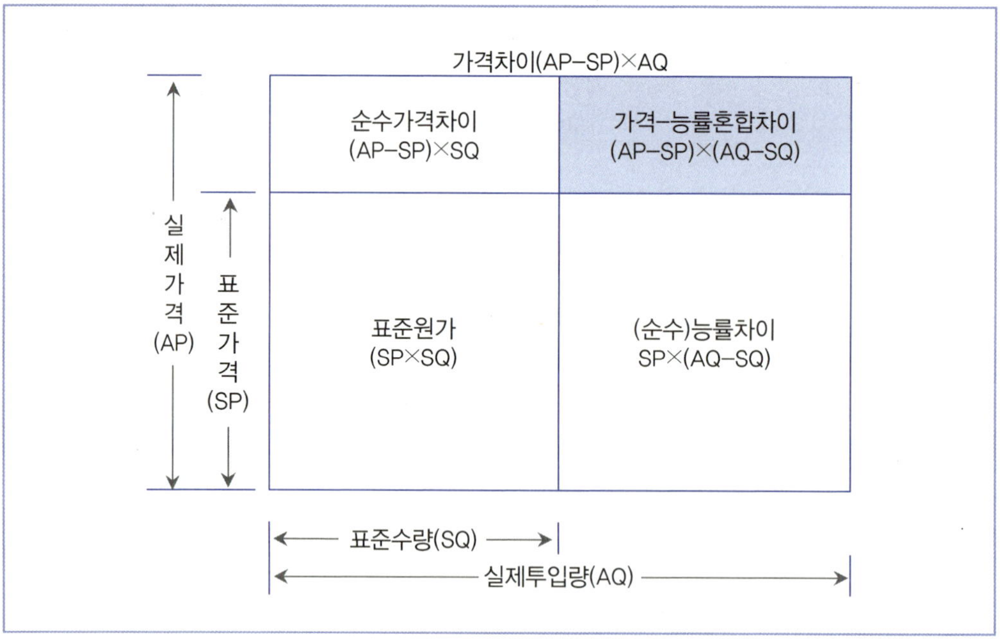

앞서 가격차이 분석에서 순수가격차이와 가격능률혼합차이를 구분하지 않고 분석한 이유는 경영자는 가격차이보다 능률차이에 더 많은 관심을 기울여야 하기 때문이다. 왜냐하면 가격차이는 외부요인으로 인하여 발생하는 경우가 많기 때문에 경영자가 노력을

기울인다 하더라도 그 차이를 감소시키는 데 한계가 있다. 반면에 능률차이는 경영자가 노력을 기울임으로써 불리한 차이의 발생을 크게 억제할 수 있는 있기 때문이다. 따라서 순수한 능률차이를 얻기 위해서 가격－능률혼합차이를 가격차이의 일부로 간주하였다.

이러한 직접재료원가 가격－능률혼합차이를 별도로 분리하는 경우에 직접재료원가 순수가격차이, 순수능률차이, 가격－능률혼합차이 등 세 가지 차이를 계산한다. 이 세 가지 차이들 간의 가능한 관계를 정리하면 다음과 같다.

순수가격차이가 불리(AP－SP＞0)하고 순수능률차이(AQ－SQ＞0)도 불리한 경우 즉, 두 차이가 모두 불리한 차이일 때 가격－능률혼합차이도 불리[(AP－SP)×(AQ－SQ)〉0] 하게 나타나기 때문에 일관성이 있다.

다음의 경우에서 문제가 되는 경우는 순수가격차이와 순수능률차이가 모두 유리한 경우이다. 순수가격차이가 유리(AP－SP〈0)하고 순수능률차이도 유리(AQ－SQ〈0)한 경우에는 가격－능률혼합차이가 불리[(AP－SP)×(AQ－SQ)〉0]한 것으로 나타나 아무런 의미를 갖지 못하게 된다.

	순수능률차이 유리 (AQ－SQ 〈 0)	순수능률차이 불리 (AQ－SQ 〉 0)
순수가격차이 유리 (AP－SP ＜ 0)	가격－능률혼합차이 불리 (AP－SP) × (AQ－SQ) ＞ 0	가격－능률혼합차이 유리 (AP－SP) × (AQ－SQ) ＜ 0
순수가격차이 불리 (AP－SP ＞ 0)	가격－능률혼합차이 유리 (AP－SP) × (AQ－SQ) ＜ 0	가격－능률혼합차이 불리 (AP－SP) × (AQ－SQ) ＞ 0

이러한 해석상의 어려움을 피하기 위해서 직접재료원가 가격차이를 사용시점이 아닌 구입시점에서 분리한다. 직접재료원가 가격차이를 구입시점에서 분리하면 가격－능률혼합차이를 별도로 분리할 필요가 없다. 왜냐하면 가격－능률혼합차이는 원재료의 실제 사용량을 표준투입량과 비교하여 계산하는데, 재료의 구입시점에서는 실제 생산에 투입된 직접재료가 없으므로 실제사용량과 표준투입량이 모두 존재하지 않기 때문이다. 따라서 직접재료원가 가격차이는 구입량을 기초로 계산하고 직접재료원가 능률차이는 사용량을 기초로 계산한다.

삼성전자주식회사의 사례에서 직접재료의 구입량이 60,000kg일 때 직접재료원가 가격차이를 구입시점에서 분리하여 직접재료원가의 차이분석을 하면 다음과 같다. 능률차이 계산시 실제구입량(AQp)이 아닌 실제사용량(AQu)으로 계산함을 유의해야 한다.

본서에서는 직접재료원가 가격차이를 구입시점에서 분리하는 경우 직접재료원가 구입가격차이 계정을, 직접재료원가 가격차이를 사용시점에서 분리하는 경우 직접재료원가 가격차이 계정을 이용하기로 한다.

실제가격×실제구입량
AP×AQp
₩13.2×60,000kg
=₩792,000

표준가격×실제구입량
SP×AQp
₩15×60,000kg
=₩900,000

직접재료원가 구입가격차이
₩108,000F

표준가격×실제사용량
SP×AQu
15×(5kg×10,000단위)
=₩750,000

표준가격×실제생산량에 허용된 표준투입량
SP×SQ
₩15×(4kg×10,000단위)
=₩600,000

직접재료원가 능률차이
₩150,000U

3 직접노무원가차이

직접노무원가차이도 직접재료원가와 유사하게 직접노무원가 가격차이와 직접노무원가 능률차이로 구분할 수 있다. 직접노무원가 가격차이는 임률차이(rate variance)라고도 한다. 이러한 가격차이와 능률차이의 합을 직접노무원가 총차이라고 한다.

직접노무원가 총차이는 실제직접노무원가와 실제생산량에 허용된 표준직접노무원가의 차이를 말한다. 이를 식으로 나타내면 다음과 같다.

직접노무원가 총차이

=실제직접노무원가－변동예산 직접노무원가

=(AP × AQ)－(SP × SQ)

여기에서, AP(Actual Price): 직접노동시간당 실제임률
AQ(Actual Quantity): 실제직접노동시간
SP(Standard Price): 직접노동시간당 표준임률
SQ(Standard Quantity): 실제생산량에 허용된 표준직접노동시간

직접노무원가 가격차이는 실제임률(AP)에 실제직접노동시간(AQ)을 곱한 금액과 표준임률(SP)에 실제직접노동시간(AQ)을 곱한 금액의 차이이다. 즉, 가격차이는 실제원가와 실제투입량에 대한 표준원가와의 차이이다. 이를 식으로 나타내면 다음과 같다.

직접노무원가 가격차이

=실제 직접노무원가－실제생산량에 대한 표준직접노무원가

=(AP × AQ)－(SP × AQ)

=(AP－SP) × AQ

여기에서, AP(Actual Price): 직접노동시간당 실제임률
SP(Standard Price): 직접노동시간당 표준임률
AQ(Actual Quantity): 실제직접노동시간

직접노무원가 능률차이는 표준임률(SP)에 실제직접노동시간(AQ)을 곱한 금액과 표준임률에(SP)에 표준직접노동시간(SQ)을 곱한 금액의 차이이다. 즉, 능률차이는 실제투입량에 대한 표준원가와 표준투입량에 대한 표준원가와의 차이이다. 여기서 표준투입량이라 함은 실제생산량의 생산에 허용된 투입량을 말한다. 이를 식으로 나타내면 다음과 같다.

직접노무원가 능률차이

=실제생산량에 대한 표준직접노무원가－변동예산 직접노무원가

=(SP × AQ)－(SP × SQ)

=(AQ－SQ) × SP

여기에서, SP(Standard Price): 직접노동시간당 표준임률
AQ(Actual Quantity): 실제직접노동시간
SQ(Standard Quantity): 실제생산량에 허용된 표준직접노동시간

지금까지 설명한 직접노무원가차이분석을 도식화하면 다음과 같다.

실제가격×실제투입량	표준가격×실제투입량	표준가격×실제생산량에 허용된 표준투입량
AP×AQ	SP×AQ	SP×SQ

직접노무원가 가격차이	직접노무원가 능률차이
(AP−SP)×AQ	SP×(AQ−SQ)

직접노무원가 총차이
(AP×AQ)−(SP×SQ)

2017년 5월 삼성전자주식회사의 휴대전화기 단위당 실제 직접노무시간은 2.9시간, 실제임률은 시간당 ₩20이다. 그리고 단위당 표준직접노무시간은 3.25시간이며 시간당 표준임률은 ₩16이다.

항목	실제	표준
시간당 임률	₩20	₩16
단위당 직접노무시간	2.9시간	3.25시간

이를 이용하여 직접노무원가 가격차이와 능률차이를 계산하면 다음과 같다.

실제가격×실제투입량 AP×AQ	표준가격×실제투입량 SP×AQ	표준가격×실제생산량에 허용된 표준투입량 SP×SQ
₩20×(2.9시간×10,000단위) =₩580,000	₩16×(2.9시간×10,000단위) =₩464,000	₩16×(3.25시간×10,000단위) =₩520,000

직접노무원가 가격(임률)차이	직접노무원가 능률차이
₩116,000U	₩56,000F

직접노무원가 총차이
₩60,000U

4 변동제조간접원가차이

변동제조간접원가 총차이는 실제변동제조간접원가와 변동예산에서 허용된 변동제조간접원가의 차이로 계산한다. 변동제조간접원가 총차이는 변동제조간접원가 예산차이라고도 하는데, 이는 변동제조간접원가 소비차이와 변동제조간접원가 능률차이로 나누어진다. 이를 식으로 표시하면 다음과 같다.

변동제조간접원가 총차이
= 실제변동제조간접원가 − 변동예산 변동제조간접원가
$= (AP \times AQ) - (SP \times SQ)$

여기에서, AP(Actual Price): 배부기준 단위당 실제배부율
AQ(Actual Quantity): 실제배부기준
SP(Standard Price): 배부기준 단위당 표준배부율
SQ(Standard Quantity): 실제생산량에 허용된 표준배부기준

변동제조간접원가 소비차이는 배부기준 단위당 실제배부율(AP)에 실제배부기준(AQ)을 곱한 금액과 조업도 단위당 표준배부율(SP)에 실제배부기준(AQ)을 곱한 금액의 차이이다. 즉, 소비차이는 실제변동제조간접원가와 실제배부기준에 대한 표준변동제조간접원가와의 차이이다. 이를 식으로 나타내면 다음과 같다.

변동제조간접원가 소비차이
= 실제 변동제조간접원가 − 실제배부기준에 대한 표준변동제조간접원가
$= (AP \times AQ) - (SP \times AQ)$
$= (AP - SP) \times AQ$

여기에서, AP(Actual Price): 배부기준 단위당 실제배부율
SP(Standard Price): 배부기준 단위당 표준배부율
AQ(Actual Quantity): 실제배부기준

변동제조간접원가 능률차이는 배부기준 단위당 표준배부율(SP)에 실제배부기준(AQ)

을 곱한 금액과 배부기준 단위당 표준배부율(SP)에 실제생산량에 허용된 단위당 표준배부기준(SQ)을 곱한 금액의 차이이다. 즉, 능률차이는 실제배부기준과 표준배부기준에 대한 표준원가와의 차이이다. 이를 식으로 나타내면 다음과 같다.

변동제조간접원가 능률차이

= 실제배부기준에 대한 표준변동제조간접원가 − 변동예산 표준변동제조간접원가

= (SP × AQ) − (SP × SQ)

= (AQ − SQ) × SP

여기에서, SP(Standard Price): 배부기준단위당 표준배부율

AQ(Actual Quantity): 실제배부기준

SQ(Standard Quantity): 실제생산량에 허용된 표준배부기준

지금까지 설명한 변동제조간접원가 차이분석을 도식화하면 다음과 같다.

실제배부율×실제배부기준	표준배부율×실제배부기준	표준배부율×실제생산량에 허용된 표준배부기준
AP×AQ	SP×AQ	SP×SQ

변동제조간접원가 소비차이 (AP − SP)×AQ

변동제조간접원가 능률차이 (AQ − SQ)×SP

변동제조간접원가 총차이 (AP×AQ) − (SP×SQ)

2017년 5월 삼성전자주식회사는 직접재료투입량을 기준으로 변동제조간접원가를 배부하고 있다. 변동제조간접원가와 관련된 자료는 다음과 같다.

항목	실제	표준
배부율	₩16.8	₩15
배부기준 (단위당 배부기준×생산량)	50,000kg (5kg×10,000단위)	40,000kg (4kg×10,000단위)

위의 자료를 이용하여 변동제조간접원가 소비차이와 능률차이를 계산하면 다음과 같다.

실제배부율×실제배부기준 AP×AQ	표준배부율×실제배부기준 SP×AQ	표준배부율×실제생산량에 허용된 표준배부기준 SP×SQ
₩16.8×(5kg×10,000단위) =₩840,000	₩15×(5kg×10,000단위) =₩750,000	₩15×(4kg×10,000단위) =₩600,000

변동제조간접원가 소비차이	변동제조간접원가 능률차이
₩90,000U	₩150,000U

변동제조간접원가 총차이
₩240,000U

5 고정제조간접원가차이

고정제조간접원가 총차이는 실제고정제조간접원가와 고정제조간접원가배부액과의 차이금액이다. 즉 고정제조간접원가 실제발생액에서 실제생산량에 허용된 표준조업도에 대한 표준고정제조간접원가를 차감한 금액이다.

고정제조간접원가 총차이
=실제고정제조간접원가−고정제조간접원가 배부액
=실제고정제조간접원가−(SP × SQ)

여기에서, SP(Standard Price): 조업도 단위당 표준배부율
SQ(Standard Quantity): 실제생산량에 허용된 표준조업도

고정제조간접원가는 실제산출물과 예산산출물 간의 차이에 대해 조정이 필요하지 않다. 즉 고정제조간접원가는 다른 제조원가 항목과는 달리 관련 범위 내에서는 생산량과 관계없이 일정한 금액이 발생하므로, 투입과 산출 사이에 비례관계가 존재하지 않는다. 고정제조간접원가의 변동예산차이에서 능률차이를 산출하는 것은 무의미하다. 따라서 예산차이 전액이 소비차이가 된다. 고정제조간접원가의 예산차이에는 경영진이 효율적으로 원가통제를 함으로써 줄일 수 있는 능률차이는 존재하지 않고 단지 소비차이만 있다. 따라서 고정제조간접원가 소비차이에 대해서는 경영자가 주의를 기울일 수는 있어도 통제할 수는 없다.

고정제조간접원가 소비차이

=실제고정제조간접원가－변동예산 고정제조간접원가

=실제고정제조간접원가－(SP × 기준조업도)

여기에서, SP(Standard Price): 조업도 단위당 표준배부율

고정제조간접원가차이에는 예산(소비)차이 이외에 고정제조간접원가에만 발생하는 조업도차이(volume variance)가 있다. 제품의 단위당 원가를 계산하기 위해서는 고정제조간접원가 고정예산을 기준조업도로 나누어 표준배부율을 계산하여 개별제품에 배부하게 된다. 따라서 표준배부율에 의하여 배부된 고정제조간접원가배부액과 고정제조간접원가예산과의 차이가 발생하게 된다. 이를 조업도차이라고 한다.

고정제조간접원가 조업도차이

=변동예산 고정제조간접원가－고정제조간접원가 배부액

=(SP × 기준조업도)－(SP × SQ)

여기에서, SP(Standard Price): 조업도 단위당 표준배부율

SQ(Standard Quantity): 실제생산량에 허용된 표준조업도

제품원가계산 목적을 위해 기준조업도에 따라 단위당 표준배부율을 사용하는 경우에는 실제생산량이 달라지더라도 단위당 표준배부율은 항상 일정하게 된다. 단위당 표준배부율에 실제생산량에 허용된 표준조업도를 곱하여 계산되는 고정제조간접원가 총배부액은 실제생산량에 따라 비례적으로 변화하게 된다. 즉 제품에 배부되는 고정제조간접원가 총액은 실제생산량이 증감함에 따라 비례적으로 증감하기 때문에 마치 고정제조간접원가가 변동원가인 것처럼 간주된다.

기준조업도 미만으로 조업이 이루어지는 경우에는 고정제조간접원가 예산액보다 배부된 고정제조간접원가가 작을 것이기 때문에 불리한 조업도차이가 발생한다. 반대로 기준조업도를 초과하여 조업이 이루어지는 경우에는 고정제조간접원가 예산액보다 배부된 고정제조간접원가가 클 것이기 때문에 유리한 고정제조간접원가 조업도차이가 발생하게 된다. 그러나 불리한 조업도차이가 곧 회사의 손실을 나타내는 것은 아니다. 왜

냐하면 조업도차이는 제품원가계산목적을 위하여 기준조업도를 어느 수준으로 설정하는지에 따라 달라질 수 있기 때문이다. 고정제조간접원가의 예산차이와 조업도차이의 관계를 나타내면 다음 그림과 같다.

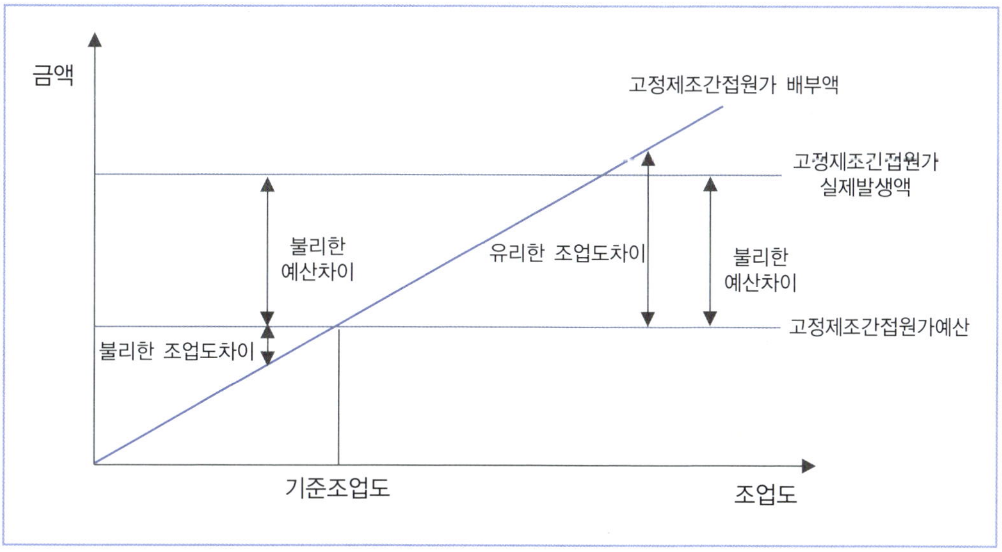

고정제조간접원가 차이분석을 종합적으로 도식화하면 다음과 같다.

고정제조간접원가 실제발생액	고정제조간접원가 예산	고정제조간접원가 배부액
실제원가	표준배부율×기준조업도	표준배부율×실제생산량에 허용된 표준조업도

고정제조간접원가 예산(소비)차이 | 고정제조간접원가 조업도차이

고정제조간접원가 총차이

삼성전자주식회사의 예로써 고정제조간접원가 차이분석을 수행하면 다음과 같다. 직접재료투입량을 기준으로 고정제조간접원가를 배부하고 있다. 따라서 원재료 1kg당 고정제조간접원가 배부율은 고정제조간접원가 예산액 ₩1,209,000을 배부기준 52,000kg (=4kg×13,000단위)로 나눈 ₩23.25이다. 이를 다시 풀면 다음과 같다.

$$\frac{₩1,209,000}{(4kg \times 13,000\text{단위})} \times (4kg \times 13,000\text{단위}) = ₩1,209,000$$

이 식을 풀면 결국 예산금액이 된다. 그래서 실제제조간접원가 금액과(표준배부율×기준조업도)금액의 차이가 예산차이로 불리게 되는 이유이다.

(표준배부율×기준조업도)와 (표준배부율×실제생산량에 허용된 표준조업도)의 차이인 고정제조간접원가 조업도차이를 다시 풀면 다음과 같다. 따라서 본 예제에서는 예산판매수량 13,000단위와 실제판매수량 10,000단위의 차이로 인하여 조업도차이가 발생하는 것이다.

$$= \frac{₩1,209,000}{(4kg \times 13,000\text{단위})} \times (4kg \times 13,000\text{단위}) - \frac{₩1,209,000}{(4kg \times 13,000\text{단위})} \times (4kg \times 10,000\text{단위})$$

$$= \frac{₩1,209,000}{(4kg \times 13,000\text{단위})} \times 4kg \times (13,000\text{단위} - 10,000\text{단위})$$

$$= ₩23.25 \times 4kg \times (13,000\text{단위} - 10,000\text{단위})$$

고정제조간접원가 실제발생액	고정제조간접원가 예산	고정제조간접원가 배부액
	표준배부율×기준조업도	표준배부율×실제생산량에 허용된 표준조업도
₩950,000	₩23.25×(4kg×13,000단위) =₩1,209,000	₩23.25×(4kg×10,000단위) =₩930,000

예산차이 (소비차이) ₩259,000F

조업도차이 ₩279,000U

고정제조간접원가 총차이 ₩20,000U

삼성전자주식회사의 변동예산 차이분석을 종합하면 다음과 같다.

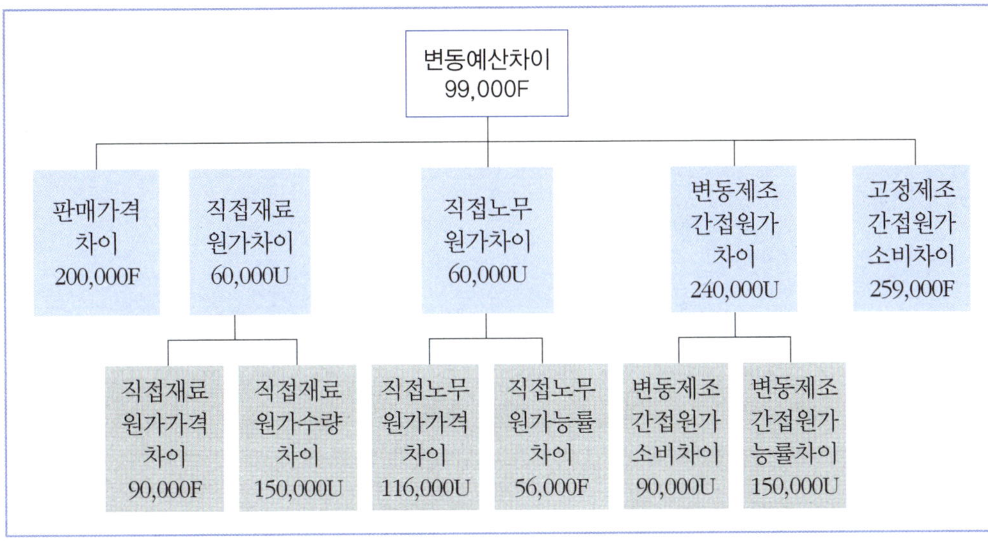

6 제조간접원가차이 분석방법

제조간접원가에 대한 차이분석을 다시 한 번 살펴보면, 제조간접원가를 변동제조간접원가와 고정제조간접원가로 구분한 후, 이를 (1) 변동제조간접원가 소비차이 (2) 변동제조간접원가 능률차이 (3) 고정제조간접원가 예산차이 (4) 고정제조간접원가 조업도차이, 총 4가지의 차이분석 항목을 제시하였다. 따라서 이러한 제조간접원가차이 분석방법을 4분법이라고 한다. 이를 도식화하면 다음과 같다.

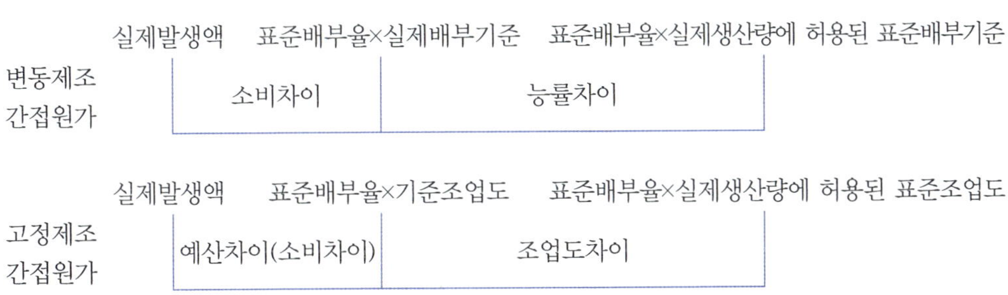

삼성전자주식회사의 제조간접원가 차이분석을 4분법으로 나타내면 다음과 같다.

	실제발생액	표준배부율×실제배부기준	표준배부율×실제생산량에 허용된 표준배부기준
변동제조간접원가	₩16.8×(5kg×10,000단위) =₩840,000	₩15×(5kg×10,000단위) =₩750,000	₩15×(4kg×10,000단위) =₩600,000
	소비차이 ₩90,000U	능률차이 ₩150,000U	

	실제발생액	표준배부율×기준조업도	표준배부율×실제생산량에 허용된 표준조업도
고정제조간접원가	₩950,000	₩23.25×(4kg×13,000단위) =₩1,209,000	₩23.25×(4kg×10,000단위) =₩930,000
	예산차이(소비차이) ₩259,000F	조업도차이 ₩279,000U	

이러한 분석방법은 제조간접원가를 변동제조간접원가와 고정제조간접원가로 명확히 구분할 수 있다는 가정 하에서 이루어진 것이다. 하지만 원가계산시스템의 정교도가 낮은 경우 제조간접원가를 변동원가와 고정원가로 구분하는 것이 용이하지 않을 수 있다. 따라서 변동제조간접원가와 고정제조간접원가를 함께 묶어 간단하게 차이분석을 수행할 수 있다. 제조간접원가를 임의로 변동원가와 고정원가로 구분하지 않고, 제조간접원가 발생액을 그대로 이용하는 3분법을 적용한다. 이를 도식화하면 다음과 같다.

	실제발생액	표준배부율×실제배부기준	표준배부율×실제생산량에 허용된 표준배부기준
변동제조간접원가		능률차이	

	실제발생액	표준배부율×기준조업도	표준배부율×실제생산량에 허용된 표준조업도
고정제조간접원가	소비차이	조업도차이	

삼성전자주식회사의 제조간접원가 차이분석을 3분법으로 나타내면 다음과 같다.

	실제발생액	표준배부율×실제배부기준	표준배부율×실제생산량에 허용된 표준배부기준
변동제조간접원가	₩16.8×(5kg×10,000단위) =₩840,000	₩15×(5kg×10,000단위) =₩750,000	₩15×(4kg×10,000단위) =₩600,000
		능률차이 ₩150,000U	

	실제발생액	표준배부율×기준조업도	표준배부율×실제생산량에 허용된 표준조업도
고정제조간접원가	₩950,000	₩23.25×(4kg×13,000단위) =₩1,209,000	₩23.25×(4kg×10,000단위) =₩930,000
	소비차이[1] ₩169,000F	조업도차이 ₩279,000U	

1) (₩840,000+₩950,000)−(₩750,000+₩1,209,000)=(₩169,000)

3분법과 4분법의 차이점은 변동제조간접원가 소비차이와 고정제조간접원가 예산차이를 하나로 묶어서 제조간접원가 예산차이로 인식한다는 점이다. 비록 제조간접원가를 변동원가부분과 고정원가부분으로 분리하지 않더라도 변동제조간접원가의 표준배부율과 고정제조간접원가의 표준배부율을 각각 알고 있어야 한다.

이를 더욱 간소화하여 제조간접원가차이를 2가지로 인식하는 방법이 **2분법**이다. 이는 4분법에서의 실제제조간접원가와 변동예산제조간접원가의 차이인 변동제조간접원가 소비차이, 변동제조간접원가 능률차이, 고정제조간접원가예산차이를 제조간접원가 예산차이로 총괄해서 인식하고 고정제조간접원가 조업도차이를 제조간접원가 조업도차이로 인식한다.

이를 도식화하면 다음과 같다.

	실제발생액	표준배부율×실제배부기준	표준배부율×실제생산량에 허용된 표준배부기준
변동제조간접원가			

	실제발생액	표준배부율×기준조업도	표준배부율×실제생산량에 허용된 표준조업도
고정제조간접원가	예산차이	조업도차이	

삼성전자주식회사의 제조간접원가 차이분석을 2분법으로 나타내면 다음과 같다.

	실제발생액	표준배부율×실제배부기준	표준배부율×실제생산량에 허용된 표준배부기준
변동제조간접원가	₩16.8×(5kg×10,000단위) =₩840,000	₩15×(5kg×10,000단위) =₩750,000	₩15×(4kg×10,000단위) =₩600,000

	실제발생액	표준배부율×기준조업도	표준배부율×실제생산량에 허용된 표준조업도
고정제조간접원가	₩950,000	₩23.25×(4kg×13,000단위) =₩1,209,000	₩23.25×(4kg×10,000단위) =₩930,000
	예산차이 ₩19,000F[1)		조업도차이 ₩279,000U

1) (₩840,000+₩950,000)−(₩600,000+₩1,209,000)=(₩19,000)

마지막으로 제조간접원가차이를 분리하지 않고 실제제조간접원가에서 표준제조간접원가를 차감한 총차이만을 인식하는 1분법이 있다. 이는 제조간접원가를 고정제조간접원가와 변동제조간접원가로 구분할 필요가 없으므로, 분석절차도 매우 간편하다. 그러나 제조간접원가차이에 관한 상세한 정보를 얻을 수 없다는 단점이 있다.

이를 도식화하면 다음과 같다.

	실제발생액	표준배부율×실제배부기준	표준배부율×실제생산량에 허용된 표준배부기준
변동제조간접원가			

	실제발생액	표준배부율×기준조업도	표준배부율×실제생산량에 허용된 표준조업도
고정제조간접원가		배부차이	

삼성전자주식회사의 제조간접원가 차이분석을 1분법으로 나타내면 다음과 같다.

	실제발생액	표준배부율×실제배부기준	표준배부율×실제생산량에 허용된 표준배부기준
변동 제조 간접 원가	₩16.8×(5kg×10,000단위) =₩840,000	₩15×(5kg×10,000단위) =₩750,000	₩15×(4kg×10,000단위) =₩600,000

	실제발생액	표준배부율×기준조업도	표준배부율×실제생산량에 허용된 표준조업도
고정 제조 간접 원가	₩950,000	₩23.25×(4kg×13,000단위) =₩1,209,000	₩23.25×(4kg×10,000단위) =₩930,000

배부차이 ₩260,000U[1]

1) (₩840,000+₩950,000)－(₩600,000+₩930,000)=₩260,000

7 원가흐름과 회계처리

삼성전자주식회사의 원가흐름과 차이분석에 대한 회계처리를 원가요소별로 나타내면 다음과 같다.

각 분개에서 불리한 차이는 영업이익을 감소시키기 때문에 차변에 기록하고 유리한 차이는 영업이익을 증가시키기 때문에 대변에 기록한다.

1) 직접재료원가

원재료의 구입시점에 가격차이를 계상할 경우 원재료계정의 차변에 실제구입량에 대한 표준원가금액을 기록하고 실제금액과의 차액은 직접재료원가 구입가격 차이계정으로 처리한다.

(차)	원재료 900,000[1]	(대)	매입채무 792,000[2]	
			직접재료원가 구입가격차이(F)	108,000

1) $SP \times AQ_P$ =₩15×60,000kg

2) $AP \times AQ_P$ =₩13.2×60,000kg

원재료 사용에 대한 회계처리는 재공품계정의 차변에 실제생산량에 허용된 원재료의 표준원가로 기록하고 실제생산량에 허용된 표준투입량의 표준직접재료원가와의 차액을 직접재료원가 능률차이계정에 기록한다.

(차) 재공품 600,0001) (대) 원재료 750,000[2)]
직접재료원가 능률차이(U) 150,000

1) SP×SQ = ₩15×(4kg×10,000단위)
2) SP×AQu = ₩15×(5kg×10,000단위)

원재료의 사용시점에 가격차이를 계상할 경우 원재료 구입시점에는 원재료계정은 실제 구입원가 금액으로 기록한다.

(차) 원재료 792,000[1)] (대) 매입채무 792,000

1) AP×AQp = ₩13.2×60,000kg

원재료의 사용시점에는 재공품계정의 차변에 실제생산량에 허용된 표준투입량에 단위당 표준가격을 곱한 금액을 기록하고, 원재료계정의 대변에 실제사용량에 단위당 실제가격을 곱한 금액을 기록하면 가격차이와 능률차이가 분리되어 차이계정에 기록된다.

(차) 재공품 600,000[1)] (대) 원재료 660,000[2)]
직접재료원가 능률차이(U) 150,000[3)] 직접재료원가 가격차이(F) 90,000[4)]

1) SP×SQ = ₩15×(4kg×10,000단위)
2) AP×AQ_u = ₩13.2×(5kg×10,000단위)
3) SP×(AQ_u-SQ) = ₩15×(5kg×10,000단위-4kg×10,000단위)
4) (AP-SP)×AQ_u = (₩13.2-₩15)×5kg×10,000단위

2) 직접노무원가

직접노무원가 발생시 실제생산량에 허용된 표준투입량의 표준노무원가금액을 차변에 기록하고 실제직접노무원가를 대변에 기록하고 이 둘의 차액을 직접노무원가 가격차이와 직접노무원가 능률차이로 구분하여 기록한다.

(차)	재공품 ₩520,000[1)]	(대)	미지급급여 580,000[2)]
	직접노무원가 가격차이(U) 116,000		직접노무원가 능률차이(F) 56,000

1) ₩16×(3.25시간×10,000단위)
2) ₩20×(2.9시간×10,000단위)

3) 변동제조간접원가

변동제조간접원가에 대한 회계처리는 변동제조간접원가가 발생하면 실제원가를 각 원가계정에 기록하고 변동제조간접원가 계정에 집계한다. 기말에 실제생산량에 허용된 표준조업도에 대한 표준변동제조간접원가를 재공품계정에 기록하고 실제변동제조간접원가와의 차이를 변동제조간접원가 능률차이와 소비차이로 구분하여 기록한다.

(차)	노무원가 동력비 수선유지비 등	840,000	(대)	미지급급여 미지급비용 현금 등	840,000
(차)	변동제조간접원가	840,000	(대)	노무원가 동력비 수선유지비 등	840,000
(차)	재공품	600,000[1)]	(대)	변동제조간접원가	840,000[2)]
	변동제조간접원가 소비차이(U)	90,000			
	변동제조간접원가 능률차이(U)	150,000			

1) ₩15×(4kg×10,000단위)
2) ₩16.8×(5kg×10,000단위)

4) 고정제조간접원가

고정제조간접원가에 대한 회계처리에서는 고정제조간접원가가 발생하면, 실제원가를 각 원가계정에 기록하고 고정제조간접원가 계정에 집계한다. 기말에 실제생산량에 허용된 표준조업도에 대한 표준변동제조간접원가를 재공품계정에 기록하고 실제변동제조간접원가와의 차이를 고정제조간접원가 소비차이와 조업도차이로 구분하여 기록한다.

(차)	노무비	950,000	(대)	미지급급여	950,000
	동력비			미지급비용	
	보험료			현　금	
	감가상각비 등			감가상각누계액 등	
(차)	고정제조간접원가	950,000	(대)	노무비	950,000
				동력비	
				보험료	
				감가상각비 등	
(차)	재공품	930,000[1]	(대)	고정제조간접원가	950,000
	고정제조간접원가 조업도차이(U)	279,000		고정제조간접원가 소비차이(F)	259,000

1) ₩23.25×(4kg×10,000단위)

5) 제품 및 매출원가계정으로의 대체

한 부문에서의 생산이 완료되면 각 재공품들은 다음 생산부문으로 대체되는데, 이때는 다음 부문의 재공품계정에 표준원가로 대체된다. 이러한 과정을 거쳐 모든 생산 작업이 완료되면 각 완성품들은 제품계정에 표준원가로 대체되고, 판매가 이루어졌을 경우에는 매출원가계정에 표준원가로 대체된다. 삼성전자주식회사의 사례에서 재공품 ₩2,650,000 중 90%가 완성되어 제품으로 대체되고 10%는 기말재공품재고에 남아 있으며, 제품으로 대체된 수량 중 7/9은 외부에 판매되고 2/9는 기말제품재고에 남아있다고 할 때 제품 및 매출원가계정으로의 대체분개는 다음과 같다.

(차)	제품	2,385,000	(대)	재공품	2,385,000[1)]
(차)	매출원가	1,855,000	(대)	제품	1,855,000[2)]

1) 당기총제조원가=₩600,000(직접재료원가)+₩520,000(직접노무원가)
+₩600,000(변동제조간접원가)+₩930,000(고정제조간접원가)=₩2,650,000
당기제품제조원가=₩2,650,000×90%=₩2,385,000
2) 당기매출원가=₩2,385,000×7/9=₩1,855,000

6) 표준원가 T계정

이상에서 삼성전자주식회사의 원가차이분석에 대한 회계처리를 살펴보았다. 이를 기초로 재공품 및 제품의 T계정을 원가요소별로 나타내면 다음과 같다.

재공품

기초재공품	0	당기완성	2,385,000
당기발생액	2,650,000	기말재공품	265,000
	2,650,000		2,650,000

	기초재공품	당기발생액	당기완성	기말재공품
DM	0	600,000	540,000	60,000
DL	0	520,000	468,000	52,000
VOH	0	600,000	540,000	60,000
FOH	0	930,000	837,000	93,000

제품

기초제품	0	당기판매	1,855,000
당기완성	2,385,000	기말제품	530,000
	2,385,000		2,385,000

	기초제품	당기완성	당기판매	기말제품
DM	0	540,000	420,000	120,000
DL	0	468,000	364,000	104,000
VOH	0	540,000	420,000	120,000
FOH	0	837,000	651,000	186,000

I. 평가자체크리스트

※ 다음 서술이 옳으면 T, 옳지 않으면 F를 기재하시오.

11.1 고정예산은 특정조업도수준에 대하여 편성한 예산이고, 변동예산은 관련범위 내의 여러 조업도수준에 대하여 편성한 예산이다.

11.2 표준원가계산은 가격결정 및 기타 경영계획수립에 필요한 기초자료를 제공한다.

11.3 중요한 불리한 차이들은 모두 조사하여야 하나, 중요한 유리한 차이들은 조사할 필요가 없다.

11.4 가격차이에 대한 책임은 생산관리나 판매관리자가, 능률차이에 대한 책임은 구매담당자가 지게 된다.

11.5 표준원가계산은 전부원가계산제도뿐만 아니라 변동원가계산제도에서도 적용할 수 있다.

11.6 종합원가계산과 결합하여 표준종합원가계산을 적용할 수 있다.

11.7 표준원가계산은 기업의 예산작성에는 유용하나 종업원의 성과평가에 활용되기는 불가능하다.

11.8 차이분석에서 불리하다는 것은 기업 전체로 볼 때 좋지 않다는 의미이다.

11.9 표준원가계산을 적용하여 제품원가를 계산하였더라도 외부보고시에는 실제원가로 수정하여야 한다.

11.10 표준원가계산 시스템 하에서 재공품 차변에 표시되는 재료비는 표준수량에 실제가격을 곱한 금액이다.

Ⅱ. 객관식

11.1 표준원가계산에 대한 설명으로 옳지 않은 것은?

① 표준원가계산을 통하여 예외의 관리를 할 수 있다.
② 차이분석을 통하여 효과성과 효율성의 성과를 측정할 수 있다.
③ 표준원가계산은 원가흐름의 가정을 통하여 계산된다.
④ 효과적인 원가관리 및 통제가 가능하다.
⑤ 재고자산의 평가와 매출원가산정의 기초자료를 제공한다.

11.2 다음 중 직접재료비 가격차이의 발생원인으로 볼 수 없는 것은?

① 표준품질과 다른 품질의 재료를 구입한 경우
② 부적절한 표준가격을 설정한 경우
③ 대량구매를 통하여 수량할인을 받은 경우
④ 예산구입가격이 재료시장에 대한 자세한 분석 없이 이루어진 경우
⑤ 불량품질의 재료를 사용한 경우

11.3 다음 중 직접노무비 능률차이의 발생원인으로 볼 수 없는 것은?

① 표준화되지 않은 설비를 사용한 경우
② 표준품질 이하의 재료를 사용한 경우
③ 숙련되지 않은 노동자를 고용한 경우
④ 규정시간을 초과하여 작업을 한 경우
⑤ 기계의 결함으로 작업시간이 지연된 경우

11.4 다음과 같은 원인으로 발생하는 제조간접비 차이로 적합한 것은? [기업회계1급 수정]

물가(시장가격, 임금수준 등)의 변동	계절적인 간접비 발생액의 변동
간접비의 낭비 및 제조간접비 예산측정의 오류	

① 소비차이 ② 능률차이 ③ 조업도차이
④ 배합차이 ⑤ 제조간접비총차이

11.5 다음 중 표준원가 계산의 목적으로 볼 수 없는 것은?

① 재고자산의 평가　　② 예산편성
③ 제조기술의 향상　　④ 원가통제
⑤ 효과적인 원가관리

11.6 재료에 관한 다음 자료를 이용하여 가격차이와 능률차이를 구하면 얼마인가?

[기업회계1급 수정]

비목	소비량	단가
표 준 원 가	3,000	₩10
실 제 원 가	3,200	₩15

	가격차이	능률차이
①	₩2,000(불리)	₩16,000(불리)
②	₩16,000(불리)	₩2,000(불리)
③	₩2,000(유리)	₩16,000(유리)
④	₩16,000(유리)	₩2,000(유리)
⑤	₩18,000(유리)	₩18,000(불리)

11.7 (주)세상의 다음 자료를 이용하여 직접재료비 능률차이를 구하면 얼마인가?

[기업회계1급 수정]

항 목	금 액
제품 예산생산량	300개
제품 실제생산량	370개
kg당 실제재료비	₩600
제품 1개당 표준투입량	4kg
직접재료비 kg당 표준가격	₩400
직접재료비 가격차이(불리한 차이)	₩280,000

① ₩32,000 (유리)　　② ₩32,000 (불리)
③ ₩248,000 (유리)　　④ ₩248,000 (불리)
⑤ ₩280,000 (유리)

11.8 동방공업은 표준원가계산제도를 채택하고 있으며 20×8년의 생산활동과 관련된 자료는 다음과 같다.

1. 표준원가

	제품단위당 표준투입량	투입단위당 표준가격
직접재료원가	5개	₩10
직접노무원가	2시간	₩4

2. 20×8년 실제생산자료

제품생산량: 100개

직접재료원가: ₩5,200　　직접노무원가: ₩750

재료단위당 구입원가: ₩12.5　　직접노동시간: 250시간

위의 자료를 기초로 할 때 직접재료원가 능률차이(수량차이)는 얼마인가? [1997년 세무사]

① ₩1,050 유리　② ₩1,050 불리
③ ₩1,040 불리　④ ₩840 불리
⑤ ₩840 유리

11.9 (주)한강은 표준원가계산제도를 채택하고 있다. 9월 한 달 동안의 원재료에 대한 자료를 이용하여 능률차이를 계산하면?

실제구입량	1,000kg	실제사용량	800kg
실제생산량에 허용된 표준투입량	850kg	kg당 실제가격	₩100
구입가격차이	₩20,000(유리)		

① ₩18,000(유리)　② ₩18,000(불리)
③ ₩12,000(불리)　④ ₩6,000(유리)
⑤ ₩6,000(불리)

11.10 실제 노동시간은? [2006년 공무원 수정]

실제임률:	₩250/시간	표준임률:	₩200/시간
실제생산량에 허용된 표준직접노동시간:	2,000시간	불리한 능률차이:	₩20,000

① 2,100시간　② 2,200시간
③ 2,300시간　④ 2,400시간
⑤ 2,600시간

11.11 다음은 (주)고려의 직접노무원가에 대한 원가 및 표준설정자료이다. 이 중 능률차이에 대한 설명으로 가장 적절한 것은 무엇인가? [2015년 ERP]

	표준수량	표준가격
직접노무원가	2.4hr	₩11,000
실제생산량	2,600단위	
실제직접노무원가 발생액	₩68,440,000	
실제직접노무시간	6,000시간	

① ₩2,440,000(불리) ② ₩2,440,000(유리)
③ ₩2,640,000(불리) ④ ₩2,640,000(유리)
⑤ ₩39,840,000(불리)

11.12 표준원가제도 하에서 다음 자료를 참고하여 실제발생한 노무시간 및 실제시간당 임률은 얼마인가? [전산세무1급 수정]

시간당 표준임률:	₩3,000	제품단위당 표준시간:	2시간
실제제품생산량:	1,000개	능률차이:	₩300,000(유리)
임률(가격)차이:	₩190,000(불리)		

	실제노무시간	실제시간당 임률
①	1,900시간	₩3,100
②	1,900시간	₩2,900
③	2,100시간	₩2,900
④	2,100시간	₩3,100
⑤	2,300시간	₩3,300

11.13 (주)부천은 당해연도부터 표준원가계산제도를 도입하여 사용하기로 하였다. 당해연도의 생산과 관련된 직접노무비가 다음과 같이 발생하였을 때 직접노무비의 임률차이는 얼마인가? [기업회계1급 수정]

직접노무비 표준임률	시간당 ₩5,000
직접노무비 실제임률	시간당 ₩4,800
허용된 표준직접노동시간	10,000시간
직접노무비 능률차이	₩5,300,000(불리)

① ₩2,212,000(불리) ② ₩2,212,000(유리)
③ ₩1,788,000(불리) ④ ₩1,788,000(유리)
⑤ ₩1,500,000(불리)

11.14 다음 표준원가 계산자료에 의하여 당기 중의 실제 작업시간을 계산하면? [1995년 세무사]

실제생산량	2,000단위	노무비발생액	₩4,000,000
단위당 표준허용시간	24시간	유리한 임률차이	₩1,200,000
불리한 시간차이	₩400,000		

① 40,000시간 ② 44,000시간 ③ 48,000시간
④ 50,000시간 ⑤ 52,000시간

11.15 충남회사는 표준원가계산제도를 사용한다. 다음은 이 회사의 4월중 생산활동과 관련한 직접노무비에 대한 자료이다.

직접노무비 표준임률	시간당 ₩10,000
허용 표준 직접작업시간	8,000시간
실제 직접노무비 임률	시간당 ₩9,500
직접노무비 유리한 능률차이	₩4,800,000

직접노무비 임률차이는 얼마인가? [2004년 세무사]

① ₩3,760,000(불리) ② ₩3,760,000(유리) ③ ₩2,850,000(유리)
④ ₩2,850,000(불리) ⑤ ₩0

11.16 직접노무비의 시간(능률) 차이는 얼마인가?

표준 직접노동시간	1,200시간	실제 직접노동시간	1,000시간
실제 노무비	₩100,000	노무비 임률차이	₩3,000 유리

① ₩19,400(불리) ② ₩19,400(유리) ③ ₩20,000(유리)
④ ₩20,000(불리) ⑤ ₩30,000(유리)

11.17 직접노무비의 실제작업시간은 얼마인가?

표준임률	₩10/시간	실제임률	₩12/시간
실제 산출량에 허용된 표준 시간	2,000시간	노무비 시간차이	₩1,000 불리

① 1,400시간 ② 1,700시간 ③ 1,900시간
④ 2,050시간 ⑤ 2,300시간

11.18 다음은 (주)하루의 제조활동과 관련된 자료이다.

표준직접노동시간 단위당 2시간	실제직접노동시간 21,000시간
생산된 제품단위 10,000개	변동제조간접비 표준직접노동시간당 ₩3
실제변동제조간접비 ₩28,000	

(주)하루의 변동제조간접비 능률차이는? [전산세무1급 수정]

① ₩2,000 유리 ② ₩2,000 불리 ③ ₩3,000 유리
④ ₩3,000 불리 ⑤ ₩5,000 유리

11.19 다음은 장수회사의 제조 활동과 관련된 자료이다.

단위당 표준 직접노동시간: 2시간	실제 직접노동시간: 10,500시간
생산된 제품단위: 5,000개	변동제조간접비 표준: 표준 직접노동시간당 ₩3
실제변동제조간접비: ₩28,000	

장수회사의 변동제조간접비 능률 차이는? [2002년 세무사]

① ₩2,000 유리 ② ₩1,500 불리 ③ ₩2,000 불리
④ ₩3,500 유리 ⑤ ₩1,500 유리

11.20 (주)방배는 표준원가계산제도를 사용하고 있다. 다음 자료에 의할 때 서초주식회사의 20×8년 2월의 제조간접비 조업도 차이는 얼마인가? (단, (주)방배는 제조간접비 차이분석에 2분법을 사용하고 있다) [1999년 세무사]

(자료: 20×8년 2월)

실제직접노무비총발생액	₩260,400
실제직접노무시간	14,000시간
실제생산량에허용된표준노무시간	15,000시간
직접노무비임률차이(불리)	₩8,400
실제제조간접비총발생액	₩192,000
고정제조간접비예산액	₩54,000
정상조업도(직접시간)	12,000시간
표준직접노무시간당총제조간접원가배부율	₩13.5

① ₩3,000 유리 ② ₩13,500 유리 ③ ₩3,000 불리
④ ₩13,500 불리 ⑤ 정답 없음

Ⅲ. 주관식

11.1 (주)태희는 게임기를 생산하여 판매하고 있다. 5월의 게임기 가공부문의 제조간접비에 대한 고정예산은 다음과 같다.

항목	금액
예산생산량	1,000단위
예산제조간접비	
간접재료비(변동비)	₩150,000
간접노무비(변동비)	₩180,000
소모품(변동비)	₩120,000
감가상각비(고정비)	₩200,000
합　계	₩650,000

5월 중 실제로 생산한 수량은 900단위이며 실제로 발생한 원가는 다음과 같다.

항목	금액
간접재료비	₩130,000
간접노무비	₩160,000
소모품	₩110,000
감가상각비	₩180,000
합　계	₩580,000

물음 1) 고정예산 성과보고서와 차이분석을 계산하시오.
　　 2) 변동예산 성과보고서와 차이분석을 계산하시오.

11.2 (주)경기는 표준원가계산제도를 채택하고 있다. 당해연도의 예산 자료를 이용하여 직접재료의 단위당 실제가격을 계산하시오.

단위당 표준가격	₩10	실제사용수량	2,500단위
실제 산출에 대한 허용량	1,500	유리한 재료가격차이	₩10,000

11.3 직접재료비의 단위당 실제가격은 얼마인가?

단위당 표준 가격	₩4.0	실제 사용량	1,500
실제 생산에 대한 허용량	1,450	유리한 재료 가격 차이	₩240

11.4 직접재료비의 가격차이를 계산하면 얼마인가?

직접 재료비 표준 가격	@₩50	5kg
실제 구입 가격	@₩60	
당기 제품 완성량	2,000개	
직접재료비의 수량차이(유리한 차이)	₩400,000	

11.5 (주)부천은 표준원가계산제도를 채택하고 있다. 회사의 당해연도의 예산생산량은 1,000단위, 실제생산량은 800단위일 때 다음 자료를 이용하여 직접재료비의 가격차이와 능률차이를 구하시오. 단, 직접재료의 기초재고는 없다.

직접재료의 단위당 표준가격	@₩150
직접재료의 단위당 실제가격	@₩100
직접재료의 실제사용수량	3kg
실제생산량에 허용된 재료의 표준투입량	2kg

11.6 (주)안산은 표준원가계산제도를 채택하고 있다. 11월의 직접노무비 자료가 다음과 같다면 직접노무비의 시간(능률)차이는 얼마인가?

표준 직접노동시간	12,000시간	실제 직접노동시간	10,000시간
실제 노무비	₩150,000	노무비 임률차이	₩5,000U

11.7 (주)안산은 표준원가계산제도를 채택하고 있다. 20×8년 10월의 직접노무비 자료가 다음과 같다면 10월의 실제 발생 직접노무비는 얼마인가?

표준임률	₩100/시간	표준시간	1,500시간
실제시간	1,300시간	유리한 임률차이	₩10,000

11.8 (주)동국은 표준원가를 이용하고 있다. 다음 원가자료에 기초하여 계산한 노무비 능률차이는 얼마인가? [ERP 수정]

기준생산량 1,000개	표준작업시간 10시간/개당
실제생산량 1,100개	실제작업시간 13,000시간
표준임률 ₩1,000(시간당)	실제임률 ₩1,100(시간당)

11.9 직접노무비의 실제작업시간은 얼마인가?

표준임률	₩100/시간
실제임률	₩120/시간
실제 산출량에 허용된 표준 시간	20,000시간
노무비 시간차이	₩200,000 유리

11.10 (주)경기는 표준원가시스템을 이용하고 있다. 회사의 제품단위당 직접재료원가와 직접노무원가의 표준원가는 다음과 같다.

직접재료원가(5kg, @₩3)	₩15	직접노무원가(8시간, @₩4)	₩32

회사는 원재료를 월초에 20,000kg을 가지고 있었으며, 기중에 50,000kg을 ₩145,000에 구입하여 18,000kg을 사용하였다. 또한 직접노무원가 발생액은 ₩105,000이며, 직접노무시간은 23,000시간이 발생하였다. 당월 제조간접원가발생액은 ₩1,200,000이며, 이중 60%는 변동제조간접원가이며, 실제기계시간은 26,000시간이다. 변동제조간접원가는 기계시간당 ₩24이 표준원가이고, 제품 1단위당 표준기계시간은 10시간이다. 고정제조간접원가의 월기준조업도는 2,400개이며, 당월 생산량은 2,500개이다. 제조간접원가 표준원가배부율은 기계시간당 ₩45이다. 회사는 직접재료가격차이를 구입시점에서 계산한다.

[1999년 세무사]

물음 1) 직접재료원가 가격차이와 능률차이를 구하시오.
2) 직접노무원가 임률차이와 능률차이를 구하시오.
3) 변동제조간접원가 소비차이와 능률차이를 구하시오.
4) 고정제조간접원가 소비차이와 조업도차이를 구하시오.

제12장

전부원가계산과 변동원가계산

학습목표

일반적으로 기업의 보고이익에는 재고자산가액과 고정제조간접원가의 처리가 영향을 미치는데, 이들을 어떻게 처리하느냐에 따라 제품원가계산은 변동원가계산과 전부원가계산으로 나누어진다. 본 장에서는 변동원가계산과 전부원가계산에서 이익이 어떻게 산출되는지에 초점을 두어 파악한다. 따라서 학습목표는 다음과 같이 세운다.

1. 변동원가계산과 전부원가계산의 차이점은 무엇인가?
2. 변동원가계산의 유용성은 무엇인가?
3. 두 방법에서 원가는 어떻게 계산되는가?
4. 기준조업도의 유형에는 어떠한 것이 있으며, 어떤 기준조업도를 선택해야 하는가?
5. 두 원가계산방법에서 영업이익의 차이는 어떻게 조정되는가?

일반적으로 제조기업의 보고이익 수치는 재고자산(inventory)에 의해 영향을 받는다. 이렇게 보고이익에 영향을 미치는 재고자산의 가액을 결정하는데 주요한 요소는 1) 재고자산 원가계산방법과 2) 고정제조간접원가 예정배부율을 결정하는 기준조업도이다. 본 장에서는 이러한 두 가지 요소에 대해 알아보기로 한다.

제1절 원가계산방법

1 전부원가계산과 변동원가계산의 개요

제품원가계산방법은 제품원가를 구성하는 항목을 무엇으로 보느냐에 따라 전부원가계산과 변동원가계산으로 구분된다.

전부원가계산(absorption costing)은 직접재료원가, 직접노무원가, 변동제조간접원가, 고정제조간접원가 모두를 제품원가에 포함시키는 원가계산방법으로서, 외부보고 목적의 재무제표는 전부원가계산에 따라 재고자산을 평가한다.

변동원가계산(variable costing)은 제조원가를 일단 변동원가와 고정원가로 구분한 다음에 직접재료원가, 직접노무원가, 변동제조간접원가 항목의 변동제조원가만을 제품원가에 포함시키고, 산출수준(조업도)과 관계없는 고정제조간접원가는 기간비용으로 처리하는 원가계산방법이다. 변동원가계산의 경우에는 감가상각비, 제세공과금과 같은 고정제조간접원가가 제조원가임에도 불구하고 제품원가에 포함시키지 않는 데 비해, 동력비와 같은 변동제조간접원가는 제품원가에 포함시킨다.

변동원가계산과 전부원가계산의 핵심적 차이점은 고정제조간접원가의 회계처리에 있다. 따라서 재고수준의 변동에 따라 영업이익의 결과가 서로 다르게 나타난다. 전부원가계산에서는 고정제조간접원가를 제품원가에 배부하기 때문에 제품을 많이 생산한 경우에는 단위당 고정제조간접원가가 낮아짐으로써 제품 단위당 원가가 낮아지고, 제품을 적게 생산한 경우에는 단위당 고정제조간접원가가 높아짐으로써 제품 단위당 원가가 높아지게 된다. 따라서 전부원가계산의 영업이익은 판매량 뿐만 아니라 생산량에 따라서도 좌우된다.

이러한 현상을 사례를 통해 확인해 보자. 현대자동차 주식회사는 한 해 동안 소나타 1,000,000대를 고객에게 판매하였다. 이를 위해 소나타 한 대당 직접재료원가 ₩30, 단위당 직접노무원가 ₩10, 단위당 변동제조간접원가 ₩20을 투입하였고, 공장설비에서 발생한 고정제조간접원가는 ₩120,000,000이었다. 기초재고는 없었다. 회사가 소나타를 1,200,000대를 생산한 경우와 1,500,000대를 생산한 경우의 단위당 제조원가를 계산하면 다음과 같다.

항목 \ 생산량	1,200,000대 (A)	1,500,000대 (B)
직접재료원가①	30	30
직접노무원가②	10	10
변동제조간접원가③	20	20
고정제조간접원가④	100[1)]	80[2)]
단위당 제조원가⑤=①+②+③+④	160	140

1) ₩120,000,000÷1,200,000대=₩100/대
2) ₩120,000,000÷1,500,000대=₩80/대

각 경우의 매출원가를 다음과 같이 두 가지 방법으로 계산할 수 있다.

[방법1]

항목 \ 생산량	(A) 1,200,000대	(B) 1,500,000대
기초제품재고액①	0	0
당기제품제조원가②	192,000,000[1)]	210,000,000[3)]
기말제품재고액③	32,000,000[2)]	70,000,000[4)]
매출원가④=①+②−③	160,000,000	140,000,000

1) ₩160×1,200,000대=₩192,000,000
2) ₩160×(1,200,000대−1,000,000대)=₩32,000,000
3) ₩140×1,500,000대=₩210,000,000
4) ₩140×(1,500,000대−1,000,000대)=₩70,000,000

[방법2]

생산량 / 항목	1,200,000대 (A)	1,500,000대 (B)
단위당 제조원가①	160	140
당기판매수량②	1,000,000	1,000,000
매출원가③=①×②	160,000,000	140,000,000

위에서 보듯이 각 경우의 매출원가는 ₩20,000,000의 차이를 보이고 있다. 이러한 차이는 고정제조간접원가가 매출원가와 기말제품재고로 배부되는 금액이 다르기 때문에 발생한다. 다음 표에서 알 수 있듯이, 1,200,000대를 생산할 경우 단위당 고정제조간접원가는 ₩100으로 고정제조간접원가는 매출원가와 기말제품재고에 각각 ₩100,000,000 및 ₩20,000,000이 배부되지만, 1,500,000대를 생산한 경우에는 단위당 고정제조간접원가가 ₩80으로 작아져 고정제조간접원가는 매출원가와 기말제품재고에 각각 ₩80,000,000 및 ₩40,000,000이 배부된다. 즉 판매수량이 일정할 때 더 많이 생산할수록 단위당 고정제조간접원가 금액이 낮아지기 때문에 단위당 제품원가는 더 작아지게 된다. 이에 따라 더 많이 생산한 경우에 매출원가는 작아지고, 그 금액만큼 기말제품재고가 증가한다. 1,200,000대를 생산하는 경우와 1,500,000대를 생산하는 경우를 비교하면 전자에 비해 후자의 경우 매출원가가 ₩200,0000이 더 작은 반면에 기말제품 재고는 ₩200,0000이 더 크다. 따라서 전자에 비해 후자의 매출총이익이 ₩200,0000 더 크며, 다른 조건이 동일하다면, 영업이익 또한 ₩200,0000이 더 크게 나타날 것이다.

결과적으로 판매수량이 일정할 때, 더 많이 생산한 경우의 영업이익이 더 크게 나타난다.

생산량 / 항목	1,200,000대 (A)	1,500,000대 (B)	차이 (C)=(A−B)
고정제조간접원가발생액③=①+②	120,000,000	120,000,000	0
매출원가에 포함된 고정제조간접원가①=ⓐ×ⓑ	100,000,000	80,000,000	20,000,000
판매수량ⓐ	1,000,000	1,000,000	
단위당 고정제조간접원가ⓑ	100	80	
기말제품재고에 포함된 고정제조간접원가②=ⓒ×ⓓ	20,000,000	40,000,000	(−)20,000,000
기말제품수량ⓒ	200,000	500,000	
단위당 고정제조간접원가ⓓ	100	80	

반면에 변동원가계산은 고정제조간접원가를 기간비용으로 처리하기 때문에 제품원가는 변동제조원가로만 구성되어, 생산량에 관계없이 제품 단위당 원가는 일정하다. 따라서 변동원가계산의 영업이익은 판매량에 의해서만 결정된다.

전부원가계산을 사용하면 모든 제조원가를 제품에 부과한 후 판매시점에 비용으로 처리하고, 제조원가를 제외한 모든 원가는 발생시점에 즉시 비용화 한다. 반면 변동원가계산은 변동제조원가만을 제품원가에 포함시킨 후 판매시점에서 비용화 하며, 변동제조원가를 제외한 모든 원가는 기간비용으로 간주하여 발생시점에 전액 비용으로 처리한다.

두 원가계산방법에서 고정제조간접원가를 비용으로 인식하는 시점이 다른 이유는 전부원가계산은 장기적인 생산시설의 원가(고정제조간접원가)를 재고자산의 단위당 원가에 포함하고 그 재고자산을 판매할 때 비용화해야 한다는 사고에 기초하고 있는 반면에, 변동원가계산은 장기적인 생산시설의 원가를 즉시 비용화해야 하므로, 재고자산원가에 포함시켜 비용화하는 시점을 이연해서는 안 된다는 사고에 기초하고 있다.

2 변동원가계산의 유용성

전부원가계산은 고정제조간접원가를 제품에 배부하기 때문에 당기 조업도에 따라서 고정제조간접원가배부율이 달라지고 이는 제품원가의 차이를 가져온다.

즉, 전부원가계선에서는 조업도에 따라 제품원가가 달라지므로 결국 이익이 달라진다. 그러나 변동원가계산 하에서는 고정제조간접원가를 기간비용으로 처리하기 때문에 조업도에 따라 이익이 변화하지 않는다. 따라서 변동원가계산에 의해 제품원가를 계산하게 되면 고정제조간접원가를 제품에 배부시킴으로써 야기되는 혼란을 없앨 수 있으며, 경영활동의 성과는 제품 생산량에 영향을 받지 않게 된다.

이와 같이 변동원가계산은 경영관리 측면에서 볼 때, 전부원가계산보다 경영자의 의사결정에 보다 유용한 정보를 제공한다. 다시 말하면, 전부원가계산에 의해 경영활동의 성과를 평가할 경우에는 제품 생산량을 증가시킴으로써 이익을 조정할 수 있지만, 변동원가계산 하에서는 경영활동의 성과가 제품 생산량에 영향을 받지 않으므로 생산과잉으로 인한 바람직하지 못한 재고의 누적을 막을 수 있는 것이다. 변동원가계산은 정상 및 표준원가계산제도를 사용하는 기업 모두 사용할 수 있을 뿐만 아니라, 개별원가계산이나 종합원가계산을 사용하는 기업에게도 적용할 수 있다.

1) 양 방법에 의한 포괄손익계산서

변동원가계산에 의한 포괄손익계산서는 매출액에서 변동원가를 차감하여 공헌이익을 산출하고, 이에 고정원가를 차감하여 영업이익을 계산하는 구조로 되어 있다. 전부원가계산에 의해 작성된 포괄손익계산서를 전통적 또는 기능적 포괄손익계산서라고 하고, 변동원가계산에 의해 작성된 포괄손익계산서를 공헌이익포괄손익계산서라고 한다. 전부원가계산에 의한 포괄손익계산서와 변동원가계산에 의한 포괄손익계산서의 양식을 비교하면 다음 표와 같다.

변동원가계산			전부원가계산	
매출액 ①		×××	매출액 ①	×××
기초재고 ②	×××		기초재고 ②	×××
직접재료원가 ③	×××		직접재료원가 ③	×××
직접노무원가 ④	×××		직접노무원가 ④	×××
변동제조간접원가 ⑤	×××		변동제조간접원가 ⑤	×××
기말재고 ⑥	×××		고정제조간접원가 ⑥	×××
변동매출원가 ⑦=②+③+④+⑤-⑥	×××		기말재고 ⑦	×××
변동판매비와관리비 ⑧	×××	×××	매출원가 ⑧=②+③+④+⑤+⑥-⑦	×××
공헌이익 ⑨=①-⑦-⑧		×××	매출총이익 ⑨=①-⑧	×××
고정제조간접원가 ⑩	×××		변동판매비와관리비 ⑩	×××
고정판매비와관리비 ⑪	×××		고정판매비와관리비 ⑪	×××
영업이익 ⑫=⑨-⑩-⑪		×××	영업이익 ⑫=⑨-⑩-⑪	×××

전부원가계산에 의한 포괄손익계산서상의 매출원가는 변동제조원가 뿐만 아니라 고정제조간접원가까지 포함되는 반면, 변동원가계산에 의한 포괄손익계산서상의 매출원가에는 변동제조간접원가만이 포함되어 있다. 판매비와관리비의 경우 전부원가계산에서는 변동판매비와관리비, 고정판매비와관리비를 매출총이익에서 차감하여 영업이익을

계산하지만, 변동원가계산에서는 변동판매비와관리비는 변동비에 포함시켜 매출액에서 차감하여 공헌이익을 산출하고, 고정판매비와관리비는 공헌이익에서 차감하여 영업이익을 산출한다.

2) 전부원가계산과 변동원가계산의 비교

시계를 제조하여 판매하는 로만손주식회사의 사례를 통해 구체적으로 전부원가계산과 변동원가계산을 비교하기로 한다.

로만손주식회사의 2017년~2019년의 연간 주요 운영 자료는 다음과 같다.

항목 \ 연도	2017년	2018년	2019년
기초재고수량	0	400	100
생산수량	1,600	1,400	2,000
판매수량	1,200	1,700	1,800
기말재고수량	400	100	300
단위당 판매가격	100	100	100
단위당 직접재료원가	10	10	10
단위당 직접노무원가	6	6	6
단위당 변동제조간접원가	4	4	4
단위당 변동판매비	19	19	19
고정제조간접원가	16,000	15,400	17,000
고정판매비	₩10,000	₩10,000	₩10,000

모든 제조원가의 원가동인은 생산수량이며 변동판매비와관리비의 원가동인은 판매수량이다. 판매는 기초재고부터 판매된다고 가정한다. 다음은 변동원가계산과 전부원가계산에 의해 작성한 로만손주식회사의 2017년 포괄손익계산서이다.

2017년 변동원가계산			
항목	단위당 금액 (A)	수량 (B)	금액 (C)= (A×B)
매출액①	₩100	1,200	₩120,000
기초재고②	0	0	0
직접재료원가③	10	1,600	16,000
직접노무원가④	6	1,600	9,600
변동제조간접원가⑤	4	1,600	6,400
기말재고⑥	20	400	8,000
변동매출원가⑦ =②+③+④+⑤−⑥			24,000
변동판매비⑧	₩19	1,200	22,800
공헌이익⑨ =①−⑦−⑧			73,200
고정제조간접원가⑩			16,000
고정판매비⑪			10,000
영업이익⑫ =⑨−⑩−⑪			₩47,200

2017년 전부원가계산			
항목	단위당 금액 (A)	수량 (B)	금액 (C)= (A×B)
매출액①	₩100	1,200	₩120,000
기초재고②	0	0	0
직접재료원가③	10	1,600	16,000
직접노무원가④	6	1,600	9,600
변동제조간접원가⑤	4	1,600	6,400
고정제조간접원가⑥	10	1,600	16,000
기말재고⑦	30	400	12,000
매출원가⑧ =②+③+④+⑤+⑥−⑦		1,600	36,000
매출총이익⑨=①−⑧			84,000
변동판매비⑩	₩19	1,200	22,800
고정판매비⑪			10,000
영업이익⑫ =⑨−⑩−⑪			₩51,200

변동원가계산 포괄손익계산서에서는 고정제조간접원가 ₩16,000 전액을 2017년도 비용으로 처리하였다. 그러나 전부원가계산 포괄손익계산서에서는 단위당 고정제조원가는 ₩10(=고정제조간접원가/생산수량=₩16,000/1,600단위)으로 계산되어 제품에 배부된다. 판매수량에 배부된 고정제조간접원가 ₩12,000(=₩10×1,200단위)이 2017년 매출원가로서 비용화 되고, 기말재고에 배부된 고정제조간접원가 ₩4,000(=₩10×400단위)는 2017년 12월 31일에 기말제품재고의 일부로 자산에 남게 된다.

영업이익은 전부원가계산이 변동원가계산보다 ₩4,000만큼 크다. 이는 앞에서 설명한 바와 같이, 변동원가계산 하에서는 고정제조간접원가 ₩16,000 전액이 비용화 되는 반면, 전부원가계산 하에서는 고정제조간접원가 중 ₩12,000만이 비용화 되고 나머지 ₩4,000원은 기말재고자산에 포함되어 비용화가 판매시점까지 이연되기 때문이다.

2017년 로만손주식회사의 생산수량이 1,600단위, 판매수량이 1,200단위로서 생산수량이 판매수량보다 크다. 이렇게 생산수량이 판매수량보다 많은 경우에는 전부원가계산에 의한 영업이익이 변동원가계산에 의한 영업이익보다 크게 된다. 이는 변동원가계산하에서는 당기에 발생한 고정제조간접원가 전액이 기간비용화 되는 반면, 전부원가계산하에서는 고정제조간접원가 중 판매수량만큼(1,200단위)만 비용화 되고, 나머지는 기말재고자산(400단위)에 포함되어 비용화가 판매시점까지 이연되기 때문이다.

다음은 변동원가계산과 전부원가계산에 의해 작성한 로만손주식회사의 2018년 포괄손익계산서이다.

2018년 변동원가계산				2018년 전부원가계산			
항목	단위당 금액 (A)	수량 (B)	금액 (C)=(A×B)	항목	단위당 금액 (A)	수량 (B)	금액 (C)=(A×B)
매출액①	₩100	1,700	₩170,000	매출액①	₩100	1,700	₩170,000
기초재고②	20	400	8,000	기초재고②	30	400	12,000
직접재료원가③	10	1,400	14,000	직접재료원가③	10	1,400	14,000
직접노무원가④	6	1,400	8,400	직접노무원가④	6	1,400	8,400
변동제조간접원가⑤	4	1,400	5,600	변동제조간접원가⑤	4	1,400	5,600
				고정제조간접원가⑥	11	1,400	15,400
기말재고⑥	20	100	2,000	기말재고⑦	31	100	3,100
변동매출원가⑦ =②+③+④+⑤−⑥			34,000	매출원가⑧ =②+③+④+⑤+⑥−⑦			52,300
변동판매비⑧	₩19	1,700	32,300				
공헌이익⑨ =①−⑦−⑧			103,700	매출총이익⑨=①−⑧			117,700
고정제조간접원가⑩			15,400	변동판매비⑩	₩19	1,700	32,300
고정판매비⑪			10,000	고정판매비⑪			10,000
영업이익⑫ =⑨−⑩−⑪			₩78,300	영업이익⑫ =⑨−⑩−⑪			₩75,400

2018년도와 2017년도의 차이점은 다음과 같다.

첫째, 2017년도 생산수량는 1,600단위이며, 2018년도 생산수량은 1,400단위로 2017년도 생산수량이 200단위 더 많다.

둘째, 2017년도 고정제조간접원가는 ₩15,000으로 제품단위당 고정제조간접원가는 ₩10(=고정제조간접원가/생산수량=₩16,000/1,600단위)인 반면에 2018년도 고정제조간접원가는 ₩15,400이며 제품단위당 고정제조간접원가는 ₩11(=고정제조간접원가/생산수량=₩15,400/1,400단위)으로 2018년보다 ₩1이 더 높다.

마지막으로 2017년도 판매수량은 1,200단위로 생산수량 1,600단위 보다 적었으나, 2018년도 판매수량은 1,700단위로 생산수량 1,400단위보다 크다.

이렇게 판매수량이 생산수량보다 많은 경우에는 전부원가계산에 의한 영업이익이 변동원가계산에 의한 영업이익보다 작게 된다. 이는 전부원가계산 하에서는 당기에 발생한 고정제조간접원가뿐만 아니라, 기초재고자산 300단위에 포함되어 있던 전기의 고정제조간접원가까지 비용화 되지만, 변동원가계산 하에서는 당기에 발생한 고정제조간접원가만이 기간비용화 되기 때문이다.

마지막으로 2018년도 영업이익은 변동원가계산이 전부원가계산보다 ₩2,900만큼 크다. 전부원가계산하에서는 기초재고자산 300단위에서 포함되어 있던 전기의 고정제조간접원가 ₩4,000(=₩10×400단위)과 당기에 발생한 고정제조간접원가 중 판매된 제품에 포함된 ₩14,300(=₩11×1,300단위)을 합한 ₩18,300이 비용화 되지만, 변동원가계산 하에서는 당기에 발생한 고정제조간접원가인 ₩15,400만이 기간비용화된다. 따라서 두 금액의 차이인 ₩2,900만큼 변동원가계산의 영업이익이 크다.

다음은 변동원가계산과 전부원가계산에 의해 작성한 로만손주식회사의 2019년 포괄손익계산서이다.

<table>
<tr><th colspan="4">2019년 변동원가계산</th><th colspan="4">2019년 전부원가계산</th></tr>
<tr><th>항목</th><th>단위당 금액 (A)</th><th>수량 (B)</th><th>금액 (C)=(A×B)</th><th>항목</th><th>단위당 금액 (A)</th><th>수량 (B)</th><th>금액 (C)=(A×B)</th></tr>
<tr><td>매출액①</td><td>₩100</td><td>1,800</td><td>₩180,000</td><td>매출액①</td><td>₩100</td><td>1,800</td><td>₩180,000</td></tr>
<tr><td>기초재고②</td><td>20</td><td>100</td><td>2,000</td><td>기초재고②</td><td>31</td><td>100</td><td>3,100</td></tr>
<tr><td>직접재료원가③</td><td>10</td><td>2,000</td><td>20,000</td><td>직접재료원가③</td><td>10</td><td>2,000</td><td>20,000</td></tr>
<tr><td>직접노무원가④</td><td>6</td><td>2,000</td><td>12,000</td><td>직접노무원가④</td><td>6</td><td>2,000</td><td>12,000</td></tr>
<tr><td rowspan="2">변동제조간접원가⑤</td><td rowspan="2">4</td><td rowspan="2">2,000</td><td rowspan="2">8,000</td><td>변동제조간접원가⑤</td><td>4</td><td>2,000</td><td>8,000</td></tr>
<tr><td>고정제조간접원가⑥</td><td>8.5</td><td>2,000</td><td>17,000</td></tr>
<tr><td>기말재고⑥</td><td>20</td><td>300</td><td>6,000</td><td>기말재고⑦</td><td>28.5</td><td>300</td><td>8,550</td></tr>
<tr><td>변동매출원가⑦
=②+③+④+⑤−⑥</td><td></td><td></td><td>36,000</td><td rowspan="2">매출원가⑧
=②+③+④+⑤+⑥−⑦</td><td rowspan="2"></td><td rowspan="2"></td><td rowspan="2">51,550</td></tr>
<tr><td>변동판매비⑧</td><td>₩19</td><td>1,800</td><td>34,200</td></tr>
<tr><td>공헌이익⑨
=①−⑦−⑧</td><td></td><td></td><td>109,800</td><td>매출총이익⑨=①−⑧</td><td></td><td></td><td>128,450</td></tr>
<tr><td>고정제조간접원가⑩</td><td></td><td></td><td>17,000</td><td>변동판매비⑩</td><td>₩19</td><td>1,800</td><td>34,200</td></tr>
<tr><td>고정판매비⑪</td><td></td><td></td><td>10,000</td><td>고정판매비⑪</td><td></td><td></td><td>10,000</td></tr>
<tr><td>영업이익⑫
=⑨−⑩−⑪</td><td></td><td></td><td>₩82,800</td><td>영업이익⑫
=⑨−⑩−⑪</td><td></td><td></td><td>₩84,250</td></tr>
</table>

2019년도와 2018년도의 차이점은 다음과 같다.

첫째, 2019년도 생산수량는 2,000단위이며, 2018년도 생산수량은 1,400단위로 2019년도 생산수량이 400단위 더 많다.

둘째, 2018년도 고정제조간접원가는 ₩15,500으로 제품단위당 고정제조간접원가는 ₩11(=고정제조간접원가/생산수량=₩15,400/1,400단위)인 반면에 2019년도 고정제조간접원가는 ₩17,000이며 제품단위당 고정제조간접원가는 ₩8.5(=고정제조간접원가/생산수량=₩17,000/2,000단위)으로 2018년보다 ₩2.5이 더 낮다

마지막으로 2018년도 판매수량은 1,700단위로 생산수량 1,400단위보다 많았으나 2019년도 판매수량은 1,800단위로 생산수량 2,000단위보다 더 적다.

2019년도는 2017년도와 유사하게 생산수량이 판매수량보다 크기 때문에 전부원가계산에 의한 영업이익이 변동원가계산에 의한 영업이익보다 ₩1,450이 크게 된다.

전부원가계산하에서는 기초재고자산 100단위에서 포함되어 있던 전기의 고정제조간접원가 ₩1,100(=₩11×100단위)과 당기에 발생한 고정제조간접원가 중 판매된 제품에 포함된 ₩14,450(=₩8.5×1,700단위)을 합한 ₩15,550이 비용화 되는 반면에, 변동원가계산 하에서는 당기에 발생한 고정제조간접원가인 ₩17,000 전액이 기간비용화된다. 따라서 두 금액의 차이인 ₩1,450만큼 전부원가계산의 영업이익이 크다.

제2절 기준조업도

고정제조간접원가는 총액이 일정하므로, 전부원가계산에서는 기준조업도에 근거한 제조간접원가 예정배부율을 사용하여 고정제조간접원가를 제품에 배부한다. 실제조업도가 기준조업도와 다르면, 고정제조간접원가 배부액과 예산액 사이에 차이가 생긴다. 실제조업도가 기준조업도를 초과하면, 고정제조간접원가배부액이 고정제조간접원가예산액보다 커져서 과대배부가 발생하게 되어 유리한 조업도차이가 나타나며, 반대로 실제조업도가 기준조업도보다 낮으면 과소배부가 발생하여 불리한 조업도차이가 나타난다.

전부원가계산에서 이용되는 고정제조간접원가배부율을 계산하기 위하여 미리 설정해 놓은 조업도를 기준조업도라고 한다. 기준조업도를 어느 수준으로 결정하느냐에 따라 제조원가도 달라지므로 기준조업도의 선택은 매우 중요하다. 다음은 기준조업도로 많이 사용되는 조업도에 대해 알아보기로 한다.

1 이론적 조업도와 실제최대조업도

이론적 조업도(theoretical capacity)는 생산활동이 완전한 효율성을 가지고 이루어지는 환경 하에서 달성할 수 있는 기준조업도 개념이다. 즉, 작업중단 등으로 인한 유휴설비가 전혀 발생하지 않는 경우에 생산할 수 있는 최대생산량이다.

로만손주식회사가 생산을 최대속도로 수행할 때, 1시간당 1,000단위를 생산할 수 있으며, 1년을 365일로 가정하면, 연간 이론조업도는 8,760,000단위(=1,000단위×24시간×365일)이다.

실제최대조업도(practical capacity)는 이론적 조업도에서 불가피한 요인에 의한 작업중단으로 발생된 조업도를 차감한 기준조업도 개념이다. 로만손주식회사의 실행가능한 생산속도가 1시간당 800단위이고, 1년에 300일 생산을 할 수 있다고 가정하면, 실제최대조업도는 5,760,000단위(=800단위×24시간×300일)이다.

이론적 조업도와 실제최대조업도는 기업의 공급측면에서 측정한 기준조업도이다. 따라서 이론적 조업도나 실제최대조업도를 추정할 때에는 기술적 및 인적 요인을 고려하는 것이 중요하다.

2 정상조업도와 종합예산조업도

정상조업도(normal capacity)란 일정기간(보통 3~5년)에 걸쳐 수요의 계절적 · 주기적 변동 및 추세에 따른 변동을 고려하여 소비자의 수요를 충족시킬 수 있는 생산능력에 기초한 기준조업도 개념이다. 종합예산조업도(master-budget capacity)는 경영자가 예상한 당해 연도의 조업도를 말한다.

이론적 조업도와 실제최대조업도는 기업의 공급측면에서 측정한 기준조업도라면, 정상조업도와 종합예산조업도는 기업이 생산한 제품에 대한 수요측면에서 측정한 기준조업도이다. 일반적으로 생산능력보다 수요가 적으므로 이론적 조업도, 실제최대조업도보다 정상조업도, 종합예산조업도가 더 낮은 수준이다.

3 기준조업도의 선택

조업도에 관한 4가지 개념 중에서 어떤 조업도를 선택하느냐의 여부는 회계정보의 사용목적에 따라 달라진다.

이론적 조업도는 회사가 현실적으로 이용 가능한 설비능력과 차이가 많이 나기 때문에 기준조업도로 거의 사용되지 않는다. 많은 회사들은 단위당 고정제조간접원가의 예산을 산출하기 위한 기준조업도로서 실제최대조업도를 사용하고 있다.

경영자가 기준조업도를 추정하기 곤란한 경우에는 그로 인해 판매가격의 결정도 영향을 받을 수 있다. 연간생산량의 변동이 심한 경우에 종합예산조업도를 사용하면, 고정제조간접원가배부율 또한 매년 큰 폭으로 변동하게 될 것이다. 생산량이 적을 때에는 상대적으로 많은 고정제조간접원가를 각 제품에 배부할 것이고, 생산량이 많을 때에는 상대적으로 적은 금액을 각 제품에 배부할 것이다. 따라서 원가에 일정비율의 이익을 가산하여 판매가격을 설정한다면, 불황기에는 오히려 가격이 높아지게 되고, 호황기에는 가격이 낮아지게 될 것 이다. 이와 같은 상황 하에서는 실제최대조업도를 원가배부의 기준으로 사용하는 것이 바람직하다.

실제최대조업도를 기준조업도로 사용하게 되면, 설비에 대한 원가를 수요와 관계없이 설비공급원가로 계산하게 된다. 따라서 취득하였지만 사용되지 않은 유휴설비에 대한 원가정보를 제공하게 되어 경영자가 제품설계변경, 임대, 제거 등의 유휴설비를 관리하는 의사결정을 내리는데 도움을 주게 된다.

제3절 각 원가계산방법의 영업이익 차이조정

변동원가계산은 기업내부에서 경영관리 목적으로만 사용할 수 있는 원가계산방법이므로, 외부보고를 위한 재무제표를 작성하기 위해서는 변동원가계산에 의해 작성된 포괄손익계산서를 전부원가계산 하에서의 포괄손익계산서로 전환해야 한다. 다음은 변동원가계산 하에서 포괄손익계산서 상의 영업이익을 전부원가계산으로의 차이 조정에 대하여 알아본다.

변동원가계산을 사용하는 회사라고 하더라도 회계기말에 재고자산으로 이연되는 고정제조간접원가를 수정하여 전부원가계산에 의한 재고자산평가액으로 전환시킬 수 있다. 다시 말하면, 고정제조간접원가 중 변동원가계산 하에서 제품원가에 포함되지 않았던 고정제조간접원가를 기말재고자산과 매출원가에 가산하는 것이다. 변동원가계산 하에서의 영업이익은 다음과 같이 전부원가계산하의 영업이익으로 전환된다.

변동원가계산에 의한 영업이익
+기말재고에 포함된 고정제조간접원가
−기초재고에 포함된 고정제조간접원가
=전부원가계산에 의한 영업이익

로만손주식회사 2017년~2019년까지의 전부원가계산과 변동원가계산하에서의 영업이익의 차이를 요약한 것이다.

항목 \ 연도	2017년	2018년	2019년
전부원가계산하의 영업이익①	₩51,200	₩75,400	₩84,250
변동원가계산하의 영업이익②	47,200	78,300	82,800
영업이익 차이③=①−②	₩4,000	(₩2,900)	₩1,450

이러한 영업이익의 차이는 원가계산방법에 따라 고정제조간접원가의 제품원가 포함 여부에 의해 발생한다. 전부원가계산에서는 고정제조간접원가를 제품원가에 포함시키지만, 변동원가계산에서는 기간비용으로 처리한다. 따라서 변동원가계산과 전부원가계산의 영업이익 차이는 전부원가계산의 기초재고자산과 기말재고자산에 포함되어 있는 고정제조간접원가의 차이와 같게 된다.

구체적으로 영업이익의 차이조정은 4단계에 따라 이루어진다. 첫 번째 단계에서는 물량흐름을 파악하고, 두 번째 단계에서는 재고가능원가 항목의 단위당 원가를 계산한다.

세 번째 단계로는 재고자산에 포함된 재고가능원가를 산출 한 후, 마지막 단계에서는 영업이익의 차이를 조정한다.

이에 따라 로만손주식회사의 연도별 영업이익의 차이를 조정하면 다음과 같다.

항목	2017년	2018년	2019년
[1단계] 물량흐름의 파악			
기초재고수량①	0	400	100
당기 제조수량②	1,600	1,400	2,000
당기 판매수량③	1,200	1,700	1,800
기말재고수량④=①+②-③	400	100	300
[2단계] 단위당 제조간접원가 배부액 계산			
고정제조간접원가⑤	₩16,000	₩15,400	₩17,000
기준조업도(=실제조업도)⑥	1,600	1,400	2,000
단위당 배부액⑦=⑤/⑥	₩10	₩11	₩8.5
[3단계] 재고자산에 포함된 고정제조간접원가 산출			
기초재고에 포함된 고정제조간접원가⑧=①×⑦	₩0	₩4,000	₩1,100
기말재고에 포함된 고정제조간접원가⑨=④×⑦	₩4,000	₩1,100	₩2,550
[4단계] 영업이익의 차이조정			
변동원가계산하의 영업이익⑩	₩47,200	₩78,300	₩82,800
기말재고에 포함된 고정제조간접원가⑨	₩4,000	₩1,100	₩2,550
기초재고에 포함된 고정제조간접원가⑧	₩0	₩4,000	₩1,100
전부원가계산하의 영업이익⑪=⑩+⑨-⑧	₩51,200	₩75,400	₩84,250

2017년, 2019년도와 같이 기말재고자산이 기초재고자산에 비해 증가한 경우 전부원가계산의 영업이익이 변동원가계산의 영업이익보다 더 크고, 2018년도처럼 기말재고자산이 기초재고자산에 비해 감소한 경우, 전부원가계산의 영업이익이 변동원가계산의 영업이익보다 더 작게 된다. 이러한 차이는 기말재고자산이 증가하게 되면 고정제조간접원가가 재고자산으로 이전되고, 기말재고자산이 감소하게 되면 고정제조간접원가가 재고자산에서 차감되므로 발생한다. 따라서 영업이익 차이금액이 기말재고자산에 포함된 고정제조간접원가의 차이금액과 동일함을 알 수 있다.

이와 같은 영업이익의 차이를 당기에 비용화된 금액 관점에서 분석할 수도 있다. 각 원가계산방법을 적용하였을 경우 비용화되는 고정제조간접원가가 달라 매출원가가 서로 다르게 되고, 결과적으로 영업이익의 차이가 발생하기 때문이다.

다음은 연도별로 비용화된 제조간접원가를 비교한 것이다.

항목	2017년	2018년	2019년
변동원가계산에서 비용화된 고정제조간접원가①	₩16,000	₩15,400	₩17,000
전부원가계산에서 매출원가에 포함되어 비용화된 고정제조간접원가②=③+④+⑤-⑥	12,000	18,300	15,550
기초재고에 포함된 고정제조간접원가③	0	4,000	1,100
당기생산량에 배부된 고정제조간접원가④	16,000	15,400	1,7,000
기말재고에 포함된 고정제조간접원가⑥	4,000	1,100	2,550
비용화된 고정제조간접원가 차이⑦=①-②	₩4,000	(₩2,900)	₩1,450

전부원가계산과 변동원가계산의 차이를 종합하면 다음 표와 같다.

전부원가계산과 변동원가계산의 비교

구분	전부원가계산	변동원가계산
주요목적	외부보고목적	내부관리목적
제품원가	직접재료원가 직접노무원가 변동제조간접원가 고정제조간접원가	직접재료원가 직접노무원가 변동제조간접원가
기간비용	변동판매비와관리비 고정판매비와관리비	변동판매비와관리비 고정판매비와관리비 고정제조간접원가
포괄손익계산서 양식	매출액 (-)매출원가 =매출총이익 (-)판매비와관리비 =영업이익	매출액 (-)변동매출원가 및 변동판매비와관리비 =공헌이익 (-)고정매출원가 및 고정판매비와 관리비 =영업이익

구분		전부원가계산	변동원가계산
영업이익비교	생산량>판매량	전부원가계산이 더 큼(재고자산 증가)	
	생산량=판매량	동일	
	생산량<판매량	변동원가계산이 더 큼(재고자산 감소)	
원가-조업도-이익관계		생산량 및 판매량에 따라 이익의 크기가 결정됨	판매량에 따라 이익의 크기가 결정됨
조업도차이의 발생여부		고정제조간접원가를 제품원가에 배부하기 때문에 발생함	고정제조간접원가를 기간비용으로 처리하기 때문에 발생하지 않음

I. 평가자체크리스트

※ 다음 서술이 옳으면 T, 옳지 않으면 F를 기재하시오.

12.1 변동원가계산은 내부계획과 통제 등 경영관리에 보다 유용한 방법이다.

12.2 변동원가계산을 적용하여 원가산정을 하게 되면 모든 제조원가가 기말재공품에 포함이 된다.

12.3 전부원가계산에서 계산된 영업이익은 판매량뿐만 아니라 생산량의 변화에도 영향을 받는다.

12.4 변동원가계산에서는 고정제조간접원가를 기간비용으로 인식하지만 전부원가계산에서는 고정제조간접원가를 제품원가로 인식한다.

12.5 변동원가계산과 전부원가계산은 외부보고목적을 위한 재무제표를 작성하기에 적합한 원가계산 방법이다.

12.6 생산량이 판매량을 초과하여 재고수량이 증가한 경우 변동원가계산에 의한 영업이익이 전부원가계산에 의한 영업이익보다 크다.

12.7 변동원가계산에서 변동판매관리비는 제품원가에 포함된다.

12.8 전부 원가계산에서 제품 단위원가는 직접원재료비, 직접노무비, 변동제조간접비와 고정제조간접비를 포함한다.

12.9 변동원가계산에는 영업이익변동이 생산량보다 판매량과 더 밀접한 관계를 가지므로 영업이익은 판매량의 변동에 의하여 영향을 받는다.

12.10 생산과 매출이 동일할 때 변동원가계산과 전부 원가계산 어느 방법을 사용하든 동일한 순이익이 보고된다.

Ⅱ. 객관식

12.1 변동원가계산의 유용성으로 볼 수 없는 것은?

① 장기적인 의사결정에 유용하다.

② 원가행태별 통제가 용이하다.

③ 바람직하지 못한 재고누적을 막을 수 있다.

④ CVP 분석을 위한 자료를 쉽게 획득할 수 있다.

⑤ 공헌이익을 별도 계산하여 부문별 업적평가가 가능하다.

12.2 변동원가계산에 대한 설명으로 옳은 것은? [1993년 공인회계사]

① 직접재료비와 직접노무비를 제품원가로 계산한다.

② 표준재료비와 표준노무비를 제품원가로 계산한다.

③ 변동제조원가만을 제품원가로 계산한다.

④ 변동제조원가와 고정제조원가를 제품원가로 계산한다.

⑤ 변동제조원가와 변동판매비 및 일반관리비를 제품원가로 계산한다.

12.3 변동원가계산에 의한 손익계산서와 관련된 설명이 아닌 것은? [1996년 공인회계사]

① 공헌이익을 계산한다.

② 변동제조간접원가는 기간비용으로 처리된다.

③ 고정제조간접원가는 매출원가에 포함되지 않는다.

④ 제품 생산량이 영업이익에 영향을 미치지 않는다.

⑤ 판매비 및 일반관리비를 변동비와 고정비로 분리하여 보고한다.

12.4 변동원가계산과 전부원가계산에 대한 설명으로 옳지 않은 것은?

① 표준원가계산제도는 전부원가계산과 변동원가계산 모두에서 사용할 수 있다.
② 전부원가계산은 단기의사결정에 유용하며, 변동원가계산은 장기의사결정에 유용하다.
③ 전부원가계산은 고정제조간접원가를 제품원가로 인식하며, 변동원가계산은 고정제조간접원가를 기간원가로 인식한다.
④ 전부원가계산은 외부보고용으로 적절하며, 변동원가계산은 경영관리적 측면에서 경영자의 의사결정에 유용한 정보를 제공한다.
⑤ 전부원가계산은 생산수량과 판매수량에 의해 이익의 크기가 결정되며, 변동원가계산은 판매량에 의해 이익의 크기가 결정된다.

12.5 다음 중 전부원가계산과 변동원가계산의 영업이익에 대한 설명으로 옳지 않은 것은?

① 생산수량이 판매수량을 초과하는 경우 영업이익은 전부원가계산하에서 크게 나타난다.
② 생산수량과 판매수량이 동일한 경우 전부원가계산과 변동원가계산에 의한 영업이익은 같다.
③ 기초재고수량이 있는 경우, 생산수량과 판매수량이 같으면 항상 두 원가계산에 의한 영업이익은 일치한다.
④ 판매수량이 생산수량을 초과하는 경우 영업이익은 변동원가계산하에서 크게 나타난다.
⑤ 전부원가계산하에서는 고정제조간접비가 생산량의 제조원가에 산입되므로 영업이익의 크기가 매출수량에도 영향을 받는다.

12.6 당기의 원가요소 중 고정비의 비중이 매우 커졌을 경우에 손익계산서상의 당기순이익을 가장 적게 하는 원가계산방법은? [기업회계1급 수정]

① 표준원가계산방법 ② 실제원가계산방법
③ 전부원가계산방법 ④ 변동원가계산방법
⑤ 활동기준원가계산방법

12.7 다음은 변동원가계산과 전부원가계산에 대한 설명이다. 이들을 해당되는 사항들로만 적절히 분류한 것은? [2000년 세무사]

> ⓐ 행태별 원가분류가 필요하다.
> ⓑ 기간손익이 재고수준의 변동에 영향을 받는다.
> ⓒ 단기적인 계획과 통제에 유용하지 못하다.
> ⓓ GAAP에서 인정하지 않는다.

	변동원가계산	전부원가계산		변동원가계산	전부원가계산
①	ⓐ, ⓒ	ⓑ, ⓓ	②	ⓑ, ⓒ	ⓐ, ⓓ
③	ⓒ, ⓓ	ⓐ, ⓑ	④	ⓐ, ⓑ	ⓒ, ⓓ
⑤	ⓐ, ⓓ	ⓑ, ⓒ			

12.8 20×8년 (주)서해는 10,000단위를 생산하고 9,000단위를 판매하였다. 고정 제조간접비는 ₩20,000, 변동제조원가는 단위당 ₩3이다. 20×8년 동안 전부원가계산에서 순이익은?

① 변동원가계산에서 보다 ₩2,000 높다.
② 변동원가계산에서 보다 ₩5,000 높다.
③ 변동원가계산에서 보다 ₩2,000 낮다.
④ 변동원가계산에서 보다 ₩5,000 낮다.
⑤ 변동원가계산에서 보다 ₩7,000 낮다.

12.9 서울회사는 단일제품을 생산하고 있다. 단위당 원가 자료는 다음과 같다.

단위당 원가:			
직접재료비	₩100	직접노무비	₩350
변동제조간접비	₩150	변동판매관리비	₩250
추가자료:			
고정제조간접비	₩100,000	생산량	200단위

전부원가계산에서 단위당 제품원가를 계산하면?

① ₩1,000　　② ₩1,100
③ ₩11,200　　④ ₩1,300
⑤ ₩1,400

12.10 서울회사는 단일제품을 생산하고 있다. 단위당 원가 자료는 다음과 같다.

단위당 원가:			
직접재료비	₩100	직접노무비	₩350
변동제조간접비	₩150	변동판매관리비	₩250
추가자료:			
고정제조간접비	₩100,000	생산량	200단위

변동원가계산에서 단위당제품원가를 계산하면?

① ₩600　　② ₩700　　③ ₩800
④ ₩900　　⑤ ₩1,000

12.11 (주)강남은 단일제품을 생산·판매하고 있다. 다음 자료를 이용하여 전부원가계산과 변동원가계산에 의한 단위당 제품원가를 계산하면?

직접재료비	₩10,000	직접노무비	₩20,000
변동제조간접비	₩5,000	변동판매관리비	₩15,000
고정제조간접비	₩10,000,000	생산량	200단위

	전부원가계산	변동원가계산		전부원가계산	변동원가계산
①	₩35,000	₩85,000	②	₩35,000	₩50,000
③	₩50,000	₩50,000	④	₩85,000	₩35,000
⑤	₩85,000	₩50,000			

12.12 (주)선풍은 선풍기를 제작하여 판매하는 회사이다. 생산량 10,000대를 기준으로 하였을 경우 대당 예정원가자료는 다음과 같다.

직접재료비	₩1,600	직접노무비	₩680
변동제조간접비	₩220	고정제조간접비	₩400
변동판매비	₩300	고정판매비	₩200

실제생산량은 8,500대이고, 기중 실제고정제조간접비는 예정원가보다 ₩250,000이 추가로 더 발생하였다. 기초재고는 없었고 원가차이는 정상적인 것으로 보아 원가성이 있는 것으로 판단되어진다. 전부원가계산에 의한 제품 1대당 실제제조원가는 얼마인가?

[기업회계1급 수정]

① ₩2,800　　② ₩2,900　　③ ₩3,000
④ ₩3,100　　⑤ ₩3,500

12.13 (주)강산은 20×8년 초에 영업을 개시하여 A제품을 생산 · 판매하고 있다. 20×8년의 생산량은 2,000단위였으며 생산과 판매에 관한 자료는 다음과 같다.

	제품단위당 변동비	고정비
직접재료비	₩300	−
직접노무비	₩250	−
제조간접비	₩100	₩400,000
판매관리비	₩150	₩200,000

제품단위당 판매가격은 ₩1,800이다.

(주)강산이 20×8년에 1,500단위를 판매하였다면, 변동원가계산의 순이익은 얼마인가?

[기업회계1급 수정]

① ₩1,125,000
② ₩1,300,000
③ ₩700,000
④ ₩900,000
⑤ ₩850,000

12.14 정미(주)는 20×8년 1월 1일 영업을 개시하였으며, 단일의 제품을 생산하여 개당 ₩1,000씩에 판매하고 있다. 정미(주)는 실제원가시스템으로 원가를 계산하고 있다. 20×8년 동안 100,000단위의 제품을 생산하여 80,000단위의 제품을 판매하였다. 20×8년12월31일 재공품계정의 잔액은 없다. 20×8년의 제조원가와 기간비용에 관한 자료는 다음과 같다.

	고정비	변동비	
직접재료비	−	단위당	₩200
직접노무비	−	단위당	125
제조간접비	₩12,000,000	단위당	75
판매비	7,000,000	단위당	100

정미(주)의 변동원가계산 방법에 의한 영업이익은?

[1997년 공인회계사]

① ₩3,000,000
② ₩11,000,000
③ ₩11,400,000
④ ₩21,000,000
⑤ ₩33,000,000

12.15 다음의 자료를 이용하여 계산된 변동원가계산의 기말재고액과 전부원가계산의 기말재고액의 차이는 얼마인가? [2005년 감정평가사]

기초재고수량	0개	생산량	1,200개
판매량	1,000개	매출액	₩100,000
총변동재료원가	₩12,000	총변동가공원가	₩24,000
총고정제조간접원가	₩18,000	총고정마케팅원가	₩20,000

① ₩3,000
② ₩2,000
③ ₩7,000
④ ₩10,344
⑤ ₩5,600

12.16 (주)K2는 20×8년 영업을 개시하여 동년도의 기말 제품 재고량이 1,000개 남았다. 변동제조원가와 고정 제조원가는 제품 단위당 각각 ₩90과 ₩20이다. (주)K2가 전부 원가계산 제도를 택하는 경우 변동원가계산 제도를 택하는 경우보다 세전 순이익은 얼마나 높게 나타나겠는가? [AICPA]

① ₩0
② ₩20,000
③ ₩70,000
④ ₩90,000
⑤ ₩100,000

12.17 다음은 (주)한강의 원가자료이다. 전부원가계산방법에 의한 당기순이익이 직접원가계산방법에 의한 당기순이익보다 ₩200이 많은 경우 당기의 재고 증감량은 몇 개인가? [2000년 세무사]

당기생산량: 1,000개	기초재고수량: ?	기말재고수량: 100개
판매가: 단위당 ₩15	변동제조간접비: 단위당 ₩5	고정제조간접비: ₩2,000
변동판매비: 단위당 ₩2	고정판매비: ₩300	

① 100개 증가
② 50개 증가
③ 10개 증가
④ 50개 감소
⑤ 변동없음

12.18 (주)세무의 20×8년 3월의 원가계산 자료는 다음과 같다. 기초 및 기말재공품은 없으며, 재고자산의 원가흐름은 선입선출법을 전제로 한다.

당기생산량	1,500개	당기판매량	1,000개
기초제품	200개	기말제품	450개
고정제조간접비	960,000원	고정판매비와 관리비	940,000원

전부원가계산에 의한 기초제품재고액은 ₩300,000(₩120,000은 고정제조간접비)이고, 기말제품재고액은 ₩780,000이다. 위 자료를 이용하여 원가계산을 할 경우 전부원가계산에 의한 영업이익이 ₩368,000이라면 변동원가계산에 의한 영업이익은 얼마인가?

[기업회계1급 수정]

① ₩120,000 ② ₩200,000
③ ₩288,000 ④ ₩368,000
⑤ ₩395,000

12.19 전기와 당기의 단위당 고정제조간접비가 동일한 경우 (주)네모합판의 영업활동에 관한 자료이다.

• 생산수량	10,000개	• 판매수량	8,000개
• 기초제품	1,000개	• 단위당 판매가격	@₩200
• 단위당 변동제조원가	@₩80	• 단위당 변동판매관리비	@₩10
• 고정제조간접비	₩100,000	• 고정판매관리비	₩20,000

위 자료에 의할 때 순이익의 차이를 설명한 것으로 적합한 것은?

[2001년 감정평가사 유사, 기업회계1급 수정]

① 전부원가계산하의 순이익이 ₩24,000 더 많다.
② 변동원가계산하의 순이익이 ₩24,000 더 많다.
③ 전부원가계산하의 순이익이 ₩20,000 더 많다.
④ 변동원가계산하의 순이익이 ₩20,000 더 많다.
⑤ 전부원가계산하의 순이익이 ₩18,000 더 많다.

12.20 무선전화(주)는 20×8년 초에 영업을 개시하여 무선전화기를 생산 판매하고 있다. 20×8년에 3,000개를 생산하였으며, 제품 단위당 판매가격은 ₩150,000이다. 생산에 관한 자료는 다음과 같다.

	고정원가(₩)	제품단위당 변동원가(₩)
직접재료원가		₩30,000
직접노무원가		25,000
제조간접원가	₩45,000,000	15,000
판매관리비	60,000,000	20,000

만약 전부원가계산에 의한 영업이익이 변동원가계산에 의한 영업이익에 비하여 ₩15,000,000이 많을 경우, 20×8년 판매량은 몇 개인가? [1998년 세무사]

① 200개 ② 500개
③ 1,000개 ④ 1,500개
⑤ 2,000개

12.21 (주)월곡은 변동원가계산을 실행하고 있다. 변동원가계산에 의한 제품단위당 매출원가는? [기업회계1급 수정]

- 당기영업이익: ₩175,000
- 당기 고정원가
  - 제조원가: ₩65,000
  - 판매비와관리비: ₩42,200
- 매출액: ₩325,000
- 당기제품제조수량: 5,800단위
- 기말제품재고수량: 450단위
- 기초제품재고: 없음

① @₩8 ② @₩10 ③ @₩12
④ @₩14 ⑤ @₩16

12.22 다음은 변동원가계산과 전부원가계산에 대한 비교설명이다. 옳은 것을 모두 나열한 것은?

[기업회계1급 수정]

1. 재고자산이 없는 경우, 두 원가계산 방법에 의한 영업이익에는 차이가 발생한다.
2. 변동원가계산은 판매량에 비례하여 이익이 형성된다는 차원에서 전부원가계산보다 논리적이다.
3. 기초재고가 없고 생산량보다 판매량이 적은 경우 변동원가계산의 이익이 크다.
4. 재고자산에 포함된 제품단위당 고정비만큼 영업이익의 차이가 두 방법에서 발생한다.
5. 변동원가계산은 매출원가와 판매비와관리비를 고정비와 변동비로 분류해야 올바른 영업이익이 산출된다.

① 1, 2, 3 ② 2, 3, 4 ③ 2, 4, 5
④ 3, 4, 5 ⑤ 1, 3, 5

12.23 변동원가계산제도의 특징을 모두 고른 것은? [재경관리사 수정]

(ㄱ) 변동원가계산제도는 기업회계기준에서 인정하는 원가계산제도이다.
(ㄴ) 특정기간의 이익이 재고자산 수량의 변동에 영향을 받지 않는다.
(ㄷ) 공통고정원가를 부문이나 제품별로 배부하기 때문에 부문별, 제품별 의사결정 문제에 왜곡을 초래할 가능성이 존재한다.
(ㄹ) 변동원가계산제도에서 매출액과 이익은 동일한 방향으로 움직이므로 경영자의 입장에서 이해하기 쉽다.

① (ㄱ) ② (ㄴ), (ㄷ) ③ (ㄱ), (ㄴ), (ㄷ)
④ (ㄴ), (ㄹ) ⑤ (ㄴ), (ㄷ), (ㄹ)

12.24 변동원가계산제도 하에서 재고자산가액에 포함되는 원가항목을 올바르게 나열한 것은?

[재경관리사 수정]

① 직접재료원가, 직접노무원가
② 직접재료원가, 직접노무원가, 변동제조간접원가
③ 직접재료원가, 직접노무원가, 변동제조간접원가, 고정제조간접원가
④ 직접재료원가, 직접노무원가, 변동제조간접원가, 변동판매비와관리비
⑤ 직접재료원가, 직접노무원가, 고정제조간접원가, 고정판매비와관리비

12.25 20×1년 (주)만군은 신제품 A를 500단위 생산하였는데 이에 대한 단위당 변동원가는 @₩10이고 단위당 고정원가는 @₩3이다. 20×1년에 신제품에 대한 기초재고액은 없었으며 기말재고 수량만이 100단위일 경우, 전부원가계산방법 대신에 변동원가계산방법을 적용한다면 20×1년 12월 31일의 기말재고액은 전부원가계산방법에 비해 얼마나 변동할 것인가? [재경관리사 수정]

① ₩100 증가 ② ₩300 증가 ③ ₩300 감소
④ ₩400 감소 ⑤ ₩500 증가

12.26 다음 괄호안에 들어가 알맞은 용어를 고르면? [재경관리사 수정]

> 전부원가계산제도는 (ㄱ) 개념에 근거를 두고 있다. (ㄱ) 개념이란 제품생산과 관련한 원가의 행태에 관계없이 모두 제품의 원가로 보는 것이다. 변동원가계산제도는 (ㄴ)의 개념에 근거를 두고 있다. (ㄴ) 개념이란 발생한 원가가 미래에 동일한 원가의 발생을 방지할 수 없다면 그 원가는 자산성을 인정할 수 없다는 것이다.

	(ㄱ)	(ㄴ)		(ㄱ)	(ㄴ)
①	원가부착	원가회피	②	원가회피	원가부착
③	기간비용	원가회피	④	원가부착	기간비용
⑤	기간비용	원가부착			

12.27 (주)한국의 기초재고자산에 포함된 고정제조간접원가는 ₩18,000이며, 기말재고자산에 포함된 고정제조간접원가는 ₩16,000이다. 전부원가계산상의 순이익이 ₩20,000일 경우, 변동원가계산상의 순이익은? [경영지도사 수정]

① ₩14,000 ② ₩16,000 ③ ₩18,000
④ ₩19,000 ⑤ ₩22,000

12.28 (주)한국의 당기 제품판매수량 750개, 제품의 단위당 판매가격 @₩50, 단위당 변동제조원가 @₩25, 단위당 변동판매비와 관리비 @₩10이며, 당기 총고정제조간접원가는 ₩900,000이다. 전부원가계산상의 영업이익이 변동원가계산상의 영업이익보다 ₩750,000 많다면, 당기의 제품생산수량은? (단, 기초재공품 및 제품과 기말재공품은 없다) [경영지도사 수정]

① 3,000개 ② 3,500개 ③ 3,750개
④ 4,000개 ⑤ 4,500개

Ⅲ. 주관식

12.1 4월 중 제품 10,000 단위를 생산하여 판매하였다. 4월 중 발생한 제조원가와 판매비는 다음과 같다.

직접 재료비와 직접 노무비	₩900,000	변동 제조간접비	₩100,000
고정 제조간접비	20,000	변동 판매비	10,000

변동원가계산 하에서 단위당 제품원가를 계산하면?

12.2 (주)태희는 20×8년 10월 중 A제품 1,000 단위를 생산하여 800 단위를 판매하였다. 제A품의 단위당 판매가격은 ₩3,000이다. 10월 중 발생한 제조원가와 판매관리비는 다음과 같다.

직접 재료비	₩1,000,000	직접 노무비	₩600,000
변동제조간접비	400,000	고정제조간접비	100,000
변동판매비	200,000	고정판매비	700,000

물음 1. 전부원가계산에 의한 단위당 제품원가와 기말제품재고액은?
2. 변동원가계산에 의한 단위당 제품원가와 기말제품재고액은?

12.3 (주)부천은 20×8년에 한 제품을 판매하고 있다. 제품의 생산 및 판매와 관련된 원가는 다음과 같다.

	고정비	단위당 변동비
직접재료비		₩500
직접노무비		₩300
변동제조간접비		₩200
고정제조간접비	₩225,000	
변동판매관리비		₩100
고정판매관리비	₩775,000	

회사는 1,500 단위를 생산하여 1,300 단위를 판매하였다. 20×8년말 재고수량은 200단위며, 장부에 기록된 기말제품재고액은 ₩200,000이다.

물음 1) 장부에 기록되어 있는 기말제품재고액은 어느 원가계산(전부/변동)을 적용하여 계산되었는가?
2) 외부보고 목적을 위한 200 단위의 제품재고액은 얼마로 하여야 하는가?

12.4 (주)창조의 2014년 제조 및 판매 자료는 다음 [보기]와 같으며, 기말재고의 평가는 선입선출법이다. 2014년 고정제조간접비는 ₩2,000,000이고 고정판매관리비는 ₩1,200,000일 때, 변동원가계산에 의한 기말제품재고액은 얼마인가? [ERP회계 수정]

[보기]

	단위	전부원가
기초재고	2,000단위	₩1,200,000
생산량	8,000	
판매량	6,000	
기말재고	4,000	₩2,440,000

12.5 (주)남전은 2014년 설립된 회사로 2014년의 연간 고정제조간접비는 50,000원이다. 회사는 2014년 제품 2,500개를 생산하여 1,000개를 판매하였으며 변동원가계산에 의한 영업이익은 90,000원일 때, 전부원가계산에 의한 영업이익 금액은 얼마인가? [ERP회계 수정]

12.6 (주)삼국은 20×8년초에 영업을 개시하였으며 1월과 2월 중에 발생한 원가자료는 다음과 같다.

	20×8년 1월	20×8년 2월
생산능력	100개	100개
생산량	90개	100개
판매량	70개	90개
고정제조간접원가	₩1,350	₩1,400

2월중 변동원가계산에 의한 영업이익이 ₩210이었다면, 전부원가계산에 의한 2월중 영업이익은 얼마인가? (재고자산의 원가흐름은 선입선출법을 가정한다) [2006년 세무사]

12.7 (주)안산은 20×8년 1월 1일에 영업을 시작하였다. 회사는 20×8년 동안 10,000 단위를 생산하여 9,000 단위를 판매하였으며, 단위당 ₩100에 판매하였다. 20×8년 중에 발생한 제조원가와 판매관리비는 다음과 같다.

	고정비	단위당 변동비
직접재료비		₩30
직접노무비		₩10
제조간접비	₩20,000	₩20
판매관리비	₩50,000	₩10

물음 1) 변동원가계산에 의한 영업이익을 계산하시오.

2) 변동원가계산에 의한 영업이익을 전부원가계산에 의한 영업이익으로 전환하시오.

12.8 (주)경기는 20×8년 1월 1일에 설립되어 제품생산을 시작하였다. 회사는 제품원가를 계산하기 위하여 전부원가계산을 이용하여 손익계산서를 작성하였다. 20×8년 손익계산서 자료는 다음과 같다.

손익계산서
(20×8년 1월 1일 ~ 12월 31일)

Ⅰ. 매출액(13,000단위×₩1,000)		₩13,000,000
Ⅱ. 매출원가		
1. 기초제품재고액	₩0	
2. 당기제품제조원가(15,000단위×₩800)	12,000,000	
3. 기말제품재고액(2,000단위×₩800)	1,600,000	10,400,000
Ⅲ. 매출총이익		2,600,000
Ⅳ. 판매관리비		2,000,000
Ⅴ. 영업이익		₩600,000

* 판매관리비 ₩2,000,000 중 ₩700,000은 변동판매관리비이다.
그리고 연간 고정제조간접원가는 ₩3,000,000이다.

물음 1) 변동원가계산에 의한 공헌이익계산서를 작성하시오.

2) 전부원가계산과 변동원가계산의 영업이익의 차이를 계산하시오.

12.9 (주)강릉은 20×8년에 A제품을 생산·판매하고 있다. 회사는 20×8년 동안 1,000 단위를 생산하여 1,200 단위를 판매하였으며, 단위당 ₩1,000에 판매하였다. 20×8년 중에 직접재료비 ₩150,000, 직접노무비 ₩250,000, 변동제조간접비 ₩50,000이 발생하였으며, 기타 관련자료는 다음과 같다. 단, 전기와 당기의 단위당 제조원가는 동일하다.

기초제품재고량	200단위	단위당 변동판매관리비	₩400
고정제조간접비	₩50,000	고정판매관리비	₩100,000

물음 1) 전부원가계산에 의한 손익계산서를 작성하시오.
2) 변동원가계산에 의한 손익계산서를 작성하시오.

12.10 (주)서울은 단일제품을 생산 및 판매하고 있다. 회사는 영업개시 후 전부원가계산에 의하여 작성한 3년간의 손익계산서는 다음과 같다. [2003년 세무사 수정]

(1) 전부원가계산 손익계산서

	1차년도	2차년도	3차년도
매 출 액	₩800,000	₩600,000	₩800,000
영업이익	20,000	50,000	(140,000)

(2) 원가자료

- 변동제조원가는 단위당 ₩5
- 고정제조간접비 ₩400,000
- 고정판매관리비 ₩100,000

(3) 3년간의 생산량 및 판매량

	3년간 생산량 및 판매량		
	1차년도	2차년도	3차년도
생 산 량	40,000	50,000	20,000
판 매 량	40,000	30,000	40,000

변동원가계산에 의하여 각 연도(1차년도에서 3차년도)의 손익계산서를 작성하시오.

정답 및 해설

제1장 조직에서의 원가회계의 이해

Ⅰ. 평가자체크리스트

1.1 해설 F 내부이용자들과 외부이용자들로 구성되어 있다.

1.2 해설 T

1.3 해설 T

1.4 해설 T

1.5 해설 T

1.6 해설 F 생산원가자료는 관리회계와 재무회계에 이용된다.

1.7 해설 F 재무회계는 일반적으로 인정된 회계원칙에 의하여 이루어진다.

1.8 해설 F 원가를 측정하는 방법에 따라 실제원가계산, 정상원가계산, 표준원가계산으로 분류한다.

1.9 해설 T

1.10 해설 T

Ⅱ. 객관식

1.1 정답 ③

해설 관리회계 목적으로 제공되는 원가정보는 기업회계기준을 따를 필요가 없으며, 이용목적에 의해 다양한 방법으로 정보를 산출한다.

Ⅲ. 주관식

1.1 해설 정보이용자들이 필요로 하는 원가정보를 확인 · 분류 · 집계하여 제공하는 것을 목적으로 하는 원가회계는 ① 재무제표상의 재고자산평가액 결정을 위한 제품원가 정보의 제공, ② 경영계획수립 및 통제를 위한 원가정보의 제공, ③ 세무보고서의 작성을 위한 원가정보의 제공, ④ 원가보상계약에 있어서의 보상금액 결정 혹은 이와 유사한 성격의 가격결정을 위한 원가정보의 제공의 역할을 한다.

1.2 해설 ① 원가를 집계하는 방법에 따른 분류: 개별원가계산과 종합원가계산으로 분류할 수 있다. 개별원가계산이란 개별작업별로 원가를 구분하여 계산하는 방법을 말하며, 종합원가계산이란 공정이나 부문별로 원가를 집계한 후, 집계된 원가를 총산출물에 균등히 배부하여

단위당 원가를 계산하는 방법이다.

② 제품원가를 계산하는 방법에 따른 분류
전부원가계산과 변동원가계산으로 분류할 수 있다. 전부원가계산은 고정제조간접비를 포함한 모든 원가를 제품이 판매되는 시점에서 수익에 대응시켜 비용으로 계상할 수 있도록 제품원가로 처리하고, 판매 및 관리활동에서 발생한 원가는 기간비용으로 처리하는 원가계산방법이다. 이에 반해 변동원가계산은 고정제조간접비를 제외한 변동제조원가만을 제품원가로 처리하고, 고정제조간접비는 판매 및 관리활동에서 발생한 원가와 함께 발생한 기간의 수익에 대응시켜 기간비용으로 처리하는 원가계산방법이다.

③ 원가를 측정하는 방법에 따른 분류
실제원가계산, 정상원가계산, 표준원가계산으로 분류할 수 있다.
실제원가계산이란 개별 생산요소의 실제의 구입가격 및 실제의 사용수량을 기준으로 제품의 원가를 측정하는 방법을 말한다. 이에 반해 표준원가계산이란 개별 생산요소에 대해 사전에 정해진 표준가격 및 표준사용수량을 바탕으로 원가를 측정하는 방법이다. 정상원가계산은 실제원가계산과 표준원가계산을 결합한 원가측정방법으로 직접재료비와 직접노무비는 실제원가를 적용하고, 제조간접비는 미리 정해놓은 예정배부율에 따라 결정된 원가(일종의 표준원가)를 적용하는 원가측정방법이다.

1.3 해설

구분	재무회계	관리회계
목적	기업의 외부이해관계자인 주주나 채권자 등에게 유용한 정보제공	기업의 내부이해관계자인 경영자 등에게 유용한 정보의 제공
회계정보이용자	외부정보이용자(주주, 채권자 등)	내부정보이용자(경영자 등)
원칙의 유무	일반적으로 인정된 회계원칙(GAAP)	기업이 내부적으로 설정한 원칙이나 규정
정보의 특성	객관성, 신뢰성	목적적합성, 적시성
정보의 유형	재무적 정보	재무적/비재무적 정보
범위	기업경영 전반의 기초적인 범위 (기업전체)	경영활동의 각기 목적에 부합되는 범위 (기업전체/사업부문/팀/개인)
시간적 관점	과거지향적임	미래에 대한 예측에 초점을 둠
보고수단	공표용 재무제표(재무보고)	특수한 의사결정 목적에 적합한 보고서
보고빈도	정기	수시

1.4 해설 ① 외부보고를 위한 회계 (F)
② 내부이용자를 위한 회계 (M)
③ 계획과 통제기법을 주로 다루는 회계 (M)
④ 주주와 채권자를 위한 회계정보 제공 (F)
⑤ 경영자에게 보고하기 위한 회계 (M)
⑥ 업적평가를 위한 회계 (M)
⑦ 의사결정을 위한 회계 (M)
⑧ 조직전체보다 조직의 부문에 관심을 더 집중한다. (M)
⑨ 비영리단체에도 적용 가능하다. (M)
⑩ 공식적인 원칙이나 기준이 없다. (M)

제2장 원가의 개념 및 분류

Ⅰ. 평가자체크리스트

2.1 해설 T

2.2 해설 F 원가회계는 관리회계와 재무회계를 위한 정보를 모두 제공한다. 예를 들면, 제품원가 계산은 재무회계의 재고자산평가 목적과 관리회계의 의사결정 목적 모두에 관련된 원가회계의 기능이다.

2.3 해설 T

2.4 해설 T

2.5 해설 T

2.6 해설 T

2.7 해설 F 원가행태에 따라 직접원가와 간접원가가 아닌 변동원가와 고정원가로 분류된다.

2.8 해설 F 변동비에 대한 설명이다.

2.9 해설 T

2.10 해설 F 준변동비에 대한 설명이다.

Ⅱ. 객관식

2.1 정답 ④

해설 ① 직접재료비는 기초원가에 해당된다.
② 매몰원가는 의사결정과정에 영향을 미치지 않는 원가를 말한다.
③ 고정원가는 일정 조업도내에서 일정하게 발생하는 원가를 말한다.
⑤ 공장 감독자 급여는 간접노무비이므로 가공원가에 포함된다.

2.2 정답 ④

해설 매몰원가는 과거 원가로서, 미래 의사결정에 전혀 관련성이 없으므로 의사결정과정에서 고려해선 안 되는 비관련원가에 해당한다.

2.3 정답 ④

해설 기업내부 이해관계자의 관리적 의사결정에 대한 유용한 정보제공

2.4 정답 ③

해설 공장감독자의 급여: 간접노무비임.
기본원가: 직접재료비, 직접노무비
가공원가: 직접노무비, 제조간접비

2.5 정답 ②

해설 ① 원가요소에 따른 분류기준 ③ 원가행태에 따른 분류기준
④ 제조활동에 따른 분류기준 ⑤ 제조활동 관련성에 따른 분류기준

2.6 정답 ②

해설 간접노무비, 외주가공비, 공장감가상각비는 제조부문에서만 발생

2.7 정답 ④

해설 기본원가 = 직접재료비 + 직접노무비
가공원가 = 직접노무비 + 제조간접비
제조원가 = 직접재료비 + 직접노무비 + 제조간접비
기본원가와 가공원가를 합하면 직접노무비가 중복되게 된다.

2.8 정답 ③

해설 관리비는 제조원가에 포함되지 않는다(포괄손익계산서에서 비용 처리된다).

2.9 정답 ⑤

해설 공장 차량운반구의 감가상각비는 제조원가이다.

2.10 정답 ③

해설 제조간접비는 가공원가에 포함되며, 고정제조간접비와 변동제조간접비 모두에서 발생한다.
생산직 근로자의 임금은 직접노무비에 해당하므로 기본원가에 포함된다.

2.11 정답 ④

해설 공장보험료는 제조간접비이므로 가공원가에 해당된다.

2.12 정답 ①

해설 직접원가는 통제가능원가에 해당된다.

2.13 정답 ④

해설 ①, ②, ③, ⑤는 통제가능원가와 임의원가에 해당된다.

2.14 정답 ③

해설 당월직접재료비소비액 = 기초(₩15,000) + 당월매입(₩95,000) − 기말(₩10,000) = ₩100,000
당월직접노무비소비액 = 당월지급(₩60,000) + 당월미지급(₩10,000) − 전월미지급(₩20,000)
= ₩50,000
기본원가 = 당월직접재료비소비액(₩100,000) + 당월직접노무비소비액(₩50,000) = ₩150,000

2.15 정답 ⑤

해설 가공원가 = 직접노무비 + 제조간접비(변동제조간접비 + 고정제조간접비)
= ₩1,500,000 + ₩800,000 + ₩200,000
= ₩2,500,000

2.16 정답 ②

해설 기본원가 = 직접재료비 + 직접노무비(₩50,000 + ₩80,000 = ₩130,000)
가공원가 = 직접노무비 + 제조간접비(₩80,000 + ₩40,000 + ₩5,000 + ₩15,000 + ₩25,000)
= ₩165,000

2.17 정답 ③

해설 당기총제조원가 = 직접재료비(₩200,000) + 직접노무비(₩300,000) + 제조간접비(₩400,000)
= ₩900,000

2.18 정답 ④

해설 제조원가 = ₩2,000,000
판매관리비 = ₩2,000,000×0.15 = ₩300,000
판매이익 = ₩2,300,000×0.1 = ₩230,000
따라서 판매가격은 ₩2,300,000(총원가) + ₩230,000(판매이익) = ₩2,530,000

2.19 정답 ④

해설 총원가 = 제조원가 + 비제조원가(판매비와관리비)
₩1,250,000 = X + 0.25X
X = ₩1,250,000/1.25 = ₩1,000,000

2.20 정답 ①

해설 총원가 = ₩12,000,000/1.2 = ₩10,000,000
제조원가 = ₩1,000,000 + ₩2,000,000 + ₩3,000,000 = ₩6,000,000
판매비와관리비 = ₩10,000,000 − ₩6,000,000 = ₩4,000,000

2.21 정답 ④

해설 기회비용은 의사결정에 영향을 미치는 관련원가이다.

2.22 정답 ② 30,000원

해설 매몰원가는 이미 과거에 발생한 원가로 의사결정에 영향을 미치지 않는 원가이다. 따라서, 대학교 1학년 때 수험서적 구매를 위해 지출한 30,000원이 매몰원가이다.

2.23 정답 ② 매몰원가

해설 수영을 배우기 위해 선택을 했을 때, 이미 지출한 피아노학원비는 의사결정에 아무런 관련이 없는 매몰원가에 해당한다.

2.24 정답 ① 승용차용 타이어 원가

해설 ① 승용차용 타이어 원가 – 직접원가이면서 변동원가이다.
② 공장 감가상각비 – 간접원가이면서 고정원가이다.
③ 공장장 급여 – 간접원가이면서 고정원가이다.
④ 식당 운영비 – 간접원가이면서 고정원가이다.
⑤ 공장 재산세 – 간접원가이면서 고정원가이다.

Ⅲ. 주관식

2.1 정답 a, b, c, f

해설 제조간접비: a, b, c, f, 직접노무비: d, 판매비및관리비: e, g, h

2.2 정답 ₩1,000,000 + (₩1,500,000 − ₩800,000) = ₩1,700,000

해설 기본원가=직접재료비+직접노무비
가공원가=직접노무비+제조간접비
따라서 직접노무비=가공원가-제조간접비

2.3 정답 ₩500,000

해설 직접노무비는 기본원가와 가공원가 모두에 해당된다.

2.4 해설 ₩500,000(직접노무비) + ₩500,000/0.2(제조간접원가) = ₩3,000,000

2.5 해설 (a): ①, ②, ④, ⑧, ⑨, ⑩
(b): ③, ⑤, ⑥, ⑦
(c): ①, ⑨
(d): ①, ②, ④, ⑧, ⑩

2.6 해설 (1) 기본원가(직접재료비 + 직접노무비)
= 원재료소비액(₩1,000,000) + 직접노무비(₩800,000) + 직접노동자의 복리후생비(₩50,000)
= ₩1,850,000
(2) 가공원가(직접노무비 + 제조간접원가)
= 직접노무비(₩800,000) + 직접노동자의 복리후생비(₩50,000)
+ 공장건물재산세(₩20,000) + 공장감독자급료(₩100,000) + 공장수도광열비(₩30,000)
+ 공장기계감가상각비(₩200,000) = ₩1,200,000
(3) 당기총제조원가 = 기초원가(₩1,850,000) + 제조간접원가(₩350,000) = ₩2,200,000
(4) 기간원가 = 본사사무실 비품 감가상각비(₩50,000) + 본사사무원 급료(₩100,000)
+ 광고비(₩250,000) + 본사사무실 잡비(₩50,000) = ₩450,000

2.7 정답 ₩10억

해설 매몰원가란 과거의 의사결정으로 인하여 이미 발생한 원가로서 대안간에 차이가 발생하지 않는 원가이다. 삼일이 과거 5년전에 기계장치를 구입하기 위하여 지출한 10억은 방안 A와 방안 B의 대안간에 차이를 발생시키지 않는 원가이므로 매몰원가이다.

2.8 해설 (1) 직접원가 = 직접재료비(₩600,000) + 직접노무비(₩200,000) = ₩800,000
(2) 제조원가 = 직접원가(₩800,000) + 간접원가(₩400,000 + ₩300,000 + ₩2,000,000)
= ₩3,500,000
(3) 총원가 = 제조원가(₩3,500,000) + 판매관리비(₩80,000 + ₩90,000 + ₩70,000
+ ₩95,000 + ₩5,000 + ₩90,000) = ₩3,930,000
(4) 판매가격 = 총원가(₩3,930,000)×1.2 = ₩4,716,000

2.9 **해설** 가공원가(₩500,000) = 직접노무비 + 제조간접원가 = X + Y
제조간접원가(Y) = 1.5X를 가공원가에 대입하면, 500,000 = 2.5X
따라서 X(직접노무비) = ₩200,000 Y(제조간접원가) = ₩300,000
기초원가(₩250,000) = 직접재료비 + 직접노무비 = ₩50,000 + ₩200,000
판매가격(S) = 총원가 + 판매이익 = ₩1,050,000 + 0.4S
0.6S = ₩1,050,000, S = ₩1,750,000

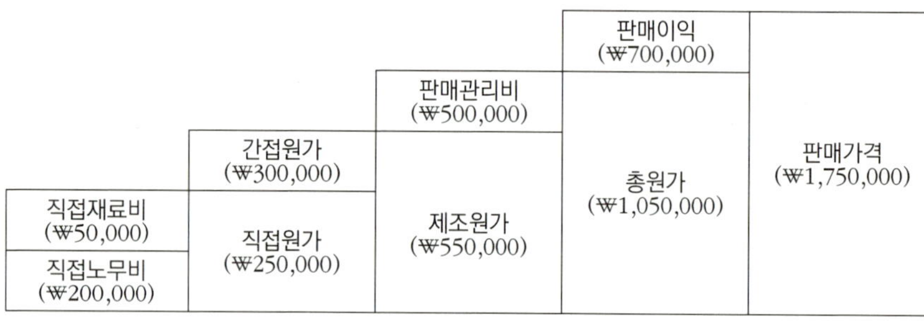

2.10 **정답** ₩42,000

해설

재공품

기초재고액	50,000	완성품원가	80,000[1)]
직접재료비	20,000[2)]		
직접노무비	22,000[3)]		
제조간접비	33,000	기말재고액	45,000
	125,000		125,000

1) ₩90,000 + ₩60,000 − ₩70,000 = ₩80,000
2) ₩3,000 + ₩21,000 − ₩4,000 = ₩20,000
3) ₩125,000 − ₩50,000 − ₩20,000×40% = ₩22,000

기초원가 = ₩20,000 + ₩22,000 = ₩42,000

제3장 제조기업의 원가흐름과 집계

Ⅰ. 평가자체크리스트

3.1 해설 T

3.2 해설 T

3.3 해설 T

3.4 해설 F. 완성품의 원가만큼 제품계정으로 할당된다.

3.5 해설 F 당기제품제조원가라 한다.

3.6 해설 T

3.7 해설 F 당기제품제조원가와 매출원가는 동일해 진다.

3.8 해설 F 기초재공품재고액은 표시되나, 기초제품재고액은 표시되지 않는다.

3.9 해설 T

3.10 해설 T

Ⅱ. 객관식

3.1 정답 ④

해설 요소별 원가계산→부문별 원가계산→제품별 원가계산→매출원가
재료비, 노무비, 경비→재공품→제품→매출원가

3.2 정답 ④

해설 기말제품재고액은 매출원가명세서에 나타난다.

3.3 정답 ④

해설 ① 당기총제조비용은 재공품계정 차변으로 대체
② 당기제품제조원가는 제품계정 차변으로 대체
③ 당기매출원가는 제품매출원가계정 차변으로 대체
⑤ 당기노무비소비액은 재공품계정 차변으로 대체

3.4 정답 ④

해설 당기총제조원가 > 당기제품제조원가 = 기말재공품액 > 기초재공품액

3.5 정답 ②

해설 월초 재고액 + 당월 매입액 = 원재료 소비액 + 월말 재고액
원재료 소비액 = 월초 재고액 + 당월 매입액 − 월말 재고액
= ₩100,000 + ₩500,000 − ₩200,000
= ₩400,000

3.6 정답 ③

해설 직접재료비소비액 = (당기제품제조원가 ₩80,000 + 기말재공품재공액 ₩20,000)
− (기초재공품재고액 ₩10,000 + 직접노무비소비액 ₩20,000)
+ 제조간접비소비액 ₩30,000) = ₩40,000
당기직접재료매입액 = (기말직접재료재고액 ₩10,000 + 직접재료소비액 ₩40,000)
− 기초직접재료재고액 ₩20,000
= ₩30,000

3.7 정답 ④

해설 당월 지급 ₩100,000 + 당월 미지급 ₩50,000 − 전월 선급 ₩10,000 = ₩140,000

3.8 정답 ①

해설 기초재공품 + 직접재료비 + 직접노무비 + 제조간접비 = 당기제품제조원가 + 기말재공품
X + Y(당기총제조원가) = X + ₩500,000, Y = ₩500,000
₩500,000×2/10 = ₩100,000

3.9 정답 ⑤

해설 공장재산세 = ₩6,000원(₩72,000/12개월) + 공장소모품비 ₩11,000
+ 기계수선비 ₩4,000(₩24,000/6개월) + 공장보험료 ₩6,000(₩18,000/3개월)
+ 기계감가상각비 ₩3,000(₩18,000/6개월) = ₩30,000

3.10 정답 ④

해설 (300Kwh − 100Kwh)×₩100 = ₩20,000

3.11 정답 ①

해설 당기총제조원가 = 직접재료비 + 직접노무비 + 제조간접비
= ₩10,000 + ₩30,000 + ₩50,000
= ₩90,000

3.12 정답 ①

해설 기말재공품재고액 = ₩300,000(기초재공품재고액) + ₩1,000,000(당기총제조원가)
− 당기제품제조원가 ₩1,200,000(₩1,500,000 − ₩500,000 + ₩200,000)
= ₩100,000

3.13 정답 ③

해설 당기제품제조원가 = (매출원가 ₩300,000 + 기말제품재고액 ₩200,000)
− 기초제품재고액 ₩50,000 = ₩450,000
기말재공품재고액 = (기초재공품재고액 ₩100,000 + 당기총제조비용 ₩550,000)
− 당기제품제조원가 ₩450,000 = ₩200,000

3.14 정답 ②

해설 기초재공품재고액 = 당기제품제조원가(₩18,000,000) + 기말재공품재고액(₩2,000,000)
- 당기총제조원가(₩15,000,000) = ₩5,000,000

3.15 정답 ①

해설 직접재료비소비액 = 당월원재료 매입액(₩7,000) + 기초원재료 - 기말원재료
(=기초원재료 + ₩2,000) = ₩7,000 - ₩2,000 = ₩5,000
직접노무비 = ₩5,000×130% = ₩6,500
당기총제조원가 = 직접재료비(₩5,000) + 직접노무비(₩6,500) + 제조간접비(₩6,000)
= ₩20,000
Y(당기제품제조원가) = 기초재공품 + 당기총제조원가(₩20,000)
- 기말재공품(=기초재공품+₩10,000)

3.16 정답 ④

3.17 정답 ①

해설 당기제품제조원가 = ₩150,000 + ₩1,500,000 - ₩250,000원 = ₩1,400,000
매출원가 = ₩300,000 + ₩1,400,000 - ₩700,000 = ₩1,000,000

3.18 정답 ③

해설 당기제품제조원가 = 기초재공품재고액 + 당기총제조비용 - 기말재공품재고액
= ₩200,000 + ₩1,300,000 - ₩300,000 = ₩1,200,000
당기제품매출원가 = 기초제품재고액 + 당기제품제조원가 - 기말제품재고액
= ₩100,000 + ₩1,200,000 - ₩200,000 = ₩1,100,000
판매가능액 = 기초제품재고액 + 당기제품제조원가
= ₩100,000 + ₩1,200,000 = ₩1,300,000

3.19 정답 ③

해설

원 재 료

차변	금액	대변	금액
기 초	₩300	직접재료비	₩200
매 입	0	기 말	100
	₩300		₩300

재 공 품

차변	금액	대변	금액
기 초	₩1,000	당기제품제조원가	₩1,050
직접재료비	200		
직접노무비	300		
제조간접비	350	기 말	800
	₩1,850		₩1,850

3.20 정답 ④

해설 ㉣의 금액은 ₩1,600,000이다.

3.21 정답 ③ ₩230,000

해설
- 순매출액 = 상품총매출액(₩1,600,000) - 매출에누리와 환입(₩170,000) = ₩1,430,000
- 매출원가 = 기초상품(₩110,000) + [당기매입(₩1,200,000) - 매입에누리와 환출(₩10,000)
  + 매입운임(₩40,000)] - 기말상품(₩140,000) = ₩1,200,000
- 매출총이익 = ₩1,430,000 - ₩1,200,000 = ₩230,000
- 판매운임은 판매관리비 항목이다.

3.22 정답 ③ ₩270,000

해설
- 매출총이익 = 매출액(₩1,000,000) – 매출원가(₩600,000) = ₩400,000
- 영업이익 = 매출총이익(₩400,000) – 판매관리비(₩60,000) = ₩340,000
- 당기순이익 = 영업이익(₩340,000) – 법인세비용(₩70,000) = ₩270,000
- 총포괄이익 = 당기순이익(₩270,000) + 기타포괄손익[토지재평가이익(₩50,000) + 매도가능금융자산평가이익(₩100,000)] = ₩420,000

3.23 정답 ② ₩50,000

해설
(1) 당기제품제조원가(₩210,000) = 기초재공품(₩40,000) + 당기총제조원가 – 기말재공품(₩25,000) → 당기총제조원가 = ₩195,000
(2) 당기총제조원가(₩195,000) = 직접재료원가[기초재고(₩40,000) + 당기매입(₩100,000) – 기말재고(₩30,000)] + 직접노무원가 + 제조간접원가 → 직접노무원가 + 제조간접원가 = ₩85,000
(3) 직접노무원가(제조간접원가×0.7) + 제조간접원가 = ₩85,000 → 제조간접원가 = ₩50,000

3.24 정답 ② ₩1,370,000

해설 기초 상품재고액 ₩700,000 + (당기 총매입액 ₩1,200,000 + 상품매입운반비 ₩20,000 – 매입환출 및 에누리 ₩150,000) – 기말 상품재고액 ₩400,000 = ₩1,370,000

3.25 정답 ② ₩2,100,000

해설 판매비와관리비 = 급여 ₩1,500,000 + 복리후생비 ₩600,000 = ₩2,100,000

3.26 정답 ② 당기 기말제품 재고액

해설 당기 기말제품재고액은 손익계산서에서 매출원가를 산출하는데 필요한 자료이므로 제조원가명세서와는 상관없는 자료이다.

3.27 정답 ② ₩9,000,000

해설
- 직접재료비 = 기초원재료재고(₩500,000) + 당기매입원재료(₩5,000,000) – 기말원재료재고(₩2,000,000) = ₩3,500,000
- 당기총제조원가 = 직접재료원가(₩3,500,000) + 직접노무원가(₩3,500,000) + 제조간접원가(₩2,000,000) = ₩9,000,000

3.28 정답 ②

해설
- 기초재공품원가와 기말재공품원가가 같다면 당기제품제조원가와 당기총제조원가는 동일하다.
- 당기총제조원가(₩100,500) = 직접재료비(₩13,500) + 직접노무비 + 제조간접비(₩14,000) → 직접노무비 = ₩73,000

3.29 정답 ③

해설
- 당기총제조원가(₩130,000) = 직접재료비(₩30,000) + 직접노무비(₩40,000) + 제조간접비(₩40,000×150%)
- 당기제품제조원가(₩135,000) = 기초재공품(₩25,000) + 당기총제조원가(₩130,000) – 기말재공품(₩20,000)

3.30 정답 ①

해설 당기총제조원가: (₩800,000 + ₩1,000,000)×110% = ₩1,980,000
직접재료비: ₩1,980,000 - ₩1,800,000 = ₩180,000
원재료매입액: (₩180,000 + ₩200,000) - ₩300,000 = ₩80,000

3.31 정답 ④

해설 당기가공원가(X)×60% = ₩1,200,000
∴ X = ₩2,000,000

기초 원재료	₩200,000	기말원재료	₩300,000
당기 매입	₩900,000	당기총제조원가	₩2,800,000
당기가공원가	₩2,000,000		
	₩3,100,000		₩3,100,000

3.32 정답 ② ₩4,400,000

해설
- 제조원가 = 당기 직접재료비(₩1,200,000) + 공장직원의 인건비(₩1,600,000) + 공장기계장치 수선비(₩500,000) + 공장수도광열비(₩300,000) + 공장기계장치감가상각비(₩800,000) = ₩4,400,000
- 판매관리비 = 제품광고선전비(₩400,000) + 본사영업부의 임차료(₩3,300,000) + 본사영업부의 차량유지비(₩900,000) = ₩4,600,000

3.33 정답 ③

해설
- 직접재료비: 총제조비용 ₩1,070,000 - 가공비 ₩706,000 = ₩364,000
  → 재료비: 직접재료비 ₩364,000/0.7 = ₩520,000
- 노무비를 y라 하면, 가공비 ₩706,000 = 직접노무비(0.8y) + 제조간접비 ₩402,000
  ∴ 노무비 ₩380,000
- 경비: 총제조비용 ₩1,070,000 - (재료비 ₩520,000 + 노무비 ₩380,000) = ₩170,000

∴ 재료비와 노무비의 차액 = ₩520,000 - ₩380,000 = ₩140,000
∴ 노무비와 경비의 차액 = ₩380,000 - ₩170,000 = ₩210,000

3.34 정답 ②

해설 1단계) 당기제품제조원가
- 직접재료비 = ₩80,000(기초원재료) + ₩700,000(당기매입액) - ₩100,000(기말원재료)
  = ₩680,000
- 당기총제조원가 = ₩680,000(직접재료비) + ₩400,000(직접노무비) + ₩510,000(제조간접비)
  = ₩1,590,000
- 당기제품제조원가 = ₩120,000(기초재공품) + ₩1,590,000(당기총제조원가)
  - ₩140,000(기말재공품) = ₩1,570,000

2단계) 매출원가
- 매출원가 : ₩100,000(기초 제품) + ₩1,570,000(당기제품제조원가)
  - ₩180,000(기말제품) = ₩1,490,000

3.35 정답 ①

해설 당기총제조원가 = 직접재료비 + 직접노무비 + 제조간접원가(간접재료비 + 간접노무비 + 경비)

3.36 정답 ① 당기제품제조원가는 ₩23,000,000이다.

제조원가명세서		
1. 재료비		₩12,000,000
당기매입액	₩13,000,000	
기말원재료재고	₩ 1,000,000	
2. 노무비		₩ 8,000,000
3. 제조간접비		₩ 6,000,000
4. (기총제조원가)		₩26,000,000
5. (기초재공품재고액)		₩ 1,000,000
6. 합계		₩27,000,000
7. (기말재공품재고액)		₩ 4,000,000
8. (당기제품제조원가)		(₩23,000,000)

3.37 정답 ① 매출원가 > 당기제품제조원가 > 당기총제조원가

해설 기초제품재고액과 기초재공품재고액이 존재하고 기말 재고가 없으므로 원가의 크기는 매출원가 > 당기제품제조원 > 당기총제조원가 순서로 정리된다.

3.38 정답 ① ₩400,000

해설

재공품계정

기초재공품	450,000	제품	650,000
당기총제조원가	800,000	기말재공품	600,000

제품계정

기초제품	300,000	매출원가	400,000
재공품	650,000	기말제품	550,000

3.39 정답 ③

해설 직접노무원가와 제조간접원가의 합계액을 가공원가라고 한다.

3.40 정답 ④

해설 제품원가는 제품이 판매된 때 손익계산서에 비용으로 계상된다.

3.41 정답 ② ₩800,000

해설 매출원가(₩2,000,000 − ₩300,000) = 기초재공품 + 당기총제조원가(₩1,000,000 + ₩500,000 + ₩200,000) − 기말재공품(₩800,000)

∴ 기초재공품 = ₩800,000

3.42 정답 ① ₩37,000

해설

직접재료원가

기초	₩6,000	사용	₩55,000
매입	₩52,000	기말	₩3,000
	₩58,000		₩58,000

직접노무원가 = ₩130,000 − ₩55,000 − ₩38,000 = ₩37,000

3.43 정답 ①

해설

재고자산(원재료, 재공품)

기초재공품	₩200,000	기말재공품	₩300,000
기초원재료	₩300,000	기말원재료	₩400,000
당기매입	₩800,000	당기제품제조원가	₩2,600,000
당기가공원가	₩2,000,000		
계	₩3,300,000	계	₩3,300,000

3.44 정답 ② ₩3,870

해설
- 기말재공품재고액: 기초재공품재고액 ₩15,860/1.3 = ₩12,200
- 당기총제품제조원가: 기초재공품 ₩15,860 + 당기총제조비용(a)
  = 당기제품제조원가(1.5×a) + 기말재공품 ₩12,200
  ∴ 당기총제조비용 ₩7,320
- 당기발생 직접노무비
  당기총제조비용 ₩7,320 - 직접재료비 ₩1,250 - 제조간접비 ₩2,200 = ₩3,870

3.45 정답 ④ 2, 3, 5

해설
2. 노무비의 계산에서 상여금과 같이 지급시기가 일정하지 않은 항목은 회계연도 중의 원가계산기간에 안분할 수 있음
3. 노무비의 당기선급은 차기의 비용으로 인식
5. 외주가공비 별도 과목 기재 가능

3.46 정답 ①

해설 매출액 - 매출원가 = 매출총이익
- 거실장과 식탁판매액(₩750,000) - 구입원가(₩250,000) = 매출총이익(₩500,000)
- 매출총이익(₩500,000) - 판매비와 일반관리비[급여(₩100,000) + 임차료(₩100,000)]
  = 영업이익(₩300,000)
- 차입금에 대한 이자비용은 영업외비용이다.

3.47 정답 ②

해설 기말 제품은 제품 계정에 표시된다.

3.48 정답 ①

해설 과거에 발생한 원가로서 의사결정에 고려되어서는 안되는 원가는 매몰원가이다.

3.49 정답 ①, ③

해설 직접노무비는 제조간접비에 해당하지 않는다.

3.50 정답 ④

해설
① 감가상각비가 당기총제조원가에 포함되지 않아 감소된다.
② 매출원가에 감가상각비가 포함되지 않아 감소된다.
③ 판매관리비에 감가상각비가 포함되어 증가된다.
④ 매출원가가 감소되어 매출총이익은 증가된다.
⑤ 판매관리비가 증가하여 영업이익은 감소된다.

3.51 정답 ③ ₩15,000

해설 가공원가 = 직접노무원가 + 제조간접원가
가공원가 = 직접노무원가 + (가공원가×0.3)
0.7×가공원가 = 직접노무원가 = ₩35,000
∴ 가공원가 = ₩50,000
∴ 제조간접원가 = 가공원가×0.3 = ₩50,000×0.3 = ₩15,000

3.52 정답 ① ₩5,000,000

해설 • 당기총제조원가 = 당기제품제조원가(₩10,000,000) + 기말재공품(₩2,000,000)
 − 기초재공품(₩2,000,000) = ₩10,000,000
• 제조간접비 = 당기총제조원가(₩10,000,000) − 직접재료비(₩3,000,000)
 − 직접노무비(₩2,000,000) = ₩5,000,000

Ⅲ. 주관식

3.1 정답 @₩700

해설 당기완성품 수량 = 판매수량 600개 + 월말제품 100개 − 월초제품 200개 = 500개
당기제품제조원가 = ₩470,000 − ₩120,000 = ₩350,000
완성된 제품의 단위원가 = ₩350,000÷500개 = @₩700

3.2 정답 ₩1,100,000

해설 제조간접비 = ₩2,000,000×20% = ₩400,000
직접노무비 = ₩400,000÷80% = ₩500,000
직접재료비 = ₩2,000,000 − ₩500,000 − ₩400,000 = ₩1,100,000

3.3 정답 ₩125,000

해설 직접재료비 소비액 = ₩10,000 + ₩100,000 − ₩30,000 = ₩80,000
직접노무비 소비액 = 총제조원가 − 직접재료비 소비액 − 제조간접비
 = ₩250,000 − ₩80,000 − ₩45,000 = ₩125,000

3.4 정답 ₩500,000

해설 기말재공품재고액 = 당기제품제조원가 − 당기총제조원가 − 기초재공품재고액
₩500,000 = ₩8,000,000 − ₩5,000,000 − ₩3,500,000
당기총제조원가 = 직접재료비소비액 + 직접노무비소비액 + 제조간접비 + 외주가공비
₩5,000,000 = ₩1,000,000 + ₩2,000,000 + ₩1,500,000 + ₩500,000

3.5 정답 ₩1,800,000

해설 당기제품제조원가(₩2,100,000) = 기초재공품(₩250,000) + 당기총제조원가(₩2,000,000)
 − 기말재공품(₩150,000)
매출원가(₩1,800,000) = 기초제품(₩200,000) + 당기제품제조원가(₩2,100,000)
 − 기말제품(₩500,000)

3.6 정답 ₩600,000

해설 당기제품제조원가 = 매출원가(₩500,000) − 기초제품(₩100,000) + 기말제품(₩150,000)
= ₩550,000
당기총제조원가 = 당기제품제조원가(₩550,000) − 기초재공품(₩120,000)
+ 기말재공품(₩170,000) = ₩600,000

3.7 정답 ₩1,000,000
해설 당기총제조원가 = 직접재료원가 + 직접노무원가 + 제조간접원가
= ₩600,000 + ₩400,000 + ₩ 500,000 = ₩1,500,000
당기제품제조원가 = 기초재공품재고액 + 당기총제조원가 − 기말재공품재고액
= ₩150,000 + ₩1,500,000 − ₩650,000 = ₩1,000,000

3.8 정답 ₩950,000
해설 매출원가 = 기초재고액(₩175,000) + 당월원재료매입액(₩500,000) + 직접노무비(₩250,000)
+ 제조간접비(₩170,000) − 기말재고액(₩145,000) = ₩950,000

3.9 정답 ₩400,000

3.10 정답 가: ₩700,000 나: 당기제품제조원가 다: ₩500,000

제4장 실제개별원가계산

Ⅰ. 평가자체크리스트

4.1 해설 T

4.2 해설 F 개별원가계산이다.

4.3 해설 F 기말재료 재고액이 기초재료 재고액보다 많은 것은 당기소비액이 당기매입액보다 적은 것을 의미한다.

4.4 해설 T

4.5 해설 F 당기매출원가는 포괄손익계산서에서 파악할 수 있다.

4.6 해설 T

4.7 해설 F 제품생산의 형태에 따라 개별원가계산과 종합원가계산으로 구분된다.

4.8 해설 F 간접재료비는 제조간접비계정에 기입한 후 재공품에 배부한다.

4.9 해설 F 당기 완성품 제조원가는 재공품 계정에서 제품 계정으로 대체된다.

4.10 해설 T

Ⅱ. 객관식

4.1 정답 ①

4.2 정답 ④

4.3 정답 ④

4.4 정답 ①

해설 제품 보관을 위해 투입된 원가는 판매관리비에 해당한다.

4.5 정답 ⑤

4.6 정답 ④

해설 개별원가계산은 개별 작업별로 원가계산이 이루어지므로 종합원가계산에 비하여 비용이 많이 소요된다.

4.7 정답 ②

해설 실제제조간접비 합계와 배부율이 기말시점에 파악되므로 제품원가계산이 기말시점으로 지연된다.

4.8 정답 ④

해설 제조간접비배부율 = ₩160,000/₩200,000 = 80%

당기총제조원가 = 직접재료비 + 직접노무비 + 제조간접비

= ₩30,000 + ₩40,000 + ₩40,000×0.8 = ₩102,000

단위당원가 = ₩102,000/4대 = ₩25,500

4.9 정답 ①

해설 TV = 540/(540 + 360)×₩75,000 = ₩45,000

라디오 = 360/(540 + 360)×₩75,000 = ₩30,000

4.10 정답 ③

해설 제조간접비 배부율 = ₩72,000/₩80,000 = 0.9

책상의 제조간접비 배부액 = ₩60,000×0.9 = ₩54,000

4.11 정답 ①

해설 제조간접원가배부율 = ₩750,000/₩1,000,000 = 0.75

#333 제조간접원가 = ₩460,000×0.75 = ₩345,000

4.12 정답 ③

해설 A부문 직접노무원가 = 제조간접원가/A부문 제조간접원가배부율 = ₩60,000/150% = ₩40,000

B부문 제조간접원가 = 직접노무원가×B부문 제조간접원가배부율 = ₩40,000×50% = ₩20,000

총원가 = 직접재료원가 + 직접노무원가 + 제조간접원가

= (₩50,000 + 10,000) + (₩40,000 + 40,000) + (₩60,000 + 20,000)

= ₩220,000

4.13 정답 ⑤

해설 제조간접원가는 당기총제조원가의 25%이므로 ₩1,500,000

₩1,500,000 = 직접재료비의 60%이므로 직접재료비는 ₩2,500,000

따라서 기말원재료재고액 = 당기매입액 ₩3,000,000 − ₩2,500,000 = ₩500,000

기말재공품재고액 = ₩6,000,000 − ₩4,900,000 = ₩1,100,000

기말제품재고액 = ₩4,900,000 − ₩4,000,000 = ₩900,000

4.14 정답 ①

해설 제조간접비 작업#1 배부액 = ₩8,400×₩8,000/₩14,000 = ₩4,800

작업#1의 제조원가는

직접재료비	₩4,000
직접노무비	₩8,000
제조간접비	₩4,800
계	₩16,800

4.15 정답 ④

해설 제조간접비 배부율 = ₩600,000÷200 = 단위당 ₩3,000

#2 제조간접비 배부액 = 150×₩3,000 = ₩450,000

#2 제조원가 = ₩1,200,000 + ₩1,800,000 + ₩450,000 = ₩3,450,000

4.16 정답 ⑤

해설 #201 직접노무원가 = ₩1,058,400÷1.2 = ₩882,000

#301 총원가 = ₩294,000 + ₩735,000 + ₩735,000×1.2 = ₩1,911,000

4.17 정답 ④

해설 지시서 #2 제조간접비: ₩9,000×[₩2,000/(₩2,000 + 2,000 + 1,000)] = ₩3,600

지시서 #3 제조간접비: ₩9,000×[₩1,000/(₩2,000 + 2,000 + 1,000)] = ₩1,800

(∵ 제조간접비는 직접재료비를 기준으로 배부)

재공품 기말재고액 = 직접재료비 + 직접노무비 + 제조간접비

= ₩2,000 + 1,000 + 6,000 + 2,500 + 3,600 + 1,800 = ₩16,900

4.18 정답 ①

해설 기초제품재고액 + 당기제품제조원가 = 매출원가 + 기말제품재고액

₩300,000 + ₩2,000,000 = X + ₩500,000

매출원가(X) = ₩1,800,000

4.19 정답 ③

해설 직접재료비소비액 = 기초(₩20,000) + 매입액(₩480,000) − 기말(₩50,000) = ₩450,000

당기제품제조원가 = 기초(₩50,000) + 당기총제조원가(₩450,000 + ₩250,000 + ₩300,000)

− 기말(₩150,000) = ₩900,000

매출원가 = 기초(₩40,000) + 당기제품제조원가(₩900,000) − 기말(₩140,000) = ₩800,000

4.20 정답 ①

해설 종합원가계산에 대한 설명이다.

4.21 정답 ③ 개별원가계산

해설 단일제품의 소량생산에 적합한 원가계산방법은 개별원가계산방법이다.

4.22 정답 ③

해설
- 제조간접원가 배부율 : ₩2,500,000÷50,000시간 = 단위당₩50/시간
- #187과 #197로 시작하여 #187이 완성되었으므로 #197의 재공품원가계산을 해야 한다.
- #197재공품원가 = ₩140,000 + ₩80,000 + 2,800시간×단위당₩50/시간 = ₩360,000

4.23 정답 ③

해설 종합원가계산의 특징이다.

4.24 정답 ①

해설 개별원가계산은 각 작업별로 직접원가는 추적가능하므로 별도로 집계하고, 간접원가는 추적이 불가능하므로 배부하여 원가를 계산하는 방법이다.

4.25 정답 ③

해설 개별원가계산의 경우에는 제조간접비의 배분이 매우 중요하다.

4.26 정답 ② ₩2,000

해설
- 당기제조간접원가 = 당기총제조원가(₩8,000)×25% = ₩2,000
- 직접노무원가×50% = 제조간접원가(₩2,000) → 직접노무원가 = ₩4,000
- 직접재료원가 = 당기총제조원가(₩8,000) − 직접노무원가(₩4,000) − 제조간접원가(₩2,000)
  = ₩2,000

Ⅲ. 주관식

4.1 정답 ₩1,000,000

해설 원재료소비액 = 월초재고액(₩200,000) + 당월매입액(₩900,000) − 월말재고액(₩100,000)
= ₩1,000,000

4.2 정답 ₩1,100,000

해설 노무비소비액 = 당월지급액(₩1,000,000) + 당월미지급액(₩150,000)
− 전월미지급액(₩50,000) = ₩1,100,000

4.3 정답 ₩2,100,000

해설 제조간접비 배부율 = 제조간접비/직접원가 = ₩7,500,000/2,500,000 = @₩3/직접원가
제조간접비 배부액 = ₩700,000×@₩3 = ₩2,100,000

4.4 정답 ₩840,000

해설 원재료소비액 = ₩50,000 + ₩300,000 − ₩60,000 = ₩290,000
당기제품제조원가 = ₩70,000 + ₩290,000 + ₩250,000 + ₩320,000 − ₩80,000 = ₩850,000
매출원가 = ₩90,000 + ₩850,000 − ₩100,000 = ₩840,000

4.5 정답 ₩880,000, ₩1,175,000

해설 1) 직접노무비×125% = ₩1,100,000

$$직접노무비 = \frac{₩1,100,000}{1.25} = ₩880,000$$

2)

직접재료비	₩500,000
직접노무비	300,000
제조간접비(₩300,000×125%)	375,000
총원가	₩1,175,000

4.6 정답 ₩38,000

해설 재공품재고액(을제품)

을제품

기초재고액	0	제조원가	38,000
직접재료비	20,000	(기말재고)	
직접노무비	10,000		
제조간접비	8,000*		

제조간접비 = ₩20,000 + ₩50,000 + ₩50,000(₩30,000 + ₩15,000 + ₩50,000 − ₩25,000 − ₩20,000) = ₩120,000

₩120,000/₩150,000 = 0.8/직접노무비

*: ₩10,000×0.8 = ₩8,000

을제품은 미완성품이므로 제조원가가 기말재고액이 된다. 즉, 기말재고액은 ₩38,000임.

4.7 정답 ₩75,000

해설

갑제품

기초재고액	0	제조원가	75,000
직접재료비	30,000		
직접노무비	25,000		
제조간접비	20,000*		

*: ₩25,000×0.8 = ₩20,000

4.8 정답 ₩257,000

해설

재공품

기초재고	20,000	당기제품제조원가	
직접재료비	80,000	갑제품	75,000
직접노무비	150,000	기타제품	257,000
제조간접비	120,000	기말재고(을제품)	38,000

따라서, 당월 제품제조원가(₩332,000) − 갑제품 제조원가(₩75,000) = ₩257,000

4.9 정답 ₩1,090,000

해설 원재료 소비액 = 기초재고 + 당기매입 − 기말재고

= X + ₩500,000 − (X − ₩20,000) = ₩520,000

당기제품제조원가 = 기초재고 + 직접재료비 + 직접노무비 + 제조간접비 − 기말재고

= ₩0 + ₩520,000 + ₩220,000 + ₩400,000 − ₩0 = ₩1,140,000

매출원가 = 기초재고 + 당기제품제조원가 − 기말재고
= X + ₩1,140,000 − (X + ₩50,000) = ₩1,090,000

4.10 해설 세무조정계약건에 대한 원가는 직접원가와 간접원가로 나누어 계산한다. 직접원가는 시간당 급여를 사용하거나 직접 집계하고 간접원가는 배부율을 구하여 배부한다.

직접원가:			
직접노무원가			
책임세무사	(₩800,000,000/16,000시간×200시간)	₩10,000,000	
담당세무사	(₩1,600,000,000/64,000시간×400시간)	10,000,000	₩20,000,000
기타 직접원가			2,600,000
간접원가:			
일반관리비	(₩240,000,000/80,000시간×600시간)		1,800,000
보 험 료	(₩96,000,000/₩2,400,000,000×₩20,000,000)		800,000
비서실운영비	(₩160,000,000/16,000시간×200시간)		2,000,000
총원가			₩27,200,000

제5장 정상개별원가계산

Ⅰ. 평가자체크리스트

5.1 해설 T

5.2 해설 T

5.3 해설 F 과소배부라 한다.

5.4 해설 T

5.5 해설 T

5.6 해설 F 예상 총제조간접원가가 실제 총제조간접원가보다 크더라도 예상 총배부기준량이 실제 총배부기준량보다 크면, 예정배부율이 실제배부율보다 작을 수 있고 이때 제조간접원가가 과소배부된다.

5.7 해설 F 과소배부란 실제발생액보다 예정배부액이 적은 경우이므로 상향조정하여야 한다.

5.8 해설 T

5.9 해설 T

5.10 **해설** F 매출원가법은 제조간접원가가 매출원가에 배부되지만, 원가요소비례법은 매출원가, 재공품, 제품에 배부된다. 따라서 원가요소비례법이 매출원가법보다 매출원가가 더 적게 계상된다.

Ⅱ. 객관식

5.1 **정답** ②

해설 실제배부법은 계절별 생산량이 큰 차이가 있는 경우에 제품의 단위당 원가가 계절별로 다르게 되는 문제점이 있다.

5.2 **정답** ②

해설 정상원가계산의 경우 직접재료비와 직접노무비를 실제원가로 측정하고 제조간접비는 예정배부액으로 산정하는 원가계산방법이다.

5.3 **정답** ②

해설 먼저 예정제조간접비를 배부하고, 원가계산 기말에 실제 발생액을 산출한 다음, 배부차이액을 계산하고, 배부차이액에 대해 회계처리한다.

5.4 **정답** ②

5.5 **정답** ②

해설 ₩100×10,000시간 + ₩100,000 = ₩1,100,000

5.6 **정답** ③

해설 예정제조간접비배부율 = ₩5,000,000/10,000시간 = ₩500

제조간접비예정배부액 = 1,000시간×₩500 = ₩500,000

5.7 **정답** ③

해설 제조간접비 배부차이 조정으로 매출원가조정법, 비례배분법, 영업외손익법이 있다.

5.8 **정답** ⑤

5.9 **정답** ④

해설 ① ㉠은 당기제품제조원가가 ₩4,000임을 표시한다.

② ㉡은 제조간접비의 예정배부액이 ₩2,000이라는 것을 표시한다.

③ ㉢은 제조간접비를 예정배부할 때 ₩300 과소하게 배부되었다는 것을 표시한다.

⑤ ㉣은 간접경비에 해당되는 실제제조간접비가 ₩7,000이라는 것을 표시한다.

5.10 **정답** ①

해설 제조간접비배부차액의 배부부족액을 매출원가가 부담

5.11 **정답** ③

해설 예정제조간접비는 계획단계의 수치이고, 결산시 배부차이는 실제치와 예정배부액과의 차이

5.12 **정답** ④

해설 재공품 배부액 = ₩50,000×(₩100,000/₩1,000,000) = ₩5,000

5.13 정답 ①

해설 예정배부액 = ₩3,000,000
실제배부액 = ₩3,100,000 이므로 ₩100,000 과소배부됨.

5.14 정답 ④

해설 제조간접원가 예정배부율 = ₩1,000,000/(400시간×₩5,000) = 시간당 ₩0.5
제조간접원가 예정배부액 = ₩0.5×(410시간×₩5,000) = ₩1,025,000
배부차이 = ₩1,100,000 − ₩1,025,000 = ₩75,000(과소배부)

5.15 정답 ②

해설 #5의 제조간접비 배부액 = ₩2,000×80% = ₩1,600
기말재공품잔액 = ₩4,000 + ₩24,000 + ₩16,000 + ₩12,800 − ₩48,000 = ₩8,800
#5의 재료비 = ₩8,800 − ₩1,600 − ₩2,000 = ₩5,200

5.16 정답 ②

해설 제조간접원가 예정배부율 = ₩255,000/100,000시간 = 2.55
제조간접원가 예정배부액 = 2.55×105,000시간 = 267,750
배부차이 = 270,000 − 267,750 = ₩2,250(과소배부)

5.17 정답 ④

해설 ₩10,000×800시간 + ₩1,000,000 = ₩9,000,000

5.18 정답 ②

해설 제조간접비 배부액 = 60,000시간×₩200 = ₩12,000,000
제조간접비 실제발생액 = ₩12,000,000 − ₩300,000 = ₩11,700,000

5.19 정답 ②

해설 제조간접비 과대배부: 실제발생액 < 예정배부액
실제발생액(₩2,150,000) + 과대배부액(₩250,000) = 제조간접비배부액(₩2,400,000)
제조간접비 예정배부율 = ₩2,400,000 ÷ ₩75,000 = ₩32
제조간접비 예상액 = ₩70,000×₩32 = ₩2,240,000

5.20 정답 ①

해설 제조간접비 과소배부액 ₩1,000,000을 각 조정법별 회계처리는 다음과 같다.

• 총원가기준법의 경우

(차)	재 공 품	200,000	(대) 제조간접비	1,000,000
	제 품	200,000		
	매출원가	600,000		

• 매출원가일괄조정의 경우

(차)	매출원가	1,000,000	(대) 제조간접비	1,000,000

• 총원가기준법 적용시 영업이익 감소분: ₩600,000
• 매출원가에서 적용시 영업이익 감소분: ₩1,000,000
• 차 이: ₩400,000

5.21 정답 ④ ₩18,000 과소배부

해설 (1) 예정배부율 = 제조간접원가예산(₩2,040,000)÷예정배부기준(800,000 직접노동시간)
= ₩2.55/직접노동시간
(2) 예정배부액 = 예정배부율(₩2.55/직접노동시간)×실제배부기준(840,000 직접노동시간)
= ₩2,142,000
(3) 배부차이 = 제조간접원가 실제발생액(₩2,160,000) − 제조간접원가 예정배부액(₩2,142,000)
= ₩18,000(>0, 과소배부)

5.22 정답 ① ₩2,000,000 과대배부,
해설 1,100시간×₩20,000 = ₩22,000,000
₩22,000,000 − ₩20,000,000 = ₩2,000,000 과대배부

5.23 정답 ③
해설 예정배부율 = ₩1,000,000/50,000₩ = ₩20, 예정배부액 = ₩50,000×₩20 = ₩1,000,000
실제 제조간접비 발생액 = 예정배부액 − 과대배부액 = ₩1,000,000 − ₩50,000 = ₩950,000

5.24 정답 ②
해설 초과배부액 = 배부액 − 실제액 = ₩2,000 = 예정배부율×50시간 − ₩10,000 = ₩2,000
예정배부율 = 단위당₩240/시간

5.25 정답 ③
해설 실제개별원가계산의 경우 모두 실제발생원가로 계산하며 정상개별원가계산의 경우 직접재료비, 직접노무비는 실제발생원가로 계산하며 제조간접비만 예정배부원가로 계산한다.

5.26 정답 ③ ₩304,000
해설 배부차이 ₩10,000을 재공품(20%), 제품(40%), 매출원가(40%) 비율대로 안분하면 매출원가에 가산되는 금액은 ₩4,000이고 조정배부 후 매출원가는 ₩304,000이다.

5.27 정답 ② 단위당 ₩248/시간
해설 제조간접원가 배부액: ₩6,000,000 + ₩200,000 = ₩6,200,000
제조간접원가 배부율: ₩6,200,000÷25,000시간(실제직접노무시간) = 단위당 ₩248

5.28 정답 ④ ₩2,600,000 과소배부
해설 제조간접비 예정배부율: ₩40,000,000 / 25,000시간 = 단위당 ₩1,600/시간
제조간접비 예정배부액: 단위당 ₩1,600×24,000시간 = ₩38,400,000
배부차이: ₩38,400,000 − ₩41,000,000 = ₩2,600,000 과소배부

5.29 정답 ② 2, 3, 5
해설 2. 제조간접비의 예정배부에 적용되는 배부율은 생산부문에 따라 다른 배부율적용 가능
3. 제조간접비의 배부차액을 제품의 기말재고액에 부담시킬 수 있음
5. 월별로 제조간접비 배부차액을 분석하면 년간 총 차액은 0이 되지 않을 수 있음

5.30 정답 ③ ₩97,500 과대배부
해설 1단계) 제조간접원가 배부액 추정
= 기본원가×50% = ₩975,000×50% = ₩487,500
2단계) 매출원가 추정

= 매출액×매출원가율 = ₩1,300,000×75% = ₩975,000

3단계) 당기제품제조원가 추정

- X원(당기제품제조원가) = ₩975,000(매출원가) + ₩234,000(기말제품)
= ₩1,209,000

4단계) 당기 총제조원가 추정

- X원(당기총제조원가) = ₩1,209,000(당기제품제조원가) + ₩156,000(기말재공품)
= ₩1,365,000

5단계) 제조간접원가 발생액 추정

- X원(제조간접원가 발생액) = ₩1,365,000(당기총제조원가) - ₩975,000(기본원가)
= ₩390,000

6단계) 제조간접원가 배부차이 추정

= ₩487,500(제조간접원가 배부액) - ₩390,000(제조간접원가 실제 발생액)
= ₩97,500(과대배부)

5.31 정답 ③ ₩12,200,000

해설 예정배부액: 5,000시간×₩2,500 = ₩12,500,000
예정배부액이 ₩300,000 과대배부된 경우라면 실제발생액은 ₩12,200,000이다.

5.32 정답 ④ ₩100,000

해설 배부차이는 영업외비용으로 처리되므로, 매출원가에는 영향 없다.

5.33 정답 ③ ₩30,000 초과배부

해설 배부액(₩80,000) - 실제발생액(₩50,000) = ₩30,000(초과배부)

5.34 정답 ② 610시간

해설 제조간접원가 배부율: ₩420,000÷600시간 = @₩700/시간
제조간접원가 배부액: 예정배부율×실제조업도 = @₩700/시간×실제조업도 = ₩427,000
∴ 실제조업도(기계시간): 610시간

5.35 정답 ③ 2,3,4

해설 2. 기초제품 재고가 없으면 당기제품제조원가와 당기제품매출원가는 동일
3. 다품종 소량생산에 적합
4. 재공품 재고가 없으면 당기총제조비용과 당기제품제조원가는 동일

5.36 정답 ② ₩910,500

해설
- '갑'제조부문의 제조간접비 예정배부액
  (₩1,800,000/7,200시간)×650시간 = ₩162,500
- '갑'제조부문의 제조간접비 배부차액
  예정배부액 ₩162,500 - 실제발생액 ₩184,000 = ₩21,500(불리)
- '을'제조부문의 제조간접비 배부차액
  '갑' 제조부문 ₩21,500(불리) - '을' 제조부문 배부차액 = ₩8,000(유리)
  ∴ '을' 제조부문 배부차액 ₩29,500(유리)
- '을'제조부문 실제발생액
  실제발생액 - 예정배부액(@₩376×2,500시간) = ₩29,500(유리)
  ∴ '을' 제조부문 실제발생액 ₩910,500

5.37 정답 ② ₩10,000 증가

해설 실제(₩150,000) - 배부액(₩130,000) = 과소배부(₩20,000)

총원가비례법과 매출원가조정법

	재공품	제 품	매출원가	합계
금액	₩40,000	₩60,000	₩100,000	₩200,000
비율	20%	30%	50%	100%
배부액	₩4,000	₩6,000	₩10,000	₩20,000
항목	매출원가 조정법	총원가비례법		
수정전 매출원가	₩100,000	₩100,000	매출원가 ₩10,000 증가	
배부차이	₩20,000	₩10,000		
수정후 매출원가	₩120,000	₩110,000		

5.38 정답 ③ ₩6,650,000

구분	기말재공품	기말제품	매출원가
배부전 금액(1)	₩7,000,000	₩4,000,000	₩5,000,000
비율(2)	0.4375 7/16	0.25 4/16	0.3125 5/16
제조간접원가 과대배부차이(3)	₩800,000	₩800,000	₩800,000
배부액(4) = (2)×(3)	₩350,000	₩200,000	₩250,000
배부 후 금액 (5) = (1) - (4)	₩6,650,00	₩3,800,000	₩4,750,000

Ⅲ. 주관식

5.1 정답 ₩150,000

해설 기말재공품원가 = 기초재공품원가 + (직접재료비 + 직접노무비 + 예정제조간접비배부액)
- 당기제품제조원가
= ₩20,000 + (₩80,000 + ₩100,000 + ₩150,000) - ₩200,000 = ₩150,000

5.2 해설 1) ₩150,000/1,000 = ₩150/직접노동시간
2) ₩150×1,050시간 = ₩157,500
3) 과대배부액 = ₩157,500 - ₩155,000 = ₩2,500

5.3 정답 65,000시간

해설 제조간접비 예정배부율 = ₩1,000,000/50,000직접노동시간 = ₩20/직접노동시간
배부차이 = 예정배부액 - 실제발생액
= (₩20×실제직접노동시간) - ₩1,200,000 = ₩100,000(초과배부)
실제직접노동시간 = (₩1,200,000 + ₩100,000)/₩20 = 65,000시간

5.4 해설 1)

	No.1	No.2
직접재료비	₩10,000	₩20,000
직접노무비	₩30,000	₩50,000
제조간접비	₩10,000	₩20,000
계	₩50,000	₩90,000
생산량	10,000단위	15,000단위
단위당 원가	₩5	₩6

2) (차) 제 품 140,000 (대) 재공품 140,000

3) 기말재공품(No.3): ₩30,000 + ₩50,000 + ₩40,000 = ₩120,000

5.5 해설

재공품(No.1~3)

기초재고액	100,000	제품(No.1~2)	900,000
직접재료비	200,000	기말재고액(No.3)	200,000
직접노무비	500,000		
제조간접비	300,000		

기말재고액(No.3): ₩200,000에는

직접재료비	₩ ?
직접노무비	₩100,000
제조간접비(₩100,000×0.6)	₩60,000
	₩200,000

따라서, 직접재료비는 ₩40,000임.

5.6 정답 ₩1,480

해설

재공품

기초재공품	₩1,000	당기제품제조원가	₩12,000
직접재료원가	6,000	기말재공품	2,200
직접노무원가	4,000		
제조간접원가	3,200		
계	₩14,200	계	₩14,200

기말재공품 ₩2,200
- 직접재료원가 ₩1,480
- 직접노무원가 400
- 제조간접원가 320 = ₩400×80%

5.7 정답 ₩112,500

해설

재 공 품

월초재공품	15,000	제 품	112,500
직접재료비	34,000	월말재공품	11,500*
직접노무비	30,000		
제조간접비	45,000**		
	124,000		124,000

* 월말재공품재고: ₩4,000 + ₩3,000 + (₩3,000×150%) = ₩11,500

** 제조간접비 예정배부액: ₩30,000×150% = ₩45,000

5.8 해설 1) ₩100,000

2) ₩70,000

3) (차) 매출원가 30,000 (대) 제조간접비 30,000

제조간접비계정 하나로 발생액과 배부액을 기록할 때에는 발생액이 차변에, 배부액이 대변에 기록된다.

5.9 해설 1) ₩10,000,000/20,000 = ₩500/직접노동시간

2) ₩500×21,000 = ₩10,500,000

3) 과소배부액 = ₩12,000,000 − ₩10,500,000 = ₩1,500,000

(분개)			
재공품	10,500,000	제조간접비	12,000,000
제조간접비배부차이	1,500,000		

4) 매출원가 1,500,000 제조간접비배부차이 1,500,000

5.10 해설 1) 총원가기준법:

재공품: $₩100{,}000 \times \dfrac{₩100{,}000}{(₩100{,}000 + ₩150{,}000 + ₩250{,}000)} = ₩20{,}000$

제품: $₩100{,}000 \times \dfrac{₩150{,}000}{(₩100{,}000 + ₩150{,}000 + ₩250{,}000)} = ₩30{,}000$

매출원가: $₩100{,}000 \times \dfrac{₩250{,}000}{(₩100{,}000 + ₩150{,}000 + ₩250{,}000)} = ₩50{,}000$

재공품 20,000
제 품 30,000
매출원가 50,000 / 제조간접비배부차이 100,000

2) 제조간접원가기준법:

재공품: $₩100{,}000 \times \dfrac{₩50{,}000}{(₩50{,}000 + ₩100{,}000 + ₩150{,}000)} = ₩16{,}667$

제품: $₩100{,}000 \times \dfrac{₩100{,}000}{(₩50{,}000 + ₩100{,}000 + ₩150{,}000)} = ₩33{,}333$

매출원가: $₩100{,}000 \times \dfrac{₩150{,}000}{(₩50{,}000 + ₩100{,}000 + ₩150{,}000)} = ₩50{,}000$

재공품 16,667
제 품 33,333
매출원가 50,000 / 제조간접비배부차이 100,000

3) 매출원가조정법:

매출원가 100,000 / 제조간접비배부차이 100,000

제6장 부문별 원가계산

Ⅰ. 평가자체크리스트

6.1 해설 T

6.2 해설 T

6.3 해설 F 원가배부기준은 인과관계기준뿐만 아니라 수혜기준, 부담능력기준, 공정성과 공평성기준 등이 있다.

6.4 해설 F 제조간접비가 전체 제조원가에서 차지하는 비중이 증가할수록 다양한 원가배분기준을 설정해야 보다 정확한 원가계산을 할 수 있다.

6.5 해설 T

6.6 해설 F 보조부문비의 배부기준은 원가배부에 특별한 결함이 발견되지 않는 한 변경하여서는 안 된다.

6.7 해설 T

6.8 해설 F 보조부문비의 배분방법에 따라 제조부문에 배분되는 금액이 달라지나 회사의 총이익은 동일하다.

6.9 해설 T

6.10 해설 T

Ⅱ. 객관식

6.1 정답 ③

해설 간접원가(제조간접비)는 별도의 배부방법을 사용하여 원가대상에 할당하여야 하는데 이를 원가배부라 한다.

6.2 정답 ③

해설 ㉠ 부문별로 개별적으로 파악이 가능한 직접비를 먼저 배분한다.
㉡ 부문공통비는 원가발생과 인과관계가 높은 배부기준을 이용해 각 부문에 배분한다.
㉢ 보조부문의 원가로 결국 제품원가에 포함되어야 하므로 제조부문에 배분한뒤 제조부문의 원가와 합쳐 최종적으로 제품에 배부하게 된다.

6.3 정답 ④

해설 원가배부는 이익측정, 정확한 원가정보, 성과평가 활용 등을 위해 필요하다.

6.4 정답 ②
해설 원가 배분 불필요

6.5 정답 ④
해설 공정성과 공평성기준은 포괄적인 개념이기 때문에 구체적으로 적용가능한 원가배부기준이 아니다.

6.6 정답 ①
해설 직접배부법은 보조부분 상호간의 용역수수관계를 전혀 고려하지 않는 방법이다.

6.7 정답 ④
해설 단계배부법이 직접배부법과 상호배부법의 중간형태의 원가배부 방식이다.

6.8 정답 ⑤
해설 배부기준이 원가와 인과관계가 있어야 한다.

6.9 정답 ②
해설 핸드폰에 배부된 제조간접비 = (₩400,000×(500시간/1,000시간))
+ (₩100,000×(600시간/1,000시간)) = ₩260,000

6.10 정답 ④
해설 제1제조부문 = ₩1,800,000×(1,000/6,000) = ₩300,000
제2제조부문 = ₩1,800,000×(5,000/6,000) = ₩1,500,000

6.11 정답 ④
해설 동력부문비 배부액: ₩30,000×(40/40 + 20) = ₩20,000
수선부문비 배부액: ₩40,000×(5/5 + 3) = ₩25,000
절단부문에 배부되는 보조부문의 합계: ₩20,000 + ₩25,000 = ₩45,000

6.12 정답 ③
해설 $600,000 \times \frac{5,000}{10,000 + 5,000} + 200,000 \times \frac{20,000}{30,000 + 20,000} = ₩280,000$

6.13 정답 ④
해설

	보조부문		제조부문	
	동력부문	수선부문	절단부문	조립부문
배분전 원가	₩760,000	₩236,500		
동력부문 원가배분	(760,000)	76,000[1)]	₩380,000[2)]	₩304,000[3)]
수선부문 원가배분		(312,500)[4)]	156,250[5)]	156,250[6)]

* 1) ₩760,000×0.1
2) ₩760,000×0.5
3) ₩760,000×0.4
4) ₩236,500 + 76,000
5) ₩312,500×[0.4/(0.4 + 0.4)]
6) ₩312,500×[0.4/(0.4 + 0.4)]

6.14 정답 ⑤

해설 전력부문(제조간접비 ₩200,000) - 제조부문 및 수선부문에 1차 배분하므로 수선부문은 ₩200,000×100kw/(300+100+100)kw=₩40,000을 합산한 ₩400,000(360,000+40,000)을 수선부문에서 조립부문 및 절단부문에 수선시간을 기준으로 배부한다.

∴ 절단부문의 제조간접비배부액=₩400,000×40시간/(10+40)시간=₩320,000

6.15 정답 ②

해설

	보조부문		제조부문	
	S1	S2	P1	P2
배분전 원가	₩500,000	₩300,000	₩1,500,000	₩1,200,000
S1 배분	(₩500,000)	₩150,000	₩100,000	₩250,000
S2 배분	-	(₩450,000)	₩250,000	₩200,000
배분후 원가	₩0	₩0	₩1,850,000	₩1,650,000

6.16 정답 ④

해설

	보조부문		제조부문	
	A	B	X	Y
배분전 원가	₩200,000	₩100,000	₩300,000	₩400,000
S1 배분	(₩200,000)	₩40,000	₩100,000	₩60,000
S2 배분	-	(₩140,000)	₩28,000	₩112,000
배분후 원가	₩0	₩0	₩428,000	₩572,000

6.17 정답 ③

해설 A=₩100,000+0.2B

B=₩200,000+0.3A

6.18 정답 ③

해설 A=₩15,000+0.2B　　A=₩20,000

B=₩20,000+0.25A　　B=₩25,000

6.19 정답 ②

해설 X=₩23,000+0.3Y,　X=₩35,000

Y=₩26,000+0.4X,　Y=₩40,000

따라서, B=(₩35,000×0.4)+(₩40,000×0.3)=₩26,000

6.20 정답 ④

해설 X=₩160,000+0.3Y

Y=₩200,000+0.4X를 연립하여 풀면

X=₩250,000,　　Y=₩300,000이므로

A부문에 배분되는 총보조부문원가는

₩250,000×0.2+₩300,000×0.6=₩230,000

6.21 정답 ①

해설 직접배부법은 보조부문간 용역수수관계를 전혀 고려하지 않는 배부방법이다.

6.22 정답 ④

해설 X부문에 Y부문이 50% 제공하는 것이므로 X = ₩500,000 + 0.5Y 이고, Y부문에 X부문이 70% 제공하는 것이므로 Y = ₩300,000 + 0.7X 이다.

6.23 정답 ② 종업원복리후생부문: 종업원 수

해설 ① 건물관리부문: 사용면적

③ 식당부문: 종업원

④ 구매부문: 주문횟수, 주문수량

⑤ 수선부문: 수선횟수, 수선시간

6.24 정답 ①

해설 직접배부법은 보조부문 상호간의 용역제공관계를 무시하므로 계산이 가장 간단한 방법이다.

6.25 정답 ② ₩110,000

해설 B에 배부되는 보조부문원가 = S1[₩100,000×(35%/70%)] + S2[₩80,000×(60%/80%)]
= ₩110,000

6.26 정답 ④ 2,4,5

해설 1. 보조부문비의 배부에 방법선택과 관계없이 당기순이익은 동일

3. 직접배부법에서는 보조부문간의 상호 용역제공을 전혀 고려하지 못함

6.27 정답 ① ₩42,500

해설

구분	A	B	Y
X 배부기준	0.25 (600÷2,400)	0.25 (600÷2,400)	0.5 (1,200÷2,400)
X 배부액(1)	₩12,500 (₩50,000×0.25)	₩12,500 (₩50,000×0.25)	₩25,000 (₩50,000×0.5)
Y 배부기준	0.5 (1,000÷2,000)	0.5 (1,000÷2,000)	
Y 배부액(2) (₩35,000 + ₩25,000)	₩30,000 (60,000×0.5)	₩30,000 (₩60,000×0.5)	
합계(3) = (1) + (2)	₩42,500	₩42,500	

6.28 정답 ③

해설 ① 부문별 제조간접원가 배부율을 사용하는 경우에는 보조부문 원가 배분방법에 의해 제조간접원가 배부율은 영향을 받는다.

② 이중배분율법은 변동원가와 고정원가를 구분해서 변동원가는 실제사용량을 기준으로 배분하고 고정원가는 최대사용량을 기준으로 배분한다.

④ 단계배분법과 상호배분법의 배분후의 결과는 다를 수 있다.

⑤ 직접배분법은 보조부문의 상호용역수수관계를 고려하지 않는다.

6.29 정답 ④

해설 건물관리부문은 점유면적을 기준으로 배부하는 것이 타당하다.

6.30 정답 ①

해설
- 단계배부법을 선택할 경우 공장사무부의 수선부 용역 제공비율은 11.1%, 수선부의 공장사무부 용역 제공비율 13.0%로 수선부가 1순위
- 단계배부법에 의한 배분액

구분	제조부문		보조부문	
	제1제조부문	제2제조부문	공장사무부	수선부
배분액	₩64,000	₩73,000	₩48,000	₩69,000
수선부배분액	₩36,000	₩24,000	₩ 9,000	
공장사무부배분액	₩34,200	₩22,800	₩57,000	
합계	₩134,200	₩119,800		

- 직접배부법에 의한 배분액

구분	제조부문		보조부문	
	제1제조부문	제2제조부문	공장사무부	수선부
배분액	₩64,000	₩73,000	₩48,000	₩69,000
수선부배분액	₩41,400	₩27,600		
공장사무부배분액	₩28,800	₩19,200		
합계	₩134,200	₩119,800		

6.31 정답 ③ ₩272,000

해설 단일배부율 사용시 실제수선유지시간으로 배부한다.
수선부문 발생원가(₩680,000)×X부문실제사용비율(400시간÷1,000시간)
= ₩680,000×0.4 = ₩272,000

6.32 정답 ③ ₩76,000

해설 S2 → B = S2발생원가(₩190,000)×배부율[36%÷(36%+36%+18%)] = ₩76,000

6.33 정답 ② 단계배부법, 이중배부율법

해설 (1) 이중배부율법의 설명이다.
(2), (3) 단계배부법의 설명이다.

6.34 정답 ③ ₩90,000

해설
- 동력부문 → 수선부문: 동력부문발생원가(₩200,000)×수선부문배부율(20%) = ₩40,000
- 수선부문원가 = 자기발생원가(₩140,000) + 동력배부원가(₩40,000) = ₩180,000
- 수선부문 → 조립부문: 수선부문원가(₩180,000)×조립부문배부율[42%÷(42%+42%)]
  = ₩180,000×0.5 = ₩90,000

6.35 정답 ④ ₩1,375

해설 직접배부법은 보조부문의 상호용역관계는 고려하지 않는다.
- 수선 → 절단: 수선부문발생원가(₩2,000)×절단부문비율[30%÷(30%+50%)]
  = ₩2,000×0.375 = ₩750

• 동력 → 절단: 동력부문발생원가(₩1,000)×절단부문비율[50%÷(30%+50%)]
= ₩1,000×0.625 = ₩625
• 총 ₩750+₩625 = ₩1,375

Ⅲ. 주관식

6.1 정답 ₩44,000

해설 조립부에 배부될 관리부 원가 = (₩99,000×40/90) = ₩44,000

6.2 정답 ₩66,800

해설 동력부부터 배부

	보조부문		생산부문	
	동력부	수선부	A	B
배분전 원가	₩20,000	₩40,000	₩20,000	₩30,000
동력부 배분	(₩20,000)	₩6,000	₩10,000	₩4,000
수선부 배분	–	(₩46,000)	₩36,800	₩9,200
배분후 원가	₩0	₩0	₩66,800	₩43,200

6.3 해설 1)

	보조부문			제조부문	
	동력부	수선부	관리부	엔진부	조립부
발생원가	₩100,000	₩150,000	₩50,000	₩200,000	₩300,000
동력부	(₩100,000)			₩40,000	₩60,000
수선부		(₩150,000)		₩60,000	₩90,000
관리부			(₩50,000)	₩10,000	₩40,000
배부원가	₩0	₩0	₩0	₩310,000	₩490,000

2) 엔진제조부문비 110,000 　 동력부문비 100,000
조립제조부문비 190,000 　 수선부문비 150,000
　　　　　　　　　　　　 관리부문비 50,000

6.4 해설 1)

	보조부문			제조부문	
	동력부	수선부	관리부	엔진부	조립부
발생원가	₩100,000	₩150,000	₩50,000	₩200,000	₩300,000
동력부	(₩100,000)	₩25,000	₩12,500	₩25,000	₩37,500
수선부		(₩175,000)	₩35,000	₩56,000	₩84,000
관리부			(₩97,500)	₩19,500	₩78,000
배부원가	₩0	₩0	₩0	₩300,500	₩499,500

2) 엔진제조부문비 100,500 　 동력부문비 100,000
조립제조부문비 199,500 　 수선부문비 150,000
　　　　　　　　　　　　 관리부문비 50,000

6.5 해설 1) 보조부문비: A = ₩200,000 + 0.1B .... (ㄱ)

B = ₩450,000 + 0.2A .... (ㄴ)

(ㄴ)식을 (ㄱ)식에 대입하면,

A = ₩200,000 + 0.10(₩450,000 + 0.2A)

= ₩250,000

B = ₩450,000 + 0.2×₩250,000

= ₩500,000

따라서,

A를 갑과 을에 배부: 갑 제조: ₩250,000×0.5 = ₩125,000

을 제조: ₩250,000×0.3 = ₩75,000

B를 갑과 을에 배부: 갑 제조: ₩500,000×0.6 = ₩300,000

을 제조: ₩500,000×0.3 = ₩150,000

2) 갑제조부문비 425,000 A보조부문비 200,000

을제조부문비 225,000 B보조부문비 450,000

6.6 해설 용역수수관계:

	S1	S2	P1	P2	합 계
배분전원가	₩48,000	₩60,000	₩62,000	₩100,000	₩270,000
S1	–	40%	50%	10%	100%
S2	30%	–	20%	50%	100%

직접배부법

	S1	S2	P1	P2	합 계
배분전원가	₩48,000	₩60,000	₩62,000	₩100,000	₩270,000
S1	(48,000)	–	40,000	8,000	0
S2	–	(60,000)	17,143	42,857	0
배분후원가	₩0	₩0	₩119,143	₩150,857	₩270,000

S1 = 50%:10%, S2 = 20%:50%

6.7 해설 단계배부법

	S1	S2	P1	P2	합 계
배분전원가	₩48,000	₩60,000	₩62,000	₩100,000	₩270,000
S1	(48,000)	19,200	24,000	4,800	0
S2	×*	(79,200)	22,629	56,571	0
배분후원가	₩0	₩0	₩108,629	₩161,371	₩270,000

S1 = S2:P1:P2 = 40%:50%:10%, S2 = P1:P2 = 20%:50%

6.8 해설 1) 연립방정식 도출: S1 = ₩48,000 + 0.3S2

S2 = ₩60,000 + 0.4S1

즉, 연립방정식을 통하여 S1, S2 값을 구하면,

S1 = ₩75,000, S2 = ₩90,000

2) 보조부문 원가배분(상호배부법)

	S1	S2	P1	P2	합 계
배분전원가	₩48,000	₩60,000	₩62,000	₩100,000	₩270,000
S1	(75,000)	30,000	37,500①	7,500	0
S2	27,000	(90,000)	18,000②	45,000	0
배분후원가	₩0	₩0	₩117,500	₩152,500	₩270,000

①: ₩37,500 = ₩75,000×50% = 0.5×S1, ②: ₩18,000 = ₩90,000×20% = 0.2×S2

6.9 해설 1) ₩880,000÷8,000시간 = ₩110

2) 가공부 = 자가부문(₩200,000) + 동력부 ₩24,000(₩60,000×600/1,500) +
운반부 ₩20,000(₩80,000×100/400) + 관리부 ₩24,000(₩40,000×30/50)
= ₩268,000
예정배부율 = ₩268,000÷2,000시간 = ₩134
도색부 = 자가부문(₩500,000) + 동력부 ₩36,000(₩60,000×900/1,500) +
운반부 ₩60,000(₩80,000×300/400) + 관리부 ₩16,000(₩40,000×20/50)
= ₩612,000
예정배부율 = ₩612,000÷6,000시간 = ₩102

6.10 해설 보조부문비

T = ₩60,000 + 0.10V .... (1)

V = ₩80,000 + 0.30T .... (2)

(2)식을 (1)식에 대입

T = ₩60,000 + 0.10(₩80,000 + 0.30T) = ₩70,103

V = ₩80,000 + 0.30×₩70,103 = ₩101,031

T를 1과 2에 배부

제조부문 1: ₩70,103×50% = ₩35,051

제조부문 2: ₩70,103×20% = ₩14,021

V를 1과 2에 배부

제조부문 1: ₩101,031×60% = ₩60,619

제조부문 2: ₩101,031×30% = ₩30,309

	보조 부문		제조 부문		
	T	V	1	2	계
배부전 제조간접비 예산	₩60,000	₩80,000	₩30,000	₩25,000	₩195,000
T 보조부문비	(70,103)	21,031	35,051	14,021	
V 보조부문비	10,103	(101,031)	60,619	30,309	
	0	0			
배부후 제조부문비			₩125,670	₩69,330	₩195,000

제7장 종합원가계산

Ⅰ. 평가자체크리스트

7.1 해설 T

7.2 해설 F 항상 크거나 같다.

7.3 해설 F 210단위

7.4 해설 T

7.5 해설 T

7.6 해설 T

7.7 해설 F 선입선출법이 적용된 방법이다.

7.8 해설 T

7.9 해설 T

7.10 해설 F 선입선출법은 당기작업량과 당기투입원가에 중점을 맞추고 있으므로 계획과 통제 및 제조부문의 성과평가에도 유용한 정보를 제공할 수 있다.

Ⅱ. 객관식

7.1 정답 ③
해설 소금제조업, 얼음제조업과 같이 단일의 공정을 통해서 대량의 동질적인 제품을 생산하는 방식에 적합한 원가계산방법을 단일종합원가계산이라고 한다.

7.2 정답 ③
해설 평균법에 의한 완성품 환산량 단위당 원가는 당기총제조원가에 기초재공품원가를 가산한 합계액을 완성품환산량으로 나누어 계산한다.

7.3 정답 ⑤
해설 평균법에서는 기초재공품원가도 당기투입원가로 가정한다.

7.4 정답 ②
해설 종합원가계산에서 기말재공품의 완성도를 높게 적용하는 경우 기말재공품의 완성품환산량이 높아져 재공품계정이 과대평가된다.

7.5 정답 ③

해설 재공품 가공비의 완성품 환산량은 당기투입량에 완성도를 곱하여 계산되므로 재공품 가공비의 완성품환산량은 투입량보다 작게 된다.

7.6 정답 ①

해설 재공품 재료비의 완성품환산량은 당기투입량에 완성도를 곱하여 계산되므로 재공품 재료비의 완성품환산량은 투입량보다 작거나 같게 된다.

7.7 정답 ①

해설 기말재공품에 대한 완성도가 실제보다 과대평가되었다면 기말재공품환산량 및 완성품환산량이 과대평가되고, 완성품환산량 단위당 원가 및 완성품원가는 상대적으로 과소평가되며, 기말재공품원가는 과대평가된다.

7.8 정답 ④

해설 선입선출법에 의한 가공비환산량은 10,000단위이다.

평균법	재료비	가공비	선입선출법		재료비	가공비
완 성 품	9,000	9,000	완성품	- 기초	-	1,200
				- 당기투입	7,000	7,000
기말재공품	3,000	1,800			3,000	1,800
완성품환산량	12,000	10,800			10,000	10,000
재료비단위원가: 54,000/12,000 = ₩4.5			재료비단위원가: 52,000/10,000 = ₩5.2			

7.9 정답 ③

해설 재료비: 완성수량400개 + (기말재공품×100%) = 500개
가공비: 완성수량400개 + (기말재공품×50%) = 450개

7.10 정답 ⑤

해설 재료비 6,000개, 가공비 5,500개(4,500 + (2,000×50%))

7.11 정답 ③

해설 재료비와 가공비 완성품환산량 = 200 + 2,100 + 200 = 2,500단위
당기투입원가 = 재료비₩5,000,000 + 가공비₩2,500,000 = ₩7,500,000
완성품환산량단위당원가 = ₩7,500,000/2,500단위 = ₩3,000
월말재공품완성품환산량 = 400개×50% = 200단위
월말재공품의 재료비와 가공비 합계 = 200단위×₩3,000 = ₩600,000

7.12 정답 ①

해설 평균법과 선입선출법은 기초재공품의 완성도 고려여부에 따라 차이가 발생한다.
평균법: 30,000개 + 15,000개×40% = 36,000개
선입선출법: (30,000개 + 15,000개×40%) - 5,000개×20% = 35,000개

7.13 정답 ④

해설 평균법: 재료비환산량(2,500개), 가공비환산량(2,200개)

선입선출법: 재료비환산량(2,500개 - 600개 = 1,900개)
가공비환산량(2,200개 - 300개 = 1,900개)

7.14 정답 ①

해설 재료비환산량: 완성(72,000단위) + 기말(16,000단위) = 88,000단위
가공비환산량: 완성(74,000단위) + 기말(10,000단위) = 84,000단위

7.15 정답 ③

해설 완성품원가 + 기말재공품원가 = 기초재공품원가 + 당기발생원가.
총제조원가(₩4,500,000) = 총발생원가(₩5,000,000) - 기초재공품원가(₩500,000)
완성품환산량 = ₩4,500,000÷500개 = 9,000개

7.16 정답 ⑤

해설 재료비환산량 = 완성품환산량(80,000개) + 기말재공품환산량(20,000개) = 100,000개
가공비환산량 = 완성품환산량(80,000개) + 기말재공품환산량(12,000개) = 92,000개

7.17 정답 ③

해설

	① 물량흐름	② 환 산 량	
		직접재료비	가공비
완성품			
기초재공품	100(50%)	0	50
당기투입량	100	100	100
기말재공품(50%)	100	100	50
합 계	300	200	200

③ 총제조원가 집계:

	직접재료비	가공비
당기총제조원가	₩200,000	₩300,000

④ 환산량 단위당 제조원가 계산:

직접재료비	가공비
₩1,000	₩1,500

⑤ 총제조원가 배분:
- 완성품 원가 = (100×1,000) + (150×1,500) + 60,000 = ₩385,000
- 기말재공품 원가 = (100×1,000) + (50×1,500) = ₩175,000

7.18 정답 ④

해설 재료비 환산량: 60,000개, 가공비 환산량: 54,000개
당기총재료비: ₩420,000, 당기총가공비: ₩270,000
재료비단가: ₩7 가공비단가: ₩5
당기제품제조원가: 50,000개×₩12 = ₩600,000
기말재고액: 10,000개×₩7 + 4,000개×₩5 = ₩90,000

7.19 정답 ①

해설 재료비 환산량: 9,000개, 가공비 환산량: 10,200개.

	① 물량흐름	② 환산량 직접재료비	② 환산량 가공비
완성품			
기초재공품	3,000(80%)	0	2,400
당기투입량	7,000	7,000	7,000
기말재공품(40%)	2,000	2,000	800
합 계	12,000	9,000	10,200

7.20 정답 ②

해설 환산량 단위당원가 – 재료비: 448,000원/1,400개 = ₩320

– 가공비: 204,000원/1,360개 = ₩150

완성품원가: (1,300개×₩320) + (1,300개×₩150) = ₩611,000

7.21 정답 ③ 40%

해설

기초	2,000단위(? %)	완성	5,000단위	전기착수당기완성	2,000단위(? %)
				당기착수당기완성	3,000단위(100%)
착수	6,000단위	기말	3,000단위(완성도 60%)		
합계	8,000단위	합계	8,000단위		

• 가공원가의 평균법과 선입선출법 완성품환산량의 차이 = 기초재공품의 완성도
→ 가공원가의 평균법 완성품환산량(6,800단위) – 선입선출법 완성품환산량(6,000단위)
= 800단위 = 2,000단위×X%
∴ X% = 800단위÷2,000단위 = 0.4

〈별해 1〉
선입선출법 완성품환산량(6,000단위) = [완성(5,000단위) – 기초(2,000단위×X%)]
+ 기말(3,000단위×60%)
→ 6,000단위 = 6,800단위 – 기초(2,000단위×X%)
→ 기초(2,000단위×X%) = 800단위
∴ X% = 800단위÷2,000단위 = 0.4

〈별해 2〉
선입선출법 완성품환산량(6,000단위) = 완성품[2,000단위×(1 – X%) + 3,000단위×(100%))]
+ 기말(3,000단위×60%)
→ 2,000단위×(1 – X%) + 4,800단위 = 6,000단위
→ 2,000단위×(1 – X%) = 1,200단위
→ 1 – X% = 0.6
∴ X% = 0.4

7.22 정답 ③ 5,000개

해설 재료비 완성품 환산량 = 당기 완성품 수량 4,000개(100%) + 기말 재공품 수량 1,000개(100%)
= 5,000개

7.23 정답 ②

해설 물량 흐름 파악 → 원가요소별 완성품환산량 계산 → 원가요소별 기초재공품원가와 당기발생원가 집계 → 완성품환산량 단위당 원가 계산 → 완성품과 기말재공품에 원가 배분

7.24 정답 ④

해설 기말재공품원가 = 기말재공품수량×완성도×완성품환산량당 단위원가

- 재공품수량은 동일하면서 '기초 재공품원가 < 기말 재공품원가'가 되기 위해서는 (1) 기말 재공품의 완성도가 증가 또는 (2) 완성품환산량당 단위원가가 전기보다 증가하여야 한다.
- 완성품환산량당 단위원가가 전기보다 증가하기 위해서는 평균법에 의한 완성품환산량 단위당 원가 = (기초재공품원가 + 당기투입원가)÷총완성품환산량, 분자에 해당하는 노무비와 고정제조간접비의 증가는 완성품환산량 단위당 원가를 증가하게 된다.

7.25 정답 ③ ₩2,250

해설 당기제품제조원가 = (750개÷1,000개)×@₩1,000 + (750개÷850개)×₩1,700 = ₩2,250

7.26 정답 ①

해설

월초재공품	1,000개	당기완성품	2,600개
당기착수	2,200개	월말재공품	600개
계	3,200개	계	3,200개

	재료원가	가공원가
완성품	2,600개	2,600개
기말재공품	600개	150개
완성품환산량	3,200개	2,750개

$$\text{재료원가완성품환산량 단위당 원가} = \frac{₩260,000 + ₩764,000}{3,200\text{개}} = ₩320$$

$$\text{가공원가완성품환산량 단위당 원가} = \frac{₩50,000 + ₩472,500}{2,750\text{개}} = ₩190$$

7.27 정답 ③

해설 개별작업지시서에 따라 제품을 제조하는 경우는 개별원가계산방식이다.

7.28 정답 ⑤ 70%

해설 선입선출법 완성품환산량(4,500개) = 완성품 수량(4,000개) + 기말재공품(2,000개×60%) – 기초재공품(1,000개×X%) → 기초재공품(1,000개×X%) = 700개

∴ X% = 700개÷2,000개 = 0.7

〈별해 1〉

선입선출법 완성품환산량(4,500개) = 완성품[1,000개×(1 – X%) + 3,000개×(100%))]
+ 기말(2,000개×60%)

→ 1,000개×(1 – X%) + 4,200개 = 4,500개

→ 1,000개×(1 – X%) = 300개

→ 1 – X% = 0.3

∴ X% = 0.7

7.29 정답 ④

해설 정상공손품에 투입된 제조원가는 당기 완성품 및 기말재공품 원가에 포함시킨다.

7.30 정답 ③ 140개

해설 검사시점을 통과한 수량은 1,200개(완성) + 200개(기말) = 1,400개이다.
합격품의 10%인 140개가 정상공손수량이다.

7.31 정답 ④

해설 ① 공손품이란 품질 및 규격이 표준에 미달하는 불량을 말한다.
② 작업폐물이란 생산에 투입된 원재료의 찌꺼기나 조각을 의미한다.
③ 부산물이란 제조과정에서 부수적으로 생산되는 제품으로 판매가치가 상대적으로 낮은 제품이다.
④ 감손의 정의이다.
⑤ 주산물이란 결합제품 중 판매가치가 상대적으로 중요한 제품을 말한다.

7.32 정답 ③

해설 개별원가계산(job order costing)에서 비정상공손원가는 재고가능원가로 간주되지 않으며, 그 공손이 발견된 기간의 비용으로 처리된다.

7.33 정답 ① 990개

해설 선입선출법 완성품환산량 = 완성품(1,000개) - 기초재공품 전기완성도(100개×50%) + 기말재공(200개×20%) = 1,000개 - 50개 + 40개 = 990개

7.34 정답 ④ 완성품환산량의 감소로 완성품환산량 단위당 원가가 과대계상된다.

해설 기말재공품 완성도 과소평가 → 기말재공품 완성품환산량 과소평가 → 완성품환산량 과소평가 → 완성품환산량 단위당 원가 과대평가 → 매출원가 과대평가, 기말재공품 과소평가 → 매출총이익, 당기순이익 과소평가

7.35 정답 ③

해설 ① 공손품 = 기초재공품(500개) + 당기착수량(1,500개) - 완성품(1,500개) - 기말재공품(400개) = 100개
② 비정상공손품원가는 영업외비용으로 처리한다.
③ 정상공손원가는 검사시점 통과여부에 따라 완성품과 기말재공품에 배분할 수 있다. 문제에서 검사시점이 주어지지 않았기에 배분 여부를 정확히 알 수 없다.
④ 정상공손 = 완성품(1,500개)×0.05 = 75개
⑤ 정상공손 = 완성품(1,500개)×0.04 = 60개 → 비정상공손 = 100개 - 60개 = 40개

7.36 정답 ①

해설 선입선출법은 당기완성품환산량의 단위당 원가 계산시 당기발생원가만 고려한다. 그러나 평균법은 기초재공품에 포함된 원가와 당기발생원가 둘 다 고려한다. 따라서 기초재공품이 없는 경우 선입선출법과 평균법의 완성품환산량 단위당 원가는 동일하다.

7.37 정답 ③ ₩1,720,000

해설

			재료비	가공비
당기완성 25,000	기초재공품	10,000(20%)	0	8,000단위
	당기착수량	15,000	15,000단위	15,000단위
	기말	5,000(40%)	5,000단위	2,000단위
		완성품환산량	20,000단위	25,000단위
		당기투입원가	₩400,000	₩1,000,000
당기투입원가/완성품환산량		단위당원가	@₩20	@₩40

• 완성품원가 = ₩500,000(기초재공품 원가) + 15,000단위×@₩20 + 23,000단위×@₩40
= ₩1,720,000

7.38 정답 ③

해설 공손수량 = 500개(기초재공품) + 4,500개(당기착수량) − 3,050개(당기제품생산량)
− 1,500개(기말재공품) = 450개

구 분	수 량	검사시점	
		20%	100%
기초재공품(40%) − 전기착수당기완성품(1)	500개	0개	500개
당기착수 − 완성품(2)	2,550개	2,550개	2,550개
기말재공품(70%)(3)	1500개	1,500개	0개
합격품수량(4) = (1) + (2) + (3)	−	4,050개	3,050개
정상공손(합격품의 10%) (5) = (4)×10%		405개	305개
공손수량합계(6)		450개	450개
비정상공손(7) = (6) − (5)		45개	145개

7.39 정답 ③

해설 기말재공품의 완성품환산량 계산시 공정진행시점 60%는 재료비의 투입시점인 20%를 지나갔으므로 100% 모두 포함되며, 가공비는 공정전반에 균등 투입되므로 60%가 투입된 것으로 본다.

7.40 정답 ④

해설 기말재공품 완성도 과대평가 → 기말재공품 완성품환산량 과대평가 → 완성품환산량 과대평가 → 완성품환산량 단위당 원가 과소평가(원가/완성품환산량) → 완성품원가 과소평가 → 기말재공품 원가 과대평가

7.41 정답 ② ₩153,000

해설 기말재공품 재료비: 300개×₩350 = ₩105,000
기말재공품 가공비: (300개×0.8)×₩200 = ₩48,000
기말재공품 원가: ₩105,000 + ₩48,000 = ₩153,000

7.42 정답 ③

해설 ①, ②, ④, ⑤는 개별원가계산에 관한 설명이다.

7.43 정답 ①

해설 평균법: 완성량(600개) + 기말재공품(400개×70%) = 880개

선입선출법: 완성량(600개) - 기초재공품 완성도(200개×30%) + 기말재공품(400개×70%) = 820개

7.44 정답 ① 974단위

해설 가공원가완성품 환산량 = 완성품(860단위) - 기초재공품완성도(200단위×20%) + 기말재공품(220단위×70%) = 860단위 - 40단위 + 154단위 = 974단위

Ⅲ. 주관식

7.1 정답 7,300개

해설 2,000개×(1 - 0.30) + 5,000개 + 3,000개×0.30 = 7,300개

7.2 정답 30,000개

해설 20,000개 + (20,000개×0.50) = 30,000개

7.3 해설 1)

	물량흐름	환 산 량	
		직접재료비	가 공 비
기초재공품	5,000		
당기투입량	80,000		
합 계	85,000		
완성품	83,000	83,000	83,000
기말재공품	2,000	1,600(80%)	1,000(50%)
합 계	85,000	84,600	84,000

2)

	물량흐름	환 산 량	
		직접재료비	가 공 비
기초재공품	5,000		
당기투입량	80,000		
합 계	85,000		
완성품			
기초재공품	5,000	2,000(40%)	1,000(20%)
당기투입량	78,000	78,000	78,000
기말재공품	2,000	1,600(80%)	1,000(50%)
합 계	85,000	81,600	80,000

7.4 해설 1)

	물량흐름	환 산 량 직접재료비	환 산 량 가 공 비
기초재공품	5,000(70%)		
당기투입량	85,000		
합 계	90,000		
완성품	80,000	80,000	80,000
기말재공품	10,000(60%)	9,200*	6,000**
합 계	90,000	89,200	86,000

*: (10,000×0.8)+(10,000×0.2×0.6)=9,200단위
**: 10,000×0.6=6,000단위

2)

	물량흐름	환 산 량 직접재료비	환 산 량 가 공 비
기초재공품	5,000(70%)		
당기투입량	85,000		
합 계	90,000		
완성품			
기초재공품	5,000	300*	1,500**
당기투입량	75,000	75,000	75,000
기말재공품	10,000(60%)	9,200***	6,000****
합 계	90,000	84,500	82,500

*: 5,000×(0.2×0.3)=300단위
**: 5,000×0.3=1,500단위
***: 10,000×(0.8+0.2×0.6)=9,200단위
****: 10,000×0.6=6,000단위

7.5 해설

		재료비	가공비
완성품			
기초재공품	300	0	210(70%)
당기투입량	2,000	2,000	2,000
기말재공품	500	500(100%)	200(40%)
합계	2,800	2,500	2,410

7.6 해설 평균법:

완성품환산량: 재료비(8,000개), 가공비(8,000개)
기말재공품환산량: 재료비(2,000개), 가공비(1,000개)
총제조원가: 재료비(₩80,000), 가공비(₩90,000)
완성품 환산량 단위당 원가: 재료비(₩80,000/10,000개=₩8),
가공비(₩90,000/9,000개=₩10)
기말재공품원가=재료비(2,000개×₩8)+가공비(1,000개×₩10)=₩26,000
완성품원가=8,000개×₩18=144,000

선입선출법:
완성품환산량: 재료비(7,000개), 가공비(7,600개)

기말재공품환산량: 재료비(2,000개), 가공비(1,000개)
총제조원가: 재료비(₩70,000), 가공비(₩78,000)
완성품 환산량 단위당 원가: 재료비(₩70,000/9,000개 = ₩7.78),
가공비(₩78,000/8,600개 = ₩9.07)
기말재공품원가 = 재료비(2,000개×₩7.78) + 가공비(1,000개×₩9.07) = ₩24,630
완성품원가 = ₩170,000 − ₩24,630 = ₩145,370

7.7 해설 1)

	① 물량흐름	② 환 산 량	
		직접재료비	가 공 비
기초재공품	1,000		
당기투입량	55,000		
합 계	56,000		
완성품	50,000	50,000	50,000
기말재공품	6,000(50%)	6,000	3,000
합 계	56,000	56,000	53,000

③ 총제조원가 집계:

	직접재료비	가공비
기초재공품원가	₩18,000	₩12,000
당기총제조원가	₩150,000	₩200,000
합 계	₩168,000	₩212,000

④ 환산량 단위당 제조원가 계산:

직접재료비	가공비
₩168,000	₩212,000
÷ 56,000	÷ 53,000
₩3	₩4

⑤ 총제조원가 배분:
- 완성품 원가 = (50,000×₩3) + (50,000×₩4) = ₩350,000
- 기말재공품 원가 = (6,000×₩3) + (3,000×₩4) = ₩30,000

2)

	① 물량흐름	② 환 산 량	
		직접재료비	가 공 비
기초재공품(50%)	1,000		
당기투입량	55,000		
합 계	56,000		
완성품			
기초재공품	1,000(50%)	0	500
당기투입량	49,000	49,000	49,000
기말재공품(50%)	6,000	6,000	3,000
합 계	56,000	55,000	52,500

③ 총제조원가 집계:

	직접재료비	가 공 비
기초재공품원가	₩0	₩0
당기총제조원가	₩150,000	₩200,000
합 계	₩150,000	₩200,000

④ 환산량 단위당 제조원가 계산:

직접재료비	가 공 비
₩150,000	₩200,000
÷ 55,000	÷ 52,500
₩2.73	₩3.81

⑤ 총제조원가 배분:

- 완성품 원가 = (49,000×2.73) + (49,500×3.81) + 30,000 = ₩352,365
- 기말재공품 원가 = (6,000×2.73) + (3,000×3.81) = ₩27,810(끝수조정)

7.8 해설 1)

	① 물량흐름	② 환 산 량	
		직접재료비	가 공 비
기초재공품	5,000		
당기투입량	95,000		
합 계	100,000		
완성품			
기초재공품	5,000	0	2,000(40%)
당기투입량	93,000	93,000	93,000
기말재공품	2,000	2,000	1,000(50%)
합 계	56,000	95,000	96,000

③ 총제조원가 집계:

	직접재료비	가 공 비
기초재공품원가	₩0	₩0
당기총제조원가	₩1,045,000	₩1,248,000
합 계	₩1,045,000	₩1,248,000

④ 환산량 단위당 제조원가 계산:

직접재료비	가 공 비
₩1,045,000	₩1,248,000
÷ 95,000	÷ 96,000
₩11	₩13

⑤ 기말재공품 배분:

- 기말재공품 원가 = (2,000×₩11) + (1,000×₩13) = ₩35,000

2) 선입선출법은 기초재공품의 완성품환산량을 제외한 상태에서 당기만의 완성품 환산량을 계산하며, 평균법은 기초재공품의 완성품환산량을 포함한 상태에서 완성품환산량을 계산한다. 따라서, 양자간의 차이는 기초재공품의 포함여부이다.

	① 물량흐름	② 환 산 량	
		직접재료비	가 공 비
기초재공품	5,000		
당기투입량	95,000		
합 계	100,000		
완성품			
기초재공품	5,000	0	2,000(40%)
당기투입량	93,000	93,000	93,000
기말재공품	2,000	2,000	1,000(50%)
합 계	100,000	95,000	96,000

기초재공품수량 추가	5,000	3,000(60%)
합 계	100,000	99,000

7.9 정답 50%

해설 1) 총가공비에서 기말재공품이 차지하는 비율: ₩50,000/₩250,000 = 20%

2) 기말재공품의 완성도(X): 1,000X = (2,000 + 1,000X)×0.2

X = 50%

7.10 해설 1)

	물량흐름	환산량	
		직접재료비	가공비
기초재공품	10,000(80%)		
당기투입량	100,000		
합 계	110,000		
완성품			
기초재공품	10,000(20%)	0	2,000
당기투입량	80,000	80,000	80,000
기말재공품	20,000(40%)	20,000	8,000
합 계		100,000	90,000
단위당 원가		₩15①	₩10②

①: ₩1,500,000÷100,000 = ₩15, ②: ₩900,000÷90,000 = ₩10

2) 기말재공품원가 = 20,000×₩15 + 8,000×₩10 = ₩380,000

완성품원가 = 기초 재공품원가 + 당기 투입원가 − 기말 재공품원가

= ₩453,800 + ₩2,400,000 − ₩380,000

= ₩2,473,800

제8장 결합원가계산

I. 평가자체크리스트

8.1 해설 T

8.2 해설 T

8.3 해설 F 생산량을 사용한다.

8.4 해설 T

8.5 해설 F 순실현가치법을 사용할 수 있다.

8.6 해설 T

8.7 해설 T

8.8 해설 T

8.9 해설 T

8.10 해설 F 분리점에서 증분수익과 증분원가만이 의사결정에 관련된다.

Ⅱ. 객관식

8.1 정답 ③

해설 결합원가는 일반적으로 제조원가로 구성된다.

8.2 정답 ③

해설 연산품B의 판매가치가 상대적으로 하락한다면 연산품A의 판매가치가 상대적으로 높아지게 되므로 배분되는 원가도 연산품A가 증가하게 된다.

8.3 정답 ④

해설 A의 판매가치: ₩200,000, B의 판매가치: ₩200,000,
따라서 결합원가 배분액은 각각 ₩100,000이다.
A의 단위당 원가: ₩100,000/200개 = @₩500
B의 단위당 원가: ₩100,000/400개 = @₩250

8.4 정답 ④

해설 배분되는 결합원가: ₩93,000
컵의 순실현가치: 10,000단위×(₩4 − ₩2) = ₩20,000
쟁반의 순실현가치: 5,000단위×(₩10 − ₩2) = ₩40,000
컵에 배분되는 결합원가: ₩93,000×20,000/60,000 = ₩31,000
컵의 제품원가: ₩31,000 + ₩20,000 = ₩51,000
쟁반에 배분되는 결합원가: ₩93,000×40,000/60,000 = ₩62,000
쟁반의 단위당 제품원가: ₩20,000 + ₩62,000 = ₩82,000

8.5 정답 ②

해설 순실현가치
X제품: 300개×(@₩1,200 − @₩200) − ₩120,000 = ₩180,000(60%)
Y제품: 200개×(@₩2,000 − @₩300) − ₩220,000 = ₩120,000(40%)
제조원가
X제품: ₩250,000×0.6 + ₩120,000 = ₩270,000
Y제품: ₩250,000×0.4 + ₩220,000 = ₩320,000
기말재고액
X제품: ₩270,000×90/300 = ₩81,000
Y제품: ₩320,000×50/200 = ₩80,000
₩161,000

8.6 정답 ②

해설 순실현가능가치의 계산:

	단위당 판매가격	단위당 추가가공비	단위당 순실현가능가치	생산량	순실현가능가치
갑	1,000	200	800	100	80,000
을	800	100	700	80	56,000

결합원가의 배분: 갑 = ₩4,080,000×(80/136) = ₩2,400,000
　　　　　　　　을 = ₩4,080,000×(56/136) = ₩1,680,000

8.7 정답 ②

해설 순실현가치:
X제품: 200개×@₩3,000 − ₩200,000 = ₩400,000(40%)
Y제품: 240개×@₩4,000 − ₩360,000 = ₩600,000(60%)
결합원가의 배분:
X제품: ₩500,000×0.4 = ₩200,000
Y제품: ₩500,000×0.6 = ₩300,000

8.8 정답 ③

해설

	매출수익	추가가공비	순실현가능가액
'갑'	₩9,100,000	−	₩9,100,000
'을'	₩2,700,000	₩300,000	₩2,400,000
			₩11,500,000

결합원가배분액: '갑' = ₩23,000,000×(₩9,100,000/₩11,500,000) = ₩18,200,000
　　　　　　　'을' = ₩23,000,000×(₩2,400,000/₩11,500,000) = ₩4,800,000

8.9 정답 ①

해설 결합원가배분표

	A	B	C	합 계
생 산 량	?	?	50개	250개
결합원가	₩24,000	?	₩15,000[3]	₩60,000
분리점의 판매가치	₩48,000[1]	₩42,000	₩30,000[2]	₩120,000

1) $\text{₩}48,000 = \text{₩}120,000 \times \frac{\text{₩}24,000}{\text{₩}60,000}$

2) ₩30,000 = ₩120,000 − ₩48,000 − ₩42,000

3) $\text{₩}15,000 = \text{₩}60,000 \times \frac{\text{₩}30,000}{\text{₩}120,000}$

∴ C제품의 매출총이익 = 50개×₩700 − (₩15,000 + ₩8,000) = ₩12,000

8.10 정답 ②

해설 • 단위당 순실현가능가액:
- '갑': @₩750 − @₩500 = @₩250
- '을': @₩250 − @₩50 = @₩200

- 제품별 순실현가능가액
  - '갑': @₩250×200개 = ₩50,000
  - '을': @₩200×50개 = ₩10,000

8.11 정답 ③

해설 1) 판매가치비율

제 품	판매가치	결합원가
갑 제 품	₩1,400,000(70%)	₩280,000
을 제 품	₩600,000(30%)	?

2) 결합원가를 X라 하면, X = ₩280,000/70% = ₩400,000

8.12 정답 ①

해설 결합원가 ₩1,000,000을 순실현가치 기준으로 배분하는 단순한 문제이다.
유연휘발유의 순실현가치: 8,000ℓ×₩95 − ₩40,000 = ₩720,000
무연휘발유의 순실현가치: 12,000ℓ×₩120 − ₩160,000 = ₩1,280,000
유연휘발유의 제조원가: ₩1,000,000×₩720,000/(₩720,000 + ₩1,280,000)
+ ₩40,000 = ₩400,000

8.13 정답 ②

해설 ※ 문제에서 판매가격은 단위당 판매가가 아닌 총판매가치를 의미한다고 본다.

A의 순실현가치	= 60,000 − 40,000 =	₩20,000
B의 순실현가치	= 90,000 − 30,000 =	60,000
순실현가치 합계		₩80,000

A에 배분된 결합원가 = ₩70,000×₩20,000/₩80,000 = ₩17,500
B에 배분된 결합원가 = ₩70,000×₩60,000/₩80,000 = ₩52,500

B제품 판매시 매출총이익 = 최종판매가치 − 결합원가배분액 − 추가가공비
= ₩90,000 − ₩ 52,500 − ₩30,000
= ₩7,500

8.14 정답 ②

해설 분말초콜릿원액의 상대적판매가치: ₩2,500×400ℓ = ₩1,000,000
밀크초콜릿원액의 상대적판매가치: ₩4,000×500ℓ = ₩2,000,000
분말초콜릿원액의 결합원가 배분액: ₩3,600,000×1/3 = ₩1,200,000

8.15 정답 ②

해설

PP의 순실현가치	= 20kg×₩10,000/kg − ₩40,000 =	₩160,000
KK의 순실현가치	= 80kg× ₩5,000/kg − ₩60,000 =	340,000
순실현가치 합계		₩500,000

P에 배분할 결합원가 = ₩30,000×₩160,000/₩500,000 = ₩9,600
K에 배분할 결합원가 = ₩30,000×₩340,000/₩500,000 = ₩20,400

8.16 정답 ①

해설

분리점 판매가치		비 율		결합원가의 배분
A: 5,000×₩1,600 =	₩8,000,000	(2/3)		결합원가×2/3 = ₩2,400,000
B: 4,000×₩1,000 =	4,000,000	(1/3)	⇒	결합원가 = ₩3,600,000
	₩12,000,000			

8.17 정답 ②

해설 C제품의 분리점에서의 판매가치: ₩800,000 − ₩400,000* − ₩280,000 = ₩120,000

* ₩800,000×$\frac{₩180,000}{₩360,000}$ = ₩400,000

C제품의 매출총이익 = ₩500×400개 − ₩14,000 − ₩54,000* = ₩132,000

*₩360,000×$\frac{₩120,000}{₩800,000}$ = ₩54,000

8.18 정답 ⑤

해설

구분	NRV	비 율	결합원가	추가가공원가	총원가
A	₩280,000	40%	₩128,000	-	₩128,000
C	420,000	60%	192,000	₩80,000	272,000
	₩700,000	100%	₩320,000	₩80,000	₩400,000

구분	매출총이익률
A	(₩280,000 − ₩128,000)/₩280,000 = 54.29%
C	(₩500,000 − ₩272,000)/₩500,000 = 45.60%

8.19 정답 ③

해설 고급비누에 배분될 결합원가 = ₩10,000,000×[고급비누 순실현가치(₩14,000,000)÷순실현가치합(₩20,000,000)] = ₩7,000,000

8.20 정답 ④

해설 분리점 이전에 발생한 제조원가를 결합원가라 하며, 이는 의사결정과정에 영향을 미치지 않는다.

8.21 정답 ② ₩240,000

해설

	순실현가치	비율	결합원가배분
X	₩2,800,000	4/7	₩240,000
Y	₩2,100,000	3/7	₩180,000
계	₩4,900,000	1	₩420,000

8.22 정답 ④

해설 순실현가치법은 각 제품의 원가부담능력에 따라 결합원가를 배분하는 방법이고, 각 제품의 수혜도에 따라 배분하는 방법은 상대적 물량기준법이다.

8.23 정답 ① ₩5,600,000

해설 1단계) 기업 전체 매출원가 추정
=기업전체 매출원가(=결합원가+총추가원가)
=₩7,500,000(결합원가)+₩1,460,000(A제품 추가원가)+₩1,000,000(B제품 추가원가)
=₩9,960,000

2단계) 기업 전체 최종판매가격 추정
=A제품 매출액+B제품 매출액
=700단위×@₩6,000+1,500단위×@₩5,500=₩12,450,000

3단계) 기업 전체 매출원가율 추정
=기업전체 매출원가(=결합원가+총추가원가)÷기업전체 최종판매가격
=₩9,960,000÷₩12,450,000=0.8

4단계) 결합원가 배분

제품	최종판매가(매출액) (1)	매출원가(총제조원가) (2)=(1)×0.8	추가 원가(3)	결합원가 배분액 (4)=(2)-(3)
A	₩4,200,000	₩4,200,000×80% =₩3,360,000	₩1,460,000	₩1,900,000
B	₩8,250,000	₩8,250,000×80% =₩6,600,000	₩1,000,000	₩5,600,000
계	₩12,450,000		₩2,460,000	₩7,500,000

8.24 정답 ③ ₩8,640,000

해설
- 홍삼엑기스 순실현가치=2,000개×₩13,000－₩4,000,000=₩22,000,000
- 화장품 순실현가치=4,000개×₩6,000－₩6,000,000=₩18,000,000
- 미용비누 순실현가치=6,000개×₩2,000－₩2,000,000=₩10,000,000

	홍삼엑기스	화장품	미용비누	계
순실현가치	₩22,000,000	₩18,000,000	₩10,000,000	₩50,000,000
배부율	44%	36%	20%	100%
결합원가배부액	₩10,560,000	₩8,640,000	₩4,800,000	₩24,000,000

8.25 정답 ② ₩180,000

해설
A의 NRV=1,000개×₩200/개= ₩200,000
B의 NRV=2,000개×₩160/개－₩20,000= ₩300,000
합 계 ₩500,000

B에 배분할 금액=₩300,000×₩300,000/₩500,000=₩180,000

8.26 정답 ④

해설 1단계) B 제품에 배분되는 결합원가
=₩240,000(총 결합원가)×[₩180,000(B제품 분리점의 판매가치)
÷₩600,000(분리점의 총 판매가치)=₩72,000

2단계) C 제품에 배분되는 결합원가
=₩240,000(총 결합원가)－[₩60,000(A제품에 배부된 결합원가)
+₩72,000(B제품에 배부된 결합원가)]=₩108,000

3단계) C 제품의 매출총이익
= 200개×₩1,500(매출액) - [₩108,000(결합원가) + ₩3,000(추가가공원가)] = ₩189,000

참고) C 제품의 분리점의 판매가치가 200개×@₩1,500 - ₩3,000 = ₩297,000이 아님을 주의해야 함

Ⅲ. 주관식

8.1 해설 물량 기준법:

	제품 A	제품 B	제품 C
생산비율	20%	30%	50%
결합원가	₩8,000	₩12,000	₩20,000
	(= ₩40,000×0.2)	(= ₩40,000×0.3)	(= ₩40,000×0.5)

8.2 해설 상대적 판매가치법:

	상대적판매가치	
제품 A: 40,000×0.3 = ₩12,000	₩120,000	30.0%
제품 B: 40,000×0.325 = ₩13,000	130,000	32.5%
제품 C: 40,000×0.375 = ₩15,000	150,000	37.5%

8.3 해설 1) 물량기준:

	제품 A	제품 B	제품 C
매출액	₩120,000	₩130,000	₩150,000
결합원가	8,000	12,000	20,000
추가가공비	10,000	15,000	20,000
매출총이익	₩102,000	₩103,000	₩110,000

2) 상대적 판매가치기준법:

	제품 A	제품 B	제품 C
매출액	₩120,000	₩130,000	₩150,000
결합원가	12,000	13,000	15,000
추가가공비	10,000	15,000	20,000
매출총이익	₩ 98,000	₩102,000	₩115,000

8.4 해설

	A	B	계
판매가치:			
1,000×₩100;500×₩80	₩100,000	₩40,000	₩140,000
분리후 가공비	70,000	20,000	90,000
분리점에서 순실현가치	30,000	20,000	50,000
가중치(%)	60%	40%	
결합원가배분액	₩48,000	₩32,000	₩80,000

8.5 해설 순실현가치법:

제품	최종판매가치	추가가공비	순실현가치	배분원가	제조원가
A	₩500,000	₩100,000	₩400,000	₩200,000①	₩300,000
B	₩400,000	₩300,000	₩100,000	₩50,000	₩350,000
C	₩600,000	₩100,000	₩500,000	₩250,000	₩350,000

①: $₩500,000 \times \frac{₩400,000}{(₩400,000+₩100,000+₩500,000)} = ₩200,000$

8.6 해설 순실현가치법:

	최종판매가치	추가가공비	순실현가치	결합원가배분
A	₩100,000	₩20,000	₩80,000	₩16,000
B	135,000	15,000	120,000	24,000
C	100,000	-	100,000	20,000
D	230,000	30,000	200,000	40,000
합계			₩500,000	₩100,000

결합원가 배분 후 매출총이익 :

	제품 A	제품 B	제품 C	제품 D
매출액	₩100,000	₩135,000	₩100,000	₩230,000
결합원가	16,000	24,000	20,000	40,000
추가가공비	20,000	15,000	-	30,000
매출총이익	₩64,000	₩96,000	₩80,000	₩160,000

8.7 해설

결합원가 ₩100,000
- 갑: 200개 — 추가가공원가 ₩100,000 — 수퍼 갑: 200개×₩1,000/개 = ₩200,000
- 을: 300개 — ₩3,000/개 — 수퍼 을: 240개×₩4,000/개 = ₩960,000
- 병: 500개 — ₩2,000/개 — 수퍼 병: 600개×₩2,000/개 = ₩1,200,000

제품	순실현가치	배분 비율	결합원가 배분액	추가가공비	총원가	단위당 원가
(수퍼)갑	₩100,000①	5%	₩5,000	₩100,000	₩105,000	₩525
을	900,000	45%	45,000	0	45,000	150
병	1,000,000	50%	50,000	0	50,000	100
합계	₩2,000,000	100%	₩100,000	₩100,000	₩200,000	

①: 200개×₩1,000/개 − ₩100,000 = ₩100,000

8.8 해설

	수퍼 갑	을	병
Ⅰ. 매출액	₩200,000	₩900,000	₩1,000,000
Ⅱ. 매출원가(결합원가+개별원가)	105,000	45,000	50,000
Ⅲ. 매출총이익	₩95,000	₩855,000	₩950,000
Ⅳ. 매출총이익률	47.5%	95%	95%

8.9 해설

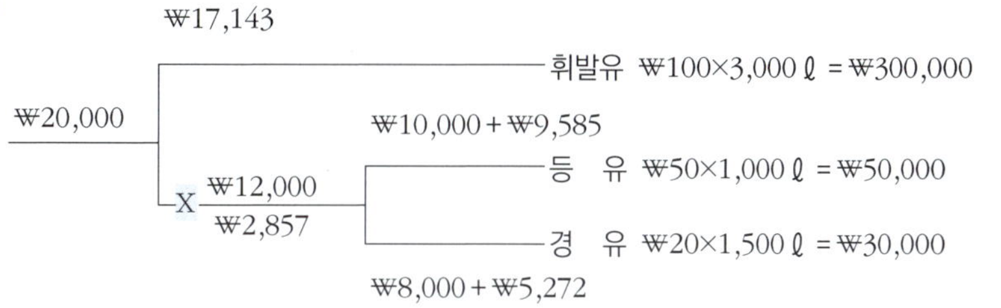

휘발유와 X중간제품
₩20,000×(₩300,000/₩350,000) = ₩17,143
₩20,000×(₩50,000/₩350,000) = ₩2,857
  *₩50,000 = ₩80,000 − ₩18,000 − ₩12,000
등유와 경유
₩14,857×(₩40,000/₩62,000) = ₩9,585
₩14,857×(₩22,000/₩62,000) = ₩5,272
휘발유: ₩17,143, 등유:₩9,585, 경유:₩5,272

8.10 해설 순실현가치.
  A제품: 500개×(@₩1,000 − @₩500) − ₩50,000 = ₩200,000
  B제품: 300개×(@₩2,000 − @₩1,000) − ₩100,000 = ₩200,000
제조원가
  A제품: ₩200,000×0.5 + ₩50,000 = ₩150,000
  B제품: ₩200,000×0.5 + ₩100,000 = ₩200,000

제9장 원가행태의 결정

Ⅰ. 평가자체크리스트

9.1 해설 F 고정비이거나 준고정원가(계단원가)이다.

9.2 해설 F 감가상각비는 고정비이다.

9.3 해설 F 관련범위가 변하면 고정비도 변할 수 있기 때문에 관련범위는 고정비를 측정하는데 매우 중요하다.

9.4 해설 T

9.5 해설 T

9.6 해설 T

9.7 해설 T

9.8 해설 T

9.9 해설 F 고저점법을 적용할 경우 원가동인의 최고치와 최저치가 비정상적인 상황이라면 원가함수는 정상적인 상황을 대표하지 못하게 된다. 즉 이상치에 영향을 받을 수 있는 단점이 있다.

9.10 해설 F 원가에 영향을 주는 원가동인은 생산량, 판매량 이외에 많은 활동들이 있다. 예를 들면, 운송거리, 병원에서의 침상수, 비행시간 등이다.

Ⅱ. 객관식

9.1 정답 ③

해설 조업도가 증가하는 경우 단위당 고정원가는 감소한다.

9.2 정답 ④

해설 임차료는 관련범위내에서 일정하게 발생한다.

9.3 정답 ⑤

해설 단위당 고정비는 조업도가 증가하면 감소한다.

9.4 정답 ①

해설 제품의 단위당 변동비는 조업도에 관계없이 일정하다.

9.5 정답 ②

해설 ① 변동비, ③준변동비, ④변동비, ⑤변동비에 대한 설명이다.

9.6 정답 ②

해설 변동원가와 고정원가를 원가행태에 따른 분류라고 한다.

9.7 정답 ③

해설 ① 고정원가, ②준고정원가 ③준변동원가, ④변동원가, ⑤조업도 범위에 따라 준고정원가와 준변동원가의 성격을 가진다.

9.8 정답 ①

해설 ②, ③, ④, ⑤는 과거의 원가자료를 근거로 원가를 추정하는 방법임

9.9 정답 ④

해설

고정비		₩6,000
변동비	₩3×3,000	9,000
총원가		₩15,000

9.10 정답 ②

해설 ₩100,000 - ₩80,000 = ₩20,000
₩20,000÷₩4 = 5,000단위

9.11 **정답** ①
해설 ₩0.40×9,000시간 ₩3,600
₩0.25×18,000시간 ₩4,500

	시간	원가
최고조업도	18,000	₩4,500
최저조업도	9,000	3,600
차 이	9,000	₩900

₩900÷9,000시간 = ₩0.10/시간당
₩4,500 - (₩0.10×18,000시간) = ₩2,700(고정비)

고정비	₩2,700
변동비: ₩0.10×13,000시간	1,300
총원가	₩4,000

9.12 **정답** ②
해설 직접재료비 ₩300 + 직접노무비₩220 + 변동제조간접비2시간×₩20 = ₩560

9.13 **정답** ②
해설 단위당 변동비: ₩2,400÷600톤 = @₩4
800톤 생산시 총원가: (@₩4×800톤) + ₩3,000 = ₩6,200
단위당 원가: ₩6,200÷800톤 = @₩7.75

9.14 **정답** ③
해설 Y = ₩80,000 + 100X
= ₩80,000 + 100×5,000km
= ₩580,000

9.15 **정답** ①
해설 ₩1,000,000 - ₩700,000 = ₩300,000
₩300,000÷₩10 = 30,000단위

9.16 **정답** ④
해설 시간당 변동비(₩80,000 - ₩20,000)/(1,000 - 200) = ₩75

9.17 **정답** ②
해설 추정식은 1년에 대한 추정식이므로 이를 월로 전환하여 추정식이 필요하다.
₩60,000 ÷ 12 = ₩5,000 → ₩5,000 + 10,000×₩2 = ₩25,000

9.18 **정답** ①
해설 b = (₩340,000 - ₩100,000)/(100,000단위 - 20,000단위) = @₩3
₩340,000 = a + ₩3×100,000, a = ₩40,000
y = ₩40,000 + ₩3×80,000 = ₩280,000

9.19 정답 ①

해설 b = (₩19,800 - ₩13,400)/(3,650시간 - 2,050시간) = @₩4

9.20 정답 ①

해설 단위당 변동비 = (₩680,000 - ₩575,000)/(30,000단위 - 25,000단위) = @₩21
단위당 변동제조간접비 = ₩21 - (₩5 + ₩6) = ₩10
기간당 고정제조간접비 = ₩680,000 - 30,000단위×₩21 = ₩50,000

9.21 정답 ① 계정분석법 - 고저점법

해설 (A)는 계정분석법에 대한 설명이다.
(B)는 고저점법에 대한 설명이다.

9.22 정답 ②

해설 직접비는 원가의 추적가능성에 따른 분류 중 하나에 해당한다.

9.23 정답 ② 직접비와 간접비

해설 원가요소의 추적가능성에 따른 분류는 직접비와 간접비이다.

9.24 정답 ③ 준변동비

해설 일정한 고정비에 추가시간에 따라 원가가 증가하는 형태이므로 준변동비로 분류한다.

9.25 정답 ④ ₩844,000

해설
- 수선유지비(변동비)의 시간당 원가 = ₩209,000/380시간 = @₩550
- 4월의 수도광열비: 세금과공과(고정비) ₩131,000 + 250시간×@₩550 + 수도광열비
  = ₩1,175,000

  ∴ 수도광열비 ₩906,500
- 수도광열비 단위당 원가: (₩939,000 - ₩906,500)/(380시간 - 250시간) = @₩250
- 수도광열비의 고정원가: ₩906,500 - (250시간×@₩250) = ₩844,000

9.26 정답 ② 준변동비

해설 기본급에 추가 1명당 인원에 대하여 급료를 추가로 받으므로 준변동비에 해당한다.

9.27 정답 ① 고정비

해설 해당 요금제는 월정액만 고정 지출하면 제한없이 데이터를 사용할 수 있기 때문에, 월정액이 고정비가 된다.

9.28 정답 ④ ₩6,000,000

해설 변동원가: (₩3,000,000÷30,000개)×40,000개 = ₩4,000,000
고정원가: 연간 조업도 범위 내에 있으므로 ₩2,000,000이다.
총원가: ₩4,000,000 + ₩2,000,000 = ₩6,000,000

9.29 정답 ①

해설 ② 관련범위 내에서 조업도가 증가하더라도 단위당 고정비는 감소한다.
③ 관련범위 내에서 조업도가 증가함에 따라 총 변동비는 증가한다.
④ 관련범위 내에서 조업도가 증가함에 따라 총 고정비는 일정하다.

Ⅲ. 주관식

9.1 해설 1) 변동제조간접비: ₩38,000/100시간 = ₩380
고정제조간접비: ₩30,000
y = ₩30,000 + 380x
2) y = ₩30,000 + 380×300시간 = ₩144,000

9.2 해설 1)

등록률	등록학생수	월간교육비
96%	960	960명×30일×₩15,000 = ₩432,000,000
88%	880	150,000,000 + 250,000,000 = ₩400,000,000

b(단위당변동비) = ₩432,000,000 − ₩400,000,000/960명 − 880명 = ₩32,000,000/80명
= ₩400,000/월
2) 432,000,000 = a + ₩400,000×960명
a = ₩48,000,000(월별 고정비)
y = ₩48,000,000 + ₩400,000x
3) y = ₩48,000,000 + ₩400,000×950명 = ₩428,000,000

9.3 해설 1) 고정비: ₩500,000(= 노무비(₩300,000) + 전화요금(₩40,000) + 전기료(₩20,000) + 광고비(₩100,000) + 보험료(₩40,000))
단위당변동비: ₩2,000,000(= 재료비(₩1,500,000) + 노무비(₩500,000))/2,000개
= ₩1,000
원가함수: Y = ₩500,000 + 1,000X
총원가: Y = ₩500,000 + (₩1,000×2,000개) = ₩2,500,000
2) 원가함수: Y = ₩500,000 + 1,000X 이므로
Y = ₩500,000 + 1,000×2,500개
Y = ₩3,000,000

9.4 정답 ₩5,000
해설 단위당변동비: (₩5,000 − ₩2,000)/(500h − 100h) = ₩7.5
고정비: ₩2,000 = a + ₩7.5×100h, a = ₩1,250
원가함수: y = ₩1,250 + 7.5x
총제조간접비: y = ₩1,250 + ₩7.5×500h
y = ₩5,000

9.5 정답 ₩13,000
해설 단위당 변동원가 = (최고조업도의 총원가 − 최저조업도의 총원가)/(최고조업도 − 최저조업도)
₩40 = (₩15,000 − x)/(250 − 200)　　x = ₩13,000

9.6 정답 ₩1,500
해설 단위당 변동비 = {(₩3,500,000 + ₩1,500,000)/10,000개} + ₩1,000 = ₩1,500

9.7 해설 단위당 변동비 = (₩70,000,000 − ₩50,000,000)/(2,000개 − 1,000개) = ₩20,000
총고정비 = ₩70,000,000 − (₩20,000×2,000개) = ₩30,000,000
총제조원가 = ₩30,000,000×1.2 + ₩20,000×0.6×3,000개 = ₩72,000,000

9.8 해설 Y = ax + b

$b = \frac{36,000 - 20,000}{800 - 400} = 40$, $a = 20,000 - 40 \times 400 = 4,000$

Y = 40x + 4,000

9.9 해설 단위당 변동제조간접비 = (₩720,000 - ₩160,000)/(50 - 10) = ₩14,000

총고정제조간접비 = ₩160,000 - 14,000×10 = ₩20,000

y = 20,000 + 14,000x = ₩1,000,000

9.10 정답 ₩31,500,000

해설 단위당원가 = 단위당 변동원가 + 단위당 고정원가

직접노동시간×	단위당원가 =	총원가
20,000	₩1,500	₩30,000,000
30,000	₩1,200	₩36,000,000

조업도→직접노동시간

y = a + bx

₩36,000,000 = a + 30,000b

₩30,000,000 = a + 20,000b

b = 600시간, a = ₩18,000,000

y = ₩18,000,000 + 600x

y' = ₩18,000,000 + 600×22,500

y' = ₩31,500,000

제10장 원가-조업도-이익 분석

Ⅰ. 평가자체크리스트

10.1 해설 F 손익분기점의 조업도수준만이 아니라 다양한 조업도수준에서의 원가와 이익의 관계를 분석하는 기법이다.

10.2 해설 T

10.3 해설 T

10.4 해설 F 1년 이내의 단기투자의사결정에 유용한 분석방법이다.

10.5 해설 T

10.6 해설 F 변동원가 비중이 높으면 공헌이익률이 낮게 나타난다.

10.7 해설 T

10.8 해설 T

10.9 해설 T

10.10 해설 F 원가함수가 선형이라는 가정에 따른 것이다.

Ⅱ. 객관식

10.1 정답 ③

해설 수익과 원가형태는 관련범위내에서 직선으로 가정한다.

10.2 정답 ⑤

해설 생산량이 증가할 때 단위당 변동원가는 일정하고 단위당 고정원가는 감소한다.

10.3 정답 ③

해설 총공헌이익은 매출액에서 총변동원가를 차감한다.

손익분기점 매출액 = $\frac{\text{고정원가}}{1-\text{단위당변동원가/단위당판매가격}}$이므로 총고정원가가 증가하면 손익분기점 매출액은 증가한다.

10.4 정답 ①

해설 손익분기점 매출액 = $\frac{\text{고정원가}}{1-\text{단위당변동원가/단위당판매가격}}$

10.5 정답 ③

해설 일반적으로, 고정비 비율이 클수록 이익의 안정성이 작아진다.

10.6 정답 ④

해설 P = ₩100, V = ₩50, FC = ₩100,000

변동비율 = V/P = 50/100 = 0.5

공헌이익율 = 1 − V/P = 1 − 50/100 = 0.5

단위당 공헌이익 = P − V = 100 − 50 = ₩50

10.7 정답 ①

해설 손익분기점에서 영업이익 = ₩1,000,000 × 0.4 − 고정원가 = 0

⇒ 고정원가 = ₩400,000

영업이익이 ₩250,000일 때, ₩250,000 = 매출액×0.4 − ₩400,000

⇒ 매출액 = ₩650,000 / 0.4 = ₩1,625,000

10.8 정답 ④

해설 목표이익 = 매출액 − 변동원가 − 고정원가

0.2S = S − 0.7S − FC

$\Rightarrow$ 0.1S = FC

$\Rightarrow$ S = FC/0.1

10.9 정답 ①

해설 손익분기점 매출액 = ₩1,300,000/0.65 = ₩2,000,000

(0.65 = 1 − ₩350/₩1,000)

10.10 정답 ②

해설 P − V = ₩100, FC = ₩100,000, TP = ₩50,000

$$Q = \frac{FC + TP}{P - V} = \frac{₩100,000 + ₩50,000}{100} = 1,500\text{개}$$

10.11 정답 ①

해설 단위당 공헌이익 = 100 − 60 = 40

변동비율 = 60/100 = 60%

공헌이익율 = 1 − 0.6 = 0.4

손익분기점 판매량 = 100,000/(100 − 60) = 2,500개

손익분기점 매출액 = 100,000/0.4 = 250,000

10.12 정답 ④

해설 목표이익 판매량 = $\frac{\text{고정원가} + \text{목표이익}}{\text{단위당공헌이익}}$

= (30,000 + 50,000)/500 − 100 = 200개

10.13 정답 ②

해설 목표매출액

영업이익 = 공헌이익 − 고정비

₩60,000 = S×0.3 − ₩150,000

∴ S = ₩700,000

10.14 정답 ③

해설 손익분기점은 총공헌이익과 고정원가가 같다.

고정원가 = 손익분기점매출액×공헌이익률 = 200,000×₩4×25% = ₩200,000

10.15 정답 ③

해설 (₩20,000 + ₩30,000/0.8)/₩10 = 5,750단위

10.16 정답 ②

해설

판매가격	₩100	100%
변동비	₩60	60%
공헌이익	₩40	40%

40%×₩100,000 = ₩40,000

10.17 정답 ③

해설 판매량 = 고정비 + (세후이익/(1 − t))/판매가격 − 변동비

= ₩10,000,000 + (₩1,200,000/0.6)/₩8,000
= 1,500개

10.18 정답 ④

해설 손익분기판매량 = ₩30,000,000/₩10,000 − ₩4,000 = 5,000대
안전한계판매량 = 12,000대 − 5,000대 = 7,000대

10.19 정답 ④

해설 1,000단위×₩50 − ₩20,500 = ₩29,500

10.20 정답 ②

해설 판매량 = 고정비 + (세후이익/(1 − t))/판매가격 − 변동비
= ₩60,000 + (₩61,200/(1 − 0.4))/(₩20 − ₩14) = 27,000단위

10.21 정답 ⑤ 법인세율이 30%인 경우, 세후목표이익 ₩14,000을 달성하기 위한 판매량은 6,400개이다.

해설 ① 변동원가율(60%) + 공헌이익률 = 1
② 단위당 공헌이익 = 단위당 판매가격(@₩25)×공헌이익률(40%) = @₩10
→ 손익분기점 판매량 = 총고정원가(₩50,000)÷단위당 공헌이익(@₩10) = 5,000개
③ 손익분기점 매출액 = 단위당 판매가격(@₩25)×손익분기점판매량(5,000개) = ₩125,000
→ 안전한계매출액 = 실제 매출액(₩125,000) − 손익분기점 매출액(₩125,000) = ₩0
④ 고정원가 20% 감소 → ₩50,000×(1 − 20%) = ₩40,000
→ 손익분기점 판매량 = 총고정원가(₩40,000)÷단위당 공헌이익(@₩10) = 4,000개
→ 손익분기점 판매량 20% 감소 → 5,000개×(1 − 20%) = 4,000개
⑤ 세전목표이익 = 세후이익÷(1 − 세율) = ₩14,000÷(1 − 30%) = ₩20,000
→ 목표판매량 = [총고정원가(₩50,000) + 목표이익(₩20,000)]÷÷단위당 공헌이익(@₩10)
= 7,000개

10.22 정답 ④ 3,4,5

해설 3. 제품 단위당 변동원가는 레버리지에 영향을 미침
4. 영업레버리지와 손실에서 이익으로의 전환용이성과는 무관
5. 고정원가의 비중이 낮은 노동집약적 산업은 레버리지가 낮게 나타남

10.23 정답 ③ @₩750

해설 손익분기점 매출액 = 매출액(₩1,800,000) − 안전한계액(₩360,000) = ₩1,440,000

$$₩1,440,000 = \frac{\text{총고정원가}(₩540,000)}{1 - [\text{단위당변동비}/\text{단위당판매가격}(@₩1,200)]}$$

∴ 단위당 변동원가 = @₩750

10.24 정답 ③ ₩2,600,000

해설 단위당 공헌이익 = 매출액(@₩400) − 변동원가[변동제조원가(@₩150) + 변동판매비(@₩120)]
= @₩130
총공헌이익 = 단위당 공헌이익(@₩130)×판매수량(20,000개) = ₩2,600,000

10.25 정답 ①

해설 • 목표판매량(10,000개) = [총고정원가(₩4,000,000) + 목표영업이익(₩2,000,000)]÷단위당 공헌이익
• 단위당 공헌이익 = ₩6,000,000÷10,000개 = @₩600
• 공헌이익률(50%) = 단위당 공헌이익(@₩600)÷단위당 판매가격
• 단위당 판매가격 = @₩600÷0.5 = @₩1,200
• 변동비율 = 1 - 공헌이익률(50%) = 50%
• 변동원가 = 단위당 판매가격(@₩1,200)×변동비율(5 - 0%) = @₩600

10.26 **정답** ① 안전한계
해설 안전한계의 정의이다.

10.27 **정답** ④ ₩4,400,000
해설 • 단위당 공헌이익 = 단위당 판매가격(@₩1,000) - 단위당 변동원가(@₩750) = @₩250
• 공헌이익률 = 단위당 공헌이익(@₩250)÷단윌당 판매가격(@₩1,000) = 0.25
• 세전목표이익 = 세후목표이익(₩70,000)÷[1 - 세율(30%)] = ₩100,000
• 목표매출액 = [총고정원가(₩1,000,000) + 세전목표이익(₩100,000)]÷공헌이익률(0.25)
= ₩1,100,000÷0.25 = ₩4,400,000

10.28 **정답** ④ 40%
해설 • 총공헌이익 = 매출액(₩5,000)×공헌이익률(50%) = ₩2,500
• 영업이익 = 공헌이익(₩2,500) - 고정원가(₩1,500) = ₩1,000
• 안전한계율 = 영업이익(₩1,000)÷총공헌이익(₩2,500) = 0.4

10.29 **정답** ④ @₩300
해설 • 공헌이익률 = 고정원가(₩10,000)÷손익분기점매출액(₩25,000) = 0.4
• 목표매출액 = [총고정원가(₩10,000) + 목표영업이익(₩2,000)]÷공헌이익률(0.4) = ₩12,000÷0.4 = ₩30,000
• 목표매출액(₩30,000) = 단위당 판매가격(₩X)×100단위
∴ ₩X = @₩300

10.30 **정답** ⑤ 공헌이익의 증가
해설 ① 공헌이익률은 (단위당 판매가격 - 단위당 변동원가)÷단위당 매출액으로 계산되므로 판매수량과는 관련 없음
②, ③ 판매수량과 손익분기점은 관련이 없음
④ 총고정원가와 판매수량은 관련없음
⑤ 공헌이익 = (단위당 판매가격 - 단위당 변동원가)×판매수량이므로 판매수량이 증가하면 공헌이익도 증가한다.

10.31 **정답** ④ 40%
해설 공헌이익 = 매출액×공헌이익률

$$\text{안전한계율} = \frac{\text{영업이익(매출액×공헌이익률 - 고정원가)}}{\text{공헌이익(매출액×공헌이익률)}} = 25\%$$

$$안전한계율(25\%) = \frac{(₩30,000,000×X\% - ₩9,000,000)}{(₩30,000,000×X\%)}$$

∴ 공헌이익률 = 0.4

Ⅲ. 주관식

10.1 해설 1) 공헌이익 = ₩50,000,000 − ₩30,000,000 = ₩20,000,000
공헌이익률 = ₩20,000,000÷₩50,000,000 = 40%
변동비율 = ₩30,000,000÷₩50,000,000 = 60%
2) 손익분기점 판매량 = ₩5,000,000÷₩20,000 = 250대
손익분기점 매출액 = ₩5,000,000÷(1 − 0.6) = ₩12,500,000
3) (₩5,000,000 + ₩5,000,000)÷0.4 = ₩25,000,000

10.2 해설 손익분기 연간점유 객실수 = 고정원가/ 객실당 공헌이익
= ₩1,200,000,000 / (₩50,000/실 − ₩10,000/실)
= 30,000실
연간 임대가능한 총객실수 = 100실/일 × 365일 = 36,500실
점유율 = 30,000실 / 36,500실 = 82.2%

10.3 해설 세전이익 = 세후이익/(1 − 세율)
= (₩1,600,000/(1 − 0.2) = ₩2,000,000
세전이익 = 판매량×단위당 공헌이익 − 고정비
₩2,000,000 = 판매량×(₩200,000 − ₩150,000) − ₩3,000,000
⇒ 판매량 = (₩2,000,000 + 3,000,000)/₩50,000 = 100개

10.4 해설 세후 순이익 ₩3,000,000을 얻기 위한 세전 이익을 x라 하면
x = ₩3,000,000/0.6 ∴ x = ₩5,000,000
세전이익 ₩5,000,000을 얻기 위한 판매량(Q)
Q = (₩1,000,000 + ₩5,000,000)/400 = 15,000개

10.5 해설 1) 단위당 공헌이익: ₩500 − ₩300 = ₩200
공헌이익률: ₩200,000/₩500,000 또는 ₩200/₩500 = 40%
변동원가율: ₩300,000/₩500,000 또는 ₩300/₩500 = 60%
2) 손익분기 판매량 = 고정원가 ÷ 단위당 공헌이익
= ₩150,000 ÷ (₩200,000 / 1,000개) = 750개
손익분기 매출액 = 고정원가 ÷공헌이익률
= ₩150,000 ÷0.4 = 375,000
3) 목표판매량 = (고정원가 + 목표이익)/단위당 공헌이익
= (₩150,000 + ₩80,000)/₩200 = 1,150개
4) 목표매출액 = [고정원가 + 목표이익÷(1 − 세율)]/공헌이익률
= [₩150,000 + ₩70,000/(1 − 0.3)]/0.4
= ₩625,000
또는 다음과 같은 방법으로도 구할 수 있다.

세전목표이익 = 세후목표이익 / (1 - 법인세율) = ₩70,000 / 0.7 = ₩100,000
세전목표이익 = 매출액×공헌이익률 - 고정원가
₩100,000 = 매출액 × 0.4 - ₩150,000
매출액 = ₩250,000 / 0.4 = ₩625,000

10.6 해설 1) p:₩500, v:₩200, p - v:₩300 FC:₩1,500,000
Q = ₩1,500,000/₩300 = 5,000개
2) 목표매출액을 X로 놓고 풀면,
X = (₩1,500,000 + 0.3X)/0.6
0.6X = ₩1,500,000 + 0.3X
0.3X = ₩1,500,000
X = ₩5,000,000
3) = ₩1,500,000 + (₩900,000/0.6)/0.6
= ₩5,000,000

10.7 해설 1) (₩200,000 + ₩300,000) ÷ ₩20,000 = 25단위
2) 30단위 판매 계획시
① 총수익 ₩100,000×30 = ₩3,000,000
② 총공헌이익 ₩20,000×30 = ₩600,000
③ 세전 순이익 ₩600,000 - ₩200,000 = ₩400,000
④ 안전한계 ₩3,000,000 - ₩2,500,000 = ₩500,000
⑤ 안전한계율 ₩500,000÷₩3,000,000 = 16.67%

$$BEP_{(Q)} = \frac{FC}{P-V} = \frac{₩200,000}{₩20,000} = 10개$$

$$BEP_{(PQ)} = \frac{FC}{1-V/P} = \frac{₩200,0000}{1-0.8} = ₩1,000,000$$

10.8 해설 제품단위당 판매가격을 P라 하면,
매출액×공헌이익률 - 고정원가 = 목표이익
20,000개×P×40% - ₩4,000,000 = ₩1,000,000
P = ₩625

10.9 해설 목표이익 매출액의 10%를 실현하기 위한 매출액을 S 라하면.
S - (₩100,000÷₩200,000)S - ₩60,000 = 0.10S
S = ₩150,000

10.10 해설 1) 고정비 계산

$$\frac{고정비}{공헌이익률} = 손익분기매출액$$

$$\frac{FC}{0.3} = ₩360,000$$

FC = ₩108,000
2) 목표매출액
영업이익 = 공헌이익 - 고정비

₩84,000 = S×0.3 − ₩108,000
∴ S = ₩640,000

제11장 표준원가와 차이분석

Ⅰ. 평가자체크리스트

11.1 해설 T

11.2 해설 T

11.3 해설 F 표준원가계산제도는 표준원가와 실제발생원가가 중요한 차이를 보이는 항목에 대해 관리하는 예외에 의한 관리를 가능하게 하며, 차이의 원인을 파악하여 원가를 절감하는 원가통제를 가능하게 한다. 이때 중요한 차이를 보이는 항목에는 유리하거나 불리한 차이를 불문한다.

11.4 해설 F 구매담당자는 가격차이에 대한 책임을, 생산관리자는 능률차이에 대한 책임을 질 가능성이 높다.

11.5 해설 T

11.6 해설 T

11.7 해설 F 차이분석 및 차이의 원인을 파악하여 성과평가에 반영하게 된다.

11.8 해설 F 불리하다는 것은 단지 그것이 이익 산정에 (−) 효과를 가져온다는 의미이다.

11.9 해설 T

11.10 해설 F 표준원가계산 시스템 하에서 재공품 차변에 표시되는 재료비는 표준수량에 표준 가격을 곱한 금액이다.

Ⅱ. 객관식

11.1 정답 ③
해설 단위당 표준원가가 설정되어 있기 때문에 원가흐름의 가정이 필요 없으며 단지 재고자산의 물량만 파악하면 된다.

11.2 정답 ⑤
해설 불량품질의 재료를 사용한 경우에는 공손품 및 작업폐물 등이 발생하므로 수량차이

11.3 정답 ④

해설 규정시간을 초과하여 작업을 한 경우는 임률차이

11.4 정답 ①

해설 제조간접비 소비차이는 물가변동, 계절적인 요인에 의한 소비량의 증감, 예산편성의 오류, 소모품 · 전력 등의 낭비와 같은 원인으로 발생한다.

11.5 정답 ③

해설 표준원가계산으로 제조기술 자체가 향상될 수는 없다.

11.6 정답 ②

해설 재료가격차이 = (실제단가 - 표준단가)×실제소비량
(₩15 - ₩10)×3,200 = ₩16,000(불리)
재료수량차이 = (실제소비량 - 표준소비량)×표준단가
(3,200 - 3,000)×₩10 = ₩2,000(불리)

11.7 정답 ①

해설

직접재료비차이

실제소비량×실제가격	실제소비량×표준가격	표준수량×표준가격
(　　)×₩600	(　　)×₩400	(　　)×₩400
	가격차이	능률차이
	₩280,000(불리)	(?)

실제소비량 = ₩280,000/(실제가격 - 표준가격) = ₩280,000/(₩600 - ₩400) = 1,400kg
표준수량 = 370개×4kg = 1,480kg
능률차이 = (1,400kg×₩400) - (1,480kg×₩400) = - ₩32,000(유리)

11.8 정답 ⑤

해설 직접재료원가 능률차이 = (실제사용량 - 표준사용량)×표준가격
= (₩5,200 / ₩12.5 - 100개×5)×₩10 / 개
= (416개 - 500개)×₩10 / 개
= ₩840(유리)

* 가격차이 = (실제가격 - 표준가격)×실제사용량
= (₩12.5 / 개 - ₩10 / 개)×416개
= ₩1,040(불리)

11.9 정답 ④

해설 구입가격차이: AQ×(AP - SP) = 1,000kg×(₩100 - SP) = ₩20,000(유리)
따라서 SP = ₩120
능률차이: (AQ - SQ)×SP = (800kg - 850kg)×₩120 = ₩6,000(유리)

11.10 정답 ①

해설 능률차이: (AQ - SQ)×SP = (실제노동시간 - 2,000시간)×₩200 = ₩20,000
실제노동시간 = 2,100시간

11.11 정답 ④

해설 능률차이: (AQ – SQ)×SP = (6,000시간 – 2,600단위×2.4hr)×₩11,000.
= ₩2,640,000(유리)

11.12 정답 ①

해설 능률차이 (–)₩300,000 유리 = (실제노무시간 – 1,000×2)×₩3,000
실제노무시간 = 1,900시간
임률차이 ₩190,000 불리 = (실제임률 – ₩3,000)×1,900
실제임률 = ₩3,100

11.13 정답 ②

해설 능률차이 = 표준임률×(실제직접노동시간 – 표준직접노동시간)
₩5,300,000 불리 = ₩5,000×(실제직접노동시간 – 10,000시간)
실제직접노동시간 = ₩5,300,000/₩5,000 + 10,000시간 = 11,060시간
직접노무비 임률차이 = (₩4,800 – ₩5,000)×11,060시간 = ₩2,212,000(유리)

11.14 정답 ⑤

해설

AP×AQ	SP×AQ	SP×SQ
₩4,000,000	SP×AQ = ₩5,200,000	SP×24시간/단위×2,000단위 = ₩4,800,000

₩1,200,000(유리) 임률차이 / ₩400,000(불리) 시간차이

SP = ₩4,800,000 / (24시간 / 단위 × 2,000단위) = ₩100 / 시간
AQ = ₩5,200,000 / ₩100 = 52,000시간

11.15 정답 ②

해설

AQ×AP	AQ×SP	SQ×SP
7,520시간×₩9,500/시간 = ₩71,440,000	AQ*×₩10,000/시간 = ₩75,200,000	8,000시간×₩10,000/시간 = ₩80,000,000

임률차이 ₩3,760,000(유리) / 능률차이 ₩4,800,000(유리)

* 능률차이를 이용하면 AQ = 7,520시간

11.16 정답 ②

해설 총노무비 = 실제임률×실제 작업시간(1,000시간) = ₩100,000
실제임률 = ₩100
임률차이 = (₩100 – 표준임률)×1,000시간 = ₩3,000
표준임률 = ₩97
시간차이 = (1,000시간 – 1,200시간)×₩97 = –₩19,400(유리한 차이)

11.17 정답 ③

해설 시간차이 = (실제시간 – 2,000시간)×₩10 = ₩1,000
실제 작업시간 = 1,900시간

11.18 정답 ④

해설 능률차이: (AQ－SQ)×SP＝(21,000－10,000개×2시간)×₩3＝₩3,000 불리

11.19 정답 ②

해설 변동제조간접비 능률차이＝[10,500시간×₩3]－[5,000단위×2시간×₩3]＝₩1,500(불리)

11.20 정답 ②

해설 고정제조간접원가 표준배부율＝$\frac{54,000}{12,000}$＝@₩4.5

조업도차이＝(12,000시간－15,000시간)×@₩4.5＝₩13,500 유리

Ⅲ. 주관식

11.1. 해설 1)

	실제	예산	차이
생산량	900단위	1,000단위	100단위(U)
간접재료비	₩130,000	₩150,000	₩20,000(F)
간접노무비	160,000	180,000	20,000(F)
소모품	110,000	120,000	10,000(F)
감가상각비	180,000	200,000	20,000(F)
합계	₩580,000	₩650,000	₩70,000(F)

2)

	실제	예산	차이
생산량	900단위	900단위	－
간접재료비	₩130,000	₩135,000[①]	₩5,000(F)
간접노무비	₩160,000	₩162,000[②]	₩2,000(F)
소모품	₩110,000	₩108,000[③]	₩2,000(U)
감가상각비	₩180,000	₩200,000[④]	₩20,000(F)
합계	₩580,000	₩605,000	₩25,000(F)

* 단위당 변동비: ① 간접재료비＝₩150,000/1,000단위＝₩150×900단위＝₩135,000
② 간접노무비＝₩180,000/1,000단위＝₩180×900단위＝₩162,000
③ 소모품＝₩120,000/1,000단위＝₩120×900단위＝₩108,000
④ 감가상각비＝₩200,000

11.2 해설 가격차이＝실제직접재료비－실제산출량에 대한 표준직접재료비
＝(AP×AQ)－(SP×AQ)
＝(AP－SP)×AQ
＝(AP－₩10)×2,500＝－₩10,000, AP＝₩6

11.3 해설 (X－₩4.0)×1,500＝－₩240 X＝₩3.84

11.4 해설 (실제사용량－10,000kg)×₩50＝－₩500,000

실제사용량 = 2,000kg
가격차이 = (₩60 - ₩50)×2,000kg = ₩20,000 (불리한 차이)

11.5 해설

실제원가 AP×AQ	실제수량에 대한 표준원가 SP×AQ	변동예산원가 SP×SQ
₩100×(3kg×800단위) = ₩240,000	₩150×(3kg×800단위) = ₩360,000	₩150×(2kg×800단위) = ₩240,000

가격차이 ₩120,000F | 능률차이 ₩120,000U

총차이 ₩0

11.6 해설 실제임률 = ₩150,000/10,000시간 = ₩15
임률차이 = (₩15 - 표준임률)×10,000시간 = ₩5,000
표준임률 = ₩14.5
시간차이 = (10,000 - 12,000)×₩14.5 = - ₩29,000(F)

11.7 해설 임률차이 = 실제 지급임금지급액 - (@100×1,300시간) = - ₩10,000
실제 임금지급액 = ₩120,000

11.8 해설 능률차이 = (실제시간 - 실제생산량에 허용된 표준시간)×표준임률
= (13,000시간 - 1,100개×10시간)×₩1,000
= ₩2,000,000(불리한 차이)

11.9 해설 시간차이 = (실제시간 - 20,000시간)×₩100 = ₩200,000
실제 작업시간 = 22,000시간

11.10 해설 1) 직접재료원가차이
(1) 구입가격차이 = 실제 직접재료원가 구입액 - 표준가격×구입수량
= ₩145,000 - ₩3/kg×50,000kg
= ₩5,000(유리)
(2) 수량차이 = (실제투입수량 - 표준수량)×표준가격
= (18,000kg - 5kg/개×2,500개)×₩3/kg
= ₩16,500(불리)
2) 직접노무원가차이
(1) 임률차이 = 실제 직접노무원가 발생액 - 표준임률×실제시간
= ₩105,000 - ₩4/시간×23,000시간
= ₩13,000(불리)
(2) 능률차이 = (실제시간 - 표준시간)×표준임률
= (23,000시간 - 8시간/개×2,500개)×₩4/시간
= ₩12,000(불리)
3) 변동제조간접원가차이
(1) 소비차이 = 실제발생액 - 표준배부율×실제배부기준량
= ₩1,200,000×0.6 - ₩24/시간×26,000시간
= ₩96,000(불리)
(2) 능률차이 = (실제배부기준량 - 표준배부기준량)×표준배부율
= (26,000시간 - 10시간/개×2,500개)×₩24/시간

= (26,000시간 - 25,000시간)×₩24/시간
= ₩24,000(불리)

4) 고정제조간접원가차이

(1) 예산차이 = 실제발생액 - 예산
= 실제발생액 - 배부율×단위당표준시간×기준조업도
= ₩1,200,000×0.4 - (₩45/시간 - ₩24/시간)×10시간/개×2,400개
= ₩480,000 - ₩504,000
= ₩24,000(유리)

(2) 조업도차이 = 예산 - 배부액
= 배부율×단위당표준시간×(기준조업도 - 실제생산량)
= ₩21/시간×10시간/개×(2,400개 - 2,500개)
= ₩21,000(유리)

제12장 전부원가계산과 변동원가계산

Ⅰ. 평가자체크리스트

12.1 해설 T

12.2 해설 F 변동원가계산하에서는 고정제조원가는 모두 당기의 기간비용으로 처리되므로 기말재공품에 포함되지 않는다.

12.3 해설 T

12.4 해설 T

12.5 해설 F 변동원가계산은 외부보고목적을 위한 재무제표를 작성하기에는 적합하지 않다.

12.6 해설 F 재고수량이 증가하게 되면 전부원가계산에 의한 영업이익이 변동원가계산에 의한 영업이익보다 크다.

12.7 해설 F 변동 판매관리비와 고정 판매관리비는 변동원가계산방법에서 기간 비용으로 취급하고 전부원가계산 방법에서도 같다. 두 원가계산 방법에서 유일한 차이는 고정제조간접비 처리에 있다.

12.8 해설 T

12.9 해설 T

12.10 해설 T

Ⅱ. 객관식

12.1 정답 ①

해설 변동원가계산은 단기의사결정에는 유용하다.

12.2 정답 ③

해설 변동원가계산은 직접재료비, 직접노무비, 변동제조간접비만을 제품원가로 계산하고, 고정제조간접비는 기간비용으로 처리한다.

12.3 정답 ②

해설 변동제조간접원가는 제품원가에 포함된다.

12.4 정답 ②

해설 전부원가계산은 장기의사결정에 유용하나, 변동원가계산은 단기의사결정에 유용하다.

12.5 정답 ③

해설 기초재고수량이 있는 경우에는 생산량과 판매량이 같더라도 두 원가계산에 의한 영업이익이 항상 일치하지는 않는다. 전기의 제조원가와 당기의 제조원가는 다를 수 있기 때문이다.

12.6 정답 ④

해설 변동원가계산방법에서는 고정비를 모두 기간비용으로 처리하므로 당기순이익을 가장 적게 나타낸다.

12.7 정답 ⑤

해설 a: 변동원가계산, b:전부원가계산, c:전부원가계산, d:변동원가계산

12.8 정답 ①

해설 단위당 고정제조간접비₩2(₩20,000/10,000단위)×재고수량(1,000단위) = ₩2,000

12.9 정답 ②

해설 전부원가계산 = 직접재료비 + 직접노무비 + 변동제조간접비 + 고정제조간접비
= ₩100 + ₩350 + ₩150 + ₩500 = ₩1,100

12.10 정답 ①

해설 변동원가계산 = 직접재료비 + 직접노무비 + 변동제조간접비
= ₩100 + ₩350 + ₩150 = ₩600

12.11 정답 ④

해설 전부원가계산 = ₩10,000 + ₩20,000 + ₩5,000 + (₩10,000,000/200 = 50,000) = ₩85,000
변동원가계산 = ₩10,000 + ₩20,000 + ₩5,000 = ₩35,000

12.12 정답 ③

해설 예정고정제조간접비: ₩400×10,000대 = ₩4,000,000
실제고정제조간접비: ₩4,000,000 + ₩250,000 = ₩4,250,000
단위당 실제고정제조간접비: ₩4,250,000/8,500대 = ₩500/대

단위당 실제제조원가: ₩1,600 + ₩680 + ₩220 + ₩500 = ₩3,000

12.13 정답 ④

해설 제품단위당 공헌이익 = ₩1,800 − (₩300 + ₩250 + ₩100 + ₩150) = ₩1,000
순이익 = 제품단위당 공헌이익×판매수량 − 총고정비
= ₩1,000×1,500단위 − ₩600,000 = ₩900,000

12.14 정답 ④

해설

매 출	₩1,000/개×80,000개	=	₩80,000,000
변동원가	₩(200 + 125 + 75 + 100)/개×80,000개	=	40,000,000
공헌이익			₩40,000,000
고정원가	₩12,000,000 + 7,000,000	=	19,000,000
영업이익			₩21,000,000

12.15 정답 ①

해설 ₩18,000/1,200개 = @₩15
@₩15×200개 = ₩3,000

12.16 정답 ②

해설 단위당 고정제조간접비₩20×재고수량(1,000단위) = ₩20,000

12.17 정답 ①

해설 ₩200 = 재고증가량×(₩2,000/1,000개), 재고증가량 = 100

12.18 정답 ②

해설 기말제품에 포함된 고정제조간접비 = (₩960,000/1,500개)×450개 = ₩288,000

변동원가계산에 의한 영업이익

전부원가계산에 의한 영업이익	₩368,000
기초제품에 포함된 고정제조간접비	₩120,000
기말제품에 포함된 고정제조간접비	(₩288,000)
변동원가계산에 의한 영업이익	₩200,000

* 변동원가계산에 의한 기말제품재고액도 계산할 수 있다.

변동원가계산에 의한 기말제품재고액

전부원가계산에 의한 기말제품재고액	₩780,000
기말제품에 포함된 고정제조간접비	(₩288,000)
변동원가계산에 의한 기말제품재고액	₩492,000

12.19 정답 ③

해설 생산량>판매량: 전부원가계산 순이익>변동원가계산 순이익
(기말수량 − 기초수량)×단위당 고정제조간접비

$(3,000-1,000)\times\frac{100,000}{10,000개}$ = ₩20,000 만큼 전부원가계산의 순이익이 더 크다.

12.20 정답 ⑤

해설 전부원가계산의 영업이익 – 변동원가계산의 영업이익
= 총고정제조간접원가 / 생산량 × (생산량 – 판매량)
= ₩45,000,000 / 3,000개×(3,000개 – 판매량) = ₩15,000,000
⇒ 판매량 = 3,000개 – 1,000개 = 2,000개

12.21 정답 ① @₩8

해설
- 공헌이익 = 영업이익(₩175,000) + 고정원가총액(₩107,200) = ₩282,200
- 당기매출원가(변동비) = 매출(₩325,000) – 공헌이익(₩282,200) = ₩42,800
- 당기매출수량 = 제조수량(5,800단위) – 기말수량(450단위) = 5,350단위
- 제품단위당 매출원가 = 당기매출원가(₩42,800)/당기매출수량(5,350단위) = @₩8

12.22 정답 ③ 2, 4, 5

해설 1. 재고자산이 없는 경우, 두 원가계산 방법에 의한 영업이익에는 차이가 없음
3. 기초재고가 없고 생산량보다 판매량이 적은 경우 변동원가계산의 이익이 적음

12.23 정답 ④ (ㄴ), (ㄹ)

해설 (ㄱ) 기업회계기준에서 인정하는 원가계산제도는 전부원가계산이다.
(ㄷ) 변동원가계산은 고정원가를 기간비용으로 처리하기 때문에 고정원가를 제품에 배부시킴으로써 야기되는 혼란을 없앨수 있다.

12.24 정답 ② 직접재료원가, 직접노무원가, 변동제조간접원가

해설 변동원가계산은 직접재료원가, 직접노무원가, 변동제조간접원가만을 제품원가로 포함시킨다.

12.25 정답 ③ ₩300 감소

해설
- 전부원가계산 기말재고자산 = 변동원가(@₩10×100단위) + 고정원가(@₩3×100단위)
- 변동원가계산 기말재고자산 = 변동원가(@₩10×100단위)
- 전부원가계산과 변동원가계산의 기말재고자산 차이 = 고정원가(@₩3×100단위) = ₩300 감소

12.26 정답 ①

해설
- 원가부착이란 제품생산과 관련한 원가의 행태에 관계없이 모두 제품의 원가로 보는 개념이다.
- 원가회피란 발생한 원가가 미래에 동일한 원가의 발생을 방지할 수 없다면 그 원가는 자산성을 인정할 수 없다는 개념이다.

12.27 정답 ⑤ ₩22,000

해설

변동원가계산 순이익	₩X
기초재고 고정제조간접원가	–₩18,000
+기말재고 고정제조간접원가	+₩16,000
=전부원가계산 순이익	+₩20,000

∴ ₩X = ₩22,000

12.28 정답 ⑤ 4,500개

해설
- 기초 제품(0개) + 생산량(X개) = 판매량(750개) + 기말제품(X – 750개)

• 전부원가계산 영업이익 - 변동원가계산영업이익 = ₩750,000 = 기말제품에 포함된 고정제조간접원가
• 단위당 고정원가 = 총고정원가(₩900,000)÷생산량(X개)
• 기말제품에 포함된 고정제조간접원가(₩750,000) = 단위당고정원가(₩900,000÷X개)×기말제품(X - 750개)
∴ X개 = 4,500개

Ⅲ. 주관식

12.1 해설 (₩900,000 + ₩100,000)/10,000단위 = ₩100

12.2 해설 1. 단위당 제품원가 = (₩1,000,000 + ₩600,000 + ₩400,000 + ₩100,000)/1,000단위 = ₩2,100

기말제품 재고액 = 200단위×₩2,100 = ₩420,000

2. 단위당 제품원가 = (₩1,000,000 + ₩600,000 + ₩400,000)/1,000단위 = ₩2,000

기말제품 재고액 = 200단위×₩2,000 = ₩400,000

12.3 해설 1) 변동원가계산(₩1,000×200단위 = ₩200,000)에 의한 재고액이다.

	전부원가계산	변동원가계산
직접재료비	₩500	₩500
직접노무비	₩300	₩300
변동제조간접비	₩200	₩200
고정제조간접비	₩150	
단위당 제조원가	₩1,150	₩1,000

2) 변동원가계산에 의해 계산된 제품의 기말재고액 ₩200,000은 외부보고목적으로 이용될 수 없다. 따라서 외부보고 목적을 위한 기말재고액은 전부원가계산에 의한 원가 즉, ₩230,000 (= ₩1,150×200단위)이다.

12.4 정답 ₩1,440,000

해설 당기 단위당고정제조간접비 = ₩2,000,000/8,000단위 = ₩250

당기 단위당제조원가 = ₩2,440,000/4,000단위 = ₩610

단위당 변동제조원가 = ₩610 - ₩250 = ₩360

변동원가계산에 의한 기말제품재고액 = ₩360×4,000단위 = ₩1,440,000

12.5 정답 ₩120,000

해설

변동원가계산에 의한 영업이익	₩90,000
+ 기말재고에 포함된 고정제조간접비	₩20×1,500개 = ₩30,000
전부원가계산에 의한 영업이익	₩120,000

12.6 정답 ₩330

해설

	2006년 1월	2006년 2월
단위당 고정제조원가	₩1,350/90개 = ₩15	₩1,400/100개 = ₩14
재고수량	0개 + 90개 - 70개 = 20개	20개 + 100개 - 90개 = 30개

변동원가계산 영업이익		₩210
(-) 기초재고에 포함된 고정제조간접원가	₩15×20개 =	300
(+) 기말재고에 포함된 고정제조간접원가	₩14×30개 =	420
전부원가계산 영업이익		₩330

12.7 해설 1)

Ⅰ. 매출액		₩900,000
Ⅱ. 변동매출원가		
1. 기초제품재고액	₩0	
2. 당기제품제조원가	600,000	
3. 기말제품재고액	60,000	540,000
Ⅲ. 변동판매관리비		90,000
Ⅳ. 공헌이익		270,000
Ⅴ. 고정비		
1. 고정제조간접비		20,000
2. 고정판매관리비		50,000
Ⅵ. 영업이익		200,000

2)

변동원가계산하의 영업이익	₩200,000
기말제품에 포함될 고정제조간접비	
(1,000단위×₩2(= ₩20,000/10,000단위) = ₩2,000)	2,000
전부원가계산하의 영업이익	₩202,000

12.8 해설 1)

Ⅰ. 매출액(13,000단위×@₩1,000)		₩13,000,000
Ⅱ. 변동매출원가		
1. 기초제품재고액	₩0	
2. 당기제품제조원가(15,000단위×₩600*)	9,000,000	
3. 기말제품재고액(2,000단위×₩600)	1,200,000	7,800,000
Ⅲ. 변동판매관리비		700,000
Ⅳ. 공헌이익		4,500,000
Ⅴ. 고정비		
1. 고정제조간접비		3,000,000
2. 고정판매관리비		1,300,000
Ⅵ. 영업이익		₩200,000

*: 제품 단위당제조원가 = ₩800
단위당 고정제조간접비 = ₩3,000,000/15,000단위 = ₩200
단위당 변동제조원가 = ₩800 - ₩200 = ₩600

2) 영업이익 차이는 ₩400,000

변동원가계산 영업이익	₩200,000
+ 기말재고에 포함된 고정제조간접비(2,000단위×@₩200)	400,000
전부원가계산 영업이익	₩600,000

또는,

영업이익 차이 = 기말수량×단위당 고정제조간접비
= 2,000 단위×@₩200
= ₩400,000

12.9 해설 1)

손익계산서
(20×8년 1월 1일 ~ 12월 31일)

Ⅰ. 매출액(1,200단위×₩1,000)		₩1,200,000
Ⅱ. 매출원가		
1. 기초제품재고액(₩500,000/1,000단위×200단위)	₩100,000	
2. 당기제품제조원가	500,000	
3. 기말제품재고액	0	600,000
Ⅲ. 매출총이익		600,000
Ⅳ. 판매관리비		
1. 변동판매관리비(₩400×1,200단위)	480,000	
2. 고정판매관리비	100,000	580,000
Ⅴ. 영업이익		₩20,000

2)

공헌 손익계산서
(20×8년 1월 1일 ~ 12월 31일)

Ⅰ. 매출액(1,200단위×@₩1,000)		₩1,200,000
Ⅱ. 변동매출원가		
1. 기초제품재고액(₩450,000/1,000단위×200단위)	₩90,000	
2. 당기제품제조원가	450,000	
3. 기말제품재고액	0	540,000
Ⅲ. 변동판매관리비(₩400×1,200단위)		480,000
Ⅳ. 공헌이익		180,000
Ⅴ. 고정비		
1. 고정제조간접비	50,000	
2. 고정판매관리비	100,000	150,000
Ⅵ. 영업이익		₩30,000

12.10 해설 1차년도의 생산량과 판매량은 동일하므로 전부원가계산과 변동원가계산의 영업이익(₩20,000)은 동일하게 된다.

	1차년도	2차년도	3차년도
Ⅰ. 매출액	₩800,000	₩600,000	₩800,000
Ⅱ. 변동비 변동매출원가 변동판매관리비	 200,000① 80,000②	 150,000 60,000	 200,000 80,000
Ⅲ. 공헌이익	520,000	390,000	520,000
Ⅳ. 고정비 고정제조원가 고정판매관리비	 400,000 100,000	 400,000 100,000	 400,000 100,000
Ⅴ. 영업이익	₩20,000	(₩110,000)	₩20,000

① ₩5×판매량(40,000개)

② ₩2×판매량(40,000개)

1차년도:	단위당 판매가격(₩800,000÷40,000개)	₩20
	단위당 변동제조원가	5
	단위당 변동판매관리비(₩80,000÷40,000개)	2
	단위당 공헌이익	₩13

변동판매관리비는 영업이익 ₩100,000을 역산하여 계산한다.

저/자/약/력

김형경

건국대학교를 졸업하고 동 대학교에서 경영학 박사학위(회계학전공)를 수여받았다. 현재 강릉원주대학교에서 회계학과 교수로 재직 중이다. 미국 일리노이대학교 객원교수, 강릉원주대학교 학생처장, 사회과학대학원 학장 겸 경영정책과학대학원 원장을 역임하였다. [변화하는 제조 및 경영환경하에서의 원가계산시스템에 관한 연구], [대학교육원가계산에 관한 연구], [경영효율성 제고와 성과평가시스템에 관한 연구] 등 다수의 논문을 발표하였다.

김이배

서울대학교를 졸업하고 숭실대학교에서 경영학 박사학위(회계학전공)를 수여받았다. 현재 덕성여자대학교 회계학과 교수로 재직 중이다. 한국회계학회 부회장, 대한회계학회 부회장, 한국사회적기업진흥원 감사, 금융위원회 회계제도심의위원회 위원 등으로 활동하였다. 또한 [한국공항공사의 합리적 예산편성 및 운영방안], [사회적기업 회계 개선방안], [IFRS하 재무제표분석] 등 다수의 논문을 발표하였다.

김재준

강릉대학교를 졸업하고 숭실대학교에서 경영학 박사학위(회계학전공)를 수여받았다. 현재 안산대학교 세무회계과 교수로 재직 중이다. 한국회계학회 상임이사, 한국관리회계학회 상임이사, 대학수학능력시험 출제위원, 중소기업학회 편집위원, 한국사회적기업진흥원 위원, 재경부 사회적협동조합 위원 등으로 활동하였다. 또한 [우리나라 제조업의 X-비효율성 분석], [원가효율성의 가치관련성에 관한 연구], [코스닥기업의 DEA효율성과 수익성의 관련성 연구], [감사품질과 비대칭적 원가행태] 등 다수의 논문을 발표하였다.

정형록

서울대학교를 졸업하고 동 대학교에서 경영학 박사학위(회계학전공)를 수여받았다. 가톨릭대학교 경영학부 회계학전공 교수로 재직했으며, 현재 경희대학교 경영대학 회계 · 세무학과 교수로 재직 중이다. 한국회계학회 상임이사, 한국경영학회 상임이사, 한국관리회계학회 상임이사, 한국경영교육학회 상임이사, 회계저널 편집위원으로 활동하였다. 또한 [한국 제조기업의 비대칭적 원가행태], [보험회사 활동기준원가계산 도입 사례연구] 등 다수의 논문을 발표하였다.

김미옥

가톨릭대학교 회계학과를 졸업하고 경희대학교 일반대학원에서 경영학 석사 · 박사학위(회계학전공)를 수여받았다. 현재 배화여자대학교 세무회계학과 강의전담 조교수로 재직 중이다. [IBS 연구단 유치기관지원비 개선 방안 수립연구], [2012년 의료기관 간병서비스의 제도적 수용방안] 외 다수의 연구과제를 수행하였으며 [지분율 괴리도와 투자이상현상], [공공기관의 하방경직적 지출행태에 관한 연구], [제조원가명세서 자발적 공시의 결정요인에 관한 연구], [이익조정 측정모형으로서 발생액모형과 수익모형의 적합성, 검정력 비교연구] 등 다수의 논문을 발표하였다.

한 권으로 끝내는 원가회계

2019년 2월 25일 1판 1쇄 발행
2022년 9월 25일 1판 2쇄 발행

공저자 : 김형경 · 김이배 · 김재준
정형록 · 김미옥
발행자 : 한 정 주
발행처 : 교 육 과 학 사

경기도 파주시 광인사길 71
전화(031)955-6956~8/팩스(031)955-6037
Home-page: www.kyoyookbook.co.kr
E-mail: kyoyook@chol.com
등록: 1970년 5월 18일 제2-73호

낙장 · 파본은 교환해 드립니다.
Printed in Korea.

정가 23,000원
ISBN 978-89-254-1355-6

소프트웨어 테스팅

권용래 지음

생능출판사
Life & Power Press

소프트웨어 테스팅은 소프트웨어 개발에 있어서 품질 수준을 높이기 위한 가장 중요한 수단의 하나이며 최후의 수단임에도 불구하고 소홀히 되어온 것이 사실이다. 그 이유는 소프트웨어 개발의 1차적인 관심이 요구되는 시스템을 가능한 한 빠른 시간에 개발해내는 데에 있었고 개발 완료된 소프트웨어의 품질 자체에는 부차적인 관심을 두고 있었기 때문이라고 볼 수 있다. 그러나 요구되는 소프트웨어 시스템의 구현에 경험과 자신감이 축적됨에 따라 소프트웨어 품질 제고에 관심을 보이기 시작하였지만 그 방법으로서는 개발 프로세스 개선을 통한 품질 개선에 치중해 왔다고 볼 수 있다.

소프트웨어 테스팅이 소홀히 될 수밖에 없었던 가장 큰 이유는 테스팅이 개발 완료된 소프트웨어를 고객에게 인도하기 직전에 수행하는 작업이다 보니까 인도하기에 바빠서 충분한 시간을 가지고 철저하게 테스팅을 할 여유가 없었기 때문이다.

그러나 이러한 경향은 급격히 변화할 것으로 예상된다. 소프트웨어의 응용이 확산되고 소프트웨어가 응용 시스템에서 점점 더 중요한 역할을 맡게 됨으로써 소프트웨어 품질에 대한 관심이 빠른 속도로 높아지고 있기 때문이다. 우선 낮은 품질의 소프트웨어가 초래하는 피해가 이용자의 불편은 물론 국가 안보를 위협하거나, 환경의 피해, 재산상의 손실 등 점점 규모와 파장이 커지고 있기 때문이다. 따라서 소프트웨어를 고객에게 인도하기 전에 보다 철저하게 결함을 제거함으로써 품질에 대한 고객의 높아진 요구를 충족시키는 것이 결함투성이인 시스템을 인도하는 것보다 고객을 만족시킬 가능성이 높음을 인식하기 시작했다. 또한 인도한 후에 발견되는 결함을 수정하는 비용이 아주 크기 때문에 인도하기 전에 가능한 한 결함을 제거하는 것이 상대적으로 비용 절감이라는 인식 또한 확산되고 있다.

소프트웨어 품질을 획기적으로 제고하기 위해서는 지금까지의 임시 방편적인 기법의 적용으로는 불충분하고 개발 단계 전반에 걸쳐서 품질을 제고시킬 수 있는 노력이 체계적으로 가해져야 할 것이다. 따라서 그 사이에 연구되고 축적되어 온 체계적 테스팅 기술을 적용하여 시간이 허용하는 한도 내에서 최대한

결함을 검출해 내어야 할 것이다.

그러나 소프트웨어 프로세스의 경우와 달리 이 분야에 관심이 있더라도 소프트웨어 테스팅에 관한 지식은 쉽게 얻을 수 있는 기회가 별로 없다. 대개의 경우에 대학의 학부과정에서 소프트웨어 공학 개론 한 과목을 수강할 수 있을 뿐 소프트웨어 테스팅을 독립된 과목으로 다루는 대학은 거의 없다고 볼 수 있다. 그렇다고 실무적인 교육의 기회가 제공되는 사례도 별로 보이지 않는다. 그 뿐 아니라 산업체 현장에서도 소프트웨어 테스팅에 관한 교육은 다른 분야에 비해 체계가 잡혀 있지 않다.

이 책에 관한 구상은 2004년 한국과학기술원에 소프트웨어 전문가 과정이 설치되고 그 과정을 위하여 소프트웨어 품질 보증이라는 과목의 강의를 새롭게 개설하는 계기로 시작되었다. 전문과 과정의 목표는 일반 정규 과정과 달리 산업체의 유경험자를 대상으로 산업체에서 얻은 경험적 지식을 체계화하고 과정을 수료한 후에 다시 실무에 돌아가게 될 때 요구되는 기술을 제공하는 데 있다. 따라서 소프트웨어 테스팅이라는 과목이 이러한 목표에 잘 부합하겠다는 판단이 섰던 것이다.

특히 2006년 한국과학기술원에서 연구연가를 얻어 2006년 3월부터 1년여 동안 삼성전자 소프트웨어연구소에서 소프트웨어 테스트 프로세스 개선에 관한 자문 활동을 하면서 소프트웨어 개발 현장에서 직면하는 품질 요구 수준, 테스팅을 위한 주변 환경, 활용 가능한 테스팅 기법에 접하면서 소프트웨어 개발 현장에서 사용할 수 있는 테스팅 전문 서적에 대한 필요성을 인식하게 되었다.

따라서 이 책은 처음부터 소프트웨어 개발 현장에서 참고할 수 있는 소프트웨어 테스팅에 관한 전문 서적으로 기획되었다. 그렇다고 해서 이 책을 실무적인 지침서로 구상한 것은 아니다. 현장에서 활용 가능한 기법을 포함하는 것은 물론 현재까지 소개되어 있는 테스트 기법을 최대한 균형있게 망라하되 그 중에서 실제로 활용 가능한 기법을 선별하여 비교적 상세하게 설명하는 방식으로 서술하였다. 따라서 일반 대학에서 소프트웨어 테스팅이 한 학기 정도의 독립 과목으로 개설된다면 그러한 과목의 교재로서도 사용 가능할 것으로 사료된다. 단

이 경우에는 테스팅 도구를 사용한 실습이 보완되어야 할 것이다.

현장에서는 품질 관리 기법도 테스트 기법 못지않게 긴요하지만 이 책에서는 품질 관리 기법에 관해서는 비교적 적은 분량을 할애하였다. 그 이유의 하나는 품질 관리 기법에 관해서는 다른 훌륭한 책들이 많이 소개되어 있기 때문이고 또 다른 이유는 소프트웨어 품질관리 기법이 대체로 일반 공학의 품질 관리 기법을 상당 부분 원용하고 있기 때문에 거기에 특별히 추가할 내용이 많지 않다고 생각하였기 때문이다.

이 책은 앞부분에서 소프트웨어 품질 제고를 위한 테스팅의 역할, 테스팅이란 무엇인지, 어떠한 유형의 테스팅이 존재하는지, 테스팅이 왜 기술적으로 어려운지 등에 관해 논의하고 이어서 소프트웨어 테스팅이 수행되는 절차를 설명한다.

서론적인 부분에 이어서 테스팅의 기술적인 내용, 즉 테스트 설계 기법들을 비교적 상세하게 소개한다. 테스트 설계 기법은 크게 명세서를 기반으로 하는 기법과 코드를 기반으로 하는 기법으로 나누어서 소개하며 각 기법을 적용하는 예를 곁들인다.

그 다음에는 소프트웨어 시스템의 개발이 진행되고 있는 과정에 각종 테스트 기법들이 어떠한 시점에 어떠한 조합을 가지고 적용되는지를 논의한다.

끝으로 새롭게 등장하는 새로운 소프트웨어 패러다임에 대응한 소프트웨어 테스트 전략 및 앞에서 다루지 않은 테스팅의 고급과제를 간략하게 소개한다.

소프트웨어 테스팅은 엄밀하게 진행되어야 하고 많은 작업이 반복되어 수행된다. 따라서 테스팅에 수반하는 작업들은 최대한 자동화가 되어야 한다. 테스트 작업의 자동화 방법과 자동화 도구는 따로 모아서 설명하지 않고 테스트 기법과 작업이 소개될 때 그와 더불어 더불어 설명한다.

이 책은 5부로 구성되어 있다.

1부에서는 소프트웨어 테스팅의 기본 개념을 소개한다.

1장에서는 소프트웨어 품질을 개선하는 데에 테스팅이 어떠한 역할을 하는지

에 관하여 다룬다. 소프트웨어에 요구되는 품질 요소들이 무엇이며, 구현된 소프트웨어가 각 품질 요소를 충족시키는지를 확인하기 위하여 어떠한 종류의 테스팅이 수행되는지, 그리고 테스팅이 왜 어려운지에 관하여 논의한다. 그리고 소프트웨어의 품질 개선을 위해서는 테스팅도 중요하지만 결함이 소프트웨어에 들어 오지 않도록 하기 위해서는 최신 소프트웨어 공학기술이 크게 기여할 수 있음을 강조하고 최신 소프트웨어 공학기술이 테스팅 작업에 어떻게 도움을 줄 수 있는지에 관하여 논의한다.

2장에서는 소프트웨어 테스팅이 무엇인지를 정의하고 각종 테스팅의 유형을 비교 소개하고 간단한 예제 프로그램을 테스팅하는 과정을 소개하면서 테스팅에서 요구되는 기술적인 과제가 무엇이며 테스팅의 한계가 무엇인지를 논의한다.

3장에서는 테스팅에서 가장 중요한 기술적 개념과 테스트 프로세스에 관하여 설명한다. 테스트를 진행하는 순서, 테스트에 사용할 테스트 데이터, 테스트의 성패를 판정하는 데 사용하는 테스트 오라클 그리고 테스트에 사용되는 각종 기준에 관하여 설명한다. 그리고 이러한 사항을 설명하는 과정에서 등장하는 여러 테스팅의 용어들을 소개한다. 마지막으로 테스트 프로세스 개선을 위해 사용되는 테스트 성숙도 모형을 소개한다.

4장에서는 실행을 통하지 않고 결함을 검출하는 기법인 각종 정적 분석 기법에 관하여 설명한다. 간단하게는 작성된 코드를 신중이 검토함으로써 결함을 찾아내려는 검토 기법으로부터 각종 정형적 정적 분석 기법을 소개한다.

테스팅에서 가장 중요하다고 할 수 있는 작업은 결함을 효과적으로 검출할 수 있는 테스트입력을 찾아 내는 기술일 것이다. 테스트 설계는 크게 소프트웨어 명세서에 기반을 두는 기법과 작성된 코드에 기반을 두는 기법으로 나눌 수 있다.

2부에서는 명세서에 기반을 두는 주요 테스트 설계 기법을 소개한다.

5장의 처음에는 명세서 기반 테스트 설계가 무엇인지를 소개하고 명세서 기반 테스트 설계기법을 대표하는 분할 테스팅 기법과 경계치 테스팅 기법을 다룬

다. 그리고 이 기법들을 적용하여 입력 영역을 대표할 수 있는 사용 가능한 입력 데이터들이 정의되었을 때 이것들을 어떻게 효과적으로 결합하여 테스트에 사용할 수 있는지에 관하여 설명한다. 그리고 간단한 예제를 가지고 분할 테스팅과 경계치 테스팅에서 사용할 테스트를 설계하는 세부적인 방법을 설명한다.

6장에서는 5장에서 소개하지 않은 명세서 기반 테스트 설계 기법을 소개한다.

3부에서는 코드에 기반을 두는 주요 테스트 설계 기법을 소개한다. 작성된 코드가 준비되어있으면 구체적인 코드의 구조를 테스트 설계에 활용할 수 있다. 이러한 기법은 공통적으로 코드의 구조를 참고하여 테스팅에서 코드의 각 부분을 체계적으로 살펴 볼 수 있는 방법을 제공한다.

7장에서는 소프트웨어에 포함되어 있는 프로그램 문장들, 각종 분기들과 조건들을 체계적으로 살펴 볼 수 있는 테스트를 설계할 수 있는 기법을 소개한다. 그리고 간단한 예제프로그램을 가지고 문장 테스트, 분기 테스트와 조건 테스트를 위한 테스트 케이스를 설계하는 세부적인 방법을 설명한다.

8장에서는 프로그램에 포함되어 있는 모든 실행 경로들을 체계적으로 살펴 볼 수 있는 테스트를 설계할 수 있는 기법을 소개한다. 그리고 크게는 경로 테스트에 포함될 수 있는 데이터 흐름 테스트 기법도 소개한다. 그리고 여기에서도 간단한 예제프로그램을 가지고 경로 테스트를 위한 테스트 케이스를 설계하는 세부적인 방법을 설명한다.

4부에서는 3부에서 소개한 테스트 설계 기법을 소프트웨어를 실제로 테스트할 때 어떻게 적용하는지에 관하여 설명한다. 소프트웨어 개발이 진행되는 동안에 테스팅은 소프트웨어의 여러 수준에서 수행된다. 시스템을 구성하는 기본 단위가 완성되면 시스템의 다른 부분과 상관없이 이 단위를 따로 테스트하고 여러 단위를 묶어가는 과정에서 통합 테스트를 실시하고 완전한 시스템이 형성되면 다양한 시스템 수준의 테스팅을 수행한다.

9장에서는 개발이 완료된 시스템의 모든 단위가 하나의 시스템으로 완전히

통합되기 전까지의 테스팅, 즉 단위 테스트와 통합 테스트를 진행하는 방법을 소개한다.

10장에서는 모든 구성 단위가 하나의 시스템으로 통합되고 나서 시스템 수준에서 수행되는 여러 종류의 테스트 기법을 소개한다.

11장에서는 1차 테스트 중에 검출된 결함을 제거하기 위해 소프트웨어에 수정이 가해졌을 때 수정이 제대로 이루어졌고 수정이 시스템의 다른 부분에 부작용을 일으키지는 않았는지를 확인하기 위하여 수행되는 회귀 테스팅 기법을 소개한다.

그리고 테스트 작업을 효과적으로 관리하는 방법을 소개한다. 테스팅에서는 결함을 효과적으로 검출할 수 있는 기술도 중요하지만 테스팅 작업에 소요되는 자원을 효과적으로 배분하는 방법, 검출된 결함을 반드시 수정되도록 노력하는 기술, 테스팅 작업의 능률을 고도화하기 위한 자동화, 소프트웨어 품질 보증 기법 등과 같은 기술 외적인 노력도 중요하다.

12장에서는 테스트 계획 수립 방법, 결함 관리 기법과 같은 테스트 작업을 능률적으로 관리하는 여러 기법들을 소개한다. 그리고 소프트웨어 테스팅에 적용할 수 있는 품질 보증 기법도 아울러 소개한다.

이 책의 12장까지는 전통적 유형의 소프트웨어인 순차적 프로그램에 적용할 수 있는 테스팅 기법을 소개한 셈이다. 그러나 최근의 프로그래밍은 새로운 패러타임을 빠른 속도로 채택하고 있다. 새로 등장하고 있는 객체 지향 프로그램, 실시간 병렬 프로그램, 임베디드 소프트웨어 등을 테스팅하는 기법도 아직 미진한 수준이지만 빠른 속도로 발전하고 있다. 또한 검출된 결함 유형을 분석하여 그러한 결함들을 효과적으로 검출할 수 있는 테스트를 설계하는 기법은 일종의 경험을 기반으로 기법으로서 명세서나 코드를 바탕으로 한 체계적 설계 기법과 구별된다. 따라서 5부에서는 앞에서 취급하지 않은 고급 과제를 다룬다.

13장에서는 결함 기반 테스트 설계 기법을 소개한다. 이 범주에 속하는 대표적인 기법은 변종 분석 기법이다. 이 기법은 오래 전에 소개되있지만 이 기법을 적용하는 데 소요되는 막대한 비용 때문에 사실상 잊혀졌던 기법이다. 그러나

그간 꾸준한 연구로 비용을 절감할 수 있는 기술이 축적됨으로써 이제는 실용할 만한 유망한 기술로 인식되고 있다.

14장에서는 객체 지향 소프트웨어를 테스팅하는 기법을 소개한다. 객체 지향 언어가 순차적 프로그래밍 언어에서 찾아 볼 수 없는 다양한 기능을 보유한 것처럼 객체 지향 프로그램 테스팅도 이제까지 소개된 것과는 다른 테스트 기술을 요구하고 있다.

이 책의 마지막 장인 15장에서는 실시간 임베디드 소프트웨어 테스팅 기법을 논의한다. 소프트웨어가 다양한 장비와 시스템에 내장되어 그것들을 제어하는 데 사용됨에 따라 임베디드 소프트웨어 개발이 활발하게 진행되고 있다. 이러한 시스템은 다양한 하드웨어 시스템, 주변기기, 컴퓨터 기능과는 무관한 장비와 연동해야 하기 때문에 개발에 새로운 복잡도를 제공한다. 그리고 소프트웨어 개발은 내장 시스템의 다른 부분과 동시에 개발이 이루어지므로 소프트웨어 테스팅에는 새로운 차원의 어려움을 제공하게 된다.

이 책의 마지막 부분에는 연습 문제와 참고 문헌을 수록하였다. 연습문제는 블랙박스 테스트와 화이트박스 테스트의 테스트 설계 방법을 복습하기 위한 것이다. 참고 문헌은 학술적인 연구자료라기보다는 개념의 이해에 도움이 되고 실무에 참고할만하고 독자들이 쉽게 구할 수 있는 것을 중심으로 선별하였다.

한국과학기술원 전산학과 소프트웨어 공학 연구실의 대학원생들과 소프트웨어 전문가 과정 학생들이 검토를 해주었다. 그리고 슈어소프트 테크놀로지의 배현섭 박사가 원고를 면밀하게 살펴보며 개선점을 지적해 주었다. 이 책의 집필은 저자의 불가피한 사정으로 여러 번 지연이 되었다. 너그럽게 지연을 허용해 주신 생능출판사 김승기 사장님께 감사를 드린다. 끝으로 편집에 수고해 주신 생능출판사 편집부 여러분께 심심한 감사를 드린다.

차/례

CONTENTS

CONTENTS

CONTENTS

PART 05 소프트웨어 테스팅의 고급 과제

CONTENTS

01 PART

소프트웨어 테스팅의 기본 개념

CHAPTER

소프트웨어 품질과 테스팅 01

1.1 개요

1.2 소프트웨어 품질 요소

1.3 소프트웨어 결함의 예방

1.4 테스팅이 어려운 이유

01 CHAPTER

소프트웨어 품질과 테스팅

1.1 개요

우리 주변에 컴퓨터가 등장한 이래 다양한 소프트웨어가 끊임없이 개발되어 여러 용도로 사용되어 왔다. 처음에는 전혀 예상하지 못한 일을 척척 해내는 소프트웨어의 능력이 경외의 대상이었다. 이제까지는 생각조차 않았던 문제도 점차 소프트웨어로 해결되고 따라서 일을 처리하는 능력은 놀라울 정도로 향상되었다. 물론 구현된 소프트웨어가 오작동을 일으키는 수도 있었지만 사람들은 이러한 문제를 대수롭지 않게 여기고 어려운 일을 능률적으로 처리해내는 소프트웨어의 능력에 감탄할 뿐이었다.

그러나 더 많은 소프트웨어가 개발되고 소프트웨어의 응용 영역 또한 꾸준히 확장됨에 따라 소프트웨어의 구현은 점점 어려워지게 되었고 개발자의 실수는 늘어나게 되었다. 개발자의 실수로 유발된 오작동의 빈도도 늘어날 수밖에 없었고 오작동에 대한 사람들의 참을성도 한계에 도달하기 시작하였다. 사람들은 차츰 소프트웨어가 일을 제대로 해내길 바라게 되었다.

그럼에도 불구하고 소프트웨어의 응용 영역은 끝을 모르고 확장되었고 꾸준히 전혀 새로운 영역의 문제에 대한 소프트웨어 해결책을 모색하게 되었다. 결국 최근에 개척된 새로운 응용 영역에서는 소프트웨어의 결함으로 인하여 막대한 경제적 손해가 유발되거나 인명 손실로 이어지는 사례가 빈번히 발생하고 있다.

특히 소프트웨어가 실시간 임베디드 시스템 등의 중요한 요소로 자리잡음에 따라 시스템 전체의 평판이 소프트웨어의 정상적인 작동에 좌우되는 사례가 증가하고 있다. 따라서 소프트웨어의 품질에 대한 요구가 현저히 높아가고 있으며 머지 않아 소프트웨어 품질이 시스템 전체의 결정적인 성공 기준이 될 것으로

예상되고 있다.

최근에 소개된 어느 자료에 따르면 미국 국방성이 개발하는 시스템에서 소프트웨어 테스팅의 평균적인 투자 대비 효과(ROI; Return On Investment)는 800%로 나타나고 있다. 이 수치는 개발 완료된 소프트웨어 시스템이 실제 운용에 들어간 후에 결함이 발견되었을 때에 이 결함을 수정하는 비용과 결함이 유발한 비용 손실을 합한 비용을 테스팅 과정에서 검출할 수 있었다고 가정할 때의 테스팅 비용과 비교하여 얻어진 값이다. 물론 이와 같은 방식으로 소프트웨어 테스팅의 투자 대비 효과를 산정하는 것은 무리라는 이론이 있지만 적어도 이 수치는 소프트웨어 테스팅의 중요성을 확인해 주고 있다.

소프트웨어 품질을 원하는 수준으로 유지하려면 소프트웨어 제작 과정에서 결함이 소프트웨어에 유입되지 않도록 노력하는 것이 중요하다. 최근의 개발 현장에서는 소프트웨어의 결함을 사전에 예방하기 위하여 최신 소프트웨어 개발 기법을 적용하고 있으며 일반적인 공학 분야에서 널리 사용되고 있는 품질관리 기법을 도입하여 나름대로의 성과를 거두고 있다.

그러나 일단 소프트웨어에 유입된 결함을 제거하는 데에는 소프트웨어 테스팅이 거의 유일한 수단이다. 그뿐 아니라 소프트웨어 테스팅은 구현된 소프트웨어를 제어 가능하고 실제 운용 환경에 가까운 상황하에서 실행시켜 정상적 작동 여부를 확인해 볼 수 있다는 점에서 다른 어떠한 품질확인 방법이 가질 수 없는 장점을 보유하고 있다.

소프트웨어 테스트 기술은 요구 분석, 설계, 프로그래밍 등의 다른 개발 기술에 비하여 늦게 관심을 두게 되었고 따라서 기술 수준이 낮고 체계적인 연구가 미흡한 실정이다. 그러나 품질이 낮은 소프트웨어는 이용자에게 불편을 주는 것은 물론, 막대한 재산상의 피해를 입히고, 나아가서는 인명 및 국가 안보에까지도 지대한 영향을 끼칠 수 있기 때문에 보다 완벽한 테스팅이 요구되고 있다.

조사에 따르면 테스팅은 소프트웨어 개발 비용의 50퍼센트 이상을 점유한다고 하는데 이 비율은 임베디드 소프트웨어나 안전성이 중요시되는 소프트웨어의 경우에는 더욱 높아질 것으로 예상된다. 그리고 소프트웨어가 사용자에게 인도된 후에도 뒤늦게 결함이 발견된다든지 운영 중인 소프트웨어에 새로운 기능을 추가한다든지 기능의 일부를 개선하기 위한 수정을 한 후에 이를 확인하기 위해서도 테스팅을 해야 하므로 이러한 작업까지 포함하면 이 비율은 전체 비용의 3분의 2에 달할 것으로 추정되고 있다.

그런데 테스팅 비용이라는 것은 따지고 보면 개발 작업이 잘못된 것을 바로 잡는 비용으로 볼 수 있기 때문에 결국 낭비되는 비용으로 여겨지는 것이 현재의 실정이기도 하다. 따라서 처음부터 개발 작업이 정밀하게 진행되는 것이 소프트웨어 개발 비용을 줄이는 지름길이 될 것이다. 개발 작업이 정밀하게 진행되려면 개발 프로세스가 정밀하게 정의되어야 하지만 무엇보다도 중요한 것은 개발자의 자질이다. 적절한 개발 기술을 갖추고 개발 프로세스를 충분히 이해하는 사람이 개발에 참여해야 하는 데 소프트웨어 분야에서는 이점이 소홀히 되고 있다. 이 부분이 개선되지 않고 소프트웨어 품질 향상을 테스팅의 노력에 의존하는 것은 한계가 있을 수밖에 없다.

테스트 과정에 더 많은 시간과 노력이 투입되고 있고 이에 그치지 않고 모든 개발 단계에서 에러를 방지하기 위한 보다 엄밀한 각종 예방책이 투입되고 있다. 새로 소개되는 개발 기술은 생산성 제고에 기여하는 것도 중요하지만 품질 향상에 기여할 수 있는 기술이 우수한 기술로 평가되고 있다. 또한 테스트의 부담을 줄여줄 수 있는 개발 기법도 꾸준히 도입되고 있다. 따라서 소프트웨어 테스트 작업은 구현 다음 단계의 작업에 국한되지 않고 생명 주기 전반에 걸쳐 꾸준히 관심을 두어야 하는 작업으로 인식되고 있다.

예컨대 소프트웨어 개발 작업은 어떤 면에서는 소프트웨어에 대한 단편적인 요구가 명세서의 형태로, 이것을 바탕으로 설계가 이루어지고 설계에 의거하여 코드가 작성되는 일련의 정보 변환 작업이다. 따라서 한 형태의 정보를 다른 형태의 정보로 변환하는 작업을 그르치면, 몇 단계의 변환 작업을 거친 후에는 문제가 발생되어도 문제의 원인을 추적하여 시정하는데 많은 시간과 노력이 필요하게 된다. 실제로 통계에 의하면 소프트웨어 에러가 초기 단계의 정보 취급 과정 즉 요구 정의 및 설계 과정의 소홀함에 기인한 바가 큰 것으로 나타나고 있다.([그림 1-1] 참조)

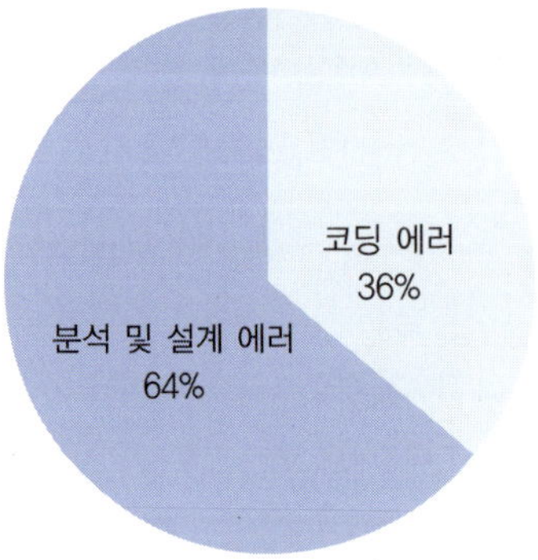

[그림 1-1] 소프트웨어 개발 단계별 에러 발생 비율

개발 작업 단계별 에러 수정 비용을 보이는 [그림 1-2]는 초기의 개발 단계에서 에러가 끼어 들지 않도록 유의하고 또한 가능하면 앞 단계에서 에러를 추출해 내어야 함을 알려주고 있다.

테스트를 끝으로 개발이 완료되어 소프트웨어가 운영되기 시작해도 에러를 제거하는 작업은 생명주기의 마지막 순간까지 계속된다. 그러나 이때에는 개발팀도 해체된 상태이고 많은 경우에는 코드의 내용과 일치하지 않는 부실한 문서에 의존할 수밖에 없기 때문에 테스트 데이터를 준비하고 테스트 환경을 재구성하는 일은 매우 어려운 작업이 된다.

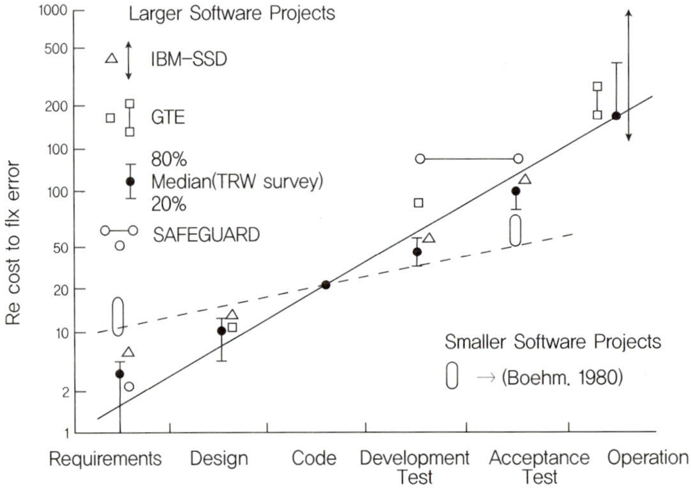

[그림 1-2] 소프트웨어 개발 단계별 에러 수정 비용

테스팅은 개발된 소프트웨어가 의도한 대로 작성되었는가를 컴퓨터상의 실행을 통하여 확인하는 작업이다. 따라서 일반적으로 소프트웨어를 실행시킬 때와 마찬가지로 테스트하려는 소프트웨어에 적절한 입력을 주어 실행시킨 다음에 얻어지는 출력을 살펴보는 식으로 진행된다. 그러므로 테스팅에 사용되는 입력은 일반적인 실행의 경우와 달라서 원하는 출력을 얻기에 필요한 입력이 아니라 결함을 검출하기에 편리한 입력이 되어야 한다. 테스팅에 최적인 입력값을 찾아내는 작업을 테스트 설계라고 부른다.

소프트웨어가 의도한 대로 작성되었는가를 테스트하기 위해서는 실행을 통해서 얻어진 결과가 의도했던 내용과 일치하는지를 조사해보아야 한다. 의도한 내용은 보통 소프트웨어 명세서 형태로 정리되고 개발자가 이를 보고 개발한다. 그러므로 테스팅이 제대로 이루어지려면

1. 명세서가 반드시 존재해야 하고
2. 의도한 내용이 명세서에 빠짐없이 정확하게 반영되어야 하고
3. 명세서 내용이 충분히 상세해서 개발자가 이 내용을 정확히 코드에 반영할 수 있어야 한다.

명세서가 존재하더라도 명세서가 사용자의 요구사항을 충실히 반영한다는 보장이 없다. 소프트웨어 명세서는 고객 또는 사용자의 요구사항을 작성자가 문서로 반영한 것이다. 따라서 명세서에는 요구사항을 제대로 반영하지 않은 부분, 내용이 다른 부분, 개발자가 달리 해석한 부분이 존재한다. 이럴 경우 실행 결과가 명세서와 일치한다고 해도 코드가 사용자의 의도를 제대로 반영한 것이라고 할 수 없다. 사용자의 요구사항을 명세서에 정확히 수록하여 개발자가 그 내용을 코드에 충실하게 반영할 수 있도록 하는 것은 요구명세 단계의 책임이다. 테스팅에서는 이 작업이 제대로 이루어졌다고 가정한다.

테스터는 명세서 내에서 코드에 대응되는 부분을 해석하여 이 내용을 테스트 케이스 형태로 표현한 다음에 코드에 대하여 테스트 케이스를 실행시켜 얻은 결과가 올바른지를 확인한다. 자연어 형태로 작성되어 있는 명세서의 내용을 구체적이고 정량적인 테스트 케이스로 표현하는 작업은 어려울 뿐 아니라 그 작업 자체에도 실수가 따른다. 그러나 반드시 유념해야 하는 것은 일반적인 테스팅에서는 시간적 제약 때문에 유한 개의 테스트 케이스를 사용할 수밖에 없다는 사

실이다. 그러므로 유한 개의 모든 테스트 케이스에 대하여 올바른 실행 결과를 얻었다고 할지라도 소프트웨어가 명세서와 일치하게 작성되었다고 단언할 수 없다. 따라서 유한 개의 테스트 케이스가 명세서에 최적의 근사치가 되도록 하는 것이 테스트의 기술이라고 할 수 있다.

실행 결과가 명세서의 내용과 일치하는 지를 판단하려면 실행결과를 비교할 수 있는 다른 수단이 존재해야 한다. 즉 명세서로부터 다른 방법을 통하여 얻어진 값(옳다고 믿을 수 있는 값)과 실행을 통하여 얻어진 값이 일치해야 한다. 오라클(Oracle)이라고 부르는 이 값은 쉽게 얻을 수 있는 경우도 있지만 많은 경우에는 확보하기가 매우 어렵거나 뚜렷한 오라클이 존재하지 않는 경우도 있다. 오라클 확보가 어렵거나 오라클과의 비교가 기계적으로 이루어질 수 없는 경우에는 테스트에 사용할 테스트 케이스를 제한해야 하는 경우도 발생한다. 테스팅을 하려면 오라클이 존재해야 하므로 손쉽게 확보할 수 있고 결과의 자동 비교가 가능한 오라클을 확보하는 것이 테스트의 주요 과제 중의 하나이다.

테스팅 작업은 확보한 테스트 케이스를 실행시키고 실행 결과를 통하여 소프트웨어가 의도한 대로 작동하는지를 확인하는 작업이다. 따라서 테스팅 작업은 비슷한 작업이 수없이 반복되고 정밀하게 진행되어야 한다. 그러므로 작업의 자동화가 어느 개발 작업보다도 중요하다. 그러나 유감스럽게도 테스트 케이스 설계와 오라클 확보는 자동화가 어려운 작업이다. 따라서 최소한 테스트의 실행이라도 최대한 자동화가 이루어지도록 노력해야 한다.

1.2 소프트웨어 품질 요소

소프트웨어 품질의 좋고 나쁨을 판단하는 기준은 상당히 다양하다. 소프트웨어가 고객을 만족시킬 수 있으면 일단 그 소프트웨어는 품질이 좋은 소프트웨어라고 말할 수 있을 것이다. 사용자를 만족시키려면 우선 소프트웨어에 대해 요구되는 기능을 두루 갖추어야 할 것이다. 그리고 고객이 필요로 하는 때에 맞춰 소프트웨어가 완성되거나 구입 가능해야 할 것이다. 그러나 개발 또는 구입 비용이 너무 높으면 아무리 기능이 훌륭해도 소비자는 만족하지 않을 것이다. 적

정한 가격이어야 고객은 기꺼이 소프트웨어에 수반되는 비용을 지불하려 할 것이다.

기능이 아무리 훌륭해도 결함이 많은 소프트웨어는 품질이 좋다고 말할 수 없다. 따라서 명세서의 내용과 일치하도록 소프트웨어가 구현되어야 한다. 그러나 구현된 소프트웨어가 명세서와 일치하는지를 판단하는 것은 기술적으로 매우 어려울 뿐 아니라 명세서가 사용자의 요구 사항을 완전하게 반영했다는 보장이 없다. 명세서가 사용자의 요구 사항을 정확하게 반영할 수 있도록 소프트웨어 공학에서는 많은 노력을 기울이고 있으며 이것을 전문적으로 다루는 소프트웨어 요구 공학이라는 분야가 따로 있기까지 한다.

또한 비록 명세서와 일치하는 소프트웨어라도 사용자가 고품질 소프트웨어로 인식하지 않는 경우도 존재하며 이와 반대로 비록 명세서와 완전히 일치하지 않으나 사용자가 유용한 소프트웨어로 생각하는 경우도 존재한다.

이와 같이 소프트웨어의 품질을 명확하게 정의하기 어렵기 때문에 소프트웨어 품질을 나타낼 수 있는 요소를 다각적으로 고려하여 정의한 다음에 개발된 소프트웨어가 요구되는 품질 요소를 갖추고 있는지를 개별적으로 조사해 보고 이를 토대로 소프트웨어의 품질을 결정하는 방법이 널리 사용되고 있다.

McCall은 소프트웨어의 품질 요소를 1)소프트웨어가 운영에 적합한지 여부를 판단할 수 있는 품질 요소, 2)소프트웨어를 변경하기에 편한 정도를 나타내는 품질 요소, 3)구현된 소프트웨어를 다른 목적에 사용하기 편한 정도를 나타내는 품질 요소 등으로 분류하고 각 분류에 포함되는 세부 품질 요소를 정의하였다. 아래에서는 McCall이 정의한 세부 품질 요소를 간단히 소개한다.

1) 운영상 적합성 여부를 나타내는 품질 요소

개발된 소프트웨어가 운영에 사용해도 될 정도인지, 즉 고객에게 인도할만한지를 판단할 수 있는 품질 요소이다.

정확성(correctness)

구현된 소프트웨어가 명세서와 일치하는 정도를 나타낸다.

신뢰성(reliability)

구현된 소프트웨어가 고장을 일으키는 일 없이 작동하는지를 나타낸다. 정확하게 구현된 소프트웨어라도 예기치 않은 상황에서는 고장이 발생할 수 있다. 따라서 명세서에 기술되어 있지 않은 예기치 않은 상황에서 기능 저하가 발생하더라도 가능한 한 오랜 시간 동안 서비스를 지속할 수 있는 소프트웨어가 우수한 것으로 평가 받고 있다. 소프트웨어가 유효하지 않은 입력이나 부하를 받고도 제대로 작동하는지를 나타내는 강건성(robustness)도 이와 관련이 많다. 다음 고장시까지의 평균 연속작동 시간(MTTF; mean time to failure)이 신뢰성의 척도로 사용된다. 높은 신뢰도를 보유하려면 시스템에 결함이 존재하더라도 고장을 회피할 수 있는 능력(maturity), 결함이나 명시된 인터페이스가 저해될지라도 정해진 수준의 성능을 유지할 수 있는 능력(fault tolerance), 고장이 발생한 경우에 정해진 수준의 성능을 회복하고 고장에 직접 영향을 받은 데이터를 복원할 수 있는 능력(recoverability)이 갖추어져야 한다.

성능(efficiency, performance)

주어진 기능을 얼마나 능률적으로 처리하는지를 나타낸다.

무결성(integrity, security)

인가받지 않은 사용자가 소프트웨어나 데이터에 접근하는 것을 적절히 제어할 수 있는지를 나타낸다.

사용편의성(usability)

사용자가 어려움 없이 소프트웨어를 적절히 작동시킬 수 있는지를 나타낸다.

2) 변경하기 쉬운지를 나타내는 품질 요소

운영에 들어간 후에도 운영 중에 새로이 발견된 결함을 제거하기 위해서, 새로운 기능을 추가하기 위하여, 또는 달라진 운영 환경에 적응시키기 위하여 소프트웨어에는 꾸준히 수정이 가해진다. 따라서 소프트웨어가 변경을 가하기 쉽도록 구현이 되면 소프트웨어의 유용성은 높아지고 소프트웨어의 수명은 연장된다.

유지보수성(maintainability)

발견된 결함을 수정하는 데 필요한 노력의 정도를 나타낸다.

융통성(flexibility)

운용 중의 소프트웨어를 변경하는 데 필요한 노력의 정도를 나타낸다.

시험가능성(testability)

소기의 기능을 제대로 수행하는지를 확인하는 데 소요되는 노력의 정도를 나타낸다.

3) 활용도를 높이기 쉬운지를 나타내는 품질 요소

유용성이 입증되고 융통성을 갖춘 소프트웨어는 새로운 하드웨어 환경에 옮겨 사용하기도 하고 다른 소프트웨어와 연계하여 사용하기도 하고 소프트웨어의 전부 또는 일부를 다른 시스템의 일부로서 재사용하기도 한다. 이것이 가능하면 소프트웨어의 가치는 더욱 높아진다.

이식성(portability)

다른 동작 환경에서 제대로 작동하도록 하는 데 소요되는 노력의 크기를 나타낸다.

재사용가능성(reusability)

소프트웨어의 전부 또는 일부를 얼마나 쉽게 다른 용도로 사용할 수 있는지를 나타낸다.

상호운용성(interoperability)

얼마나 쉽게 다른 소프트웨어와 결합하여 사용할 수 있는지를 나타낸다.

최초의 운용 목적에 부합되도록 구현된 소프트웨어가 대체로 우수한 소프트웨어이다. 이를 위해서 정확성, 신뢰성, 성능, 무결성, 사용편의성 등을 갖추어

야 한다. 최초의 운용 목적에 사용하는 데에는 문제가 없더라도 소프트웨어에는 여러 가지 이유로 변경이 가해진다. 변경이 용이할수록 소프트웨어의 유용성은 그만큼 증가한다. 변경이 쉽도록 구현되려면 유지보수성, 융통성, 시험가능성 등이 좋아야 하는데 그러려면 소프트웨어의 설계에 처음부터 그러한 특성이 반영되어야 한다. 변경의 수요가 어느 정도 충족된 후에는 소프트웨어는 사용자의 요구에 부응하면서 상당 기간 안정적으로 사용된다. 그리고 소프트웨어에 만족한 사용자는 그 소프트웨어를 다른 작동환경에 이식해서 사용하거나, 기능의 일부를 다른 용도로 재사용하거나 다른 소프트웨어와 더불어 사용하고 싶은 욕심을 갖기 시작한다. 소프트웨어가 이식성, 재사용가능성, 상호운용성 등을 갖추면 사용자의 새로운 요구에 능히 부응할 수 있고 따라서 소프트웨어의 수명은 그만큼 연장된다.

한편 R. L. Glass는 소프트웨어의 품질이 아예, 이식성, 신뢰성, 능률(efficiency), 사용편의성, 검사용이성(testability), 이해도(understandability), 수정용이성(modifiability) 일곱 가지 속성의 집합으로 규정된다고 말하고 있다. 이 중에서 특히 눈에 띄는 것은 검사용이성, 이해도, 수정용이성 등 소프트웨어의 유지 보수와 관련되는 품질 요소가 세 가지나 포함되어 있다는 사실이다. Glass는 현대적 개발 기법을 적용하여 제대로 구현된 소프트웨어는 수정할 필요성이 적어질 것이라는 통념과 달리 훌륭한 소프트웨어일수록 꾸준한 변경을 통하여 새로운 환경, 새로운 응용 영역으로 유용성을 키워나가는 경향이 있음에 주목하였다. 따라서 변경이 가해진다는 것은 소프트웨어에 그만한 가치가 있음을 입증하는 것이고 이 사실은 소프트웨어의 중요한 특성의 하나라고 지적하였다.

한편 Freeman은 소프트웨어의 품질 요소를 기본적인 품질 요소와 부가적인 품질 요소로 구분하였다. 즉 소프트웨어는 기본적으로 요구되는 기능을 제대로 갖추고(functionality), 신뢰할만하고(reliability), 사용하기에 편하고(usability), 안전성이 있고(safety), 가격이 적정해야 한다고 하였다. 부가적으로 소프트웨어는 융통성이 있고 수리하기 쉬워야 하고 새로운 환경에 적용하기 쉬워야 하고 이해하기 쉬우며 새로운 기능을 추가하기 쉽고 문서화가 잘 되어 있어야 한다고 지적하였다. 특히 적정한 가격을 소프트웨어의 중요한 품질 요소의 하나로 포함시킨 것은 소프트웨어의 실용성을 강조한 것이다.

최근에는 소프트웨어의 응용이 크게 확장되어 소프트웨어의 안전성이 중요

시되기에 이르렀다. Freeman도 이미 기본적인 품질 요소의 하나로 안정성을 꼽았지만 이 품질 요소의 중요성은 점차로 커질 것으로 예상된다.

안전성(safety)

의도한 기능의 수행 여부와 관계없이 인명의 손실, 직업병, 장비나 재산의 손실, 환경 피해 등의 위험한 사태(mishap)를 초래하는 조건이 발생하지 않도록 하는 시스템의 능력을 가리킨다. 모든 소프트웨어 에러가 안정성 문제를 일으키는 것도 아니며 명세서대로 작동하는 소프트웨어라고 안전한 소프트웨어라고 할 수도 없다. 신뢰도를 위해서는 고장이 발생하지 않도록 해야 하며 안전성을 위해서는 위험한 사태를 방지할 수 있어야 한다. 소프트웨어의 응용 영역이 확장되고 많은 응용 분야에서 소프트웨어의 역할이 점점 더 중요해짐에 따라 소프트웨어의 안전성이 크게 요구되고 있다.

안전성과 관련하여 보안성이 높고, 안정성, 신뢰성을 두루 갖춘 시스템을 의존할만하다(dependable)고 말하기도 한다

위에서 살펴본 바와 같이 소프트웨어의 품질을 규정짓는 요소들의 수효는 상당히 많다. 이상적으로는 어느 소프트웨어 시스템이든지 위에 열거한 모든 소프트웨어 품질 요소를 두루 갖추는 것이 바람직하겠지만 이것은 쉬운 일이 아니며 공학적 측면에서 바람직하지도 않다. 현실적으로는 개발하고자 하는 소프트웨어에 우선적으로 요구되는 품질 요소가 무엇인지를 파악하는 것이 중요하다. 그것을 알면, 소프트웨어를 설계할 때 또는 테스트를 계획할 때에 소프트웨어가 요구되는 품질 요소를 갖추었는지를 확인할 수 있을 것이다.

어느 시스템이든지 정확성과 신뢰성은 기본적으로 요구된다고 볼 수 있다. 동일한 품질 요소라도 어떠한 소프트웨어 유형을 논의하느냐에 따라 중요성이 현저하게 달라질 수 있다.

급여시스템의 경우를 예로 들면 금전을 다루므로 우선 급여 처리 결과가 정확해야 하고 금전적 손해가 발생할 가능성이 적어야 하며 시스템의 보안이 확보되어야 하고 급여 체계나 세제의 변화에 능률적으로 대응할 수 있어야 한다. 그러나 급여시스템은 시스템에 익숙한 사람이 운영하는 것이 보통이므로 사용편의성 등은 덜 강조된다. 그리고 오프라인으로 작동시키는 것이 보통이므로 요구되는 성능에도 융통성이 있다고 볼 수 있다.

널리 활용되고 있는 비디오 대여시스템의 경우에는 시스템을 수정할 필요는

그다지 없을 것으로 예상되고 성능, 신뢰도나 안정성에 대한 요구도 높지 않다. 비전문적인 사용자가 사용하는 시스템이므로 사용편의성이 높아야 하겠지만 비교적 간단한 기능을 반복해서 사용하는 시스템이므로 사용편의성이 약간 떨어지더라도 사용법을 익히면 큰 불편은 없을 것이다. 그러나 소규모 점포의 업무에 사용할 것이므로 적정한 가격이 가장 우선적으로 고려되는 품질 요소일 것이다.

1.3 소프트웨어 결함의 예방

소프트웨어 품질을 높이려면 철저한 테스팅을 통하여 결함을 최대한 제거해야 하지만 그보다 더 중요한 일은 결함이 소프트웨어에 잠입하지 않도록 노력하는 일이다. 결함 예방의 최선책은 소프트웨어 개발에 최신 소프트웨어 공학 기법을 적용하는 방법이다. 그러면 개발 과정에서 실수를 현저하게 줄 수 있을 뿐 아니라 여러 면에서 테스팅 작업에 도움을 준다.

최근에 널리 활용되고 있는 구조적 프로그래밍의 예를 들어 보자. 구조적 프로그래밍 기법은 소프트웨어가 바람직한 구조를 갖도록 도와 주고 그 구조가 쉽게 드러나게 도와 준다. 구조가 드러나면 프로그래머는 자신이 작성한 프로그램을 잘 이해할 수 있고 따라서 실수를 저질렀어도 결함을 바로 발견할 수가 있다.

또한 구조가 뚜렷이 드러나기 때문에 코드를 충분히 커버할 수 있는 테스트 케이스를 쉽게 도출할 수 있다. [그림 1-3]에 실린 간단한 포트란 프로그램의 예를 가지고 이 점을 확인해 보자. 참고로 이 프로그램에 나오는 산술적 if문 IF(expression) s1, s2, s3은 expression의 값이 0보다 작으면 s1, 0이면 s2, 0보다 크면 s3를 실행한다.

```
      IF ( TOTAL - 19 ) 20, 20, 10
10    RESULT = 'YES'
        GOTO 50
20    IF ( TOTAL - 9 ) 40, 40, 30
30    RESULT = 'MAYBE'
        GOTO 50
40    IF ( TOTAL - 0 ) RESULT = 'NO'
50    CONTINUE
```

[그림 1-3] 좋은 구조를 갖추지 못한 프로그램의 테스팅

우선 이 프로그램은 이해하기도 어렵고 제어 흐름을 쫓아 가기도 쉽지 않다. 따라서 테스트를 위한 경우의 수를 따져 보기가 쉽지 않아 테스트해야 할 경우를 빠뜨릴 가능성이 있다.

그런데 이 프로그램을 구조적 프로그래밍 기법을 적용하여 작성하면 [그림 1-4]와 같은 모습이 된다. 이 프로그램은 제어 흐름의 구조가 뚜렷이 드러나 있기 때문에 모든 경우를 어김없이 조사해 볼 수 있다.

실제로 H. D. Mills는 "구조적 프로그래밍 출현으로 말미암아 프로그래밍이 명세서의 내용을 프로그램으로 구성하는 공적이고 엄밀한 활동이 되었다. 이제 프로그래머 자신의 검증 작업이 신뢰할 만해서 통상적인 컴퓨터를 통한 디버깅 작업을 대체할 수준이 되었다."고 말하였다. 이것은 최신 개발 기법이 실수 예방에 크게 공헌하고 있음을 지적한 말이다.

```
int total;
String result;
if ( total > 19 )
      result = 'yes';
else if ( total > 9 )
      result = 'maybe';
else
      result = 'no';
```

[그림 1-4] 좋은 구조를 갖춘 프로그램의 테스팅

또 하나의 예는 모듈화 설계 기법이 모듈에 대한 테스팅의 노력을 크게 덜어 준다는 사실이다. 모듈의 크기가 크면 한 모듈에 포함되는 프로그램 문장수가 많아지고 따라서 모듈 내의 경로의 수가 큰 폭으로 증가한다. 반대로 모듈의 크기를 작도록 유지하면 한 모듈 내의 실행 경로수가 현저하게 줄어 든다.

```
int v, x, y, z;
if ( v > 0 )
      S1;
else
      S2;
switch (x)
{
      case n1:
         S3;
         break;
      case n2:
         S4;
         break;
      case n3:
         S5;
         break;
      default:
         S6;
         break;}
      while ( y > 0 )
         S7;
      if ( z > 0 )
         S8;
      else
         S9;
```

[그림 1-5] 크기가 큰 프로그램의 테스팅

[그림 1-5]의 프로그램을 예로 들어 보자. 이 프로그램은 2개의 If-Then Else 구문과 1개의 While문과 Case문이 포함되어 있다. 이 프로그램에 대해서

경로 커버리지를 하려면 While문에 대하여 루프를 들어가는 테스트 1개와 들어가지 않는 테스트 하나만을 포함한다고 해도 최소 32개의 테스팅을 수행해야 한다.

그러나 이 프로그램을 [그림 1-6]과 같이 2개의 작은 모듈로 분해한다면 테스팅에 소요되는 노력이 절감될 수 있다. 즉, 이 모듈을 테스트하려면 첫 번째 모듈에 대하여 8개의 테스트, 두 번째 모듈에 대하여 4개의 테스트를 합해서 12개의 테스트를 하면 된다. 따라서 통합하는 비용을 고려할지라도 테스트의 노력이 크게 절감됨을 알 수 있다.

```
int v, x, y, z;
if ( v > 0 )
      S1;
else
      S2;
switch (x)                        while ( y > 0 )
{                                     S7;
      case n1:
         S3;                      if ( z > 0 )
         break;                     S8;
      case n2:                          else
         S4;                        S9;
         break;
      case n3:
         S5;
         break;
      default:
         S6;
         break;
}

(a)                                 (b)
```

[그림 1-6] 모듈화 설계와 테스팅의 노력

이 예를 통하여 알 수 있듯이 모듈이 어느 정도 이상 크면 코드 커버리지를

충족시키는 것은 불가능해짐을 알 수 있다. 즉 모듈의 크기가 어느 정도 이상이 되면 충분한 테스트는 사실상 불가능해진다.

1.4 테스팅이 어려운 이유

소프트웨어 테스트는 순수한 기술적인 어려움도 있지만 테스트를 어렵게 하는 여러 가지 기술 외적인 이유가 있다. 이 절에는 그러한 어려움을 살펴보기로 한다.

1) 소프트웨어의 복잡도

소프트웨어는 다른 공학 제품과 비교할 때 상대적인 복잡도가 훨씬 높다. 문제의 복잡도가 높기 때문에 사람들은 소프트웨어를 개발하고 컴퓨터를 사용하여 문제 해결에 도움을 얻으려는 것이다. 복잡도가 높으면 개발하는 데 노력이 많이 소요될 뿐 아니라 실수를 범하기 쉽다. 따라서 상대적으로 더 많은 테스트를 위한 노력이 필요하다. 그러나 더욱 문제가 되는 것은 복잡한 소프트웨어는 많은 기능을 포함하고 또한 기능들을 다양하게 조합하여 사용할 수 있도록 구성된다는 점이다. 그런데 이러한 조합의 수가 워낙 많기 때문에 모든 조합에 대하여 문제가 없는가를 확인하려면 현실적으로 허용되는 작업 시간으로는 대개의 경우에 불가능하다.

예를 들면, [그림 1-7]은 어느 워드프로세스 선택 사항을 지정하는 메뉴이다. 사용자는 이 메뉴를 통하여 모두 12가지 선택 사항을 지정할 수 있다.

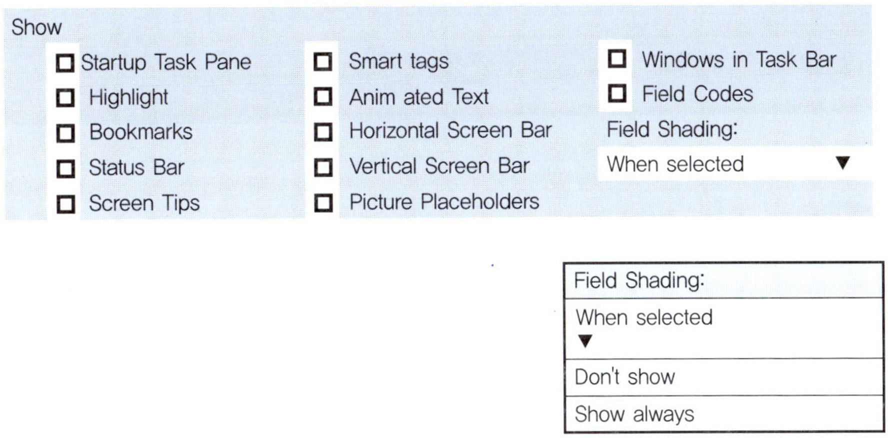

[그림 1-7] 테스트 항목수

그리고 각각에 대하여 Field Shading에 3가지 중의 하나를 선택할 수 있다. 사용자의 모든 선택 가능성에 대하여 시스템이 옳게 작동하는가를 확인하려면 실제로 각 조합을 실행시키고 결과를 확인해야 할 것이다. 그런데 각 옵션이 상호 독립적이라고 가정하여 조합의 수를 계산해 보면 3×2^{12} 즉 12288 가지가 된다. 즉 12288번 실행을 시켜 보고 테스트 결과가 옳은지를 확인해야 한다. 이것이 필요한 테스트의 전부라고 한다면 시간을 내어서 해 볼 수 있겠지만 이 시스템에서 옵션을 설정하는 일은 무수히 많은 사용 가능성의 하나에 지나지 않는다.

일반적인 소프트웨어 시스템에서 테스트해야 할 조합의 수는 너무 많아서 조합의 전부를 시험할 수는 없다. 따라서 결함 검출 효과를 떨어뜨리지 않으면서 적은 조합을 시험하는 방안을 연구해야 한다.

2) 불완전한 명세의 문제

고객의 시스템에 관한 요구 사항은 명세서로 정리되어 구현할 때 참조하게 된다. 따라서 테스트의 1차적인 목표는 구현된 내용이 명세서와 일치하는지를 점검하는 일이다. 그러나 이것은 요구 사항이 완벽하게 명세서에 반영되었다는 가정 하에서 가능한 일이고 명세서가 불완전하면 결국은 명세서를 보완하거나 구현이 완료된 소프트웨어가 고객의 요구 사항을 반영하고 있는지를 면밀하게

점검해야 한다. 완전한 명세서를 얻는 것은 요구 공학의 일이고 테스트에서는 일차적으로 명세서를 기반으로 해서 도출한 테스트 케이스를 가지고 시스템을 시험하고 아울러 고객의 요구 사항이 충분히 반영되었는지도 확인해야 한다.

그러나 실질적으로는 완전한 수준에 가까운 명세서가 존재하는 경우는 드물고 많은 경우에는 부실한 명세서를 가지고 테스트를 해야 한다. 이 경우에는 테스트 케이스를 도출하는 일 자체가 어렵고 실행 결과를 비교할 예상 결과도 명세서에서 구할 수 없는 경우도 흔하다. 또한 사용자 지침서대로 소프트웨어가 작동하는지 여부도 검사해야 하는데 사용자 지침서의 작성자가 시스템을 충분히 이해하지 못한 상태에서 작성한 경우도 있고 아예 명세서와는 무관하게 구현된 시스템의 작동 상황을 있는 그대로 반영하도록 작성하기도 한다. 따라서 사용자 지침서의 내용이 명세서와 일치하지 않는 경우가 많을 것은 당연하다.

따라서 테스트에서는 구현된 시스템이 명세서와 일치하는 지를 시험해야 하고, 시스템이 고객의 요구사항을 제대로 반영하고 있는지를 확인해야 하고, 코드가 사용자 지침서대로 작동하는지도 점검해야 한다.

3) 테스트를 위한 작동 환경 구축의 어려움

개발에 사용되는 시스템 환경은 완성된 소프트웨어가 실제로 탑재되어 운영될 시스템 환경과 다른 경우가 많다. 이 경우에는 일단 개발에 사용된 시스템 환경에서 시스템을 시험한 후에 시스템을 실제 환경에 설치한 후에도 문제가 없이 작동하는지를 확인하는 설치 테스트를 수행한다.

개발의 편의상 다른 시스템을 사용하기도 하지만 실제보다 낮은 성능의 컴퓨터를 사용하거나 실제보다 주변 장치와 같이 운영될 다른 소프트웨어들을 단순화시킨 상태에서 개발하고 또 시험하는 것이 보통이다. 따라서 시스템 테스트 단계에서는 적어도 한번은 완전한 시스템의 구성을 갖춘 상태에서 시스템을 테스트 할 필요가 있다.

그러나 테스트 목적에서 완전한 구성을 갖추는 데에는 많은 비용이 소요가 된다. 예를 들어 실제 환경의 금융 시스템의 경우, 수천에서 수만의 금융 터미널이 시스템에 연결되고 수백 명의 동시 사용자가 있을 수 있다. 이런 경우에도 시스템이 제대로 작동하는지를 반드시 사전 점검을 할 필요가 있지만 이런 규모의

비용을 테스트에 할애하기는 어렵다고 보아야 한다. 따라서 성공적인 테스트를 위해서는 실제 상황을 대체할 수 있는 테스트 환경을 구성할 수 있는 경험과 기술이 필수적이다.

특히 임베디드 소프트웨어와 같이 소프트웨어가 내장될 시스템이 소프트웨어와 동시에 개발되는 경우도 많은데 이때에는 하드웨어 시스템 개발이 끝나기를 기다려서 소프트웨어를 테스트하든지 하드웨어의 모형이나 프로토타입을 가지고 테스트해야 한다. 그러나 하드웨어 개발이 끝난 후, 소프트웨어를 탑재하고 테스트할 수 있는 시점은 제품을 출시해야 하거나 고객에게 인도할 시점에 임박하기 때문에 충분한 테스트 시간이 주어지지 않는 것이 보통이다.

예를 들어, 인공위성을 개발할 때에는 인공위성 자체를 개발함과 동시에 인공위성의 운영을 제어하는 소프트웨어와 개발 목적의 응용 소프트웨어도 개발하게 된다. 따라서 인공위성 본체의 개발이 끝나기 전에 소프트웨어를 테스트하려면 훌륭한 시뮬레이터가 존재해야 한다. 결국 테스팅의 성패는 얼마나 훌륭한 시뮬레이터를 제작하느냐에 달려 있다고 할 수 있다.

4) 소프트웨어 고유의 특성에 따른 문제

개발이 완료된 시스템이 실제 운영에 적합한지 여부를 시험하는 하나의 방법은 빈도가 높을 것으로 예상되는 사용 시나리오의 리스트를 준비하여 이것을 철저하게 테스트해보는 것이다. 이것은 대부분의 공학 제품에서 채택되고 있는 기법이지만 이러한 방법이 소프트웨어 테스트에는 불충분하다는 사실이 알려져 있다.

즉 소프트웨어에는 특이한 성질이 있어서

첫째, 하찮고 사무적인 실수도 중대한 결과를 초래할 수 있다.

둘째, 아주 드문 경우에나 나타날 수 있는 에러도 소프트웨어에서는 무시할 수 없다는 사실이다.

프로그래머의 큰 실수는 테스트를 통하여 대개는 곧바로 검출되지만 사소한 실수는 테스트로도 걸러지기가 어렵다. 그러나 소프트웨어에서 역설적인 사실은 사소한 실수라고 해서 반드시 결과까지 미미하지는 않다는 것이다.

이러한 예로서 유럽연합이 개발한 발사체인 Ariane 로켓을 들 수 있다. 1996

년에 Ariane 5 로켓이 발사 40초 후에 문제가 발생하여 자체적으로 폭파시켰는데 문제의 원인을 추적하여 보니 64비트 부동 소수점 수를 16비트 부호가 있는 정수로 변환하는 과정에서 프로그래머의 사소한 실수였음이 밝혀졌다. 이 실수로 인하여 로켓의 수평속도가 위험치에 도달한 것으로 계산되고 소프트웨어의 예외 처리 수단으로 강제 폭파시켰다는 것이다.

다른 하나의 예는 방사선 치료기기이다. 1985년부터 3년 사이에 캐나다의 한 회사가 제작한 의료기기로 치료를 받던 환자 4명이 사망하여 대규모의 손해배상청구 소송이 발생하였다고 한다. 역시 원인을 추적해 보니 치료기 기사가 방사선의 강도를 조절할 수 있도록 설계되었음에도 불구하고 조절하는 것과 무관하게 최대치의 방사선을 방출하여 노출과다가 발생한 것으로 밝혀졌다고 한다.

이러한 사실을 뒷받침할만한 사례는 이것말고도 문헌상에 무수히 보고되어 있다.

앞에서도 언급한 바와 같이 주어진 시간의 범위 안에서 우선 순위가 높고 사용 빈도가 높을 것으로 예상되는 테스트 케이스의 순서로 테스트를 수행하는 것이 보통이다. 따라서 시간 관계상 발생 확률이 적은 테스트 케이스는 수행시켜 보지도 못하고 테스트를 종료하는 경우가 많다. 대부분의 공학 분야의 경우에는 이렇게 해도 큰 문제가 없지만 소프트웨어의 경우에는 반드시 그렇지는 않다는 것이다.

소프트웨어의 많은 사용자들이 비록 드물기는 하지만 시스템에서 가려져 있는 기능을 시도해 보게 되고 따라서 미쳐 테스트되지 않았던 상태가 실행되어 앞의 경우와 같은 예상치 않은 결과를 초래할 수 있다. 특히 소프트웨어는 실행속도가 빨라져서 시스템의 다양한 기능이 속속들이 시험될 가능성이 높다.

5) 테스트 마인드의 부재

다른 분야에서도 마찬가지이지만 개발은 시험보다 먼저 진행되기 때문에 관심이 높고 상대적으로 시험에 대해서는 관심이 떨어질 수밖에 없다. 또한 작업시점이 인도에 임박한 시점이기 때문에 대개는 시간에 쫓기며 작업하게 되고 형편상 도중에 중단되어 계획된 작업을 다하지 못하기도 한다. 테스트에 충분한 시간이 주어지는 일이 없기 때문에 계획하에 체계적으로 작업을 하기 어렵다.

테스트는 고도의 집중을 요하는 작업이고 풍부한 경험과 충실한 훈련을 요하는 작업임에도 불구하고 능력이 떨어지거나 경험이 부족한 인력이 배치되는 경우가 많다. 그리고 개발자는 테스터를 존중하지 않고 따라서 테스트 작업에 비협조적이다. 따라서 일단 테스트 업무에 배치되어도 항상 다른 부서에서 일하기를 희망하고 의욕은 떨어지게 마련이다.

CHAPTER 02

소프트웨어 테스팅이란?

02 CHAPTER

소프트웨어 테스팅이란?

2.1 개요

소프트웨어 테스팅이란 컴퓨터상의 실행을 통하여 프로그램 내의 결함을 검출하는 작업을 말한다. 테스팅은 결함을 검출하려는 의도로 프로그램을 실행하는 것이기 때문에 결함 검출에 효과적일 것 같은 입력값을 찾아 내서 테스트하는 것이 효과적이다. 테스트를 하고서도 결함을 검출해 내지 못한다면 그 테스트는 실패한 것이 된다.

테스트의 1차 목표는 프로그램을 실행시켰을 때 결과가 명세서에 서술된 대로 산출되는가를 조사하는 것이다. 결과가 예상대로 얻어지지 않으면 검사자는 이 사실을 개발자에게 통보하여 프로그램을 수정시키도록 해야 한다. 따라서 테스트는 개발자가 작업을 제대로 하여 코드가 명세서에 기술된 대로 구현되었는가를 검증(Verification)하는 효과를 갖는다. 그러나 테스팅의 수단만으로 구현된 소프트웨어가 명세서의 내용과 일치함을 입증하는 것은 현실적으로 어려운 것으로 인식되고 있다.

소프트웨어 개발의 궁극적인 목표는 고객이 최초에 의도한 용도에 맞게 구현한 프로그램을 유용하게 사용하는 것이다. 그러나 완성된 소프트웨어가 명세서의 내용과 일치하게 작동함을 검증했다고 하더라도 명세서의 내용이 고객의 요구를 완전하게 반영했다는 보장이 없다. 따라서 요구 분석 등의 수단을 통하여 이 점을 확인할 필요가 있다.

그러나 완성된 소프트웨어를 고객에게 인도하기 전에 실제 작동 환경에서 프로그램이 계획한 기능들을 제대로 수행할 수 있을지를 확인할 필요가 있다. 이와 같은 확인은 요구 분석으로는 불가능하고 실행을 통한 테스팅만이 수행할 수

있는 역할이다. 테스팅에서는 가능한 한 실제 작동 환경과 근접한 환경하에서 이 작업을 수행하게 된다. 따라서 소프트웨어 테스팅은 요구 사항의 확인(Validation) 작업도 하는 셈이다. 이와 같은 작업에서는 소프트웨어가 요구된 기능을 두루 포함하고 있는지, 그러한 기능들을 요구된 제약 조건하에서 수행해 낼 수 있는지 등을 확인하게 된다.

그런데 이러한 확인 작업이 가능할 수 있으려면 사전에 소프트웨어의 결함들이 충분히 제거되어 있어야 한다. 그렇지 않으면 결함으로 인하여 시스템이 자주 고장을 일으켜서 확인 작업이 방해를 받을 수도 있고 성능 확인 작업 등은 의미가 크게 떨어진다. 따라서 검증 작업은 확인 작업에 선행될 필요가 있으며 소프트웨어 테스팅은 검증과 확인 작업을 더불어 수행하게 된다.

결론적으로 소프트웨어 테스팅의 목표는

1) 모든 실행의 결과가 예상한 결과와 차이가 없음을 보임으로써 소프트웨어가 명세서에 서술된 대로 정확하게 구현되었음을 검증하고,
2) 완성된 소프트웨어를 고객에게 인도하기 전에, 소프트웨어가 실제 작동 환경에 설치되어 운용될 때 고객이 필요로 하는 기능과 모든 제약 사항을 충족시키면서 제대로 수행할 수 있는지

를 확인하는 일이다.

2.2 소프트웨어 에러, 결함과 고장

이 절에서는 테스트 논의에 등장하는 용어들인 고장, 결함, 에러의 차이점을 설명한다. [그림 2-1]은 이 3가지 용어들 간의 관계를 보이고 있다.

프로그래머는 프로그램을 입력할 때 오타 등의 사소한 실수를 범하거나, 명세서를 잘못 해석한 다음에 이를 토대로 코딩을 하는 등의 실수(Error)로 프로그램에 결함(fault, defect, bug)을 유발시킨다. 흔히 결함과 실수를 구별하지

않고 에러라고 부르기도 하는데 엄밀하게 말하면 결함은 프로그램 내에 완전치 못한 부분 그 자체를 의미하고 이것이 유발된 원인이 프로그래머가 작업을 잘못해서 발생하는 실수라고 보는 것이다.

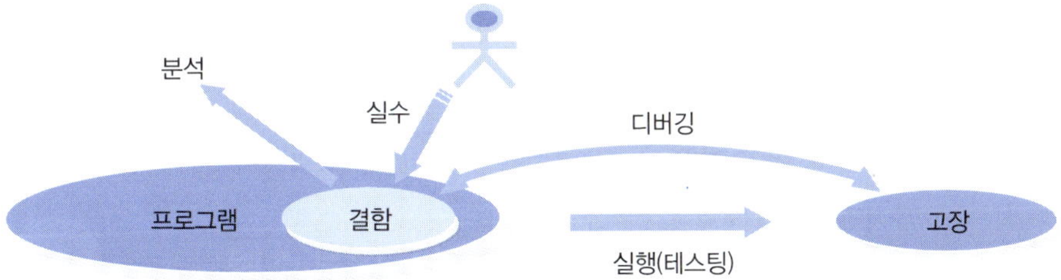

[그림 2-1] 고장, 결함, 에러의 차이점

결함이 포함된 코드를 실행시키면 결함으로 인하여 시스템이 고장(failure)을 일으킬 수가 있다. 응용 프로그램이 원인 모르게 작동을 정지하든지, 예외(exception) 처리 상황이 발생하든지 시스템이 작동을 정지한다. 물론 프로그램 내에 결함이 존재한다고 반드시 시스템이 고장을 일으키는 것은 아니다. 시스템의 실행이 결함의 위치를 우회하여 진행될 수도 있고 결함의 위치가 실행에 관여하더라도 결과에 영향을 미치지 않을 수도 있다. 시스템에 고장이 발생했다함은 시스템이 예상대로 작동하지 않았음을 의미한다.

시스템에 고장이 발생하면 문제의 원인을 추적하여 프로그램 내의 결함을 찾아낸 후 결함을 제거한다. 이 작업을 디버깅(debugging)이라고 부른다. 프로그램의 결함은 컴퓨터상에서 실행을 통하여 검출되지만 실행을 통하지 않고도 발견할 수가 있다. 작성된 프로그램을 면밀하게 분석함으로써 프로그램 내의 처리 과정상의 문제점을 발견할 수도 있는데 이러한 방법을 정적 분석 기법(Static Analysis)이라고 부른다.

2.3 테스팅의 유형

소프트웨어에 포함되어 있는 결함을 검출하는 방법에는 여러 가지 유형이 존재한다. 우선 크게 컴퓨터의 실행을 통하지 않고 결함을 검출하려는 정적 분석 기법과 실행을 통하여 결함을 검출하는 동적 분석 기법인 테스팅으로 나눌 수 있다.

정적 분석 기법은 다시 자신이 작성했거나 다른 사람이 작성한 코드를 면밀히 분석함으로써 결함을 찾아내는 비정형적인 분석 기법과 프로그램에 대하여 기호 계산 기법, 프로그램 증명법, 모형 검증 기법 등을 적용하여 결함을 검출하는 정형적 검증 기법으로 분류할 수 있다. 정적 분석 기법에 관해서는 제 4장에서 보다 자세히 살펴볼 예정이다.

테스팅은 다시

1) 테스팅의 목적이 무엇인가?
2) 무엇이 테스트 설계의 기반이 되었는가?
3) 테스트 설계에 사용한 기법이 무엇이었는가?
4) 어느 수준의 소프트웨어에서 테스팅이 수행되는가?

등에 따라 분류할 수 있다. 아래에서는 테스팅의 종류를 이와 같은 유형에 따라 살펴보기로 한다.

1) 테스팅의 목적에 따른 분류

테스팅의 궁극적인 목표는 구현된 시스템이 고객의 요구 사항을 충족하고 본래의 사용 목적을 충족시키고 있는지를 확인하는 것이다. 아울러 완성된 프로그램이 프로토콜, 표준, 요구계약조건 등을 충족하는지 여부를 확인한다. 이런 목적의 테스트를 확인 테스트(Validation Test) 또는 일치 테스트(Conformance Test)이라고 부른다. 그리고 확인하고자 하는 특정한 품질 요소나 요구사항이

무엇인가에 따라 성능 테스트, 사용편의성 테스트, 안전성 테스트 등으로 구분해서 부르기도 한다.

결함이 남아 있는 상태에서 확인 테스트를 하려면 결함으로 인하여 테스트의 실행이 중단되기도 하므로 제대로 된 테스트를 하기 어렵다. 따라서 확인 테스트에 착수하기 전에 구현 과정에서 프로그램에 삽입된 결함을 최대한 검출해 낼 필요가 있다. 이와 같이 결함을 검출할 목적으로 수행되는 테스트를 결함 테스트(Defect Test)라고 부른다. 결함 테스트는 대개 시스템을 구성하는 개별 단위 또는 개별 단위를 통합하는 과정에서 수행하게 된다.

2) 테스트 기반에 따른 분류

테스트를 설계할 때 무엇을 설계의 기반으로 사용하는가에 따라 크게 명세서 기반 테스트와 코드 기반 테스트로 나눌 수 있다.

명세서 기반 테스트에서 테스트를 설계할 때 코드의 내용을 고려하지 않기 때문에 블랙박스 테스트, 코드를 수학적인 함수처럼 가정하고 실행할 때에 사용한 입력과 실행을 통하여 얻어지는 출력과의 관계를 조사한다고 하여 함수적 테스트라고도 부른다.

코드 기반 테스트에서는 코드의 구조나 논리를 참작하여 테스트를 설계하기 때문에 화이트박스 테스트라 부르고, 프로그램의 구조에 관한 정보를 테스트 설계에 활용한다고 하여 구조적 테스트라고 부른다.

테스트의 기반으로 명세서와 코드만을 사용하는 것은 아니다. 프로그래머가 가장 많이 산출하는 결함들을 파악하고 그러한 결함들을 가장 효율적으로 검출할 수 있는 테스트를 고안해 내려는 기법도 존재한다. 그러한 기법을 결함 기반 테스트라고 부른다.

또한 시스템이 완성되어 사용자에게 인도되었을 때 사용자가 어떤 용도나 사용 시나리오를 가지고 시스템을 사용할지를 예상하고 그러한 용도나 시나리오에 포함되는 기능을 중점적으로 조사해 보는 용도 기반 테스트(Usage Based Test) 또는 시나리오 기반 테스트(Scenario Based Test)도 있다.

3) 테스트 설계 기법에 따른 분류

테스트에 사용할 테스트 케이스를 도출할 때에는 검출하고자 하는 결함 유형을 먼저 결정하고 그러한 결함을 가장 잘 검출해 낼 수 있는 테스트 케이스를 고안하려는 방법이 있다. 이러한 기법들은 주로 이론적으로 연구된 결과이므로 이러한 테스트 유형을 체계적 테스트(Systematic Test)라고 부른다. 참고문헌 등에서 찾아볼 수 있는 테스트 기법들은 대개 이 유형에 속한다.

그리고 사용된 체계적 방법의 내용에 따라 특유의 테스트 명칭을 사용하기도 한다. 예컨대 프로그램에 존재하는 모든 문장을 최소한 한번씩은 조사해 보는 테스팅 방법을 문장 테스트, 모든 프로그램 분기를 최소한 한번씩은 조사해 보려는 테스팅 방법을 분기 테스트라고 부른다.

이와 반대로 테스트에 사용할 데이타의 선정에 특별한 방법을 적용하지 않고 무작위로 생성된 테스트 케이스를 사용하는 방법이 있다. 이러한 유형을 무작위 테스트(Random Test)라고 부른다. 무작위 테스트에서는 무작위로 생성된 많은 수의 테스트 케이스를 사용하는 것이 보통이므로 테스트의 성공률을 계산할 수 있다. 따라서 신뢰도에 통계적인 의미를 부여할 수 있다는 다른 기법에서는 찾아볼 수 없는 이점이 있다. 테스트 입력을 쉽게 준비할 수 있지만 결과의 정확성을 판정하는 자동화된 수단이 없으면 효율이 크게 떨어진다.

4) 테스트 수준에 따른 분류

소프트웨어는 채택한 생명 주기 모형에 따라서 개별 모듈들이 구현된 후 통합과정을 거쳐 시스템을 형성하게 되며 테스트는 개발 과정의 여러 시점에서 수행된다. 테스트가 개발 과정의 어느 시점에서 수행되는가, 즉 테스트 대상이 되는 소프트웨어가 어떤 모습을 갖춘 상태에서 테스트를 하는가에 따라 테스트를 구별하기도 한다.

개발이 진행되는 도중에 개별 모듈을 테스트해 볼 수도 있고 통합과정을 점검해 볼 수도 있고 형성된 시스템 전체를 대상으로 테스트를 수행할 수 있다. 이를 구별하기 위하여 테스트 수준(Test Level)이라고 부른다. 따라서 개별 모듈 차원에서 행해지는 테스트를 모듈 테스트 또는 단위 테스트라 부르고 통합과정

자체를 점검하는 테스트를 통합 테스트, 전체 시스템을 대상으로 하는 테스트를 시스템 테스트라고 부른다.

생명 주기 전체로 확대해서 살펴보면 완성된 시스템을 사용자가 인수할만한 수준인지를 판정하기 위한 테스트를 인수 테스트(Acceptance Test), 사용자가 실제로 소프트웨어를 운영할 사이트에 설치해 놓고 운영 환경에서 문제 없이 작동하는지를 점검하기 위한 테스트를 설치 테스트(Installation Test) 또는 현장 테스트(Field Test)라 부른다. 그리고 시스템이 운영 상태에 들어간 후에 발견되는 결함을 제거한 후 수정이 제대로 이루어지고 수정의 부작용이 없는지를 점검하는 회귀 테스트(Regression Test)가 있다.

2.4 체계적 테스트의 예

이 절에서는 가장 중요하고 서로 대비되는 체계적 테스트 기법들인 함수적 테스트와 구조적 테스트 기법을 하나의 예제 프로그램에 적용하면서 테스트 케이스는 어떻게 설계하는 것인지, 각 테스트 유형의 장단점은 무엇이고 한계점은 무엇인지를 살펴보고 필요에 따라 테스트 용어를 소개하기로 한다.

예제 프로그램의 명세는 〈표 2-1〉과 같다. 즉 이 함수는 입력되는 단일 정수 Y의 값에 따라 입력값에 정해진 값만큼 더해진 정수값을 출력한다. 입력 영역은 4개의 부분 영역으로 구분된다.

〈표 2-1〉 예제 프로그램에 대한 입력 영역과 출력 영역

입력 영역	출력 영역
$Y > 8$	$Y + 5$
$5 \le Y \le 8$	$Y + 7$
$1 < Y < 5$	$Y + 5$
$Y \le 1$	$Y + 3$

[그림 2-2]에 실린 예제 프로그램은 이와 같은 프로그램 명세를 충족시키도록 구현한 프로그램이다. 물론 동일한 명세에 대하여 구현은 여러 형태로 이루어질 수가 있다.

```
if ( Y > 1 )
    Y = Y + 1;
    if ( Y > 9 )
        Y = Y + 1;
    else
        Y = Y + 3;
    Y = Y + 2;
else
    Y = Y + 4;

if ( Y > 10 )
    Y = Y + 1;
else
    Y = Y - 1;
```

[그림 2-2] 예제 프로그램

1) 기능적 테스트의 실행 과정

기능적 테스트는 프로그램을 하나의 블랙박스로 보고 명세서를 참고하여 준비한 테스트 데이터를 입력하여 실행시킨 결과가 예상하는 대로 산출되는가를 살펴보는 방법이다. 코드의 내용은 고려하지 않고 순전히 투입되는 입력과 산출되는 출력을 바탕으로 코드가 구현한 기능을 조사한다. 아직 코드가 완성되지 않은 상태에서 수행되기도 하고 코드가 존재하더라도 의도적으로 코드의 내용을 보지 않고 수행하는 테스트이다.

예제 프로그램에 대해서 기능적 테스트를 수행하는 과정을 설명해 보기로 한다.

입력 영역의 각 부분 영역별로 테스트를 수행하기로 하고 우선 Y 〉 8을 만족시키는 부분 영역에 대해서 테스트를 수행해 보자. 부분 영역 내의 임의의 값,

예컨대 Y = 9를 테스트 데이터로 선정해서 코드를 실행해서 Y = 13을 출력으로 얻으면 프로그램은 적어도 Y = 9 대해서 옳게 작동한 것이고 따라서 테스트는 성공했다고 말한다. 실제로 구현된 코드를 가상적으로 실행해 보면 Y에 대한 출력값으로 13을 계산하는 것을 확인할 수 있다.

이와 비슷한 방법으로 부분 영역의 다른 값들에 대해서도 이와 같은 테스트를 수행할 수 있고 다른 부분 영역에 대해서도 이와 같은 테스트를 수행할 수 있다. 이러한 테스트를 계속하여 가능한 모든 입력값에 대해 코드가 명세서에 서술된 대로 출력을 산출한다면 우리는 이 코드가 명세서를 제대로 반영하였고 따라서 이 프로그램은 정확함을 입증할 수 있다.

그러나 비록 하나 하나의 테스트는 그리 어려운 작업이 아닐지라도 입력 영역의 가능한 모든 정수값에 대하여 이와 같은 테스트 작업을 수행하는 것은 현실적으로 불가능에 가깝다. 테스트는 이와 같이 기술적으로는 가능하지만 제한된 자원 때문에 실현 불가능한(intractable) 성격을 가진다. 따라서 테스팅에서는 언제나 유한한 자원을 사용하여 목표로 하는 테스팅의 효과를 얻어야 하는데 이것은 매우 어려운 기술적인 과제이다.

2) 구조적 테스트의 실행 과정

구조적 테스트에서 테스트 데이터는 코드의 구조나 계산 논리를 고려하여 도출된다. 이와 같이 얻어진 테스트 데이터를 입력시킨 다음에 산출되는 출력의 정확함을 조사한다는 점에서 기능적 테스트와 같으나 출력의 정확성 여부를 바탕으로 추가적으로 코드의 구조나 세부 계산 논리를 확인할 수 있다는 점에서 차이가 있다.

구조적 테스트를 하려면 먼저 조사하고자 하는 코드 내의 특정한 구조나 논리를 결정하고 이 부분을 실행시킬 수 있는 테스트 데이터를 구해야 한다.

그림 2-3에 보인 예제 프로그램의 제어 흐름 그래프를 살펴보면 T T T, T T F, T F T, T F F, F-T, F-F 등의 6개 경로를 발견할 수 있다. 제어 흐름을 고려하여 이번 테스트에서는 TTT 경로를 살펴보기로 정한다. 코드의 실행이 TTT를 포함하는 경로를 통해서 이루어지려면 테스트 데이터가 8보다 큰 값이어야 한다. 즉 Y 〉 8을 만족하는 어떠한 입력값이라도 이 경로를 실행시킨다. 마찬가

지로 입력값을 변경해서 다른 경로를 조사해 볼 수 있다.

그러나 TTF와 같은 경로는 어떠한 입력값을 가지고도 실행되지 않는다. 코드에는 존재하지만 실행시킬 수 없는 경로를 실행 불가능 경로(infeasible path)라 부른다. 이 프로그램에는 또 하나의 실행불가능 경로(FT)가 존재한다.

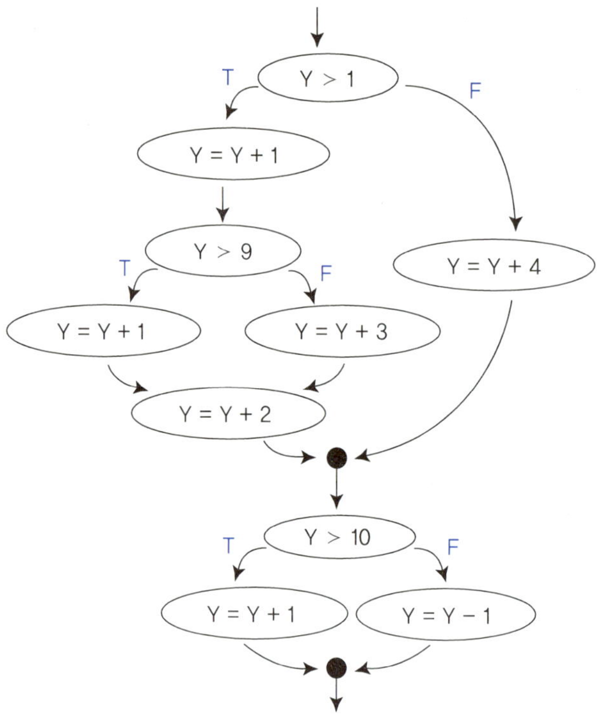

[그림 2-3] 예제 프로그램에 대한 제어 흐름 그래프

이와 같은 식으로 6개의 경로에 대한 경로 영역을 〈표 2-2〉와 같이 정리할 수 있다.

구조적 테스트에서는 코드 내의 특정한 구조나 논리를 조사하기로 결정한 다음에 이 부분을 실행시킬 수 있는 테스트 데이터를 구해야 한다. 즉 원하는 경로를 실행시킬 수 있는 테스트 데이터를 생성하는 작업이 구조적 테스트의 하나의 기술적 과제이다.

결과의 정확성을 판정하려면 코드로부터 산출되는 결과를 대조할 수 있는 다른 출력값이 존재해야 한다. 이것을 오라클 문제(Oracle Problem)라고 한다.

보통 정확성이 입증된 다른 코드나 다른 수단을 사용한다. 구조적 테스트에서는 코드의 구조에 관한 정보를 바탕으로 코드의 구석구석을 빠짐없이 조사해 볼 수 있도록 테스트를 체계적으로 진행시킬 수 있다.

〈표 2-2〉 각 실행 경로에 대한 경로 영역

프로그램 경로			경로 영역
T	T	T	Y 〉8
T	T	F	실행 불가능
T	F	T	5 ≤ Y ≤ 8
T	F	F	1〈 Y〈 5
F	-	T	실행 불가능
F	-	F	Y ≤ 1

예제 프로그램의 테스팅을 통해서 살펴본 바와 같이 한 프로그램을 함수적 테스팅 방법을 사용하여 검사하거나 구조적 테스팅 방법을 사용하여 검사할 수 있다. 그러나 구조적 테스팅과 함수적 테스팅은 어느 하나가 다른 것을 대체할 수 있는 것이 아니다. 그 이유를 살펴보자.

이상적인 경우에는 프로그램이 명세서대로 완전하게 구현될 수 있겠지만 많은 경우에는 프로그램이 명세서대로 구현되지 않는다. 코드가 명세서대로 구현되는 부분이 많겠지만 명세서에 서술된 부분 중에 프로그램에 구현이 되지 않는 부분이 있기도 하고 프로그래머가 명세서를 잘못 해석하여 구현된 프로그램의 일부는 명세서에서 해당 부분을 찾을 수 없는 경우도 발생한다.

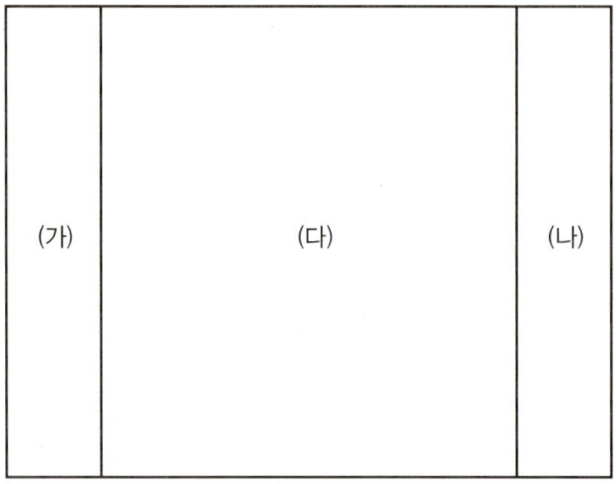

[그림 2-4]

[그림 2-4]에서 (다)는 프로그램이 명세서대로 구현된 부분을 표시하고 (가)는 명세서에는 서술되어 있지만 해당되는 코드가 없는 경우를 표시한다. 반대로 (나)는 구현된 코드 중에 명세서에 해당 부분이 없는 경우를 표시한다.

따라서 함수적 테스팅으로는 (나)부분과 같은 결함을 찾을 수 없고 마찬가지로 구조적 테스팅으로는 (가)부분과 같은 결함을 검출할 수가 없다.

2.5 테스팅의 한계

소프트웨어 테스팅은 프로그램 내의 결함을 검출해 낼 수 있는 여러 기법 중에서 실행을 통해 결함을 검출할 수 있는 유일한 기법이다. 그러나 프로그램의 모든 결함을 검출하는 데에는 거의 무한한 자원이 투입되어야 하므로 소프트웨어 테스팅의 능력에는 한계가 있을 수밖에 없다. 이 절에서는 [그림 2-5]에 보인 간단한 예를 통하여 그 이유를 알아 보기로 한다.

예제와 같은 아주 간단한 프로그램에는 경로의 수가 6개이고, 실행불가능 경로 2개를 제외하면 4개밖에 존재하지 않는다. 따라서 테스팅을 통하여 모든 경로를 어렵지 않게 조사해 볼 수 있다.

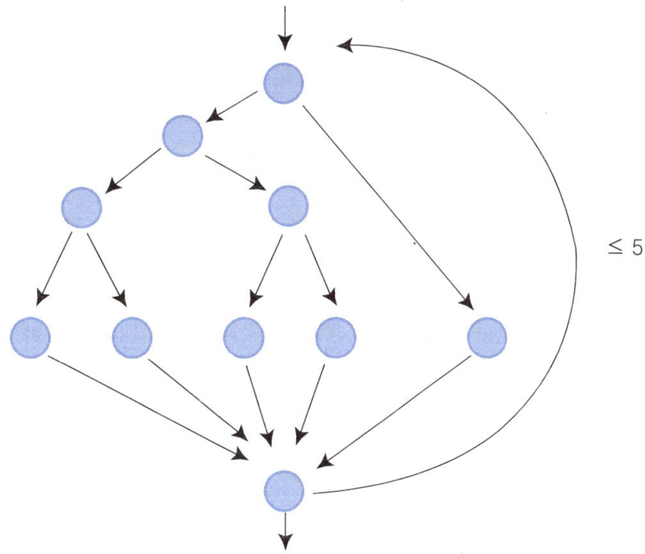

[그림 2-5] 실행 경로의 수

그러나 코드의 크기가 조금만 커지더라도 경로의 수는 급격히 증가하고 코드가 반복 구조를 포함하면 경로의 수는 셀 수 없이 많아질 뿐 아니라 테스팅 전에 확인해야 할 경로의 수를 알 수 없는 경우도 존재한다.

예컨대 그림과 주어진 코드에는 5개의 경로가 존재하고 5개의 경로를 포함하는 부분 전체가 최대 5회까지의 반복이 가능하다고 하자. 같은 경로라도 반복 수행이 될 때에는 다른 의미를 가질 수 있으므로 이것을 다른 경로로 구분해야 한다. 이 점을 고려하여 이 코드내의 가능한 모든 경로의 수를 세어 보면 약 2만 개가 됨을 알 수 있다. 코드의 크기는 실제에서 나타날 수 있는 평균치보다도 작음에도 불구하고 가능한 모든 경로를 조사해 보려면 2만 번의 테스트를 실행해야 한다. 하나의 테스트를 하여 조사할 경로를 정하고 이 경로를 실행시킬 수 있는 테스트 데이터를 구하고 이것을 입력값으로 코드를 실행시키고, 출력값의 정확성을 입증할 수 있는 예상되는 출력값을 구하는 작업을 2만 번 되풀이해야 하는 것이다. 그러나 이와 같은 작업을 모두 완료할 만큼의 충분한 시간이 주어지는 경우는 없다. 실제 상황에서는 극히 제한된 시간 안에 실행을 통해 코드의 정확성을 조사해 보아야 한다.

입력되는 2개의 수를 더하는 아주 간단한 프로그램을 테스트하는 경우를 생각해 보자. 입력값을 3자리 이하의 자연수로 제한하더라도 테스트해야 하는 입

력의 가능성은 1백만 가지에 달한다. 제1장 4절에서 다른 예도 살펴보았지만 대부분의 테스트에서 가능한 모든 입력값에 대하여 조사해 보는 것은 사실상 불가능하다. 따라서 현실적으로는 가능한 입력의 범위를 제한하여 조사해 보게 마련인데 이럴 경우 결함 검출의 확률은 크게 떨어질 수밖에 없다.

위에서 살펴본 바와 같이 프로그램 내의 모든 경로를 조사해 보는 것도 어렵고 가능한 모든 입력에 대해서 조사해 보는 것도 무리이기 때문에 소프트웨어 테스트는 근본적인 한계를 가진다. 그러므로 우리는 테스트의 이와 같은 한계를 이해하고 테스트의 효율을 높일 수 있는 접근 방법을 찾아야 한다.

Dijkstra는 "테스팅은 코드 내에 에러가 존재함을 보이는 데에는 효과적인 수단이지만 에러의 부재를 입증하기에는 절망적일 정도로 불충분하다."고 말한 바 있다. 이것은 소프트웨어 테스팅이 프로그램의 정확성을 입증하는 수단이 될 수 없다는 근본적인 한계를 극명하게 표현한 말이다. 따라서 테스팅의 목표가 정확성을 입증하는 것이 아니고 주어진 자원을 적절히 활용하여 결함 검출의 효율을 높이는 데 있다고 보아야 한다.

어느 한 테스팅 기법을 사용하여 결함을 검출하고 검출된 결함을 프로그래머가 수정해 나가면 그 기법은 향후의 테스팅에서 점차로 결함 검출의 효용성이 떨어진다. 이것은 Beizer의 살충제 패러독스(Pesticide Paradox)로 알려져 있다. 널리 알려진 결함의 패턴을 프로그래머가 주지하여 그러한 결함을 예방해 나가기 때문에 테스팅이 상대해 나가야 하는 결함의 유형은 점점 고도화되어 새로운 테스팅 기법을 개발하지 않으면 테스팅 효율이 점점 감소한다는 것이다.

CHAPTER

소프트웨어 테스트 프로세스 03

03 CHAPTER 소프트웨어 테스트 프로세스

3.1 개요

테스팅은 결함을 검출할 목적으로 프로그램을 실행시켜 보는 것이다. 따라서 결함을 드러내기 쉽고 실행 결과를 비교하고 분석해 보기 쉬운 제어된 실행 환경하에서 진행된다는 점에서 일상적 운영을 위한 실행과 구별된다. 물론 다른 방법으로도 결함을 검출해 낼 수는 있지만 동적 테스트는 프로그램을 실제 상황에서 작동시켜 보는 유일한 결함 검출 방법이므로 다른 유형의 테스트 방법으로 대체할 수 없다.

프로그램에 어떠한 입력을 주어 실행시키면 [그림 3-1]에서 보는 것처럼 프로그램 내의 어느 한 경로를 따라 실행이 이루어지고 실행 과정에서 얻어진 결과를 출력한다. 이때 프로그램 내에 존재하는 많은 경로 중에서 어떤 경로가 선택되어 실행될지는 입력값에 따라 결정된다.

테스트는 테스트에 사용할 입력값을 먼저 결정한 다음에 이 입력값을 가지고 프로그램을 실행시켰을 때 얻어질 출력값을 조사해 보는 방법(블랙박스 테스트)과 프로그램 내에 존재하는 많은 실행 경로 중에서 조사하고 싶은 경로를 먼저 선택하고 그 경로를 실행시킬 수 있는 입력값을 준비해서 실행시켜 보는 방법(화이트박스 테스트)으로 분류할 수 있다. 이때 프로그램을 참조하지 않고도 프로그램 명세서 등으로부터 테스트 입력값을 결정할 수 있고 실행 경로는 입력값에 의하여 결정된다. 그렇지만 테스트에서 살펴볼 실행 경로를 먼저 결정하려면 반드시 프로그램을 살펴보아야 한다.

그런데 어느 한 경로를 실행시킬 수 있는 입력에는 여러 값이 있을 수 있다. 동일한 경로를 실행시키는 입력값의 집합을 경로 입력 영역(path domain)이라

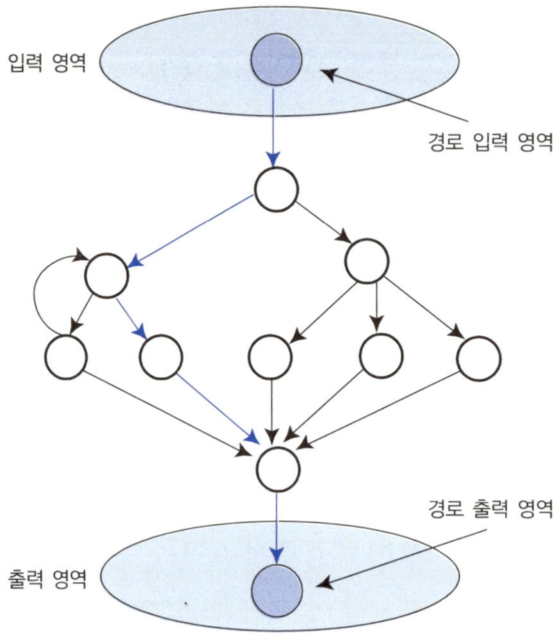

[그림 3-1] 테스트 실행 경로

고 부르는데 경로 영역은 프로그램의 입력 영역의 부분 집합을 이룬다(그림 3-1 참조).

경로 출력 영역(path computation)은 정해진 경로를 따라 실행될 때 얻어지는 출력값을 말한다. 경로 영역 내의 임의의 값을 선택해서 실행시켜도 조사하고자 하는 경로를 실행시킬 수 있지만 에러 검출 효과는 입력값에 따라 다를 수 있다. 경로 영역 내에서 실행에 사용하기 위해서 특별히 선정된 입력값을 테스트 데이터(test data)라고 부른다.

한 경로 영역의 데이터 값들은 결함 검출 효과 면에서 동일할 수도 있지만 대개의 경우에는 차이가 있다. 만일 결함 검출 효과가 동일하다면 경로 영역 내의 임의의 값을 테스트 데이터로 사용하면 된다. 이 경우에는 이 경로에 대한 테스팅은 한 번으로 충분하며 다른 테스트 데이터로 테스팅을 계속해도 더 이상의 결함은 검출되지 않을 것이다. 이러한 데이터 영역을 동치 클래스(equivalence class)라 부른다. 동치 클래스를 찾을 수만 있다면 영역 전체를 한 번의 테스트로 조사해 보아도 여러 번 테스트하는 것과 마찬가지 효과를 얻을 수 있기 때문에 매우 능률적일 것이다. 이것에 대해서는 제 5장에서 자세히 살펴볼 것이다.

만일 결함 검출 효과가 다르면 결함 검출에 가장 효과적인 테스트 데이터를 찾아내거나 또는 여러 개의 테스트 데이터를 골라 실행시켜 보아야 할 것이다. 어떠한 테스트 데이터를 몇 개 정도 테스트에 사용해야 하는지는 요구되는 품질 요건에 따라 결정해야 한다. 주어진 테스트 요건을 충족시키는 테스트 데이터를 도출하는 많은 테스트 데이터 선정(test data selection)기법이 소개되어 있다. 이것에 관해서는 제 2부에서 자세히 살펴보기로 한다.

3.2 테스트의 절차

소프트웨어 테스트의 진행은 결함을 검출하기에 효과적일 테스트 데이터를 준비하는 테스트의 설계 단계, 준비한 테스트 데이터를 소프트웨어에 입력하여 결과를 얻어내는 테스트의 실행 단계, 테스트에서 얻어진 결과가 옳은 결과인지 여부를 가리는 테스트의 결과 평가 단계 등의 세 가지 단계로 구성된다.

1) 테스트의 설계

어떤 소프트웨어를 테스트하려면 적절한 입력값을 준비하여 실행시켜 보아야 한다. 에러 검출에 가장 효과적일 입력값을 찾아내는 것이 테스트 성패의 관건이다. 테스트에 사용할 특정한 입력값을 하나의 테스트 케이스(Test Case)라 부른다. 이러한 값은 보통 소프트웨어 명세서 또는 코드를 기반으로 테스트 데이터 선정 기준(Test Data Selection Criteria)에 맞는 것을 구하지만 예상되는 결함에 관한 정보로부터 힌트를 얻기도 하고 테스터의 경험을 바탕으로 도출하기도 한다.

테스트 케이스를 구하기 위하여 참고하는 명세서나 코드 등과 같은 자료를 테스트 기반(Test Basis)이라고 부른다. 테스트 기반으로부터 직접 테스트 케이스를 도출하는 것은 대체로 어렵기 때문에 테스트 모형(Test Model)을 미리 만들어 보는 것이 테스트 케이스 도출에 도움이 된다. 프로그램의 제어흐름 그래프는 테스트 모형의 대표적인 예이다. 제어흐름 그래프는 테스트하려는 코드의

제어흐름의 모습을 일목요연하게 보여 주기 때문에 제어흐름을 체계적으로 살펴볼 수 있고 이로부터 코드의 모든 부분을 체계적으로 검사할 수 있게 해 주는 테스트 케이스를 쉽게 도출할 수 있다. 제 2부와 제 3부에서는 각종 테스트 설계 기법을 소개할 것이다.

[그림 3-2]는 전형적인 테스트 설계 절차를 보여 주고 있다. 테스트 기반으로부터 직접 테스트 케이스를 도출하기도 하지만 테스트 모형을 구한 다음에 이것으로부터 테스트 케이스를 도출하는 것이 편리하다. 소프트웨어 개발을 할 때 준비한 시스템의 모형이 이미 존재한다면 이것을 활용할 수 있지만 이것이 없다면 테스트 기반으로부터 테스트 모형을 먼저 구축한다. 테스트 모형을 바탕으로 테스트 케이스 선정 기준에 의거하여 테스트 케이스를 도출한다.

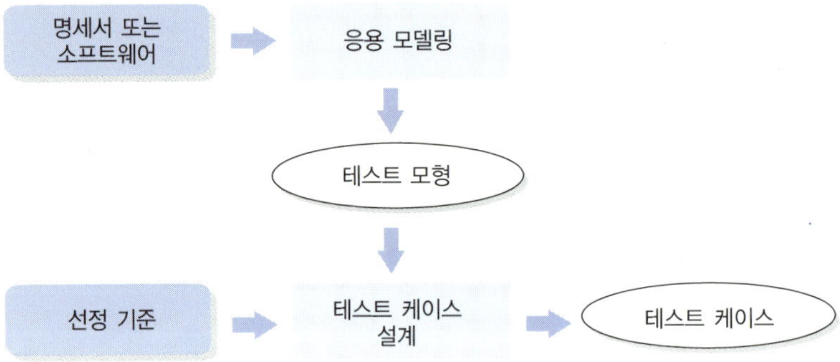

[그림 3-2] 테스트 케이스 설계 절차

2) 테스트의 실행

준비한 테스트 케이스를 가지고 컴퓨터상에서 테스트 대상인 소프트웨어(SUT; Software Under Test)를 실행시킨다. 보통 다수의 테스트 케이스를 반복 실행시켜야 하므로 이 작업을 자동화하면 능률적이다. 이 작업을 도와주는 자동화 도구를 테스트 드라이버(Test Driver)라 부른다. 테스트 프로세스 전체를 자동화시키는 것을 테스트 환경(Test Environment)이라 부른다.

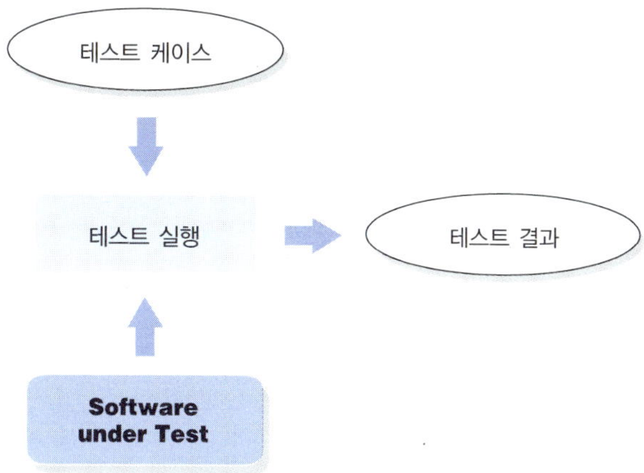

[그림 3-3] 테스트 실행 절차

3) 테스트의 결과 평가

테스트를 실행한 결과로서 얻어진 출력값을 분석하여 테스트의 성공 여부를 판가름한다. 만일 출력값이 예상한 값과 일치하면 테스트는 성공했다고 말하고 일치하지 않으면 테스트는 실패하였다고 말한다.

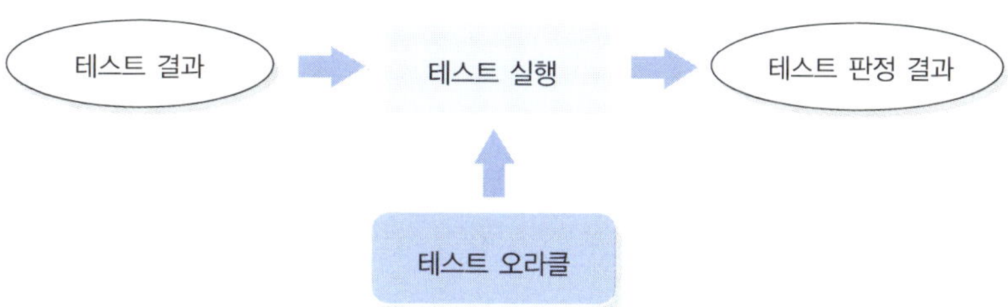

[그림 3-4] 테스트 평가 절차

테스트 실행 결과의 정확성을 판정하기 위한 수단이나 예상되는 결과 그 자체를 테스트 오라클(Test Oracle)이라고 부른다. 예상되는 결과는 테스트 실행 전에 미리 준비해 두는 것이 효과적이다.

이 장의 다음 절들에서는 테스트 케이스 설계, 테스트 오라클, 테스트 데이터 선정 기준 등에 관하여 보다 상세하게 논의하기로 한다.

3.3 테스트 케이스의 설계

한 소프트웨어를 테스트할 때에는 여러 차례의 실행을 통하여 결함의 존재 여부를 검사하게 된다. 이때 검사를 위한 각각의 실행을 하나의 테스트 케이스라고 부른다. 그리고 주어진 소프트웨어를 테스트하는 데 필요한 테스트 케이스를 도출하는 작업을 테스트 케이스 설계(Test Case Design) 또는 간단히 테스트 설계(Test Design)라 부르기도 한다.

이때 어떠한 테스트 케이스를 준비하느냐가 테스트 프로세스 전체의 수준을 좌우한다. 훌륭한 테스트 케이스 설계가 되려면 최소의 노력으로 최대의 효과를 거둘 수 있도록 테스트 케이스를 구성해야 한다. 즉,

1) 각 테스트 케이스가 에러를 검출할 수 있는 확률이 높아야 하고
2) 가능한 한 적은 수의 테스트 케이스를 사용해야 한다.

모든 에러를 빠짐없이 잡아내려면 더 많은 수의 테스트 케이스를 준비하여 소프트웨어의 구석구석을 치밀하게 조사해 보아야 한다. 그러나 최소한의 자원을 사용하여 테스트 작업을 완료해야 하기 때문에 가능한 한 적은 수의 테스트 케이스를 사용해야 한다. 테스트 케이스를 줄이면 에러를 검출하지 못할 확률이 높아진다. 따라서 체계적으로 준비하여 테스트 케이스의 상호간의 중복을 없애야 한다. 에러 검출 확률을 높이려면 더 많은 테스트 케이스가 필요하고 테스트의 효율을 높이려면 적은 수의 테스트 케이스를 사용해야 한다. 이것이 소프트웨어 테스팅이 직면한 딜레마이다.

에러의 검출 확률을 높이려면 테스트할 소프트웨어를 체계적으로 조사해 보는 것이 중요한데 이를 위한 가장 확실한 방법은 소프트웨어의 구조를 파악한 다음에 실행을 해가면서 구조의 각 부분을 커버하는 수준을 높이는 방법이다.

설명을 위해 [그림 3-5]와 같은 경우를 살펴보자. 한 소프트웨어에는 왼쪽 그림과 같이 3개의 결함이 들어 있고 다른 소프트웨어에는 오른쪽 그림과 같이 9개의 결함이 포함되어 있다고 가정하자. 결함이 몇 개 포함되어 있는지 모르는 상태에서 소프트웨어 내의 모든 결함을 검출하는 데에는 어느 쪽이 쉽겠는가?

이것은 전형적인 탐색의 문제로서 결함의 위치에 관한 사전 지식이 없다면 탐색 노력은 양쪽이 같다는 것이다. 사전 지식이 없는 상태에서는 체계적으로 탐색해 나가는 방법밖에 없을 것이다. 물론 결함의 개수가 적으면 결함을 수정하는 노력은 그만큼 덜 들겠지만 탐색 노력의 크기에는 차이가 없다는 점이다.

즉 무턱대고 그때그때 떠오르는 테스트 데이터를 사용해 보는 방법은 아무리 많은 수의 테스트 케이스를 사용해도 뚜렷한 효과를 거둘 수 없다. 따라서 효과적인 탐색을 하려면 조직적으로 탐색 범위 전체를 커버하도록 노력해야 한다.

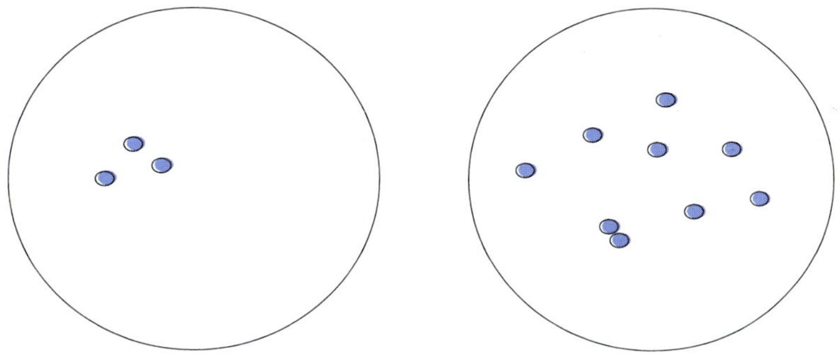

[그림 3-5] 결함수에 따른 테스트의 노력

테스트 케이스를 설계하는 과정은 대체로 다음과 같다.

1) 테스트하고자 하는 프로그램의 결함에 관한 단서(Test Clue)를 수집한다.
   이러한 단서는 프로그램의 명세서, 코드 그 자체, 또는 과거의 테스팅에서 수집된 결함에 관한 통계 자료, 테스터의 경험과 도메인 지식 그리고 테스터의 단순한 상상력 등에서 찾을 수 있다.

2) 이러한 단서를 구체적인 테스트 요구사항(Test Requirements)으로 정의한다.
   테스트 요구 사항은 테스트를 통해 조사해 보려는 구체적인 목표이다. 하나의 단서는 여러 개의 요구 사항으로 변환될 수 있다.

3) 각각의 테스트 항목에 대하여 테스트 명세(Test Specification)를 작성한다.

테스트 명세에는 실행에 필요한 모든 정보가 구체적으로 서술된다. 여기에는

- 이 테스트 케이스가 조사하고자 하는 내용
- 테스트 케이스 실행에 필요한 입력 조건
- 이 테스트 케이스를 실행했을 때 예상되는 출력

등이 포함되어야 한다. 또한 여러 테스트 케이스를 식별하기 위하여 테스트 케이스 식별자(Test Case ID)를 부여할 필요가 있다.

테스트에 사용될 테스트 케이스의 전부를 테스트 집합(Test Set)이라고 부른다. 또한 어느 한 테스트 목적을 달성하기 위하여 여러 테스트 케이스가 한꺼번에 순차적으로 실행해야 하는 경우가 있는데 이때 필요한 테스트 케이스의 집합을 테스트 스위트(Test Suite)라고 부른다.

여러 테스트 케이스들의 실행 순서를 정의한 것을 테스트 시나리오(Test Scenario)라 부른다. 테스트 실행을 위한 절차를 상세히 설명한 것을 테스트 각본(Test Script)라고 부르는데 테스트 각본은 정형적 테스트 명세 언어로 작성되기도 한다.

3.4 테스트 오라클

예상되는 결과가 무엇인지를 알아내고 그것을 미리 확보하는 것은 테스트 설계에 필수적인 작업이다. 임의의 값을 입력으로 해서 프로그램을 실행시킬 수는 있지만 실행 결과의 정확성 여부를 판단할 수 없다면 무의미한 테스트가 된다. 이와 같이 예상되는 결과나 그것을 구할 수 있는 수단을 테스팅에서는 테스트 오라클(Test Oracle)이라고 부른다.

오라클의 어원은 그리스 Delphi 근처의 아폴로 신전의 여제 Pythia와 같이 신의 계시를 받아서 '모든 진실을 아는 사람' 을 말하며 예언 그 자체를 의미하기도 한다.

완전한 오라클은 정확하게 구현된 시스템과 동일한 행위를 보여야 한다. 따라서 오라클은 결함 없이 구현된 시스템의 한 버전이라고 할 수 있다. 명세서를 테스트 설계의 기반으로 사용하는 경우에는 오라클을 명세서로부터 쉽게 구할 수 있기도 하지만 코드를 기반으로 할 때에는 테스팅이 아닌 다른 수단을 사용하여 오라클을 확보해야 한다.

테스트 대상인 소프트웨어와 같은 기능을 하며 정확성이 입증된 다른 프로그램을 오라클로 사용할 수도 있고 출력만을 산출하는 프로그램을 별도로 작성하여 사용하는 경우도 있다. 그러나 오라클 생성 자체가 불가능하거나 오라클 자체가 명확하게 존재하지 않는 경우도 있다. 또한 산출된 결과의 양이 너무 방대하여 산출된 결과를 하나하나 확인하는 작업이 사실상 어려운 경우도 존재한다.

이상적으로는 오라클을 테스트를 수행하기 전에 확보할 수 있어서 예상되는 결과를 미리 계산할 수 있고 따라서 테스트 드라이버가 실행 결과를 즉시 판정할 수 있어야 한다. 그러나 실행해 가면서 오라클을 구하거나 테스트를 마친 후에 실행 결과를 기록해 둔 다음에 오라클을 준비하는 경우도 있다. 테스트 결과를 확인하려면 오라클이 미리 확보되어 있어야 하지만 그것만으로 충분하지 않다. 오라클 자체에도 결함이 있을 수 있으므로 오라클을 전적으로 신뢰할 수 있어야 한다.

테스트 시작 전에 오라클이 확보될 수 있으면 테스트 환경의 한 요소를 구성하는 결과 비교 프로그램(Comparator)를 사용하여 실행 결과와 직접 비교하여 프로그램의 성패를 자동적으로 판정할 수 있다. 많은 수의 테스트 케이스를 실행시킬 때에는 오라클을 확보하고 비교 프로그램을 사용하여 테스트 성패를 자동적으로 판정하는 것이 테스트의 효율 제고를 위하여 필수적이다.

오라클의 유형은 크게 다음과 같이 분류할 수 있다.

1. 테스터 스스로가 실행 결과를 판정하는 경우
   - 테스터 스스로가 스크린 상의 출력, 코드 리스트, 디버거 등을 사용하여 판단한다.
   - 어떤 시스템의 결과의 정확성 여부를 정량적으로 판정할 수 없는 경우가 있다. 이 경우에는 전문가의 견해에 따라 판정한다.

2. 테스트하기 전에 예상되는 결과를 특별히 만드는 경우
   - 테스터 스스로가 손으로 또는 다른 것을 참고하여 예상되는 결과를 구한다.
   - 실제 시스템을 시뮬레이션하는 시스템을 따로 구현해서 실행 결과를 구한 다음에 이것을 오라클로 사용한다.
   - 간단한 프로그램을 새로 작성하거나 실제 시스템보다는 간단한 프로그램을 사용하여 예상되는 결과의 근사치를 구한다.

3. 신뢰할만한 기존의 시스템을 이용하는 경우
   - 새로 준비한 테스트 케이스를 가지고 기존 시스템을 실행시켜 예상되는 결과를 구하여 오라클로 사용한다. 오라클로 사용하는 기존 시스템을 황금 프로그램(gold program)이라고 부르기도 한다.
   - 이전에 사용한 테스트 케이스를 부분적으로 변경된 새 시스템에 사용한다.
   - 구현하고 있는 시스템과 기능이 동일한 여러 버전을 구현하고 이들을 실행시켜 얻어지는 결과를 비교한다. 여러 버전을 구현할 때 보통 다른 설계를 사용하는데 이러한 기법을 N-Version 프로그래밍이라고 한다. 여러 버전이 동일한 결과를 산출할 때만 옳은 결과를 얻은 것으로 하고 서로 다른 결과를 얻는 경우에는 프로그램에 결함이 있는 것으로 판정한다. 여러 버전의 결과를 비교하여 올바른 결과인지 여부를 결정하는 것을 투표(voting)라고 부른다.
   - 회귀 테스트에서는 기존 시스템을 실행시켜 얻는 결과를 수정된 프로그램의 오라클로 사용한다. 즉 기존 시스템을 테스트할 때 사용한 모든 테스트 케이스를 가지고 수정된 시스템을 실행시켜 동일한 결과가 얻어지면 수정이 문제없이 이루어진 것으로 판단한다.

4. 간접적으로 오라클을 얻어내는 경우
   - 유효한 결과와 유효하지 않은 결과를 정의하는 단정문(assertion)을 프로그램에 삽입한다. 이 단정문이 실행될 시점에서 얻어진 프로그램의 결과를 중간 판정하여 옳은 결과를 얻으면 실행을 계속하고 옳지 않은 결과가 얻어지면 메시지를 출력하고 프로그램을 중단시킨다. 이것은 built-in 테스트의 한 형태이다.
   - 실행 결과로부터 간단한 역산을 통하여 이것이 옳은 결과인지 여부를

판정할 수 있다. 예를 들면 제곱근을 구하는 프로그램의 경우에 결과를 제곱하여 입력값과 같은 값을 얻으면 실행 결과가 정확함을 판정할 수 있다.

3.5 테스트 기준

소프트웨어를 보다 철저하게 살펴보려면 보다 많은 테스트 케이스를 사용하는 것이 좋겠지만 가용 자원을 고려하여 가능한 한 적은 수의 테스트 케이스를 사용하는 것이 바람직하다. 그러므로 충분한 커버리지 수준을 유지하면서 테스트 케이스를 최소화하는 것이 테스트의 기본 원칙이다. 가능하면 테스트 안된 부분을 최소화하면서 같은 내용을 중복 테스트하는 것을 피해야 한다.

어느 코드를 테스트할 때 어느 정도의 테스트가 충분한 테스트인지를 판단하게 해 주는 기준을 테스트 기준(Test Criteria)라 부른다. 테스트 기준은 보통 요구되는 품질 수준에 의거하여 결정되며 대개의 경우 고객의 요구사항, 명세서나 코드로부터 도출된다. 테스트 기준은 다시 테스트 충분 조건(Test Adequacy Criteria), 테스트 데이터 선정 기준(Test Data Selection Criteria), 커버리지 기준(Coverage Criteria), 테스트 종결 기준(Test Completion Criteria) 등으로 세분된다.

이러한 테스트 기준을 술어 형태로 서술한 것을 테스트 술어(Test Predicate)이라고 부른다. 테스트 술어는 조건(Condition)을 포함하는데 조건의 결과는 '참' 또는 '거짓' 값의 어느 하나를 취한다. 술어는 단일 조건으로 주어지기도 하지만 대개의 경우에는 여러 조건들이 혼합된 형태, 즉 복합 조건(Compound Condition)의 형태로 주어진다.

테스트 충분 조건을 설정해야 설정된 조건을 충족시킬 수 있는 테스트를 계획할 수가 있다. 테스트 설계 단계에서는 테스트 충분조건을 충족시킬 수 있는 테스트 데이터 선정 기준을 수립하고 테스트 데이터 선정 기준에 따라 적절한 테스트 데이터를 선정한다. 테스트 실행단계에서는 선정한 테스트 데이터를 가지고 커버리지 기준이 만족될 때까지 프로그램에 대한 테스트를 실행한다. 테스

트 실행이 끝난 후 테스트 결과를 평가하여 테스트 종결 기준을 충족한 것으로 판단되면 충분한 테스팅이 이루어졌음을 의미하므로 테스트 작업을 종료하게 된다.

커버리지를 근거로 한 코드 기반 테스트를 하는 경우에는 [그림 3-6]에서와 같이 테스트 충분 조건, 테스트 데이터 선정 기준, 코드의 커버리지 수준, 테스트 종결 기준은 모두 비슷한 의미를 갖는다. 그러나 코드 기반 테스트가 아닌 경우에는 이 4가지 기준이 다른 의미를 가질 수 있다. 분기 테스트의 예를 들어 보자.

분기 테스트에서는 프로그램 내의 모든 분기를 최소한 한 번씩 실행하는 것을 목표로 한다. 즉, 분기 테스트는 하나의 테스트 기준을 의미한다. 테스트 설계 과정에서는 프로그램 내의 모든 분기가 적어도 한 번씩 실행되도록 테스트 데이터를 선정한다. 이렇게 선정한 테스트 데이터 집합을 가지고 프로그램을 실행하면 처음에 목표로 한 커버리지 기준이 당연히 충족된다. 그러므로 테스트를 종결한다.

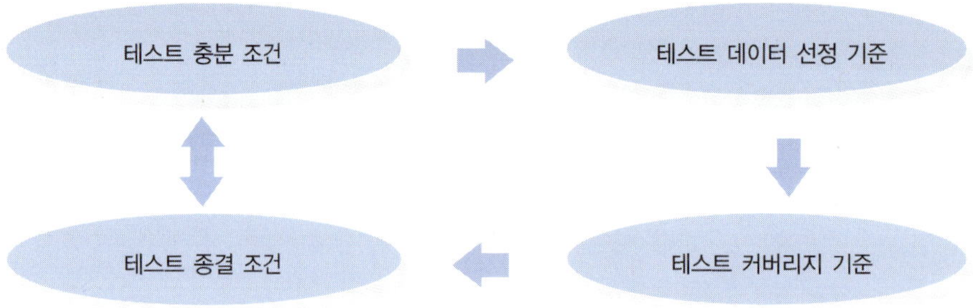

[그림 3-6] 여러 가지 테스트 기준 간의 관계

코드 기반 테스트 테스트가 아닌 경우에 테스트 종결 기준에 관하여 좀 더 살펴보자. 한 소프트웨어에 대한 테스트를 끝내야 하는 상황에는 다음과 같은 경우가 있을 수 있다.

1. 테스트에 할당된 시간이 다했을 때
2. 테스트를 계속해도 새로운 고장이 추가로 발견되지 않을 때
3. 더 이상 새로운 테스트 케이스를 생성해낼 수 없을 때

4. 테스트에 투입되는 노력에 비하여 효과가 미미할 때
5. 충족시켜야 하는 커버리지 수준이 달성되었을 때
6. 프로그램 내의 모든 결함이 제거되었을 때

그 중에서 2), 3), 4)의 경우는 테스트 설계 기술이 부족한 것으로 볼 수 있고, 6)은 실제 프로그램에 처음에 몇 개의 결함이 있었는지 알 수 없으므로 무의미하다. 대개의 경우에는 테스트의 성과에 관계없이 계획된 시간이 다해서 테스트를 종료한다. 그리고 테스트의 기술 수준이 어느 정도 이상이면 커버리지 기준에 의거하여 테스트의 종료 여부를 결정한다.

제어흐름 테스트를 예로 들면, 여러 기준 중에서 요구되는 품질 수준에 맞추어 결정 커버리지를 테스트 기준으로 결정하였다고 하자. 이 경우에는 코드 내의 모든 결정을 커버할 수 있는 최소 수의 테스트 케이스를 선정하고 그에 필요한 테스트 데이터를 생성하고 준비한 모든 테스트 케이스를 실행하면 테스트를 종료한다.

그러나 구체적인 커버리지 기준 설정이 가능한 것은 구조적 테스트의 경우이고 기능적 테스트의 경우와 시스템 차원의 테스트의 경우에는 마땅한 커버리지 기준을 찾기가 어렵다. 따라서 이러한 경우에는 신뢰도 모형을 구축하고 달성한 신뢰도의 수준에 따라 테스트의 종결 여부를 결정하거나 결함 발견율 또는 결함 발견 추세를 분석하여 결정한다.

그러나 알려진 테스트 충분 기준은 현실성을 고려한 기준이기 때문에 비록 이 기준이 충족된다고 할지라도 문자 그대로 충분한 테스트가 된다고 볼 수 없는 경우가 많다. 실제로 분기 테스트는 상당히 효과적인 테스트 충분 기준으로 인식되어 있지만 분기 테스트를 해서 얻을 수 있는 결함 검출률은 80% 정도로 알려져 있다.

테스트 충분 기준에 관한 이론적인 연구가 일찍부터 시작되어 적지 않은 성과를 거두고 있다. 여기에서는 대표적인 연구 결과를 간단히 소개한다.

Goodenough와 Gerhart는 한 프로그램에 대하여 충분한 테스트가 될 수 있도록 테스트 집합을 선정하는 방법을 논의하였다. 테스트 이론에 관한 이 연구에 따르면 이러한 테스트 기준은 일관성이 있고 유효해야 한다. 일관성이 있다는 것은 테스트 집합에 속하는 모든 테스트들이 결함 검출 능력이 동일해야 한다는 것을 의미한다. 유효해야 한다는 것은 이 기준에 의하여 선정된 테스트 집

합이 프로그램 내에 포함되어 있는 모든 에러를 검출해 낼 수 있어야 함을 뜻한다.

아주 간단한 예를 가지고 일관성과 유효성의 의미를 설명해 보기로 한다.

한 프로그램이 한 정수 d의 합(d+d)을 계산해야 하는데 프로그래머의 실수로 곱(d*d)을 계산하도록 잘못 작성되었다고 가정하자. 이때 이 프로그램을 테스트하기 위하여 어느 테스트 기준을 적용하여 테스트집합 {0, 2} 가 선정되었다 한다.

잘못 작성된 프로그램을 테스트 데이터 0과 2를 사용하여 테스트해도 두 데이터 모두 결함을 검출하지 못한다. 그러나 일관성은 있으되 유효성이 없으므로 이 테스트 기준은 충분하지 못하다. 이에 반해서 테스트 집합 {0, 1, 2, 3, 4}은 결함을 검출할 수 있는 테스트 데이터를 포함하므로 유효성을 갖는다.

이번에는 같은 프로그램 명세에 대하여 역시 프로그래머의 실수로 정수에 2를 더하도록(d+2)를 잘못 작성되었다고 가정하자. 이 경우에는 2를 포함하지 않는 테스트 집합을 선정하는 어떠한 테스트 기준도 프로그램을 테스트하기에 충분하다.

한 프로그램을 충분히 테스트할 수 있는 테스트 집합을 선정할 수 있는 테스트 기준이 일관성과 유효성을 갖추어야 함이 밝혀졌지만 유감스럽게도 주어진 프로그램에 대하여 일관성과 유효성을 갖는 테스트 기준을 찾아내는 것은 쉬운 일이 아니다.

Weyuker는 이상적인 테스트 충분 조건이 갖추어야 할 11가지 성질을 제안하였다. 아래에서는 그 중에서 몇 가지 성질을 소개한다. Weyuker는 모든 프로그램에 대해서 테스트 충분 조건을 충족하는 유한한 크기의 테스트 집합이 존재한다고 가정하였다.

- 단조성(Monotonicity)
  - 어느 테스트 집합(T)이 한 프로그램에 대하여 충분하다면 그 테스트 집합보다 큰($T \subseteq T'$) 테스트 집합(T')도 같은 프로그램에 대하여 충분하다.

- 비확장성(Antiextensionality)
  - 동등한 두 개의 프로그램 P와 Q가 있을 때, T가 프로그램 P에 대하여 충분하다고 해서 프로그램 Q에 반드시 충분하다고 말할 수 없다.
  - 두 프로그램의 의미가 같다고 해도 한 테스트 집합이 두 프로그램 모두에

충분하다고 말할 수 없다.

- 일반적인 다중 변화(General Multiple Change)
  - 모양이 같은 두 개의 프로그램 P와 Q가 있을 때, T가 프로그램 P에 대하여 충분하다고 해서 프로그램 Q에 반드시 충분하다고 말할 수는 없다.
  - 두 프로그램의 구조가 유사하다고 해도 한 테스트 집합이 두 프로그램 모두에 충분하다고 말할 수 없다.

- 비분해성(Antidecomposition)
  - 한 프로그램 P와 그것의 컴포넌트 Q가 있을 때 T가 프로그램 P에 대하여 충분하다고 해서 컴포넌트 Q에도 충분하다고 말할 수 없다.

- 비합성성(Anticomposition)
  - 한 프로그램 P의 모든 컴포넌트 Q를 충분히 테스트했다고 해도 프로그램 P를 충분히 테스트했다고 말할 수 없다.

이 중에서 마지막 2개의 성질은 상속(inheritance), 캡슐화(encapsulation), 동적 바인딩(dynamic binding), 다형성(polymorphism)으로 인하여 컴포넌트 간의 의존 관계가 상대적으로 복잡한 객체지향 프로그램을 테스트할 때 각별히 유념해야 할 중요한 성질이다.

3.6 테스트 프로세스의 자동화

어느 한 소프트웨어 시스템을 테스트하려면 하나의 테스트 케이스에 대하여

1. 테스트를 실행시키고
2. 테스트 결과를 평가하고
3. 문제가 발견되면 디버깅을 통하여 결함을 제거하고

4. 수정이 제대로 이루어졌는지 확인하는

비교적 단순한 작업 과정을 수없이 반복해야 한다. 시스템의 크기에 따라 다르지만 한 모듈에 대해서 적게는 십여 개 많으면 1백 개도 넘는 테스트 케이스를 실행시켜야 한다. 그리고 전체 시스템의 경우에는 테스트 케이스의 수효가 쉽게 수백에서 수천 개에 이르게 된다. 따라서 작업이 단조로워 실수하기 쉬울 뿐 아니라 테스트 케이스가 많아지면 그것을 단 한 번씩 실행하기에도 시간이 모자랄 지경이 된다.

그뿐 아니라 같은 테스트 케이스도 여러 차례 반복해서 실행된다. 처음 테스트를 실행해서 성공을 하면 모르지만 테스트가 실패를 하면 대개는 다시 한 번 실행시켜서 이 사실을 확인한다. 결함이 발견된 사실이 보고되면 보고를 받은 사람은 이 사실을 확인하기 위하여 실행해 보게 마련이다. 결함을 수정하도록 지명된 사람은 결함을 살펴보기 위하여 실행시켜 보고 수정을 가한 다음에 수정이 바르게 되었는지를 확인하기 위하여 실행시킨다. 수정이 되었음을 보고하면 다시 이 사실을 확인한다. 이와 같이 하나의 테스트 케이스에 대하여 대개는 십여 차례 테스트가 반복된다. 따라서 테스트 프로세스의 자동화는 필수적이다.

테스트 작업에 자동화 도구를 사용함으로써 얻을 수 있는 효과는 다음과 같다.

1. 테스트 프로세스를 보다 능률적으로 수행할 수 있다.
2. 테스트가 자동적으로 실행되는 동안에 다른 작업을 병행할 수 있으므로 효과적이다.
3. 테스팅 중에 발생할 수 있는 사람의 실수를 최소화시켜주며
4. 실행 결과를 정확하고 엄밀하게 비교하고 판정할 수 있다.

그러나 자동화 하기 어려운 테스트 작업도 많다. 예를 들면

- 어떤 테스트 항목을 어떻게 테스트해야 하는지 선정하는 일
- 각 테스트가 나타내는 동치 클래스 수가 최대가 되도록 테스트 케이스를 생성하는 일
- 어떤 테스트가 더 수행되어야 하는지 어떤 테스트가 완료되었는지 판정하

  는 일
- 테스트 결과를 수집하는 일
- 소프트웨어 제품의 고객, 사용자와 더불어 테스트를 구축, 실행 결과를 확인하는 것에 대해 조율하는 일
- 테스트 기법 선정과 테스트 수행 효과의 최대화에 대한 절충안을 결정하는 일 등이다.

소프트웨어 생명 주기 전반에 걸쳐서 여러 형태의 테스트 작업이 수행되기 때문에 테스트 도구도 다양하게 개발되어 있다. 개발 단계별로 활용 가능한 테스트 도구는 다음과 같은 것들이 있다.

1) 개발 초기 단계에 사용되는 테스트 도구

개발 초기 단계에서는 테스트 계획 수립을 지원해 주는 도구와 테스트 설계 도구가 주로 사용된다. 테스트 관리 도구는 생명 주기 전반에 걸쳐 사용된다.

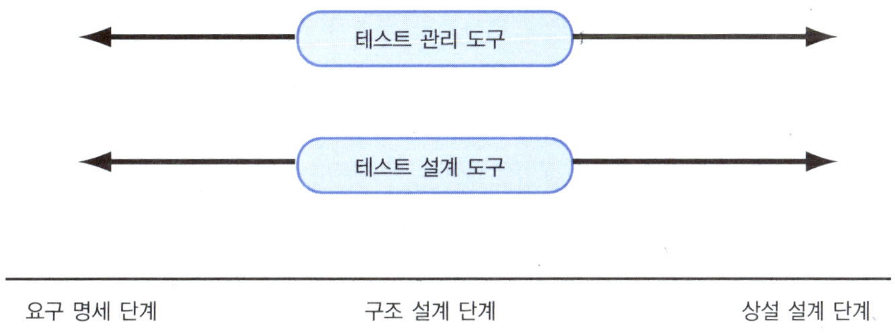

[그림 3-7] 개발 초기 단계에 사용되는 테스트 도구

2) 개발 중간 단계에서 사용되는 테스트 도구

상세 설계 작업이 완료되면 본격적인 구현이 시작되고 개발 단위 또는 서브시스템 단위의 테스트 작업이 수행된다.

프로그램 정적 분석 도구

코드가 작성되면 컴파일을 한 다음에 정석 분석 도구를 사용하여 코드를 실제로 실행시키지 않고 결함을 발견하고자 한다.

본격적인 테스팅 작업을 위해서는 테스트를 실행시키고 결과를 비교해 주는 테스트 드라이버가 사용된다. 디버깅 도구도 유용하게 사용된다.

- 테스트 결과 비교 프로그램
- 테스트 데이터 생성 도구

캡처와 재실행(Capture and Replay)

- 테스트 입력을 받으면 자동적으로 재실행시킨다.
- 테스트를 쉽게 반복할 수 있도록 지원한다.
- 테스트 요구 사항이나 테스트 대상이 비교적 안정적이어야 하기 때문에 회귀 테스트 등에 유용하게 사용된다.

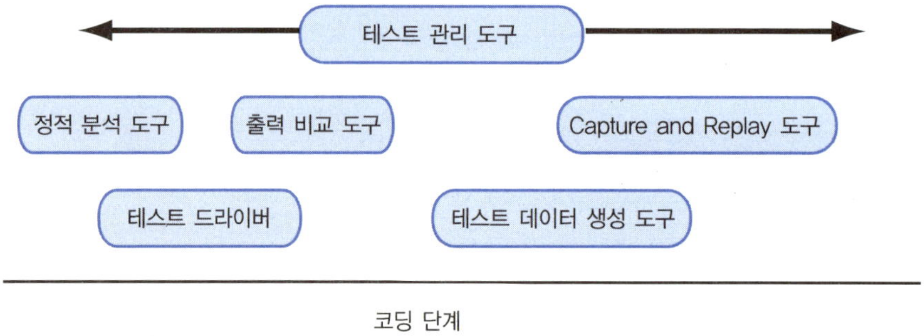

[그림 3-8] 개발 중간 단계에서 사용되는 테스트 도구

3) 개발 후기 단계에서 사용되는 테스트 도구

개발 단위들이 통합되어 완전한 형태를 갖춘 시스템이 구성된다. 시스템 차원의 테스트 중에는 동적 분석 도구, 성능 평가 도구나 시뮬레이션 도구가 활용된다.

모니터링 도구–CPU, 기억 장치, 네트워크 등의 사용 시간을 측정한다.
부하(Load) 및 스트레스(Stress) 측정 도구

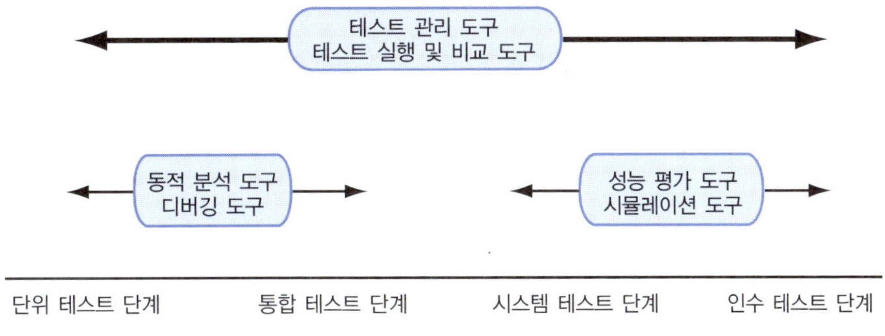

[그림 3-9] 개발 후기 단계에서 사용되는 테스트 도구

4) 모든 개발 단계에서 사용되는 테스트 관리 도구

개발 단계 전체에서 지속적으로 테스트의 진행 상황을 살펴 보면서 필요에 따라 적절한 제어를 해야 하고 결함의 수정 작업을 관리해야 한다.

- 개발 진도 모니터링 도구
- 형상 관리 도구
- 결함 관리도구

5) 테스트 유틸리티

- 디버깅 도구
- 테스트 커버리지 측정 도구
- 탐침 삽입 도구
- 그래프 작성 도구
- 매크로 기록과 재생(Macro Recording and Playback)

가장 기초적인 자동화 테스트 도구는 처음 테스트를 하는 동안에 키보드를

통해 입력한 내용이나 마우스 움직임 등을 기록했다가 같은 테스트를 되풀이할 필요가 있을 때 그것을 재생해 주는 도구이다. 이러한 기능은 테스트 드라이버 기능의 하나로서 포함되기도 한다. 이러한 도구를 만들어 쓰는 것도 어려운 일은 아니지만 주변에서 찾아보면 쉽게 발견할 수 있다.

3.7 테스트 프로세스의 개선

일반적인 소프트웨어 프로세스에 대한 성숙도 모형(CMMI; Capability Maturity Model Integration)은 미국 카네기 멜론 대학교 소프트웨어공학연구소(Software Engineering Institute)에서 개발된 것이다. 이 성숙도 모형에서는 소프트웨어 프로세스의 수준을 5단계로 정의하고 각 단계 프로세스의 주요 활동 특징을 정의하였다. 소프트웨어 개발 조직은 현 시점에서의 자체 프로세스 수준을 정확히 파악하고 필요하다면 프로세스 수준을 한 단계 향상시키기 위하여 요구되는 프로세스 개선 방안을 적용해야 한다. 현재에는 공인 인증사가 조직의 프로세스 성숙도를 인증해 주고 있다. 프로세스 성숙도 모형은 미국 국방성의 적극적인 보급 노력에 힘입어 소프트웨어 프로세스 개선에 크게 기여하였으며 전 세계의 많은 소프트웨어 회사들이 보다 높은 수준의 CMMI 인증을 받고자 노력하고 있다.

- 테스팅 성숙도 모형(TMM; Testing Maturity Model)은 CMMI의 성공에 착안하여 미국 일리노이 공과 대학교의 Burnstein, Suwannasart, Carson교수가 CMMI 와 비슷한 개념을 테스팅 프로세스에 적용하여 고안한 것이다. 따라서 TMM 역시 CMMI와 같이 테스팅 프로세스를 [그림 3-7]과 같이 초보 수준, 정의 수준, 통합 수준, 관리 및 측정 수준과 최적화 수준 등의 5가지 레벨로 정의하고 있다.

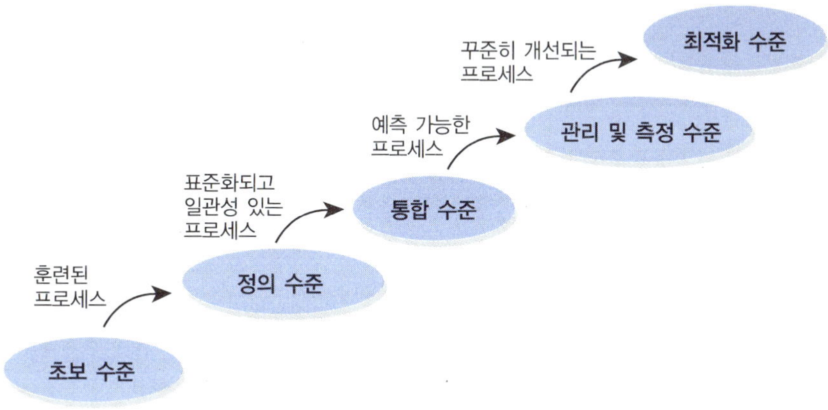

[그림 3-7] 테스팅 성숙도 모형

아래에서는 각 성숙도 수준에 관하여 간단히 설명한다.

수준 1 - 초보 수준

테스팅은 혼란스럽고 정의가 되지 않은 프로세스이다.

테스팅은 잘 정의되어 있지 않고 디버깅과 구별이 되지 않는다.
테스트 케이스는 코딩이 끝난 후에 필요에 따라 개발이 된다.
테스팅의 목적은 소프트웨어가 제대로 작동함을 보이는 것이다.
훈련된 테스팅 요원이나, 자원, 도구가 없다.
소프트웨어는 흔히 품질 보증 작업을 거치지 않고 배포된다.

수준 2 - 정의 수준

테스팅은 정의된 프로세스이다.

테스팅은 디버깅과 구별된다.
테스팅은 코딩의 다음 단계이다.
테스팅의 주목적은 소프트웨어가 명세서를 충족시키는지를 보이는 것이다.

기초적인 테스팅 기술과 방법이 사용되고 있다.

수준 3 - 통합 수준

테스팅은 전 소프트웨어 생명 주기에 통합되어 있다.

테스팅 목표의 설정은 요구사항에 기반을 둔다.
테스팅 전담 부서가 존재한다.
테스팅은 하나의 전문적인 활동으로 인식된다.

수준 4 - 관리 및 측정 수준

테스팅은 빈틈없이 정의되고, 기반이 충실하고 측정되고 있는 프로세스이다.

모든 개발 단계에서 검토 작업(Review)은 테스트 작업으로서 인식된다.
제품이 품질 요소를 충족시키는지를 테스트한다.
테스트 케이스가 수집되고 재사용과 회귀 테스트를 위하여 데이터베이스에 기록된다.
결함은 기록되고 심각도 수준이 부여된다.

수준 5 - 최적화 수준

테스팅 방법들과 기술들이 최적화되어 있고 지속적인 테스트 프로세스 개선에 관심을 둔다.

테스팅의 비용과 효율이 모니터된다.
테스팅은 완전하게 조정되고 계속적으로 개선된다.
결함 방지와 품질 제어가 실시된다.
프로세스 재사용이 실시된다.

각 수준별 주요 프로세스 영역

- 초보 수준
  - 이 레벨에서는 프로세스 영역이 존재하지 않는다.

- 정의 수준
  - 테스팅 정책과 목표
  - 테스팅 계획 수립
  - 테스팅 기술 및 방법
  - 테스트 환경

- 통합 수준
  - 테스팅 부서
  - 테스트 훈련 프로그램
  - 테스트 생명 주기 및 통합 전략
  - 제어 및 모니터링

- 관리 및 측정 수준
  - 동료에 의한 검토(Peer Reviews)
  - 테스트 측정
  - 소프트웨어 품질 평가

- 최적화 수준
  - 결함 방지
  - 품질 제어
  - 테스트 프로세스 최적화

CHAPTER

소프트웨어 정적 분석 기법 04

4.1 정적 분석

4.2 소프트웨어 에러 유형

4.3 검토 기법

4.4 공식 검토회

4.5 사열과 감리

4.6 기호 실행 기법

4.7 프로그램의 정확성 증명법

04 CHAPTER

소프트웨어 정적 분석 기법

4.1 정적 분석

소프트웨어에 포함된 결함을 검출하는 방법은 실행을 통하는 방법과 실행을 통하지 않는 법으로 구분된다. 정적 분석(Static Analysis)이란 컴퓨터 실행을 통하지 않고 소프트웨어의 결함을 검출하는 작업을 말한다. 정적 분석과 테스팅 모두가 결함을 검출하려는 목적을 가지고 수행하는 작업이지만 두 기법은 서로 다른 유형의 결함을 검출하는 것으로 알려져 있기 때문에 2가지 기법을 보완적으로 사용하는 것이 바람직하다.

정적 분석 기법 중에서 다양한 유형의 검토 기법이 가장 널리 활용되고 있다. 보통 개발 과정의 중간 산출물인 각종 문서나 코드 등을 작성자 본인이 신중하게 검토해 보거나 자신의 동료 또는 상급자가 대신 검토하는 방법이 사용된다. 이 때에는 개발 경험에서 축적된 체크리스트를 사용하는 것이 보통이다.

이 기법보다 형식을 갖춘 검토 기법이 검토 대상인 문서나 코드의 작성에 관련이 있는 사람들이 모여 공동으로 미리 정해진 절차를 따라 검토하는 방법이다. 이러한 방법은 절차가 간단한 워크스루(Walkthrough)와 같은 형태로부터 절차가 비교적 엄밀하게 정의된 정형적 형태가 있다. 이와 같은 검토 기법은 프로젝트의 진도를 파악하거나, 사용되고 있는 프로세스와 산출되는 중간 산출물의 품질을 평가하는 수단으로 널리 활용하고 있다.

검토 기법은 실행이라는 수단을 사용하지 않기 때문에 코드의 설계나 구현이 진행되기 전에도 수행할 수 있으므로 테스팅 과정에서 발생할 수 있는 문제점이나 에러를 조기에 발견할 수 있다. 또한 잘못된 부분이 발견되면 그 부분을 바로 수정하면 되기 때문에 별도의 디버깅을 거치지 않아 능률적이다. 하나의 작업

과정에서 여러 개의 결함을 동시에 검출할 수도 있는 이점도 있다.

검토를 위한 사전 준비가 크게 필요 없고 비용 대비 효과가 높은 것으로 알려져 있다. 그러나 사람이 직접 검토하는 작업이기 때문에 검토하는 사람의 능력이나 태도에 따라 작업의 수준은 크게 차이가 날 수 있다. 또한 검토 과정에서 실수가 발생할 가능성도 있으므로 가능한 한 정적 분석 프로그램과 같은 자동화 도구의 도움을 받으면 훨씬 효과적이다.

검토 작업은 여러 사람이 모여 정보를 교환하며 공동의 목표를 향해서 노력하는 단체 활동이다. 따라서 이 과정을 통하여 다른 사람의 스타일이나 능력을 관찰할 수 있는 기회가 되고 시스템에 관한 이해나 지식을 높일 수 있고 작업 표준이나 프로그래밍 지침의 준수 여부를 살펴볼 수 있다.

그러나 검토 작업에 여러 사람이 참여하기 때문에 운영의 묘를 살리지 않으면 비용 대비 효과가 떨어질 우려도 있다. 특히 자칫하면 검토의 자리가 문제가 발견된 작업을 한 사람을 비판하거나 상급자가 그 사람의 능력을 평가하는 자리가 되지 않도록 주의를 기울일 필요가 있다.

검토 작업의 목표는 문제의 조기 발견에 있으므로 문제의 해결을 위하여 지나친 시간을 사용하지 않는 것이 좋다. 문제를 지적하는 데 그치고 문제 해결은 그 부분에 관하여 잘 아는 담당자에게 맡기는 것이 좋다. 그리고 사소한 부분에 치우치지 말고 중요한 문제에 노력을 집중하는 것이 효과적이다.

보다 정밀한 정적 분석 기법으로는 기호 실행 기법, 프로그램의 정확성 증명법, 모형 검증 기법 등이 있다.

4.2 소프트웨어 에러 유형

프로그래머는 프로그램을 입력할 때 또는 코딩을 하기 위하여 명세서를 해석할 때 등의 작업을 할 때에 실수(Error)를 저질러 프로그램에 결함을 유발시킨다. 이와 같이 유발된 프로그램 내의 결함은 보통 테스팅을 통하여 검출되지만 실행을 통하지 않고도 작성된 프로그램을 면밀하게 분석함으로써 발견할 수 있다. 이러한 분석 방법은 많은 자원이 소요되는 실행을 거치지 않아도 되기 때문

에 노력 대비 효율이 큰 것으로 알려져 있다.

정적 분석 방법으로 결함을 검출하려 할 때에는 에러 유형에 관한 사전 지식이 있으면 매우 유용하다. 이러한 에러 유형을 체크리스트 형태로 마련하여 분석 시점에 사용하면 아주 효율적일 수가 있다. 이 절에서는 프로그래머가 흔히 저지르는 에러의 유형에 관하여 살펴보기로 한다.

데이터 참조 에러

프로그램 내의 변수가 사용되기 전에 값이 초기화되지 않는 등의 에러로 프로그래밍에서 가장 흔히 발생하는 에러이다. 배열이나 포인터 등을 사용할 때 특히 자주 발생한다.

데이터 선언 에러

모든 변수를 명시적으로 선언하지 않아서 발생하는 에러이다. 선언하지 않는다고 해서 반드시 에러인 것은 아니지만 문제를 일으키는 일이 많다. 따라서 최신의 프로그래밍 언어에서는 이러한 에러는 컴파일 시점에서 검출된다.

계산 에러

변수를 사용한 계산 과정에서 발생하는 에러를 말한다. 유형이 다른 데이터를 계산에 사용할 때, 데이타 값이 허용되는 범위를 벗어날 때, 10진수를 2진수로 변환하여 사용할 때 등에 발생할 수 있다. 계산시에 분모의 값이 0 또는 0에 근접하여 오버플로우가 발생하는 경우도 이러한 경우에 해당한다.

비교 에러

비교하는 데이터의 유형이 다를 때, 정확한 비교 연산자를 사용하지 않을 때 문제가 발생할 수 있다.

제어 흐름 에러

제어 흐름 구조를 정확하게 이해하지 않아 발생하는 문제 등이 이런 유형에 속한다. 예를 들어 무한 루프가 발생하거나, 다른 이유로 실행이 궁극적으로 완료되지 않거나 프로그램의 어느 부분이 전혀 실행되지 않을 수도 있다.

인터페이스 에러

호출 관계에 있는 두 모듈의 패러미터의 갯수가 다르거나 순서가 바뀔 수가 있다.

입출력 에러

프로그램이 특정 파일을 사용할 때 흔히 발생한다.

4.3 검토 기법

실행을 통하지 않고 개발 과정의 중간 산출물을 점검하여 결함을 발견하려는 검토(Review) 기법에는 여러 형태가 있다. 개발자 개인이 독자적으로 수행하기도 하고 동료와 함께 진행하거나 일정한 격식을 갖추고 프로젝트 책임자, 경영자, 사용자와 고객 등의 관련자가 참석하여 진행하기도 한다. 중간 산출물의 내용 또는 검토가 수행되는 개발 단계에 따라 여러 가지의 검토 형태가 존재한다.

검토 작업은 소프트웨어 개발 단계의 여러 시점에서 활용할 수 있다. 보통 설계의 일부, 코드의 한 단위 또는 컴포넌트 등의 간단한 중간 산출물이 분석 대상이 된다.

검토는 혼자서 하는 것보다 여러 사람이 공동을 하는 것이 결함 검출에 훨씬 효과적임이 보고되고 있으나 여러 사람이 투입되는 경우에는 비용을 고려해야 한다.

검토에 참여하는 인원수, 검토에 적용되는 절차의 경중에 따라 비공식 검토 기법, 공식 검토 기법과 사열과 감리 등으로 구분한다. 이 절에서는 비공식 검토 기법에 관하여 논의한다.

1) 개별 검토(Self Review)

가장 간단한 검토의 형태이다. 과거의 개발 경험을 바탕으로 미리 준비해 두었던 체크리스트나 다른 사람이 제공해 준 체크리스트를 가지고 자신의 작업 산

출물을 점검하면서 체크리스트에 기술된 결함 유형이 자신의 산출물에 해당되는지 여부를 점검해 나간다. 개발자의 엔지니어로서의 양심과 능력에 따라 작업 능률이 높을 수도 있고 낮을 수도 있다. 그러나 작업 결과의 객관성은 높지 않다고 보아야 한다.

2) 동료 검토(Peer Review)

작업의 중간 산출물을 개발팀 내의 어느 한 동료가 검토하는, 절차가 비교적 간단한 검토작업을 말한다. 단독으로 검토하는 경우에 비해서 작업자의 편견이나 그릇된 가정에서 벗어날 수 있다는 잇점이 있다. 개별 검토에 비해 검토 작업 내용에 대한 객관성을 유지할 수 있다.

3) 워크스루(Walkthrough)

워크스루(Walkthrough)는 미리 정의된 역할을 맡은 여러 명의 검토 요원이 미리 정해진 절차와 준비과정을 거친 후에 진행되는 검토 기법이다.

검토를 하는 중에 참석자들은 내용에 대해 질문을 할 수 있고 에러의 가능성에 관하여 논의하고 절차, 규정, 표준 등의 준수 여부도 살펴 본다. 산출물 내에 존재할 가능성이 있는 에러를 검출하는 것이 주목적이지만 또한 개발 양식이나 표준에 부합되고 기법의 적용에 차질이 없는지를 발견할 수 있고 다른 사람의 지식이나 기법을 익힐 수 있는 부수적인 효과가 있다.

워크스루(Walkthrough)에서는 작업 결과의 객관성을 확보할 수 있기 때문에 설계의 일부, 코드의 한 단위 또는 컴포넌트 등의 간단한 중간 산출물에 대한 작업 완료 기준으로 삼을 수 있다. 따라서 공식 검토 기법은 프로젝트 관리 수단으로도 긴요하게 활용할 수 있다.

미국 IBM 사에서 개발된 검토 기법이 가장 널리 소개되어 있는데 최초로 고안한 사람의 이름을 따서 페이건 사열(Fagan Inspection)이라고 부른다. 사열이라는 이름이 붙어 있지만 현재 통용되고 있는 사열의 한 형태라기보다는 검토 기법의 한 유형이라고 볼 수 있다.

아래에서는 이 기법의 내용과 진행 방법에 관하여 보다 자세히 알아보기로

한다.

사열팀의 구성

사열팀은 다음과 같이 미리 정해진 역할을 맡은 사람들로 구성된다.

- 저자 – 사열 대상 품목을 산출한 사람
- 사회자 – 사열 과정을 관장하는 사람
- 사열 담당 – 사열에 참여하여 에러, 누락 사항, 불일치 등을 찾아내는 사람
- 낭독자 – 사열 진행 중에 사열 대상인 코드나 문서에 대해 참석자에게 설명해 나가는 사람
- 기록 담당 – 사열 미팅의 결과를 기록하는 사람

사열팀 구성원에 낭독자가 있는 것에 주목할 필요가 있다. 참가자들이 검토 대상물의 내용을 이해할 수 있도록 설명해 나가는 과정에서 에러가 자주 발견되는 과거의 경험을 반영한 것이다.

페이건 사열의 절차는 다음과 같다.

1. (계획) 사열할 품목과 사열에 참여할 인원을 선정하고 시간과 장소를 정한다.
2. (준비) 참여할 사람에게 예비 교육을 실시하고 사열 중에 담당할 역할을 배정한다.
3. (사열) 결함을 찾아낸다.
4. (후속 조치) 수정이 제대로 이루어졌는지 수정에 따른 부작용이 발생하지 않았는지 확인한다.

페이건 사열의 결함 검출 효과가 크다는 사실은 널리 보고되어 있지만 페이건 사열의 정해진 절차에 따라 검토를 수행하려면 여러 사람이 참여해야 할 뿐 아니라 사전에 철저한 준비가 필요하므로 투입되는 비용 규모를 무시할 수 없다. 따라서 페이건 사열은 품질에 대한 요구 수준이 상당히 높은 시스템에 흔히 활용된다.

4.4 공식 검토회

공식 검토회(Formal Review)는 공식적인 관리팀에 의하여 프로젝트의 진도, 사용되고 있는 프로세스, 제품의 품질을 평가하는 활동을 말한다. 공식 검토회의 유형과 진행 절차 등은 소프트웨어 개발 계획서에 명시되는 것이 보통이며 일부 검토회는 계약 이행 조건으로 부과되기도 한다. 공식 검토회는 에러 검출 수단이라기보다는 프로젝트 마일스톤 관리 기능이 더 두드러진다고 볼 수 있다.

공식 검토회의 결과를 바탕으로 검토팀은

- 제품 개발 현황에 관한 평가를 바탕으로 개발 활동이 계획에 따라 진행되도록 하며
- 프로젝트의 방향을 변경하거나 계획의 변경의 필요를 파악하기도 하며
- 충분한 자원의 배분을 통하여 프로젝트가 전체적으로 차질이 없도록 한다.

검토회의 진행

개발 계획서에 서술되어 있는 대로 한 개발 단계의 종료에 즈음하여 검토회가 수행된다. 개발 일정에 차질이 발생하거나 비상 상황이 발생하면 계획에 없던 검토회가 실시되기도 한다.

검토회 책임자는 팀원을 지명하고 회의 장소를 예약하고 사전 준비를 위하여 검토 자료를 팀원에게 배포한다.

[그림 4-1]은 대표적인 공식 검토회와 이들 검토회가 개최되는 시점을 보여 주고있다.

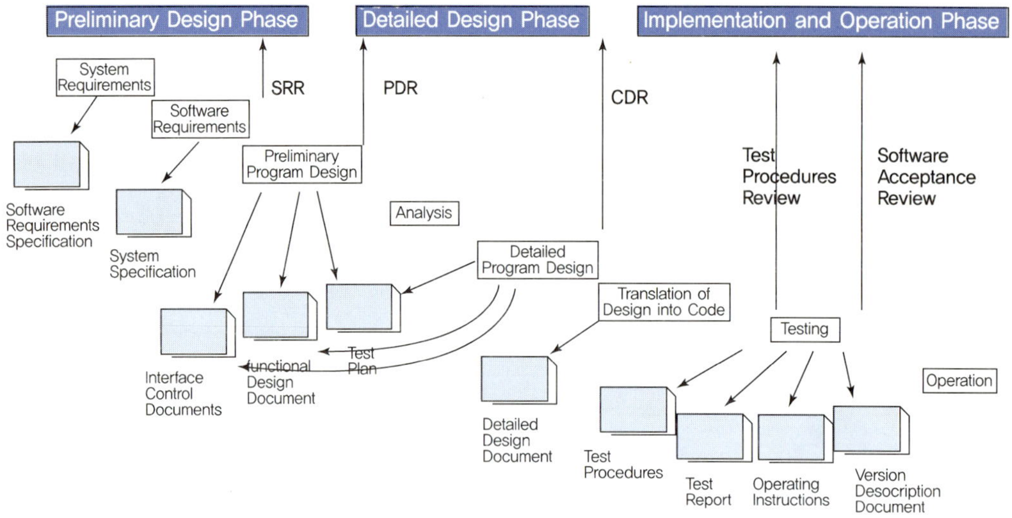

[그림 4-1] 대표적인 공식 검토회와 검토회가 개최되는 시점

다음은 그림에 제시된 각각의 공식 검토회에 관한 간단한 소개이다.

- 소프트웨어 요구 사항 검토회(SRR; Software Requirements Review)
  - 소프트웨어 요구 명세서의 작성이 완료되면 기술된 요구 사항에 누락되거나 상충되는 점이 없는지, 애매모호하게 서술된 점은 없는지, 개발을 진행하는 데 필요한 모든 정보를 수록했는지 여부를 검토한다.

- 예비 설계 검토회(PDR; Preliminary Design Review)
  - 요구 명세서를 바탕으로 시스템의 기본 설계가 완성된 시점에서 실시한다.

- 상세 설계 검토회(CDR; Critical Design Review)
  - 기본 설계를 바탕으로 시스템의 모든 구성 요소가 파악되고 기능과 구성 요소간의 인터페이스가 정의된 시점에서 실시한다.

- 테스트 준비 상태 검토회(Test Readiness Review)
  - 본격적인 테스팅이 시작되기 전에 테스트 계획이 목표하는 품질 수준을 확인하는 데 충분한지, 절차는 잘 정의되어 있는지, 테스팅에 소요되는 자원

은 충분히 확보되어 있는지 등을 검토한다.

- 소프트웨어 인수 검토회(Software Acceptance Review)
  - 인수 테스팅이 끝난 시점에서 인수 테스팅에서 발견된 문제점의 처리 방법을 논의하고 시스템을 고객에게 인도하기에 충분한지를 최종적으로 검토한다.

4.5 사열과 감리

앞에서 설명한 각종 검토 기법은 기술적인 방법이었지만 이 절에서는 관리 측면의 검토 기법인 사열과 감리 기법을 소개한다.

사열(Inspection)은 개발자의 작업 결과가 명세서, 표준지침서, 개발계약서 등의 문서에 부합되는지 또는 정해진 기준에 따라 작성되었는지 여부를 개발자와 독립적으로 검사하는 작업을 말한다. 보통 개발자와 직접 관련이 없는 상급자 등에 의해서 개발자와의 논의 없이 일방적으로 수행된다. 사열을 통과하면 개발자의 작업은 종료된 것으로 간주되며 지적 사항은 개발자에게 통보된다,

감리(Audit)는 대체로 사열과 비슷하지만 절차가 보다 상세하고 엄격하게 정의된 기준에 따라 수행되는 점에 차이가 있다. 감리는 대개 프로젝트에 독립적인 개인 또는 팀에 의해 이루어진다.

다음 〈표 4-1〉은 이제까지 논의한 여러 검토 기법들을 적용 범위, 활용 목적, 진행 방법 등의 관점에서 비교한 것이다.

〈표 4-1〉 검토 기법들의 비교

유형	적용 범위	목적	기법
공식 검토회	대체로 넓음	프로젝트 중간 산출물에 대한 평가를 통한 진도 측정	특별히 정해진 것이 없음
검토 기법	비교적 좁음	특정한 중간 산출물을 평가	중간 산출물에 대한 정적 분석
사열	좁음	특정한 중간 산출물을 평가	협의를 거치지 않고 일방적으로 진행되며 매우 절차적임
감리	적용 범위가 넓음	개발 프로세스와 산출물에 대한 점검	형식적이고, 기계적이고 절차적임

4.6 기호 실행 기법

정형적 기법(Formal Method)이란 실행을 통하지 않고 수학적이고 논리적인 분석 기법을 적용하여 작성된 프로그램 내의 결함을 찾아내려는 기법들을 말한다. 이 절에서는 대표적인 정형 기법 중에서 기호 실행 기법을 간단히 소개하고 6절에서는 프로그램의 정확성 증명법을 소개한다.

정해진 입력값을 가지고 어느 프로그램을 실행시키면 프로그램은 입력값에 일련의 연산을 가한 후 출력값을 산출한다. 그런데 프로그램은 출력값만을 산출할 뿐, 출력값을 얻기 위한 중간 과정은 기록으로 남기지 않는다. 이때 만일 예상한 출력값이 산출된다면 다행이지만, 틀린 출력값이 산출된다면 왜 그러한 값이 얻어졌는지를 쉽게 알 수가 없다. 기호 실행 기법(Symbolic Execution)은 입력 데이타에 대한 연산 과정을 보존하는 데 도움이 되는 기법이다.

[그림 4-2]에 실린 예제 프로그램을 가지고 기호적 실행 기법에 대하여 설명하기로 한다.

이 프로그램은 은행 창구 프로그램의 한 부분으로 거래 금액(AMOUNT), 계좌 잔고(BALANCE), 이자율(RATE; interest rate)을 입력으로 받아 새로운 잔고(NEWBAL)를 계산한다. 이때 일정한 금액을 입금했으면 그 입금한 기간 동

안(DAYS)에 얻어진 이자(INTEREST)가 복리로 계산되어 이전 잔고에 가산된다. 인출 후 잔고가 최소 잔고 이하(BELOWMIN; below minimum balance)가 되면 최소 잔고 이하 수수료(BMCHARGE; Below Minumum charge)가 부과된다. 그리고 기존 잔고를 초과하는 금액의 인출(overdraft)이 가능하지만 이 경우에는 초과 인출 수수료(ODCHARGE; overdraft charge)가 부과된다.

```
Procedure TRANSACT(int DAYS; float AMOUNT; float BALANCE;
float INTEREST; boolean BELOWMIN; boolean OVERDRAFT)
    NEWBAL :real; -- new balance
    RATE :constant real:= 0.06; -- interest rate
    MINBAL :constant real:= 100.00 -- minimum balance
    BMCHARGE :constant real:= 0.10 -- below minimum charge
    ODCHARGE :constant real:= 4.00 -- overdraft charge
    S    {
    1    OVERDRAFT = false;
    2    BELOWMIN = false;
    3    NEWBAL = BALANCE*(1 + RATE/365)**DAYS;
    4    INTEREST = NEWBAL ? BALANCE;
         if( AMOUNT > 0.0 )
            NEWBAL = NEWBAL + AMOUNT; // process deposit
    5    else     // process check
    6            if( - AMOUNT > NEWBAL ) {
    7                OVERDRAFT = true;
    8                NEWBAL = NEWBAL - ODCHARGE;
                 }
    9            else
    10               NEWBAL = NEWBAL + AMOUNT;
    11           if( NEWBAL < MINBAL )
                 {
    12               BELOWMIN = true;
    13               NEWBAL = NEWBAL - BMCHARGE;
                 }
         }
    14      BALANCE = NEWBAL;
```

[그림 4-2] 예제 프로그램

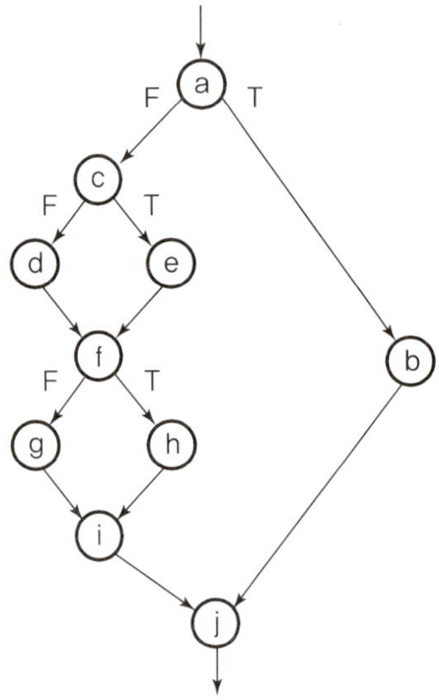

[그림 4-3] 예제 프로그램에 대한 제어 흐름 그래프

이 프로그램에 대한 제어 흐름 그래프는 [그림 4-3]과 같다.

이 프로그램을 실행하려면 DAYS, AMOUNT, BALANCE 등의 3개의 입력값을 모두 지정해 주어야 하지만 기호 실행에서는 아래와 같이 입력 변수들에 구체적인 입력값 대신에 기호값을 부여한 다음에 실행한다. 여기에서 기호값은 영문 소문자로 표시하였다.

```
DAYS = days
AMOUNT = amount
BALANCE = balance
```

그러나 기호 실행을 하는 경우에는 구체적인 입력값이 지정되지 않았기 때문에 실행 경로가 결정되지 않는다. 따라서 각 분기점에서는 사용자가 실행 경로를 결정해 주어야 한다. 예컨대 [그림 4-3]의 노드 a 에서는 인출인지 예입인지, 노드 c 에서는 잔고 초과 인출인지 여부, 노드 f 에서는 최소 잔고 이하 인출인지 여부를 결정해 주어야 기호 실행이 가능하다.

가령 잔고 초과 인출은 아니지만 최소 잔고 이하인 경우(경로 a-c-d-f-g-i-j)에 대하여 기호 실행하려면 3개의 if 문을 다음과 같이 지정해야 한다. 즉

```
amount > 0.0 = false
- amount > NEWBAL = false
NEWBAL < MINBAL = true
```

이 충족되어야 한다. 여기에 기호 실행으로 얻어진 NEWBAL의 값과 MINBAL에 대한 상수값 100.0을 대입하면 앞에서 선택한 경로가 실행되려면 다음과 같은 조건이 충족되어야 한다.

```
amount <= 0.0
-amount <= NEWBAL = balance *(1 + 0.06/365)** days
balance *(1 + 0.06/365)** days + amount < 100.0
```

그리고 이 경로의 실행 결과로서

```
balance = balance *(1 + 0.06/365)** days + amount - 0.1
INTEREST = balance *(1 + 0.06/365)** days - balance
BELOWMIN = true
OVERDRAFT = true
```

가 얻어진다.

이와 같은 요령으로 프로그램의 모든 경로에 대하여 기호 실행 결과를 얻을 수 있다. 따라서 한 프로그램에 대한 기호 실행은 프로그램의 가능한 모든 경로에 대하여 기호 실행을 하든지 또는 원하는 경로를 지정하여 특정한 경로에 대한 기호 실행을 할 수 있다. 기호 실행은 일반적인 실행에 비하여 비용이 많이 소요된다.

그러나 기호 실행을 하면 이자나 새로운 잔고가 입력 변수의 수식 형태로 계산되기 때문에 실행 결과의 정확성을 바로 확인할 수가 있다. 특히 이 경우에는 출력 자체가 주어진 이율에 대하여 일정한 금액을 예치했을 때 얻어지는 원리금을 계산하는 공식과 동일함을 확인할 수가 있다.

4.7 프로그램의 정확성 증명법

프로그램의 정확성 증명법(Program Correctness Proof) 또는 프로그램 검증법(Program Verification)은 수학적 법칙의 적용과 논리적 추론을 통하여 이미 작성된 프로그램이 프로그램에 대한 명세와 일치함을 보이는 기법이다. 정확성 증명법은 실행을 통하지 않기 때문에 정적 분석 기법으로 분류된다. 일반적인 정적 분석 기법은 프로그램에 에러가 포함되어 있음을 보임으로써 프로그램의 정확성을 간접적으로 입증하는 것을 목표로 하지만 정확성 증명법은 프로그램이 정확하게 작성되었음을 직접적으로 입증하는 것이 목표이다.

정확성 증명법을 프로그램에 적용하려면 프로그램에 대한 명세가 정형적으로 작성되어 있어야 한다. 만일 증명하고자 하는 내용이 명세서에 부정확하게 서술되어 있다면 형식적인 증명은 사실상 불가능하다.

원칙적으로 한 프로그램의 성질은 실행을 통하지 않고 프로그램 원문만으로 파악할 수 있다. 그렇지만 프로그램에 관해서 추론을 할 수 있으려면 프로그램 내의 모든 문장과 연산들이 정형적으로 서술되어야 한다.

Floyd, Hoare, Dijkstra의 입출력 단정 기법(Input Output Assertion Techniques)과 같은 공리적 방법(Axiomatic Method)에서는 프로그램으로부터 일련의 단정(assertion)을 구성한 다음에, 이전에 입증된 단정과 프로그램 문장과 연산에 관한 규칙과 공리를 사용하여 각 단정을 증명해 나간다.

예를 들어, 한 프로그램 문장 S 에 대한 단정은 Hoare의 표기법을 사용하여

{P} S {Q}

로 표현된다. 여기에서

P는 S가 정확하게 실행되기 위한 명세, 즉 전제 조건(pre-condition)을 나타내고 Q는 S가 실행된 후에 S가 만족시켜야 하는 조건 즉 후속 조건(post-condition)을 나타낸다.

따라서 한 프로그램 문장 S에 대한 정확성을 증명하는 문제는 명제 {P} S {Q}가 참임을 보이는 문제로 변환된다.

명제 {P} S {Q}는 "만일 S를 실행하기 전에 전제 조건 P가 만족되면, S의 실

행이 종결될 때, 후속 조건 Q가 만족될 것이다" 로 해석할 수 있다.

참고로 여기에 "실행이 종결된다면" 이라는 추가 조건이 붙어 있음에 주목할 필요가 있다. 이 추가 조건은 프로그램의 정확성을 증명하려면 프로그램의 실행이 종결될 것임을 증명하는 것이 선행되어야 함을 의미한다. 그러나 실행의 종결 여부를 결정하는 문제는 해결 불가능한 문제로 알려져 있다. 따라서 대개는 프로그램이 종결될 것임을 가정하고 프로그램의 정확성만을 증명하게 된다. 이 경우를 부분적 증명(Partial Correctness)이라고 부른다. 이에 반해 종결 여부를 입증함과 동시에 정확성 입증을 하는 것을 완전 증명(Total Correctness)이라고 부른다.

절차적 프로그래밍 언어에서 배정문은 핵심적인 역할을 한다. 따라서 배정문의 정확성을 어떻게 추론하는가를 우선적으로 살펴볼 필요가 있다.

배정문에 관한 공리(Axiom of Assignment)

다음과 같은 배정문을 생각해 보자.

```
x = exp
```

여기에서 x는 프로그램 변수이고 exp는 프로그래밍 언어로 표현된 수식이다. 배정문에 관한 공리는 "배정 이후에 x에 관하여 참인 명제는 배정 이전에도 exp에 관하여 반드시 참이어야 한다." 이다. 이것을 다른 말로 풀이하면 "배정 후에는 변수 x가 수식 exp에 의하여 계산되는 값을 포함하기 때문에, 만일 배정이 이루어진 후에 어느 한 조건이 참이라면 x를 exp로 치환하여 얻어지는 조건도 배정 전에 참이어야 한다."는 의미이다. 이 공리를 정형적으로 표현하면 다음과 같다.

$$P^{x}_{exp} \; \{ \; x = exp \; \} \; P$$

여기에서 P는 배정문만을 포함하는 프로그램 문장의 후속 조건이다. 전제 조건 P^{x}_{exp}는 조건 P 에 나타나는 모든 x 를 exp로 치환하여 얻어지는 명제이다. 즉 배정문 이전에 P^{x}_{exp}가 참이면 배정문 후에 P 가 참이어야 함을 뜻한다.

합성 규칙(Rule of Composition)

이제까지는 프로그램 내의 한 문장의 정확성 증명법을 논의하였다. 2개의 문장이 연속으로 실행되는 경우에 적용할 수 있는 합성 규칙은 다음과 같다.

$$\frac{P\{S1\}Q,\ Q\{S2\}R}{P\{S1,\ S2\}R}$$

이 표기법의 내용은 상변이 증명되면 하변이 증명됨을 의미한다. 즉 P{S1, S2} R의 정확성을 증명하려면 우선 어떤 조건 Q를 찾아낸 다음에 P{S1}Q와 Q{S2} R를 증명해야 한다.

합성 규칙은 개별 프로그램 문장의 정확성으로부터 전체 프로그램의 정확성에 관한 추론을 가능케 해준다. 여러 개의 문장들 S_1, S_2, ……S_n으로 구성된 한 프로그램 P의 정확성을 증명하는 예를 들어 보자. 즉 프로그램의 전제 조건 I와 후속 조건 F에 대하여 I{P}F를 증명하려면 우선 프로그램의 중간 단정 Q_1, Q_2 ……… Q_{n-1} 을 찾아 낸다. 만일 n개의 명제

$$I\{S_1\}Q_1,\ Q_1\{S_2\}Q_2,\ \cdots\cdots\cdots Q_{n-1}\{S_n\}F$$

를 증명할 수 있다면 합성 규칙을 반복 적용하여 전체 프로그램의 정확성, I{P}F를 증명할 수 있다.

인과 규칙(Rule of Consequence)

이미 증명한 정리와 공리들을 바탕으로 새로운 정리들을 증명하려면 약간의 추론 규칙들이 필요하다. 가장 간단한 추론 규칙은 "만일 한 프로그램 문장 S를 실행한 후에 단정 R이 참인 것이 보장된다면, R이 암시하는 모든 단정 또한 실행 후에 보장된다"는 규칙이다. 이것을 정형적으로 표현하면 다음과 같다.

$$\frac{P\{S\}R,\ R \rightarrow Q}{P\{S\}Q}$$

예를 들어

```
P: true
x = 1;
z = y + x;
R: z = y + 1
```

이 증명되었다면, $z = y + 1 \rightarrow z > 1$ 이므로

```
P: true
x = 1;
z = y + x;
Q: z > y
```

임이 증명된다.

이와 비슷하게 "만일 어느 한 전제 조건이 한 프로그램 문장 S를 실행한 후의 후속 조건이 만족됨을 보장한다면. 전제 조건을 암시하는 모든 조건은 프로그램의 실행 후에 후속 조건이 충족됨을 보장한다."는 규칙이 있다. 이 규칙은 정형적으로 다음과 같이 표현된다.

$$\frac{P \rightarrow R,\ R\{S\}Q}{P\{S\}Q}$$

위의 2가지 규칙을 인과 규칙이라고 부른다. 이 규칙들은 프로그램 변수에 관한 정보 중에서 정확성 증명에 중요하지 않은 것들을 무시할 수 있게 해준다.

조건문에 관한 규칙(Rule of Alternate Statement)

조건문에는 크게 if-then 과 if-then-else 의 2가지 형태가 있다. 조건문에서는 조건 B 의 값에 따라서 2가지 다른 문장이 실행되며 2가지 경우에 모두 반드시 만족되어야 하는 후속 조건은 동일하다.

조건문 if-then 에 적용되는 규칙은 다음과 같다.

$$\frac{P \ \& \ C\{S\}Q,\ P \ \& \ \sim C}{P\{if\ B\ then\ S\}\ Q}$$

즉 P & C가 참이고 S가 실행된 후 Q가 만족되거나 P & ~C가 참인 경우에는 다음과 같은 결론을 도출할 수 있다. "만일 전제 조건 P가 참인 상태에서 if-then 구문이 실행되면 실행 후에 후속 조건 Q가 만족되어야 한다"

조건문 if-then-else 에 적용되는 규칙은 다음과 같다.

$$\frac{P \ \& \ C\{S1\}Q,\ P \ \& \ \sim C\{S2\}\ Q}{P\{if\ C\ then\ S1\ else\ S2\}\ Q}$$

이 규칙은 다음과 같이 해석된다. P & C가 참이고 S_1이 실행되는 경우와 P & ~C가 참이고 S_2이 실행되는 경우 모두 Q가 참이면 다음과 같은 결론을 도출할 수 있다.

"만일 전제 조건 P가 참인 상태에서 if-then-else 구문이 실행되면 실행 후에 후속 조건 Q가 만족되어야 한다".

반복문에 관한 규칙(Rule of Iteration)

먼저 while C do S와 같은 반복문을 생각해 보자. 이 반복문의 의미는 다음과 같다.

조건 C를 검사해서 조건의 값이 참이면 S를 실행시킨다. S를 실행한 후에 조건 C의 값을 다시 조사한다. 이것을 조건 C의 값이 거짓이 될 때까지 반복한다.

While 문에 관한 추론 규칙은 S의 실행 전에도 참이고 S의 실행이 반복될 때마다 계속 참이어야 하는 단정 Q를 필요로 한다. 단정 Q를 루프 상수(loop invariant)라 부른다.

루프 상수를 사용하여 while 문에 관한 규칙을 다음과 같이 표현할 수 있다.

$$\frac{Q \ \& \ C\{S\}Q}{Q\ \{while\ C\ do\ S\}\ \sim C \ \& \ Q}$$

프로그램에서 루프 상수를 찾아내는 것이 반복문의 정확성을 증명하는 지름

길이지만 주어진 프로그램에서 루프 상수를 찾아내는 것은 대개의 경우 쉬운 일이 아니다. 이제까지 while 문에 대해서 논의했지만 다른 유형의 반복문에 대한 증명 규칙도 이 경우와 비슷하다.

다음에는 간단한 예제 프로그램을 가지고 프로그램의 정확성 증명이 어떻게 진행되는지 살펴 보기로 한다.

[그림 4-4]에 실린 프로그램은 정수값을 입력받아 그것의 절대치를 구하는 프로그램이다.

```
public static int absolute(int X)
{
    assert(true);
    int x, y;
    if( x < 0 )
        y = - x;
    else Y = X;
    assert(( y = x' | y = - x'  ) & y ≥ 0 & x = x'  );
    return y;
}
```

[그림 4-4] 절대치를 구하는 예제 프로그램

이 경우에 정수형 입력 변수에 대한 전제 조건은 없다. 즉, 어떤 정수라도 무관하다. 후속 조건은 출력 y가 절대치임을 요구한다. 즉, 출력값은 어떤 값(x′)과 부호만의 차이가 있어야 하고 그 값이 0 또는 양수가 되어야 하며 x′는 입력값과 같아야 한다.

이 프로그램의 정확성을 증명하려면 전제 조건이 충족되었다고 가정하고(이 경우에는 언제나 충족된다) 이 프로그램을 실행하였을 때 후속 조건이 충족됨을 보여야 한다,

입력값을 a라고 가정하면 이 프로그램의 실행은 a의 값에 따라서 2가지 경우로 나뉘어진다.

```
a < 0 일 경우: y = -a > 0
    (( -a = a | -a = -a ) & a ≥ 0 & a = a
a >= 0 일 경우: y = a >= 0
```

```
( a = a | a = -a ) & a ≥ 0 & a = a
```

2가지 경우 모두에 후속 조건이 만족됨을 알 수 있으며 따라서 프로그램의 정확성은 증명되었다.

다른 하나의 예로서 이번에는 while 문을 포함하는 예제 프로그램의 정확성을 증명해 보자. 이 예제는 뺄셈을 반복하는 방법으로 정수 x를 정수 y로 나누었을 때 얻어지는 나머지를 구하는 프로그램이다.

```
public static int remainder(int x; int y):
{
    int q = 0;
    int r = x;
    x = n;
    y = 1;
    while( r > = y )
    {
         r = r - y;
         q = q + 1;
    }
    return r;
}
```

[그림 4-5] 나머지를 구하는 예제 프로그램

이 프로그램의 전제 조건 P는 입력값 x가 0 또는 양정수이고 입력값 y가 양정수일 것을 요구한다. 후속 조건 Q는 x값이 y값에 약수 q를 곱한 값의 나머지 r을 더한 값과 같아야 하고, 나머지 r이 0 또는 양정수이고 입력값 y보다 작을 것을 요구한다. 이것을 정형적으로 표현하면 다음과 같다.

```
P = { x >= 0 & y > 0}
Q = { x = qy + r & 0 <= r < y}
```

프로그램의 정확성을 증명하려면 명제 P {Program} Q를 증명해야 한다. 우선 while 구문에 주목하여 다음과 같은 루프 상수를 찾아 낸다.

```
Iv :  x = qy + r & 0 <= r
```

이와 같이 찾아낸 루프 상수를 가지고 증명에 착수하는데 먼저 배정문에 관한 공리를 사용하면 문장 q = q + 1에 대해서 성립해야 하는 조건은 다음과 같다. 참고로 루프 상수는 루프 내의 모든 문장 전후에서 불변이다.

```
x =( q + 1 ) y + r & 0 <= r { q = q + 1} Iv
```

문장 r = r − y에 대해 배정문에 관한 공리를 적용하여 다음과 같은 관계식을 얻는다.

```
x =( q + 1 ) y +( r - y ) & 0 <=( r - y ) { x = r - y } x =( q + 1 ) y
  + r & 0 <= r
```

여기에 합성 규칙을 사용하여 다음과 같은 관계식을 얻을 수 있다.

```
x =( q + 1 ) y +( r - y ) & 0 <=( r - y ) { r = r - y; q = q + 1 } Iv
x = q y + r & 0 <=( r - y ) { r = r - y; q = q + 1 } Iv
```

그런데

```
Iv & r >= y → x = q y + r & 0 <=( r - y )
```

이므로 인과 규칙으로부터

```
Iv & r <= y { r = r - y; q = q + 1 } Iv
```

을 얻을 수 있다.

그러므로 반복문에 관한 규칙을 사용하여 다음과 같은 관계식을 얻는다.

```
Iv{ while C do S } ~( r >= y ) & Iv
```

```
Iv{ while C do S } ~ C& Iv
```

다음으로 프로그램의 전반부, 즉 루프 초기화 부분을 생각해 보자. 여기에서는 다음과 같은 등식이 성립해야 한다.

```
x = q y + x & 0 <= x{ r = x } Iv
x = 0 y + x & 0 <= x{ q = 0 } x = q y + x & 0 <= x
```

마지막 등식을 정리하면

```
x = x & 0 <= x → 0 <= x
```

과 같이 되는데 이것에 합성 규칙을 적용하여 다음과 같은 관계식을 얻는다.

```
0 <= x { q = 0; r = x } Iv
```

마지막으로 반복문과 초기화를 통합하여

```
0 <= x {program} Iv & ~C
```

를 얻는다. 그런데 Iv & ~C는 프로그램의 후속 조건 Q이고 0 <= x는 프로그램의 전제 조건이므로 프로그램의 정확성은 증명되었다.

정확성 증명법은 실행을 통하지 않고도 프로그램에 에러가 없음을 입증할 수 있으므로 강력한 기법으로 꼽히고 있지만 증명법이 논리적 추론에 의존하므로 고도의 능력을 요구하기 때문에 실제 상황에서 쉽게 적용하기가 어렵다. 또한 증명 과정 자체에 오류가 존재할 수 있으므로 증명이 되었다고 해도 반드시 에러가 없다고 확신하기 어렵다.

따라서 기술적으로 적용하기 어렵고 비용이 많이 들기 때문에 규모가 작고 복잡도가 높은 프로그램의 정확성 증명에 제한적으로 활용되고 있다.

02 PART

명세 기반 테스트 설계 기법

CHAPTER

분할 테스트 05

05 CHAPTER

분할 테스트

소프트웨어 테스팅은 진행 방법에 따라서 기능적 테스트(functional test)와 구조적 테스트(structural test)로 나누어진다. 기능적 테스트는 프로그램에 테스트 데이타를 입력하여 실행한 결과가 예상대로 산출되는가를 살펴보는 방법이다. 기능적 테스트는 주로 명세서를 기반으로 하기 때문에 명세 기반 테스트(Specification Based Test)라고 부르기도 한다. 그리고 테스트 설계시에 코드의 내용을 고려하지 않는다는 점에서 블랙 박스 테스트(Black Box Test)라고도 하며 프로그램의 겉으로 드러나는 행위를 조사한다는 점에서 행위적 테스트(Behavioral Test)라고도 부른다.

소프트웨어 테스트를 설계할 때 참고하는 자료를 테스트 기반(Test Basis)이라고 부른다. 테스트 기반 중에서 가장 중요한 것은 소프트웨어 명세서와 구현된 코드이다. 또한 과거의 테스트 작업 중에 발견된 결함에 관한 정보를 새로운 테스트 설계에 활용할 수 있다. 즉 이전에 검출된 적이 있는 결함 유형을 분석한 다음에 그러한 결함 유형을 검출해 내는 데 효과적일 새로운 테스트를 도출할 수 있다. 그리고 과거의 테스트 활동에서 축적된 다양한 경험과 응용 영역과 시스템의 특성 등을 테스트 설계에 활용할 수 있다. 이 부에서는 소프트웨어 명세를 기반으로 하는 테스트 설계 기법을 소개하고 코드를 기반으로 테스트를 설계하는 기법에 관해서는 제 3부에서 상세하게 다룰 예정이다.

명세서를 기반으로 하는 테스트 설계에서도 다른 기법에서와 마찬가지로 무한히 많은 입력값 중에서 테스트 효과를 크게 떨어뜨리지 않으면서 테스트 케이스의 수를 감축하는 방법이 필요하다. 그 대표적인 방법은 입력 영역을 여러 개의 부분 영역으로 분할한 다음에 각 부분 영역에 하나의 테스트 케이스를 선정하여 부분 영역 내의 모든 입력값을 대표하도록 하는 방법이다. 이러한 테스트 설계 기법을 분할 테스트(Partition Test)라고 부르는데 분할 테스트에 관해서

는 제 5장에서 상세하게 설명하기로 한다.

그러나 과거의 테스트 경험에서 입력 영역들의 경계 또는 경계 부근의 입력값이 결함을 검출하는 데 매우 효과적임이 밝혀졌다. 따라서 영역의 경계치를 테스트에 포함시키는 경계치 테스트(Boundary Value Test)가 테스트 설계의 관행으로 정착되어 있는데 이 책에서는 경계치 테스트를 분할 테스트에서 파생된 테스트 설계 기법으로 간주하여 다루기로 한다.

명세서의 서술 내용을 결정표(Decision Table), 원인 결과 그래프(Cause Effect Graph), 유한 상태 기계(Finite State Machine) 등의 형태로 표현하면 테스트해야 할 모든 경우를 빠뜨리지 않고 테스트에 포함시키는 데 매우 유용하다. 제 6장에서는 명세가 이러한 형태로 표현되어 주어졌을 때 이로부터 테스트 케이스를 도출하는 방법을 논의하고 그 밖의 명세서 기반 테스트 설계 기법에 관하여 논의한다.

5.1 개요

기능적 테스트 설계는 아직 코드가 완성되지 않은 시점에서도 수행할 수 있지만 단위 테스트가 끝난 모듈들의 통합이 완료되어 시스템이 형성되었을 때 주로 수행된다. 기능적 테스트의 설계는 코드를 구현할 때 참고한 명세서를 바탕으로 하기 때문에 코드가 변경이 된다고 할지라도 코드가 변경되기 이전에 준비한 테스트 케이스를 그대로 사용할 수 있는 이점이 있다. 그리고 명세서에 대한 면밀한 분석을 해야 테스트 데이터를 얻을 수 있기 때문에 명세서에 존재하는 오류를 검출할 수 있는 부수적인 효과도 기대할 수 있다.

기능적 테스팅에서는 가능한 모든 입력값에 대하여 함수가 정확한 출력값을 산출하는지를 조사해 보아야 하지만 이것은 현실적으로 불가능하다. 따라서 적은 수의 입력값을 선정하여 최대의 테스트 효과를 거두는 것이 중요하다. 테스트에 사용할 입력값을 준비하는 방법으로

1. 널리 알려진 테스트 이론을 적용하여 체계적으로 입력값을 준비하는 방법

2. 프로그래머가 쉽게 범하는 에러 유형을 분석하고 그러한 에러를 검출하기에 적합한 입력을 준비하는 방법
3. 응용 영역에 관한 지식이나 유사한 시스템에 관한 경험 등을 바탕으로 입력을 준비하는 방법
4. 무작위로 입력값을 생성하여 입력으로 사용하는 방법
5. 생각나는 입력값을 이것저것 넣어 보는 방법

등을 생각할 수 있다.

이제까지 연구되어 온 테스트 이론은 프로그램 내에 포함되어 있을 가능성이 있는 모든 결함을 체계적으로 검출해 낼 수 있는 테스트 케이스를 도출하려고 시도한다. 체계적 테스트 기법 중에서 대표적 기법은 이 장에서 소개할 분할 테스트 기법인데 그 밖의 테스팅 이론이나 테스트 모형에 기반을 둔 체계적 테스트 기법은 제 2부 제 6장과 제 3부에서 자세히 설명할 것이다.

프로그래밍 에러는 체계적으로 만들어지는 것이 아니므로 테스팅을 체계적으로만 해서는 중요한 에러를 놓칠 수가 있다. 따라서 보다 창의적인 테스팅 방법으로 체계적인 테스트를 보완할 필요가 있다.

체계적 테스트 기법과 정반대인 접근 방법이 무작위 테스트(Random Test) 기법이다. 이 기법에서는 결함에 관한 일체의 가정을 배제하고 난수발생기(random number generator) 등을 사용하여 무작위로 산출한 값을 테스트 데이터로 사용하는 기법으로 얼핏 보기에는 비능률적으로 보이지만 결함 검출에 상당히 효율적임이 실험적으로 입증되고 있다.

유능한 테스터는 에러가 있을만한 곳에 대한 특유의 감각을 지니고 있으며 그러한 에러를 검출해 낼 수 있는 테스트 데이터를 잘 추측해 낸다. 이와 같이 테스터 자신의 테스팅 경험, 직관, 프로그래머들의 코딩 습관에 대한 관찰, 유사한 시스템의 운용 경험 등을 테스트 설계에 활용할 수 있는데 비록 체계적인 방법은 아니지만 테스트 효과는 의외로 크다고 알려져 있다. 이와 같은 에러 추정(Error Guessing)기법이 보다 효과적이기 위해서는 프로그래머가 자주 범하는 에러 유형에 관한 치밀하고 지속적인 분석이 필요하다.

이전의 테스팅에서 검출된 결함들이나 테스트할 시스템의 특성으로부터 예상되는 결함들을 분석하고 이 결과를 토대로 테스트를 설계하는 기법을 특별히

결함 기반 테스트(Fault Based Test)라고 부른다. 이것에 관해서는 제 14장에서 보다 상세하게 다룰 것이다.

그리고 응용 영역과 시스템의 특성으로부터 테스트에 효과가 클 것으로 예상되는 테스트 데이터를 도출하여 사용할 수 있다. 이와 같이 특정한 값을 미리 확보한 다음에 테스팅에 사용하는 방법을 특정치 테스트(Special Value Test)라고 부른다. 도메인 지식이나 응용 영역에 관한 경험에서 테스트에 유효한 입력을 추출하는 기술이 필요하며 테스트의 효율은 테스터의 능력에 크게 좌우된다.

마땅한 입력값을 생각해 낼 수 없을 때에는 흔히 임의의 값을 넣어 보는 방법(Haphazard Test, Ad Hoc Test)을 사용하지만 별다른 테스트의 효율을 기대하기는 어렵다. 무작정 임의의 값을 넣어 보는 방법이 비효율적임을 2차 방정식의 근을 구하는 프로그램의 예를 가지고 살펴보기로 한다.

이 프로그램에 대하여 함수적 테스트를 한다고 가정한다면 3개의 입력 변수 a, b, c에 대하여 적절한 테스트 데이터를 선정하여야 한다. 그러나 이 경우에는 각 변수가 임의의 실수값을 취할 수 있으므로 테스트에 사용할 입력값에 관한 힌트가 별로 없다. 따라서 6개의 테스트 케이스를 준비하기로 하고 a, b, c에 대하여 부호도 고르게 달리하고 0과 같은 특별한 값도 고려하여 〈표 5-1〉과 같도록 6개의 테스트 케이스를 준비하였다고 하자. 물론 꼭 6개를 준비해야 하는 특별한 이유는 없다.

얼핏 보기에 프로그램을 다양하게 테스트하기에 충분한 준비 같지만 공교롭게도 이 테스트로는 서로 다른 2개의 실근을 구하는, 같은 경우에 대해 6번 테스트를 반복하는 셈이 된다. 허근이 되는 경우나 등근이 되는 경우와 다른 특별한 경우에 대해서는 테스트를 하지 못한다. 즉 6개의 경우 각각에 대하여 판별식을 계산해 보면 모두 0보다 큼을 알 수 있다.

〈표 5-1〉 예제 프로그램에 대한 테스트 케이스

	테스트 데이터		
입력 변수	a	b	c
TC 1	4	5	1
TC 2	5	−7	2
TC 3	1	2	−4
TC 4	−3	6	2
TC 5	−2	−5	−3
TC 6	9	3	0

따라서 문제를 분석하여 출력에 2개의 다른 실근, 등근, 2개의 다른 허근이 가능하다는 사실을 테스트에 반영하든지 또는 코드의 구조를 분석해 볼 필요가 있다. 코드에 대한 제어 흐름은 대략 [그림 5-1]과 같다. 이 프로그램의 제어흐름에는 2차 방정식이 성립되지 않는 예외적인 경우와 판별식의 값에 따른 3가지 경우가 있을 것이다. 따라서 제어흐름을 감안한 4개의 테스트 케이스를 준비하면 적어도 4가지 경우에 대하여 최소 한 번씩은 테스트하는 셈이 될 것이다. 즉 무작정으로 준비한 위의 경우에 비하여 적은 수의 테스트로도 보다 충실한 테스트를 할 수 있다. 체계적으로 테스트하지 않으면 필요하지만 빠뜨리는 경우나 중복 테스트를 피할 수가 없는 경우가 있으므로 테스트는 매우 비효율적이 된다.

이와 같이 테스트를 설계할 때에는 명세서와 코드로부터 테스트 케이스를 체계적으로 도출할 수 있지만, 테스팅 경험, 응용 분야나 시스템에 관한 지식, 에러 유형이나 프로그래밍 관습에 관한 관찰과 테스터의 직관 등을 활용하는 방법이 체계적 기법 못지 않은 테스트 효과를 산출한다. 따라서 테스팅에서는 테스트 설계 기법을 조직적으로 적용함과 동시에 경험적 지식도 적극적으로 활용해야 최대의 테스트 효과를 거둘 수 있을 것이다.

이 장의 2절에서는 명세서를 기반으로 하는 체계적 테스트 설계 기법을 대표하는 분할 테스트(Partition Test)에 관하여 자세하게 설명한다. 이제까지의 테스트 경험에서 결함 검출 효과가 아주 큰 것으로 밝혀진 경계치 테스트(Boundary Value Test)는 분할 테스트에서 파생된 테스트 설계 기법으로 간주하여 제 4절에서 다루기로 한다.

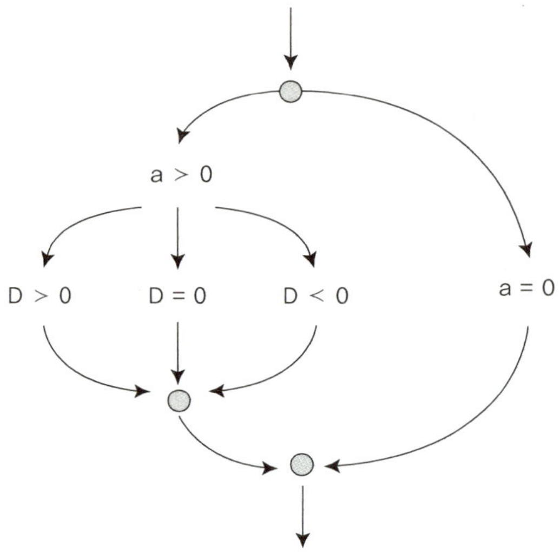

[그림 5-1] 예제 프로그램의 제어 흐름

그리고 이와 같은 테스트 기법을 실제 문제에 적용하여 테스트를 설계하는 방법을 설명하기 위하여 동일한 예제를 가지고 3절에서는 분할 테스트설계의 예를, 5절에서는 경계치 테스트 설계의 예를 보이기로 한다.

모든 입력 변수에 대하여 분할 테스트 설계 기법을 적용하여 얻어지는 입력값의 수는 여전히 많다. 특별한 경우를 제외하면 각 변수에 대한 입력값의 가능한 모든 조합에서 일부를 선정해서 테스트하는 것이 보통이다. 테스트 입력을 효과적으로 조합하는 기술에 관해서는 제 6절에서 다룰 것이다.

5.2 분할 테스트

기능적 테스트를 설계할 때에는 보통 명세서상에 서술된 함수의 입력 영역을 분석함으로써 테스트 데이터를 얻는다. 물론 입력 영역의 가능한 모든 값에 대해서 구현이 제대로 이루어졌는지 조사해 보아야 하겠지만 시간 제약 하에서 이것은 대개의 경우 불가능하기 때문에 입력 영역에서 선택된 일부의 입력값을 가지고 테스트를 하는 수밖에 없다. 따라서 소수의 입력값을 가지고 어떻게 최대

의 테스트 효과를 얻을 수 있느냐가 기능적 테스트의 관건이다.

명세서에 기술된 어느 기능(function)을 테스트할 때에는 기능에 대한 입력 영역을 여러 개의 부분 영역으로 나누고 각 부분 영역을 대표하는 어느 한 값 또는 몇 개의 값으로써 모든 값에 대한 테스트를 대표시킴으로써 테스트 케이스의 수를 감축시키는 방법이 분할 테스트(partition test)기법이다. 이것은 대수학에서 나오는 분할의 개념을 테스트에 활용한 것이다.

예를 들어 하나의 집합 S를 여러 개의 부분집합으로 나누었을 때

1) 부분집합들의 합집합이 집합 그 자체이고
2) 각 부분집합의 교집합이 공집합

인 조건을 만족시키는 부분집합들을 집합 S의 분할(Partition)이라고 부른다. 하나의 집합이 분할을 형성하는 경우에 각 부분집합을 동치 클래스(Equivalence Class)라고 부른다. 따라서 한 집합이 분할을 이룰 때에는 각 동치 클래스에 포함된 원소들을 모두 합하면 집합의 요소 전체가 되고 한 원소가 두 개 이상의 동치 클래스에 포함되는 경우는 없다.

분할 테스트에서는 한 부분 영역에 속하는 모든 입력값들이 동일한 테스트 효과를 갖는다고 가정한다. 만일 한 부분 영역에 속하는 모든 입력값들이 동일한 성질을 갖지 않는다면 하나의 테스트 데이터로 부분 영역을 대표하게 할 수는 없으나 대개의 경우 이 사실을 실제로 입증하기는 어렵다.

동치 클래스의 개념을 테스팅에 적용하여 한 프로그램의 입력 영역이 동치 클래스로 나누어질 수 있으면 프로그램의 어떤 입력값도 어느 한 동치 클래스에 속하며 한 입력값이 두 개 이상의 동치 클래스에 속하는 경우는 없다. 같은 동치 클래스에 속하는 모든 입력값은 같은 성질을 가지므로 같은 동치 클래스에 속하는 어떤 입력값을 가지고 테스팅을 수행하더라도 얻을 수 있는 테스팅의 효과는 같다. 따라서 하나의 입력값으로 동치 클래스 전체를 대표할 수 있다.

이렇게 테스팅을 하면 테스트에서 누락되는 경우가 발생하지 않고 동일한 경우가 반복 테스트되는 것을 방지할 수 있다. 즉 이와 같은 테스팅에서는 테스트 케이스의 수를 크게 줄이면서도 완벽에 가까운 테스팅을 기약할 수 있다. 동치 클래스 개념에 기반을 둔 테스팅 방법을 동치 클래스 테스트(Equivalence

Class Test)이라고 부른다. 동치 클래스 테스트는 분할 테스트의 한 유형이라고 볼 수 있다.

이 기법의 핵심은 동치 클래스 내의 모든 값이 정말로 동등한 테스트 효과를 갖는지를 입증해야 하는 일이다. 그러나 '동치'임을 입증하는 것은 어려운 경우가 많기 때문에 대개의 경우에는 그저 '동치'라고 가정하고 테스팅을 수행한다. 동치임을 가정하고 테스팅을 하는 것은 확실한 근거없이 테스트 케이스를 감축하는 셈이기 때문에 결함을 미처 발견하지 못할 위험이 따를 수밖에 없다.

예컨대 1과 99 사이의 값을 입력으로 받는 어떤 프로그램이 있다고 하자. 이 프로그램의 입력 영역을 유효한 동치 클래스와 유효하지 않은 동치 클래스로 나눌 수 있다. 이 프로그램의 입력 영역에서 유효한 동치 클래스는 1과 99 사이의 모든 값이다. 1과 99 사이의 어떤 값을 테스트 데이터로 잡아도 같은 효과를 보이며 이 사이의 여러 값을 가지고 테스트를 반복해도 테스트의 효과가 나아지지 않는다. 효과적인 테스트를 위해서는 유효하지 않은 동치 클래스도 고려할 필요가 있다. 예를 들어, 1보다 작은 정수의 집합이나 99보다 큰 정수의 집합이 이 경우에는 유효하지 않은 동치 클래스이다.

또 하나의 예로 삼각형의 세 변을 나타내는 a, b, c를 입력으로 받아 어떠한 삼각형이 형성되는지를 결정하는 프로그램이 있다고 하자. 이 프로그램의 입력 영역을 분석하면 다음과 같다. 우선 입력값의 유효성을 분석하여

1) 삼각형이 이루어지는 경우
2) 삼각형이 이루어지지 않는 경우

로 나눌 수 있다. 삼각형이 형성되는 경우에

1) 3개의 값이 같은 경우
2) 2개의 값만이 같은 경우
3) 3개의 값이 모두 다른 경우

로 세분할 수 있다.

3개의 값이 동일한 경우는 단 한 가지뿐이지만 2개의 값만이 같은 경우는 다시 3가지로 세분된다. 이렇게 세분한 영역 사이에 중복은 없으며 이 세 영역이

모든 입력 영역을 커버해야 한다.

출력의 경우에 대해서도 생각해 보면 입력의 경우처럼 우선 크게

1) 삼각형이 이루어지는 경우
2) 삼각형이 이루어지지 않는 경우

로 나누어진다. 삼각형이 형성되는 경우를 다시 세분하면

1) 정삼각형의 경우
2) 이등변삼각형의 경우
3) 부등변삼각형의 경우로 나눌 수 있다.

그러나 이등변삼각형이면서 정삼각형일 수가 있기 때문에 중복이 있으므로 위의 3개 영역은 동치 클래스가 아니다. 따라서 2)를 이등변삼각형이면서 정삼각형이 아닌 경우로 해야 한다. 부등변삼각형은 다시 둔각삼각형, 예각삼각형, 직각삼각형으로 나눌 수 있다.

5.3 분할 테스트 설계의 예

주식거래 수수료를 계산하는 다음과 같은 문제를 통하여 분할 테스트를 설계하는 방법을 설명해 보기로 한다. 이 예는 다른 명세서 기반 테스트 설계 기법을 설명하는 데에도 사용될 것이다.

하나의 주문에서 거래금액이 10만원 미만이면 기본 수수료는 거래금액의 8%이다. 거래금액이 10만원 이상 100만원 미만이면 기본 수수료는 거래금액의 5%에 2만원을 더한 금액이다. 거래금액이 100만원 이상이면 기본 수수료는 거래 금액의 4%에 12만원을 더한 금액이 된다. 주문 금액과 관계없이 주당 금액과 거래 주식수도 총 수수료에 영향을 준다. 총 수수료는 기본 수수료에 주당 금액과 거래 주식수에 따른 부가 수수료의 합이다. 주당 1만 5천원 미만의 주식을 주문하는 경우, 총 수수료는 기본 수수료에 기본 수수료의 5%의 부가 수수료를 합한 것이 된다. 거래 주식수가 10주 단위가 아닌 경우에는 총 수수료는 기본 수수료에 9%의 부가 수수료를 합한 것이 된다. 즉 거래 주식수가 10주의 배수가 아닌 경우에는 기본 수수료의 4%에 해당하는 부가 수수료가 청구된다. 1주당 가격이 1만 5천원 이상 2만 5천원 미만이면 총 수수료는 기본 수수료에 기본 수수료의 3%를 더하게 된다. 1주당 가격이 2만 5천원 이상 5만원 미만이면 기본 수수료의 2%에 해당하는 부가 수수료가 가해지고 1주당 가격이 5만원 이상이면 기본 수수료의 1%에 해당하는 부가 수수료가 붙는다.

이 문제에서 총 수수료에 영향을 주는 변수는 거래금액(AM; Amount), 1주당 가격(PPS; Price Per Share) 그리고 주문한 주식수가 10주의 배수인지 여부(Odd Lots)이다. 여기에서는 각 경우를 구별하는 데 표기를 간단히 하기 위하여 영문 약자를 사용한다.

기본 수수료(BC; Basic Commission)는 거래금액(AM)에 비례하여 결정되는데 수수료율(BCR: BC Rate)은 거래금액이 소액(S; Small), 보통(M; Medium), 거액(L; Large) 중의 어느 범위에 속하는가에 따라 달라진다.

〈표 5-2〉 거래 금액에 따른 기본 수수료

경우	거래 금액의 범위	기본 수수료 (단위 : 만원)
(S)	AM < 10만원	BC = 0.08AM
(M)	10만원 ≤ AM < 100만원	BC = 0.05AM + 2
(L)	AM ≥ 100만원	BC = 0.04AM + 12

또한 주식 1주당 가격은 저가(C; Cheap), 보통(A;Average), 고가(H; High), 최고가(E;Extremely High)등의 4가지 경우로 구분되며 1주당 가격(PPS)에 따

른 부가수수료(ACPPS; Additional Commission for PPS)는 다음 표와 같이 계산된다.

〈표 5-3〉 주당 가격에 따른 부가 수수료

경우	주당 가격의 범위	부가 수수료 (단위 : 만원)
(C)	PPS < 1.5만원	ACPPS = ??
(A)	1.5만원 ≤ PPS < 2.5만원	ACPPS = 0.03BC
(H)	2.5만원 ≤ PPS < 5만원	ACPPS = 0.02BC
(E)	PPS ≥ 5만원	ACPPS = 0.01BC

그런데 주당 가격이 1만 5천원 미만인 경우에 부가 수수료가 얼마만큼 부과되는지에 관해서 명세서에 언급된 내용이 없다. 이러한 예는 테스트를 설계하는 과정에서 요구 사항의 문제점을 발견할 수 있음을 보여 준다. 따라서 여기에서는 주당 가격에 따른 부가 수수료는 기본 수수료의 4%로 가정한다.

마지막으로 주문한 주식수가

(Y) 10주의 배수인 경우
(N) 10주의 배수가 아닌 경우

에 따라서 수수료가 달라지는데 주문한 주식수가 10주의 배수가 아닌 경우에는 기본 수수료의 4%에 해당하는 추가적인 부가 수수료(ACO; Additional Commission for Odd Lots)가 청구된다.

따라서 총 수수료 계산을 좌우하는 3개 변수의 입력 영역은 각각 다음과 같은 동치 클래스로 분할된다.

AM = S, M, L
PPS = C, A, H, E
O = Y, N

이로부터 테스트 케이스를 구성하기 위하여 세 변수가 취할 수 있는 모든 값의 조합을 고려해야 한다. 이 경우에는 각 부분 영역의 동치 클래스들의 가능한 모든 조

합(Cartesian Product)을 취하여 3×4×2, 총 24개의 테스트 케이스가 얻어진다.

테스트의 명세를 완결하려면 각 조합에 대하여 적절한 테스트 데이터를 결정하고 그 값이 입력되었을 때 얻어질 것으로 예상되는 기본 수수료(BC), 부가 수수료(ACPPS와 ACO), 총 수수료(TC; Total Commission)를 미리 구해두어야 한다. 〈표 5-4〉는 완결된 테스트 명세를 보여 준다.

〈표 5-4〉 완결된 테스트 명세

TC	AM	PPS	O	거래금액 (만원)	주당가격 (만원)	주식수	BC	ACPPS	ACO	TC
1	S	C	Y	6	0.2	30	0.48	0.0192	0	0.4992
2	S	A	Y	N/A						
3	S	H	Y	N/A						
4	S	E	Y	N/A						
5	M	C	Y	40	0.5	80	4	0.16	0	4.16
6	M	A	Y	80	2	40	6	0.18	0	6.18
7	M	H	Y	60	3	20	5	0.1	0	5.1
8	M	E	Y	60	6	10	5	0.05	0	5.05
9	L	C	Y	140	1.4	100	17.6	0.704	0	18.304
10	L	A	Y	120	1.5	80	16.8	0.504	0	17.304
11	L	H	Y	500	2.5	200	32	0.64	0	32.64
12	L	E	Y	500	10	50	32	0.32	0	32.32
13	S	C	N	6	0.5	12	0.48	0.0192	0.0192	0.5184
14	S	A	N	7.2	1.8	4	0.576	0.01728	0.02304	0.61632
15	S	H	N	7.8	2.6	3	0.624	0.01248	0.02496	0.66144
16	S	E	N	5.2	5.2	1	0.416	0.00416	0.01664	0.4368
17	M	C	N	83.6	1.1	76	6.18	0.2472	0.2472	6.6744
18	M	A	N	98.4	2.4	41	6.92	0.2076	0.2768	7.4044
19	M	H	N	83.3	4.9	17	6.165	0.1233	0.2466	6.5349
20	M	E	N	70	5	14	5.5	0.055	0.22	5.775
21	L	C	N	110.7	0.9	123	16.428	0.65712	0.65712	17.74224
22	L	A	N	184.8	2.1	88	19.392	0.58176	0.77568	20.74944
23	L	H	N	306.9	3.3	93	24.276	0.48552	0.97104	25.73256
24	L	E	N	47580	30	1586	1915.2	19.152	76.608	2010.96

5.4 경계치 테스트

한 프로그램은 내부에는 입력값에 따른 여러 개의 처리 과정이 존재하며 프로그램은 입력값이 들어오면 이것을 분류한 다음에 입력을 적절한 처리과정에 넘겨 준다. 따라서 프로그램의 입력이 적절한 처리 과정으로 제대로 전달될 수 있도록 입력의 정확한 분류에 관심을 두는 기법을 영역 분석(Domain Analysis) 또는 영역 테스트(Domain Test)라고 부른다.

입력값은 프로그램 내에서 분류되어 정해진 처리과정을 거치는데 입력값의 분류는 주로 조건문 등에서 이루어진다. 그런데 만일 이 부분에 프로그래머의 실수가 있다면 입력값은 잘못 분류되어 전혀 다른 처리가 일어날 수 있다. 그리고 입력값이 경계상의 값 또는 경계에 가까운 값이면 이 차이가 더욱 두드러지게 나타날 것이기 때문에 에러 검출이 더욱 용이할 것이다. 실제로 두 입력 영역의 경계 또는 경계에 근접한 값은 이와 같은 프로그래밍 에러를 검출하는 데 매우 효과적이라는 사실이 경험적으로 알려져 있다.

경계치 테스트(Boundary Value Test)는 입력 영역의 경계상의 값 또는 경계에 가까운 값을 테스트 데이터로 사용하면 프로그래머의 에러를 검출할 확률이 높다는 경험적 지식에 기반을 둔 테스트 케이스 설계 방법이다.

따라서 분할 테스트에서 테스트 데이터로 주로 사용하는 입력 영역을 대표하는 값 이외에 경계상에 있는 값이나 경계의 바로 안팎에 있는 값들이 테스트 데이터로 포함되면 이러한 에러 검출에 큰 도움이 될 수 있을 것이다.

영역 분석에서는 분류의 정확성에만 관심을 두기 때문에 처리 과정의 정확성은 다른 방법으로 확인해야 한다. 명세서에 정의된 영역의 집합이 모든 입력 영역을 커버하지 않거나 두 영역 사이에 겹치는 부분이 있을 수 있기 때문에 영역 분석은 명세서의 모호한 점이나 상충되는 내용을 점검하는 데에도 효과적이다. 영역 분석은 분할 테스트의 한 형태로 볼 수 있다

이것을 설명하기 위하여 하나의 입력변수를 갖는 프로그램에 대해 경계치 테스트를 하는 경우를 예로 들어 보자. 이 프로그램의 입력 영역이 몇 개의 부분 영역으로 나누어진다고 가정하고 하나의 부분 영역을 그려 보면 [그림 5-2]와 같다.

[그림 5-2]에 표시되어 있는 것처럼 경계치 테스트에서는 부분 영역을 대표하는 하나의 값 nom을 포함하여 경계상에 있는 두 값(부분 영역의 양쪽 끝

값)min 과 max, 그리고 부분 영역 내에서 경계의 바로 안에 있는 두 값 min^{+}와 max^{-}를 테스트 데이터로 선정하는 것이 보통이다.

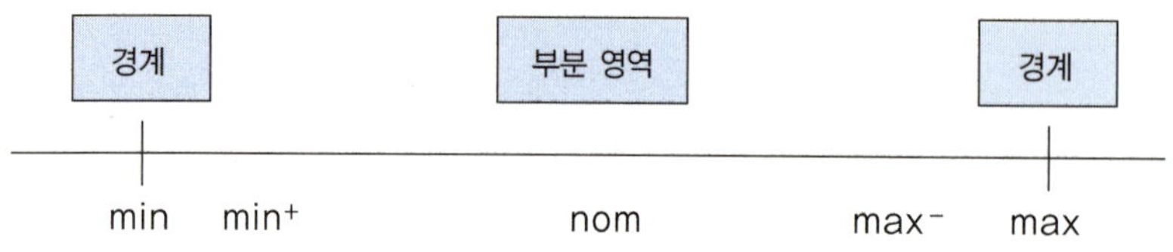

[그림 5-2] 하나의 영역에 대한 경계치

시스템에 유효하지 않은 입력값에 대해서도 적절히 대처해야 하는 요구사항이 있다면 경계를 벗어나 있는 값들도 테스트 데이터에 포함시킬 필요가 있다. 이러한 테스트 데이터는 소프트웨어의 강건성(Robustness)을 입증하는 데 도움이 된다. 위에 있는 예에서는 [그림 5-3]과 같이 부분 영역의 경계 바로 밖에 있는 두 값 min^{-}와 max^{+}를 테스트 데이터로 추가할 수 있다.

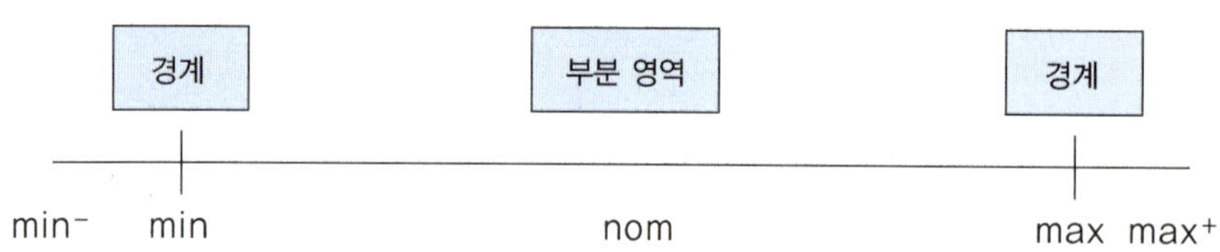

[그림 5-3] 영역의 경계 바로 밖의 값을 포함시킨 경우

5.5 경계치 테스트 설계의 예

제 3절 분할 테스트 설계의 예에서 다루었던 예제에 대하여 경계치 테스트를 설계하는 방법에 대하여 살펴보자. 이를 위하여 먼저 수수료에 영향을 주는 3가지 입력인 거래 금액, 주당 가격, 거래 주식수가 10주의 배수인지 여부에 대한 부분 영역들의 경계치에 대하여 살펴보아야 한다.

〈표 5-5〉에서 보는 바와 같이 거래 금액은 10만원과 100만원이 경계치이며 이 값의 바로 안팎에 있는 값도 고려한다. 따라서 9만 9천원과 10만원과 10만 1천원 그리고 99만원, 100만원과 101만원을 포함시킨다. 또한 아주 작은 거래 금액과 아주 큰 거래 금액도 고려하여 1천원과 1000만원을 포함시킨다.

이를 종합하면 부분 영역을 대표하는 값에 추가하여 1천원, 9만 9천원, 10만원, 10만 1천원, 50만원(부분 영역 대표값), 99만원, 100만원과 101만원, 1000만원 등 9가지 값을 선정하면 좋다. 아주 작은 금액과 상당히 큰 금액이 경계치 관점에서 이미 포함되어 있으므로 10만원 미만 영역과100만원 이상 영역에 대한 대표값은 포함시키지 않았다

〈표 5-5〉 거래 금액에 대한 데이터 영역

경우	거래 금액의 범위
(S)	AM < 10만원
(M)	10만원 ≤ AM < 100만원
(L)	AM ≥ 100만원

한편 주당 가격의 경계치는 〈표 5-6〉에서 보는 바와 같이 1만 5천원, 2만 5천원, 5만원이므로 이 경우에도 같은 이유로 1만 4천원, 1만 5천원과 1만 6천원, 2만 4천원, 2만 5천원과 2만 6천원 그리고 4만 9천원, 5만원과 5만 1천원을 포함시킨다. 마찬가지로 아주 작은 가격과 매우 큰 주식 가격을 염두에 두고 1천원과 100만원을 포함시킨다.

이를 종합하여 주당 가격에 대한 테스트 데이터로는 1천원, 1만 4천원, 1만 5천원, 1만 6천원, 2만원(부분 영역 대표값), 2만 4천원, 2만 5천원, 2만 6천원,

〈표 5-6〉 주당 가격에 대한 데이터 영역

경우	거래 가격의 범위
(C)	PPS < 1.5만원
(A)	1.5만원 ≤ PPS < 2.5만원
(H)	2.5만원 ≤ PPS < 5만원
(E)	PPS ≥ 5만원

3만 7천원(부분 영역 대표값), 4만 9천원, 5만원, 5만 1천원, 100만원 등 13가지 값을 선정한다. 여기에서도 아주 작은 주당 가격과 상당히 큰 주당 가격이 경계치 관점에서 이미 포함되어 있으므로 1만 5천원 미만 영역과 5만원 이상 영역에 대한 대표값은 포함시키지 않았다.

따라서 경계치 테스트를 위한 테스트 케이스는 거래 금액, 주당 가격에 대한 테스트 데이터의 조합을 고려해야 하므로 조합의 수는 117가지가 된다. 그리고 주식수가 10주의 배수인지 여부를 고려해야 되므로 총 조합의 수는 234가지가 된다.

각 테스트 데이터의 조합에 대하여 동치 클래스 테스트 설계의 예와 같은 방식으로 테스트케이스 표를 작성함으로써 테스트 설계를 마칠 수 있다.

그러나 이 정도의 복잡도를 가진 프로그램을 경계치 테스팅을 하는데 234개의 테스트 케이스를 실행시켜 본다는 것은 지나치게 많은 노력의 투입으로 볼 수 있다. 특히 경계치 테스팅이 경계치 상 또는 경계치에 근접한 값과 같은 예외적인 입력값에 대한 테스트라는 점을 감안하면 더욱 그렇다. 그러므로 필요한 경우에는 테스트의 효과를 잃지 않는 범위 내에서 테스트 데이터를 감축하는 방법을 적용할 수 있다.

우선 주당 가격보다 작은 거래 금액은 발생할 수 없다. 또한, 거래 금액을 주당 가격으로 나눈 거래 주식수량이 동일한 경우에는 실질적으로 거래후 잔액만 달라질 뿐이며, 거래처리는 동일하므로 생략할 수 있다. 다음의 〈표 5-7〉은 생략 가능한 조합을 no로 표시하고 있다.

〈표 5-7〉 주당 가격 (단위: 천원)

	1	14	15	16	20	24	25	26	37	49	50	51	1000
1		no	no	no	no	no	no	no	no	no	no	no	no
99			no			no			no				no
100		no	no		no		no	no	no		no	no	no
101		no		no		no		no		no		no	no
500													no
990						no		no		no			no
1000			no					no			no	no	
1010					no				no	no		no	no
10000													

5.6 테스트 데이터의 조합 방법

앞 절의 수수료 계산 프로그램을 분할 테스트하는 데에 3개의 입력 변수가 취할 수 있는 가능한 모든 조합을 고려하여 모두 24개의 테스트 케이스를 준비하였다.

이것을 일반화하여 시스템에 N개의 입력 변수가 존재하고 각 입력 변수는 유한 개의 값을 취할 수 있을 때를 생각해 보자. 이 시스템을 철저히 테스트하려면 모든 변수의 가능한 모든 조합(Cartesian Product)에 대하여 시스템의 출력을 점검해 보아야 한다. 그러나 N이 증가함에 따라 모든 변수 조합을 커버하기에 필요한 테스트 케이스는 기하급수적으로 증가한다. 따라서 특별한 경우를 제외하고는 가능한 모든 조합을 테스트하는 경우는 드물다.

테스트 데이터를 조합하는 방법을 예를 가지고 좀더 상세히 알아보기로 하자. 지금 테스트하고자 하는 함수에 4개의 변수 A, B, C, D가 있고 각 변수가 취할 수 있는 값은 다음과 같다고 하자.

A = {a1, a2, a3}
B = {b1, b2, b3, b4, b5}
C = {c1, c2, c3, c4}
D = {d1, d2}

이 때 이 함수에 대한 모든 가능한 입력값의 조합은 3 X 5 X 4 X 2 =120가지이다. 즉 이 함수를 충분히 테스트하는 데 필요한 테스트 케이스의 수는 120개나 된다. 그러나 실제 테스트 상황에서 하나의 함수를 120회 테스트할 수 있는 충분한 자원이 주어지는 경우는 없다고 보아야 한다. 따라서 대개의 경우에는 테스트할 조합의 수를 적절하게 줄여서 사용한다.

한 가지 방법은 각 변수가 취할 수 있는 입력값이 어느 하나의 테스트 케이스를 통하여 한 번만 테스트되면 충분한 것으로 테스트의 조건을 완화하는 방법이다. 〈표 5-8〉은 이런 방법으로 생성한 테스트 케이스를 보여 준다.

이 표를 관찰해 보면 변수 A가 취할 수 있는 3가지 값 a1, a2, a3 와 변수 B가 취할 수 있는 5가지 값 b1, b2, b3, b4, b5, 변수 C가 취할 수 있는 4가지 값

c1, c2, c3, c4, 변수 D가 취할 수 있는 2가지 값 d1, d2 이 5개의 테스트 케이스 어느 하나에 적어도 한 번은 포함되어 있음을 알 수 있다. 그리고 일부의 값은 여러 테스트 케이스에 중복되어 포함되어 있다. 따라서 이와 같은 조합 조건을 예제에 적용하면 5개의 테스트 케이스만으로 조건을 충족시킬 수 있다. 입력 변수 중에서 취할 수 있는 값의 가짓수가 가장 많은 것이 변수 B로서 5개인 것에 주목할 필요가 있다. 이와 같은 조합 방법을 디폴트 조합(Default Combination) 또는 약한 조합(Weak Combination)이라고 부른다.

〈표 5-8〉 약한 조합(Weak Combination)의 경우

Test Case	A	B	C	D
TC1	a1	b1	c1	d1
TC2	a2	b2	c2	d2
TC3	a3	b3	c3	d1
TC4	a1	b4	c4	d2
TC5	a2	b5	c1	d1

실험적인 관찰에 따르면 하나의 소프트웨어 결함에 여러 변수가 작용하는 경우가 드물고 대개의 경우에는 단 하나의 변수가 관여하는 것으로 알려져 있다. 이것을 단일 결함 가정(Single Fault Assumption)이라 부른다. 따라서 단일 결함 가정을 적용할 수 있는 경우에는 테스트 데이터의 디폴트 조합으로도 충분한 테스트를 할 수 있는 셈이다.

이에 대비하여 가능한 모든 변수값의 조합이 시스템의 고장을 유발할 수 있는 가능성, 즉 동일 모드 고장(Common Mode Failure)의 가능성을 배제하지 않는 경우도 있다. 즉 이렇게 촉발되는 고장이 발생할 가능성은 극히 적을 지라도 일단 발생하면 그 영향이 막대한 경우가 있을 수 있다. 따라서 가능한 모든 변수값의 조합을 시험에 고려하는 방법을 최악의 경우 분석(Worst Case Analysis) 또는 강한 동치 클래스 테스팅(Strong Equivalence Class Testing)이라고 부른다.

두벌 조합(Pairwise Combination)은 테스트 케이스의 수를 현실성 있는 수준으로 유지하기 위한 방법으로 고안된 기법이다. 두벌 조합에서는 시스템의 모

든 쌍의 입력 변수에 대해서 두 변수가 취할 수 있는 모든 가능한 유효한 값들의 조합이 최소한 하나의 테스트 케이스에서 커버될 것을 요구한다. 이 전략은 시스템의 고장이 소수의 변수값의 상호작용에 의하여 유발된다는 가정에 기반을 두고 있다.

위의 예에 적용시켜 보면 우선 2개의 변수의 쌍 A와 B가 취할 수 있는 모든 가능한 유효한 값들의 조합은 a1b1에서 a3b5까지 모두 15가지가 된다. 다른 변수의 쌍이 취할 수 있는 모든 가능한 유효한 값들의 조합 AC(12가지), AD(6가지), BC(20가지), BD(10가지), CD(8가지)도 적어도 하나의 테스트 케이스에는 포함되도록 하여야 한다.

〈표 5-9〉 두벌 조합의 경우

Test Case	a	b	c	d	Test Case	a	b	c	d
tc1	a1	b1	c1	d1	tc11	a3	b1	c3	~d1
tc2	a2	b1	c2	d2	tc12	a3	b2	c4	~d2
tc3	a2	b2	c1	d1	tc13	a1	b3	c3	~d2
tc4	a1	b2	c2	d2	tc14	a2	b3	c4	~d1
tc5	a3	b3	c1	d2	tc15	a3	b4	c1	~d2
tc6	a3	b3	c2	d1	tc16	a3	b5	c2	~d1
tc7	a1	b4	c3	d1	tc17	~a1	b1	c4	~d2
tc8	a2	b4	c4	d2	tc18	~a2	b2	c3	~d1
tc9	a2	b5	c3	d2	tc19	~a1	b4	c2	~d1
tc10	a1	b5	c4	d1	tc20	~a1	b5	c1	~d2

〈표 5-9〉는 이 방법을 예제에 적용하여 20개 테스트 케이스를 도출한 것을 보여주고 있다. 우선 모든 변수 쌍의 가능한 모든 변수값의 조합이 최소한 하나의 테스트 케이스에 나타나 있음을 확인할 필요가 있다. 〈표 5-9〉에서 변수값 앞의 ~기호는 그곳에 임의의 값이 올 수 있음을 나타낸다.

주어진 변수에 대한 두벌 조합에 따른 테스트를 수행하기 위한 테스트 케이스를 생성해 주는 도구가 있고 일부는 공개되어 누구나 자유롭게 사용할 수 있다.

두벌 조합 테스트는 모든 쌍 테스트(All Pairs Test), 조합 테스트

(Combinatorial Test), 양방향 테스트(Two-way Test)이라고도 부른다. 두벌 조합 테스트는 변수의 개수 N이 증가해도 필요한 테스트 케이스의 수효가 크게 증가하지 않는 장점이 있다.

CHAPTER 06

기타 명세서 기반 테스팅 기법

06 CHAPTER 기타 명세서 기반 테스팅 기법

6.1 개요

앞 장에서는 명세서에 기반을 두는 테스트 설계 기법 중에서 가장 널리 활용되는 분할 테스트와 이 기법과 밀접한 관계가 있는 경계치 테스트 기법에 관하여 소개하였다. 이 장에서는 명세서에 기반을 두는 그 밖의 테스트 설계 기법을 소개한다.

먼저, 명세서의 서술 내용이 보다 이해하기 쉽고 어느 정도의 형식을 갖춘 결정표, 원인 결과 그래프나 상태전이도 등으로 표현되어 있을 경우에, 이들로부터 테스트 케이스를 도출할 수 있는 방법을 소개한다. 이 경우에는 거의 완전에 가까운 테스트 케이스의 도출이 가능하다. 경우에 따라서는 명세서의 서술 내용을 우선 이러한 형태로 변환한 다음에 이로부터 테스트를 설계하기도 한다.

마지막으로 함수의 모든 입력 영역에 대하여 무작위로 생성한 테스트 데이터를 테스트에 사용하는 방법을 소개한다.

6.2 결정표 테스팅

다음 예제를 가지고 결정표 테스팅 기법에 관하여 설명해 나가기로 한다. 예제는 어느 택배회사의 탁송 요금 책정 규칙을 서술하고 있다.

- 항공 화물 탁송료는 1kg당 3000원이고 20kg 초과분에 대해서는 1kg당 2000원의 할인 요금이 적용되며 최소 탁송료는 6000원이다.
- 수도권 지역의 육상 탁송료는 급행일 경우 1kg당 2000원이다.
- 수도권 이외의 지역 육상 탁송료라도 화물의 무게가 20kg을 넘고 급행이 아니면 수도권 급행 요금과 동일하다.
- 보통 탁송료는 20kg까지는 1kg당 2000원이고 급행일 경우에는 1kg당 1000원의 요금이 가산된다.
- 제주도 항공 탁송료는 다른 지역 항공 탁송료의 2배 요금이 적용된다.

이 규칙은 적은 분량으로 서술되어 있지만 탁송료를 좌우하는 조건이 여러 가지이고 각 조건이 정해져도 각 경우에 대한 요금 계산 방법이 다양하다. 이 규칙을 구현한 프로그램의 정확성을 테스트해야 한다면 테스트해야 할 경우들을 빠짐없이 찾아내는 것이 중요하다.

이 예제대로 프로그램이 구현되었다고 가정하고 이 프로그램 테스트에 결정표를 활용하는 방법을 설명해 보기로 한다.

이 예제에서 탁송료를 결정하는 조건은 배달 지역, 화물의 무게, 항공 탁송인지 여부, 급행 탁송인지 여부 등이다. 배달 지역이 수도권 지역인지 아닌지에 따라 요금이 다르며 제주도 지역 탁송료는 다른 지역 탁송료의 2배 요금이 적용된다. 20kg를 초과하는 화물에는 할인 요금이 적용되지만 2kg 미만의 화물에는 2kg 요금이 부과된다. 급행을 요청하거나 항공 탁송을 요청하는 경우에는 보통 탁송료에 추가 요금이 가산된다.

탁송료를 결정하는 조건을 다음과 같이 정리할 수 있다. 편의상 각 조건의 경우에 대하여 약자를 사용한다.

C1(배달 방법)- 항공(A), 육상(S)
C2(목적지)- 수도권(M), 제주도를 제외한 수도권 밖의 지역(S), 제주도(J)
C3(무게)- 2kg 이하 (L), 2kg 초과 20kg 이하 (M), 20kg 초과 (H)
C4 (서비스)- 급행(E), 보통(N)배달 방법

4개의 조건이 결합하는 모든 경우의 수를 조직적으로 망라하기 위하여 〈표 6-1〉을 사용한다. 각 경우에 대하여 적용되는 조건을 X로 표시하였다. 이 표를

관찰하면 모든 경우가 체계적으로 나열되었음을 알 수 있다. 이 표에서는 C4의 값이 E일 경우에 대해서만 표시하였고 C4의 값이 N일 경우는 생략하였다. 모두 표시하려면 표가 너무 커지기 때문인데 C4의 값이 N일 경우에 대해서는 표의 C1, C2, C3에 대한 부분이 같다. 이와 같이 결정표는 조합의 수가 많아지면 표의 크기가 빠르게 너무 커지는 문제점을 갖는다.

〈표 6-1〉 예제에 대한 결정표

		1	2	3	4	5	6	7	8	9	10	11	12	13	14	15	16	17	18
C1	A	X	X	X	X	X	X	X	X										
	S										X	X	X	X	X	X	X	X	X
C2	M	–			X			X			X			X			X		
	S		X			X			X			X			X			X	
	J			X			X			X			X			X			X
C3	L	X	X	X							X	X	X						
	M				X	X	X							X	X	X			
	H							X	X	X							X	X	X
C4	E	X	X	X	X	X	X	X	X	X	X	X	X	X	X	X	X	X	X
	N																		

조건의 모든 조합이 파악되었으므로 이제 각 조건의 조합에 대한 행위(탁송료)를 구하면 결정표가 완성된다. 예를 들어, 열10은 가벼운 화물(2kg 이하)을 수도권 지역에 육상 탁송을 급행으로 요청하는 경우이다. 이 경우에 대한 탁송료는 2번째 책정 규칙을 참고하여 4,000원이 된다. 열9는 제주도에 무거운 화물(20kg 초과)을 급행으로 항공 탁송하는 경우이다. 화물의 무게가 25kg이라면 탁송료는 20kg까지 1kg 당 3000원씩 60,000원, 그리고 20kg을 초과하는 5kg에 대하여 1kg 당 2,000원씩 10,000원을 합해서 70,000원이다. 그런데 제주도 지역이므로 이 요금의 2배인 140,000원이 이 경우에 대한 탁송료이다.

참고로 열 1은 수도권 지역의 항공 탁송의 경우인데 이 서비스는 제공되지 않으므로 탁송료를 계산할 필요가 없다. 이러한 경우에는 '?' 등을 사용하여 해

당이 없음을 표현하기도 한다. 다른 모든 경우(열)에 대하여 탁송료 계산 공식을 구해야 결정표가 완성된다.

이와 같이 결정표(Decision Table)는 복잡한 논리를 모델링하는 데 사용되는 정밀하지만 간편한 방법이다. 결정표는 여러 조건의 변화에 따라 다수의 처리 방법이 취해지는 경우를 서술할 때 유용하게 사용된다.

〈표 6-2〉에서 보는 바와 같이 결정표는 조건을 서술하는 부분과 조건의 조합에 대하여 취해지는 행위를 표시하는 2개의 부분으로 구성된다. 조건들의 조합 중 어느 한 가지에 대하여 취해지는 행위는 표에서 하나의 열로 나타난다. 결정표에서 하나의 열은 하나의 규칙(Rule)을 형성한다. 조건을 시스템에 대한 입력으로 잡고 조건의 조합에 따라 선택되는 행위를 시스템의 출력으로 잡으면 각각의 규칙은 시스템에 대한 하나의 테스트 케이스로 해석할 수 있다.

〈표 6-2〉 결정표의 양식

	규칙 1	규칙 2	규칙 3	규칙 4	규칙 …	규칙 N
조건 1						
조건 2						
조건 3						
조건 4						
조건…						
조건 N						
행위 1						
행위 2						
행위 3						
행위…						
행위 N						

결정표는 가능한 조건의 값이 2가지뿐인 경우와 2가지 또는 그 이상도 가능한 경우로 구분된다. 앞의 경우는 제한된 입력 결정표(Limited Entry Decision Table)이며 조건표(Condition Table)라고도 부른다. 다른 경우는 확장된 입력 결정표(Expanded Entry Decision Table)라고 부른다. 소프트웨어 테스트에서는 다수의 조건의 경우를 다루어야 하므로 확장된 입력 결정표를 자주 사용한다.

이와 같은 내용을 표 대신에 아래의 모양으로도 표현할 수 있다.

이러한 형태는 나무가 가지를 쳐나가는 모양이므로 결정 트리(Decision Tree)라고 부른다. 결정표와 결정 트리는 표현 형태가 크게 다르고 내용상에도 상당한 차이가 있다. 결정 트리는 가능한 행위의 수가 적고 조건의 모든 조합이 허용되지 않을 때 적합하다. 결정표는 행위의 수가 많고 조건의 많은 조합이 발생할 때 적합하다. 모든 가능한 경우를 빠짐없이 고려하고자 할 때에는 결정표를 사용하는 것이 좋지만 경우의 수가 그다지 많지 않은 경우에는 결정 트리 쪽이 이해하기에 쉽다.

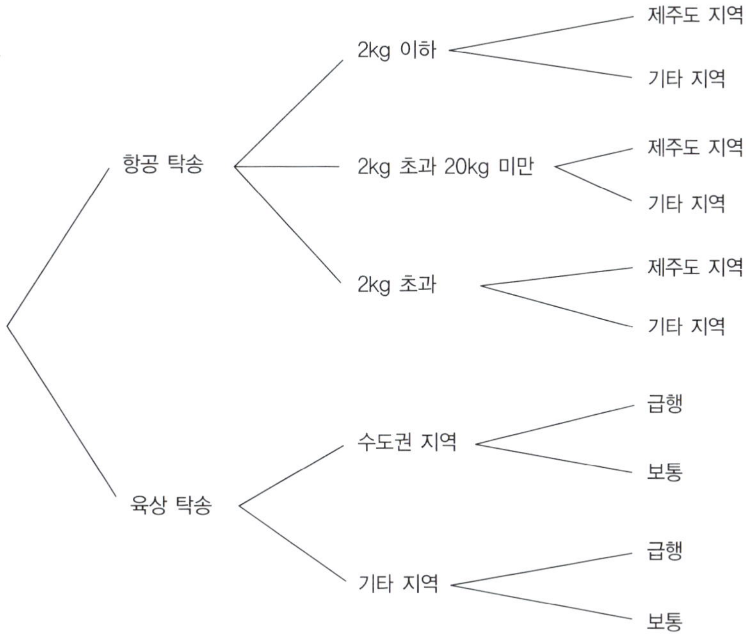

[그림 6-1] 예제에 대한 결정 트리

결정표를 작성하는 요령을 정리하면 다음과 같다.

1) 모든 조건을 찾아내고 조건표 작성에 편리하도록 필요하면 간단한 약자를 부여한다.
2) 모든 행위를 찾아내고 이것에도 필요하면 간단한 약자를 부여한다.
3) 각 조건의 가능한 경우의 수를 곱하여 조건표에 나타날 열의 개수를 구한다.

4) 하나의 규칙에 적용되는 조건의 값들을 표시한다.
5) 표시된 조건들의 조합에 대하여 취해야 할 행위를 X로 마크한다.

다른 하나의 예를 가지고 이 요령대로 결정표를 작성하는 방법을 설명해 보기로 하자.

다루고자 하는 예는 프린터 고장 처리 방법이다. 아래의 표는 프린터의 3가지 고장 상태에 대처 방법을 소개하고 있다. 각 상태에는 참인 경우 (Y)와 참이 아닌 경우(N)가 있으므로 고장 상태의 가능한 조합은 2^3=8가지이다. 따라서 규칙을 위하여 8개의 열을 준비하고 조건의 값을 기입하였다. 여기에서 결정표에 Y와 N이 나타나는 규칙성에 주목할 필요가 있다. 각 규칙에 대하여 취해야 할 행위를 X로 마크하여 결정표를 완성하였다.

〈표 6-3〉 프린터 문제에 대한 결정표

		규칙							
		1	2	3	4	5	6	7	8
조건	인쇄가 되지 않는다.	Y	Y	Y	Y	N	N	N	N
	빨간불이 번쩍인다.	Y	Y	N	N	Y	Y	N	N
	프린터가 인식되지 않는다.	Y	N	Y	N	Y	N	Y	N
행위	파워 케이블을 점검한다.			X					
	컴퓨터 연결 케이블을 점검한다	X		X					
	프린터 소프트웨어가 설치되어 있는지 확인한다.	X		X		X		X	
	잉크를 점검하거나 교환한다.	X	X			X	X		
	용지가 걸렸는지 점검한다.		X		X				

결정표는 조건의 가능한 조합의 수를 체계적으로 나열할 수 있고 그에 따라 취해져야 하는 행위를 체계적으로 정리할 수 있기 때문에 자연어로 쓰여진 명세서의 내용을 체계적으로 이해하여 적절한 테스트를 설계하는 데 유용할 뿐 아니라 명세서 서술 내용을 점검하는 수단이 되기도 한다.

결정표는 복잡한 비즈니스 규칙을 구현한 소프트웨어에 적용할 때 그 효과가 크다. 다만 각 규칙은 입력 조건의 조합으로 표현될 수 있어야 하며 이러한 입력

조건의 조합을 수행한 결과가 불연속적인 행위로 나타나야 한다. 입력 조건이 범위로 구분되는 경우에는 경계치 분석법과 결합하여 사용하는 것이 좋으며 동치 분할법을 이용하여 조건 자체의 수를 축소시킨 후 사용하면 효과적이다.

6.3 결정표 테스트의 예

앞에서 예로 다룬 수수료 계산 문제를 가지고 조건표에 기반을 둔 테스트 케이스를 도출해 보기로 하자.

이 경우에 수수료 계산에 영향을 주는 조건은 거래금액(AM; Amount)이

(S) 10만원 미만
(M) 10만원 이상 100만원 미만
(L) 100만원 이상

인 경우 3가지, 1주당 가격(Price Per Share; PPS)이

(C) 1만 5천원 미만
(A) 1만 5천원 이상 2만 5천원 미만
(H) 2만 5천원 이상 5만원 미만
(E) 5만원 이상

인 4가지 경우, 그리고 주문한 주식수가 Odd Lots(100주의 배수가 아닌)인지 여부에 따라

(Y) 100주의 배수인 경우
(N) 100주의 배수가 아닌 경우

의 2가지가 있다. 따라서 조건의 경우의 수는 총 24가지가 되므로 Stub 부분을 포함하여 25개의 열을 갖는 조건표를 마련한다.

다음으로 행위에 대해 살펴보면, 기본 수수료(Basic Commission; BC)는 거래금액(AM)에 대하여 다음과 같이 계산된다.

(S) 8%(AM)
(M) 5%(AM) + 2만원
(L) 4%(AM) + 12만원

이다. 그리고 부가 수수료1(Surcharge 1; SC1)은 1주당 가격(PPS)에 따라

(C) 5%(BC)
(A) 3%(BC)
(H) 2%(BC)
(E) 1%(BC)

가 된다. 마지막으로 주문한 주식수가 Odd Lots, 즉100주의 배수가 아니면, 기본 수수료의 4%에 해당하는 부가 수수료2(Surcharge 2; SC2)가 붙는다.

(Y) 100주의 배수인 경우
(N) 100주의 배수가 아닌 경우

총 수수료는 기본 수수료와 2가지 부가 수수료 SC1 과 SC2의 합이 된다.

〈표 6-4〉 주식거래 수수료 예제에 대한 결정표

	01	02	03	04	05	06	07	08	09	10	11	12	13	14	15	16	17	18	19	20	21	22	23	24
S	T	T	T	T									T	T		T								
M					T	T	T	T									T	T	T	T				
L									T	T	T	T									T	T	T	T
C	T				T				T				T				T				T			
A		T				T				T				T				T				T		
H			T				T				T				T				T				T	
E				T				T				T				T				T				T
O	T	T	T	T	T	T	T	T	T	T	T	T	F	F	F	F	F	F	F	F	F	F	F	F

6.4 원인 결과 그래프

일상적인 언어로 명세서에 복잡한 논리 관계를 서술하면 뜻이 애매모호한 경우가 발생한다. 원인 결과 그래프(Cause Effect Graphing)는 이렇게 작성된 명세서를 보다 구조적이고 형식적인 명세로 변환하여 테스트 케이스 도출에 도움을 주고자 하는 기법이다. 원인 결과 그래프는 논리적 조건(원인)과 그것에 해당하는 행위(결과)에 관하여 다이아그램 형태의 간결한 표현을 제공한다. 이 그래프에서는 조건들의 여러 가지 결합 형태를 다음과 같은 논리적인 부호를 사용하여 표현한다.

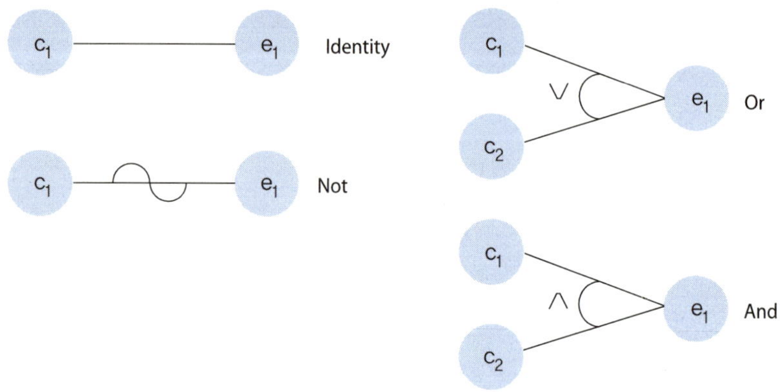

[그림 6-2] 원인 결과 그래프에 사용되는 기호들의 예

이 외에도 원인 결과 그래프에서는 조건과 결과 간의 제약사항을 기술하기 위하여 다음 [그림 6-3]과 같은 부호를 사용한다.

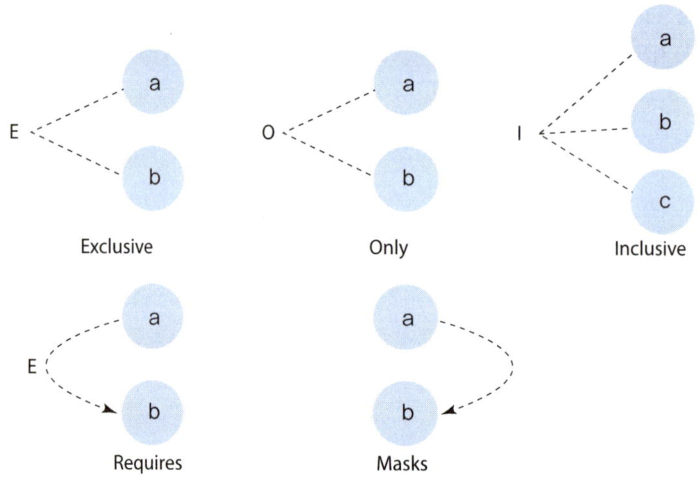

[그림 6-3] 원인 결과 그래프에 사용되는 제약사항 표기법

원인 결과 그래프를 사용한 테스트 절차를 요약하면 다음과 같다.

1. 테스트하고자 하는 함수를 식별해 낸다.
2. 시스템의 행위에 영향을 주는 모든 중요한 원인과 각 함수에 대하여 함수의 결과를 찾아낸다.

3. 원인의 조합과 원인들이 산출하는 결과들을 관계 지우는 그래프를 그린다.
4. 그래프를 조건표로 변환한다.
5. 조건표의 규칙들을 테스트 케이스로 변환한다.

6.5 랜덤(Random) 테스트

테스트에 사용할 입력값을 테스트 설계 기법을 적용하여 얻거나 어떤 의도를 가지고 특별히 준비하는 대신에 무작위적으로 생성하여 테스트에 사용하는 방법을 말한다. 입력 영역을 나누지 않고 전 영역으로부터 무작위 테스트 케이스를 선택한다.

무작위하게 입력값을 선택하기 때문에 많은 수의 테스트 케이스를 손쉽게 확보할 수 있고 서로 다른 테스트 사이에 상관 관계가 없으므로 테스트 결과에 대해 통계적인 의미를 부여할 수 있는 특유의 장점이 있다.

그러나 입력값이 임의로 결정되기 때문에 그 값에 대한 예상되는 결과를 구하는 것이 문제이다. 테스트 오라클(Oracle)을 쉽게 얻을 수 있는 수단이 있다면 랜덤(Random) 테스트는 정량적으로 신뢰도를 산정하는 데 사용할 수가 있다.

하지만 결함 탐색을 체계적으로 하지 않기 때문에 드물게 나타나는 결함을 놓치는 경향이 있다. 얼핏 터무니없는 방법으로 여겨지고 따라서 이 값 저 값 넣어서 실행해 보는(haphazard) 테스트처럼 취급되기도 한다.

많은 실험 결과에서 랜덤 테스트는 분할 테스트와 같은 체계적인 테스트에 못지 않게 에러 검출에 효과적인 것으로 판명되고 있다.

운영 프로파일(Operational Profile)

어느 테스트든지 완전할 수가 없고 따라서 소프트웨어에 포함되어 있는 결함이 검출되지 않는 경우가 있다. 따라서 소프트웨어의 작동 환경에서 만나게 되는 사용 패턴에 맞춰서 테스트 케이스를 선택하는 것이 바람직하다는 주장이 제기되어 왔다. 즉 사용 패턴에 따라 테스트하면 비록 불완전할지라도 테스트 기법을 적용하여 검출하는 고장은 대부분의 사용자가 우선적으로 만나게 될 고장

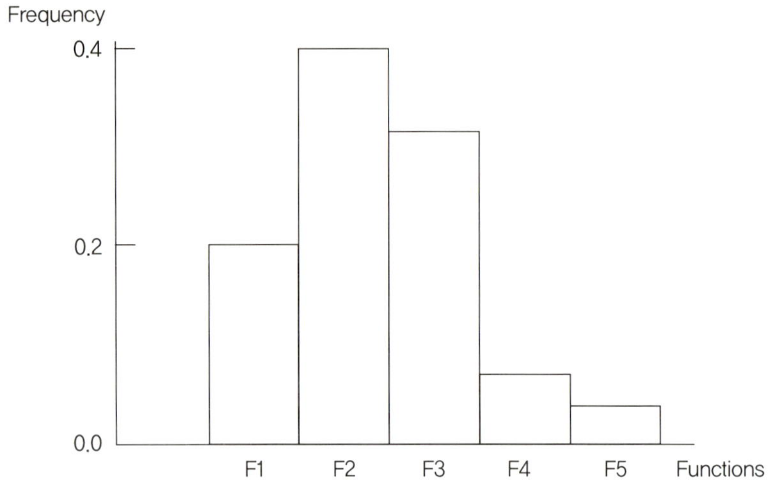

[그림 6-4] 기능의 사용 빈도 그래프

일 가능성이 높다.

입력 영역을 N개의 부분 영역으로 나누고 각 부분 영역에 시스템을 정상적으로 사용할 운영 프로파일(Operational Profile)은 입력이 바로 그 부분 영역에서 나올 확률로써 주어진다. 프로파일(Profile)이라는 명칭은 각 부분 영역별 확률을 아래 그림과 같은 막대 그래프로 나타낼 때 그래프가 전형적인 사용 빈도의 '모양' 을 보이는 데서 붙인 것이다.

입력 영역을 나누는 방법은 큰 상관이 없지만 가장 흔한 방법은 부분 영역이 동일한 기능을 수행하는 입력이 모이도록 나누는 함수적 구획 방법이다. 그림은 사용 빈도가 각각 0.2, 0.4, 0.3, 0.05, 0.05인 5개의 함수를 구현한 프로그램의 운영 프로파일(Operational Profile)이다. 부분 영역을 더욱 작게 나누면 확률 밀도 함수(Probability Density Function)에 가까워진다.

운영 프로파일(Operational Profile)이 존재하고 난수발생기(random number gernerator)를 사용할 수 있고 효과적인 오라클이 존재하는 시스템에 대하여 랜덤 테스팅을 하는 방법은 다음과 같다.

먼저 테스트의 규모 N을 정한다. N은 요구되는 신뢰도에 맞춰 정하는 것이 바람직하지만 실제에서는 테스팅에 사용할 수 있는 자원에 맞춰 선정한다. 부분 영역이 K개의 운영 프로파일(Operational Profile)을 사용하여 테스트 포인트는 입력이 각 부분 영역에 있을 확률 P1, P2, P3, …, PK로 주어진다. 다

음에 난수발생기를 사용하여 i 번째 부분 영역에 Ni = PiN개의 테스트 포인트를 생성한다. 이런 방법으로 N개의 포인트를 모두 구한다. 이렇게 얻은 테스트 케이스를 가지고 프로그램을 실행시키고 고장이 발견되면 결함을 수정하고 다시 난수발생기를 돌려 얻은 테스트 케이스를 가지고 테스트를 반복한다. N개의 테스트 세트를 가지고 더 이상의 고장이 발견되지 않을 때 테스팅은 종료된다.

6.6 상태에 기반을 둔 테스팅

/*과 */으로 에워 싸인 문자열은 주석문으로 취급되는 프로그램이 있다. 이러한 프로그램에서 주석문만을 골라 인쇄하는 다음과 같은 프로그램을 생각해 보자.

'/'과 '*'이 아닌 문자열을 ϕ으로 나타내면 이 프로그램은 다음과 같이 작동할 것이다.

1. 문자열을 읽어 내려가다가 '/'을 발견하면 주석문의 시작일 가능성이 있으므로 이에 대비를 한다. '/' 다음 문자가 또하나의 '/' 또는 ϕ이면 뒤에 오는 문자열은 주석문이 아니다.
2. 그러나 '/' 다음 문자가 '*'이면 그 다음 문자열부터 주석문이 시작된다. 따라서 버퍼를 비운다.
3. 다음 문자가 'ϕ'이면 문자열의 시작이므로 문자들을 버퍼에 채워 간다.
4. 버퍼에 문자열을 채워 가다가 "*" 를 만나면 이제 주석문의 마지막일 가능성이 있으므로 이에 대비한다.
5. '*' 다음 문자가 '/'이면 이제 주석문의 끝이다. 따라서 버퍼의 마지막 문자('*')를 제외하고 버퍼에 있는 내용을 인쇄하고 버퍼를 비운다. 그러나 다음 문자가 '/'가 아니면 아직 주석문의 연속이므로 버퍼에 계속 써 나간다.

이 시스템에는

상태 1. – 초기상태
상태 2. '/' 을 처음으로 만난 상태
상태 3. '/' 과 '*' 을 연속으로 만난 상태
상태 4. . '/', '*', φ에 이어 '*' 만난 상태

와 같은 상태들이 있음을 알 수 있다.

각 상태에서 이벤트(문자열의 입력)가 발생하면 현재 상태에 계속 머물든지 또는 다른 상태로 전이(transition)를 할 수가 있다. 예를 들어 상태 3에서 '*' 을 만나면 상태 4로 전이하지만 다른 '/' 이나 φ가 입력되면 현재 상태에 계속 머문다.

이 내용을 그림으로 나타내면 다음과 같다. 이 그림에서 동그라미는 상태를 표시하고 화살표는 상태간의 전이를 나타낸다. 화살표 곁에 첨부된 내용은 취할 행위를 표현하며 행위가 없을 수도 있다.

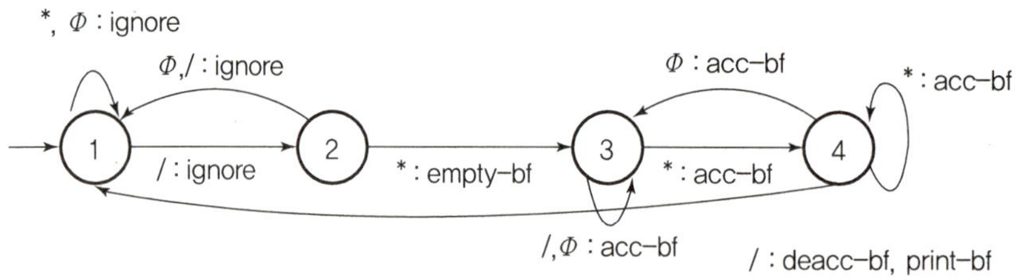

[그림 6-5] 예제에 대한 상태 전이도

이와 같은 것이 전산학에서 다루는 유한 상태 기계(Finite State Machine)를 다이아그램 형태로 나타낸 상태 전이도(State Transition Diagram)이다. 유한 상태 기계는 출력값이 현재의 입력값과 이전의 입력값에 위해 결정되는 시스템이다. 이전의 입력값은 상태로 표현된다. 이 기계는 어느 한 순간에 오직 하나의 상태에만 있을 수 있다. 최종 상태는 기계가 더 이상 입력값을 받아 들이지 않는 상태이다.

이러한 유한 상태 기계가 주어졌을 때 우리는

1. 이벤트, 행위, 상태, 상태 전이 간의 관계가 올바른지
2. 입력 이벤트에 대응하여 적절한 행위가 취해졌는지, 시스템이 올바른 상태에 도달했는지

등을 확인해야 한다.

상태전이도 형태로 유한 상태 기계가 주어지면 우리는 쉽고 조직적으로 정확성을 확인할 수가 있다. 즉 유한 상태 기계를 순환하는 경로들이 바로 테스트 케이스이다. 상태전이도를 전이 트리(Transition Tree)로 변환하면 테스트 케이스를 찾아내기가 더욱 분명해진다. 이 트리는 상태 전이도로부터 다음과 같이 만들 수 있다.

1. 초기 상태(상태 1)를 트리의 루트로 잡는다.
2. 이 트리의 k 레벨까지 구축되었다고 가정하고 k 레벨에 있는 노드를 왼쪽으로부터 오른쪽으로 조사하면서 k +1 레벨을 구축한다. k 레벨에 있는 노드의 label(상태 번호)이 k 레벨 이전의 nonterminal과 동일하면 이 노드는 터미널 노드이다.
3. 만일 같지 않으면 그 노드의 label을 그 노드의 상태번호로 삼는다. 입력값 x에 대해서 기계가 상태 i에서 j로 전이하면 노드 i에 부분 트리와 successor노드를 붙인다. 부분 트리와 successor노드의 label로 x와 I를 붙인다.

이와 같은 방법으로 예제의 유한 상태 기계에 대한 전이 트리를 만들면 다음과 같이 된다.

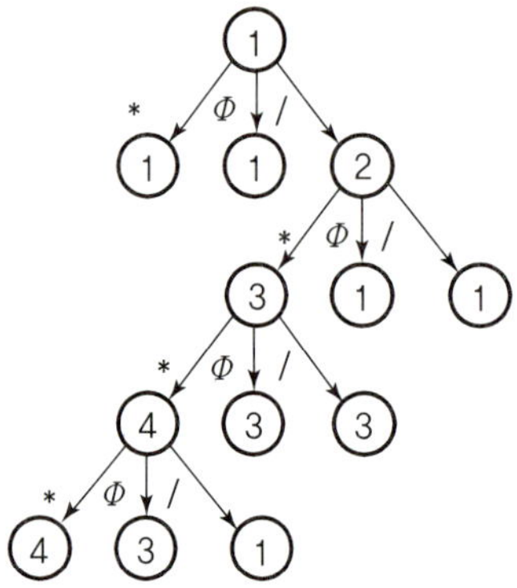

[그림 6-5] 예제에 대한 테스트 트리

[그림 6-5]에서 알 수 있는 바와 같이 상태 트리가 만들어지면 루트로부터 터미널 노드에 이르는 모든 경로가 테스트 케이스가 된다.

그리고 이러한 내용이 명세서에 자연어 문장 형태로 서술되어 있으면 우리는 이것을 그림과 같은 유한 상태 기계로 만들어 보면 분석이 훨씬 쉬워진다. 이와 같은 유형의 테스팅을 상태 기반 테스팅(State Based Testing)이라고 부른다.

메뉴 선택에 의하여 구동되는 시스템은 우리가 자주 접할 수 있는 유한 상태 기계의 예이다. 이 시스템의 초기 화면에서 어느 한 메뉴를 선택했을 때 새롭게 디스플레이 되는 화면은 또 하나의 시스템 상태를 표시한다. 물론 초기 화면은 시스템의 초기 상태이다. 시스템의 한 상태에서 다른 상태로는 여러 방법을 통하여 전이할 수 있다. 예를 들면 한 시스템의 상태에서 마우스 또는 다른 포인팅 장치를 사용하여 메뉴 상의 원하는 단추를 누르거나, ALT키를 누른 상태에서 메뉴 중에 밑줄이 그어진 문자를 입력하든지, 특정 메뉴를 위하여 지정되어 있는 Function키를 선택하든지, 커서 키를 움직여 이웃해 있는 메뉴로 이동하는 등의 방법으로 다른 상태로 옮겨갈 수 있다.

많은 컴퓨터 응용 시스템이 유한 상태 기계이다.

6.7 문법에 기반을 둔 테스트

문법에 기반을 둔 테스트는 입력 데이터를 잘 정의된 문법 규칙을 적용하여 확인하는 데이터에 의하여 구동되는 테스트 기법으로 구문 테스트(Syntax Test)라고도 부른다.

XXyyZZ 형태의 입력을 예로 들어 보기로 한다. 여기서 XX는 A부터 G까지의 하나 또는 2개의 알파벳 문자이고, yy는 1에서 99까지의 숫자이고, Z는 쉼표, 콜론, 세미 콜론 등의 구두점이다.

문법은 유효한 입력이 되는 규칙을 정의하는 다음과 같은 BNF 형태로 표현할 수 있다.

```
INPUT      := XXyyZ
XX         := LETTERS(1,2)
LETERS     := A/B/C/D/E/F/G
yy         := 1/2/3/4/5/ ………..99
Z          := ,/:/;
```

이 예에서 유효한 테스트 케이스는 "A1."와 "CD56;"이다. 허용되지 않는 테스트 케이스는 각 수준의 정의에서 정의에 어긋나도록 하여 구축할 수 있다. 예를 들면, 문자가 없거나 3개의 문자를 택하면 XX 수준의 정의를 어긋나게 하고 "G" 다음의 문자 즉 "H" 등을 취하면 정의에서 벗어난다. yy 수준에서는 0, 음수, 또는 3자리 숫자이면 정의를 벗어난다.

위의 정의에 따르면 소문자는 허용되지 않으나 이 사실은 실제로 요구된 것이 아닐지도 모른다. 테스트를 설계하는 과정에서 이 사실이 발견된다면, 테스트 케이스를 분석하거나 도출하는 작업이 명세서 상의 에러를 드러낼 수 있음을 보이는 예가 될 것이다.

03 PART

코드 기반 테스트 설계 기법

CHAPTER

문장 테스트와 분기 테스트 07

7.1 개요

7.2 제어 흐름 그래프

7.3 문장 테스트

7.4 문장 테스트 설계의 예

7.5 분기 테스트

7.6 분기 테스트 설계의 예

7.7 조건 테스트

7.8 조건 테스트 설계의 예

07 CHAPTER

문장 테스트와 분기 테스트

7.1 개요

테스트 설계의 기반으로는 시스템의 명세와 테스트 대상이 되는 코드가 주로 사용된다. 그 중에서 구현한 코드를 테스트 설계의 기반으로 사용하는 테스트 기법을 코드 기반 테스트(Code Based Test)라고 부른다. 코드 기반 테스트 기법은 코드 내부의 구조를 참고하면서 테스트를 설계하기 때문에 구조적 테스트(Structural Test) 또는 화이트 박스 테스트(White Box Test)라고도 불리운다.

코드 기반 테스트도 테스트 데이터를 입력하여 테스트를 수행한 다음에 산출되는 출력의 정확성을 조사한다는 점에서 블랙박스 테스트와 방법상에는 차이가 없다. 그러나 구조적 테스트에서 사용하는 테스트 데이터는 코드의 구조나 계산 논리를 고려하여 도출하므로 코드의 구조나 세부 계산 논리상의 문제점을 추가적으로 확인할 수 있다는 이점이 있다.

그러나 구조적 테스팅을 해도 코드 내의 결함을 찾아낼 수 없는 경우도 존재한다. 예를 들어, 프로그래머가 명세서를 잘못 읽고 코드를 작성한 경우와 프로그래머가 명세서에 존재하는 경로의 일부를 빠뜨린 경우 등이 그러하다. 이러한 경우는 명세서와 관련된 실수이므로 명세서를 기반으로 한 테스트로 구조적 테스팅을 보완해야 한다.

구조적 테스트에서는 코드에서 관찰할 수 있는 프로그램의 제어 구조, 자료 흐름 구조 등을 테스트 설계에 활용한다. 코드 기반 테스팅을 진행하려면 코드 내의 특정한 구조나 논리를 조사 대상으로 결정하고 이 부분을 실행시킬 수 있는 테스트 데이터를 구해야 한다. 따라서 화이트 박스 테스트를 제대로 하려면 프로그램 구조에 대한 상세한 지식이 요구된다. 따라서 구조적 테스트는 단위

테스트에 적용하기 적합한 테스트 기법이다.

또한 코드로부터 산출되는 결과와 대조하여 출력의 정확성 여부를 판단할 수 있는 다른 출력값이나 정확성이 입증된 다른 코드 등이 존재해야 한다. 출력값의 정확성 여부를 판단하는 데 사용되는 수단을 오라클(Oracle)이라고 부른다. 오라클은 쉽게 확보할 수 있는 경우도 있지만 제 2장에서 소개한 것처럼 확보하기 어려운 경우도 많다. 따라서 테스트 대상인 코드에 대해서 오라클을 얼마나 손쉽게 확보할 수 있는지 여부가 코드 기반 테스트의 유효성을 판가름한다고 볼 수 있다.

프로그래머가 개발한 코드는 매우 구체적인 산출물이고 그것이 궁극적으로 운영에 활용될 것이기 때문에 이것을 효과적인 테스트 관리와 커버리지 달성의 수단으로 활용해야 하는 것은 당연한 일이다. 예컨대 프로그램 내의 실행경로의 수는 셀 수가 있으므로 테스트에서 살펴 본 실행 경로의 수는 테스트의 성취도에 대한 척도가 된다. 따라서 테스트의 성취도 기준으로 무엇을 사용하였는가에 따라 코드 기반 테스트를 구분할 수가 있다.

효과적인 코드 기반 테스트를 하려면 한 프로그램 내에 포함되어 있는 모든 실행 경로를 조사해 보아야 하겠지만 실행 경로의 수가 너무 많거나 파악하기 어려운 경우가 많기 때문에 실제 테스팅에서는 조사할 경로의 수를 적당히 감축하는 것이 보통이다. 즉 테스트에서 조사 대상으로 포함시킬 실행 경로를 선정하는 기준으로 프로그램의 구체적이고 셀 수 있는 구조인 프로그램 문장, 분기 조건 등을 사용할 수 있다.

제 7장에서는 테스트에서 살펴볼 프로그램 문장의 수를 테스트에 포함시킬 실행 경로를 선정하는 기준으로 사용하는 문장 테스트(Statement Test)와 분기의 수를 테스트 기준으로 사용하는 분기 테스트(Branch Test)에 관하여 설명한다. 조건 테스트(Condition Test)는 분기 테스트의 한 유형으로 간주하였다.

제8장에서는 테스트에서 커버한 실행 경로의 수를 테스트 기준으로 사용하는 경로 테스트 에 관하여 설명한다. 아울러 여러 형태의 루프를 포함하는 프로그램을 테스트하는 요령을 설명한다. 데이타 흐름 테스트는 데이터 흐름을 분석하여 테스트해야 할 경로를 추가한다는 점에서 경로 테스트의 한 유형으로 간주하여 같은 장에 포함시켰다.

이 장에서는 대표적인 구조적 테스트 설계 기법인 문장 테스트와 분기 테스트 기법을 소개하고 경로 테스트는 다음 장에서 다룰 예정이다.

7.2 제어 흐름 그래프

프로그램의 구조를 테스트 설계에 활용하려면 프로그램의 제어구조를 정확하게 파악해야 하는 데 이를 위하여 프로그램에 대한 제어흐름 그래프(Control Flow Graph)를 그리면 편리하다. 이 그래프는 실행 가능한 프로그램 문장을 노드(node)로 문장과 문장 사이의 제어 흐름을 에지(edge)로 표현한 유향 그래프(Directed Graph)로서 가장 빈번하게 사용되는 테스트 모형의 예이다.

다음 프로그램은 EOF를 만날 때까지 입력되는 문자를 읽고 출력하되, 입력 중의 마침표는 느낌표로 바꾸어 출력하고 느낌표는 2개의 느낌표로 바꾸어 출력하고 마지막에 다른 문자로 바꾸어 출력한 회수를 출력하고 종료한다.

```
main()
{
    int ch;
    int subs = 0;
    while ( (ch = getchar() ) != EOF)
       if ( ch == '.' )
         {
            putchar( '!' );
            subs++;
         }
       else if (ch == '!' )
         {
            putchar( '!' );
            putchar( '!' );
            subs++;
         }
       else
            putchar(ch);
    print("There were %d substitutions.\n", subs);
}
```

[그림 7-1] 예제 프로그램

예제 프로그램에 대한 제어흐름 그래프는 [그림 7-2(a)]와 같다.

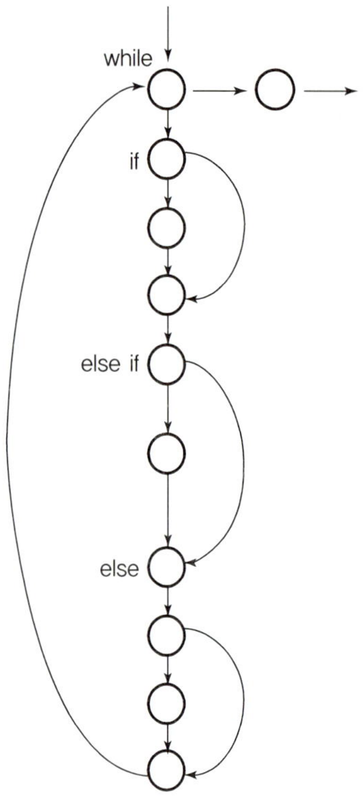

[그림 7-2(a)]

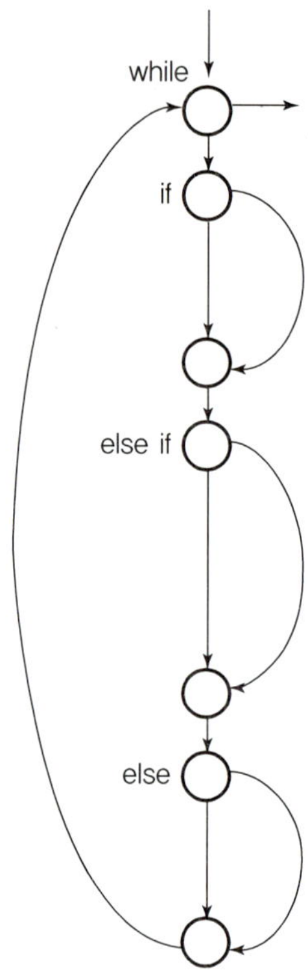

[그림 7-2(b)]

프로그램 블록(block)은 분기점이나 집합점으로 차단되지 않는 문장의 집합을 말한다. 블록 내의 한 문장이 실행되면 블록 내의 다른 문장은 따라서 모두 실행된다. 구조적 테스팅의 관점에서는 블록 내의 내용은 큰 의미를 갖지 않으므로 제어흐름 그래프를 그릴 때에는 블록 전체를 하나의 노드로 표현하는 것이 보통이다.

이와 같이 블록을 하나의 노드로 줄여 표현한 제어흐름 그래프가 [그림 7-2(a)]이다. 테스팅에서 제어흐름 그래프는 테스트할 프로그램의 제어구조만을 드러내는 것이 목적이므로 [그림 7-2(b)]와 같이 불필요한 노드들을 생략하여 그린다.

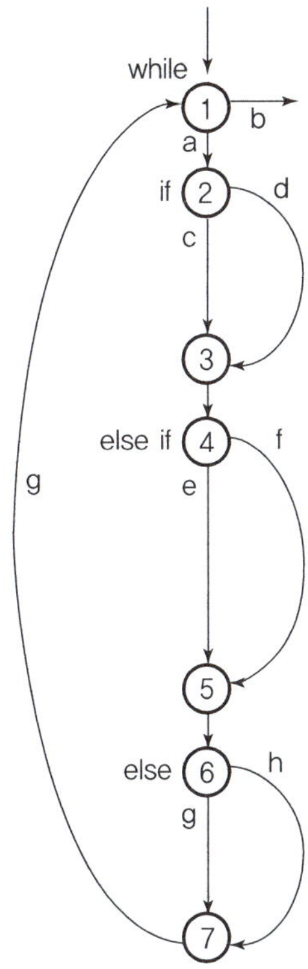

[그림 7-3] 제어 흐름의 분기점

제어흐름이 여러 가지로 나누어지는 지점을 분기점(decision)이라고 부르고 여러 갈래의 제어흐름이 하나로 합쳐지는 지점을 집합점(junction)이라고 부른다. 분기점에서 실행 경로는 여러 갈래로 나뉘어지므로 분기점은 테스트 설계에서 주목해야 하는 지점이다.

[그림 7-3]에서 노드 1, 노드 2, 노드 4, 노드 6으로 노드들은 분기점을 나타낸다.

한편 분기점의 출구로부터 다른 분기점의 입구까지의 제어흐름 상의 프로그램 문장의 집합을 분기간 경로(decision to decision path; DD-path)라 부른다. [그림 7-3]에서 에지 a, b, c, d, e, f, g, h들은 분기간 경로이다.

어느 프로그램에서 하나의 실행 경로라 함은 프로그램의 입구에서 시작하여 출구에서 끝나는 일련의 문장을 말한다. 특히 테스팅에서는 프로그램의 입구에서 시작하여 출구까지 이어지는 경로만을 실행 경로로 취급한다.

다음 프로그램([그림 7-4])은 두 개의 자연수를 입력으로 받아서 지수함수 값 x^y를 계산하는 프로그램이다.

```
main()
          {
               int x, y, z;
1)          z = 1;
2)          while( y  != 0 ) {
3)                if ( y%2  != 0 )  z = z * x;
4)                y = y/2 ;
5)                x = x * x;
               }
6)          printf("x**y =%5d“, z);
          }
```

[그림 7-4] 예제 프로그램

이 프로그램에 대한 제어흐름 그래프는 [그림 7-5]와 같다.

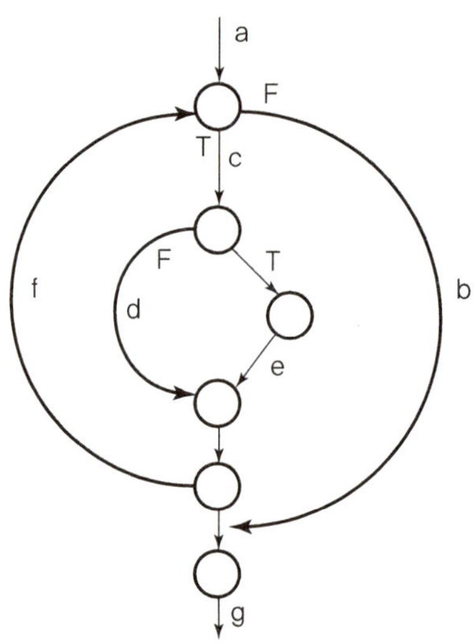

[그림 7-5] 예제 프로그램에 대한 제어흐름 그래프

이 프로그램에 입력된 y 값이 0이면 프로그램은 1의 값을 출력하고 종료하고 (경로 a-b-g) 0이 아닌 입력값에 대해서는 루프를 실행한다. 루프 내에서는 y 값에 따라서 다른 처리가 일어난다. 즉 홀수인 y값에 대해서는 경로 c-e-f가 그리고 짝수인 y값에 대해서는 경로 c-d-f가 실행된다.

그런데 어느 한 경로를 실행시킬 수 있는 입력에는 여러 값이 있을 수 있는데 동일한 경로를 실행시키는 입력값의 집합을 경로 영역(path domain)이라고 부른다. 경로 출력(path computation)은 정해진 경로를 따라 실행될 때 얻어지는 출력값을 말한다. 경로 영역 내의 임의의 값을 선택해서 실행시켜도 조사하고자 하는 경로를 실행시킬 수 있지만 에러 검출 효과는 입력값에 따라 다를 수 있다. 경로 영역 내에서 실행에 사용하기 위해서 특별히 선정된 입력값을 테스트 데이터(test data)라고 부른다.

이 프로그램에서 경로 a-b-g에 대한 경로영역은 0뿐이지만 경로 c-e-f의 경로 영역은 홀수인 자연수 집합이고 경로 c-d-f의 경로 영역은 짝수인 자연수 집합이다. 이들 경로 영역은 프로그램의 입력 영역(모든 자연수)의 부분 집합을 이룬다.

그런데 프로그램 내의 결함 때문에 테스팅에서 처음에 의도한 경로가 아닌 다른 경로가 실행되어서 부정확한 출력이 얻어질 수도 있고 의도한 경로가 실제로 실행되었지만 예상하지 않은 출력이 얻어지는 경우도 있다.

영역 에러(domain error)란 프로그램의 제어 흐름에 이상이 발생했기 때문에 테스트할 때의 의도와는 다른 경로가 실행되는 경우를 말한다. 예제 프로그램의 경우에 0인 y값이 입력되면 루프를 거치지 않고 1의 값이 출력되어야 하지만 만일 프로그래머의 실수로 루프의 실행 여부를 결정하는 조건 y ! = 0이 y = 0으로 작성되었다면 루프가 실행되고 따라서 영역 에러가 발생한다.

계산 에러(computation error)란 의도한 경로가 실행되었으나 입력값의 처리 과정에서 문제가 발생하여 출력값의 일부 또는 전부가 잘못 계산되는 경우를 말한다. 예를 들어 이 프로그램의 문장 4에서 y = y/2 가 실수로 y = y/4 로 작성되었다면 경로 선택은 제대로 되었지만 틀린 결과가 출력된다. 즉 계산 에러가 발생한다.

그런데 매우 드문 경우이지만 의도하지 않은 경로가 실행되었음에도 불구하고 공교롭게도 예상한 결과와 일치하는 출력값이 산출되기도 한다. 이러한 에러를 우연한 일치 에러(coincidental correctness)라고 부른다.

아주 간단한 예로서 두 수의 합을 구하려는 문장 answer = d+d이 프로그래머의 착오로 answer = d*d 처럼 작성되었다고 하자. 그런데 2를 테스트 데이터로서 테스트하면 예상대로 4가 출력될 것이다. 그리고 이 테스트가 성공적이었으므로 이에 대한 테스트는 완료되고 이 착오를 지나쳐 버리게 된다. 테스트

데이터 0에 대해서도 마찬가지이다. 많은 입력값 중에서 0 또는 2를 사용할 가능성은 확률적으로 매우 낮지만 이와 같은 경우가 발생하면 결함은 수정될 기회를 놓쳐버리게 되어 매우 위험할 수가 있다.

한편 프로그램 명세서 상에는 존재하지만 그 경로가 프로그램에 구현이 되지 않은 경우를 누락된 경로 에러(missing path error)라고 부른다. 명세서 기반 테스트로는 이러한 경로가 검출될 수 있지만 코드 기반 테스트로는 이러한 에러를 찾아 낼 수 없다.

또한 프로그램 내에는 존재하는 실행 경로가 어떠한 입력값에 대해서도 실행이 되지 않는 실행 불가능한 경로(infeasible path)도 있다. 따라서 이 경로의 테스팅은 불가능하다. 물론 실행이 되지 않기 때문에 이 부분이 직접 피해를 끼치는 것은 아니지만 이렇게 된 이유를 분석을 통하여 밝혀볼 필요가 있다.

7.3 문장 테스트

테스팅에서 가장 우선적으로 고려해야 하는 점은 가능한 한 프로그램의 어느 한 부분이라도 테스트에서 누락되는 일이 없어야 한다는 점이다. 그 한 가지 방법은 제어 흐름 구조를 살펴보면서 프로그램 내의 모든 문장을 빠짐없이 실행시켜 보고 제대로 작동하는가를 확인하는 방법이다.

문장 테스트에서는 프로그램 내의 모든 문장을 어느 한 테스트 케이스에서 최소한 한 번은 테스트하도록 한다. 제어흐름 그래프에서는 문장이 노드로 표현되기 때문에 문장 테스트는 모든 노드를 커버하는 기준에 해당한다. 문장 테스트는 프로그램의 모든 부분을 테스팅을 통해서 나름대로 빠짐없이 살펴본다는 점에서 비교적 우수한 테스팅기법이다. 이런 이유로 IEEE 단위 테스팅 표준에서는 이것을 테스팅의 최소 기준으로 정의하고 있다.

그러나 문장 테스트는 제어흐름 테스팅 전략 중에서 가장 약한 기준이다. 테스팅이 문장 테스트에도 미치지 못한다면 이것은 프로그램 내에 조사해 보지 않는 부분이 존재한다는 셈이다. 살펴보지 않은 부분에 에러가 없다고 단정할 수 있으면 모르겠지만 살펴보지 않은 부분을 남겨 두는 것은 매우 위험한 발상이

다. 이러한 부분은 결국 사용자에 의하여 언젠가는 발견되기 마련이므로 개발자로서는 매우 무책임한 노릇이기도 하다.

다시 [그림 7-4]에 실었던 프로그램의 예를 가지고 문장 테스트를 진행하는 방법을 설명해 보기로 한다.

```
main()
            {
                  int x, y, z;
1)              z = 1;
2)              while( y  != 0 ) {
3)                      if ( y%2  != 0 )  z = z * x;
4)                      y = y/2 ;
5)                      x = x * x;
                  }
6)              printf("x**y =%5d“, z);
            }
```

[그림 7-6] 예제 프로그램

[그림 7-6]에 같은 프로그램을 다시 실어 놓았다. x = 5과 y = 0을 테스트 데이터로 해서 이 프로그램을 실행하면 y = 0이기 때문에 프로그램은 루프를 실행하지 않고 초기값 1을 지수함수 값으로 그대로 출력한다. 따라서 루프 내의 문장들은 실행되지 않았으므로 아직 커버되지 않은 문장들이 남아 있다. 〈표 7-1〉의 3번째 행에는 이 테스트에서 실행된 문장들을 'o'으로 표시하고 실행에 참여하지 않은 문장들은 'x'로 표시하였다.

〈표 7-1〉 예제 프로그램에 대한 테스트 데이터

테스트 데이터		프로그램 문장					
x	y	1	2	3	4	5	6
5	0	0	0	x	x	x	0
5	2	0	0	x	0	0	0
5	3	0	0	0	0	0	0

계속되는 다음 테스트에서 x = 5와 y = 2를 입력하면 3번을 제외한 루프 내의 문장들이 실행되어 25를 지수값으로 출력하고 실행을 종료한다. 그러나 〈표 7-1〉의 4행에서 살펴볼 수 있는 바와 같이 아직 3번 문장이 실행되지 않았으므로 모든 문장을 커버하려면 3번 문장을 실행시킬 수 있는 테스트 데이터 값을 포함하는 테스트 케이스를 준비해야 한다. Y 가 홀수이어야 3번 문장이 실행되기 때문에 x = 5, y = 3을 가지고 테스트하면 125가 지수값으로 출력되며 모든 프로그램 문장이 커버되고 따라서 문장 테스트는 완결된다.

7.4 문장 테스트 설계의 예

하나의 예제 프로그램을 가지고 지금까지 소개한 각종 구조적 테스트를 위한 테스트 설계 방법을 설명해 보기로 한다.

예제 프로그램은 BLANK 또는 NL(new line)로 분리된 단어들로 구성된 텍스트를 입력으로 받고 그것을 아래와 같은 규칙에 따라 line-by-line 양식으로 변환하는 프로그램이다.

1. 주어진 텍스트에 BLANK 또는 NL이 있는 위치에서 줄 바꾸기가 이루어진다.
2. 각 줄은 MAXPOS 만큼의 문자를 초과하지 않는 한 빈틈없이 채워진다.

이 프로그램은 하나의 do while 루프를 포함하고 있다. 여러 개의 IF 구조를 포함하고 있고 일부 술어 부분은 복합 조건(Compound Condition)을 포함하고 있다.

문장 테스트를 위한 테스트를 설계할 때에는 실행 가능한 모든 프로그램 문장들을 구분하기 위한 일련 번호를 붙이는 것이 편리하다.

```
#include <stdio.h>
#define MAXPOS 10
```

```
main ()
{

    int alarm = 0;
    int bufpos = 0;
    int fill = 0;
    int k;
    char c;
    char buffer[200];
    do
    {
        c = getchar();
        if ( c == ' ' || c == '\n' || c == EOF )
        {
            if ( bufpos != 0 )
            {
                if ( (fill + bufpos < MAXPOS) && fill != 0 )
                {
                    putchar(' ');
                    fill++;
                }
                else
                 {
                    putchar('\n');
                    fill = 0;
                }

                for (k = 1; k <= bufpos; k++) {
                    putchar(buffer[k]);
                }
                fill = fill + bufpos;
                bufpos = 0;
            }
        }
        else
        {
```

```
16:         if ( bufpos == MAXPOS )
17:             alarm = 1;
18:         else
            {
19:            bufpos++;
20:            buffer[bufpos] = c;
            }
        }
21: } while ((!alarm) && (c != EOF));

}
```

[그림 7-7] 문장 테스트 설계의 예로 사용될 예제 프로그램

〈표 7-2〉 [그림 7-7] 예제에 대한 문장 테스트 설계

Test Cases		TC1	TC 2	TC3			
문장 번호	1	X	X	X			
	2	X	X	X			
	3	X	X	X			
	4	X		X			
	5			X			
	6			X			
	7			X			
	8			X			
	9			X			
	10			X			
	11			X			
	12			X			
	13			X			
	14			X			
	15		X	X			
	16		X	X			
	17		X				
	18		X	X			
	19		X	X			
	20		X	X			
	21	X	X	X			
Test Data	Input	EOF	Long_string	A B EOF			

7.5 분기 테스트

프로그램 내의 모든 문장을 실행을 통해서 최소한 한 번은 조사해 본다는 점에서 문장 테스트는 우수한 테스팅 전략이다. 그러나 다음과 같은 경우를 생각해 보자.

```
if (C)
S1;
S2;
```

[그림 7-8]

만일 테스트 데이터가 조건 C를 참이 되도록 선정되면 이 테스트로써 프로그램 내의 모든 문장 S1, S2가 모두 실행된다. 그러나 테스트 데이터가 조건 C를 거짓이 되도록 선정되면 문장 S2만이 실행된다. 이 논의를 통해서 우리는 테스트 데이터를 어떻게 선정하느냐에 따라서 모든 문장이 커버되기도 하고 일부의 문장만이 커버되기도 함을 알 수 있다.

테스트 데이터의 선정 결과에 따라서 위의 프로그램과 다음 프로그램

```
if (C)
{
   S1;
   S2;
}
```

[그림 7-9]

은 테스팅에서 동일한 프로그램의 효과를 가질 수도 있다. 그러므로 테스트 데이터 선정 결과에 따라서 위에 있는 두 프로그램 사이의 차이를 드러낼 수 없는 경우가 발생한다.

즉 동일한 일련의 프로그램 문장에 대하여 여러 가지 다른 실행 방법이 가능하기 때문에 이들도 각각 따로 조사해 보아야 한다. 가능한 모든 실행 가능성의 조합은 대개의 경우 너무 많기 때문에 시간적인 제약을 고려하여 우리는 프로그램의

모든 분기(decision, dd path)가 최소한 한 번은 실행되는 것을 테스팅 전략으로 삼을 수 있다 이러한 테스트 전략을 분기 테스트(Decision Test)이라 부른다.

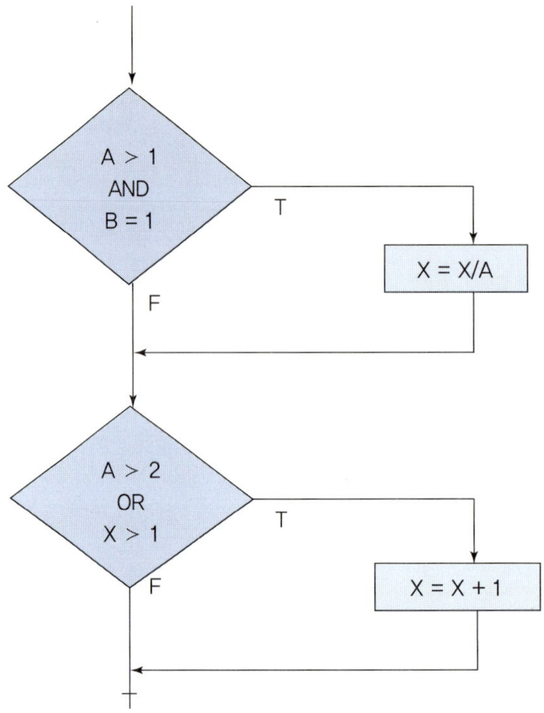

[그림 7-10]

다음 프로그램을 가지고 분기 테스트를 수행하는 방법을 설명해 보기로 하자. 우선 이 프로그램에는 처음 술어 부분에서 두 가지 결정(T or F)이 가능하다고 하자. 다음 술어 부분에서도 두 가지 결정(T or F)이 가능하기 때문에 모두 4개의 결정이 최소한 한 번씩은 실행되도록 테스트 케이스를 설계하여야 한다. 따라서 경로 TT와 경로 FF 등 2개의 경로를 테스트하면 모든 결정을 최소한 한 번씩 커버할 수 있다. 경로 TT를 조사해 보려면 2개의 술어 부분을 모두 참으로 만드는 입력 데이터 값을 가지고 프로그램을 실행해야 한다. 프로그램의 변수 A, B, X 중에서 변수 X는 술어 부분에 영향을 주지 않는다. 따라서 처음 술어 부분을 참으로 하려면 A 〉 1이고 B = 1인 조건을 만족해야 한다. 두 번째 술어 부분에는 X의 값도 영향을 미친다. 따라서 A = 2이거나 X 〉1이 만족되어야 한다. 이 두 조건을 결합하면 A = 2 , B = 1이거나 B = 1, A 〉 1, X 〉 A인 조건이

만족되도록 테스트 데이터를 선정해서 실행해야 한다. 어느 한 가지로도 분기 커버리지가 가능하기 때문에 A = 2, B = 1 또는 A = 2 , B = 1, X = 3 중의 한 가지를 가지고 테스트를 실행한다

결정을 커버하는 방법은 경로 TF 와 경로 FT 2개의 경로를 테스트해도 가능하다. 이 중 어느 한 가지를 택해도 분기 커버리지의 조건은 충족된다. 그러나 에러는 어떤 경로에도 있을 수 있으므로 결국 분기 커버리지로는 에러 검출 능력에 한계가 있을 수밖에 없다. 그러나 문장 테스트가 갖는 약점은 분기 커버리지로 상당히 보완될 수 있다. 이 때문에 최근에는 분기 커버리지가 테스팅의 최소 기준으로 자리잡고 있다. 그러나 모든 dd path가 실행되도록 테스트 데이터를 적절하게 선정해야 하기 때문에 프로그램의 동작에 관한 정확한 이해가 필요하다.

7.6 분기 테스트 설계의 예

테스트 설계의 예제로 다루고 있는 프로그램에는 다음과 같은 5개의 조건식이 있다.

- `c == ' ' || c == '\n' || c == EOF`
- `bufpos != 0`
- `(fill + bufpos < MAXPOS) && fill != 0`
- `bufpos == MAXPOS`
- `!alarm && c != EOF`

따라서 이 프로그램에 대해 분기 테스트를 하려면 각 조건식의 참과 거짓이 되는 경우가 최소한 한 번씩은 테스트 케이스에 포함되어야 한다. 참과 거짓인 경우가 최소 한 번만 포함되면 되므로 최종적으로 얻어지는 테스트 케이스의 집합은 유일하지 않을 수가 있다.

실제로 테스트를 설계할 때에는 표와 같은 워크시트를 사용하면 편리하다. 이 표를 이용하여 테스트를 설계하는 절차는 다음과 같다.

1. 표의 테스트 항목란에 각각의 조건식에 대해서 참인 경우와 거짓인 경우를 기입한다.
2. 하나의 테스트 케이스에 의하여 실행되는 테스트 항목에 X표를 한다.
3. 모든 경우에 X표가 될 때까지 테스트 케이스를 추가한다.
4. 하나의 테스트 케이스에서 X표를 한 조건식을 모두 실행시킬 수 있는 테스트 데이터를 구한다.
5. 각 테스트 케이스에 대해서 예상되는 결과를 구한다.

〈표 7-3〉 [그림 7-7]의 예제에 대한 분기테스트 설계

Test Cases		TC1	TC2	TC3	TC4	TC5	TC6
Test Items	While T (alarm = 0 and c ■ EOF)		X	X	X	X	X
	While F (alarm = 1 or c = EOF)	X					X
	1st IF T (bufpos ■ 0)			X	X	X	
	1st IF F (bufpos = 0)		X				X
	2nd IF T (c = ' ' or '\n' or EOF)			X			
	2nd IF F (c is other than ' ', '\n' and EOF)				X		
	3rd IF T ((fill + bufpos 〈 MAXPOS) and fill = 1)					X	
	3rd IF F((fill + bufpos ■ MAXPOS) or fill = 0)			X			
	last IF T(bufpos = MAXPOS)						X
	last IF F(bufpos ■ MAXPOS)		X	X		X	
	Expected results						
Test Data	Input 1	EOF	A	A	' '	A	L
	Input 2			' '		' '	O
	Input 3					B	N
	Input 4					' '	G
	Input 5						S
	Input 6						T
	Input 7						R
	Input 8						I
	Input 9						N
	Input 10						G

7.7 조건 테스트

분기 테스트에서는 결정의 결과만을 고려한다. 그러나 많은 결정(Decision)이 단순한 조건보다는 여러 개의 조건에 기반을 두고 이루어진다. 예를 들면

```
IF A < 10 AND B > 250 THEN
```

에서 참인 결과는 AND로 결합된 각 조건이 모두 참일 때 얻어지며 조건 중의 어느 하나라도 거짓이면 조건 전체가 거짓이 된다. 또한 다음과 같이 2개의 조건이 OR로 결합된 경우에는

```
IF (A < 10 OR B > 250) THEN
```

어느 하나의 조건이라도 참이면 조건 전체가 참이 되기 때문에 처음 조건이 참이면 다음 조건의 참, 거짓과 무관하게 조건 전체가 참이 된다.

따라서 보다 철저하게 모든 경우를 고려하려면 복합 조건 내의 모든 단순한 조건의 참, 거짓의 경우를 최소한 한 번씩은 테스트할 필요가 있다. 이와 같은 기법을 조건 테스트(Condition Test)라고 부른다. 대체로 조건 테스트는 분기 테스트보다 더 철저한 테스트가 된다고 할 수 있지만 예외가 있다.

예를 들어, A 〈10, A≥10, B〉 250 와 B≤250 4가지 경우를 테스트에 모두 포함시키면 조건 테스트의 요구는 충족하지만, 각 조건을 어떻게 결합하느냐에 따라서 조건 테스트는 결정 테스트보다 나은 테스트 방법이 될 수도 있고 못할 수도 있다. 따라서 (A 〈 10 OR B≤250)와 (A≥10 OR B〉 250)의 2회의 테스트 케이스로는 조건 테스트가 되지만 결정 테스트의 관점에서는 결정이 참인 경우만 2회 테스트하는 셈이 된다.

이러한 결점을 보완하기 위하여 조건들의 참, 거짓인 경우를 적어도 한 번씩 테스트하는 조건에 추가하여 결정의 결과 또한 참, 거짓인 경우를 적어도 한 번씩 테스트하는 조건 결정 테스트(Condition Decision Test)를 정의하고 있다.

개선된 조건 결정 테스트(Modified Condition Decision Test)는 한 결정 내에 포함된 각 조건이 결정의 결과에 독립적으로 영향을 미칠 수 있도록 테스트

를 준비할 것을 요구하고 있다.

모든 조건들이 참과 거짓이 되는 모든 조합을 적어도 한 번씩 테스트하는 다중 조건 테스트(Multiple Condition Test)를 정의하고 있다.

이와 같은 테스트들이 어떠한 차이가 있으며 철저한 정도의 차이는 얼마나 되는지를 결정문의 예 IF(A or B) and C를 가지고 살펴보기로 한다. 다음의 논의에서는 A가 참(T), B가 거짓(F), C가 참(T)이 되는 경우를 TFT식으로 간단히 표기하기로 한다.

1) 조건 테스트

TTT와 FFF 등의 2개의 테스트 케이스를 준비하면 3가지 조건이 참인 경우와 거짓인 경우를 최소한 한 번은 포함하기 때문에 조건 테스트를 충족시킬 수 있다.

2) 조건-결정 테스트

조건 테스트와 같이 TTT와 FFF 등의 2개의 테스트 케이스로 조건-결정 테스트의 요구 조건도 충족시킬 수 있다. 따라서 이 테스트도 결정 테스트보다 더 철저한 테스트라고 말할 수 없다.

3) 다중 조건 테스트

각 조건의 결과의 모든 가능한 조합을 다 포함해야 하므로 TTT, TTF, TFT, TFF, FTT, FTF, FFT, FFF 등 8개의 테스트 케이스가 필요하다. 보다 다양한 가능성을 조사할 수 있다는 이점이 있지만 필요한 테스트 케이스의 수가 상당히 증가하는 단점이 있다.

4) 개선된 조건-결정 테스트

각 조건의 결과의 가능한 모든 조합 TTT, TTF, TFT, TFF, FTT, FTF, FFT, FFF 중에서 (TTT, TFT, FTT)는 결정문을 참으로 하고(TTF, TFF, FTF, FFT, FFF)는 결정문을 거짓으로 만든다. 이 테스트는 각 조건이 결정의 결과에 독립적으로 영향을 미치도록 테스트 케이스를 선정하도록 요구함으로써 테스트 케이스의 수를 어느 정도 감축할 수 있는 효과가 있다.

이 2개의 집합 중에서 어느 조건의 결과 하나만 다른 것을 찾아 보면 이러한 테스트 케이스를 찾는 데 도움이 될 것이다. 조건 A에 대해서는 TFT와 FFT가 이러한 조건을 갖추고 있으며 조건 B에 대해서는 FTT와 FFT가 이러한 성질을 갖는다. 그리고 조건 C의 경우에는 FTT와 FTF, TFT와 TFF, TTT와 TTF가 모두 이러한 성질을 갖는다. 즉 조건 A와 B의 값은 같고 조건 C의 값만이 다른 것들이 3개가 있다. 이것들처럼 결정의 결과가 다르고 단 하나의 조건의 값만이 다른 것을 개선된 조건-결정 쌍(MC/DC pair)이라고 부른다.

따라서 개선된 조건-결정 테스트에서는 각 조건에 대하여 하나의 개선된 조건-결정 쌍을 테스트하면 된다. <표 7-4>에서 보는 바와 같이 조건 C의 경우에는 3개의 쌍이 있지만 그 중의 어느 하나를 포함시키면 충분하다. 즉 조건 A, B, C에 대하여 (TFT, FFT), (FTT, FFT) (FTT, FTF) 등의 3개의 쌍을 테스트하면 된다. 중복을 제거하면 TFT, FFT, FTT, FTF 등의 4개의 테스트 케이스로 개선된 조건-결정 테스트를 수행할 수 있다. 결론적으로 복합 조건문이 포함된 경우에 비교적 적은 수의 테스트 케이스를 가지고 결정 테스트를 보완할 수가 있다.

<표 7-4>

MC/DC pair for A　　MC/DC pair for B

	ABC	ABC	ABC	ABC	ABC	ABC	ABC	ABC
truth vectors	TTT	TTF	TFT	TFF	FTT	FTF	FFT	FFF
decision outcome	T	F	T	F	T	F	F	F

MC/DC pair for C

7.8 조건 테스트 설계의 예

예제 프로그램에는 다음과 같은 8개의 단순 조건들이 포함되어 있기 때문에 조건 테스트를 하려면 각 조건의 참과 거짓이 되는 경우가 최소한 한 번씩은 테스트 케이스에 포함되어야 한다.

```
c == ' '
c == '\n'
c == EOF
bufpos != 0
fill + bufpos < MAXPOS
fill != 0
bufpos == MAXPOS
!alarm
```

워크시트를 이용한 조건 테스트를 위한 테스트를 설계하는 절차는 분기 테스트의 경우와 비슷하다. 이때에도 참과 거짓인 경우가 최소 한번만 포함되면 되므로 최종적으로 얻어지는 테스트 케이스의 집합은 역시 유일하지 않을 수가 있다.

1. 표의 테스트 항목란에 각각의 조건이 참인 경우와 거짓인 경우를 기입한다.
2. 하나의 테스트 케이스에 의하여 실행되는 테스트 항목에 X표를 한다.
3. 모든 경우에 X표가 될 때까지 테스트 케이스를 추가한다.
4. 하나의 테스트 케이스에서 X표를 한 조건을 모두 실행시킬 수 있는 테스트 데이터를 구한다.
5. 각 테스트 케이스에 대해서 예상되는 결과를 구한다.

여기에서는 첫 번째 IF와 while에서 c = EOF을 중복 확인하고 있기 때문에 하나를 제외하였다.

〈표 7-5〉 [그림 7-7]의 예제에 대한 조건 테스트 설계

Test Cases		TC1	TC 2	TC3	TC4	TC5		
Test Items	c = ' '	X			X			
	c ≠ ' '		X	X	X	X		
	c = '\n'		X					
	c ≠ '\n'	X	X	X	X	X		
	c = EOF			X				
	c ≠ EOF	X	X		X	X		
	bufpos ≠ 0		X	X	X			
	bufpos = 0	X						
	fill + bufpos 〈 MAXPOS	X	X	X				
	fill + bufpos ≥ MAXPOS				X			
	fill ≠ 0				X			
	fill = 0	X	X	X				
	bufpos = MAXPOS					X		
	bufpos ≠ MAXPOS		X	X	X			
	alarm = 0	X	X	X	X			
	alarm = 1					X		
	Expected results							
Test Data	Input 1	' '	A	B	L	L		
	Input 2		'\n'	EOF	O	O		
	Input 3				N	N		
	Input 4				G	G		
	Input 5				' '	S		
	Input 6				S	T		
	Input 7				T	R		
	Input 8				R	I		
	Input 9				I	N		
	Input 10				N	G		
	Input 11				G			
	Input 12				' '			

CHAPTER 08

경로 테스트

08 CHAPTER 경로 테스트

8.1 개요

프로그램 내의 모든 경로에 대하여 정확성을 확인할 수 있으면 프로그램이 명세서와 일치함을 보일 수 있을 것이다. 그러나 소프트웨어의 크기가 증가함에 따라 경로의 수도 크게 증가하기 때문에 경로 테스트(Path Test)의 효용성은 급격히 감소한다. 이 경우에는 경로의 수만 증가하는 것이 아니라 가능한 경로를 파악하는 것조차도 어려워진다.

특히 프로그램이 반복문을 포함하는 경우에는 완전한 경로 테스트는 사실상 불가능하다. 일반적으로 반복 구조에는 반복 회수가 미리 정해져 있는 구조도 있고 정해져 있지 않은 구조도 있다. for 구조, do 루프와 같이 반복 회수가 루프의 실행 전에 미리 정해져 있고 루프 내에 반복 회수를 변경하는 처리 과정이 없는 반복 구조를 결정성(deterministic) 반복 구조라고 부른다. 이와 대조적으로while 구조와 until 구조와 같이 루프의 실행 중에 어떠한 조건을 확인하고 조건의 결과에 따라서 루프의 실행을 계속할 것인지 여부를 결정하는 반복 구조를 조건부(conditional) 반복 구조 또는 비결정성(non-deterministic) 반복 구조라고 부른다.

결정성 반복 구조의 경우, 실행시켜 보아야 할 반복 횟수는 알지만 반복 횟수만큼 루프의 몸체를 실행해야 하기 때문에 테스트해야 할 실행 경로의 수는 크게 증가할 수 있다.

비결정성 반복 구조의 경우에는 조건의 충족 여부에 따라서 실행회수가 정해지기 때문에 경우에 따라서 실행이 곧바로 끝날 수도 있고 무한정 계속될 수도 있다. 특히 필요한 실행 횟수를 미리 알 수 없기 때문에 테스트를 계획하기에도

어려움이 따른다. 따라서 이 2가지 형태의 반복 구조는 모두 테스트에 큰 부담이 된다.

따라서 루프를 포함하는 프로그램 테스트에서는 모든 경로를 실행시켜 보는 것은 현실적으로 불가능하므로 커버리지를 적절하게 유지하면서 테스트할 경로의 갯수를 적절히 줄이는 기법이 요구된다. 7장에서 논의한 문장 테스트와 조건 테스트도 일정한 수준의 결함 검출 효율을 유지하면서 테스트해야 하는 경로의 수를 제한하는 기법이라고 할 수 있다.

테스트할 프로그램이 주어졌을 때 실행시켜 볼 경로를 실행 전에 파악할 수 있는 경우도 있지만 테스트를 진행하면서 아직 실행되지 않은 경로를 찾아 실행시켜 보는 방법도 있다. 테스트 케이스에 포함된 경로가 테스트를 통해서 실제로 실행되었는지를 확인하려면 보통 탐침 삽입(Instrumentation) 방법을 사용한다. 탐침 삽입 기법에 관해서는 제 5절에서 상세히 설명하기로 한다.

8.2 독립적 경로

만일 한 경로가 이전에 커버한 적이 없는 부분 경로를 포함할 때 그 실행 경로는 다른 실행 경로와 독립적이라고 말한다. 한 시스템에 대한 테스팅에서 모든 독립적 경로(independent path)를 최소한 한 번씩은 커버한다면 시스템 내의 모든 부분 경로를 빠짐없이 커버하는 셈이 된다. 따라서 독립적 실행 경로를 모두 찾아 검사해 보는 것은 나름대로 훌륭한 경로 테스트의 기준이 된다.

McCabe는 프로그램의 복잡도가 높으면 구현하는 과정에서 프로그래머가 실수할 가능성이 높으므로 프로그램이 복잡한 만큼 그에 비례해서 테스트의 노력을 증가시켜야 한다고 주장하였다. McCabe는 프로그램의 복잡도에 관한 정량적인 척도로서 Cyclomatic Number(v(G))를 제안하고 프로그램 제어흐름 그래프 G가 주어졌을 때 v(G) 다음과 같은 공식을 사용하여 구할 수 있음을 보였다.

$$v(G) = e - n + 2$$

여기에서 e는 에지의 갯수이고 n은 노드의 갯수이다. 단 에지와 노드의 수를 셀 때 프로그램의 입구와 출구를 나타내는 에지는 제외한다.

McCabe는 이 값이 프로그램 내에 존재하는 독립적 실행 경로의 수와 같음을 보였다.

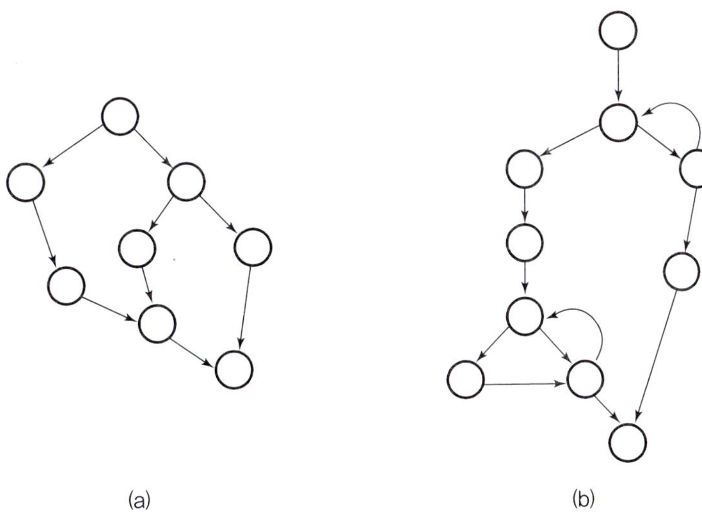

[그림 8-1] 독립된 실행 경로의 수

제어흐름 그래프가 주어졌을 때 v(G)를 구하는 방법의 예를 들어 보기로 한다. [그림 8-1(a)]에서 에지의 갯수는 9개이고 노드의 갯수는 8개이므로 v(G)=e−n+2 = 9−8+2=3 이다. 따라서 [그림 8-1(a)]의 독립적 실행 경로의 수는 3개이다. [그림 8-1(b)]는 [그림 8-1(a)]에 비해 다소 복잡하지만 같은 요령으로 v(G)를 계산할 수 있다. 즉 그림에서 에지는 13개이고 노드는 10개이므로 v(G)=e−n+2=13−10+2=5이다. 이 경우 직관적으로 5개의 독립적 실행 경로를 모두 찾아내는 것은 쉽지가 않다. 따라서 일반적 프로그램에 대해서는 보다 체계적으로 독립적 실행 경로를 찾아내야 한다.

체계적으로 독립적 실행 경로를 찾아내는 방법을 소개하기 위하여 먼저 [그림 8-2]를 실펴 보자.

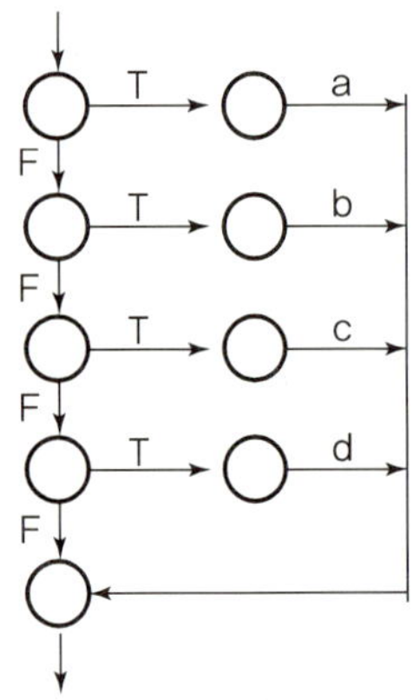

[그림 8-2]

이것은 실제 프로그램에서 흔히 발견할 수 있는 case 구문을 표현한 그래프로서 이 그래프의 v(G)는 5이다. 이 경우에 5개의 독립적 실행 경로를 찾아내는 것은 그다지 어려운 일이 아니지만 다음과 같이 하면 체계적으로 찾아낼 수 있다.

(첫 번째 경로 찾기)

1. 출구에 도달할 때까지 모든 결정 노드에서 조건이 F인 경로를 찾는다. 그림에서는 그래프를 수직으로 관통하는 경로이다.

(나머지 경로 찾기)

1. 아직 선택한 일이 없는 조건이 F인 경로에 도달할 때까지 조건이 T인 경로를 선택한다.
2. 조건이 F인 경로를 선택한다.
3. 그런 다음부터는 출구에 도달할 때까지 언제나 조건이 T인 경로를 선택한다.

여기에서 루프로 인하여 재발생하는 경로는 한 번만 센다.

이 방법을 보다 복잡한 예에 위에 설명한 경로 찾기 방법을 적용시켜 보기로 하자. [그림 8-3]에 보인 그래프에서 에지가 11개, 노드가 8개인 것을 고려하면 이 그래프의 v(G)는 5이다. 다음에 5개의 독립적 실행 경로를 위에 서술한 방법을 적용하여 찾는다.

경로 1: 결정 노드를 만날 때마다 조건이 F인 경로는 쫓는다.(경로 a-e-f)

경로 2: 첫 번째 결정 노드에서 조건이 T인 경로를 취한 다음에 출구까지 조건이 F인 경로를 쫓아간다.(경로 b-c-g-i-m)

경로 3: 첫 번째 결정 노드에서 조건이 T인 경로를 취한 다음에 만나는 결정 노드에서 루프를 포함하는 경로를 취한다. 루프를 거친 후 나머지 경로는 무엇이든지 상관없다.(경로 b-c-k)

경로 4: 첫 번째 결정 노드에서 조건이 T인 경로를 취한 다음에 만나는 두 번째 결정 노드에서 조건이 T인 경로를 취한다.(경로b-c-h-j-m)

경로 5: 첫 번째 결정 노드에서 조건이 F인 경로를 취한 다음에 만나는 결정 노드에서 조건이 T인 경로를 취한 다음에 출구까지 조건이 F인 경로를 쫓아간다.(경로 d-g-i-m)

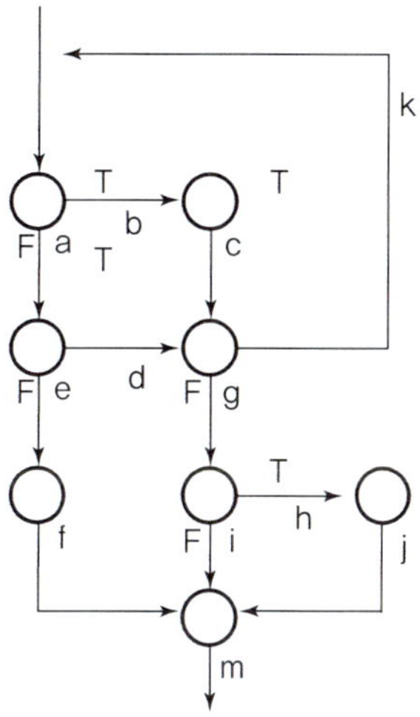

[그림 8-3]

8.3 루프 테스트

1) 조건부 반복 구조의 테스트

프로그램 내에 조건부 반복 구조가 존재하면 테스트해야 할 경로의 수는 확실하게 결정할 수 없다. 예를 들어 [그림 8-4]와 같은 while 구조를 살펴보자.

```
while ( C )
      {
            loop body;
      }
```

[그림 8-4] while 문의 예

while 구조에서는 우선 정해진 조건 C의 충족여부를 살펴보고 이 조건이 충족되지 않으면 반복 구조 내부의 문장은 실행되지 않는다. 그러나 조건이 충족되는 한, 반복 구조 내부의 문장(Loop Body)은 한 번 실행되고 종료될 수도 있고 2회 반복 실행이 될 수도 있고 여러 차례 반복 실행될 수도 있다. 몇 번이 반복 실행될지는 조건 충족 여부에 달려 있다. 따라서 필요한 테스트 케이스의 수를 결정할 수 없다. 따라서 프로그램이 조건부 반복구조를 테스팅할 때에는 반복 구조 내부의 문장이 1회 실행되는 경우와 전혀 실행되지 않는 경우 2가지 테스트를 하고 마는 것이 보통이다.

2) 일반적인 반복 구조의 테스팅

n회까지의 반복이 지정된 반복 구조의 경우에는 반복 횟수에 따라 같은 경로라도 다른 실행 경로로 구별해야 한다. 따라서 테스트 목적에서는 동일한 경로일지라도 n 가지 다른 경로로 취급해야 한다. 반복 구조 내부의 문장에 다시 여러 가지 경우가 존재한다면 경로의 수는 기하급수적으로 증가하게 된다. 결론적으로 프로그램에 반복 구조가 포함되어 있으면 모든 경로를 빠짐없이 조사해 보는 것은 현실적으로 불가능하다. 따라서 프로그램이 반복 구조를 포함하면 필요

한 테스트 케이스의 수를 적절히 제한하는 가정이 필요하다.

최대 n회까지의 반복이 가능한 단순 반복 구조의 경우에는 다음과 같은 가능성 중에서 적절한 것을 선택하여 테스트한다.

- 루프를 건너 뛴다.
- 루프를 단 1회 실행시킨다.
- n보다는 작은 m번을 실행시킨다.
- n회를 실행시킨다.
- n-1과 n+1회 실행시켜 본다.

특히 마지막의 경우는 반복문에 대하여 적용되는 경계치 테스트의 한 형태로 볼 수 있다.

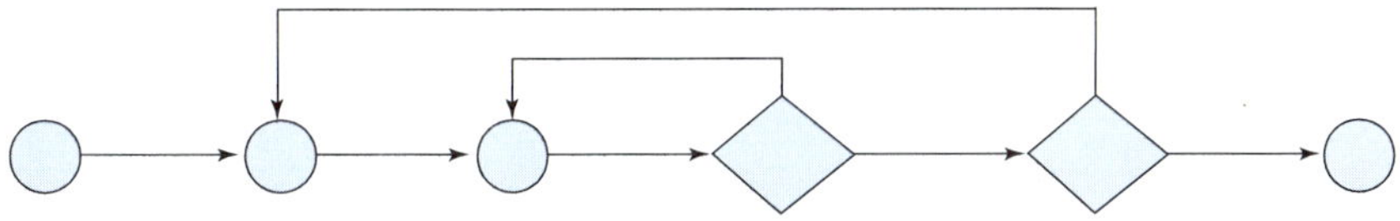

[그림 8-5] 중첩된 반복 구조

중첩된 반복 구조의 테스트

[그림 8-5]는 하나의 반복문이 다른 반복문에 내포되어 있는 경우를 보여 준다. 이러한 반복문을 테스트하는 요령은 대체로 다음과 같다.

- 바깥에 있는 반복문의 반복 회수를 최솟값으로 설정하고 가장 안쪽의 반복문을 테스트한다.
- 다른 반복문의 반복 회수를 최솟값으로 설정하고 바로 밖에 있는 반복문을 테스트한다.
- 모든 반복문에 대하여 이와 같이 테스트를 계속한다.

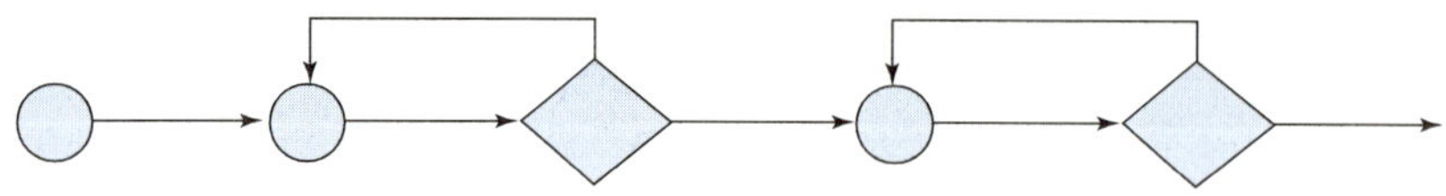

[그림 8-6] 연접한 반복 구조

[그림 8-6]은 2개의 반복문이 연접해 있는 경우를 보여 준다. 이러한 반복문을 테스트하는 요령은 대체로 다음과 같다.

연접한 반복 구조의 테스트

- 연접한 반복문이 상호 독립적이면 단순 반복문의 테스트 방법을 적용한다.
- 연접한 반복문이 상호 독립적이 아니면 중첩된 반복문의 테스트 방법을 적용한다.

8.4 경로 테스트 설계의 예

하나의 예제 프로그램을 가지고 지금까지 소개한 각종 구조적 테스트를 위한 테스트 설계 방법을 설명해 보기로 한다.

예제 프로그램은 BLANK 또는 NL(new line)으로 분리된 단어들로 구성된 텍스트를 입력으로 받고 그것을 아래와 같은 규칙에 따라 line-by-line 양식으로 변환하는 프로그램이다.

1. 주어진 텍스트에 BLANK 또는 NL가 있는 위치에서 줄 바꾸기가 이루어진다.
2. 각 줄은 MAXPOS 만큼의 문자를 초과하지 않는 한 빈틈없이 채워진다.

```
#include <stdio.h>
#define MAXPOS 10

main ()
{
```

```
int alarm = 0;
int bufpos = 0;
int fill = 0;
int k;
char c;
char buffer[200];

do
{
    c = getchar();

    if ( c == ' ' || c == '\n' || c == EOF )
    {
        if ( bufpos != 0 )
        {
           if ( (fill + bufpos < MAXPOS) && fill != 0 )
            {
                putchar(' ');
                fill++;
            }
            else
            {
                putchar('\n');
                fill = 0;
            }

            for (k = 1; k <= bufpos; k++) {
                putchar(buffer[k]);
            }
            fill = fill + bufpos;
            bufpos = 0;
        }
    }
    else
    {
        if ( bufpos == MAXPOS )
```

```
                alarm = 1;
            else
            {
                bufpos++;
                buffer[bufpos] = c;
            }
        }

    } while ((!alarm) && (c != EOF));

}
```

[그림 8-7] 예제 프로그램

이 프로그램은 하나의 do while 루프를 포함하고 있다. 여러 개의 IF 구조를 포함하고 있고 일부 predicate는 복합 조건(Compound Condition)을 포함하고 있다.

이 프로그램에는 조건부 반복문이 while이 포함되어 있어서 완전한 경로 테스팅은 불가능하다. 따라서 조건 테스팅에서와 같이 while의 predicate가 참인 경우와 거짓인 경우 각 한 번씩이 포함되도록 하기로 한다.

8.5 데이터 흐름 테스트

지금까지 이 장에서 살펴본 테스트 기법들은 모두 프로그램 내에서 발견할 수 있는 구조에만 초점을 두었으나 데이터 흐름 테스트(Data Flow Test)는 실행 중에 프로그램 내의 데이터 요소에 어떠한 일이 일어나는가에 관심을 갖고 조사해 보는 테스트이다.

Assignment, read, input 문장 등에 의하여 어떤 값이 한 변수에 저장되거나 변수가 초기화 될 때 그 변수는 정의되었다(defined)고 말한다.

변수의 값이 IF문 등에서 어떤 처리를 결정하는 데 사용되거나 다른 변수의 값을 계산하는 데 쓰이거나 출력될 때 한 변수는 사용되었다(used)고 말한다.

또한 용도에 따라 조건문에서 사용될 때에는 predicate use(p-use), 배정문에서 사용될 때에는 computational use(c-use)로 구별하기도 한다.

변수가 프로그램 내의 어느 위치에서 정의되고 어디에서 사용되는가를 살펴보는 것은 데이터 처리와 관련된 결함을 찾아내는 데 도움이 된다. 변수가 일단 정의되면 어느 곳에서든지 사용되어야 하는 것이 정상이지만 그렇지 않으면 문제의 소지가 있다. 예를 들어, 한 변수가 정의되고 곧 다시 정의되었다면 문제될 것은 없지만 의도가 의심스럽다. 어느 변수가 정의는 되었으나 사용되지 않고 곧바로 killed 되었다면 필경은 결함일 가능성이 높다.

데이터 흐름 테스팅은 데이터의 정의-사용 관계상의 문제점을 살펴볼 수 있는 실행 경로를 찾아 결함을 찾아내려는 테스트 기법이다. 정의-사용 관계를 조사해 보는 방법에는 다음과 같은 것이 있다.

1. 모든 정의를 살펴본다.
2. 모든 사용을 살펴본다.
3. 모든 정의-사용 관계를 조사한다.

이것을 예를 들어 살펴보기로 한다.

[그림 8-8]은 변수 x 가 노드 1, 6에서 정의되고 노드 2, 3, 5, 8에서 사용되고 있음을 보이고 있다.

모든 정의된 위치를 최소한 한 번씩 실행 경로에 포함시키기 위해서는 노드 1, 과 노드 6을 모두 포함하는 경로 하나를 실행시키면 된다. 이 경우에는 경로 1, 2, 4, 6, 8, 9가 모든 정의 위치를 포함한다.

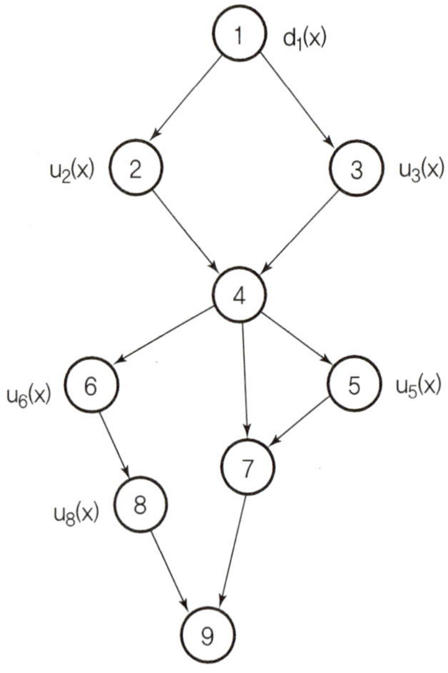

[그림 8-8] 데이타의 정의와 사용 위치

모든 사용 위치를 검사해 보려면 노드 2, 3, 5, 8을 적어도 한 번은 지나는 경로 실행시켜 보아야 한다. 따라서 경로 1, 2, 4, 6, 8, 9와 경로 1, 3, 4, 5, 7, 9를 실행시키면 된다.

다음에는 모든 정의-사용 관계를 최소한 한 번씩 실행시켜 보는 방법이다.

이 프로그램 내의 정의-사용 관계는 d1-u2, d1-u3, d1-u5와 d6-u8이 있다. 그러나 d1-u5의 경우에는 노드 2를 거쳤는지 또는 노드 3을 거쳤는지에 따라서 정의-사용 관계가 다를 수 있으므로 d1-u2-u5와 d1-u3-u5로 구별해야 한다. d6-u8의 경우에도 노드 6에 도달하기 전에 노드 2를 지났는지 또는 노드 3을 지났는지에 따라 정의-사용 관계가 달라질 수 있다. 따라서 이 경우에도 d6-u8을 d1-u2-d6-u8와 d1-u3-d6-u8로 구별해야 한다. 결국 모든 정의-사용 관계를 조사해 보려면

- 경로 1, 2, 4, 6, 8, 9
- 경로 1, 3, 4, 6, 8, 9
- 경로 1, 2, 4, 5, 7, 9
- 경로 1, 3, 4, 5, 7, 9

를 실행시켜 보아야 한다.

위와 같은 작은 프로그램에서도 실행시켜 보아야 하는 경로의 수가 4개나 된다. 일반적으로 프로그램 내의 모든 변수에 대해 가능한 모든 정의-사용 가능성을 일일이 조사하는 것은 가능한 모든 실행 경로를 조사해 보는 것과 마찬가지로 어려운 일이다. 정의-사용 관계를 조사하는 것은 분기 테스트와 같은 제어-흐름 테스트를 보완해 주는 효과가 있다.

8.6 테스트 커버리지

주어진 프로그램에서 테스트에 유용할 정보를 더 많이 추출할 수 있으면 투입되는 노력에 비하여 테스트에 큰 도움이 될 수 있을 것이다. 이러한 목적으로는 프로그램의 실행 경로 상의 전략적으로 지점에 탐침(probe)을 삽입하는 방법이 자주 사용되는데 이러한 기법을 탐침 삽입(Instrumentation)기법이라고 부른다. 탐침은 프로그램에 추가되는 문장의 형태를 띄는데 이 지점이 실행되면 실행되었다는 사실만을 알려 주는 매우 단순한 기능을 수행한다.

이와 같은 탐침 삽입 기법은 테스트에서 여러 용도로 사용되고 있다.

1) 테스트 수행 수준 평가

테스트 커버리지를 측정하여 목표로 잡은 테스트 기준을 충족할 정도로 수행되었는지 여부를 파악하는 하는 수단으로 사용된다.

2) Assertion 기법

Assertion 문장은 프로그램 실행 경로상의 어떤 지점에서 변수가 반드시 만족해야 하는 조건이나 반드시 취해야 하는 값을 지정하는 문장을 말한다. Assertion 문장은 프로그램의 전략적인 지점에 프로그램을 실행하기 전에 미리

삽입해 놓는다. 테스팅에서 사용하는 Assertion 기법의 예는 다음과 같다.

1) 프로그램의 실행 전에 반드시 충족되어야 하는 사전 조건(precondition)이나 프로그램이 실행이 종료된 후에 반드시 충족되어야 하는 사후 조건(post-condition)을 서술하기 위하여 사용된다. 이것은 프로그램 정확성 증명법에서 자주 사용하는 기법이다.

2) 오라클의 수단

예상되는 테스트 결과, 즉 테스트 오라클을 Assertion 문장 형태로 삽입해 두면 실제로 실행 결과가 얻어졌을 때 이것을 오라클과 비교함으로써 테스트의 성공 여부를 자동적으로 판정할 수 있다. 테스트 결과 비교 프로그램(Comparator)은 바로 이러한 방법을 사용한다.

3) 무의미한 실행의 중단

Assertion 문장에 실행되었을 때 이 조건이나 값을 충족시키지 않으면 더 이상의 실행이 의미가 없으므로 실행을 중단시키는 목적으로 사용된다.

4) 모듈 호출 여부의 확인

모듈을 호출하는 지점에 탐침을 삽입하여 제어가 실제로 호출되는 프로그램에 넘겨지는지를 확인한다. 이 방법은 통합 테스트에서 사용된다.

탐침을 사용할 때에는 프로그램 내에 탐침이 삽입되는 지점의 실행 여부를 나타내는 값을 배열(array)로 나타내고 탐침이 삽입된 문장이 실행되면 그 지점에 해당하는 배열 값이 1만큼 증가하도록 하는 것이 보통이다. 실행이 끝난 후에 배열 값을 확인해 보면 그 경로가 몇 번 실행되었는지를 알 수 있다.

하나의 예제를 통하여 탐침 삽입 기법이 테스팅에 어떻게 사용될 수 있는지를 살펴 보자. [그림 8-9]에 있는 예제 프로그램은 2개의 정수값 X 와 Y를 입력받아서 지수함수 값 X^Y를 계산하는 프로그램이다.

```
        main( )
     {
        int x,y,z;
1)      z=1;
2)      while( y != 0){
3)         if( y%2 != 0 ) z = z*x;
4)         y = y/2;
5)         z = x*x;
        }
6)      printf( "x**y=%5d", z );
     }
```

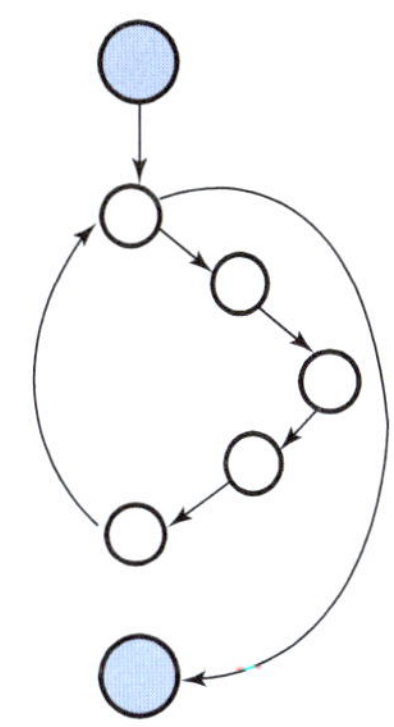

[그림 8-9]

먼저 프로그램에 탐침 6개를 그림에 표시된 지점에 삽입한다.

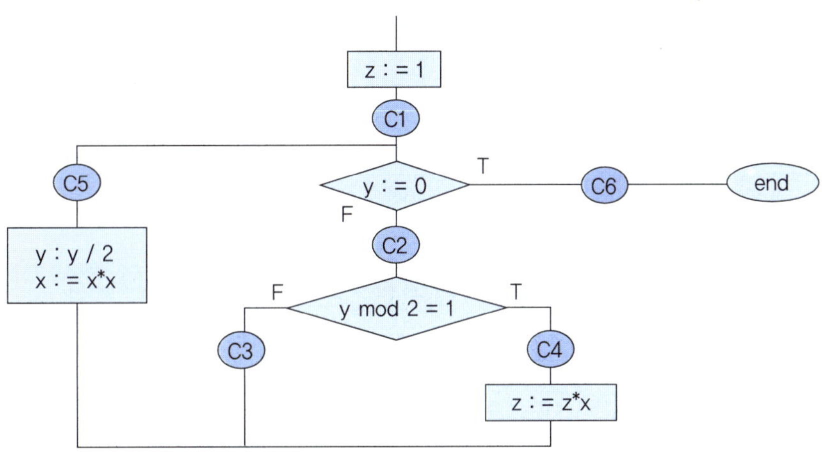

[그림 8-10]

다음에는 예컨대 X=10, Y=0인 테스트 데이터를 가지고 탐침이 삽입된 프로그램을 실행시키고 실행이 끝나면 탐침 값을 모두 읽어 본다. 그 내용이 표의 3행에 표시되어 있다. 탐침 값이 1인 것은 그 탐침이 포함된 경로가 1회 실행되었

음을 의미한다. 표에서 탐침 1과 6이 포함된 경로가 실행되었음을 알 수 있다. 다음에는 테스트 데이터 X=20, Y=1을 가지고 실행시킨 후 탐침 값을 조사해 보면 탐침 3가 포함된 경로를 제외한 모든 경로가 실행되었음을 알 수 있다. 따라서 커버리지 조건을 충족시키려면 탐침 3가 포함된 경로를 실행시켜야 한다. 그런데 이 경로는 지수가 짝수일 때 실행된다. 따라서 이번에는 테스트 데이터 X=5, Y=2를 가지고 실행시키고 마찬가지로 탐침 값을 살펴보면 이제는 모든 경로가 적어도 1회 이상 실행되었음을 알 수 있다.

〈표 8-1〉

Test Cases		Counter Values					
x	y	C1	C2	C3	C4	C5	C6
10	0	1	0	0	0	0	1
20	1	1	1	0	1	1	1
5	2	1	2	1	1	2	1
40	4	1	3	2	1	3	1

테스트의 기본 원리는 다각적인 관점에서 가능한 한 코드의 구석구석을 살펴보는 것이다. 살펴보는 데 사용하는 테스트 케이스는 적을수록 좋고 테스트 케이스간에 중복이 없어야 한다. 테스트에서 누락되는 부분을 최소화하려면 결함의 탐색이 체계적으로 이루어져야 한다. 사용자의 요구 사항 목록을 조목조목 대조하거나, 명세서에 서술된 내용을 일일이 점검하거나 시스템을 사용하는 각종 시나리오를 모두 점검하는 방법을 사용한다. 그러나 코드의 구조를 활용하여 점검하는 방법이 가장 확실한 방법이다.

그러기 위해서는 코드 중에서 실행을 통해서 어느 부분이 커버되었고 어느 부분이 아직 조사되지 않았는지, 즉 테스트 커버리지를 측정하면서 꾸준히 살펴보는 것이 유용하다. 이러한 커버리지 정보는 다음과 같은 목적으로 사용될 수 있다.

3) 테스트 케이스의 설계

이것은 테스트를 통하여 커버할 목표를 정하고 그 목표를 달성할 수 있는 테스트 케이스의 집합을 생성하는 방법이다. 이러한 목표는 화이트 박스 테스트에서와 같이 프로그램의 구조를 기반으로 결정하는 것이 확실하다. 예를 들면, 모듈 내의 모든 문장을 커버한다든지 또는 모듈 내의 모든 분기를 커버하는 목표 등이 그것이다. 이런 방법으로 준비한 테스트 케이스를 모두 실행하면 테스트 커버리지는 100%가 되게 마련이다. 이 방법은 하나의 프로그램 단위를 고립시킨 상태에서 테스트할 때 사용된다.

4) 테스트 케이스의 보완

위와 같은 테스트 케이스 설계 방법은 기술적으로 어려울 뿐 아니라 프로그램 단위를 고립시킨 상태에서 테스트하기 위하여 필요한 stub모듈과 테스트 드라이버를 개발해야 하기 때문에 많은 노력이 필요하다. 그런 방법 대신에 어느 방법을 적용하여 테스트 케이스의 집합을 생성한 다음에 이 집합의 테스트 커버리지를 측정해서 커버리지가 불충분한 것으로 나타나면 테스트 케이스를 추가적으로 생성하여 테스트 집합을 보완해 나갈 수 있다. 그러나 이 방법으로는 커버리지가 어느 수준을 넘어서면 추가적으로 커버리지를 높일 수 있는 테스트 케이스를 설계하기가 점점 어려워지는 문제가 있다.

그러나 확보한 테스트 집합의 테스트 커버리지 수준이 높다고 해서 테스트 집합이 모든 결함을 검출해낼 수 있음을 의미하지는 않는다는 점을 기억할 필요가 있다. 현재까지 확보해 있는 테스트 케이스의 약점이 무엇인지를 관찰하고 일부의 코드가 테스트 집합으로 커버되지 않는 이유가 무엇인지를 알아내는 데 참고하는 것으로 만족해야 할 것이다.

5) 테스트 케이스와 테스트 프로세스의 평가

개발이 완료된 모듈들을 통합한 후에 행해지는 시스템 차원의 테스트에서는 테스트 케이스의 설계에 참고할 만한 시스템의 구조가 마땅하지 않기 때문에 확

보한 테스트 케이스를 모두 실행시키면 충분한 테스트가 될지 여부를 판단하기 어렵다. 이러한 경우에는 시스템의 구체적인 요소, 즉 시스템 내의 프로그램 문장, 분기, 또는 함수들이 테스트를 통하여 어느 정도 커버되었는지를 측정하여 간접적으로 테스트 집합의 품질 수준을 평가할 수 있다. 이 경우에도 그저 품질 수준을 평가해보는 것으로 그칠 수도 있고 필요하면 커버리지를 높일 수 있는 테스트 케이스를 설계하여 테스트 집합을 보완할 수도 있다.

6) 테스트 종결 기준

테스트를 시작하기 전에 커버리지 목표를 설정하고 그 목표가 달성되면 테스트를 종료하는 기준으로 삼을 수 있다. 그러나 이러한 커버리지 수준이 높다고 해서 시스템을 테스트하기 위한 테스트 케이스의 품질 수준이 반드시 충분하다고 판단할 수는 없다는 점에 이 방법의 한계가 있다.

7) 테스트 케이스 관리

테스트 케이스를 지속적으로 관리하면서 프로그램을 수정하는 과정에서 테스트 케이스에 중복이 발생할 수 있다. 일정한 테스트 커버리지의 수준을 유지하는 범위 내에서 결함 검출 능력을 유지하면서 테스트 케이스를 감축하는 방법으로 테스트 커버리지 정보를 사용할 수도 있다.

테스트 커버리지를 측정할 때에는 별도의 커버리지 측정 도구를 사용할 수도 있고 커버리지 측정 기능을 갖춘 테스트 드라이버를 사용할 수도 있다. 커버리지 측정 도구는 앞에서 소개한 탐침 기법을 사용한다.

연/습/문/제

EXERCISE

1. 아래의 프로그램 그래프에 대한 질문에 답하시오.

1) 이 그래프에 대한 cyclematic number v(G)는 얼마인가?

2) 그래프 내에 존재하는 모든 경로의 수는 얼마인가?

3) 그래프 내에 존재하는 모든 독립경로를 에지의 시퀀스로 나열하시오. (예: a–e–f–m)

4) 독립경로를 찾는 알고리즘을 설명하시오.

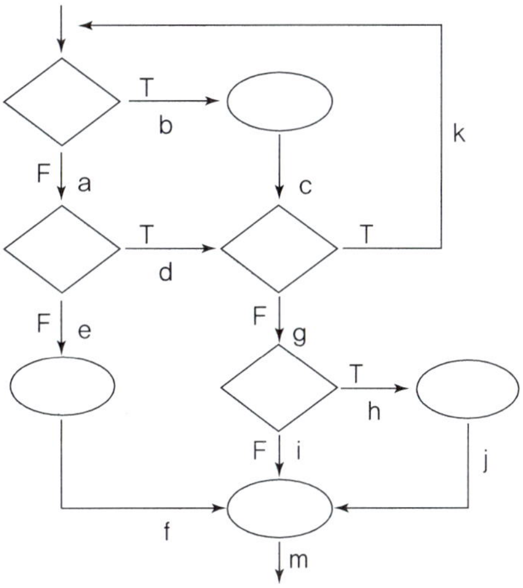

2. 아래의 그래프는 제어흐름그래프에 변수 Z의 정의 및 사용을 추가한 자료흐름그래프이다. 즉, 첫번째 에지에 기록된 'd'는 변수 Z의 값이 해당 에지에서 정의되었음을 의미하며, 3번 노드에서는 Z가 0인지 아닌지 검사하기 때문에 3번 노드에서 나가는 두 에지에는 'p'가 마킹되어 있다. 여기서 'p'는 조건식에 Z가 사용되었음(P-use, predicate-use)을 의미한다. 마찬가지로 'c'는 Z가 계산문에 사용되었음(C-use, computational-use)을 의미한다. 아래 그래프에서 변수 Z를 기준으로 모든 definition-clear 경로 세그먼트를 찾아라. 예를 들어, (1,3,4)는 definition-clear 경로 세그먼트이다.

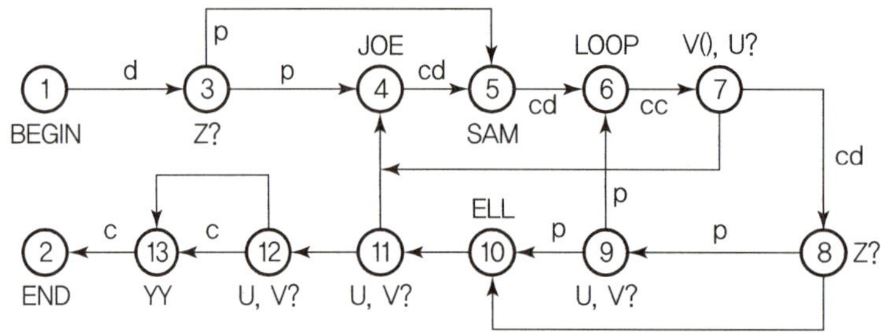

04 PART

소프트웨어 테스트의 수행

CHAPTER

단위 테스트와 통합 테스트 09

9.1 개요

9.2 단위 테스트

9.3 단위 테스트의 진행

9.4 단위 테스트 드라이버

9.5 다른 형태의 단위 테스트

9.6 테스트 주도형 소프트웨어 개발

9.7 통합 테스트

09 CHAPTER

단위 테스트와 통합 테스트

제 2부와 제 3부에서는 테스트 케이스를 도출하는 데 사용할 수 있는 체계적인 테스트 설계 기법들을 설명하였다. 제 4부에서는 앞에서 설명한 테스트 설계 기법을 실제로 테스트를 진행하는 과정에 적용하는 방법에 대하여 설명한다.

널리 사용되는 폭포수 모형(Waterfall Model)에 따라 소프트웨어 개발을 진행하는 경우에는 시스템을 구현하기 쉬울 만큼의 작은 기능 단위로 분해하고 각각의 단위를 개별적으로 구현한 다음에 통합하여 시스템을 구축하게 된다. 즉 시스템을 함수적 분해 방법을 적용하여 설계한 다음에, 구현이 끝난 개별 단위들을 상향식으로 통합하여 시스템을 완성한다.

시스템이 전부 구현되면 이것이 하나의 시스템으로서 제대로 작동하는지를 검사해야 하지만 개발 중간 단계의 정해진 시점에서도 여러 형태의 테스트가 실시되는 것이 보통이다. 이것은 통상적인 공학 분야에서 어떤 시스템을 제작할 때 진행되는 절차와 마찬가지이다. 즉 각 부품을 먼저 제작하고 부품의 품질을 개별적으로 확인한 다음에 부품들이 문제없이 결합되는가를 확인한다. 그리고 전체 시스템으로 통합되었을 때 하나의 시스템으로서 제대로 작동하는지를 확인하는 방법과 다를 것이 없다.

이와 같이 중간 단계에서도 품질을 점검하는 이유는 개별 부품의 품질을 그때 그때 확인하면 부품에서 발견되는 결함을 손쉽게 수정할 수 있고 품질이 확인된 부품이 시스템 속에 들어갔을 때 시스템이 제대로 작동할 가능성이 높아질 것이라는 기대 때문이다.

개발의 중간 단계에서 수행되는 테스트의 성격과 진행 절차는 채택하는 생명주기의 모형에 따라 크게 다르고 어느 개발 단계인가에 따라서도 상당한 차이가 있다. 개발 과정에서 테스트가 시행되는 시스템의 상태를 테스트 수준(Test Level)이라고 부른다. 테스트는 보통 개별 단위가 완성되는 시점, 구현이 끝난

단위들을 통합하는 시점, 시스템 통합이 완료된 시점에서 행해지며 이것을 각각 단위 테스트 수준, 통합 테스트 수준, 시스템 수준 테스트라고 부른다.

각 수준의 테스트에서는 서로 다른 에러 유형에 관심을 두기 때문에 각 테스트 차원에서 적용하는 테스트 기법과 필요한 테스트 케이스에도 차이가 많다. 예컨대 단위 테스트에서는 단위 모듈의 인터페이스에 관한 명세와 단위에 포함되는 논리 설계시의 실수를 중점적으로 검출하려고 시도하며 통합 테스트에서는 시스템의 설계 과정에서의 문제점을 점검하고자 한다. 시스템 테스트에서는 단위 테스트와 통합 테스트가 정상적으로 진행되었다는 가정하에 시스템이 하나의 덩어리로서 제대로 작동하는지 여부에 관심을 기울인다.

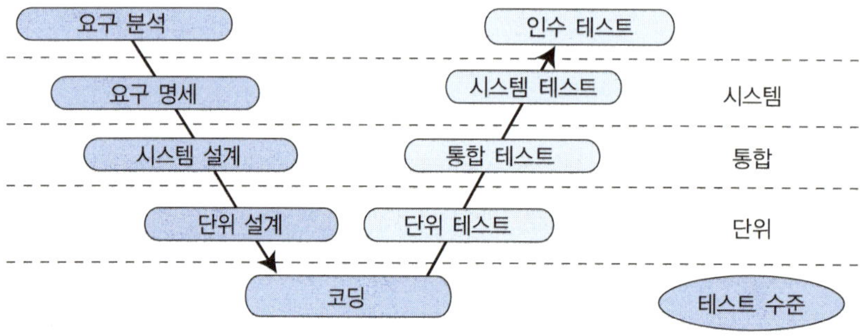

[그림 9-1] 테스트 수준

기존의 테스트 기법들은 거의 전부가 폭포수 모형을 가정하고 있다고 볼 수 있으며 다른 생명주기 모형을 적용할 때의 테스트 방법에서는 폭포수 모형의 경우에 비하여 테스트 수준이 명확히 구분되지 않는 경우가 많다.

예를 들어 객체 지향 소프트웨어 개발에서 클래스는 순차적 프로그램의 단위에 해당하는 메소드들과 데이터 멤버들이 밀접하게 상호작용하는 독특한 개발 단위를 이루고 있다. 따라서 테스트의 관점에서는 각각의 메소드들에 대하여 단위 테스트 방법을 적용하고 메스드들간의 상호작용 그리고 메소드와 데이터 멤버간의 결합을 점검하기 위하여 통합 테스트 방법을 적용한다.

한편 시스템 테스트가 완료되어 완성된 시스템이 고객에게 인도되어 운영에 들어간 후에도 테스팅은 계속된다. 인도되기 전에 미처 발견하지 못한 결함을 추가로 찾아내기 위한 목적도 있지만 대개의 경우에는 시스템에 수정이 가해질

때 수정이 제대로 이루어졌고 수정된 부분 때문에 시스템의 다른 부분에 부작용이 발생하지 않았는지를 확인하기 위한 것이다. 이런 목적의 테스팅을 회귀 테스트(Regression Test)라 부른다.

제 4부의 9장에서는 시스템이 완전히 통합되기 전에 이루어지는 단위 테스트와 통합 테스트 방법에 관하여 설명한다. 아울러 개발 과정에서 테스팅의 중요성을 강조하여 코딩에 착수하기 전에 테스트 코드를 먼저 작성하는 테스트 주도형 개발 방법(Test Driven Development)을 소개한다.

10장에서는 시스템 통합이 끝나고 시스템이 고객에 인도되기 전까지에 수행되는 시스템 차원의 테스트를 진행하는 방법에 관하여 다루고 11장에서는 회귀 테스트 수행 방법을 설명한다.

12장에서는 테스트 프로세스 및 결합에 대한 관리 방법 그리고 이를 바탕으로 한 품질관리 방법을 설명한다.

9.1 개요

시스템을 구성하는 모든 단위들의 개발이 완료되고 구현된 단위들이 모두 통합된 다음에 전체 시스템에 대하여 테스트를 수행하지만 통합 이전에도 여러 형태의 테스트를 수행하는 이유는 시스템 차원의 테스트에서는 상대적으로 결함을 검출하기 어렵고 결함이 검출되어도 결함의 원인을 추적하기 어렵기 때문이다.

그 이유를 좀더 구체적으로 살펴보기로 하자. [그림 9-2]는 결함 2개를 포함하고 있는 한 프로그램 단위가 단독으로 있는 경우, 어느 서브 시스템에 속해 포함되어 있는 경우와 통합된 시스템에 포함되어 있는 3가지 다른 경우를 보여 주고 있다. 이 세 가지 경우 중에서 어느 경우가 테스트를 통하여 이 결함을 제거하기에 가장 쉽겠는가?

이에 대한 답은 너무도 당연하게 단독 상태에서 테스트하는 것이 적은 수의 테스트 케이스로 결함을 모두 검출할 확률이 가장 높을 것이다. 그 뿐 아니라 결함을 제거하기 위하여 결함의 원인을 추적하는 작업도 왼쪽에 있는 두 경우가 오른쪽 경우보다 범위가 좁혀져 있기 때문에 훨씬 쉬울 것이다.

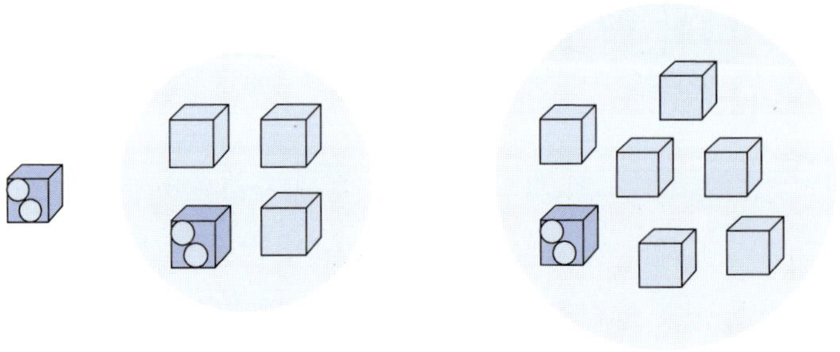

[그림 9-2] 단위 테스트의 효율성

이와 같이 결함을 발견하기 쉬운 단위 테스트에서 결함을 철저히 제거해야 이 단위의 품질에 관하여 확신을 가지고 이후의 결합 테스트나 기타의 시스템 차원의 테스트에 노력을 집중할 수 있을 것이다. 따라서 단위 테스트에서 들인 노력은 이후에 계속되는 테스트의 노력 절감으로 충분히 보상될 것이다. 더욱이 완전한 통합 이전에 단위들이 순조롭게 결합되는지를 확인하면 시스템 차원에서 모든 단위들이 실행에 포함될 것이기 때문에 시스템이 한 덩어리로서 제대로 작동하는지를 확인하기 쉬워질 것이다.

단위 테스트가 끝난 모듈들을 통합해 나가는 과정이 통합 테스트이다. 통합 테스트에서는 서로 결합되어 시스템을 구성할 모듈들이 상호 간에 결합이 잘 되는지를 확인한다. 따라서 입력 데이터에 대한 처리 결과를 확인하는 것이 목표가 아니라 모듈 간의 인터페이스를 확인하는 것이 주된 목표이다.

개발 현장에서는 단위 테스트의 필요성도 제대로 인식되어 있지 않지만 통합 테스트가 특별히 구별되어 진행되는 경우는 더욱 드물다. 대개의 경우, 그 시점에 개발이 끝난 모든 모듈을 통합해서 한 덩어리로 테스트를 수행한다. 즉, 인터페이스와 처리 결과를 동시에 점검하는 것이 보통이다.

이 장에서는 단위 테스트와 통합 테스트를 수행하는 여러 가지 방법에 관하여 설명한다.

9.2 단위 테스트

단위 테스트(Unit Test)의 목적은 시스템을 구성하는 서브 루틴, 모듈, 함수 등 각각의 부분이 상세 설계 명세서에 서술되어 있는 대로 정확하게 구현되었는가를 확인하는 것이다. 그런데 어느 한 단위는 독립된 상태 그대로는 실행이 되지 않는다. 보통은 다른 단위들이 모두 구현되어 시스템이 통합되는 것을 기다렸다가 관심을 두는 단위를 테스트하거나 단독으로 실행이 가능한 상태를 만들어서 단위 테스트를 수행하여야 한다.

하나의 단위가 개발이 끝나는 대로 프로그램 단위(Unit)를 시스템의 나머지 부분과 격리시켜 놓은 상태에서 검사를 하면 다른 모듈이 개발될 때까지 이 단위의 테스트를 보류하지 않아도 되는 장점이 있지만 한 단위를 독립시켜 테스트하는 분명한 이유는 따로 있다. 그 이유를 살펴보자.

첫째, 단위 테스트의 검사 범위가 좁으므로 프로그램의 설계와 구현에 관계가 있는 계산 특성에 중점을 두고 살펴볼 수가 있다. 통합된 다음에는 이러한 작업이 어려워질 것이므로 결국은 이 작업이 가능한 마지막 기회는 단위 테스트일 것이다. 이러한 세부적인 계산 결과가 모아져 시스템의 어느 한 요구 사항을 충족시키는 결과로 나타나게 되기 때문에 세부적인 계산이 정확해야 이러한 계산이 모아진 최종 결과가 예상대로 산출될 수 있을 것이다.

둘째, 단위 테스트의 검사 범위가 좁으므로 앞에서 살펴본 바와 같이 결함 검출 확률이 높고 특히 디버깅이 쉬워진다. 따라서 단위 테스트에 노력을 들인 만큼 이상으로 시스템 차원의 테스트 노력이 절감될 것이다.

셋째, 단위 테스트의 가장 큰 이점은 프로그램의 구체적인 구조를 활용하여 프로그램의 구석구석을 체계적으로 조사해 볼 수 있다는 점이다. 즉, 프로그램의 구조에 기반을 둔 커버리지 기준을 적용하여 각 실행에서 살펴보고자 하는 부분을 먼저 결정하고 그 부분을 실행시킬 수 있는 테스트 데이터를 준비할 수 있다. 이러한 방법으로 준비한 테스트 케이스를 모두 실행시키면 테스트 기준은 자연히 충족되고 단위 테스트는 완료된다.

넷째, 테스트 대상인 프로그램 단위가 다른 작동 환경에서도 사용될 가능성이 높으면 이 단위를 시스템과 분리시킨 상태에서 테스트해야 할 필요가 있다. 특정 시스템의 제약 조건에 영향을 받지 않는 상태에서 프로그램 단위의 순수한

기능을 면밀히 점검해야 그 단위가 앞으로 어떠한 작동 환경에서 사용되더라도 제대로 기능을 발휘할 가능성이 높을 것으로 기대할 수 있을 것이다.

단위 테스트를 할 때에는 함수적 테스트 기법과 구조적 테스트 기법을 모두 적용할 수 있지만 구체적인 프로그램의 구조적 형태와 논리를 살펴볼 수 있으므로 구조적 테스트 기법을 적용하는 것이 유리하다. 그리고 테스트하고자 하는 단위를 개발한 사람이 프로그램의 구조와 논리에 밝을 것이기 때문에 그 사람이 단위 테스트를 설계하는 것이 유리할 것이다.

단위 테스트에서 널리 사용되고 있는 테스트 기준에는 프로그램 내의 모든 문장, 모든 분기점, 조건을 커버하거나 드물지만 가능한 모든 경로를 커버하는 방법이 쓰인다. 경로 커버인 경우에는 루프 문을 단 1회 순환하는 것으로 그치는 것이 보통이다.

그러나 이러한 장점에도 불구하고 단위 테스트를 제대로 하는 것이 기술적으로 어렵고 노력도 많이 들기 때문에 단위 테스트가 소홀히 되고 있는 경향이 있다.

가장 큰 이유는 통합된 시스템이 테스트 대상이라면 그 자체로 자연스럽게 실행 가능한 상태가 되지만 단위 테스트를 수행하려면 드라이버와 스텁(stub) 모듈 등, 단위의 실행을 지원해주는 프로그램을 따로 준비해야 한다는 사실이다. 시스템을 구성하는 모든 단위에 대하여 필요한 스텁(stub) 모듈과 드라이버 모듈을 모두 준비하는 것은 많은 노력을 요구한다.

그리고 통합된 시스템에 사용할 테스트 케이스는 명세서 등으로부터 비교적 쉽게 찾을 수 있지만 단위 테스트용 테스트 케이스는 프로그램의 세부적인 내용을 이해한 다음에 검사자가 직접 구해야 한다. 단위 테스트에서는 모듈 내에서 살펴볼 경로를 미리 결정한 다음에 그 경로를 실행시킬 수 있는 테스트 데이터를 도출해야 하기 때문에 상당한 기술을 요한다.

그런데 이와 같이 어렵게 준비한 테스트 케이스가 일단 단위 테스트가 끝나면 대개는 쓸모가 없어진다는 사실도 단위 테스트의 효용성에 의문을 갖게 한다. 그리고 코드에 변경이 이루어지면 변경 전에 사용한 테스트 케이스와 지원 소프트웨어도 다시 준비해야 한다. 물론 단위 테스트에서 사용된 테스트 케이스를 보존했다가 회귀 테스트에 유용하게 재사용할 수는 있다.

그리고 하나의 단위는 대체로 시스템의 어느 한 세부 기능일 것이므로 단위 테스트를 통하여 시스템의 요구사항을 직접 확인할 수 있는 경우는 드물다. 따라서 단위 테스트는 구현 작업의 일부로 간주되고 시스템의 통합이 이루어진 후

의 작업을 순수한 테스트 단계로 취급하기도 한다. 이런 이유로 단위 테스트의 결과는 프로젝트의 최종 산출물로 간주되지 않기 때문에 작업 관리가 소홀히 되는 경향이 있다.

9.3 단위 테스트의 진행

시스템에서 분리된 상태에서 단위 테스트를 수행하려면 테스트하려는 단위가 연결이 되는 다른 단위들을 테스트용 모듈로 대체하여야 한다. 예를 들어 [그림 9-3(a)]의 왼쪽과 같은 시스템 구조에 포함된 모듈 E를 단위 테스트하려면 모듈 E를 호출해 줄 모듈 B를 대체할 드라이버를 준비해야 하고 모듈 E가 호출하는 모듈 G와 모듈 H를 대체할 스텁(stub) 모듈들을 준비해야 한다. 따라서 모듈 E(그림에는 SUT(System Under Test)로 표시)를 위한 단위 테스트 환경은 오른쪽 [그림 9-3(b)]와 같아진다.

스텁(stub) 모듈은 테스트의 실행을 가능하게 해 주기 위한 것이지 이것들을 사용하여 테스트 결과의 정확성을 검증하기 위하여 작성되는 것이 아니다. 이 스텁(stub)은 순전히 테스트용이기 때문에 이것을 마련하는 데에 너무 많은 노력이 소요된다면 비용 효과 면에서 문제가 된다. 따라서 연결을 확인하고 실행을 가능하게 하는 정도로서 충분하다. 따라서 호출하고 호출되는 두 모듈간의 호출순서(calling sequence)는 반드시 일치시키되 상세한 처리 내용은 거의 생략하는 형태로 작성하는 것이 보통이다. 그러므로 단위 E가 스텁(stub) 모듈들이 넘겨준 값을 가지고 어떠한 처리를 한 다음에 결과를 산출한다면 이 결과의 정확성을 확인하는 것은 불가능하다.

그리고 이 단위를 실행가능하도록 하는 역할은 테스트 드라이버가 대신한다. 드라이버 역시 테스트용 모듈로서 파일에 보관되어 있는 테스트 데이타를 읽어들이고 SUT를 호출하여 실행시키고 테스트 결과를 예상되는 결과(Oracle)와 비교한다.

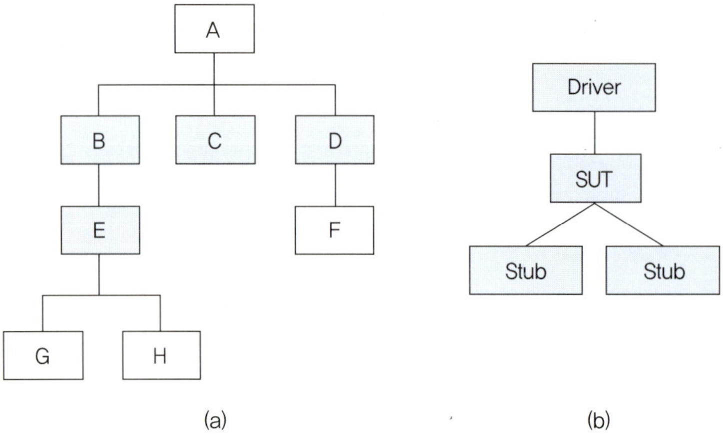

[그림 9-3] 단위 테스트의 수행 방법

테스트 드라이버는 SUT를 호출하는 모듈을 포함한 전체 시스템 환경을 대신한다. 확대된 개념의 테스트 드라이버에는 다음과 같은 기능이 추가되기도 한다.

1) 테스트 케이스를 초기화한다.
2) 실행 결과를 예상 결과와 비교하여 테스트의 성공 여부를 판정한다.
3) 테스트의 커버리지 수준을 조사한다.
4) 테스트 결과를 보고서 형태로 산출한다.
5) 계획한 다음 테스트를 실행 가능하게 준비한다.
6) 디버깅을 돕는다.

단위 테스트 드라이버에 관해서는 제 12장에서 보다 자세히 설명할 것이다.

단위 테스트의 절차는 단위 테스트의 전략에 따라 차이가 있겠지만 대개는 다음과 같은 순서로 진행된다.

1. 시스템의 상세 설계가 완성되어 각 모듈의 명세가 정의되면 단위를 설계하고 단위가 구현되기를 기다릴 필요 없이 단위 테스트 계획서를 단위 설계와 동시에 작성할 수 있다.
2. 단위의 설계를 검토할 때에는 단위 테스트 계획서대로 단위 테스트를 실시하면 단위를 충분히 테스트할 수 있는지를 검토한다. 검토가 끝난 단위 테스트 계획서는 보관했다가 단위 테스트할 때 사용된다.
3. 단위의 코딩이 끝나면 단위 테스트 계획서에 의거하여 단위 테스트를 진행

한다. 단위 테스트 계획서는 단위를 직접 구현하지 않은 검사자가 그것에 의존하여 단위 테스트를 할 수 있을 정도로 상세하고 테스트 데이터도 정확하게 정의되어 있어야 한다. 단위 테스트는 개발자에게 맡겨지는 것이 보통이지만 고위험 소프트웨어(critical software) 개발의 경우에는 독립적인 테스팅 팀에 의해서 수행되기도 한다.

4. 단위 테스트가 끝나면 단위 테스트 결과가 단위 테스트 계획서대로 수행되었는지 여부와 결과의 정확성을 검토한다.
5. 검토가 끝난 단위는 통합 테스트에 넘겨지고 사용한 단위 테스트 계획서는 앞으로 진행될 회귀 테스팅에 대비하기 위해 보관된다.

다음 그림은 이와 같은 단위 테스트의 수행 절차를 보여 주고 있다.

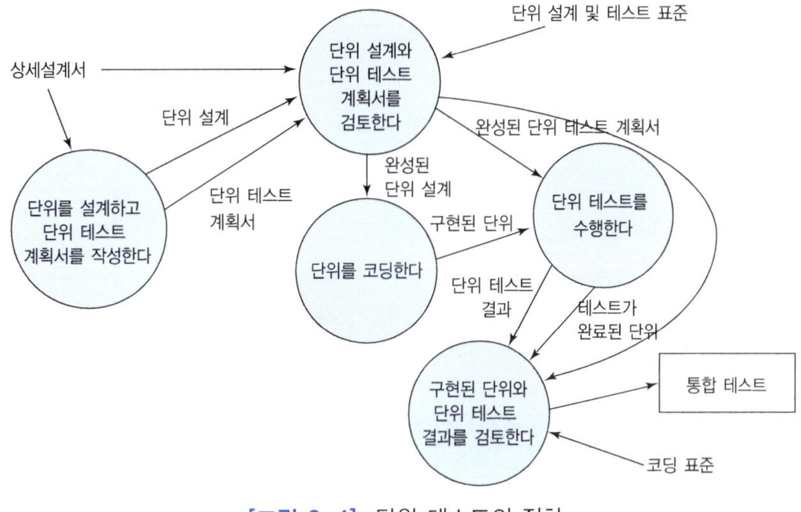

[그림 9-4] 단위 테스트의 절차

단위 테스트 계획서를 작성할 때에는 먼저 단위 테스트의 커버리지 목표를 정해야 한다. 커버리지 목표는 문장 테스트, 분기 테스트, 경로 테스트 중에서 시스템에 대한 품질 요구 수준을 고려하여 결정한다. 이때 테스트 설계 기법에 관해서는 제 3부에서 상세히 논의하였다. 완전한 분기 테스트 수준을 목표로 잡기 어려우면 모든 분기의 정해진 비율을 커버하는 것을 목표로 잡을 수도 있다.

9.4 단위 테스트 드라이버

테스트 하네스(Test Harness)는 효과적이고 반복 가능한 테스팅을 지원하는 자동화된 시스템이다. 테스트 하네스는 테스팅 환경의 핵심 부분이다.

단위 테스트 드라이버는 테스트에 필요한 셋업을 하고, 테스트 케이스를 실행시키고 테스트 결과를 평가하여 테스트의 성공, 실패를 판정하고 테스트의 뒷처리를 담당한다.

단위 테스트 드라이버는 호출하려는 모듈을 포함한 전체 시스템 환경을 대신한다. 확대된 개념의 단위 테스트 드라이버에는 다음과 같은 기능을 포함한다.

1) 테스트 케이스를 구현한다.
2) 테스트 환경을 초기화한다.
3) 스텁(stub) 모듈을 정의한다.
4) 테스트의 실행을 제어한다.
5) 실행 결과를 평가하여 테스트의 성공 여부를 판정한다.
6) 프로그램에 탐침을 삽입(Instrumentation)한다.
7) 시험경로 추적과 테스트의 커버리지 수준을 분석한다.
8) 테스트 결과를 기록한다.
9) 다음 테스트를 가능하게 준비한다.

경우에 따라서는 단위 테스트 드라이버에 다음과 같은 기능이 추가되기도 한다.

1. 디버깅을 돕는다.
2. 테스트 데이터를 자동 생성한다.
3. 오라클을 자동 생성한다.
4. 실패한 테스트 케이스를 다시 시작시키든지, 되살리든지, 건너 뛰도록 한다.

자동화 도구

- Jtest Parasoft Java
- Codescroll
- Catata ++ IPL C, C++

- JUnit Java
- CppUnit C, C++
- Tbrun LDRL C, C++, Visual Basic

테스트 환경은 다음과 같은 구성을 갖는다. 먼저 테스트 대상의 소프트웨어에 대하여 테스터가 테스트 드라이버를 구동시켜 테스트를 실행한다. 이를 위해서 설계해 둔 테스트 케이스와 스크립트는 파일에 저장되어 있다. 그리고 테스트에 필요한 스텁(stub) 모듈들은 미리 준비되어 있어야 한다. 실행을 통하여 얻어진 결과를 예상되는 결과와 비교하여 테스트의 성공 여부를 판정해야 하는데 예상되는 결과는 테스트 케이스의 일부로 포함될 수도 있고 오라클을 통하여 산출될 수도 있다. 하나의 테스트 케이스를 실행한 결과는 테스트 로그에 상세히 기록되며 검출된 에러는 에러 로그에 기록된다. 테스트 커버리지를 활용한다면 각 테스트 케이스 실행을 통하여 커버된 커버리지의 내용은 커버리지 로그(coverage log)에 기록된다.

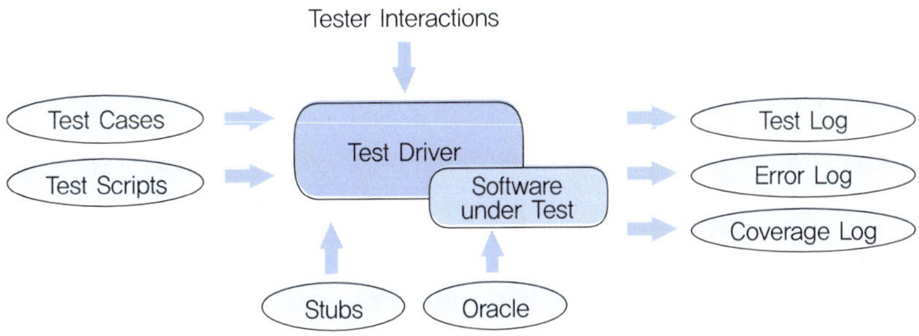

[그림 9-5] 소프트웨어 테스팅 환경

9.5 다른 형태의 단위 테스트

시스템과 격리시킨 상태에서 단위 테스트를 수행하는 것은 단위의 세부적인 계산 특성을 철저히 조사해 볼 수 있고 완벽한 수준의 테스트 커버리지를 달성할 수 있지만 단위 테스트를 가능하게 해 주는 스텁(stub) 모듈과 드라이버를 각

단위에 대하여 작성해야 하기 때문에 많은 비용이 든다.

따라서 단위 테스트의 대안으로서 [그림 9-6]와 같이 몇 개의 단위를 묶어서 한꺼번에 테스트하는 방법을 생각할 수 있다. 이 덩어리는 서로 밀접한 기능을 구현한 것일수록 좋고 대개는 어느 한 프로그래머가 구현을 담당한 단위들이 되는 경우가 많다. 물론 이러한 덩어리도 시스템의 일부에 지나지 않기 때문에 시스템의 나머지 부분을 대체해 주는 스텁(stub) 모듈과 드라이버가 여전히 필요하다. 그러나 따로 준비해야 하는 지원 코드의 양은 앞에서 설명한 단위 테스트의 경우에 비하여 현저히 줄일 수 있다.

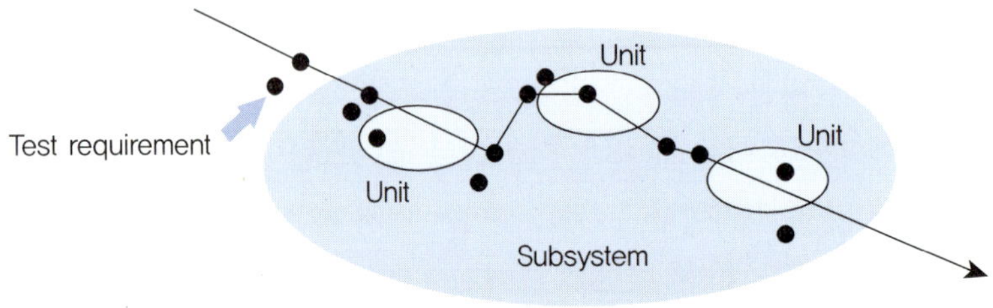

[그림 9-6] 여러 개의 단위들을 동시에 테스트하는 방법

이러한 방법으로 테스트를 수행하면 하나의 테스트로 여러 개의 단위를 한꺼번에 조사해 볼 수 있기 때문에 여러 가지 테스트 요구 사항의 충족 여부를 동시에 조사해 볼 수 있다. 그리고 각 단위는 다른 단위를 중점으로 살펴보기 위한 테스트에서도 수행되므로 테스트의 기회가 증가하여 결함 검출에 보다 효율적일 수 있다.

그러나 한 덩어리에 포함된 단위 내에 결함이 있더라도 이 결함의 효과가 이 덩어리를 실행한 결과의 일부로서 나타나지 않는 경우가 발생할 수 있다. 테스트 데이터를 기술적으로 준비하지 않으면 이 덩어리를 다각도로 조사해 보기 어렵다.

그리고 이 방법을 사용하면 단위 테스트의 경우에 비하여 정해진 커버리지 목표를 쉽게 달성하기 어렵다.

9.6 테스트 주도형 소프트웨어 개발

전통적인 소프트웨어 개발 방식에 따르면 테스팅은 코딩이 완료되어야 가능하다. 즉 테스트할 코드가 있어야 테스팅에 착수할 수 있다. XP 기법(XP; EXtreme Programming)의 등장과 더불어 관심을 끌기 시작한 테스트 주도형 소프트웨어 개발(TDD; Test Driven Software Development)은 이러한 통념에서 벗어나 코딩을 하기 전에 테스트를 먼저 생각함으로써 결함이 없는 소프트웨어를 구현하는 것을 목표로 한다. 코딩하기 전에 테스트를 먼저 작성한다는 점에서 TDD를 테스트 우선 접근 방식(Test First Approach)이라고도 부른다.

TDD의 주요 골자는 프로그래머가 코드를 작성하기 전에 상세한 수준의 기능 테스트를 먼저 작성한다는 점이다. 여기에서 테스트를 한다는 것은 테스트 코드를 작성한다는 것을 의미한다. 프로그래머는 먼저 테스트 코드를 작성한 다음에 그 테스트를 통과하는 실제 코드를 단계적으로 만들어 간다. 그리고 개발이 진행됨에 따라 다른 테스트 코드가 점진적으로 추가된다.

자신이 실제 코드를 적절하고 효율적인 방법에 의거하여 테스트하고 있다고 믿을 수 있으면 그러한 작업 자체의 과정과 작업 결과는 신뢰할 수 있을 것이다.

TDD의 일반적인 절차는 다음과 같다.

1. 무엇을 테스트할 것인지를 생각한다.
2. 테스트 코드를 작성한다.
3. 테스트가 실패하는 경우가 있는지를 조사한다.
4. 테스트를 통과하도록 코드를 작성한다.
5. 코드를 리팩토링한다.(이 과정에서 테스트는 계속 통과해야 한다.)
6. 테스트 코드도 리팩토링한다.
7. 구현해야 할 것이 남아 있는 한 위의 작업을 반복한다.

TDD에서 이와 같은 절차에 따라 테스트를 진행하는 방법을 간단한 예를 통하여 알아보기로 한다.

작성할 프로그램은 주어진 정수 리스트에서 가장 큰 정수를 찾아내는 프로그램이라고 가정하자.

이 프로그램을 Java로 작성한다면 다음과 같은 메소드(largest) 형태를 가질 것이다.

```
int Largest.largest(int [ ] list);
```

TDD의 기본 정신에 따라 이 기능을 코딩하기 전에 가능한 테스트들에 대하여 생각해 볼 필요가 있다. 만일 정확하게 프로그램을 구현한다면 이러한 프로그램은 다음과 같은 여러 가지 정수 리스트를 입력으로 받을 때 올바른 최대값을 출력할 것이다.

```
[7, 8, 9]        →  9
[7, 9, 8, 9]     →  9
[1]              →  1
[-9, -8, -7]     → -7
```

따라서 이와 같이 작동할 테스트 코드를 작성한다.

그런데 TDD의 절차에 따라 수행되는 단위 테스트 작업을 도와주는 편리한 도구가 소개되어 있으므로 그것을 활용하면 좋다. JUnit는 Java 프로그램의 단위 테스트를 위한 토대를 제공해 주는 공개 소프트웨어이다. JUnit의 최신 버전은 JUnit의 웹사이트인 wwwjujun.org에서 다운받을 수 있다. C++프로그램을 위한 CppUnit도 있다.

JUnit는 다른 단위 테스트 드라이버와 마찬가지로 다음과 같은 작업을 도와준다.

1) 테스트에 필요한 모든 조건과 상황을 설정한다.
2) 테스트 대상이 되는 메소드를 호출한다.
3) 테스트 대상이 되는 메소드가 제대로 동작하는지를 검증한다.
4) 실행이 끝나면 다른 코드에 영향이 없도록 정리 및 후속처리를 한다.

먼저 테스트 코드는 JUnit가 제공하는 미리 정의되어 있는 클래스인 TestCase를 상속해서 사용한다. 따라서 TestCase의 정의가 포함되어 있는 라이브러리 junit.framework를 import해야 한다.

```
import junit.framework.*;
public class TestSimple extends TestCase{
        pubic TestSimple(String name) {
              super(name);
        }

        public void testAdd() {
              assertEquals(2, 1 + 1);
              assertEquals(4, 3 + 1);
        }
}
```

[그림 9-7] 테스트 코드를 작성하는 예

이 베이스 클래스(base class)는 String형 인자를 취하는 생성자(Constructor)를 요구하고 있다. 따라서 이름을 인자로 하여 상위 클래스 생성자(super)를 호출해 주어야 한다. 지금은 테스트의 이름이 무엇인지 알 수 없기 때문에, 생성자가 String형 인자를 받아 super에게 넘겨주기만 하면 된다.

그리고 테스트 코드 속에는 테스트 코드의 실행 결과를 검증하기 위한 단정(assertion)메소드 testAdd( )를 포함한다. testAdd( )는 두 데이터 값이 동일한지 여부와 같은 특정 조건이 참인지 여부를 판단한다. JUnit는 여러 유형의 단정 메소드를 제공하고 있지만 가장 많이 사용되는 assertEquals( )라는 단정 메소드의 구조는 다음과 같다.

```
assertEqauls([String message],
        expected,
        actual,
        [tolerance])
```

여기에서 expected는 기대하는 출력값이고, actual은 테스트 대상인 코드가 생성하는 출력값이다. message는 테스트가 실패할 경우 출력할 문자열이며, 필요한 경우에 추가할 수 있다.

컴퓨터에서는 실수형의 모든 숫자를 정확히 나타낼 수 없기 때문에, 보통은 정보를 표현하는 비트 중 일부를 버리게 된다. tolerance는 단정 메소드에서 실

수형 값을 비교하기 위해 사용하는 오차의 한계이다. 이 값은 expected와 actual의 값이 어느 정도로 같은지를 표현해준다.

주어진 정수 리스트에서 가장 큰 정수를 찾아내는 코드를 다음과 같이 작성하였다고 가정하고 Junit를 사용하여 이 코드를 단위 테스트하는 과정을 살펴보기로 한다.

```
public class Largest{
    public static int largest(int [ ] list) {
        int index, max = Integer.MAX_VALUE;
        for (index = 0; index < list.length-1; index++) {
        if (list[index] > max) {
                max = list[index];
        }
    }
    return max;
    }
}
```

[그림 9-8] 입력된 정수 리스트에서 가장 큰 정수를 찾아내는 프로그램

여기에서 Integer.MAX_VALUE는 Java 언어의 int데이터 형이 허용되는 최대값을 표시한다. 참고로 Integer.MIN_VALUE는 허용되는 최소값이다.

Junit를 사용하여 처음 작성한 아래와 같은 테스트 코드에는 입력 리스트 {7,8,9}에 대하여 출력값으로 9를 기대하고 작성한 단정 메소드가 포함되어 있다.

```
import junit.framework.*;    ****  framework library소개
public class TestLargest extends TestCase {
    public TestLargest(String name) {
        super(name);
    }
    public void testSimple() {
        assertEquals(9, Largetst.largest(new int[ ]
                {7,8,9} ));
    }
}
```

[그림 9-9] 처음 작성한 테스트 코드

이 테스트 코드를 실행시켰더니 다음과 같은 에러 메시지가 출력되었다.

```
Expected : <9> but was: <2147483647>
```

즉, 원하던 결과인 9 대신에 엉뚱하게 큰 숫자가 출력되었다. 그 이유는 원래 코드에서 변수 max를 Integer.MAX_VALUE로 초기화하였기 때문이다.

변수 max를 0으로 초기화하도록 코드를 수정한 다음에 다시 테스트하였더니 이번에도 예상한 결과 9가 아닌 8이 출력되며 다음과 같은 에러 메시지를 얻었다.

```
Expected : <9> but was: <8>
```

디버깅을 위하여 프로그램을 주목해보면 for 구문 안에서 오류를 찾아낼 수 있다. 즉, 리스트 내의 마지막 항목을 비교해 보지 않고 for 루프가 일찍 종료되었기 때문에 문제가 발생하였다. 따라서 for 구문의 index< list.length-1를 index < list.length로 수정을 하면 문제가 해결된다.

프로그램을 이렇게 수정한 다음에 구상했던 마지막 테스트인 리스트 [-9, -8, -7]에 대한 테스트를 수행하였더니 이번에도 테스트는 실패하고 다음과 같은 에러 메시지가 출력되었다.

```
Expected : <-7> but was: <0>
```

발견된 에러의 원인을 분석해 보면 문제는 max를 0으로 초기화했다는 점에 있다. 양의 정수로 구성된 리스트에서는 문제가 없었지만 음의 정수만으로 구성된 리스트에 대해서 프로그램이 틀린 답을 출력하도록 작성된 것이다. max의 초기값을 어떤 음수보다도 작게 만들기 위해서는 Integer.MIN_VALUE를 사용해야 했다.

이와 같은 작업을 되풀이해가면 결국에는 가능한 모든 경우에 대하여 올바른 값을 출력하는 정확한 프로그램을 완성할 수 있을 것이다.

본격적인 코딩에 착수하기 전에 테스트를 우선적으로 고려하는 TDD의 이점은 다음과 같다.

1. 이러한 테스트로부터 프로그래머는 새로운 기능이 의도한 대로 구현되었는지, 기존의 기능과 상충됨이 없는지에 관한 즉각적인 피드백을 얻을 수 있다.
2. 테스트가 코딩 작업을 주도함으로써 프로그래머가 문제를 다루기 쉬운 크기로 분해하고 프로그래밍 작업을 공식화하도록 유도한다.
3. 최신의 테스트를 마련하고 자주 테스트를 실행함으로써 어느 이상의 품질 수준을 확보할수 있다.
4. 테스트는 세부적인 설계 결정을 할 수 있는 상황을 제공한다.

TDD에서는 테스트 코드가 코드 속에 포함되어 있기 때문에 프로그램을 작성한 사람의 의도를 파악하기 쉽고 실제 코드가 어떻게 동작하는지를 바로 알아낼 수 있다. 테스트 코드는 훌륭한 문서화 과정이고 살아 있는 문서이다.

TDD의 단점은 다음과 같다.

1) 테스트 코드를 추가해야 하기 때문에 관리해야 하는 코드의 양이 많아진다.
2) TDD가 제안하는 접근 방식은 익히기가 어렵다.

특히 TDD는 테스트를 선정할 때 특정한 기준이나 공식적인 테스트 기준에 의존하지 않는다. 따라서 능률적인 테스트는 테스트하는 사람의 능력에 크게 좌우된다. 그러나 TDD접근 방식에서는 JUnit와 같은 테스트 도구를 제공하여 단위 테스트 작업에 큰 도움을 주고 있다.

TDD를 옹호하는 사람들은 TDD가 소프트웨어의 품질과 생산성에 기여한다고 주장하지만 프로그래밍에 관한 이러한 접근 방식은 익히기가 어렵고 생산성마저 떨어뜨릴 수도 있다는 반론도 있다. 그 후에 수행된 일부 실험에서는 품질 향상에는 어느 정도 기여를 하지만 생산성에는 크게 영향을 주지 않는 것으로 나타나 있다.

9.7 통합 테스트

시스템을 구성하는 단위들이 완성되기 시작하면 이것들을 통합해 나가 궁극적으로는 모든 단위를 구비한 전체 시스템을 구성하게 된다. 단위들을 통합하는 방법에는 통합 작업에 착수하기 전에 모든 모듈을 구현한 다음에 단위 테스트를 완료하는 방법과 단위 테스팅 과정과 통합과정을 병행하는 방법이 있다.

부품들을 모두 구현한 후에 한꺼번에 통합하는 방식을 일괄 통합 방법이라 부른다. 일괄 통합 방법(Big Bang Integration)은 절차가 간단한 이점이 있으나 테스트 작업의 착수가 늦어지고 테스트 결과에 문제가 발생했을 때 디버깅하기가 어려운 문제점이 있다.

이와 반대로 부품들이 완성되는 대로 이미 테스트를 완료한 모듈들에 통합해 나가는 방식을 점진적 통합(Incremental Integration)방법이라고 부른다. 점진적 통합 방법을 채택할 경우, 문제가 발생했을 때에는 가장 최근에 통합한 부품의 결합에 이상이 있다고 단정할 수 있기 때문에 문제를 해결하기가 쉽다.

점진적 통합 방법에는 하향식 통합 방법, 상향식 통합 방법과 Build기반 통합 방법 등이 있다. 아래에서는 3가지 점진적 통합 방법을 차례로 소개한다.

하향식 통합 방법(Top Down Integration)은 시스템 모듈의 계층구조 상에서 상위에 있는 모듈을 먼저 구현하고 다음 수준에 있는 모듈들을 이것에 통합해 나가는 방법이다. 최상위 모듈은 고립시킨 상태에서 단위 테스트를 하는 유일한 모듈이다.

예를 들어 그림과 같은 구성을 갖는 시스템을 가지고 하향식 통합 방법을 설명하기로 한다. 먼저 구조상의 최상위에 있는 단위 A를 완성한 다음에 바로 아래 수준에 있는 단위들인 B, C, D를 구현한 다음 이미 완성된 단위 A에 이것들을 통합한다. 그러나 단위 B는 단위 E를 호출하고 단위 D는 단위 F를 호출하기로 되어 있지만 이 단위들이 아직 완성이 되지 않았으므로 통합 테스트를 위해서는 이 모듈을 스텁(stub) 모듈로 대체한 다음에 테스트를 진행해야 한다.

이러한 방법으로 최하위에 있는 단위들을 모두 구현하고 통합하여 단계적으로 완전한 시스템을 구성한다.

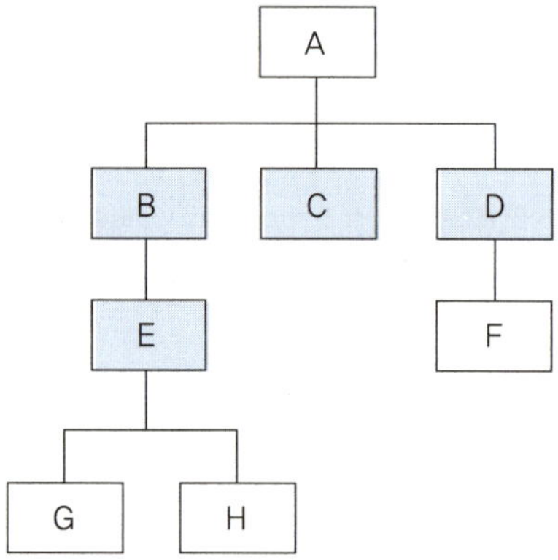

[그림 9-10] 하향식 통합 방법의 예

상향식 통합 방법(Bottom Up Integration)은 하향식 통합 방법과 반대로 시스템 모듈의 계층구조상에서 하위에 있는 모듈들의 구현을 먼저하고 이들을 엮을 수 있는 상위 모듈을 구현에 통합해 나가는 방법이다.

하향식 통합 방법을 설명하는 데 사용한 시스템과 동일한 구성을 갖는 시스템을 가지고 상향식 통합 방법을 설명하기로 한다.

[그림 9-10]에 있는 시스템에서는 다른 모듈을 호출하지 않는 최하위 단위 G와 단위 H를 단위 테스트한다. 그러나 하향식 통합의 경우와 비슷하게 이 시점에는 아직 단위 E가 존재하지 않기 때문에 이것을 드라이버로 대체한 다음에 단위 G와 단위 H를 단위 테스트해야 한다. 이 작업이 끝나면 단위 E를 구현하여 단위 테스트를 완료하고 단위 G와 H를 이것에 통합한다. 이때에도 단위 E를 호출하는 단위 B를 대체할 수 있는 드라이버를 준비해야 한다. 이 방법을 최상위 모듈이 통합될 때까지 계속한다.

이론적으로는 상향식 통합이나 하향식 통합 중에서 어떤 방식을 채택해도 무방하지만 어느 통합 전략이 적합한지 여부는 통합 대상 시스템의 특성에 따라 결정된다.

상향식 통합 방법을 채택하면 최상위 단위의 통합이 끝나기 전까지는 시스템의 작동은 불가능하다. 따라서 시스템의 중요한 가정이나 인터페이스를 조기에 검증할 필요가 있거나 빠른 시간 안에 시스템의 작동 상황을 파악할 필요가 있는 경우에는 하향식 통합 방법이 적합하다고 할 수 있다.

그러나 하향식 통합 방법을 채택하면 통합 대상 단위보다 하위에 있는 모듈

들이 스텁(stub) 모듈로 대체되기 때문에 완전한 계산 결과나 처리 과정을 확인하기 어렵다. 따라서 정밀한 계산이나 데이터 처리가 요구되는 시스템의 경우에는 상향식 통합이 더 적합한 방법이라고 할 수 있다.

빌드(Build) 기반 통합 방법(Build Testing)에서는 먼저 같은 빌드(Build)에 속하는 모듈들을 단위 테스트한 다음에 통합한다. 그리고 나서 빌드(Build)들을 시스템에 통합해 나가는 방법이다. 빌드(Build)는 시스템 내에 함수적으로 관계가 있는 모듈들의 집합을 말한다.

이밖에도 일괄 통합 전략과 단계적 통합 전략의 특성이 혼합된 통합 방법도 존재한다. 그리고 시스템에서 특히 중요한 모듈들이나, 재사용하려는 모듈, 유틸리티 모듈들은 채택한 통합 전략에 무관하게 시스템에 우선적으로 통합해 나가는 것이 보통이다.

통합 테스트(Integration Test)는 단위 테스트가 끝난 시스템의 구성 요소들 간의 상호작용과 인터페이스를 검증하기 위하여 고안된 테스트이다. 이 테스트의 목적은 통합된 구성 요소를 한꺼번에 실행시켰을 때 얻어지는 결과의 정확성을 검증하는 것이 아니고 구성 요소들이 순조롭게 통합되는지 여부를 확인하는 것이 테스트의 목적이다. 실행 결과의 정확성은 통합이 완료된 후 시스템 차원의 테스트에서 확인하게 될 것이다.

한 조사에 의하면 소프트웨어 에러의 40%는 모듈간의 상호작용과 인터페이스 문제에서 비롯된 것으로 밝혀졌다. 따라서 통합 테스트를 통하여 이와 같은 성격의 결함을 제거한 후에 시스템 수준의 테스트를 수행하는 것이 더욱 효과적일 것이다.

통합이 순조롭지 못한 가장 큰 문제의 원인은 개발자가 모듈 명세서를 잘못 해석하기 때문이다. 통합 테스트에서 흔히 발견할 수 있는 에러의 유형은 다음과 같이 분류할 수 있다.

1) 해석상의 에러

모듈을 통합할 때 흔히 발생하는 문제는 모듈의 사용자가 예상하는 행위와 모듈이 실제로 제공하는 행위가 일치하지 않는 경우이다. 이러한 유형의 에러는 상세 설계 명세서를 잘못 해석하기 때문에 발생한다. 해석상의 에러에는 다음과

같은 유형들이 있다.

- 상이한 기능 에러(Wrong Function Error)
  - 호출되는 모듈이 제공하는 기능이 호출하는 모듈의 명세가 요구하는 기능과 다른 경우이다.

- 불필요한 기능 에러(Extra Function Error)
  - 호출하는 모듈이 요구하지 않은 기능이 호출되는 모듈에 포함되어 있는 경우를 말한다.

- 누락된 기능 에러(Missing Function Error)
  - 호출하는 모듈이 제공한 매개변수의 값 중에서 호출되는 모듈의 데이터 영역에 있지 않은 것이 포함되어 있는 경우이다.

- 잘못 구현된 호출 에러(Miscoded Call Error)
  - 이것은 개발자가 호출하는 모듈에서 호출 명령을 엉뚱한 위치에 집어 넣는 경우에 발생한다.

2) 인터페이스 에러

이것은 두 모듈 간의 인터페이스 표준이 위반되었을 때 발생한다. 예컨대 매개변수의 순서가 잘못된 경우, 매개변수들의 데이터 유형, 포맷, 입출력 모드 등이 잘못된 경우들이 포함된다. 또한 call by value나 call by reference 등의 매개변수 규칙이 준수되지 않는 경우도 이 범주에 포함된다. 가장 큰 문제는 실제 매개변수와 형식적 매개변수의 영역이 일치하지 않는 경우에 발생한다.

예를 들어, 형식적 매개변수가 16-bit 정수형으로 선언된 함수를 호출할 때 실제 매개변수로 32-bit 정수형 변수 값을 주면, 묵시적인 형 변환이 일어나고 이 과정에서 절단 오류(truncation error)가 발생한다. 이와 같은 인터페이스 오류를 검출하기 이해서는 엄격한 자료형 검사(strict type checking)를 적용해야 하며 최근의 정적 분석 도구들은 자료형 검사 규칙을 제공하는 경우가 많

으므로 이를 활용하는 것이 바람직하다.

그 밖에도 전역 변수의 잘못된 사용 문제도 통합 테스트에서 밝혀져야 하는 문제이다.

CHAPTER 10

시스템 차원의 테스트

10.1 개요

10.2 기능 테스트

10.3 시스템 테스트의 유형

10.4 신뢰성 테스트

10.5 인도 직전의 테스트

10.6 인도 이후의 테스트

10 CHAPTER

시스템 차원의 테스트

10.1 개요

시스템을 구성하는 각 단위들이 구현되고 단위 테스트가 끝나면 완성된 단위들을 하나의 시스템으로 통합한다. 통합 작업이 완료되면 비로소 시스템 전체를 한 덩어리로 테스트할 수 있는 기회를 갖게 되는데 이때 수행되는 테스트를 시스템 차원의 테스트 또는 고차원 테스트(Higher Order Test)라고 부른다.

효과적인 고차원 테스트를 하려면 통합 이전에 결함을 충분히 제거하여 결함 때문에 시스템 테스트의 실행이 중단되는 일이 적어야 한다. 단위 테스트를 철저히 하지 않고 곧바로 시스템 차원의 테스트에 들어가면 뒤늦게 발견되는 결함으로 인하여 시스템이 고장을 일으켜 테스트의 진행이 순조롭지 못할 뿐 아니라 결함의 원인을 찾아 내기도 매우 어렵다.

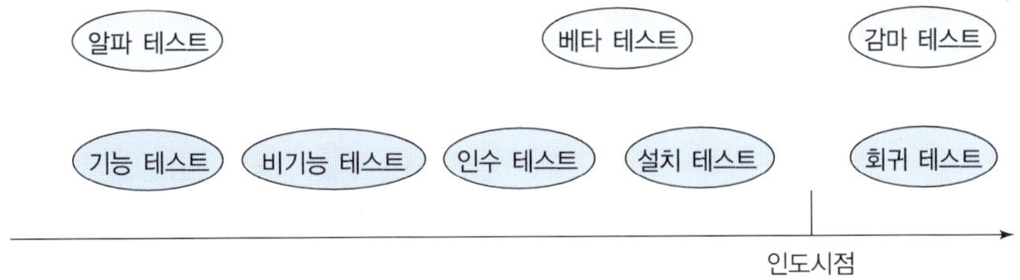

[그림 10-1] 각종 시스템 차원 테스트가 수해되는 시점

시스템 차원의 테스트는 소프트웨어 명세서에 기술된 기능들이 시스템에 제대로 구현되었는지를 먼저 조사한 다음, 모든 기능을 구비한 시스템이 요구사항

에 명시된 시스템으로서의 성질을 충족하는지를 검사하는 비기능 테스트를 수행하는 것이 보통이다. 그런데 시스템 차원의 테스트를 보통 시스템 테스트 라고 줄여서 부르기도 하지만 많은 경우에 비기능 테스트만을 특별히 시스템 테스트라고 구별하기도 한다. [그림 10-1]은 각종 유형의 시스템 차원의 테스트와 그러한 테스트가 수행되는 시점을 보여 주고 있다.

이 두 가지 테스트가 끝난 다음에는 사용자의 주도 하에 시스템이 운영에 적합한 지를 판단하기 위한 인수 테스트(Acceptance Test)를 하게 된다. 인수 테스트는 개발자의 작업 현장에서 개발에 사용된 시스템 환경 하에서 테스트가 진행되는 것이 보통이다. 인수 테스트를 위한 테스트 케이스는 사용자 측에서 직접 준비하거나 개발자가 준비하고 사용자의 승인을 얻은 후에 사용하기도 한다.

인수 테스트가 끝난 다음에는 시스템을 사용 현장에 설치한 후 운영에 들어갈 준비에 착수한다. 시스템의 작동 환경이 개발에 사용된 환경과 다른 것이 보통이므로 새로운 환경에서도 문제 없이 작동하는지를 설치 테스트(Installation Test)를 통하여 확인하게 된다. 설치 테스트에서는 인수 테스트에서 사용한 테스트 케이스들을 그대로 사용하는 것이 보통이다. 이러한 절차를 성공적으로 마치면 시스템은 사용자에게 정식으로 인도되고 드디어 정상 운영에 들어가게 된다.

운영에 들어간 후에도 시스템 차원의 테스트 작업은 계속된다. 테스팅 과정에서 미처 발견하지 못한 결함이 실제 운영 중에 검출되어 시스템을 수정하거나 또는 여러 이유로 시스템을 업그레이드하기 위하여 시스템을 수정하기도 한다. 시스템에 수정을 가한 후에 수정이 제대로 이루어졌는지를 확인해야 하는데 이러한 테스트를 회귀 테스트(Regression Test)라고 부른다. [그림 10-1]에는 회귀 테스트가 시스템이 고객에게 인도되어 운영에 들어간 이후에 수행되는 것으로 표시되어 있지만 개발 중에 수정을 가한 후 수정의 정확성을 확인하는 테스트도 회귀 테스트라고 할 수 있다.

한편 시스템 차원의 테스트는 테스트가 어떤 장소와 어떤 시스템을 가지고 수행되느냐에 따라서 구분해 볼 수 있다.

첫째, 개발자가 개발 현장에서 수행하는 테스트에서는 개발에 사용된 컴퓨터를 사용하여 테스트를 수행한다. 이러한 테스트를 알파 테스트(Alpha Test)라고 부른다.

상업적인 소프트웨어 개발에서 흔히 사용되는 테스트의 유형이지만 사용자가 베타 사이트에서 수행하는 테스트를 베타 테스트(Beta Test)라고 부른다. 베

타 테스트는 개발이 완료된 시스템을 시장에 상품으로 내놓기 전에 특정한 사용자에게 사전에 배포하여 미리 사용해 볼 기회를 제공하게 된다. 사용자들은 시장에 출시되기 전에 자신의 시스템에서 소프트웨어를 사용해 볼 기회를 얻는 대가로 사용 중에 발견된 결함을 제작자에게 보고하게 된다. 제작자는 자신들이 미처 발견하지 못한 결함을 시정한 후에 제품을 시장에 출시한다.

그리고 인도 후 운영이 진행되는 동안에도 시스템 차원의 테스트는 계속되는데 이때 수행되는 테스트를 감마 테스트(Gamma Test)로 구별하기도 한다.

이 장의 다음 부분에서는 이러한 시스템 차원의 테스트에 관하여 보다 상세히 알아보기로 한다.

10.2 기능 테스트

구현된 개별 단위들이 통합되어 하나의 시스템으로 구성되면 시스템 명세서에 기술된 각종 시스템의 기능들이 제대로 구현되었는지를 조사하는 기능 테스트(Function Test)를 실시한다.

기능 테스트에서는 보통 명세서로부터 도출한 유한 개의 테스트 케이스를 가지고 명세서의 내용을 확인하게 된다. 테스트 케이스의 개수가 제한되기 때문에 각각의 요구 사항이 적어도 어느 한 테스트 케이스에 반영이 될 수 있도록 꼼꼼히 점검해야 한다.

이 테스트에는 시스템에 어떠한 테스트 데이터를 입력하여 실행시킨 후 실행 결과의 정확성 여부를 조사하는 블랙박스 테스트 기법이 주로 적용된다. 이때에는 제 2부에서 자세하게 설명한 여러 가지 명세서 기반 테스트 설계 기법 중에서 시스템에 요구되는 품질 수준을 입증하기에 충분한 기법을 선택하여 사용하면 된다.

가장 널리 사용되는 설계 기법은 분할 테스트 기법이다. 분할 테스트의 설계 과정에서는 시스템의 입력 영역을 면밀히 분석하기 때문에 명세서의 내용을 점검하는 부수적인 효과를 얻을 수도 있다. 분할 테스트의 이점은 테스트 케이스를 감축하는 거의 유일한 기법이라는 사실이다. 그리고 분할 테스트 기법과 더

불어 경계치 테스트 기법은 언제나 효과를 거둘 수 있는 것으로 나타나 있다.

명세서의 내용이 복잡하여 테스트해야 할 경우의 수가 많으면 명세서의 내용을 결정표 또는 원인 결과 그래프로 표현하거나 유한 상태 기계의 형태로 변환할 수 있는지를 살펴볼 필요가 있다. 이것이 가능하면 제 6장에서 이미 논의한 바와 같이 테스트 케이스는 체계적으로 도출해 낼 수 있다.

기능 테스트의 목적은 단위 테스트와 통합 테스트와 마찬가지로 가능한 한 많은 결함을 검출하여 다음에 진행될 예정인 확인 테스트(Validation Test)를 순조롭게 진행할 수 있게 하는 것이다. 따라서 정상적인 경우를 커버하기 위한 테스트 케이스와 더불어 결함을 검출할 가능성이 높은 예외적인 경우를 커버하는 테스트 케이스를 확보해야 한다. 기능 테스트의 이러한 성격 때문에 테스터의 직관, 상상력, 경험, 응용 영역이나 시스템의 특성에 관한 지식 등이 유용하게 활용된다.

시스템 통합 작업이 완료되면 처음으로 시스템 전체를 한 덩어리로 테스트할 수 있는 기회를 갖게 된다. 따라서 본격적으로 시스템 테스트에 착수하기 전에 테스트 대상 소프트웨어의 대략적인 품질 수준을 파악하고 소요되는 테스트 노력의 규모를 추정하기 위하여 시도하는 테스트가 있다.

사전 점검 테스트

시스템에 몇 가지 입력을 넣어 실행시켜 봄으로써 시스템이 실제로 존재하는지 그리고 처음 실행할 때 문제를 일으키지 않는지를 확인하는 사전 점검 테스트(Test Readiness Test)가 있다. 이 테스트에서는 어떠한 방법으로든지 시스템을 실행시켜 보는데 시스템이 실행되기만 하면 테스트는 합격이다. 이러한 테스트를 스모크 테스트(Smoke Test)라고 부르기도 한다.

다음으로는 시스템의 설치를 순조롭게 할 수 있는지, 시스템을 가동 상태로 가게 할 수 있는지를 점검하기 위한 테스트를 하면 좋다. 건전성 테스트(Sanity Test)라고도 부르는 이러한 테스트에서는

- 시스템을 시작 상태로 가게 하기
- 시스템의 작동을 정지시켰다가 재가동시키기
- 고의로 고장을 일으킨 후 가동 상태로 복귀시키기
- 이러한 절차가 시스템 매뉴얼에 잘 서술되었는지

등을 점검한다.

게릴라식 공격법

테스트의 노력을 특별히 집중할 필요가 있는 프로그램 부분을 미리 파악할 수 있다면 본격적인 시스템 차원의 테스팅을 계획하는 데 도움이 될 것이다. 게릴라식 공격법(Guerrilla Raids)은 이러한 의도로 고안된 테스트이다. 이 테스트에서는 프로그램의 특정한 한 부분에 대하여 철저한 테스트를 하여 짧은 시간 안에 가능한 한 많은 수의 결함을 노출시키도록 노력한다.

10.3 시스템 테스트의 유형

기능 테스트를 통하여 시스템에 요구되는 기능을 제대로 구현했음이 확인되면 다음으로 시스템이 최초에 설정한 개발 목표를 달성하였는지를 확인하는 시스템 테스트(System Test)를 수행하게 된다. 즉 시스템에서 결함을 검출하려는 것이 목적이 아니라 구현된 시스템이 기대에 부응하는 성능과 기타 요구 사항을 두루 충족하는지, 시스템을 고객에게 인도할만한지를 평가하는 것이 시스템 테스트의 목적이다.

시스템 테스트에서 점검해야 하는 사항은 항목수도 많을 뿐 아니라 매우 다양하다. 다음은 시스템 테스트 항목을 유형별로 묶어 열거해 본 것이다.

1. 시스템이 운영 목적에 적합한지 여부
   - 시스템의 성능
   - 신뢰성
   - 안전성
   - 보안성
   - 사용 편의성

2. 시스템을 수정하기 쉬운지 여부
   - 유연성(flexibility)
   - 테스트 용이성(testability)

- 유지보수 용이성(maintainability)
- 개선 용이성(enhanceability)

3. 시스템의 상호운용 가능성

- 시스템의 형상 테스트(configuration test)
- 시스템의 양립성(compatibility)
- 일치성(conformance)
- 시스템의 이식성(portability)
- 시스템의 재사용성(reusability)

4. 시스템의 운영 지원의 용이성

- 문서화(documentation)
- 복원 가능성(recovery/restart)

5. 기타 시스템 테스트 항목

이와 같이 점검해야 하는 항목에 따라 그에 맞는 별도의 테스트가 진행되며 그러한 테스트에 특별한 명칭이 붙는 경우도 있다. 예컨대 신뢰성을 확인하는 테스트를 신뢰성 테스트라고 부른다. 일반적으로 소프트웨어 시스템에 부과되는 요구 사항은 매우 다양하기 때문에 시스템이 이와 같은 요구 사항을 모두 충족시키는 지를 확인하는 일은 매우 어렵고 굳이 모두 다 수행할 필요도 없다. 중요한 것은 개발하고 있는 시스템이 꼭 갖춰야 하는 요구 사항이 무엇인지를 식별하고 테스팅의 노력을 우선 순위가 높은 요구 사항을 확인하는 데에 집중시키는 일이다.

시스템 테스트는 가동 중인 시스템을 일상적으로 운영할 때와 거의 같은 상황을 갖추고 실시해야 본래 의도한 효과를 거둘 수 있다. 즉, 함께 운영하게 될 하드웨어 장비, 주변 장치, 다른 소프트웨어들을 예상되는 수효에 가능한 한 가깝게 갖추고 테스트해야 한다. 그러나 일부의 하드웨어나 소프트웨어들은 테스트 시점에서 준비가 안될 수도 있고 비록 준비할 수 있다고 해도 과다한 비용이 필요할 수 있다. 그러나 이것을 소홀히 하면 시스템에 혹시라도 존재할 수 있는 문제점을 사전에 발견할 기회를 놓치게 된다.

많은 시스템 테스트가 시스템이 예외적인 상황에 제대로 대처하는지 여부를

점검하는 형태이기 때문에 시스템 테스트에 동원할 수 있는 체계적인 기법이 별로 없다는 점이 시스템 테스트를 더욱 어렵게 만든다.

그리고 테스트 항목의 충족 여부를 확인하는 판단 기준이 대개의 경우에 모호하다. 따라서 테스트 전에 판단 기준이 정량적으로 서술되어 있지 않으면 확실한 판단은 사실상 불가능하다. 그러나 모든 경우에 정량적으로 서술 가능하지는 않다.

지금부터 앞에서 열거한 테스트 항목들을 테스트하는 요령을 항목별로 간단히 살펴보기로 한다.

1) 시스템이 운영 목적에 적합한지 여부

성능 테스트(Performance Test)

시스템에 요구되는 성능 수준은 시스템을 설계하는 시점에서 고려되어 구현에 반영되어야 한다. 개발 도중에도 요구되는 성능을 충족시킬 수 있는지를 시뮬레이션 등을 통하여 꾸준히 확인한다. 이를 위하여 시스템 성능 평가(System Performance Evaluation)라는 분야가 따로 있다.

성능 테스트에서는 완성된 시스템이 요구되는 수준의 처리 속도, 정확성, 메모리 사용량 등을 보이는지를 입증해야 한다. 따라서 원활한 성능 테스트를 위해서는 요구 명세서에 성능에 관련한 요구 사항을 정량적으로 명확하게 서술될 필요가 있다. 그리고 성능 테스트 단계에서 얼마나 실제 상황과 가까운 테스트 환경을 조성할 수 있는지 여부가 시스템 테스트 성공의 관건이다. 그러나 테스트를 수행하는 데에는 많은 비용과 노력이 소요되기 때문에 이러한 테스트들은 소홀히 하기 쉽다.

신뢰성 테스트(Reliability Test)

시스템이 일정 기간 이상 고장을 일으키지 않고 정상적으로 기능을 수행할 수 있음을 확인하기 위한 테스트이다. 신뢰성 테스트에 관해서는 4절에서 보다 자세히 살펴보기로 한다.

안전성 테스트(Safety Test)

소프트웨어가 인명의 손상, 설비나 재산의 손실, 직업병을 유발시키거나 또는 환경에 심각한 피해를 줄 수 있는 응용 영역에까지 확대됨에 따라 소프트웨어의 안전성에 대한 관심이 고조되고 있다. 안전성이란 의도한 기능이 수행되는지 여부에 관계없이 극히 위험한 상황(mishap, hazards)을 유발할 수 있는 조건이 일어나지 않을 확률로서 표현된다.

모든 소프트웨어 결함이 안전성 문제를 유발하는 것도 아니며 명세서대로 작동하는 소프트웨어라도 반드시 안전한 것은 아니다. 즉 신뢰성이 지속적으로 유지되는 시스템의 서비스를 추구한다면 안전성은 시스템이 위험한 상황을 초래하지 않도록 예방하는 것이 목적이다. 따라서 시스템의 안전성을 제고하려면 시스템이 유발시킬 수 있는 모든 위험한 상황이 발생하지 않도록 시스템의 설계 시점에서부터 철저하게 위험 분석(Risk Analysis)을 수행해야 한다.

보안성 테스트(Security Test)

시스템의 중단 없는 작동을 보장하거나 귀중한 데이터의 고의적인 훼손을 방지하기 위하여 시스템의 보안성에 관한 관심이 높아지고 있다. 시스템의 보안성은 인가 받지 않은 사람이 소프트웨어 시스템이나 데이터에 접근하는 것을 시스템이 얼마나 잘 제어할 수 있는가의 척도이다. 보안성 테스트에서는 시스템의 보안을 고의적으로 훼손함으로써 시스템이 침투에 얼마나 잘 대처하는지를 확인한다.

사용편의성 테스트(Usability Test)

개인용 컴퓨터의 광범위한 보급에 따라 점차 시스템의 기술적인 내용에 밝지 못한 일반사용자도 소프트웨어 시스템을 필요에 의해서 사용하게 되었다. 따라서 시스템이 사용하기에 편리하게 제작되었는지 여부는 시스템의 정확성 못지않게 시스템의 품질을 평가하는 중요한 척도로 부상하였다. 많은 사용자는 기능이 훌륭해도 사용하기에 불편하면 품질 좋은 시스템이라고 평가하지 않는다.

다음과 같은 성질을 만족하면 사용자는 시스템이 사용하기에 편리하다고 느낄 것이다.

- 시스템의 사용법을 익히기 쉬운지
- 시스템의 안내가 정확한지

- 사용자가 자신의 취향에 맞도록 사용자 인터페이스를 조정할 수 있는지
- 사용자 인터페이스가 잘 꾸며져 있고 적절히 배치되어 있는지
- 사용자가 어려움에 부딪쳤을 때 적절한 도움을 제공하는지
- 사용상의 실수를 시스템이 어느 정도 허용해 주는지
- 사용자 인터페이스가 표준이나 지침을 따르고 있는지

2) 시스템을 수정하기 쉬운지 여부

운영에 들어간 후에도 운영 중에 새롭게 발견된 결함을 제거하기 위하여 수정을 가해야 한다. 시스템 테스트에서는 이 작업이 용이하도록 시스템이 구현되었는지를 점검한다. 필요한 수정을 가하기에 편리하려면 시스템이 이해하기 쉽도록 설계되고 테스트하기도 쉽도록 구현되어야 한다.

운영 중에 특별한 문제가 발견되지 않는다 하더라도 시스템에 새로운 기능을 추가하기 위하여, 또는 달라진 운영 환경에 적응시키기 위하여 소프트웨어에는 꾸준히 수정이 가해진다. 따라서 소프트웨어가 변경을 가하기 쉽도록 구현이 되면 소프트웨어의 유용성은 높아지고 소프트웨어의 수명은 연장될 것이다.

시스템 테스트에서는 완성된 시스템이 이러한 특성이 갖추어졌는지를 확인한다. 그러나 이 시점에서 시스템이 처음에 요구된 특성을 갖추지 못했거나 미흡한 것으로 판명되면 심각한 문제이다. 따라서 이러한 상황을 방지하기 위해서는 시스템이 이와 같은 특성을 갖출 수 있도록 시스템의 설계 시점부터 신중하게 고려되어야 한다.

유연성(Flexibility)

수정하기 좋은 시스템이 되려면 시스템의 설계부터가 융통성을 갖도록 해야 한다. 명확한 구조를 갖추고 구조가 잘 드러나도록 해야 하고 소프트웨어 공학에서 설계 평가 기준으로 사용되고 있는 cohesion, coupling 등도 좋아야 한다.

테스트 용이성(Testability)

현실적으로 소프트웨어에는 어느 정도의 결함이 존재하기 마련이므로 실행 결과가 예상치를 벗어났을 때에는 그 원인을 쉽게 추적할 수 있는 시스템이 훌

륭한 시스템이 될 것이다.

유지보수성 테스트(Maintainability Test)

유지보수성이란 운영되고 있는 시스템의 결함을 검출하고 수정하는 데 소요되는 노력의 정도를 나타낸다. 필요에 따라 소프트웨어의 기능을 꾸준히 진화시켜 가는 것이 최근의 추세이기 때문에 시스템이 수정하기 쉬워야 하는 것은 가장 중요한 품질 요건의 하나가 되어가고 있다. 유지보수성을 입증하는 작업은 회귀 테스팅의 편의를 위해서도 매우 중요하다.

개선 용이성(Enhanceability)

시스템의 사용자는 사용하고 있는 소프트웨어 시스템이 유용하다고 느낄수록 새로운 기능을 추가하거나 기존 기능을 보완하여 시스템의 유용성을 더욱 높여 보려는 경향이 있다. 이러한 사실은 가장 두드러진 소프트웨어의 특성 중의 하나라고 말할 수 있다.

3) 시스템의 상호운용 가능성

유용성이 입증되고 융통성을 갖춘 소프트웨어는 새로운 하드웨어 환경에 옮겨 사용하기도 하고 다른 소프트웨어와 연계하여 사용하기도 하고 소프트웨어의 전부 또는 일부를 다른 시스템의 일부로서 재사용하기도 한다. 이것이 가능하면 소프트웨어의 가치는 더욱 높아진다.

재사용성이 높으려면 재사용하고자 하는 부분에 결함이 없어야 하며 이 부분에 가해지는 제약 조건이 되도록 적어야 한다.

형상 테스트(Configuration Test)

소프트웨어가 본래 장착되기로 예정되어 있거나 연결되기로 계획되어 있는 각종 하드웨어 장비들의 조합상에서 적절하게 작동하는지를 입증하기 위한 테스트이다. 실제로 사용될 각종 장비들을 테스트를 위해서 구비하는 일이 어려울 뿐 아니라 가능한 조합의 수가 많기 때문에 효율적인 접근이 요구된다.

호환성 테스트(Compatibility Test)

소프트웨어가 다른 소프트웨어와 더불어 작동해도 문제가 발생하지 않는지를 검사하는 테스트이다. 다양한 소프트웨어 간의 상호운용성(Interoperability)이 증가하는 추세이기 때문에 더불어 운용할 가능성이 있는 소프트웨어 간의 충분한 호환성 테스트가 요구되고 있다. 점검해야 할 호환성 테스트의 예로서는 상호운용할 다른 소프트웨어와의 데이타 공유가 순조로운지, 다양한 소프트웨어 플랫폼에서 작동할 때에도 문제가 발생하지 않는지, 소프트웨어의 이전 버전과의 호환성과 이후 버전과의 호환성이 있는지를 점검하는 작업 등이 포함된다.

순응 테스트(Conformance Test)

소프트웨어가 각종 프로토콜, 표준, 지침 등을 어김없이 따르는지를 확인하는 테스트를 말한다.

이식성 테스트(Portability Test)

이식성은 다른 동작 환경에서 제대로 작동하도록 하는 데 소요되는 노력의 크기를 나타낸다. 이 테스트에서는 이미 확보한 테스트 케이스 집합을 실행시켜 봄으로써 시스템이 다른 환경에서도 문제가 없이 작동할 수 있음을 확인한다. 이식성 테스트를 위해서는 하드웨어 분야에서 널리 사용되는 벤치마크 테스트(Benchmark Test) 집합이 정의되어 있으면 편리하다.

재사용성(Reusability)

시스템의 한 부분이 다른 시스템에 재사용될 수 있으려면 그 부분의 기능이 명확하고 다른 부분에의 의존도가 낮을수록 좋을 것이다.

4) 시스템의 운영 지원 용이성

시스템을 가동시키는 운영자가 많거나 시스템이 복잡하여 원활한 운영에 상당한 지식을 요할 때에는 시스템 운영을 효과적으로 지원할 수 있는 태세가 갖추어져야 한다.

문서 테스트(Documentation Test)

어느 한 소프트웨어에 수반하는 문서에는 사용자 지침서, 시스템 설명서, 시스템 설치 및 셋업 요령, 에러 메시지 리스트 등 여러 종류가 있다. 이밖에도 효과적인 사용을 돕기 위하여 사용법 교재, 샘플, 예제, 템플리트 등이 제공되기도 하고 이러한 문서들은 인쇄된 형태 또는 온라인 문서로 사용자에게 제공된다.

이러한 시스템 관련 문서들은 사용자의 편의를 도모하고 시스템에 대한 신뢰를 높여 주고 구매 후의 지원 비용을 절감시켜 줄 수 있으므로 훌륭한 문서는 시스템의 중요한 품질 요소의 하나이다.

그러나 정확한 문서의 작성은 비용이나 자원 부족의 구실 때문에 가장 소홀히 되는 부분이기도 하다. 우선 소프트웨어가 완성되기 전에 작성되는 것이 보통이므로 문서의 내용이 소프트웨어와 일치하지 않는 부분이 발생할 수 있다. 따라서 이후에 소프트웨어에 변경이 가해지더라도 변경을 반영하도록 문서를 재작성할 시간이 없게 된다. 이런 경우에는 흔히 readme파일들을 별도로 제공하여 사용자의 불편을 덜어 주고 있다.

문서 테스트에서는 시스템에 따르는 문서의 내용이 시스템을 실제로 동작시켰을 때 관찰할 수 있는 행위와 일치하도록 서술되었는지를 확인한다. 또한 다른 문서의 경우와 마찬가지로 서술이 정확한지, 내용에 모호한 점이 없는지, 누락된 부분이 없는지, 인용이나 참조가 정확한지 작성 기준에 따르고 있는지 등을 점검한다. 이상적으로는 요구 분석이 완료된 시점에 사용자 지침서를 작성하여 두 가지 문서 사이의 일관성을 점검하는 것이 좋다. 만일 일치하지 않는 부분이 발견되면 지체 없이 문서를 수정하든지 시스템을 수정해야 한다.

특히 사용자 지침서의 작성자는 시스템의 개발자나 테스터와 다른 시각으로 시스템을 바라 보기 때문에 테스트 케이스 설계에 아주 유용하게 사용할 수 있다.

복원가능성 테스트(Recoverability Test)

시스템에 고장이 생겼을 때 미리 지정해 둔 시간 안에 시스템이 정상 기능을 회복할 수 있는지를 시험한다. 소프트웨어를 여러 가지 방법으로 실패하도록 해 놓고 복구 기능이 제대로 작동하는지를 검증한다. 아울러 시스템의 작동이 중단되었을 때 문제를 시정한 후에 시스템을 재가동시키는 절차를 점검한다.

5) 기타 시스템 테스트 항목

위에서 논의한 어떠한 테스트 유형에도 포함되지 않은 테스트 항목들이 여전히 남아 있을 것이다. 중요하다고 판단되면 이것들도 모두 시스템 테스트에서 다루어야 한다.

국지화 테스트(Localization Test)

시스템이 국가적 또는 지역적 특성을 제대로 반영하는지 여부를 점검하는 테스트이다. 다른 여러 나라로 수출되는 소프트웨어 또는 수출되는 제품에 내장되는 임베디드 소프트웨어의 경우에는 이러한 종류의 테스트가 특히 중요하다.

시스템이 사용하는 문자 집합, 키보드, 단축키가 다를 수 있고 제도와 문화의 차이에 따른 도량형 단위, 용지의 규격 등이 다를 수 있다. 사용 언어의 차이에 따라서 정렬 규칙, 밑줄 긋기 법칙, 철자법, 하이픈 사용법, 대소문자의 구별 등에 차이가 있을 수 있다.

특히 같은 내용을 표현하는 데에도 언어에 따라 텍스트의 사이즈가 달라질 수 있으므로 사용자 메뉴나 시스템 메시지의 변환에도 유의해야 한다.

10.4 신뢰성 테스트

시스템이 고장을 일으키지 않고 계속해서 동작하는 것은 시스템의 가장 중요한 품질 요소의 하나이다. 시스템이 일정 기간 이상 계속하여 정상적인 기능을 수행할 수 있는 능력을 확인하기 위한 테스트가 신뢰성 테스트(Reliability Test)이다. 신뢰성 테스트 범주에 속하지만 유효하지 않은 입력 또는 스트레스나 과부하와 같은 비정상적인 상황에 대한 시스템의 대처 능력을 점검하기 위한 테스트를 특별히 강건성 테스트(Robustness Test)라고 부르기도 한다.

예기치 않은 모든 상황에 대한 대처 방법을 빠짐없이 명세서상에 기술하는 것은 불가능하기 때문에 시스템이 명세서의 내용과 일치함을 보이는 것만으로는 시스템에 신뢰성이 충분한지를 확인할 수가 없다. 심지어 정확성을 다소 희

생하는 일이 있더라도 시스템이 어느 정도의 서비스를 지속할 수 있는 능력이 요구되기도 한다. 시스템이 점점 보다 다양한 계층의 사용자에 의하여 사용되고 시스템의 구현 당시에는 미처 예상하지 않은 용도로도 사용되기 때문에 시스템의 신뢰성에 대한 요구는 앞으로 더욱 높아질 것으로 예상된다.

신뢰성은 일정 기간 동안 고장을 일으키지 않고 작동할 확률, 즉 고장간의 평균시간(MTTF; Mean Time To Failure)으로 표현된다. 시스템에 대한 요구사항으로 구체적인 MTTF가 제시되면 이것을 성취할 수 있도록 시스템의 설계에 반영하고 구현이 완료되기 전이라도 시뮬레이션 등을 통하여 확인한다. 시스템의 구현이 끝나면 신뢰성 테스트를 통하여 이것의 충족여부를 확인하여야 한다.

시스템의 신뢰성을 입증하기 위해서는 시스템의 여러 기능과 행위 중에서 빈번히 발생하는 기능과 시나리오에 대한 정보 즉 운영 프로파일(Operational Profile)이 필요하다. 이것은 각 시스템 기능의 상대적인 실행 확률을 계산한 것이다. 따라서 실행될 가능성이 높은 기능을 차례로 동작시켜서 실제로 운영에 들어갔을 때 문제가 없을 것임을 미리 확인하려는 것이다.

시스템이 고장을 일으키는 원인에는 여러 가지가 있을 수 있다. 이 절의 나머지 부분에서는 각각의 원인에 관하여 설명하고 그러한 고장을 예방하기 위한 기법들을 소개한다.

1) 구현 상의 결함으로 인한 고장

시스템의 기능들이 명세서에 기술된 대로 구현이 되지 않아 생성되는 결함으로 인하여 시스템이 고장을 일으킬 수 있다. 따라서 철저한 디버깅을 통하여 결함을 제거해야 신뢰성이 개선될 것이다. 이러한 결함은 앞에서 설명한 기능 테스트를 통하여 제거한다고 가정하고 이 절에서는 추가적인 설명은 생략한다.

2) 허용되지 않은 입력에 의한 고장

시스템에 예측하지 않은 입력이 들어올 경우에도 시스템이 작동을 중단해야 하는 경우가 발생할 수 있다. 물론 유효하지 않은 데이터가 입력이 되어서는 안되지만 허용되지 않는 입력이라고 해서 시스템이 이에 제대로 대처하지 못한다

면 결국 시스템의 작동을 중단해야 할 것이고 시스템의 신뢰도는 크게 훼손되고 말 것이다. 시스템에 대한 이해 수준이 낮은 비전문적인 사용자가 소프트웨어 시스템을 활용하는 것이 추세이기 때문에 이와 같은 능력이 점점 더 중요한 시스템의 품질 특성으로 부각되고 있다.

일부의 프로그래밍 언어에서는 타입 검사 등을 통하여 유효하지 않은 데이터가 입력되는 것을 원천적으로 방지하기도 한다. 그렇지 않은 프로그래밍 언어를 사용하여 구현한 시스템에 대해서 허용되지 않은 입력에 대한 시스템의 대처 능력은 보통 강건성 테스트를 통하여 이루어진다. 유효한 입력 영역의 경계 또는 경계 바로 바깥에 있는 데이터를 시스템에 입력하여 시스템이 이러한 입력을 차단함으로써 고장 가능성을 예방하고 있는지를 살펴보게 된다. 필요에 따라서는 유효한 입력 영역에서 상당히 벗어난 데이터를 입력하여 시스템을 테스트해보기도 한다. 이와 같은 테스트 기법은 5-5절의 경계치 테스트에서 이미 소개하였다.

프로그램이 허용되지 않은 입력에 대처하는 능력을 테스트하려면 허용되지 않는 입력값을 능률적으로 생성할 수 있어야 한다. 이런 목적으로 자주 활용되는 것이 결함 주입(Fault Injection)기법이다. 프로그램에 제공되는 입력값 자체에 결함을 주입시키는 것이 목적이지만 메시지나 하드 디스크에 저장되어 있는 데이터를 훼손시키기도 한다.

기본형의 입력 변수에 대해서는 프로그램의 입력 매개변수를 통하여 결함을 주입시킨다. 참조 데이터 유형의 경우에는 heap메모리 공간을 직접 훼손시키는 방법을 사용한다. 이러한 작업을 자동적으로 해주는 결함 주입 도구들이 개발되어 있다.

구체적인 입력 포맷을 통하여 데이터가 입력되는 경우에는 필드 확인(Field Validation)기법을 사용하여 유효하지 않은 입력에 대한 시스템의 대처 능력을 점검할 수 있다.

예를 들어 물품 구매 시스템에서 신용카드를 사용하여 구매 대금을 결제하려는 경우에는 신용카드 종류, 신용카드 번호, 유효 기간 만기일 등을 입력해야 하고 유효기간 만기일은 만기가 되는 연도 마지막 2자리와 만기가 되는 달을 다음과 같은 양식으로 입력해야 한다고 가정하자.

(Y) (Y) (M) (M)

이 예를 통하여 필드를 확인하는 방법을 설명해 보기로 한다.

YY로 표현되는 유효년도 두자리 수는 올해와 같거나 커야 하고 최대 10년을 초과할 수 없다.(신용카드 유효기간을 최대 10년으로 가정하였음) 또한, MM은 01-12 사이에 있어야 한다. 단, YY가 올해를 나타내는 경우에는 MM은 이번달보다 크거나 같아야 한다. 따라서 입력값을 유효범위를 넘는 경우는 다음과 같이 네 가지 경우가 존재한다.

- YY가 올해보다 작은 경우
- YY가 올해보다 11 이상 큰 경우
- MM이 12보다 큰 경우
- YY가 올해와 동일한데 MM이 이번 달보다 작은 경우

이 예를 통하여 필드를 확인하는 방법을 설명해 보기로 한다.

3) 비정상적인 작동 조건으로 인한 고장

시스템이 비정상적인 조건에서 작동하게 되거나 예상을 초과하는 데이터 부하가 주어지는 경우 고장을 일으킬 수 있다. 설계시에 고려한 정상적인 작동 조건이나 적절한 부하가 있겠지만 운영에 들어간 시스템이 처할 작동 조건이나 걸리게 될 부하를 사전에 정확하게 예측하기는 어렵다. 따라서 시스템이 이러한 극단적인 상황에 대처하는 능력을 갖추는 것이 중요하다.

고의적으로 가용 자원을 최소한도로 제한하는 등의 비정상적인 작동 조건하에서 시스템이 어떠한 모습을 보이는지를 점검하기 위한 테스트를 스트레스 테스트(Stress Test)라 부른다. 시스템이 정상적인 경우보다 훨씬 적은 양의 주기억용량을 가지고 작동시키거나 수많은 파일들을 고의적으로 하드 디스크에 복사시켜 용량을 거의 채운 상태에서 작동시키거나 아주 느린 CPU를 사용하여 작동시키는 등의 예를 들 수 있다.

한계 상황 하에서 시스템이 어떻게 대처하는지를 점검하는 테스트의 다른 예

가 부하 테스트(Load Test)이다. 이 테스트의 목적은 시스템이 정상적으로 처리할 수 있을 것으로 예상되는 것보다 훨씬 많은 부하를 주고 시스템이 이럴 경우에 어떻게 대처하는지를 점검하기 위한 것으로 스트레스 테스트와는 정반대의 테스트라고 볼 수 있다. 예를 들어 파일의 크기를 엄청나게 큰 파일을 처리하게 한다든지 정상적인 경우보다 훨씬 많은 주변 장치를 붙인 상태에서 시스템을 작동시켜 보는 것이 부하 테스트의 예이다.

4) 가용 메모리 부족 또는 메모리 훼손에 의한 고장

메모리 훼손(memory corruption)이나 메모리 유출(memory leak)과 같은 메인 메모리에 관련한 문제가 발생하면 시스템이 고장을 일으킬 수 있다.

메모리 훼손은 버퍼 오버플로우가 발생한다든지 포인터가 부정확하게 사용되는 등의 프로그램 상의 결함으로 인하여 허용되지 않은 메모리 영역의 데이터가 손상되는 것을 말한다.

메모리 유출은 프로그램의 작동이 계속됨에 따라 사용이 끝난 메모리를 반환하지 않아 사용가능한 메모리 용량이 점점 줄어들어 발생한다. 이럴 경우에는 시스템의 성능이 저하되고 결국 고장을 일으키는 원인이 된다.

메모리 유출은 응용 프로그램이 더 이상 참조하지 않는데도 불구하고 Heap의 할당이 해제되지 않아서 발생한다. 메모리 유출은 테스팅의 수단으로 좀처럼 발견하기 어렵다는 데에 문제가 있다. 많은 경우에 메모리 유출이 발생하더라도 프로그램의 작업이 완료되어 사용 중인 메모리가 회수되어 문제가 완화되든지 또는 시스템의 메모리 용량이 충분하여 아주 큰 유출이 아니면 별 문제가 되지 않기도 한다. 그러나 제한적인 자원을 사용하는 임베디드 소프트웨어의 경우에는 메모리 유출은 시스템 고장의 주요 원인으로 대두되고 있다.

메모리 오류는 현재 소프트웨어 신뢰성을 훼손하는 가장 큰 원인으로 지목되고 있으며 이 오류를 제거하기 위한 다양한 도구들이 개발되어 있다. 이 도구들은 크게 정적 분석을 통한 메모리 오류 검출 도구들과 동적 테스팅 과정에서 메모리 오류를 검출하기 위한 도구로 나뉜다. 정적 분석 도구들은 거짓 경보(false alarm) 문제가 많다는 단점을 안고 있고, 동적 검출 도구들은 메모리 오류 검출을 위해서 많은 오버헤드를 유발한다는 문제점을 안고 있다.

10.5 인도 직전의 테스트

인수 테스트(Acceptance Test)는 소프트웨어가 고객의 요구사항과 개발 계약에 명시된 사항을 모두 충족시키는지 여부를 입증하기 위하여 사용된다. 인수 테스트는 사용자 또는 고객이 인수 여부를 최종 결정을 하기 전에 개발된 소프트웨어의 기능, 성능, 인터페이스의 적합성과 기타 품질 요소를 조사해 볼 수 있는 마지막 기회이다.

시스템이 인도된 문서에 서술된 내용과 일치하고 고객과 사용자가 제공된 훈련을 통하여 새로운 소프트웨어를 정상적으로 운영시키기에 충분할 만큼 시스템을 이해하고 있고 최종 제품이 모든 사용자/고객의 요구사항을 충족했음을 입증한 후에 시스템에 대한 최종적인 인수 여부의 결정이 내려진다.

최종 인수 테스트는 고객의 품질관리 요원에 의하여 개발자의 사이트에서 진행하며 고객의 운영자를 참여시키는 경우도 있다. 인수 테스트의 내용은 개발자가 수행한 시스템 차원의 테스트와 별 차이가 없지만 고객이나 사용자가 직접 테스트 하거나 테스트에 참여하여 진행을 지휘하는 점이 다르다. 인수 테스트 계획서는 고객이 직접 준비하거나 개발 측에서 작성해서 고객의 승인을 받는다.

상업적인 소프트웨어 개발에서는 소프트웨어 시스템이 개발자의 목표를 만족하고 생산과 판촉에 들어갈 준비가 되었음을 판단하기 위해 실시되며 사용자나 구매자가 시스템을 구매할지 여부를 결정할 수 있게 해 준다. 상업적인 소프트웨어 개발에서는 흔히 베타 사이트를 활용하여 개발자와 독립적으로 소프트웨어를 실행시킬 수 있는 기회를 제공한다. 이것은 고객에게 제품을 인도하거나 소프트웨어 제품의 판촉을 시작하기 전에 제품을 실제 작동환경에서 돌려 보고 중대한 결함이 있는지 여부를 평가할 수 있는 마지막 기회이다.

Release 테스트

고객에게 인도해야 할 시스템의 모든 구성품을 수집한 다음에 이것들이 모두 올바른 것인지를 확인하고 필요한 것을 복사한 다음에 복사본을 보관한다.

설치 테스트(Installation Test)

소프트웨어가 고객의 운영 환경에서도 의도한 대로 작동함을 시험하기 위한

테스트로 현장 테스트(Field Test)라고도 부른다. 설치 테스트에서는 인수 테스트에서 사용한 테스트 케이스를 그대로 사용해도 되지만 반드시 고객의 운영 환경에서 고객의 장비를 사용해서 수행해야 한다.

10.6 인도 이후의 테스트

개발자에 의한 시스템 테스트가 완료되면 사용자에게 인도되어 운영에 들어가기 전에 사용자에게 미리 알파 테스트와 베타 테스트의 기회를 제공하기도 한다.

알파 테스트(alpha test)는 실제 사용자가 개발자 사이트에서 시스템을 시험 사용해 보는 것을 말한다.

베타 테스트(beta test)는 실제 사용자가 시스템이 설치될 자신의 사이트에서 시험 사용해 보는 것을 말한다.

감마 테스트(gamma test) 시스템이 실제 운영 상태에 들어간 후에도 계속되는 일체의 테스트를 말한다. 결함을 추가적으로 검출하기 위한 것이기도 하지만 시스템의 실행 상태를 면밀히 관찰하고 필요하다면 성능을 보완하기 위한 테스트이다.

CHAPTER

회귀 테스트 11

11 CHAPTER 회귀 테스트

11.1 개요

개발이 완료된 소프트웨어는 고객에게 인도되어 본격적인 운영에 들어간다. 그러나 소프트웨어가 운영에 들어간 후에도 여러 가지 이유로 소프트웨어에 변경이 가해질 수 있다. 회귀 테스트(Regression Test)는 소프트웨어에 수정이 제대로 가해졌는지, 가해진 수정내용이 소프트웨어의 다른 부분에 나쁜 영향을 끼치지는 않았는지를 파악하기 위하여 시행된다. 즉 회귀 테스트에서는 이전 버전에 포함되어 있던 기능이 여전히 옳게 작동하고 있음을 재확인하고 수정된 부분에 문제가 없고 시스템에서 기능 중에 후퇴(regress)한 부분이 없음을 입증하게 된다.

소프트웨어를 고객에게 인도하기 전의 테스트에서 미처 발견하지 못한 결함이 검출되어 이를 제거하기 위하여 수정이 가해지기도 한다. 이 경우에 행해지는 테스트를 수정을 위한 회귀 테스트(Corrective Regression Test)라 부른다.

또한 운영에 들어간 소프트웨어에 일부 기능을 추가하여 새로운 버전을 만들거나 소프트웨어를 다른 작동환경에 적응시키기 위하여 필요한 변경을 취해야 하기도 한다. 이 경우에 행해지는 테스트를 전진적 회귀 테스트(Progressive Regression Test)라 부른다.

최근에는 새로운 소프트웨어 시스템을 처음부터 완전히 새로 개발하는 경우는 드물고 기존 시스템(Legacy System)의 거의 전부 또는 상당 부분을 그대로 사용하고 필요한 만큼의 기능만을 추가하든지 변경하는 일이 많다. 즉 한번 제작된 소프트웨어는 추가적인 기능이 필요하거나 새로운 작동 환경에서 운영하기 위하여 꾸준히 진화한다. 따라서 회귀 테스트는 소프트웨어 시스템에 변경이

가해질 때에는 반드시 행해야 하는 매우 중요한 테스트이다.

11.2 회귀 테스트 전략

소프트웨어를 처음 개발할 때에는 필요한 테스트 케이스를 새로 준비해야 하지만 회귀 테스트에서는 처음 개발할 때 사용한 모든 테스트 케이스를 그대로 재사용하게 되고 변경된 부분을 시험하기 위한 새로운 테스트 케이스가 추가적으로 필요하다. 회귀 테스트 전략은 크게

1. 이미 준비되어 있는 모든 테스트 케이스를 재작동시키는 방법(Retest All)과
2. 변경된 부분과 변경이 영향을 미칠 수 있는 부분만을 테스트하는 방법(Selective Retest)

으로 나누어진다.

완전 반복 회귀 테스트(Retest All 방법)는 확보한 테스트 케이스 전부를 일일이 다시 조사해 보는 방법이다. 이 방법은 절차가 간편한 것이 장점이지만 실행시켜 보아야 테스트 케이스가 너무 많기 때문에 테스트를 실행하고 테스트 결과를 확인하는 데 엄청난 노력과 시간이 필요하다.

반대로 선택적 회귀 테스트는 확보한 테스트 케이스 중에서 일부의 테스트만을 회귀 테스트로 사용하는 방법이다. 이 방법은 테스트 케이스를 선택하는 방법에 따라 여러 가지로 나뉘어진다.

그 중에서 대표적인 방법은 변경 영향 분석(Change Impact Analysis)을 통하여 변경의 영향이 파급될 수 있는 부분을 정확히 파악하고 그 부분을 충분히 시험할 수 있는 테스트 케이스를 선별하는 방법이다. 따라서 이 방법은 확인에 필요한 테스트 케이스를 빠짐없이 찾아 그것만을 실행시키면 되기 때문에 흔히 안전한 회귀 테스트 기법(Safe Regression Test)이라고 부른다. 그러나 이 방법은 매우 능률적인 회귀 테스트 방법이지만 영향 분석 작업 자체에 많은 시간

을 요하고 분석 과정 자체에 오류의 가능성이 존재하는 문제점이 있다. 특히 영향 분석 후에 거의 모든 부분을 회귀 테스트 해야 한다는 결론이 나는 경우에는 분석 시간이 사실상 허비 될 수도 있기 때문에 실제 테스트 환경에서는 별로 채택되지 않고 있는 실정이다.

그 밖의 선택적 회귀 테스트 방법에는 테스트 케이스 샘플링 방법과 우선 순위를 고려한 회귀 테스트 방법이 있다. 이 방법들은 테스트에 주어진 시간이 확보한 모든 테스트 케이스를 실행시키기에는 부족한 경우에 사용한다.

테스트 케이스 샘플링 방법은 주어진 시간 안에 실행시킬 수 있는 테스트 케이스의 갯수를 결정한 다음에 그만큼을 샘플링하여 사용하는 방법이다. 간편하기는 하지만 안전하지는 않은 방법이다.

한정된 시간에 회귀 테스트를 하자면 우선 순위가 가장 높은 테스트 케이스로부터 테스트를 시작하고 허용된 시간이 다할 때까지 우선 순위에 따라 테스트를 실행하는 것이 합리적일 것이다. 따라서 회귀 테스트에서 제외된 테스트는 우선 순위가 낮은 것, 즉 테스트에 실패하여도 그로 인해 초래되는 피해가 적은 테스트들인 것이다. 예컨대 사용자의 사용 빈도가 높은 기능을 시험하는 테스트 케이스들과 사용 가능성은 비교적 낮을지라도 고장이 발생하면 피해가 아주 클 수 있는 기능을 시험하는 테스트 케이스들이 우선 순위가 높을 것이다.

11.3 회귀 테스트 절차

회귀 테스트를 진행하는 절차는 다음과 같다.

어느 프로그램 명세 S를 구현한 프로그램 P가 있고 P를 테스트하기 위하여 준비한 테스트 집합을 T라고 하자. 그리고 새로운 프로그램 명세 S′을 반영하기 위하여 P 를 수정하여 새로운 프로그램 버전 P′을 얻었다고 하자. P′을 테스트 하는 데 필요한 T의 부분 집합을 집합 T′이라고 하고 P′을 테스트하기 위하여 새롭게 설계한 테스트 집합을 T″이라고 하자.

1. T 에서 T′을 선별한다.

2. T′ 을 가지고 P′ 을 테스트한다.
3. 필요한 경우, T″을 설계한다.
4. T″을 가지고 P′ 을 테스트한다.
5. T, T′ 와 T″를 통합하여 새로운 테스트 집합 T‴을 구축하고 P′ 에 대한 테스트 이력(test history)을 구한다. 이때 더 이상 필요가 없는 테스트 케이스는 삭제한다.

11.4 회귀 테스트 케이스 선별 방법

기존의 테스트 케이스에서 변경에 관련되는 코드의 부분을 시험할 테스트 케이스를 선별하는 많은 기법들이 연구되어 있다. 이 기법들은 먼저 코드를 분석하여 변경의 영향을 받을 수 있는 코드의 부분을 파악하고 방화벽(firewall)을 친다. 다음에 이 부분을 실행시키는 테스트 케이스를 골라 낸다.

1) 슬라이싱 기법

하나의 테스트 케이스가 실행시키는 일련의 프로그램 문장들을 프로그램의 한 조각(slice)이라고 부른다. 슬라이싱 기법은 이러한 조각 중에서 코드의 변경된 부분을 포함하는 조각을 골라내는 방법이다.

2) 데이터 흐름 기법

이 기법에서는 먼저 코드 내 변수의 모든 정의-사용 쌍(definition-use pair) 중에서 변경된 부분과 관련이 있는 것을 골라 낸 다음에 이러한 정의-사용 쌍을 포함하는 경로를 실행시키는 테스트 케이스를 선별한다.

3) 클러스터 식별 기법

클러스터란 제어 흐름 그래프의 부분 그래프로서 단일 입구와 단일 출구를 갖는 부분 그래프를 말한다. 이 기법은 변경된 부분을 포함하는 클러스터를 찾아 낸 다음에 이러한 클러스터를 실행시킬 수 있는 테스트 케이스를 선별한다.

〈모듈 간의 회귀 테스팅을 위한 테스트 케이스 선별 방법〉

4) System Dependence Graph 기법

시스템 의존 그래프(System Dependence Graph)는 제어 흐름 그래프를 시스템 수준으로 확장하여 모듈 간의 연관관계를 나타내는 그래프이다. 제어 흐름 그래프를 대상으로 한 클러스터 식별 기법을 시스템 의존 그래프를 대상으로 적용하면 여러 모듈에 걸친 클러스터를 식별할 수 있고 이를 바탕으로 테스트 케이스를 선별한다.

5) Firewall 기법

이 기법에서는 먼저 firewall을 칠 곳을 결정한다. 다음에 firewall에 포함된 모듈을 단위 테스팅 하고 firewall에 포함된 상호작용을 하는 모듈들에 대하여 통합 테스팅을 한다.

11.5 회귀 테스트 시스템

개발 단계에 집중되는 단위, 통합, 시스템 시험과 달리 회귀 테스트는 시스템 운영 중에 지속적으로 필요하다. 또한, 소프트웨어가 변경됨에 따라서 반복적으로 수행된다. 이와 같은 지속성과 반복성을 고려할 때 회귀 테스트는 체계적인

절차와 방법론에 따라 수행되어야 하며 가능한 자동화해야 한다. 회귀 테스트 시스템을 구축할 때 고려해야 할 점은 크게 두 가지로서 회귀 테스트를 위한 테스트 케이스 선별 방법과 회귀 테스트 수행시 테스트 결과 판정 방법이다.

회귀 테스트 케이스 선별 방법은 앞 절에서 설명한 것처럼 일반적으로 변경 영향분석을 통해서 변경 부분과 영향 받는 부분을 파악하고 해당 부분에 대한 테스트 케이스를 재사용하는 방법을 택한다. 따라서 회귀 테스트 시스템은 테스트 케이스 선별과정에서 소스 코드 형상관리 도구, 변경영향 분석도구와 연동된다.

회귀 테스트 수행 결과는 기존 테스트 수행 결과와 비교를 통해서 판정하는 경우가 많다. 즉, 기존 테스트 수행 결과를 테스트 오라클로 활용하여 회귀 테스트 수행 결과를 판정하는 것이다. 따라서 회귀 테스트 시스템은 기존 테스트 케이스를 재활용할 뿐만 아니라 기존 테스트 수행 결과도 재활용한다.

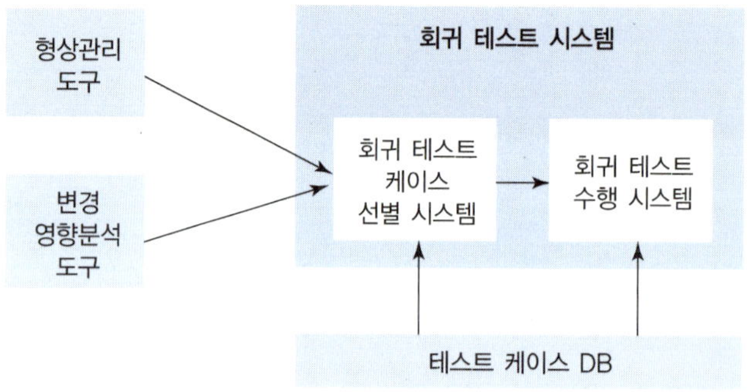

[그림 11-1] 회귀 테스트 시스템

CHAPTER

12 소프트웨어 테스트 관리와 품질 보증

12 CHAPTER 소프트웨어 테스트 관리와 품질 보증

12.1 개요

소프트웨어의 품질을 제고하려면 첫째, 개발 중에 소프트웨어에 결함이 유입되지 않도록 노력해야 하고 개발이 끝난 다음에는 소프트웨어에서 결함을 최대한 제거해야 한다. 즉 최신 소프트웨어 공학 기법을 적용하여 정밀한 개발 작업이 이루어지도록 하여 실수를 방지하고 개발 후에는 테스트를 통하여 가능한 한 체계적으로 결함을 검출하고 제거해야 한다.

소프트웨어의 프로세스가 개선되면 개발 능률이 좋아질 뿐 아니라 개발 과정을 통하여 산출되는 최종 결과물의 품질이 좋아질 것이다. 따라서 개발 프로세스의 개선은 제품의 품질 개선에 관건으로 인식되고 있다.

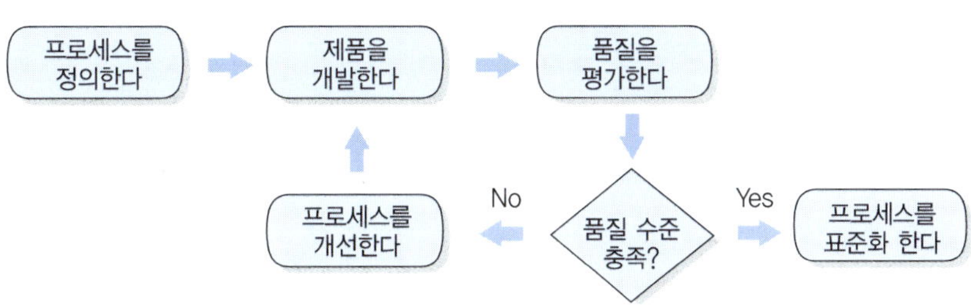

[그림 12-1] 소프트웨어 프로세스 개선

[그림 12-1]은 프로세스 개선을 통한 품질 개선 과정을 보이고 있다. 신중히 정의한 소프트웨어 프로세스를 제품 개발에 적용하고 최종적으로 산출되는 제품의 품질을 평가한다. 만일 제품의 품질이 기대에 미치지 못하면 개발 프로세

스를 개선하고 이것을 새로운 제품 개발에 적용한 다음에 품질이 충분히 개선되었는지를 평가한다. 이러한 과정을 기대하는 품질 수준을 성취할 때까지 계속한다. 프로세스를 적용했을 때 만족할 만한 수준의 제품 품질을 얻을 수 있다면 그 프로세스는 표준 프로세스로 계속 사용하게 될 것이다.

이 장에서는 테스트 작업을 효과적으로 관리하기 위한 기법들을 소개한다. 제 2절에서는 테스트 과정 중에 발견된 결함이 효율적으로 수정되도록 하는 결함 관리 기법을 소개한다. 제 3절에서는 테스트 인력에게 효과적인 테스트 작업에 필요한 전문성을 확보할 수 있게 하는 인력 관리 방안을 소개한다. 제 4절에서는 테스트 관리 기법을 소개하고 제 5절에서 제 7절까지에서는 요구되는 소프트웨어 품질 목표를 달성하기 위한 품질 관리 기법을 소개한다.

12.2 소프트웨어 결함 관리

소프트웨어 테스팅의 목적은 가능한 한 많은 결함을 찾아 내어 결함을 시스템에서 제거하는 일이다. 결함을 빠짐없이 검출하고 제거하는 일은 기술적인 과제이지만 발견된 결함을 반드시 제거하도록 노력하는 일은 관리 차원의 과제이다.

고객에게 시스템을 인도하기 전에 결함을 충분히 제거하지 않으면 고객의 불만이 클 수 있고 그러면 소프트웨어에 대한 신뢰가 떨어져서 이것이 손실로 연결될 수 있다. 그리고 결함을 수정하는 노력 때문에 개발 일정에 차질이 올 수 있다. 그러나 인도 후에 수정하기로 한다면 제품의 이미지 실추가 예상되고 결국 추가적인 고객 지원 비용도 감수해야 한다.

그러나 실제로는 발견된 결함이라고 해서 반드시 수정되는 것은 아니다. 다음과 같은 경우에는 결함은 수정이 되지 않는다.

- 결함을 재생할 수 없어서 수정 자체를 할 수 없는 경우
- 정해진 시간 안에 제품을 인도해야 하기 때문에 수정할 시간이 부족한 경우
- 촉박한 일정 하에서 수정을 하는 것은 위험하기 때문에 수정을 보류하는 경우

- 결함이 사소하여 무시할 수 있다고 판단하는 경우

그러나 결함을 수정할지 여부는 결함의 심각성, 결함 수정에 소요될 노력의 크기, 수정 작업이 개발 일정에 미칠 영향, 그리고 시스템에 요구되는 품질 수준을 참작하여 결정해야 한다. 어떤 수정에 대해서는 고객의 허락이 필요한 경우도 있다

결함의 심각한 정도에는 차이가 크다.

1. 심각한 결함
   시스템을 작동 불능 상태로 만들거나 데이터의 파괴나 훼손을 시키는 결함 등과 같이 최우선적으로 수정되어야 하는 결함
2. 중요한 결함
   부정확한 결과를 초래하는 결함 등과 같이 반드시 수정되어야 하는 결함
3. 사소한 결함
   시스템에 큰 영향을 끼치는 정도는 아니지만 사용자에게 불편을 줄 수 있는 결함 등과 같이 시간이 허락하면 수정하는 것이 좋은 결함
4. 지적 사항
   결함이라고는 할 수 없지만 개선의 여지가 있는 사항

결함이 보고되면 검토한 후 결함의 심각한 정도를 파악하여 수정 작업의 우선 순위 결정에 참고하게 된다.

결함 수정의 우선 순위는 다음과 같이 분류할 수 있다.

1) 즉시 수정
2) 인도 이전에는 반드시 수정
3) 시간이 허용하는 대로 수정
4) 수정하는 것이 바람직하지만 형편에 따라 수정하지 않은 채로 인도할 수 있음

보고된 결함을 제거해야 할 때 가장 문제가 되는 것은 결함을 재생할 수 있는지 여부이다. 결함을 재생할 수 없으면 결함이 실제로 존재하는지도 확인할 수

없고 따라서 결함이 존재할 가능성이 있음에도 불구하고 결함을 제거하지 못한 채 소프트웨어를 인도해야 하는 상황이 발생할 수 있다.

결함을 재생하기 어려운 이유 중에 하나는 결함을 발견하고 보고한 사람과 결함을 수정하는 사람이 다르기 때문이다. 물론 결함을 발견한 사람이 확인을 하기 위해서 곧바로 재생해 보려 해도 발견한 결함을 재생할 수 없는 경우도 있다. 이런 경우는 결함을 발견할 때 적용한 실행의 세부 사항을 잊어버려 똑같은 실행을 할 수 없기 때문에 발생한다.

결함을 발견했을 때의 상황을 상세하게 기록해 두지 않으면 시간이 지날수록 재생은 더욱 어려워진다. 결함을 재생할 수 있으려면 결함이 발견될 당시의 운영 상태가 그대로 보존되어야 하는데 테스트 실행의 자동화가 되어 있으면 이런 문제를 크게 줄일 수 있다.

결함을 수정하는 작업에도 착오가 있을 수 있고 결함 수정 작업 자체가 또 다른 결함을 유발하기도 한다.

- 수정 작업 자체에 실수가 발생한 경우
- 수정 내용이 너무 일반적이어서 특정한 경우에는 다시 결함이 드러나는 경우
- 수정 작업이 임시 방편적이어서 문제의 완전한 해결이 되지 않는 경우
- 동일한 결함이 여러 곳에 존재하는 데 일부만 수정한 경우
- 고장이 사라진 것으로 보이지만 그렇지 않은 경우

테스팅 과정 중에 발견된 결함은 반드시 수정되도록 노력해야 한다. 이 작업이 책임있게 이루어지고 수정으로 인한 다른 문제점이 유발될 가능성을 배제하기 위하여 결함 수정 절차가 엄밀히 정의되고 관리되어야 한다. 일반적인 결함 관리(Defect Management) 절차는 다음과 같다.

1. 발견된 결함을 보고한다(reported).

- 결함이 발견되면 발견자는 다시 한번 확인한 후에 이 사실을 문서로 기록하여 정보를 공유할 수 있도록 하는 것이 바람직하다. 결함 보고서를 작성하는 것이 검사자의 주요 산출물이다.
- 결함에 관련된 정보를 정확하게 보존하고 책임 소재를 분명히 하기 위하여 보고할 때에는 대개 〈표 12-1〉과 같은 결함 보고서 양식을 작성한다. 이

보고서에는 결함을 수정하기로 결정이 되면 수정 담당자가 결함을 재생할 수 있고 수정하는 데 필요할 충분한 정보를 포함하여야 한다.

- 보고서는 결함이 발견되는 즉시 작성하는 것이 정확한 정보를 보존하는 데 도움이 된다. 같은 시점에서 발견된 결함들이라도 수정 작업은 결함에 따라 다르게 진행될 수 있기 때문에 각 결함마다 별도의 보고서를 작성하는 것이 좋다.
- 일단 보고된 결함이라 할지라도 결함인 것으로 잘못 판단한 것이면 수정 작업에 착수하기 전에 보고한 사람이 철회할 수 있다.

2. 새로 보고된 결함들은 결함 목록에 추가한다.

- 이 목록에는 보고된 모든 결함이 수록되며 결함의 수정 상태를 수록하여 필요할 때에는 모든 결함에 대한 수정 작업을 진행 상태를 일목요연하게 보일 수 있어야 한다.

3. 수정 작업을 담당할 사람을 지명한다.(assigned)

- 결함이 포함된 부분을 최초에 개발한 사람이 수정을 담당하는 것이 보통이다.

4. 담당자가 결함의 내용을 분석하고 수정 작업을 진행한다.(opened)
5. 담당자가 수정 작업을 완료한 후 이 사실을 보고한다.(resolved)
6. 수정이 제대로 이루어졌는지를 확인한다.(verified)

수정 작업이 완료되었음이 보고되면 다른 사람을 지명하여 수정이 제대로 이루어졌는지를 확인한다.

7. 이 결함에 관련한 작업을 종료한다.(closed)

수정 작업의 확인이 끝난 사실이 보고되면 결함에 관련된 작업을 완결하고 수정 내용을 새 버전에 반영시킬 준비를 한다.

이상은 결함 수정 작업의 정상적인 수순이다.

〈표 12-1〉은 결함 보고서 양식의 예이다. 이 보고서 양식에 포함되는 내용을 간단히 소개한다.

이 보고서에는 결함을 발견한 사람이 결함을 보고하기 위하여 작성하는 부분과 결함의 수정 작업의 진행 상황에 관한 정보와 더불어 수정을 담당한 사람과 수정 결과를 확인한 사람이 기록하는 부분으로 구성된다.

보고자는 결함이 발견된 프로그램 자체에 관한 정보, 발견된 문제에 관한 설명, 결함의 유형과 결함의 심각성의 분류, 결함을 재생하는 방법 등을 기록한다.

결함 보고서가 제출되면 변경 제어 위원회 또는 프로젝트 책임자는 식별의 편의를 위하여 보고서 번호를 부여하고 지시 사항, 수정 작업의 우선 순위, 수정 작업의 진행 상황, 위원회의 결정 사항 등 결함 관리에 필요한 사항을 기록한다.

책임 소재를 명확히 하기 위하여 보고자, 수정 작업 담당자, 수정 결과 확인자는 보고하는 날짜를 기록하고 서명한다.

결함이 보고되었다고 해서 즉시 수정 작업이 개시되는 것은 아니다. 어느 한 개인의 판단으로 수정 여부를 결정할 경우에는 판단 착오가 발생할 수 있기 때문에 대개의 경우에는 변경 제어 위원회(Change Control Board)에 회부하여 신중한 검토를 거쳐서 수정 여부를 결정한다.

변경 제어 위원회는 소프트웨어의 형상 관리(Configuration Management)를 체계적으로 지원하기 위한 기구이지만 코드의 결함을 제거하기 위한 수정 작업도 형상관리의 일부로 간주할 수 있기 때문에 이 기구를 활용하는 것이 보통이다.

변경 제어 위원회를 통하여 결정을 할 경우에는 위원회를 수시로 개최하기 어려우므로 정해진 기간 안에 보고된 모든 결함을 모았다가 일괄 처리하는 것이 보통이다. 그러나 편의상 프로젝트 책임자가 위원회의 역할을 대신하기도 한다.

변경 제어 위원회는 결함의 내용을 검토한 후, 결함이 아닌 것으로 판명하거나 결함이 사소하여 수정할 필요가 없는 것으로 결정할 수도 있다(reject). 일단 수정해야 하는 것으로 결정하는 경우에도 첫째, 수정을 하기로 하되 수정 작업을 잠정적으로 뒤로 미루는 경우(deferred), 완전한 수정 대신에 임시 방편으로 패치(patch)를 준비하는 경우, 완전한 수정 작업을 하기로 결정하는 경우 등의 여러 대책이 가능하다.

[그림 12-2]는 결함 관리 과정을 알기 쉽게 나타낸 것이다.

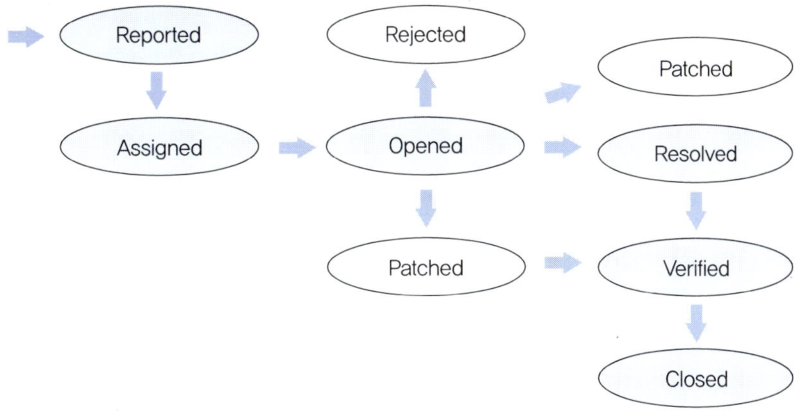

[그림 12-2] 결함 관리 절차

개발하려는 소프트웨어 시스템의 규모가 크면 관리해야 하는 결함의 수도 많아서 결함 관리가 능률적으로 착오 없이 이루어져야 한다. 현재 발견된 결함의 수가 어느 정도이며 수정 작업은 어떻게 진행되고 있는지, 만일 작업이 순조롭게 진행되고 있지 않다면 어느 곳에서 지연되고 있는지 누구나 쉽게 파악할 수 있어야 한다. 따라서 효과적인 결함관리를 하려면 결함 추적 시스템(Defect Tracking System)과 같은 자동화 시스템을 사용하는 것이 좋다.

결함 추적 시스템은 결함을 보고하고, 결함 목록에 추가하기 위하여 데이터베이스에 입력하고 필요할 때 특정 결함에 관한 정보를 추출하고 각 결함에 대한 수정 작업의 진행 상태를 주기적으로 모니터링할 수 있도록 요약 보고서를 산출한다.

〈표 12-1〉 결함 보고서 양식

결함 보고서 양식		
보고서 일련 번호		
결함이 검출된 프로그램	버전 번호	
에러 유형		
에러의 심각도		
문제의 요약		
에러의 재생 방법		
보고자의 인적 사항 및 서명		
수정 담당자의 인적 사항 및 서명		
수정 결과 확인자의 인적 사항 및 서명		
결함 수정의 상태		
수정의 우선 순위		
문제의 종결 방법		

12.3 테스트 인력 관리

테스팅은 시스템에 관한 폭 넓은 지식, 풍부한 테스팅 경험, 인내력과 집중력을 요하는 작업이다. 따라서 테스팅에는 고도의 전문성과 실무 경험이 필요함에도 불구하고 테스팅 작업은 개발 작업에 비하여 경시되는 경향이 있고 개발자 역시 테스터를 무시하는 일이 많다. 또한 테스팅은 생명 주기(life cycle)의 마지막 단계의 작업이기 때문에 관심이 부족하고 시스템의 인도가 임박한 시점에서 진행되기 때문에 항상 시간에 쫓기면서 작업하게 된다.

그러나 실제에는 신입 사원이나 경험이 적은 인력이 테스팅 작업에 배정되는

일이 많으며 일단 테스트 업무에 배정되더라도 언제나 기회가 있으면 다른 부서에서 일하고 싶어하는 경향이 있다. 따라서 지속적으로 테스팅 작업을 수행함으로써 테스팅 경험과 지식을 꾸준히 축적할 가능성은 희박하다.

따라서 소프트웨어 품질 개선의 필요성을 인식하는 관리자라면 테스터가 오랜 기간 동안에 테스팅 업무에 종사하면서 업무 능력과 경험을 축적해 나가면서도 다른 업무에 뒤지지 않는 승진의 기회를 부여해야 할 것이다.

실제로 미국 AT&T사에서는 테스터를 위한 경력 등급(Career Path)을 정의하고 이를 실행에 옮기고 있다고 한다. 이 방안에 따르면 테스터의 경력 등급을 Software Tester, Software Test Engineer, Software Test Specialist, Lead Test Specialist, Enterprise Software Test Engineer 등 5개의 직급으로 정의하고 각 직급에서 요구되는 테스터의 능력, 지식과 역할을 정의하고, 능력 개발을 위한 다양한 교육 및 훈련의 기회를 제공하고 공인된 기관으로부터 테스터로서의 능력 인증을 받도록 권유하고 있다. 참고로 5개의 직급을 간단히 소개하면 다음과 같다.

- Software Tester
  - 대학 학부과정에서 소프트웨어 테스팅에 관한 교육을 받는 경우는 드물다. 따라서 입사 후 도제의 역할을 수행하면서 경험이 있는 테스터의 세심한 mentor를 받는다. 그리고 사내 교육 기관에서 2년 가량의 교육을 받으며 테스팅의 기초적 기법, 절차, 도구, 테스팅 환경을 익힌다.

- Software Test Engineer
  - 테스팅의 기본 능력을 갖추고 테스트 계획 수립, 관리, 테스트 실행 업무에서 중요한 역할을 수행한다. 이들은 조직과 프로젝트의 품질 목표에 관하여 숙지하고 있어야 한다.

- Software Test Specialist
  - 이들은 테스트 도구 및 자동화, 테스트 환경의 구조, 테스트 장비, 시스템 구조 검증, Operations readiness testing, end-to-end testing 등의 분야 중에서 적어도 한 분야 이상의 전문성을 확보해야 한다. 이 직급에 도달하려면 수년간의 경험을 쌓고 정식 교육, 학술회의, 실무 교육을 통하여 추

가적인 지식을 축적하고 자신의 전공 분야에서 선택 가능한 여러 가지 접근 방법, 장비 또는 도구에 관하여 근거 있는 판단을 내릴 수 있어야 한다.

- Lead Test Specialist
  - 이 직급에 도달하는 데에는 2가지 방법이 있다. 하나의 방법은 특정 분야의 지식과 경험을 쌓아 테스트 업무를 지휘할 능력을 보이고 복잡한 프로젝트를 수행하고 있는 소프트웨어 테스터들의 업무를 조정할 수 있는 능력을 갖추는 방법이다. 다른 방법은 지식과 경험을 축적하여 2가지 이상의 분야에서 전문가가 될 자격을 갖추는 방법이다. 이럼으로써 테스팅에 관련되는 다양한 업무에 기여할 수 있으며 소프트웨어 테스터의 훌륭한 멘토(mentor)가 될 수 있을 것이다. 이 직급에 도달하려는 사람에게는 테스팅에 관한 전문성은 물론, 협상 능력, 자문 능력, 프로세스 및 프로젝트 관리 능력, 구두 발표 및 문서 작성 능력이 요구된다.

- Enterprise Software Test Engineer
  - 이 직급에 도달할 수 있는 사람은 경험이 풍부하고 광범위한 지식과 지식의 깊이를 갖추어야 한다. 최고경영자의 정기적인 자문에 응할 수 있어야 하고 소프트웨어 테스팅에서 새로이 대두되는 기술에 관하여 전략적인 방향을 제시하고 도움을 제공할 수 있어야 한다.

12.4 소프트웨어 테스트 계획 수립

수많은 하드웨어 컴포넌트를 포함하고 많은 양의 코드로 구성되어 있는 대규모 시스템은 여러 전문가가 프로젝트의 여러 시점에서 다양한 테스팅 작업을 수행해야 하는 매우 복잡한 작업이다. 남아 있는 결함은 없는지, 고객이 요구하는 성능을 갖추었는지, 사용하기에 편리하게 구현되었는지 등을 치밀하게 살펴보아야 한다.

그런데 시스템의 모든 양상을 한꺼번에 점검하기는 어렵다. 따라서 한 가지

테스트에서는 보통 시스템의 일부의 측면을 집중해서 살펴보게 마련이다. 즉, 어느 한 테스트에서는 시스템의 성능, 사용의 편의성, 강건성, 보안성 등을 어느 한 측면에 집중하거나 소수의 측면을 동시에 살펴보게 된다. 이와 같이 어느 한 테스트에서 집중하여 관심을 두고 테스트하려는 시스템의 측면을 테스트 유형(test type)이라고 부른다. 하나의 테스트에서는 몇 가지 품질 요소들을 동시에 점검하는 것이 보통이다. 테스트 유형은 요구되는 품질 요소와 밀접한 관련이 있다. 품질 요소에 관해서는 이미 10장 3절에서 상세하게 논의한 바 있다.

시스템에 대해서 점검해야 하는 항목에 대한 테스트는 개발 단계의 여러 시점에서 나누어 검사하는 것이 보통이다. 예컨대 세부적인 데이터 처리 과정의 정확성은 처리를 담당하는 작은 단위에 대하여 검사하고 시스템의 성능이나 사용 편의성은 시스템 테스트 단계에서 점검한다. 환언하면 소프트웨어 테스트 작업은 여러 테스트 수준(test level)에서 수행된다.

점검해야 하는 모든 항목을 어느 시점에서 테스트를 하는 것이 적당한지, 즉 테스트 유형과 테스트 수준을 적절하게 정의하여 전체적인 테스트 프로세스를 제어하는 장치를 마련하는 작업을 테스트 기본 계획을 수립한다고 말한다. 일단 테스트 기본 계획이 수립되면 개별적인 테스트 유형과 테스트 수준에 따라서 상세한 테스트 계획을 작성하여야 한다. 보통 단위 테스트 계획, 시스템 통합 계획, 시스템 테스트 계획, 인수 테스트 계획 등이 별도로 작성된다.

관리 측면에서 소프트웨어 테스트는

- 소프트웨어 시스템에 요구되는 품질 요소와 각 요소에 대해 요구되는 품질 수준을 파악하고
- 품질 수준에 맞는 적절한 테스트 기법을 선정하고
- 세부적인 테스트 계획을 수립해야 하며
- 테스트가 끝나면 고객에게 시스템의 품질에 관한 정확한 판단을 제공해야 한다.

테스트 계획을 수립하기 위해서는 먼저

- 테스트해야 하는 시스템의 측면이 무엇인지, 즉 포함시킬 테스트 유형과
- 테스트 작업을 어떻게 체계화 할지, 즉 어느 테스트 수준에서 테스트를 수행할지

를 서술해야 한다. 먼저 시스템에 대하여 요구되는 품질 요소들이 무엇인지를 파악하고 그것에 따라 포함시킬 테스트 유형을 파악해야 한다. 요구되는 품질 수준을 고려하여 테스트의 정밀도(test thoroughness)를 결정하고 그에 맞는 테스트 설계 기법과 테스트 데이터 선정 기준을 정해야 한다. 아울러 시스템 통합 전략도 결정해야 한다.

효과적인 계획 수립을 하려면 우선 개발하고 있는 시스템에 중요한 품질 요소들이 무엇인지를 알아 내고 그들의 비중을 산정할 필요가 있다. 예컨대 시스템에 기능성, 신뢰성, 성능, 사용편의성, 융통성, 회복가능성이 중요한 것으로 판단하고 그들의 상대적 비중이 표와 같다면 그러한 품질 요소들을 어떠한 종류의 테스트에서 어떤 비중을 가지고 테스트할지를 결정해야 한다. 아래의 표는 이러한 예를 보이고 있다.

〈표 12-2〉 품질 요소별 테스트 계획

	기능성	신뢰성	성능	사용편의성	융통성	회복능력
상대적 중요도	40	15	10	15	15	5
단위 테스트	**					*
통합 테스트	*			*	**	**
시스템 테스트	**	*	*			
인수 테스트	*			**	*	**
현장 테스트		**	**			

기능에 관한 테스트는 거의 모든 수준에서 진행되지만 신뢰성이나 성능 등의 비기능 요소에 관한 테스트는 구현된 단위들을 통합하여 전체 시스템이 구성된 후에나 가능하다고 볼 수 있다.

아울러

- 채택해야 할 테스트 전략과 도구를 결정하고
- 투입할 자원의 규모

를 파악해야 한다.

테스트 전략의 대체적인 윤곽이 잡히면

- 어떠한 테스트를 어떤 일정으로 수행할지,
- 개별적인 작업은 누가 담당할지,
- 팀은 어떻게 구성할지

등에 관한 세부 사항을 서술해야 한다. 요구되는 품질 수준에 따라 품질 관리 부서의 참여 정도나 테스트의 주체가 결정되어야 한다. 고도의 품질 요소를 충족해야 한다면 테스트를 한층 엄격하게 해야 할 필요가 있을 것이며 필요에 따라서는 독립적 테스트도 고려해 보아야 한다.

테스트 계획이 치밀하지 않으면 테스트를 위한 인력이나 시스템 자원이 확보되지 않아 테스트 진행이 차질을 빚기도 하며 시스템을 고객에게 인도하기 직전까지 두서없이 테스트를 해야 하는 상황이 발생하기도 한다. 이런 경우에는 데드라인에 맞추느라 테스트 작업이 시간에 쫓기게 되며 경우에 따라서는 계획한 일부의 테스트를 제외해야 하는 상황도 발생한다.

따라서 테스트 계획이 완성되면 내용을 꼼꼼히 점검하기 위하여 테스트 리뷰를 실시한다. 테스트 리뷰도 중요한 공식검토회의 하나로 취급된다.

다음은 통상적으로 테스트 계획서에 포함되는 항목들이다.

1. 테스트의 목적
2. 테스트의 종결 기준
3. 테스트 설계 기법
4. 테스트의 일정 계획
5. 테스터의 책임 분담
6. 사용할 테스트 도구
7. 하드웨어 테스트 환경과 소요되는 컴퓨터 시간
8. 통합 테스트 전략
9. 디버깅과 회귀 테스트 전략

테스트 계획서는 요구 사항에 관한 공식검토가 끝난 후에 작성되는 것이 보통이다.

12.5 독립적 테스팅

프로그래머는 자신이 작성한 프로그램을 하나의 공학적인 제품으로 취급하지 않고 마치 예술가가 자신의 작품에 대하여 갖는 특별한 애착을 갖는 경향이 있다고 한다. 그러나 예술 작품과 달리 프로그램은 작성이 끝나는 대로 곧바로 테스팅을 통하여 준엄하고 객관적인 평가를 받는다. 그러므로 자신이 작성한 프로그램을 자신이 직접 검사한다면 마치 제 살을 깎는 듯한 가혹함을 느끼게 될 것이다.

프로그램의 테스팅은 프로그램 내에 존재할지도 모르는 결함을 발견해 내려는 파괴적인 과정이다. 따라서 이 작업은 인지 심리학적 용어를 빌리면 인지 부조화(cognitive dissonance)의 원인이 된다. 심리학적 실험 결과에 따르면 이러한 경우에 사람들은 마땅한 구실을 찾고 자신의 체면을 구기지 않으면서 부조화를 해소시키려 한다고 한다.

이와 같은 소프트웨어 심리학의 연구 결과를 소프트웨어 테스팅에 원용해 보면

- 자신의 흠을 드러내려는 가혹함 때문에 자신이 작성한 프로그램에 대한 테스팅은 자연히 소홀히 될 수 밖에 없다.
- 자신이 공들여 작성한 프로그램에 흠이 있을 수 없다는 심리적 태도(Psychological Set) 때문에 테스팅 실행 결과의 정확성에 관한 냉정한 판정이 어렵다.

고 생각할 수 있다. 따라서 많은 소프트웨어 테스트 전문가들은 독립적인 테스팅을 권하고 있다. 프로그램 개발자가 아닌 검사자에게 테스트를 맡겨야 효과적이고 공정한 테스팅이 이루어질 수 있다고 한다. 아울러 테스트 작업을 자동화함으로써 사람이 쉽게 저지를 수 있는 실수를 방지할 수 있다고 한다. 예를 들면 테스트 실행 결과를 예상되는 결과와 비교할 때에도 comparator 등을 통하여 기계적으로 검증함으로써 옳지 않은 결과를 옳은 결과로 단정해 버리는 문제점을 예방할 수 있다.

실제로 개발자가 직접 테스팅을 한다면 소프트웨어의 내부 구조에 관한 지식

을 활용할 수 있는 뚜렷한 장점이 있는 반면에 프로그램에 관하여 그릇된 가정을 하기 쉽고 그러한 가정을 좀처럼 떨쳐 버리기 어렵기 때문에 분명한 결함을 간과할 가능성이 있다.

대개의 경우 테스팅에 관한 별도의 훈련을 받지 않기 때문에 전문 테스터에 비해 결함 검출 능력이 현저하게 떨어지게 마련이다.

따라서 추가적인 비용이 소요됨에도 불구하고 뛰어난 테스트의 효과 때문에 많은 소프트웨어 개발 조직에서 독립적 테스팅(independent testing) 기법을 사용하고 있다. 작성이 끝난 프로그램의 테스팅을 개발자가 아닌 사람에게 검사를 맡기는 것은 기본이고 개발팀과 독립적인 팀에 테스팅 작업을 맡기거나 경우에 따라서는 아예 독립적인 조직 또는 회사에 테스팅을 위탁하기도 한다.

〈표 12-3〉은 시스템에 대한 요구 사항의 수준에 따라 적용해야 하는 독립적 테스팅의 수준을 보여 주고 있다.

〈표 12-3〉 독립적 테스팅의 수준

소프트웨어의 중요도	독립적 테스팅의 수준
Life Critical	다른 회사
조직의 존폐 좌우	다른 회사
매우 중요함	같은 회사, 다른 조직
중요함	같은 회사, 다른 조직
사소함	같은 회사, 같은 조직

표에 따르면 시스템의 고장이 발생하는 경우에 인명의 손실이 우려되거나 기업의 존망이 좌우되는 시스템에 대해서는 독립적인 기업에 의한 테스팅을 추천하고 있다. 그리고 이 정도는 아니더라도 고장의 영향이 비교적 클 것으로 예상되는 시스템에 대해서는 같은 회사 내이지만 개발 부서와는 독립적인 조직에 의한 테스팅을 추천하고 있다.

그밖의 경우에는 비용 효과를 고려하여 개발 부서 내의 다른 팀에 의한 테스팅을 수행한다.

12.6 소프트웨어 품질 보증

소프트웨어 품질 보증 활동은 제품의 품질을 보증하기 위한 전통적으로 사용해 온 수단(mechanism)이다. 이것은 소프트웨어 개발 전 과정에 걸쳐 적용되는 umbrella 활동이다.

IEEE 정의에 따르면 소프트웨어 품질 보증(Software Quality Assurance) 활동은 소프트웨어 제품이 미리 설정된 기술적인 요구 사항에 상응한다는 충분한 신뢰를 제공하기 위하여 필요한 계획적이고, 체계적인 활동을 일컫는다.

소프트웨어 품질 보증 활동은

1. 개발자들이 소프트웨어 제품을 개발하는 동안에 미리 제정된 프로세스를 제대로 지키도록 하며
2. 제품의 품질이 최상이 되도록 노력하고
3. 계약서 상의 품질 요구 사항을 만족하도록

하는 활동으로 구성되며 대개는 독립적인 조직이 이러한 업무를 관장한다. 구체적으로 품질 보증 활동은 다음과 같은 업무를 포함한다.

1. 개발 과정에서 사용할 도구나 기법의 선정 및 적용
2. 공식 검토회와 사열의 실시
3. 테스팅 전략, 테스트 설계 및 실행
4. 소프트웨어 문서 관리 및 변경 제어
5. 개발 표준 지침 제정 및 준수 여부를 확인할 수 있는 절차 수립
6. 지표 측정 및 post mortem

실제에는 이러한 내용을 수록한 품질 보증 계획서를 작성한 후에 실제 프로젝트에 적용한다. 품질 보증 계획서에는 보통 다음과 같은 내용을 수록한다.

1. 목적
   - 품질보증계획서의 목적, 범위 및 계획서가 적용되는 소프트웨어 항목
2. 관리
   - 소프트웨어 품질과 관계 있는 조직 구조
3. 계획서가 적용되는 소프트웨어 개발 단계와 관련이 있는 업무
4. 개발 도구, 개발 기술, 개발 방법론
5. 문서
   - 계획서가 적용되는 문서들을 식별하고 문서들의 정확성을 확인할 수 있는 방법을 서술한다.
6. 표준, 관행 및 규약
   - 이러한 사항들의 준수 여부를 관찰하고 보증할 수 있는 방법을 서술한다.
7. 리뷰 및 사열
   - 수행될 리뷰와 사열들을 정의하고 이것을 어떻게 수행할지를 서술한다.
8. 소프트웨어 형상 관리
9. 문제 보고 방법 및 시정 절차
10. 기록 수집, 관리 및 보존 방법
11. 코드 관리, 매체 관리, 공급처 관리

결함을 제거하여 높은 수준의 품질을 확보하는 일 이외에도 품질 보증 활동은

1. 신뢰도가 높고, 쓸만하고 유지 보수가 용이한 제품을 인도할 수 있고
2. 인도 일자를 넘기거나 개발 비용을 초과할 위험을 감소시키도록 프로젝트를 제어하는 일
3. 향후 개발할 소프트웨어의 품질을 향상시키는 일

등에 효과를 거둘 수 있으리라는 기대 하에 수행된다.

12.7 검증과 확인

전통적인 소프트웨어 개발 과정은 일련의 개발 단계로 이루어져 있고 한 개발 단계의 산출물은 후속 단계 작업의 기반을 이룬다. 검증(Verification)은 어느 개발 단계의 산출물이 이전 단계 산출물의 내용을 정확하게 반영하였는지를 조사하는 작업이다. 개발 단계 간의 검증 작업이 제대로 이루어지면 최종 산출물, 즉 코드는 명세서의 내용과 일치하게 될 것이다.

확인

확인(Validation)은 개발 과정을 거쳐 최종적으로 산출된 코드가 사용자의 요구 사항을 충족시키는지를 조사하는 작업을 말하지만 요구 사항의 충족 여부를 확인하는 작업은 개발 과정 중에도 꾸준히 진행되어야 한다. 따라서 설계, 구현, 테스팅 단계의 산출물들의 내용에 요구사항이 정확하게 반영되어 있는지 여부를 traceabilty table을 가지고 꾸준히 조사하는 것이 확인과 검증의 핵심을 이루는 작업이다.

요구되는 품질 수준을 달성하기 위해서는 검증과 확인 작업을 병행해야 하기 때문에 이 두 작업을 검증과 확인(V & V; Verification and Validation)이라는 하나의 용어로 묶어서 이야기하는 것이 보통이다. 검증과 확인 기법에는 검토(Review), 테스팅, 프로그램 증명법, 프로토타이핑, 시뮬레이션 등의 다양한 기법이 활용되고 있지만 반드시 테스팅 작업을 통해야 하는 것은 아니다.

독립적인 검증과 확인

독립적인 검증과 확인(Independent V & V)은 소프트웨어 개발팀과 다른 독립적인 조직이나 팀에 의해 행해지는 검증과 확인 작업을 말한다. IV&V는 소프트웨어는 물론 하드웨어 소프트웨어 오퍼레이터와 외부적인 소프트 시스템을 망라하는 시스템 공학적인 활동이다. IV&V는 소프트웨어 제품의 기술적인 내용과 품질을 조사하는 공학적인 과제를 포함하며 소프트웨어의 정확성과 완전성을 입증하는 것이 목표이다. 전통적으로는 소프트웨어 고장의 결과가 시스템의 안전성이나 대규모 재산 피해나 사회적 손실을 초래할 가능성이 있는 고위험

소프트웨어(critical software system)에 적용되어 왔다.

기술상의 독립성

IV&V팀은 소프트웨어 개발에 참여하지 않은 요원을 사용할 것을 요구한다.

그리고 IV&V팀은 해결하려는 문제를 독자적으로 이해하고 개발자의 도움이 없이 소프트웨어가 실제로 어떻게 문제를 해결하는가를 파악할 수 있어야 한다. 이렇게 함으로써 개발자나 품질 보증 작업에서 간과하는 기묘한 설계상의 오류를 발견할 수 있다.

관리상의 독립성

IV&V팀은 전체 시스템의 품질을 책임지는 시스템 관리자에게 보고할 것을 요구한다. 개발 책임자의 상급자에게 개발 책임자에 의해 여과되거나 무시되는 일이 없이 IV&V팀의 오류와 상태보고서(status report)를 시스템 관리자가 살펴보도록 할 수 있다.

예산상의 독립성

IV&V팀의 활동 예산이 개발 예산과 별도일 것을 요구한다. IV&V팀의 예산이 개발팀에 의해서 개발 작업 중에 발생할 가능성이 있는 스케쥴과 예산 압력을 해소하는 목적으로 전용되는 것을 방지할 수 있다.

05 PART

소프트웨어 테스팅의 고급 과제

CHAPTER

결함 기반 테스팅 13

13 CHAPTER 결함 기반 테스팅

13.1 개요

앞에서 살펴본 테스팅 기법은 한결같이 프로그램에 내재할지 모르는 가능한 한 모든 결함을 검출하는 것을 목표로 두었다. 이 목표가 달성되면 프로그램 내에는 결함이 존재하지 않는 셈이 되고 따라서 프로그램의 정확성은 입증된다. 그러나 Dijkstra가 말한 대로 테스팅은 프로그램에 결함이 존재하지 않음을 보이는 데는 무력한 수단이다. 프로그램의 가능한 모든 사용 가능성을 실행시켜 보고 문제가 없음을 확인해야 하는데 입력해 보아야 하는 테스트 데이터의 조합이 무척 많기 때문에 대부분의 경우에 테스팅 자원이 한정됨을 고려하면 이것은 비현실적인 목표이다.

그러나 프로그램 내에 일정한 유형의 결함이 존재하지 않음은 유한개의 테스팅으로 입증할 수 있을 것이다. 실용적인 관점에서 보면 이것은 매우 현실적이며 충분한 목표인 것으로 보인다. 우선 프로그램에 남아 있어서는 안될 결함 리스트를 작성하고 테스트 케이스를 잘 준비하여 그러한 결함을 테스팅을 통하여 모두 검출한다. 이렇게 하면 비록 프로그램에 결함 리스트에 없었던 결함은 남아 있을지 몰라도 적어도 걱정했던 리스트상의 결함은 모두 제거되었으므로 프로그램은 사실상 결함이 없는 것과 마찬가지가 될 것이다.

이와 같이 프로그램 내에 지정된 결함이 없음을 입증하고자 하는 기법을 결함 기반 테스팅(Fault Based Testing)이라고 부른다. 프로그램 내에 일체의 결함이 존재하지 않음을 입증하는 대신에 지정된 결함이 존재하지 않음만을 입증하면 이 테스팅은 성공한 것이다. 따라서 지정된 결함이 모두 검출되면 테스팅은 종결할 수 있다.

따라서 결함 기반 테스팅에서는 프로그램 내에 존재해서는 안될, 다시 말하면 그러한 결함만 없다면 프로그램은 사용 목적을 무난히 충족시킬 수 있는 결함들이 무엇인가를 파악하고 그러한 결함을 검출하는 데에 효과적인 테스트를 설계하는 것이 중요하다.

13.2 변종 분석법

결함 기반 기법의 대표적인 것이 변종 분석법(Mutation Analysis)이다.

이 기법은 1980년대 초에 창안된 후 대학을 중심으로 활발히 연구되어 왔지만 최근에는 실용가능성이 높아져서 산업계에서도 관심이 높아져 가고 있다. 이 절에서는 이 기법의 핵심적인 내용을 살펴보기로 한다.

어느 한 프로그램이 있다고 가정할 때 이 프로그램과 구문상으로 약간 다른 프로그램을 이 프로그램의 변종(Mutant)이라고 부른다. 약간 다르다 함은 프로그램 내의 어느 한 문장의 일부에 차이가 있음을 의미하며 간단한 수정에 의하여 변종을 원래 프로그램과 일치시킬 수 있는 정도의 차이밖에 없음을 뜻한다. 물론 한 프로그램의 변종은 무수히 많을 수 있다.

만일 본래 프로그램을 테스팅하기 위하여 준비했던 한 테스트 케이스를 가지고 본래 프로그램과 변종을 모두 실행시킨 후 실행 결과를 비교하면 다른 결과를 얻을 수도 있고 동일한 결과를 얻기도 할 것이다. 만일 다른 결과를 얻으면 변종 분석법에서는 그 변종은 kill 되었다고 말한다. 그러나 테스트 케이스 전체에 대하여 이와 같은 테스팅을 계속하면 적어도 어느 한 테스트 케이스에 대해서는 두 프로그램이 다른 실행 결과를 보이게 될 것이다. 만일 모든 테스트 케이스를 실행시켜도 두 프로그램이 언제나 같은 결과를 출력한다면 변종이 동등한 변종(Equivalent Mutant)이든지 아니면 테스트 케이스들의 품질을 의심해 보아야 한다. 변종이 본래 프로그램과 동등하다는 뜻은 코드상의 차이에도 불구하고 실행상에 구별이 되지 않는 변종을 말한다. 이러한 변종은 쓸모가 없으므로 제외시킨다.

실제로 변종 분석은 테스트 케이스의 집합(Test Suite)의 품질을 평가하기 위

한 수단으로 창안되었다. 어느 한 프로그래밍 언어로 작성된 프로그램에 대하여 다양한 변종을 만들어 놓은 후에 위에 설명한 방법으로 실행 결과를 비교해 봄으로써 테스트 집합의 품질을 비교적 정확하게 평가할 수 있다.

그런데 테스트 집합의 품질을 정량적으로 정의할 수 있으면 논의에 편리할 것이다. 이러한 목적으로 한 프로그램을 테스트하기 위한 어느 테스트 집합의 변종 평점(Mutation Score)은 다음과 같이 정의된다.

변종 평점/100 =kill 된 변종의 수/사용된 변종의 총수

연구 결과에 따르면 변종이 동등한지 여부를 결정하는 문제는 결코 쉽지 않은 것으로 보고되어 있지만 여기에서는 동등한 변종은 미리 제외시켰다고 가정한다.

이 정의에 따르면 어느 테스트 집합이 변종을 모두 kill 하면 그 집합의 변종 평점은 100이 되는데 그러한 테스트 집합을 변종 분석에 충분하다(Mutation Adequate)고 말한다. 변종 평점이 95 이상이면 테스트 집합은 결함 검출에 효과가 크지만 그러한 집합을 확보하는 일은 무척 어렵다.

변종 분석에서는 에러 유형을 면밀하게 분석한 후에 다음과 같은 유능한 프로그래머 가정(Competent Programmer Hypothesis)을 설정하였다.

> 유능한 프로그래머는 실수를 할지라도 정확한 프로그램에 근접한 프로그램을 작성하는 경향이 있다.

즉 유능한 프로그래머가 아주 터무니 없는 프로그램을 작성하는 일은 드물고 단순한 수정에 의해서 바로잡을 수 있는 실수를 한다. 따라서 변종은 프로그래머의 실수로 발생하는 단순한 결함을 시뮬레이션하는 셈이다.

변종 분석에서는 다음과 같은 또 결합 효과(Coupling Effect) 가정을 추가하여 변종 분석의 이론적인 토대를 마련하였다.

> 이러한 단순한 결함을 검출할 수 있는 테스트 데이터는 보다 복잡한 결함도 능히 검출할 수 있을 것이다.

즉 단순한 결함을 시뮬레이션하는 모든 변종들을 kill 할 수 있는 테스트 데이터는 프로그램 내에 있을지도 모르는 다른 모든 결함을 잘 검출할 수 있는 능력을 가질 것이라는 것이다.

따라서 작성한 프로그램에 대한 변종들을 준비하고 이러한 변종들을 모두 제거할 수 있는 테스트 케이스들을 설계한 다음에 이것을 가지고 프로그램을 테스트한다면 완벽한 테스팅이 가능하다는 것이다. 물론 여기에서 말하는 완벽한 테스팅이라는 것은 적어도 미리 상정한 결함들은 프그로그램에서 완전히 제거되었다는 의미이다.

변종 분석의 성패는 미리 상정한 결함들을 완벽하게 시뮬레이션하는 변종들을 얼마나 효과적으로 확보할 수 있느냐에 달렸다. 이를 위해서는 사용될 프로그래밍 언어의 특성과 그 언어를 사용하여 프로그램을 작성할 때 범하기 쉬운 프로그래머의 실수에 관한 철저한 분석이 뒷받침되어야 한다.

주어진 프로그램의 변종을 생성할 때에는 보통을 변종 연산자(Mutation Operator)를 사용한다.

예를 들어, 한 프로그램에 다음과 같은 문장이 있다고 하자.

```
X = X * 1
```

이때 이 문장에 대해서 다음과 같은 변종 생각할 수 있다.

```
X = X ? 1
X = X + 1
X = X % 1
X = X / 1
```

이것은 프로그래머가 *와 같은 산술연산자를 코딩할 때 착각하여 실수를 범할 때 얻어질 수 있는 문장들이다. 참고로 여기에서 변종 X=X/1는 본래 프로그램 문장과 실행 결과 상에는 차이가 없다. 이것이 바로 동등한 변종의 예이고 따라서 이러한 변종은 쓸모가 없으므로 버린다.

실제로 프로그래머가 작성한 프로그램에 작동시켜 이런 방식으로 변종들을 자동적으로 생성시킬 수 있는 변종 연산자가 널리 사용되는 프로그래밍 언어에

대해서 이미 잘 정의되어 있다. 한 예로서 표는 Fortran 언어를 위한 변종 연산자의 집합을 보여 주고 있다.

〈표 13-1〉 Fortran 언어용 22개 변종 연산자 목록

연산자 명	설명
AAR	배열 참조간 교체 (Array reference for a array reference replacement)
ABS	절대값 계산 함수 abs 삽입 (Absolute value insertion)
ACR	상수를 배열 참조로 교체 (Array reference for constant replacement)
AOR	산술 연산자 교체 (Arithmetic operator replacement)
ASR	스칼라 변수를 배열 참조로 교체 (Array reference for scalar variable replacement)
CAR	배열 참조를 상수로 교체 (Constant for array reference replacement)
CNR	배열 이름 교체 (Comparable array name replacement)
CRP	상수 교체 (Constant replacement)
CSR	스칼라 변수를 상수로 교체(Constant for scalar variable replacement)
DER	DO 문장 교대 (DO statement alterations)
DSA	DATA 문장 교대 (DATA statement alterations)
GLR	GOTO 라벨 교체 (GOTO label replacement)
LCR	논리 연결자 교체 (Logical connector replacement)
ROR	관계 연산자 교체 (Relational operator replacement)
RSR	RETURN 문장 교체 (RETURN statement replacement)
SAN	문장 분석 (Statement analysis)
SAR	배열 참조를 스칼라 변수로 교체 (Scalar variable for array reference replacement)
SCR	상수를 스칼라 변수로 교체 (Scalar for constant replacement)
SDL	문장 삭제 (Statement deletion)
SRC	소스 상수 교체 (Source constant replacement)
SVR	스칼라 변수 교체 (Scalar variable replacement)
UOI	단일 연산자 삽입 (Unary operator insertion)

앞의 간단한 예에서 살펴본 바와 같이 하나의 프로그램 문장에 대해서도 여러 개의 변종이 얻어질 수 있고 나아가서 하나의 프로그램 전체에 대해서는 상당히 많은 수의 변종이 생성될 수 있다. 그러므로 한 프로그램에 대해서 변종 분석을 수행하려면

- 프로그램에 변종 연산자를 작동시켜 변종의 집합을 산출한다.
- 준비되어 있는 테스트 집합을 가지고 프로그램과 변종들을 동시에 실행시킨 후에 결과를 비교한다.
- 변종들이 얼마나 kill되는가를 보고 변종 평점을 계산한다.
- 평점을 바탕으로 테스트 집합의 품질을 평가한다.

결국 변종 분석의 가장 큰 기술적 과제는 수행에 소요되는 자원을 얼마나 줄일 수 있느냐는 것이다. 초기에는 컴퓨터의 수행 속도가 느려서 실질적인 분석은 엄두를 내기 어려웠지만 컴퓨터의 성능이 크게 개선된 지금에도 분석이 요구하는 자원의 규모는 여전히 문제가 되고 있다.

13.3 변종 분석의 비용 절감 기법

그러나 변종 분석에 관한 의욕적인 연구 성과로써 소요 자원을 절감할 수 있는 여러 가지 방안이 강구되어 현재에는 실제 문제에 적용하여 괄목할만한 성과를 거두고 있다. 물론 동등한 변종을 제거하는 작업과 변종 분석에 충분한 테스트 집합을 생성하는 작업들은 아직 완전 자동화를 못하고 있어서 노력의 절감이 이루어지지 않고 있다. 여기에서는 자원 절감을 위한 방안들을 3가지로 나누어서 간단히 소개하기로 한다.

- Do fewer
  - 변종 분석 효과를 유지하면서 적은 수의 변종을 선택적으로 분석에 사용하는 방안이다. 이 방면의 대표적인 아이디어는 선택적인 변종 연산자의 집합을 사용하는 방법이다. Fortran 프로그램을 위한 변종 분석 시스템인 Mothra의 경우에 22개의 변종 연산자를 사용하고 있지만 5개의 변종 연산자를 선택 사용해도 분석 효과는 떨어지지 않는다는 연구 결과가 보고되어 있다.

- Do smarter
  - 병렬 컴퓨터 등을 사용하여 소요되는 컴퓨터 자원을 분산시키거나 완전한 실행까지 기다리지 않고 분석을 수행하는 방법이다. 정상적인 변종 분석은 프로그램과 프로그램의 변종을 둘 다 실행시키고 실행 결과를 비교하는 방법을 사용한다. 그러나 약한 변종 분석(Weak Mutation)으로 명명한 이 방법에서는 프로그램과 변종의 어느 한 부분의 실행 결과를 비교해 본다. 따라서 부분의 실행 결과에 차이가 있어도 전체의 실행 결과는 여전히 같을 수 있다. 약한 변종 분석에 대조시켜 정상적인 변종 분석 방법을 강한 변종 분석(Firm Mutation)이라고 부르기도 한다. 그러나 약한 변종 분석의 효과에 대해서는 회의적인 연구 결과도 존재한다.

- Do faster
  - 변종 연산자의 개수와 이들의 수행 환경이 정해진 상황에서, 변종들의 생성과 실행작업을 보다 빠르게 수행하기 위한 방안이다. 일반적으로 변종들은 각각 독립적인 코드 또는 객체로 생성되어 수행되는데, 스키마타(schemata) 기법은 모든 생성 가능한 변종들을 하나의 추상화된 코드 또는 객체로 만들어 변종 생성 비용을 줄여준다. 개별 컴파일(Separate compilation) 기법은 변종 분석 연구 초기에 사용했던 인터프리티 코드를 대상으로 변종을 생성하지 않고 컴파일이 완료된 바이트코드에 직접 변종을 야기시켜 변종 생성시 필요했던 컴파일 시간을 제거하는 바이트코드 수준 변종(mutation on byte code) 기법이 있다.

지금까지 논의한 것은 주로 절차적 프로그램의 변종 분석에 관한 것이었다.

그러나 객체 지향 프로그램에 대해서도 변종 분석이 가능하다. 따라서 객체 지행 프로그래밍의 고유한 특성에 관련한 프로그래머의 실수를 시뮬레이션하는 객체 지향 프로그램용 변종 연산자와 변종 연산 시스템이 개발되어 있다.

13.4 변종 분석 시스템

변종 분석은 자동화된 도구의 도움 없이 수작업으로 수행하기에는 무리가 있는 까다롭고 시간이 많이 소요되는 시험 기법이다. 변종 분석은 시험 대상 프로그램을 이용하여 문법적 오류가 없는 변종들을 생성해야 하므로 변종 분석 시스템은 대상 프로그래밍 언어에 종속적이다. 현재까지 널리 알려진 변종 분석 시스템으로는 Fortran 언어를 대상으로 하는 Mothra 시스템과 C 언어를 대상으로 하는 Proteum시스템이 있다. 이 두 시스템은 모두 순차적 프로그램을 대상으로 변종 분석 연구 초기에 개발된 시스템이다. 객체지향 프로그램을 대상으로 하는 변종 분석 시스템의 경우 Java 프로그램을 대상으로 하는 MuJava 시스템이 널리 알려져 있다. 〈표 13-2〉는 변종 분석 시스템들을 대상으로 하는 프로그래밍 언어별로 구분하여 나열하였다. 〈표 13-2〉에 기술된 것 외에도 다양한 변종 분석 시스템들이 존재할 수 있다.

〈표 13-2〉 프로그래밍 언어별 변종 분석 시스템

분석 대상 언어	변종 분석 시스템 리스트
Fortran	PIMS, Mothra
C	Proteum, Proteum/IM, Csaw
C#	Nester
Python	Pester
Java	Jester, Lava, Jumble, MuJava, MuClipse
Finite State Machine	Proteum/FSM
Statecharts	Proteum/ST
Petri Net	Proteum/PN
SQL	SQLMutation,JDAMA, MUSIC
VHDL	Alien
Luster	Alien6V
C++	ESPT
Python	Pester

CHAPTER

14 객체 지향 소프트웨어 테스팅

14 CHAPTER 객체 지향 소프트웨어 테스팅

14.1 개요

최근 10여 년간 객체 지향 기술의 사용이 놀라울 정도로 증가하였다. 객체 지향 기법은 인공지능, 그래픽스, 통신, 일반공학, 금융 시스템, 인터넷 등과 같은 다양한 분야의 응용으로 확산되었다. 실제로 최근에는 객체 지향 기법의 장점을 활용하지 않는 분야가 없을 정도이며 대부분의 인터넷 응용 시스템은 객체 지향 기술을 사용하여 개발되고 있다.

객체 지향 기술에 이토록 관심이 높아진 것은 객체 지향 기법의 데이터 추상화(Data Abstraction), 정보 은폐(Information Hiding), 상속과 같은 extensional 프로그래밍, 재사용 가능성과 같은 특성들이 소프트웨어 시스템의 품질 개선에 크게 기여할 수 있으리라는 기대 때문이었다.

객체 지향 기법의 최대 장점은 융통성이 커서 클래스라고 하는 그로부터 새로운 인스턴스를 만들 수 있고 재사용이 용이하고 정보 은폐가 가능한 모듈을 생산할 수 있게 해주기 때문이다. 그 결과 공개되어 있거나 상업적인 클래스 라이브러리가 엄청나게 많이 등장해 있고, 이 라이브러리를 활용함으로써 소프트웨어의 생산 비용을 크게 절감할 수 있을 것으로 전망하고 있다. 따라서 이러한 라이브러리를 활용하여 구축된 소프트웨어 시스템의 높은 품질을 보증하기 위해서는 이와 같은 재사용 부품들이 결함이 전혀 없거나 기술적으로 최소한이 될 수 있어야 한다.

그러나 일반적으로 객체 지향 시스템은 절차적 언어로 구현된 시스템에 비하여 테스트하기가 어려운 것으로 드러나고 있다. 그 이유의 하나는 정보 은폐와 데이터 추상화와 같은 특성 때문에 클래스의 가시성이 낮기 때문이다. 따라서

객체 지향 부품의 품질에 대하여 신뢰를 하면 높은 재사용 가능성 때문에 그러한 부품들을 사용하여 객체 지향 시스템의 품질도 당연히 높을 것이다. 그러나 객체 지향 부품의 품질을 확인하는 작업이 생각보다 어렵다는 점이 문제이다. 부품이 어느 시스템 속에 포함되어 어떠한 상황에서 사용되는지 모르기 때문에 부품의 품질은 보다 철저하게 확인되어야 한다.

테스팅 관점에서 객체 지향 시스템은 다음과 같은 문제점을 가지고 있다.

1. 비절차적이다.
   - 원시 코드에 나타나는 프로그램 문장의 순서는 실행순서와 관계가 없다.
2. 통합시에 참고할 수 있는 뚜렷한 구조가 없다.
3. 절차적 시스템에 비하여 구성요소가 다양하다. 절차적 시스템의 모듈, 서브시스템, 시스템에 추가하여 클래스와 클래스 집합이라는 색다른 구성요소가 존재한다.
4. 상속(inheritance), 캡슐화(encapsulation), 동적 바인딩(dynamic binding), 다형성(polymorphism)으로 인하여 컴포넌트 간의 의존 관계가 상대적으로 복잡하다.
   그리고 일단 확인된 내용도 상속이 되면 새로운 환경에서 다시 확인할 필요가 있다.
5. 절차적 모듈은 함수와 같은 성격을 지니지만 객체 지향 모듈은 상태와 관계가 있는 행위를 보인다.

14.2 객체 지향 시스템의 테스팅 차원

● 메소드 차원

- 절차적 시스템의 단위 테스트와 성격이 비슷하다. 그러나 하나의 메소드는 절차적 시스템의 모듈에 비하여 기능이 비교적 단순하므로 많은 구조상의 에러는 철저한 정적 분석 기법으로 검출할 수 있다.

- 클래스 차원
  - 하나의 클래스에는 여러 개의 메소드들이 있고 메소드들은 서로 상호작용을 할 수 있으며 데이터 멤버를 통하여 복잡하게 연관되어 있다. 따라서 메소드 상호간, 메소드와 데이터 멤버 간의 연결 관계의 정확성을 확인해야 한다.

- 클래스 클러스터 차원
  - 상속, 캡슐화, 동적 바인딩, 다형성 등의 이유로 관계가 맺어진 클래스들의 집합은 한 덩어리로 간주하여 가능한 관계를 확인해야 한다.

- 시스템 차원
  - 시스템 차원은 절차적 시스템 경우와 동일하게 취급할 수 있다.

14.3 클래스 테스팅

하나의 클래스는 루틴들과 그 클래스의 객체 상태를 나타내는 데이타 구조들을 포함한다. 클래스에 속한 메소드들을 개별적으로 테스트한 다음에는 메소드들 간의 연결의 정확성 그리고 데이터 멤버를 통한 메소드 간의 관계의 정확성을 확인해야 한다.

다음과 같은 C++ 프로그램을 예로 들어 인터페이스의 복잡도를 살펴보자.

```
Class Test SS
Class SampleStatistic {
friend Test;

            protected
               int n;
               double x;
               double x2;
```

```
            double minValue, maxValue;

        public :
            SampleStatistic ();
            virtual ~ SampleStatistic ();
            virtual void reset ();

            virtual void operator+=(double);
            int samples ();
            double mean ();
            double stdDev ();
            double var ();
            double min ();
            double max ();
            double confidence(int p_percentage);
            double confidence(double p_value);

            void error (const char* msg);
};
```

이 클래스는 11개의 퍼블릭 멤버 함수(public member function)와 1개의 생성자, 1개의 소멸자, 그리고 5개의 데이터 멤버를 가지고 있다. 클래스 내의 한 메소드는 단독으로는 명세서에 따라 수행될지라도 동일한 클래스 내의 다른 메소드들과 함께 있을 때에는 부정확한 행위를 드러낼 수 있다. 따라서 메소드들 간의 상호작용에 기인하는 에러를 검사해야 한다. 따라서 클래스를 메소드의 모든 결합 가능성에 대하여 테스트한다면 11!개가 되는 시퀀스에 대하여 테스트해야 한다. 이 정도를 일일이 검사하는 것은 무리이다. 따라서 하나의 클래스 품질을 확인하는 일은 좀처럼 용이하지 않음을 알 수 있다.

그러므로 클래스의 메소드 상호간, 메소드와 데이터 멤버 간의 가능한 모든 조합의 정확성을 확인하는 보다 능률적인 방법이 알려져 있다. 그 중의 몇 가지를 소개하기로 한다.

- 슬라이싱 기법
  - 슬라이스는 프로그램의 일부로서 주어진 문장 i와 변수 x에 대해서, i 지

점에서 변수 x의 값에 영향을 끼칠 수 있는 모든 문장들의 집합이다.

- 클래스는 다수의 슬라이스들의 조합으로 생각할 수 있다.
- 클래스에서 슬라이스란 하나의 데이터 멤버와 그 데이터 멤버의 값을 변경 혹은 참조하는 멤버 함수들의 묶음으로 생각할 수 있다.
- 이 멤버 함수들의 가능한 시퀀스를 테스팅하면 슬라이스에 대한 테스팅과 동일한 효과를 가진다.

● MM Path 기법

- 메소드/메시지 경로(MM Path)란 메시지로 연결된 메소드들의 수행 시퀀스를 의미한다.
- MM path 한 메소드로부터 시작해서 더 이상 다른 메시지를 발생시키지 않는 메소드에서 끝난다. 이 지점을 메시지 휴면점(quiescence)라 부른다.
- 시스템 최소 기능(ASF, Atomic System Function)은 입력 포트 이벤트로부터 출력 포트 이벤트까지 도달하는 MM path의 집합들로 구성된다.
- 따라서, MM path를 테스팅하면 입력 이벤트로부터 출력 이벤트까지의 일련의 메소드 조합을 시험할 수 있다.

● 상태기반시험(State Based Testing) 기법

- 특정 시점에서 객체의 상태는 객체에 포함된 모든 데이터 멤버들의 값에 의해서 결정된다.
- 메소드의 행위는 객체 상태에 의해서 영향을 받게 되므로 상태를 기반으로 메소드를 테스팅하는 것이 필요하다.
- 테스팅 단계:
  - 객체의 상태 정의
  - 상태간의 천이를 파악하여 객체 상태 천이도 (STD; state transition diagram)를 작성
  - 객체 상태 천이도로부터 테스트 케이스 생성

14.4 상속 관계의 테스팅

한 클래스의 속성은 객체의 상태를 구현하는 데이터 멤버 또는 인스탄스 변수들과 객체의 상태에 작용할 수 있는 연산을 구현하는 멤버 함수나 메소드들로 구성된다. 한번 정의된 클래스들은 상속 기능을 통하여 새로운 클래스를 정의하거나 서브 클래스를 정의하는 데 사용된다. 상속은 서브 클래스로 하여금 부모 클래스의 속성을 상속받을 수 있고 상속받은 속성들을 확장하거나, 제한하거나 새로 정의할 수 있게 해 준다. 서로 상속 관계에 있는 모든 클래스들은 하나의 계층 구조를 형성한다.

하나의 서브 클래스에는 부모 클래스의 속성이 그대로 상속된 것도 있고 일부의 속성이 확장되거나, 새로 정의된 것도 있다. 따라서 서브 클래스를 테스트할 때에는 테스트 케이스를설계하거나 및 구축할 때에 부모 클래스를 테스트할 때 사용했던 테스트 케이스를 상당 부분 재사용할 수 있을 것이다.

그러나 제 2장 7절에서 논의한 바와 같이 Weyuker의 충분한 테스트 세트의 조건 중의 하나인 Antidecomposition은 한 프로그램이 충분히 테스트되었다고 그 프로그램의 컴포넌트가 충분히 테스트되었다고 말할 수 없음을 의미하고 있다. 또한 Anticomposition은 프로그램에 속하는 모든 컴포넌트가 충분히 테스트되었다고 해서 프로그램 그 자체가 충분히 테스트되었다고 말할 수 없음을 의미하고 있다. 실제로 Perry와 Kaiser는 서브 클래스 내의 상속받은 속성들은 이미 충분한 테스트를 거친 것일지라도 서브 클래스의 작동 상황 하에서 반드시 다시 테스트해야 함을 밝혔다.

상속관계에서 부모 클래스 P와 서브 클래스 M에 포함된 메소드들은 그 관계에 따라서 테스트 전략이 다음과 같이 달라진다.

새로운 속성(메소드와 데이터 멤버)

- 서브 클래스에는 정의되어 있으나 P에는 정의되지 않은 속성, 또는 양쪽에 모두 정의는 되어 있지만 패러미터 리스트가 다른 멤버 함수를 포함한다.
- 이 메소드들은 부모 클래스 P를 테스팅하는 동안 전혀 테스팅되지 않기 때문에 서브 클래스 M을 테스팅하는 과정에서 메소드 차원에서 별도의

테스트 케이스를 설계하여 테스팅해야 한다.

재귀 속성

- P에는 정의되어 있으나 M에는 정의되어 있지 않은 속성.
- 부모 클래스를 테스팅하는 동안 이미 테스팅된 메소드이므로 메소드 차원에서 테스팅을 다시 하는 것은 불필요하다. 그러나 상속 받은 메소드를 새로운 문맥에서 사용하게 되므로 클래스 차원의 테스팅 단계에서 다시 테스팅하는 것이 바람직하다.

재정의 속성이나 가상 속성

- 부모 클래스 P에는 명세는 되어 있으나 구현이 완전하지 않은 속성
- 서브 클래스 M에서 구체적인 구현을 하고 있는 속성
- 서브 클래스 M을 테스팅 할 때 구현된 메소드에 대한 메소드 수준의 테스팅이 필요하다. 메소드 간의 연관관계를 시험하는 클래스 수준의 테스팅은 P를 테스팅 할 때 준비된 테스트 케이스를 재활용할 수 있다.

14.5 컴포넌트 소프트웨어 테스팅

이미 존재하는 컴포넌트를 조합하여 사용자가 필요로 하는 응용 소프트웨어를 산출하는 새로운 양식의 제작 방식을 컴포넌트를 기반으로 하는 소프트웨어 개발(CBSD; Component Based Software Development)이라고 부른다. 품질이 확인된 컴포넌트를 다양하게 확보한 상태에서 새로운 소프트웨어 시스템을 컴포넌트를 조합하는 방식으로 생산할 수 있다면 생산성이 획기적으로 제고될 뿐 아니라 테스트의 노력이 크게 절감되고 어느 수준 이상의 품질이 확보될 것이다.

그러나 CBSD방식으로 제작된 소프트웨어의 품질은 전적으로 컴포넌트의 품질에 좌우될 것이다. 따라서 CBSD방식의 효용성은 새로운 응용 시스템을 개발하는 데 필요할 컴포넌트가 충분히 확보되어 있는지 여부와 그러한 부품의 품질

을 신뢰할지 여부에 달려 있다고 볼 수 있다.

컴포넌트의 테스트는 이전의 테스트에서 경험하지 않은 새로운 측면의 어려움이 따른다. 대개의 경우 컴포넌트의 원시 코드는 사용자에게 제공되지 않는다.

컴포넌트의 개발자 입장에서는 개발된 컴포넌트가 어떠한 상황에서 사용될 것인지를 미리 충분히 상정하기 어렵기 때문에 겪게 된다.

컴포넌트의 사용자는 원시 코드를 살펴볼 수 없기 때문에 테스트 케이스를 준비하기가 어렵고 따라서 직접 품질을 확인하기가 곤란하다. 그리고 설사 제공된다 하더라도 컴포넌트가 다양한 프로그래밍 언어를 작성되기 때문에 컴포넌트의 세부 내용을 이해하기 어렵다.

따라서 컴포넌트의 품질이 공인 기관에 의해 품질 인증을 받은 것이면 품질을 그대로 믿고 사용할 수 있을 것이다. 그러나 이 경우에도 새로운 환경에서 제대로 작동하는지 확인을 할 필요가 있다.

다른 가능성은 컴포넌트 개발자가 컴포넌트와 함께 테스트 케이스와 소프트웨어에 관한 유용한 정보를 제공하여 사용자가 제공된 테스트 케이스를 실행시켜 봄으로써 컴포넌트의 품질 수준을 직접 확인하는 방법이다. 이 경우에는 제공되는 정보의 양식이 어느 정도 표준화가 되어야 편리할 것이다.

최근에는 상업적인 소프트웨어도 테스트 케이스와 오라클을 소프트웨어에 포함시켜 판매하는 사례가 등장하고 있다.

CHAPTER 15

실시간 임베디드 소프트웨어 테스팅

15 CHAPTER 실시간 임베디드 소프트웨어 테스팅

15.1 개요

객체 지향 소프트웨어는 가장 널리 쓰이는 절차적 언어 소프트웨어에 없던 새로운 특징이 추가되어 제 7장에서 살펴본 바와 같이 이것을 테스팅할 때 새로운 고려 사항들이 추가되었다. 최근에는 소프트웨어의 응용 영역이 끊임없이 확장되고 응용 시스템에서 소프트웨어의 역할이 계속 증대됨에 따라 새로운 소프트웨어 패러다임이 속속 등장하여 이에 맞는 새로운 테스팅 기법이 계속 요구되고 있다.

예를 들어 이제까지는 소프트웨어가 실행되어 정확한 결과를 산출하도록 하는 것이 주된 관심사였지만 새로운 패러다임에서는 산출되는 결과의 정확성은 여전히 중요하지만 결과가 주어진 시간 안에 산출이 될 수 있는지 여부가 정확성에 못지 않게 중요한 시스템들이 있다. 심지어는 정확성이 다소 희생이 되더라도 사용할 만한 결과를 주어진 시간 안에 얻을 수 있는 것이 더 중요한 경우도 있다. 이러한 시스템을 실시간 시스템(Real Time System)이라고 부른다.

결과의 적시성이 강조됨에 따라 성능을 향상시키기 위하여 여러 형태의 병렬 프로그래밍 기법이 적용되고 있다. 테스팅 관점에서는 병렬 프로그램(Parallel Program)의 비결정성(Nondeterminism)이 새로운 과제를 부과하고 있다. 비결정성으로 인해 동일한 테스트 데이터를 가지고 테스트를 반복해도 동일한 결과를 얻지 못하는 경우가 발생한다. 따라서 테스트를 반복할 수 없기 때문에 디버깅에 상당한 어려움이 따른다.

계속되는 소프트웨어 응용 영역의 확장으로 최근에는 소프트웨어가 다른 제품의 일부로 포함되어 다른 제품의 작동을 제어하는 역할을 맡는 사례가 급격히

늘고 있다. 정보 처리가 주기능이 아닌 시스템에 포함되어 시스템의 주기능을 수행하는 데 필요한 정보 처리 기능을 수행하는 소프트웨어를 임베디드 시스템(Embedded System)이라고 부른다. 이러한 시스템의 예를 들면 거의 모든 가전 제품이 임베디드 시스템이라고 볼 수 있다. 작게는 토스터로부터 냉장고, 텔레비전, 세탁기 등에 이르기까지 한결같이 제품의 작동에 소프트웨어가 관여하고 있다. 나아가서 휴대 전화, 자동차, 각종 의료 기기, 전화 시스템, 항공 관제 시스템, 무기 등 우리가 현대 사회에서 접할 수 있는 거의 모든 시스템이 임베디드 시스템이라고 볼 수 있다.

따라서 소프트웨어가 시스템의 다른 부분과 긴밀하게 협력하여 작동해야 하는 다양한 제약 사항을 고려해야 한다. 그리고 항상 소프트웨어를 단독으로 테스트하기 어렵고 다른 부분과의 병행 개발을 감안하여 테스팅을 계획해야 하는 어려움이 따른다.

소프트웨어의 역할이 크게 증가함에 따라 최근에는 소프트웨어가 원자로의 가동을 제어하고, 항공기의 비행을 제어하고, 무기를 가동시키고, 막대한 규모의 금전 거래를 중개하는 역할을 맡고 있다. 즉 소프트웨어가 큰 피해를 줄 수 있는 물리적 프로세스를 제어하는 데 사용되어 만에 하나 소프트웨어가 비정상적으로 작동하면 안전을 위협할 수 있게 되었다. 이러한 유형의 시스템을 우리는 고위험 시스템(Safety Critical System)이라고 부른다.

따라서 각종 위험 요소를 면밀하게 분석하고 시스템 설계에 이를 반영하여 안전을 위협하는 가능성을 철저하게 배제해야 한다. 이러한 시스템을 테스팅할 때에는 우선 위험 요소를 파악하고 이 요소들이 피해를 초래할 가능성이 없는지를 조사해야 한다. 모든 소프트웨어의 결함이 안전성 문제를 초래하는 것이 아니고 명세서대로 작동하는 소프트웨어라고 해서 안전성 문제가 없다고 말할 수 없다.

이와 같이 소프트웨어의 새로운 역할, 소프트웨어 작동환경의 변화, 소프트웨어 고장이 초래할 수 있는 대규모 피해의 가능성 등에 따라 소프트웨어 시스템에 우선적으로 요구되는 품질 요소도 크게 변화하였다. 이 장에서는 새로운 소프트웨어 패러다임에 대한 테스팅의 접근 방법을 간단하게 논의하고자 한다.

15.2 실시간 시스템 테스팅

최악 상황 수행 시간 분석 (Worst Case Execution Time Analysis)

실시간 시스템은 소프트웨어 수행 결과의 정확성뿐만 아니라 수행의 적시성이 매우 중요하다. 시스템의 모든 태스크들이 정해진 시간 내에 끝나야 하며, 수행 시간이 예측 가능해야 한다. 예를 들어, 인공위성, 비행기, 발전소 등의 제어 시스템은 예측 가능한 시간 내에 적절한 제어가 이루어지지 않으면, 비행 궤도 이탈, 원자로나 발전기기 과열 등의 돌이킬 수 없는 사고로 연결될 수 있다.

최악 상황 수행 시간 분석 기법은 실시간 시스템을 구성하는 각각의 태스크에 대해서 최악의 조건에서 수행시간이 얼마나 소요되는지 검증하는 기법이다. 각 태스크별 최악 상황 수행 시간을 계산하고, 이를 바탕으로 주기적 태스크(periodic)들이 정해진 주기 내에 모든 작업을 마칠 수 있는지 확인한다. 또한, 인터럽트나 시그널에 의해서 구동되는 비주기적 태스크들까지 고려하여 스케줄링 가능여부(schedulability)를 검증한다.

태스크의 최악 상황 수행 시간이란 태스크 내에 포함된 가능한 모든 수행 경로 중 가장 수행 시간이 긴 경로를 의미한다. 이 경로에 포함된 인스트럭션 수와 종류, 각 인스트럭션별 최대 수행시간 등을 바탕으로 계산한다. 그러나 이 방법을 적용하려면, 경로 내에 순환문이 없거나 포함된 모든 순환문의 최대 수행 횟수가 고정되어 있어야 한다. 따라서 경성 실시간 시스템(hard real time system)에서는 최대 수행 횟수가 가변적인 순환문의 사용은 일반적으로 금지된다.

다중 버전 프로그래밍(N-Version Programming)

고장 허용 시스템은 고장의 대가가 큰 시스템에서 신뢰도를 높이기 위하여 사용한다. 고장을 허용하는 대표적인 기법의 하나인 N-Version Programming의 목적은 개발 중에 검출되지 않은 결함을 실행 시점에 허용함으로써 신뢰도를 제고하기 위한 것이다.

가장 간단한 형태의 N-Version Programming에서는 하나의 응용에 도립적으로 N개의 버전을 구현하는 것이다. 운영 시에는 이 N개의 버전을 병렬적으

로 실행시키고 그들의 출력을 비교한다. 만일 대다수의 출력값이 일치하면 이 값을 시스템의 출력값으로 결정한다. 만일 N이 최소 3이고 소수의 프로그램들이 틀린 결과를 내더라도, 소수의 프로그램에 있는 결함은 허용하는 셈이 되며, 시스템은 올바른 결과를 산출하게 된다.

N-버전 시스템의 각 버전은 명세서의 완전한 구현이며 다른 모든 버전과는 독립적으로 개발된다. 독립적인 개발을 함으로써 다른 설계에 기반(Design Diversity)한 것으로 가정한다. 버전의 다양성을 노리기 위하여 경우에 따라서는 다른 프로그래밍 언어를 사용하여 구현한다든지, 다른 개발 환경을 사용하든지, 다른 개발 기법을 사용하기도 하고 다른 버전을 다른 컴퓨터에 실행시키기도 한다.

15.3 임베디드 소프트웨어 테스팅

모든 임베디드 소프트웨어 시스템은 어떤 특정한 하드웨어를 제어함을 통하여 실제 물리적인 환경과 상호작용을 하는 공통점이 있다.

임베디드 시스템은 센서를 통하여 물리적인 환경과 상호작용을 하여 신호를 받아 들이고 시스템의 출력 신호를 액터에 전달하여 환경을 제어하게 된다. 처리 장치가 디지털 신호만을 취급한다면 디지털-아날로그 또는 아날로그-디지털 변환기가 필요하다. 임베디드 시스템은 보통 비휘발성 기억 장치에 저장되어 있다.

임베디드 시스템은 통상적으로 일련의 개발 과정을 거치게 된다.

첫째, 요구되는 시스템의 행위를 시뮬레이션 할 수 있는 모형을 만들어 PC 상에서 작동시켜 보게 된다. 이러한 모형은 시스템의 요구 사항과 개념적 설계를 검증하기 위하여 구축된다.

둘째, 모형이 정확한 것으로 판명되면 모형으로부터 코드를 생성하여 프로토타입에 내장한다. 모형을 활용한 검증 과정을 거친 후에 프로토타입이 제작되지만 경우에 따라서는 곧바로 프로토타입을 만들기도 한다.

셋째, 프로토타입에 사용된 실험적인 하드웨어는 점차로 실질적인 하드웨어

로 대체해 나가 점차로 최종적인 모습을 갖추게 된다.

따라서 소프트웨어 시스템의 기능들은 모형 단계, 프로토타입 단계, 최종 제품에 탑재된 상태로 테스팅을 거치게 된다. 물론 일부의 세부적인 성질들은 모형만 가지고는 충분히 테스트할 수 없다. 따라서 시스템의 3가지 형태를 가지고 테스팅을 수행하려면 각각의 형태에 적용할 수 있는 기술과 테스트 환경을 구비해야 한다.

일반적으로 개발 초기 단계에는 시뮬레이션 환경을 활용한 시뮬레이션 테스팅 기법이 사용되며, 개발 진행도가 높아짐에 따라 실제 보드 상에 소프트웨어를 탑재하고 진행하는 타깃 테스팅을 진행한다. 마지막으로 하드웨어 시스템과 완전히 결합한 상태에서 시스템 테스팅을 진행하는데 이때는 기능 시험 외에, 환경 시험 및 스트레스 시험을 통한 신뢰성 평가를 함께 진행한다.

연/습/문/제(Black Box Testing)

EXERCISE

1. 다음은 한 급여시스템의 field 확인 기능이다. field 확인 기능을 시험할 테스트 케이스 집합을 구하라.

The field validation capability on the client is included to save the round trip to the server and offloads this minor processing to the client, freeing the server's resources for more important tasks.

A credit card authorization, a component of the payment system, requires a valid credit card number of the credit card selected and a valid expiration date. The expiration date must have a valid month and a valid year and must be the correct expiration date for that particular card number.

This particular problem is concerned only about validation of the expiration date field which users are asked to input. The expiration date should be in the format of xx,xxxx (10,2006 for example). Assume that valid years are from 2001 till 2012.

Use the boundary value analysis and other data?reducing assumptions to determine the set tests which can be used to make sure that the application is only accepting valid month and year data from the input form.

- The number of tests should be less than 15.
- Write down your assumptions or arguments on the answer sheet.

test cases	month	year
1		
2		
3		
4		
5		
6		
7		
8		
9		
10		
12		
13		
14		
15		

2. Apply the decision table based testing to design test cases for a program implementing the following problem specification.

- 항공 화물 탁송료는 1kg당 3000원이고 20kg 초과분에 대해서는 1kg당 2000원의 할인 요금이 적용되며 최소 탁송료는 6000원이다.
- 수도권 지역의 육상 탁송료는 급행일 경우 1kg당 2000원이다.
- 수도권 이외의 지역 육상 탁송료라도 화물의 무게가 20kg을 넘고 급행이 아니면 수도권 급행 요금과 동일하다.
- 보통 탁송료는 20kg까지는 1kg당 2000원이고 급행일 경우에는 1kg당 1000원의 요금이 가산된다.
- 제주도 항공 탁송료는 다른 지역 항공 탁송료의 2배 요금이 적용된다.

조건

C1 (배달 방법) – 항공(A), 육상(S)

C2 (목적지) – 수도권(M), 제주도를 제외한 수도권 밖의 지역(S), 제주도(J)

C3 (무게) – 2kg 이하 (L), 2kg 초과 20kg 이하 (M), 20kg 초과(H)
C4 (서비스) – 급행(E), 보통(N)

3. **다음 문제에 대하여 아래에 주어진 작성 요령을 참고하여 Decision Table Testing기법을 사용한 테스트 케이스를 설계하라(10).**

(문제)

어느 영화관에서는 다음과 같은 경우에 입장료에 대하여 다음과 같은 할인률을 적용한다고 한다.

1. 12세 이하의 관객, 50세 이상의 여성, 60세 이상의 남성 관객에게는 입장료의 20%를 할인해준다.
2. 수요일에 한하여 연령할인 대상이 아닌 여성에게도 입장료의 20%를 할인해준다.
3. 외국인 관람객은 기본적으로 15%를 할인 받을 수 있고 연령 할인과 여성 할인은 추가로 적용된다.

(작성요령)

1. 아래 표에 직접 답안을 작성한다.
2. 원인란에 가능한 조건들을 나열한다.
3. 각 test case에 적용되는 조건에 X표를 하고 적용될 할인률을 기입한다.

		테스트 케이스									
		1	2	3	4	5	6	7	8	9	10
원인											
결과	할인률 (%)										

4. **아래의 프로그램 명세를 가능한 충실하게 테스트할 수 있는 테스트 케이스를 설계하시오.**

프로그램명 tr – 문자 치환

사용법 tr [–cds] [string1 [string2]]

명세

프로그램 tr은 표준입력(standard input)으로 받아들인 입력을 표준출력(standard output)을 통해서 출력하는 프로그램으로서 입력내용 중 일부의 문자들을 치환하여 출력한다. 프로그램 tr을 수행할 때 주어지는 명령 인자 (command-line arguments)인 string1과 string2는 문자들의 집합으로서 string1에 포함된 각 문자를 string2의 동일한 위치에 있는 문자로 치환한다. 만약 string2의 길이가 string1보다 짧다면, string2의 길이가 string1과 같아질 때까지 string2의 마지막 문자가 반복되는 것으로 간주한다.

옵션 –c, –d, –s 옵션의 임의의 조합이 가능하다.

–c string1에 포함된 문자들을 제외한 모든 ASCII 코드 문자들을 치환한다.
–d string1에 포함된 모든 문자를 치환하지 않고 삭제한다.
–s 출력에서 string2에 포함된 문자가 반복되는 경우 한 문자로 압축한다.

5. **다음과 같은 명세에 대하여 Cause-Effect Graph 를 작성하시오.**

미국 대통령령 10358은 통상적인 근로자와는 달리 월요일부터 금요일까지 근무하지 않는 근로자들이 근로자의 날(9월의 첫번째 월요일), 추수감사절(11월의 네번째 목요일) 등 주중 공휴일을 어떻게 적용 받는지 규정한다. 근로자의 날, 추수감사절 혹은 이 외의 주중 공휴일이 근로자의 휴무일과 겹치는 경우에, 휴무일이 근로자의 토요 휴무를 대체하는 경우나 휴무일이 근로자의 두번째 휴무일인 경우에는 직전 근로일이 공휴일이 된다. 반면에 공휴일이 근로자의 일요 휴무 대체일과 겹치거나 근로자의 첫번째 휴무일과 겹치는 경우에는 휴무 후 첫번째 근로일이 공휴일이 된다.

6. **아래에 제시한 명세에 대하여 물음에 답하시오.**

a) 이 내용을 cause-effect graph를 사용하여 표현하시오.

b) 테스트 케이스를 도출하시오.

DISPLAY라는 명령어는 저장 위치의 내용을 터미널을 통해서 보기 위해서 사용된다.
명령어 사용법은 다음과 같다:

DISPLAY [hexloc1, 0] [-hexloc2, -END, .1]

각괄호는 alternative optional 연산자를 표현한다. 대문자는 연산자 키워드를 나타내며, 소문자는 연산자 값을 표현한다. 밑줄 친 연산자는 디폴트 값을 뜻한다.

첫번째 연산자 (hexloc1)은 내용을 표시한 첫번째 바이트의 주소 값을 지정한다. 주소 값은 16진수로 표시하며 최소 1자리부터 최대 6자리까지 가능하다. 주어지지 않으면 0번지로 가정한다. 주소 값은 실제 저장 공간의 범위를 넘지 않아야 한다.

두번째 연산자는 표시할 저장 공간의 분량을 의미한다. 만약 hexloc2가 주어지면 이 16진수는 표시할 마지막 바이트의 주소를 의미한다. 이 주소 값은 최소 1자리부터 최대 6자리로 주어지며 실제 저장 공간의 범위를 넘지 않아야 하고 첫번째 바이트의 주소 값(hexloc1)보다 크거나 같아야 한다. 만약 END가 주어지면, 저장 공간의 마지막까지 보여준다.

저장 공간의 내용을 스크린을 통해서 보여줄 때, 출력 포맷은
xxxxxx = word1word2word3word4
형식을 따르며 여기서 xxxxxx는 word1의 16진수 주소 값이다. 이 주소 값은 hexloc1의 값에 상관없이 항상 4의 배수이다. 또한 모든 출력 라인은 주어진 표시 분량에 상관없이 항상 4 단어 (16바이트)를 포함한다. 표시할 첫번째 바이트가 실제 표시되는 첫 번째 단어에 포함된다.

다음과 같은 에러 메시지가 가능하다.

M1 명령 사용법 오류
M2 주어진 저장 공간 주소가 실제 주소 범위를 벗어남
M3 주어진 저장 공간 주소가 0이거나 음수임

연/습/문/제(White Box Testing)

EXERCISE

1. **프로그램 내의 모든 결정을 커버하는 테스트 케이스를 구하라.**

```
#include <stdio.h>
main()
{
    int ch;
    int subs = 0;
    while ( (ch = getchar() ) != EOF)
      if ( ch == ';')
        {
            putchar( '!' );
            subs++;
        }
      else if (ch == '!' )
        {
            putchar( '!' );
            putchar( '!' );
            subs++;
        }
      else
        putchar(ch);
    print("There were %d substitutions.\n", subs);
}
```

2. **아래의 복합 조건문을 포함하는 프로그램이 있다.**

if (A > 5 or A < 1) or (B = 2)

MC/DC 테스팅을 달성할 수 있는 테스트 케이스를 설계하라.

3. **프로그램의 제어 흐름 그래프 G에 대한 cyclomatic number v(G) 는 아래와 같이 정의된다.**

v(G) = e − n + 2,

여기서 e와 n은 각각 그래프 G에 포함된 에지와 노드의 숫자를 의미한다. 이 때 프로그램 진입 에지와 프로그램 종료 에지는 세지 않는다.

cyclomatic number는 프로그램 내에 존재하는 독립 경로(independent path)의 수를 의미한다. 아래의 제어 흐름 그래프에 대해서 다음의 물음에 답하라.

1) cyclomatic number v(G)를 구하시오.

2) 그래프에 존재하는 모든 경로의 수는 몇 개인가?
   그래프 내의 모든 독립 경로를 구하여 에지 시퀀스를 기술하라. 예) a–e–f–m

3) 독립 경로를 구하는 규칙을 제시하라.

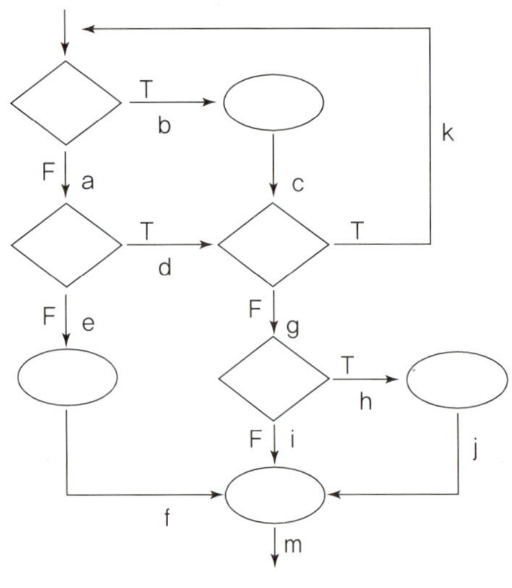

4. **아래의 프로그램의 모든 Branch를 최소한 한번씩 실행시킬 수 있는 테스트 데이터 값(A, Z의 값)을 제안하고 실행 결과로 예상되는 출력을 구하라. (단 모든 변수는 정수형임.)**

```
DOWHILE ( Z > 0 )
    B = A + 1

    IF ( B > 10 )
    THEN Y = Z
    ELSE  Y = Z * Z
    ENDIF

    IF ( Y < 5 )
    THEN Y = Z - 1
    ELSE  Y = -Z
    ENDIF

    THEN PRINT A, Z, Y
ENDDO
```

(힌트)

1. 아래 Table에 한 Test Case로써 커버할 수 있는 Branch에 X표를 한다.
2. 모든 Branch를 최소 한번씩 실행할 수 있는 만큼의 Test Case를 구한다.
3. 조건에 맞는 Test Data값을 구한다.
4. 그 Test Data값을 가지고 실행할 때 얻을 출력값을 기입한다.

	TC 1	TC 2	TC 3	TC 4	TC 5
While T					
While F					
1st If T					
1st If F					
2nd If T					
2nd If F					
Input Condition for A					
Input Condition for Z					
Test data value for A					
Test data value for Z					
Output value for Y					

5. 아래 프로그램 내의 모든 condition이 커버되도록 테스트 케이스를 설계하시오.

```
alarm := false;
bufpos := 0;
fill := 0;
repeat
        inchar(c);
        if (c = BL) or (c = NL) or (c = EOF)
        then
                if bufpos != 0
                then begin
                        if (fill + bufpos < MAXPOS) and (fill != 0)
                        then begin
                                outchar(BL);
                                fill = fill + 1; end
                        else begin
                                outchar(NL);
                                fill := 0; end;
                        for k := 1 to bufpos do
                                outchar(buffer[k]);
                        fill = fill + bufpos;
                        bufpos := 0; end;
        else
                        if bufpos = MAXPOS
                        then alarm := true
                        else begin
                                bufpos := bufpos + 1
                                bufpos[bufpos] : = c; end
until alarm or (c = EOF);
```

6. 프로그램 내의 모든 결정을 커버하는 테스트 케이스를 설계하시오.

```
binary (word, tab, n)   /*  find word in tab[0] ... tab[n - 1]  */
char   *word;
struct   key tab[ ];
int   n;
{
    int   low, high, mid, cond;

    low = 0;
    high = n - 1;
    while (low <= high)  {
        mid = (low + high) / 2;
        if (( cond = strcmp(word, tab[mid].keyword)) < 0)
            high = mid - 1;
        else if (cond > 0)
            low = mid + 1;
        else
            return(mid);
    }
    return(-1);
}
```

7. 다음 프로그램을 테스트할 때, decision cover를 위하여 필요한 최소수의 instrument를 삽입할 위치를 표시하시오.

```
program test(input, output);
var
x, y, z: integer;
begin
   read(x, y);
   z := 0;
   if x > 0 then
      while y > 0 do begin
         z := y + z;
         y := y - 1
      end;
   if x = 0 then z := 100
   else z := z + 200;
   write(z)
end.
```

참 / 고 / 문 / 헌

제 1부 소프트웨어 테스팅의 기본 개념

제 1장 소프트웨어 품질과 테스팅

G. J. Myers, The Art of Software Testing, Wiley-Interscience, 1979

B. Chandrasekaran and S. Radicchi, eds., Computer Program Testing, North-Holland, 1981

B. Beizer, Software System Testing, 2nd. ed., van Nostrand Reinhold, 1990

P. Jorgensen, Software Testing: a Craftsman's Approach, CRC Press, 1995

M. Fewster and D. Graham, Software Test Automation, Addison-Wesley, 1999

R. L. Glass, Facts and Fallacies of Software Engineering

M. L. Hutcheson, Software Testing Fundamentals: Methods and Metrics, Wiley Dreamtech India, 2003

Morell and Deimel, SEI Curriculum Module on Testing

N. Levesen and C. Turner, An Investigation of the Therac - 25 Accidents, IEEE Computer, Jul. 1993

J. C. King, An Approach to Program Testing, ACM Computing Surveys, Sep. 1975

W. R. Adrion, M. A. Branstad and J. C. Cherniavsky, Validation, Verification and Testing of Computer Software, ACM Computing Surveys, Jun. 1982

제 2장 소프트웨어 테스팅이란?

J. A. Whittaker, What Is Software Testing? And Why Is It So Hard?, IEEE Software, Jan./Feb. 2000

M. J. Harrold, Testing: A Roadmap, in The Future of Software Engineering, A. Finkelstein, ed., ACM Press, New York, 2000

제 3장 소프트웨어 테스트 프로세스

〈Test Criteria〉

J. B. Goodenough and S. L. Gerhart, Toward a Theory of Test Data Selection, IEEE Trans. Software Eng., Jun. 1975

S. C. Ntafos and S. L. Hakimi, On Path Cover Problems in Digraphs and Applications to Program Testing, IEEE Trans. Software Eng., Sep. 1979

W. E. Howden, Completeness Criteria for Testing Elementary Program Functions, Proc. 5th Int. Conf. Software Eng., 1981, pp235-243

E. J. Weyuker, Axiomatizing Software Test Data Adequacy, IEEE Trans. Software Eng., Dec. 1986

E. J. Weyuker, Evaluation of Program-based Software Test Data Adequacy Criteria, Comm. ACM, Jun. 1988

S. H. Zweben and J. S. Gourlay, On the Adequacy of Weyuker's Test Data Adequacy Axioms, IEEE Trans. Software Eng., Apr. 1989

P. G.. Frankl and E. J. Weyuker, A Formal Analysis of the Fault-Detecting Ability of Testing Methods, IEEE Trans. Software Eng., Mar 1993

Hong Zhu, A Formal Analysis of the Subsume Relation between Software Test Adequacy Criteria, IEEE Trans. Software Eng., April 1996

제 4장 소프트웨어 정적 분석기법

〈Symbolic Evaluation〉

J. C. King, Symbolic Execution and Program Testing, Comm. ACM, Jul. 1976

L. A. Clarke, A System to Generate Test Data and Symbolically Execute Programs, IEEE Trans. Software Eng., Sep. 1976

J. A. Darringer and J. C. King, Applications of Symbolic Execution to Program Testing, IEEE Computer, Apr. 1978

T. E. Cheatham, Jr., G. H. Holloway, and J. Townley, Symbolic Evaluation and the Analysis of Programs, , IEEE Trans. Software Eng., Jul. 1979

〈Program Verification〉

S. L. Hantler and J. C. King, An Introduction to Proving the Correctness of Programs, ACM Computing Surveys, Sep. 1976

J. C. King, Program Correctness: On Inductive Assertion Methods, IEEE Trans. Software Eng., Vol. 6, p465, 1980

J. Loeckx and K. Sieber, The Foundation of Program Verification, John Wiley, 1984

J. H. Fetzer, Program Verification: The Very Idea: Comm. ACM, Sep. 1988

〈Evolutionary Algorithms〉

M. Mitchell, An Introduction to Genetic Algorithms, MIT Press, 1996

R. L. Haupt and S. E. Haupt, Practical Genetic Algorithms, John Wiley & Sons, Inc., 1998

제 2부 명세 기반 테스트 설계 기법

제 5장 분할 테스트

W. E. Howden, Functional Program Testing, IEEE Trans. Software Eng., Mar. 1980

E. J. Weyuker and T. J. Ostrand, Theories of Program Testing and the Application of Revealing Subdomains, IEEE Trans. Software Eng., 6:236-246, May 1980

L. J. White and E. J. Cohen, A Domain Strategy for Computer Program Testing, IEEE Trans. Software Eng., 6:247-257, May 1980

D. J. Richardson and L. A. Clarke, Partition Analysis: A Method Combining Testing and Verification, IEEE Trans. Software Eng., 11:1477-1490, 1985

T. J. Ostrand and M. J. Balcer, The Category-Partition Method for Specifying and Generating Functional Tests, Comm. ACM, Jun. 1988

S. C. Ntafos, On Required Element Testing, IEEE Trans. Software Eng., Nov. 1984

D. Hamlet, Partition Testing Does Not Inspire Confidence, IEEE Trans. Software Eng., Dec. 1990

J. W. Duran and S. C. Ntafos, An Evaluation of Random Testing, IEEE Trans. Software Eng., Jul. 1984

W. J. Gutjahr, Partition Testing vs. Random Testing: The Influence of Uncertainty, IEEE Trans. Software Eng., 25(5) 661-674, 1999

S. C. Ntafos, On Comparisons of Random, Partition, and Proportional Partition Testing, IEEE Trans. Software Eng., 27(10) 949-960, 2001

D. Hamlet, Random Testing, In J. J. Marciniak, ed., Encyclopedia of Software Engineering, pp970-978, John Wiley & Sons, 1994

D. M. Cohen, S. R. Dalal, M. L. Fredman, and G. C. Patton, The AETG System: An Approach to Testing Based on Combinatorial Design, IEEE Trans. Software Eng., 6:247-257, Jul. 1997

제 6장 기타 명세서 기반 테스팅 기법

〈State-Based Testing〉

T. S. Chow, Testing Software Design Modeled by Finite-State Machines, IEEE Trans. Software Eng., May 1978

K. C. Tai, Theory of Fault-Based Predicate Testing for Computer Programs, IEEE Trans. Software Eng., Aug. 1996

H. S. Hong, Y. R. Kwon, and S. D. Cha, Testing of Object-Oriented Programs Based on Finite State Machines, In Proc. Asia-Pacific Software Eng. Conf., pp234-241, 1995

J. Offutt, S. Liu, A. Abdurazik and P. Ammann, Generating Test Data from State-Based Specifications, J. Software Testing,, Verification and Reliability, Vol. 13, pp25-53, 2003

제3부 코드 기반 테스트 설계 기법

제 7장 문장 테스트와 분기 테스트

T. J. McCabe, Structured Testing, Computer Society Press, 1983

M. D. Weiser, J. D. Gannon and P. R. McMullin, Comparison of Structural Test Coverage Metrics, IEEE Software, Mar. 1985

S. C. Ntafos, A Comparison of Some Structural Testing Strategies, IEEE Trans. Software Eng., Jun. 1988

제 8장 경로 테스트

〈Data Flow Testing〉

J. W. Laski and B. Korel, A Data Flow Oriented Program Testing Strategy,

IEEE Trans. Software Eng., Sep. 1983

S. Rapps and E. J. Weyuker, Selecting Software Test Data Using Data Flow Information, IEEE Trans. Software Eng., Apr. 1985

P. G. Frankl and E. J. Weyuker, An Applicable Family of Data Flow Testing Criteria, IEEE Trans. Software Eng., Oct. 1988

L. A. Clarke, A. Podgurski, D. J. Richardson, and S. J. Zeil, A Formal Evaluation of Data Flow Path Selection Criteria, IEEE Trans. Software Eng., Nov. 1989

M. J. Harrold and G. Rothermel, Performing Data Flow Testing on Classes, Proc. 2nd ACM SIGSOFT Symposium on the Foundation of Software Engineering, 1994

제 4부 소프트웨어 테스트의 수행

제 9장 단위 테스트와 통합 테스트

〈Integration Test〉

M. J. Harrold, Selecting and Using Data for Integration Testing, 1991

L. Gallagher and J. Offutt, Integration Testing of Object-Oriented Components Using Finite State Machines, to appear in J. Software Testing, Verification and Reliability

제 10장 시스템 차원의 테스트

Enterprise JavaBeans, J. Software Testing,, Verification and Reliability, Vol. 14, pp45-70, 2004

제 11장 회귀 테스트

T. J. Ostrand and E. J. Weyuker, Using Data Flow Analysis for Regression Testing, Proc. 6th Annual Pacific Northwest Software Quality Conf., Sep. 1988

J. Hartmann and D. J. Robson, Techniques for Selective Revalidation, IEEE Software, Jan. 1990

I. S. Chung and Y. R. Kwon, A Semantics-Based Method for Revalidating Modified Programs, J. Software Maintenance: Research and Practice,

Vol. 6, No. 1, pp15-34, 1993

G. Rothermel and M. J. Harrold, Analyzing Regression Test Selection Techniques, IEEE Trans. Software Eng., Aug. 1996

G. Rothermel and M. J. Harrold, A Safe, Efficient Regression Test Selection Technique, ACM Trans. Software Eng. Methodology, Apr. 1997

G. Baradhi and M. Mansour, A Comparative Study of Five Regression Testing Algorithms, Proc. Int. Software Engineering Conference, 1997

G. Rothermel and M. J. Harrold, Empirical Study of Safe Regression Test Selection Techniques, IEEE Trans. Software Eng., Jun. 1998

B. Korel and A. M. Al-Yami, Automated Regression Test Generation, Proc. ISSTA '98, Page(s): 143 -152

Ye Wu; Mei-Hwa Chen and H. M. Kao, Regression Testing on Object-Oriented Programs, 10th International Symposium on Software Reliability Engineering, 1999 , Page(s): 270 -279

E. Weyuker, Evaluation Techniques for Improving the Quality of Very Large Software Systems in a Cost-Effective Way, J. Systems and Software, vol. 47 (2-3), pp97-103, 1999

Le Traon, Y.; Jeron, T.; Jezequel, J.-M.; Morel, P , Efficient Object-Oriented Integration and Regression Testing, IEEE Transactions on Reliability, Volume: 49 1 , March 2000 , Page(s): 12 -25

Y. K. Jang, Y. R. Kwon and M. Munro, An Improved Method for Selecting Regression Tests for C++ Programs, J. Software Maintenance and Evolution: Research and Practice, Vol. 13, No. 5, pp331~350, Sep. 2001

G. Rothermel, R. H. Untch, and M. J. Harrold, Prioritizing Test Cases For Regression, IEEE Trans. Software Eng., Oct. 2001

제 12장 소프트웨어 테스트 관리와 품질 보증

J. Herbsleb, D. Zubrow, D. Goldenson, W. Hayes, and M. Paulk, Software Quality and the Capability Maturity Model, Comm. ACM, Vol. 40, No. 6, pp30-40, 1997

G. G. Schulmeyer and J. I. McManus, Handbook of Software Quality Assurance, Prentice Hall, 1999

E. J. Weyuker, T. J. Ostrand, J. Brophy and R. Prasad, Clearing a Career Path for Software Testers, IEEE Software Mar./Apr.. 2000

제5부 소프트웨어 테스팅의 고급 과제

제 13장 결함 기반 테스팅 기법

R. A. DeMillo, R. J. Lipton and F. G. Sayward, Hints on Test Data Selection: Help for the Practicing Programmer, IEEE Computer, April 1978

H. G. Hamlet, Testing Programs with the Aid of a Compiler, IEEE Trans. Software Eng., July 1977

L. J. Morell, A Theory of Fault-Based Testing, IEEE Trans. Software Eng., Aug. 1990

Special Issue on Mutation 2000 -A Symposium on Mutation Testing; Software Testing, Verification and Reliability 2001; 11(4): 205-274

Y. S. Ma, J. Offutt and Y. R. Kwon, An Automated Class Mutation System, Software Testing, Verification and Reliability 2005; 15(2): 97-133

A. J. Offutt, G. Rothermel, R. Untch and C. Zapf, An Experimental Determination of Sufficient Mutation Operators, ACM TOSEM,1996; 5(2): 99-118

M. E. Delamaro, J. C. Maldonado and A. P. Mathur, Interface Mutation: An Approach to Integration Testing, IEEE TSE 2001; 27(3):228-247

R. M. Hierons, M. Harman, and S. Danicic, Using Program Slicing to Assist in the Detection of Equivalent Mutants, Software Testing, Verification and Reliability 2005; 9(4): 233-262, Dec. 1999

W. E. Howden, Weak Mutation Testing and Completeness of Test Sets, IEEE Trans. Software Eng., Jul. 1982

A. J. Offutt, G. Rothermel, and C. Zapf, An Experimental Evaluation of Selective Mutation, in Proc. 15th. Int. Conf. Software Eng., 1993, pp100-107

A. M. R. Vincenzi, J. C. Maldonado, E. F. Barbosa and M. E. Deelamaro, Unit and Integration Tetsting Strategies for C Programs Using Mutation, J. Software Testing,, Verification and Reliability, Vol. 11, pp227-247, 2001

A. Ghosh and A. P. Mathur, Interface Mutation, , J. Software Testing,, Verification and Reliability, Vol. 11, pp249-268, 2001

Y. S. Ma, Y. R. Kwon and A. J. Offutt, Mutation Operators for Java, Proc. 13th. Int'l Symposium on Software Reliability Engineering (ISSRE 2002), Annapolis, MD, U.S.A., Nov. 2002

제 14장 객체지향 소프트웨어 테스팅

M. D. Smith and D. J. Robson, A Framework for Testing Object-Oriented Programs, J. Object-Oriented Programming, Jun. 1992

M. J. Harrold and G. Rothermel, Performing Data Flow Testing on Classes, Proc. 2nd. ACM SIGSOFT Symposium on Foundations of Software Engineering, Dec. 1994

P. C. Jorgenson and C. Erickson, Object-Oriented Integration Testing, Comm. ACM, Sep. 1994

D. Kung, J. Gao, P. Hsia, Y. Toyoshima, C. Chen, Y-S Kim, Y. -K, Song, Developing an Object-Oriented Software Testing and Maintenance Environment, Comm. ACM, Oct. 1995

I. S. Chung, Y. R. Kwon, M. Munro, and W. K. Lee, Applying Conventional Testing Techniques for Class Testing, Proc. 20th. Int'l Computer Software and Applications Conf., Seoul, Korea, p447, Aug. 1996

I. Bashir and A. L. Goel, Testing Object-Oriented Software: Life Cycle Solutions, Springer Verlag, 1999

R. V. Binder, Testing Object-Oriented Systems: Models, Patterns, and Tools, Addison Wesley, 2000

〈Component Software〉

E. J. Weyuker, Testing Component-Based Software: A Cautionary Tale, IEEE Software, Sep./Oct., 1998

J. M. Voas, Certifying Off-the-Shelf Software Components, IEEE Computer, Jun. 1998

Y. S. Ma, S. U. Oh, Y. R. Kwon and D. W. Bae, Framework for Third Party Testing of Component Software, Proc. 8th. Asia-Pacific Software Engineering Conference (APSEC'01), Macau, Dec. 2001

S. H. Edwards, A framework for Practical, Automated Black-Box Testing of Component-Based Software, J. Software Testing,, Verification and Reliability, Vol. 11, pp97-111, 2001

H. Yoon and B. Choi, Effective Test Case Selection for Component Customization and Its Application to

제 15장 실시간 임베디드 소프트웨어 테스팅

〈Real-Time Software〉

B. Dasarathy, Timing Constraints of Real-Time Systems: Constructs for Expressing Them, Methods of Validating Them, IEEE Trans. Software Eng., 1995

J. Stankovic, Misconceptions about Real-Time Computing: A Serious Problem for Next Generation Systems, IEEE Computer, 1988

W. Schutz, On the Testability of Distributed Real-Time Systems, 1991

S.J. Clarke and J.A. McDermid, Software Fault Trees and Weakest Preconditions: A Comparison and Analysis, Software Engineering Journal, 1993

D. Mandrioli, S. Morasca, and A. Morzenti, Generating Test Cases from Logic Specification, ACM Trans. Computer Systems, 1995

L.K. Dillon and Y.S. Ramakrishna, Generating Oracles from Your Favorite Temporal Logic Specifications, ACM SIGSOFT' 96

I. Parisis and F. Ouabdesselam, Specification-Based Testing of Synchronous Software, ACM SIGSOFT' 96

A. En-Nouaary, et.al., Timed Test Cases Generation Based on State Characterization Technique, Proc. RTSS' 98

H. Thane, Monitoring, Testing and Debugging of Distributed Real-Time Systems, Ph.D. Thesis, Royal Institute of Technology, Sweden, 2000

H. S. Bae, I. S. Chung and Y. R. Kwon, Specifying and Verifying Real-Time Systems with Timing Uncertainty, Journal of Systems and Software, Vol. 50, No. 1, pp85-96, Jan. 2000

〈Concurrent Software〉

R. N. Taylor and L. J. Osterweil, Anomaly Detection in Concurrent Software by Static Data Flow Analysis, IEEE Trans. Software Eng., May 1980

H. Barringer, A Survey of Verification Techniques for Parallel Programs, LNCS 191, Springer-Verlag, 1985

J. Gait, A Probe Effect in Concurrent Programs, Software Practice and Experience, Mar. 1986

R. H. Carver and K. C. Tai, Use of Sequencing Constraints for Specification-based Testing of Concurrent Programs, IEEE Trans. Software Eng., Jun. 1988

C. E. McDowell and D. P. Helmbold, Debugging Concurrent Programs, ACM Computing Surveys, Dec. 1989

P. A. Emrath, S. Ghosh and D. A. Padua, Detecting Nondeterminacy in Parallel Programs, IEEE Software. Jan. 1992

R. N. Taylor, D. L. Levine and C. D. Kelly, Structural Testing of Concurrent Programs, IEEE Trans. Software Eng., Mar. 1992

H. S. Bae, H. S. Kim and Y. R. Kwon, An Efficient Debugging Method for Message-based Parallel Programs Using Static Analysis Information, Proc. 2nd. Asia-Pacific Software Engineering Conf., Brisbane, Australia, p96, Dec. 1995

I. S. Chung, H. S. Kim, H. S. Bae, Y. R. Kwon and B. S. Lee, Testing of Concurrent Programs based on Message Sequence Charts, Proc. Int'l Symposium on Parallel and Distributed Software Engineering (PDSE '99)

I. S. Chung, H. S. Kim, H. S. Bae, Y. R. Kwon and D. G. Lee, Testing of Concurrent Programs After Specification Changes, Proc. Int'l Conf. Software Maintenance (ICSM '99), Oxford, England , Aug. 1999

H. S. Seo, I. S. Chung, Y. R. Kwon, and B. M. Kim, The Design and Implementation of Automata-Based Testing Environment for Java Multi-thread Programs, Proc. 8th. Asia-Pacific Software Engineering Conference (APSEC '01), Macau, Dec. 2001

〈Embedded Software〉

B. Broekman and E. Notenboom, Testing Embedded Software, Addison-Wesley, 2003

찾/아/보/기

ㄱ

ㅇ

저 자 약 력

권용래

KAIST 전산학과 교수 (1983 ~ 현재)

1971 ~ 1974 육군사관학교 교관
1974 ~ 1977 미국 Pittsburgh 대학원 졸업(이학박사)
1978 ~ 1983 미국 Computer Sciences Corporation 연구원
1989 ~ 1990 한국정보과학회 소프트웨어 공학 소사이어티 회장
1998 ~ 1999 미국 Maryland 대학교 방문교수
2003 한국정보과학회 회장
2006 ~ 2007 삼성전자 자문교수

소프트웨어 테스팅

권용래 지음

초 판 인 쇄 : 2010. 7. 15
초 판 발 행 : 2010. 7. 20
발 행 인 : 김 승 기
발 행 처 : 생능출판사
신 고 번 호 : 제 406-2004-000002호
신 고 일 자 : 2005. 1. 21
I S B N : 978-89-7050-674-6

413-756
경기도 파주시 교하읍 문발리 507-12 파주출판도시
대표전화 : (031)955-0761, FAX : (031)955-0768
홈페이지 : http://www.booksr.co.kr

* 파본 및 잘못된 책은 바꾸어 드립니다.

정가 27,000원